KB099296

월터 리프먼(1889~1974)

매사추세츠주 케임브리지에 있는 월터 리프먼 하우스

▲하버드 대학교

유대인 자녀들이 다
니는 삭스 남자 학교
를 우수한 성적으로
졸업한 리프먼은
1906년 하버드에 입
학한다. 1909년 토
론·철학·정치 등의
학생클럽, 사회주의
자 클럽 회장으로
뽑힌다. 1910년 최우
수상을 받으며 하버
드 대학교를 졸업한
다. 리프먼은 졸업하
기 전에 〈하버드 먼
슬리〉지 편집부원,
〈보스턴 코먼〉지 기
자가 되었다.

▶존 하버드 동상
하버드 대학교 창립
자

그레이엄 월러스(1858~1932) 영국의 사회주의자·사회심리학자·교육자
하버드에서 객원교수로 정치학 토론 과정을 맡았던 월러스 교수와의 만남은 리프먼의 전생애에 걸친 라이트 모티
프(문화적 이상·가치) 형성에 결정적인 영향을 미쳤다.

링컨 스테펀스(1866~1936)　미국의 언론인·정계·재계의 부정폭로운동 창시자
리프먼이 졸업하던 해 1910년, 조수를 찾으러 하버드에 온 스테펀스는 '가장 뛰어난 정신을 글로 표현할 수 있는 가
장 우수한 사람'으로 리프먼을 뽑았다. 스테펀스는 "저널리즘은 대중을 철학으로 이끄는 가장 좋은 수단"이라고 리
프먼을 격려했다. 리프먼은 그에게서 부패를 폭로해 나가는 독특한 작업방식을 전수받는다.

존 리드(1887~1920) 미국의 평론가·칼럼니스트. 리프먼과 하버드 동기생. 미국 최초로 공산당을 창립하였으나 환영받지 못했다. 하버드 시절에 그의 정신 형성에 결정적으로 영향을 미친 두 가지 요소 가운데 하나가 바로 '월터 리프먼으로 상징되는 근대적 정신'이라고 회고했다.

월터 윈첼(1897~1972) 리프먼과 함께 전설적 칼럼니스트로 꼽히며, 가십 저널리즘의 창시자로 평가받고 있다. 특히
1920~50년대 사이에 공격적이고 자극적인 표현으로 라디오와 신문 가십 칼럼니스트로 악명을 떨쳤다.

조지프 퓰리처(1847~1911) 소중한 유언을 남겨, 언론인 양성 학교를 설치하고 '퓰리처상'을 마련했다.

퓰리처상 퓰리처의 유언에 따라 1917년 제정되었다. 리프먼은 이 상을 두 번이나 받았다.

퓰리처상위원회 위원들은 퓰리처상의 심사를 맡았다(1967~68).

▲1914년(25세)의 리프먼

◀〈뉴 리퍼블릭〉창간호 리프먼이 전 해부터 편집
진으로 참여하여 창간 준비를 해오던 〈뉴 리퍼블
릭〉지가 1914년 11월 7일 창간되었다.

▼〈뉴욕 월드〉편집진 앞줄 가운데가 리프먼이다.

▲《자유와 뉴스》(1920) 표지

▶리프먼(왼쪽)과 일류 칼럼니스트 윈첼의 캐리커처

▼리프먼 기념우표

985년 9월 19일자 소인이 찍힌 리프먼의 기념엽서

Today and Tomorrow

By Walter Lippmann

New Phase

THERE are signs that for the time being the Hungarian crisis has run its course, and that an attempt is under way to negotiate some kind of working arrangement. There is little hard news, however, and the whole picture is very dim. But peering through the fog, it looks as if the fighting has not died down because the national rebellion has been crushed. It looks, rather, as if there is a stalemate between the resistance of the people and the Red Army. Furthermore, it looks as if Moscow has understood that the Hungarian resistance is of a kind which makes it impossible to govern Hungary by means of a puppet Cabinet backed with tanks alone. This puppet Cabinet cannot make the economy work and it cannot keep social order going without obtaining some consent from the active and organized groups among the people, groups such as the industrial workers and the "intellectuals," that is to say the white-collar workers who operate the institutions of the country.

Lippmann

* * *

There is reason to suppose that Moscow is not happy about the bloody disgrace in which it involved itself, and that the faction which is now dominant in the Kremlin may be trying to repair some of the damage which has come from the relapse into Stalinism.

The most important objective evidence to support this view is the military agreement which Marshal Zhukov and the Foreign Minister, Mr. Shepilov, have just signed with the Gomulka government in Warsaw. It is fair to say, I think, that this agreement puts an end to the Soviet military occupation of Poland. It establishes a relationship between the Red Army and the Polish government which, so far as I can make out, is not essentially different from that which exists within NATO for the British and American troops on the Continent.

A year ago it would have been a mistake to take such an agreement too seriously. For there would then have been no reason to think that there were any guaranties behind it. But now, after the movement led by Gomulka, this agreement has the guaranty of the will of the Polish nation, and of the Polish Army, which is under Polish officers. I cannot believe that with what we now know of the sentiments of the Polish people, who are 33,000,000 strong, that the Soviets would have signed this agreement if they did not mean to abide by it.

Indeed, I would guess that the real preoccupation of the Soviet government is whether the agreement will stand or whether it will be overrun by events. The real question is: are they too late with too little? It is certain that in Hungary they were too late with too little, and that this is what caused the explosion. Their chances are better in Poland, thanks particularly to the capacity and good sense of Gomulka and his government. But elemental human forces are moving in Eastern Europe, and there is in these forces much that is incalculable, perhaps uncontrollable.

* * *

Mr. Dulles, at his press conference on Tuesday, was clearly very much aware of these realities, and what little he had to say about them was, I thought, wholesome and wise. He was really addressing the Kremlin and he was telling them that this government would be satisfied if the Soviet Union itself negotiated a settlement with the nations of Eastern Europe—would be satisfied if this settlement was based on the principle of national freedom, as in Austria and Finland and now Poland, and on some form of neutralization.

Mr. Dulles disclaimed having any plans for a larger European settlement, saying, if I understood him, that the time was not now ripe for that. Timing is a matter of practical judgment, and he may very well be right.

But it would be well to remember two things. One is that while it may be too early to make proposals, it is high time that the government and that responsible and informed public opinion came to grips with the problems themselves. It may be right for Mr. Dulles to wait.

But in big governments waiting only too often means doing nothing until there is a crisis, and then improvising in a hurry.

The other thing to remember is that the people of all of Europe, East and West, are being sorely tried as a result of what has happened in the Middle East and in Hungary. They are going to be cold, they are going to be inconvenienced, they are going to be unemployed, they are going to be unhappy. They should be given hope. They should be convinced that the cold war is not going to be resumed and then allowed to deteriorate into a shooting war. They should be given the reason and the right to believe that bold minds are at work planning a brighter and kinder future. They should be given something big to think about.

© 1956. New York Herald Tribune, Inc.

칼럼 〈오늘과 내일〉 1931년, 리프먼은 〈뉴욕 헤럴드 트리뷴〉으로 자리를 옮겨 칼럼 〈오늘과 내일〉 난을 개설하여 세계적 관심을 끌었다. 이 기사는 1956년 12월 24일자 영문판에 실린 리프먼의 칼럼이다. 이 칼럼으로 1958년 퓰리처상을 받았다.

FIFTEEN CENTS

March 30, 1931

TIME

The Weekly Newsmagazine

Volume XVII

WALTER LIPPMAN
Public ignorance is his field.
(See The Press)

Number 13

Circulation Office, 540 East 22nd Street, Chicago.   [Reg. U. S. Pat. Off.]   Editorial and Advertising Offices, 20 East 40nd Street, New York.

931년 3월 30일자 〈타임〉지 표지인물로 실린 월터 리프먼
리프먼은 이 주간지에 수준 높은 칼럼 〈냉전〉을 기고했다.

'냉전'이라는 용어는 리프먼의 논문 〈냉전(The Cold War)〉에서 비롯되었다.

리프먼은 제2차 세계대전, 한국전쟁과 베트남전쟁 등 격동기 동안 아이젠하워와 케네디, 그리고 닉슨 대통령의 자문위원이었으며 국민이 가장 신뢰하는 언론인이었다.

PUBLIC
OPINION

WALTER
LIPPMANN

여론이란 무엇인가》(초판, 1922) 표지

Walter Lippmann

T·H·E
PHANTOM
PUBLIC

With a new introduction by
Wilfred M. McClay

《환상의 대중》(초판, 1925) 표지

World Book 152

Walter Lippmann

PUBLIC OPINION/THE PHANTOM PUBLIC

여론이란 무엇인가/환상의 대중

월터 리프먼/오정환 옮김

동서문화사

디자인 : 동서랑 미술팀

여론이란 무엇인가/환상의 대중
차례

여론이란 무엇인가

환상의 대중

Public Opinion
여론이란 무엇인가

제1부 서론

제1장 현실 세계와 머릿속에서 그리는 세계

1

1914년, 너른 바다의 한 섬에 영국, 프랑스, 독일 사람이 살고 있었다. 이 섬은 외부와의 통신 수단이라고는 오로지 60일마다 한 번씩 들르는 영국 우편선뿐이었다. 그 해 9월, 우편선은 아직 오지 않았다. 그래서 섬 사람들의 이야깃거리는 여전히 가스통 칼메트(Gaston Calmette)를 사살한 카이요(Caillaux) 부인에 대한 재판이 시작되었음을 알리는 신문 기사에 집중되어 있었다.*¹ 신문에는 곧 판결이 내려질 것이라는 기사가 실려 있었다. 그래서 9월 중순의 어느 날 우편선이 닿자 섬 사람들은 선장한테서 재판 결과를 듣기 위해서 여느 때보다도 훨씬 더 많이 부둣가로 모여들었다.

그런데 듣게 된 소식은 이미 6주 전에 영국과 프랑스 사람들이 신성한 조약을 지키기 위해 독일 사람과 전쟁을 벌이고 있다는 일이었다. 따라서 섬에 사는 사람들도 예외가 아니라는 말이다. 섬 사람들은 그 6주 동안 사실은 적이었는데 마치 친구처럼 행동해왔던 것이다. 이상한 6주였다.

그러나 유럽 대륙의 경우도 이 섬 사람들의 상황과 다를 것이 없었다. 차이라면 섬 사람들은 6주 동안이나 사실을 몰랐지만 유럽 대륙에서는 그 기간이 오로지 6일 또는 6시간이면 충분했으리라는 것뿐이다. 어쨌든 사실을 알기까지 시간의 차이가 있었다는 것 말고는 별다를 것이 없었다. 대륙 사람들도 자기들이 품고 있는 유럽상(像)을 바탕으로 여느 때처럼 계속 일을 했다. 그러한 유럽상과 그들의 생활을 혼란으로 빠뜨리려고 한 유럽의 실상이 모든 면에서 차질을 빚은 채로 머물렀던 시간이 있었던 것이다.

---

*1 프랑스 〈피가로〉 신문의 편집자였던 가스통 칼메트는 1913년과 1914년에 당시 재무장관 조세프 카이요의 정책을 신랄하게 공격했다. 1914년 3월 16일 재무장관의 죄상에 관한 문서가 발표되기 직전에 칼메트는 자신의 사무실에서 카이요 장관 부인의 총에 맞아 죽었다.

그동안 사람들은 누구나 이미 존재하지 않는 환경에 맞추어 생활하고 있었다. 7월 25일(1914년 7월 25일 세르비아, 오스트리아—헝가리 국교 단절)이 될 때까지도 세상 사람들은 아무것도 모르는 채 수출할 수도 없는 물건을 만들었고 수입할 수도 없는 물건을 사들였으며, 미래의 생활을 설계했고 사업계획을 세웠으며 희망과 기대에 부풀어 있었다. 이러한 모든 사람들은 자기들이 살고 있는 바탕인 세계상이 바로 현실 세계라고 믿어 의심치 않았다. 사람들이 책에 쓰는 내용도 그러한 세계였다. 그들은 자신들의 머릿속에 비친 세계상을 믿었다. 그로부터 4년이 지난 어느 목요일 아침에 휴전 소식이 들려왔다. 사람들은 드디어 살육의 나날이 끝났다며 말로 표현할 수 없는 안도의 한숨을 내쉬었다. 그러나 이미 전쟁이 끝났음을 축하하고 있는 동안에도 실제로 휴전이 이루어진 5일 뒤까지 수천 명의 젊은이가 전쟁터의 이슬이 되어 사라졌다.

위의 예로도 알 수 있지만 돌이켜보면, 우리가 그 안에서 살고 있었음에도 주위 환경에 대한 지식이 얼마나 간접적인가를 알 수 있었다. 환경에 대한 뉴스가 때로는 빨리 때로는 늦게 우리에게 알려진다는 것은 안다. 그렇지만 우리가 멋대로 실상이라 믿는 일을 모두 환경 그 자체인 것처럼 받아들이고 있다. 하물며 현재 우리 행동의 근거가 되는 신념에 대해서도 그렇다는 사실을 잊지 않는 일은 훨씬 어렵다. 그런데도 다른 시대의 다른 국민들에 대해서는 그 사람들이 언제 우습기 짝이 없는 세계상에 집착했는지 쉽게 판별할 수 있다고 우리는 자만한다. 우리는 일이 다 끝난 뒤 알게 된 지식으로 그들이 알아야 할 세계와 실제로 알던 세계가 자주 아주 모순된 것이었다고 주장할 수 있다. 또한 사람들은 자신들이 이러할 것이라고 상상한 세계 안에서만 지배하고 싸우고 교역하고 개혁했는데, 이 일이 현실 세계에서 결실을 맺기도 하고 아무것도 맺지 못한 채로 끝났다는 것도 알고 있다. 인도로 떠났다가 미국을 발견한 사람도 있다. 악마라고 여겨 늙은 여자들을 목매달아 죽인 사람들도 있다. 늘 팔기만 하고 사지는 않으면서 부자가 될 수 있다고 생각한 사람들도 있었다. 이슬람교 나라의 한 왕은 자기가 '알라의 뜻'이라고 믿었던 소신에 따라 알렉산드리아의 도서관을 불살라버렸다.

389년 무렵 성 암브로시우스(St. Ambrosius)*²도 썼다. 그의 발언은 플라톤의

---

*2 339?~397. 밀라노 주교.

동굴 이야기에 나오는 뒤돌아보기를 완강히 거부한 그 죄수와 같은 입장에 서 있다. "땅의 성질과 위치를 논의하는 일은 미래 세계에 대한 우리의 희망에 아무 보탬도 되지 않는다. '하느님은 땅을 허공에 달아놓으셨다'(욥기 26장 7절). 이런 《성서》의 말을 알면 충분하다. 그렇게 쓰여 있는 이상, 하느님이 땅을 공중에 매달았는가 바다 위에 걸었는가를 둘러싸고 왜 논쟁하는가. 엷은 공기가 어떻게 지구를 버텨낼 수 있느냐. 또는 바다 위에 걸려 있다면 왜 땅이 바다 밑으로 와르르 무너져 가라앉지 않느냐. 이런 일에 시비를 한들 무슨 소용이 있겠는가?……땅이 균형을 잡고 매달려 있는 것은 한가운데에 있어서가 아니라, 하느님의 권위가 하느님의 의지인 법칙에 따라 통제하므로 땅은 기댈 곳 없는 빈 공간 위에 안정되게 서 있는 것이다."*3

그것은 미래에 대한 우리의 희망에 아무런 보탬도 되지 않는다. 성서에 기록된 일을 아는 것만으로 충분하다. 그런데 왜 논의를 벌이는가? 성 암브로시우스는 이렇게 말했다. 그런데 그로부터 1세기 반이 지난 뒤에도 견해는 여전히 혼란스럽다. 이번에는 대척점(對蹠點)*4의 문제 때문이다. 그래서 과학적 지식으로 유명했던 수도사 코스마스(Cosmas)가 위임을 받아 그리스도교 지지학(地誌學, Christian Topography), 즉 '세계에 대한 그리스도 교도의 의견'을 썼다.*5 자신에게 무슨 기대를 하는지 그는 잘 알고 있었다. 왜냐하면 그가 내린 결론은 모두 그가 읽은 성경에 따랐기 때문이다.

그에 따르면 세계는 동서의 폭이 남북 길이보다 두 배인 납작한 평행사변형이다. 가운데에는 육지가 있고 큰 바다로 둘러싸여 있다. 그 바다는 또다시 대홍수 때까지 사람들이 살고 있었던 다른 육지로 둘러싸여 있다. 이 또 하나의 육지는 노아가 방주로 탈출한 곳이었다. 북쪽에는 높은 원뿔 모양의 산이 있고 그 둘레를 태양과 달이 돈다. 태양이 산 뒤에 숨으면 밤이 된다. 하늘은 바깥 육지 끝에 붙어 있다. 하늘은 4개의 높은 벽으로 이루어져 있고, 그 4개의 벽은 돔 모양의 지붕으로 이어진다. 따라서 육지는 우주의 바닥에 해당한다. 하늘 저편에는 하나의 바다가 있다. 이것이 '푸른 하늘 위에 있는 물'이다. 하늘의 바다와 우주의 가장 높은 지붕 사이의 공간은 축복된 사람들의 것이다. 육지

---

*3 Hexaméron, i. cap 6, *The Mediaeval Mind,* by Henry Osborn Taylor, Vol. I, p.73.
*4 지구의 한 지점에서 지구 중심을 통과하여 지구의 반대쪽에 도달하는 지점.
*5 Lecky, *Rationalism in Europe,* Vol. I, pp.276~8.

와 하늘 사이의 공간에는 천사들이 산다. 결국 성 바울(St. Paul)의 말마따나 모든 사람들이 '육지의 표면'에 살게 마련이라면, 대척점이라고 하는 지구 반대편에서 사람들이 어떻게 살 수 있는가? "그러니 그리스도 신자는 '대척점에 대해서는 말조차' 하지 말라고 하는 것이다."*6

인간이 대척점에 가서는 안 될 뿐만 아니라, 그리스도교 군주라면 대척점에 가려는 사람들에게 배(舟)를 내주어서는 안 된다. 또한 신앙이 깊은 선원이라면 그런 엄두조차 내지 않는다. 지리학자 코스마스는 자기가 그린 지도에 잘못이라곤 조금도 없다고 믿었다. 코스마스가 마젤란이나 피어리(Peary) 또는 하늘 높이 7마일이나 날아 올라 천사나 하늘의 둥근 천장과 부딪히는 위험을 무릅쓴 비행사를 알고 있었다면 그는 얼마나 공포에 사로잡혔을까? 이것이야말로 우주 지도라고 믿었던 그의 신념이 절대적이었다고 생각했을 때에야 비로소 우리는 그것을 이해할 수 있다. 마찬가지로 전쟁과 정치의 열광에 대해서도 다음과 같은 일을 기억해두면 좀더 잘 이해할 수 있다. 어느 진영이나 그 안의 거의 모든 사람들은 자기들이 그리는 적의 형상을 절대적이라 믿는다. 즉 있는 그대로를 사실로 받아들이는 것이 아니라, 자기들이 사실이라고 생각하는 것을 사실로 삼는다. 따라서 그들은 햄릿처럼 소리 없이 흔들리는 커튼 뒤에 숨은 폴로니어스를 왕으로 잘못 알고 찔러 죽이고, 아마도 햄릿처럼 이렇게 덧붙이리라.

"너, 지지리 못난 바보 같으니
어리석게 어디나 참견하니 이 꼴이지!
나는 너를 더 큰 상전인 줄 알았지.
잘 가라. 이것도 네 운명이지."

2

위대한 사람이란 그가 살아 있을 때부터 허구적인 인격으로만 일반 대중에게 알려진다. 그래서 하인 앞에 아무도 영웅일 수 없다는 옛말에는 약간의 진실이 담겨 있다. 물론 그것은 오로지 약간의 진실에 불과하다. 왜냐하면 하인

---

*6 *Id.*

이나 비서들 자신이 그 허구에 빠지는 일이 많기 때문이다. 왕족의 됨됨이란 물론 인위적인 것이다. 그들이 스스로 공적인 성격을 인식하고 있든지 혹은 시종들의 연출에 지나지 않든지, 거기에는 공적(公的) 자신과 사적(私的) 자신이라는 적어도 분명하게 구별된 두 개의 자신이 있다.

위대한 사람들의 전기는 대체로 이 두 가지 자신의 기록이 중심이 되게 마련이다. 공식 전기작가는 공적 생활을 그려내고, 사적인 작가는 사실을 폭로하는 전기를 써낸다. 이를테면 찬우드(Charnwood)가 그려낸 링컨은 고귀한 인물이다. 그러나 이는 도저히 실재 인간이라기보다는 아이네이아스(Aeneas)나 성 조지(St. George)처럼 서사시에나 등장할 법한 인물이다. 올리버(Oliver)가 그려낸 해밀턴은 장엄하고 추상(抽象)적인 인물론이자 한 이념의 조각이며, 올리버 자신의 말마따나 '미국 연방국론'이다. 그것은 한 인간의 전기라기보다 연방주의의 경륜(經綸)을 후세에 전하는 기념비적인 사업이다.

그리고 방 안의 풍경을 사람들에게 보여주듯 겉모습을 꾸민 전기도 있다. 레핑턴(Repington)의 일기나 마고 애스퀴스(Margot Asquith)의 일기는 그들의 개인적 생활을 아주 상세히 그려내고 있으며, 글쓴이가 자신을 어떻게 생각하고 싶어 했는가를 아주 잘 알려주는 하나의 자화상이다.

그러나 가장 흥미로운 인물 묘사는 사람들의 머릿속에 자연적으로 저도 모르게 일어나는 마음에서 우러난 묘사이다. 스트레이치(Strachey) 씨[7]에 따르면, 빅토리아 여왕 즉위 때에는 "바깥에 있는 일반 대중들 사이에 열광적인 환호가 큰 파도처럼 일렁였다. 감상(感傷)적이고 로맨스적인 분위기가 흘렀다. 천진난만하고 겸손하고 금빛 머리에 홍조 띤 얼굴로 마차를 타고 수도의 거리를 달리는 이 어린 소녀는 사람들의 가슴을 뜨거운 충성심으로 벅차게 만들었다. 더욱이 모든 사람에게 깊은 감명을 준 것은 빅토리아 여왕과 그녀의 큰아버지들과의 대조였다. 한없이 쌓인 빚과 혼란과 불명예의 짐을 짊어진 이기적이며 타락한 고집불통의 어리석은 음란한 노인들, 그들은 마치 겨울 눈처럼 녹아 사라지고 마침내 봄이 와 왕관을 찬란하게 비쳤다"

장 드 피에르푀(Jean de Pierrefeu) 씨[8]는 조프르(Joffre) 장군의 명성이 절정에 이르렀을 때 그의 참모 한 사람으로서 영웅 숭배를 직접 보았다.

---

[7] Lytton Strachey, *Queen Victoria,* p.72.

[8] Jean de Pierrefeu, G.Q.G. *Trois ans au Grand Quartier Général,* pp. 94~95.

"2년 동안 온 세계가 마른(Marne) 전투의 승리자에게 신께 바치는 듯한 경의를 나타냈다. 누구인지 알지도 못하는 사람들이 광적인 찬사의 증거로 그에게 보낸 소포와 편지가 든 상자의 무게 때문에 배달원의 허리가 문자 그대로 구부러질 정도였다. 내 생각에는 조프르 장군같이 전시 사령관으로서 그토록 영광을 누릴 수 있었던 사람은 없다고 생각한다. 사람들은 온 세계 유명 과자집의 사탕 상자를 보냈고 샴페인 상자, 여러 가지 훌륭한 포도주, 과일, 놀잇감, 장식물과 살림살이, 옷, 흡연도구, 잉크스탠드, 서진(書鎭) 등 온갖 선물을 보냈다. 여러 지역에서 명산물을 주었다. 화가는 그림을 보냈고, 조각가는 작은 조각을, 마음씨 좋은 노파는 직접 짠 목도리와 양말을 보냈으며, 목동은 오두막에서 장군을 위해 파이프를 깎았다. 독일을 적대시한 세계 여러 나라의 제조업자들은 자기 회사 상품을 보냈다. 하바나는 시가를, 포르투갈은 포도주를 보냈다.

내가 아는 한 이발사는 자기와 친한 사람들의 머리를 장군의 초상처럼 잘라주며 기쁨으로 여겼다. 또한 글씨를 잘쓰는 사람은 장군의 초상화 그리기를 좋아했는데, 그가 그린 초상화는 장군을 칭송하는 깨알 같은 수천 개의 짧은 글귀로 그려져 있었다.

편지를 말할 것 같으면, 전 세계 모든 나라의 온갖 사투리와 언어로 쓰인 애정과 감사와 사랑과 숭배가 넘치는 글을 받았다. 그들은 장군을 세계의 구세주, 나라의 아버지, 신의 심부름꾼, 인류의 은인……이라고 불렀다. 프랑스 사람들뿐만 아니라 미국, 아르헨티나, 호주 사람들도 있었다. ……수많은 아이들이 부모 몰래 펜을 들고 편지를 써서 그에게 존경과 사랑의 마음을 전했다. 많은 아이들이 장군을 '우리 아버지'라고 불렀다. 그 말투나 존경하는 마음에는 절실함이 깃들어 있었다. 그것은 야만과 패배를 본 수많은 사람들의 가슴에서 새어나온 안도의 한숨이었다. 이 모든 순진한 아이들에게 조프르 장군은 용을 때려눕힌 성 조지같이 보였다. 장군은 분명 인류의 양심을 위하여 악을 물리친 선의 승리를, 어둠에 지지 않은 빛의 승리를 직접 보여준 사람이었다.

정신병자, 얼간이, 반미치광이나 미치광이들도 분명치 않은 정신으로 장군을 이성 그 자체라 생각했다. 시드니에 사는 한 사람은 장군에게 편지를 보내 자기를 적(敵)에게서 구해달라고 애걸했는가 하면, 뉴질랜드의 한 사람은 자기에게 10파운드를 빌리고 갚지 않은 한 신사의 집에 병사를 보내달라고 요청했다.

마지막으로, 수백 명의 소녀들은 정숙함도 벗어던지고 가족들 모르게 장군에게 청혼을 했는가 하면, 어떤 소녀들은 그저 곁에서 심부름만이라도 하게 해달라고 바랐다."

이러한 이상적인 조프르는 그가 이끈 참모들과 장병들의 승리 전쟁이 낳은 절망감, 개인적 불행, 그리고 다가올 승리에 대한 희망 따위가 얽혀서 만들어진 것이다. 그러나 영웅 숭배의 이면에는 악마에 대한 증오도 담겨 있다. 영웅들이 살아 있는 인간에게 빙의하는 것과 같은 심리 과정을 거쳐 악마가 만들어진다. 모든 착한 일은 조프르, 포슈, 윌슨, 또는 루스벨트가 만들어낸다고 한다면, 모든 악은 빌헬름 황제, 레닌, 트로츠키에게서 나온다. 이런 사람들은 영웅들이 선에 대해 전능하듯이 악(惡)에 대해 전능하다고 생각했다. 많은 단순하고 겁 많은 사람들의 눈에는 세계 곳곳에서 일어나는 정치적 변화, 파업, 방해, 까닭 모를 죽음이나 커다란 화재의 원인을 모두 이 악의 근원이라 여겨진 인간들에게로 돌렸다.

3

온 세계의 관심이 이처럼 상징적인 한 인물에 집중되는 일은 매우 드물며 눈길을 끄는 예이다. 아무런 반박의 여지가 없을 만큼 뚜렷한 예를 누구도 들지 못할 것이다. 전쟁을 자세히 연구하면 그런 예를 찾을 수 있을지 모르지만, 평화로운 시절에는 생기지 않는다. 분명 상징적인 사람은 평상시에도, 정상적인 공적 활동에서도 전쟁 때 못지않게 사람들의 행동을 지배한다. 아주 많은 상징들이 서로 다투기에, 전쟁 때에 비하면 상징 하나하나의 영향력은 훨씬 한정된다. 하나하나의 상징은 기껏해야 인구의 일부밖에 대표하지 않으므로 상징에 부과되는 사람들의 감정도 덜할뿐더러 그 사람들 사이에서도 개인의 차이를 억제하려는 힘이 매우 약하다.

적당히 안정된 시대에는 여론의 상징은 억제와 비교와 논의를 받게 마련이다. 그것은 나타났다가 사라지고 하나가 되었다가 잊히면서, 결코 집단 전체의 감정을 완전히 통합하지 못한다. 결국 온 국민이 신성한 결합에 이르는 행동은 인류에게 오로지 한 가지밖에 없다. 이는 전쟁에서 공포와 호기심, 증오, 그 밖의 모든 본능을 깨부수거나 그 힘을 빌려 정신을 지배하는 힘을 완전히 장악했을 때 생겨난다. 그것도 전쟁에 질려 싫어하는 마음이 생기기 전이어야만 한다.

그 밖에는 어떤 때이건 비록 전쟁 중일지라도 교착 상태에 빠졌을 때는 광범위한 감정이 깨어 있어서 논쟁, 선택, 주저, 타협을 만들어내는 여유가 충분하다. 나중에 알게 되지만*9 여론의 표현인 상징의 작용은 이해관계의 균형을 재는 기준이기도 하다. 이를테면 휴전 뒤 연합군이라는 상징이 지위를 확립하는 데 실패하고 불안정한 상태인 체로 얼마나 쉽게 사라져 버렸는가를 생각해보라. 그리고 곧이어 나라들이 다른 나라에게 가졌던 상징적인 이미지가 어떻게 무너져 갔는가.

국제법 수호자인 영국, 자유 전선의 감시자인 프랑스, 십자군 미국과 같은 여러 나라의 이미지가 빠르게 무너졌다. 그리고 어느 나라에서나 뒤로 밀려났던 쟁점이 정당 대립, 계급 투쟁, 개인적 야심에 휩싸여, 상징이었던 자기 나라의 이미지가 어떻게 갈가리 찢어져 갔는가. 또한 윌슨, 클레망소(Clemenceau), 로이드 조지(Lloyd George) 같은 지도자의 상징 이미지가 연달아 사라지고 그들이 인류 희망의 구현자라기보다 꿈에서 깨어난 세계의 교섭자, 위정자에 지나지 않게 된 것을 보라.

이것을 평화가 낳은 폐해의 하나로 유감스럽게 여길 것인지, 아니면 정상으로 돌아왔다고 갈채를 보내야 하는지 여기서 문제삼자는 말이 아니다. 허구와 상징이 현존하는 사회 질서에 있어 어떤 가치를 지니는가는 나중에 살펴 보기로 하고 오로지 인간의 의사소통 기구 가운데 얼마나 중요한 역할을 맡았는지 생각해 봐야 한다.

오늘날 모든 관심에 완전히 자족할 수 없고 또한 누구든지 거기서 일어난 모든 사건을 알 수 있을 만큼 작지 않은 사회에서 사람들은 보이지 않는 사건, 어려운 사건에 머리를 쓴다.

고퍼 초원(Gopher Prairie)*10에 사는 셔윈(Sherwin) 양은 프랑스에서 격전이 벌

---

*9 Part V.

*10 Sinclair Lewis의 *Main Street* 참조(*Main Street*란 소설의 무대가 된 미네소타 주의 마을 이름으로 인색하고 이기주의적이며 편협한 고장의 대명사가 되었다).

어진다는 사실을 알고 그것이 어떤 일인지 상상하려 애쓴다. 그녀는 프랑스에 가본 적도 없고, 더구나 전선(戰線)에도 가본 적이 없다. 프랑스 병사와 독일 병사들은 보았지만, 300만의 병사들은 상상하기조차 불가능하다. 사실 누구도 상상하지 못할 것이다. 그 방면의 전문가들은 아예 떠올리려 하지도 않는다. 전문가들은 이를테면 200개 사단으로 생각한다. 그러나 셔윈 양은 전투 포진 따위는 모르기 때문에 전쟁이라면 조프르 장군과 독일 황제가 말을 타고 일대일로 승부를 겨루는 것처럼 생각됐다.

만일 그녀의 마음눈에 비추어진 영상을 볼 수 있다면, 그것은 아마 18세기 위대한 장군의 조각상과 다름없을 것이다. 장군은 대담하면서도 침착하게 서 있다. 실물보다 큰 장군 뒤에는 아주 자그마한 사람들이 모인 군대가 배경으로 꾸불꾸불 이어져 있다. 위대한 사람들 또한 위인이란 이럴 것이라는 기대에 둔감하지 않은 듯하다. 드 피에르푀는 한 사진사가 조프르를 방문한 일을 이렇게 그리고 있다. "장군은 중급 사무실에서 서류가 없는 책상에 앉아서 서명하려 했다. 그때 문득 벽에 지도가 없는 것을 알아차렸다. 보통 사무실에 지도가 없는 장군이란 생각할 수 없는 노릇이다. 그래서 사진을 찍기 위해 지도를 몇 장 적당히 걸어놓고 촬영한 뒤 곧바로 치웠다."*[11]

어떤 사람이라도 직접 겪지 않은 사건에 대해서는 자신이 상상한 이미지가 가져오는 감정만 느낄 수 있다. 따라서 다른 사람의 행동을 진정으로 이해하려면 그들이 안다고 생각하는 일이 무엇인지 알아야 한다. 나는 펜실베이니아의 광산 마을에서 자란 한 소녀가 돌풍 때문에 부엌 유리창이 깨지자 그때까지는 몹시 쾌활했던 소녀가 갑자기 슬픔에 사로잡히는 모습을 본 적이 있다. 그로부터 몇 시간 동안 그녀의 상태는 걷잡을 수 없었고 나는 왜 그런지 이해할 수 없었다. 간신히 그녀 마음이 가라앉고 나서 이야기를 나눠보니, 그 소녀는 깨진 유리창이 가까운 사람의 죽음을 뜻한다고 믿었던 것이었다. 그래서 너무나 무서워 가출하게 만든 아버지가 죽은 줄로만 알고 슬픔에 잠겼던 것이다. 물론 전보를 쳐서 알아보니, 아버지는 아주 건강하게 잘 지내고 있었다. 그러나 그 답이 올 때까지 이 소녀에게는 깨진 유리창이 진정한 메시지였다. 왜 그랬는지는 노련한 정신과 의사가 오랜 연구를 해야만 밝혀질 수 있으리라. 하지만

＊11 Jean de Pierrefeu, *op. cit,* p.99.

아무리 무심한 관찰자일지언정 그녀가 가족과의 불화로 무척 고민하다가 오직한 번의 충격, 기억 속에 있던 미신, 양심의 가책으로 인한 괴로움과 아버지에대한 공포 그리고 애정 때문에 하나의 허구를 만들어냈다.

그러나 위 사례에서 보이는 특이점은 정도 차이에 불과하다. 자기 집 현관에서 터진 폭탄 때문에 놀란 적이 있던 법무장관은 혁명문학을 읽고 1920년 5월 1일에 혁명이 일어날 것이라 확신하는 경우에도 우리는 비슷한 심리구조가 작용하고 있음을 이해할 수 있다. 물론 전쟁은 이런 형태의 많은 예를 제공해주었다. 우연한 사실, 창조적 상상, 믿으려는 의지, 이 세 가지 요소에서 거짓 현실이 만들어지고 거기에 본능적으로 격렬히 반응한다. 왜냐하면 어떤 조건 아래놓인 인간은 현실을 대하는 것과 마찬가지로 허구에 대해서도 강렬하게 반응할 뿐만 아니라, 많은 경우에 그들은 스스로 반응하고 있는 그 허구 자체를 만드는 데 도움을 준다.

1914년 8월에 러시아 군대가 영국을 통과했다는 이야기를 믿지 않는 사람,직접적인 증거가 없다고 잔혹한 소식에 귀를 기울이지 않는 사람, 있지도 않은음모, 반역자, 또는 스파이를 인정하지 않는 사람, 그런 사람뿐이다. 자신이 모르는 것과 마찬가지로 아무것도 모르는 사람한테서 들은 이야기를 현실의 내막이라며 또 다른 사람에게 전해 본 일이 없는 사람, 거짓 현실에 반응하는 사람을 비난할 수 있는 것은 그런 사람뿐이다. 과연 그런 사람이 있을까.

이러한 많은 경우에서 우리는 한 가지 공통점에 특히 유의해야 한다. 그것은 인간과 인간을 둘러싼 환경 사이의 의사환경(擬似環境, pseudo-environment)이 따른다는 사실이다. 인간 행동은 이 의사환경에 대한 반응이다. 그러나 이것이 행동임에는 틀림없다. 그러니 만일 실제 행동일 경우, 그 결과는 행동을 자극한 의사환경 속이 아니라 그 행동이 일어나는 현실의 환경에 작용한다. 만일그 행동이 실제 행위가 아니고 우리가 사상이라든지 감정이라 부르는 것이라면, 허구 세계에 눈에 뜨일 만한 파탄이 생길 때까지는 오랜 시일이 걸릴지 모른다. 하지만 의사사실(擬似事實, pseudo-fact)의 자극이 결과적으로 현실 사물이나 다른 사람들에게 작용을 가져온다면, 그때에는 바로 모순이 나타난다. 그러면 돌벽에 머리를 부딪히는 것과 같이 경험으로 배우거나, 허버트 스펜서가말하는 '가혹한 사실이라는 무리가 하나의 아름다운 이론을 살육한다'는 비극을 보았을 때의 감정이며 적응이 불가능하지는 않지만 불쾌한 감각이다. 왜냐하면 분명히 사회생활면에서, 인간의 환경 적응 현상이 많은 허구의 매체를 통해서 이루어지고 있기 때문이다.

여기서 말하는 허구란 거짓과는 다르다. 내가 말하는 허구란 크건 작건 자신이 만들어낸 환경을 말한다. 그 허구 범위는 완전한 환상에서부터 과학자가 의식적으로 사용하는 도식적 모델에 이르기까지, 또는 자신의 특정 문제에 있어서는 소수점 아래까지의 정확성을 물을 필요가 없다고 정하는 과학자의 결정까지 포함한다. 허구도 거의 어느 정도의 진실을 지니며 그 신빙성을 고려하지 않는다면 그 허구는 그릇된 것이 아니다.

사실 인간 문화의 대부분은 윌리엄 제임스가 말한 대로 '관념의 무작위한 방사(放射)와 재정착(再定着)의*12 선택, 재정리, 형식 추구 및 양식화이다. 허구에 반대하는 대신 외적 자극에서 생기는 감각의 높고 낮음에 직접 반응하는 일이 있다. 그러나 그것은 진정한 바꿈은 아니다. 왜냐하면 때때로 완전히 순진한 선입견 없는 눈으로 보는 일이 아무리 신선해도 순진 그 자체는 지혜의 근원이나 교정자(矯正者)가 될지언정, 지혜 자체는 아니기 때문이다.

진정한 환경은 직접 지각하기에는 너무나 크고 복잡하며, 순식간에 바뀐다. 우리에게는 이처럼 정교하고 다양한 갖가지 조합을 가진 환경을 다룰 만한 능력이 없다. 우리는 이와 같은 환경 속에서 행동해야 하지만, 그런 환경에 잘 대처하기 위해선 환경을 좀더 단순하게 재구성할 필요가 있다. 세계여행을 하기 위해서는 세계 지도가 필요한 것과 마찬가지이다. 그러나 자신과 타인에게 필요한 사항이 그려져 있는 확실한 지도를 손에 넣기란 늘 어려운 일이다. 손에 넣을 수 있는 것은 보헤미아*13 해안에 그려진 그러니까 상상으로 꾸며낸 장소에 그려진 지도뿐이다.

4

여론분석가는 행동의 현장과 그 현장에 대해 인간이 생각한 이미지, 그리고 그 이미지에 대한 인간의 반응이 자연스럽게 행동 현장에 작용한다는 사실, 이 삼각관계를 인식하는 것부터 시작해야 한다. 그것은 연기자가 자신들의 경험에서 힌트를 얻어 연기하는 연극과 비슷하다. 그 줄거리는 무대 위에서뿐만

---

* 12 James, *Principles of Psychology*, Vol. Ⅱ, p.638.
* 13 중부 유럽에 있었던 역사상의 국가. 현재는 체코 서부 엘베 강 상류지역.

이 아니라 연기자의 실생활에도 영향을 미친다. 영화는 때때로 이 내면적 동기와 외적 행동의 이중 드라마를 아주 솜씨 좋게 강조한다. 두 사나이가 겉으로는 돈 때문에 말다툼을 하고 있지만, 왜 그들이 그처럼 흥분하고 있는지는 알수 없다. 그러다가 화면은 사라지고 두 사나이 가운데 어느 한 사나이의 마음에 비친 풍경이 화면에 나타난다. 테이블을 사이에 두고 두 사람은 돈 때문에싸우고 있다. 그러나 기억 속에서 그들은 청년시절로 돌아간다. 그 시절 두 사람 가운데 한 사람의 소녀가 다른 사람을 배신했다. 그리하여 겉으로 드러난드라마의 설명이 된다. 주인공은 돈 때문이 아니라 사랑 때문이라고.

이 장면과 그다지 다르지 않은 장면이 미국 상원에서도 볼 수 있다. 1919년9월 29일 아침 식사 자리에서 몇몇 상원의원들이 미국 해병대가 달마시안 해안에 상륙했다는 〈워싱턴 포스트〉 신문 기사를 읽었다. 신문에는 다음과 같이씌어 있었다.

바뀔 수 없는 사실

"다음의 중요한 사실은 이미 바뀔 수 없는 사실인 듯하다. 아드리아 해(海)의 미국 해군사령관 앤드류스 소장에 대한 명령은 영국 해군으로부터 런던에 있는 참모회의와 냅스 소장을 거쳐 문서로 전달되었다. 미국 해군성의 의사는 묻지 않고……."

다니엘즈가 모르는 사이에

"다니엘즈 씨는 절대적인 지휘권을 가졌다고 생각하는 함대가 자신도 모르는 사이에 해전(海戰)과 다름없는 작전을 수행하고 있다는 전신(電信)을받자 난처한 상황에 놓이게 되었다. 영국 해군성이 앤드류스 소장에게 대영제국과 그 동맹국을 위해 일하도록 명령을 내린 일은 사실이었다. 왜냐하면단눈치오(D'Annunzio) 일당을 막기 위해서는 국민이 희생될 수밖에 없는 상황이었으니까.

그뿐 아니라, 국제연맹의 새로운 계획 아래에서는 긴급시에 미국 해군성과합의 없이도 외국이 미국 해군력을 지휘할 수 있다는 것도 인정됐다."

이 문제를 맨 처음 언급한 사람은 펜실베이니아 주 출신 상원의원 녹스 씨였다. 화가 난 그는 진상 조사를 요구했다. 코네티컷 주 출신의 브랜디지 씨가 다음으로 발언했을 때에는 이미 너무 화가 난 나머지 그 기사를 믿을 뻔했다. 녹스 씨는 몹시 화를 내면서도 이 기사의 진실을 알고 싶어했는데 브랜디지 씨는 불과 30초 뒤에 만일 해병들이 죽었으면 어떻게 되느냐고 말했다. 이 물음에 녹스 씨는 자기가 조사를 요구했다는 사실을 잊고 다음과 같이 대답한다. 만일 미국 해병들이 죽었으면 전쟁을 피할 수 없으리라고.

그러나 아직 토론에는 만일이라는 가정법이 붙어 있었다. 토론은 계속 이어진다. 일리노이 주 출신의 맥코믹 씨가 윌슨 행정부는 소규모의 비공식 전쟁을 수행할 수 있음을 상기시킨다. 그는 시어도어 루스벨트의 '평화를 유지하기 위해 싸운다'는 경구(警句)를 되풀이한다. 브랜디지 씨는 해병대가 '어딘가에 자리잡고 있는 최고회의의 명령 아래' 행동한 것을 지적하지만, 그 회의의 미국 대표가 누구인지는 모른다. 미국 헌법에서 최고회의는 확인할 수 없다. 여기서 인디애나 주 출신의 뉴(New) 씨는 사실 해명을 요구하는 결의안을 제출한다.

여기까지만 해도 상원의원들은 어렴풋이나마 아직 자신들이 어떤 '루머'를 논의하고 있다고 생각한다. 법률가인 그들은 증거라는 형식을 완전히 잊어버리지 않았다. 그러나 그들도 몸 안에 붉은 피가 흐르는 사람으로서 의회 승인 없이 미국 해병대가 외국 정부의 명령을 받고 전쟁에 참가했다는 사실에 당연히 분노를 느꼈다. 감정적으로 그들은 그것을 믿으려 한다. 그들이 국제연맹을 반대하는 공화당원이므로 이에 대하여 민주당 지도자인 네브래스카 주 출신 히치콕 씨가 흥분한다. 그는 최고회의가 여러 참전국의 권한 밑에서 행동한다고 이를 옹호한다. 공화당원들의 지연 작전 때문에 강화조약이 아직 체결되지 않았다. 그러므로 그 행동은 필요한 것이었고 정당한 것이었다.

이쯤 되면 공화, 민주 양쪽 모두 그 보도가 진실이라 단정하고 그들이 이끌어낸 결론은 편파적 판단이 된다. 그런데 이 이상한 상정(想定)이 그 내용의 진실조사 결과를 기다리지 않고 논의되었다. 이것은 비록 훈련된 법률가라도 조사 보고가 들어올 때까지 반응을 삼간다는 것이 얼마나 어려운지를 알려준다. 반응은 즉각적이다. 허구가 절실히 요구되므로 허구가 진실로 여겨진다.

며칠 뒤 공식 보고에 의하여 해병대가 영국 정부나 또는 최고회의의 명령에 따라 상륙한 일이 없다는 사실이 밝혀졌다. 그들은 이탈리아군과 교전하지 않았다. 그들은 이탈리아 정부 요청으로 이탈리아군을 보호하기 위해 상륙했고 이에 대하여 이탈리아 당국은 미국 사령관에게 공식적으로 감사의 뜻을 나타냈다. 해병대는 이탈리아와 싸우지 않았다. 그들은 전통적인 국제 관례에 따라 행동했고, 그것은 국제연맹과는 아무 상관이 없었다.

사건이 벌어진 곳은 아드리아 해였다. 워싱턴에 있는 상원의원들의 머릿속에 그려진 장면은, 아드리아 해는 아무튼 국제연맹을 실패로 돌아가게 하려 한 사람이 꾸며 제공했다. 이 그림에 대하여 상원은 연맹을 둘러싼 당파적 대립을 강화하는 방향으로 반응했던 것이다.

5

이 특수한 경우에 상원의 행동이 통상적 수준 이상이었는지 이하였는지 가릴 필요는 없다. 또한 상원이 하원과 비교해서 또는 다른 나라 의회와 비교하여 그보다 나은지 아닌지도 가릴 필요가 없다. 나는 여기서 다만 환경에서 받은 자극 반응으로 현실 환경에 영향을 미치는 사람들에 대해서 법세계적으로 생각하고 싶을 따름이다. 왜냐하면 정치학은 효과를 계산해서 의도적으로 속인다는 것을 충분히 알지만 두 나라가 각각 자기 방위를 위한 일이라고 굳게 믿어 서로 공격한다든가, 또는 서로 다른 두 계급이 저마다의 공동 이익을 대변한다고 굳게 믿으며 싸우는 실상을 해명해야만 하기 때문이다. 흔히 그들은 서로 다른 세계에 산다고 말하기 쉽다. 그러나 그들은 같은 세계에 살지만 서로 달리 생각하고 말하는 것이 더 정확하다.

이런 특수한 세계, 개인적이거나 집단적인, 또는 계급적, 지방적, 직업적, 국가적, 종파적인 것들에 적응하는 것이 인간이 대사회(Great Society) 안에서 정치적으로 적응한다는 말이다. 그것은 너무나 복잡하고 다양하기 때문에 도저히 설명할 수 없다. 그럼에도 이들 허구가 인간의 정치적 행동에서 매우 큰 부분을 결정한다. 50개가 넘는 독립국가의 국회는 적어도 100개의 입법기관이 있다. 거기에는 적어도 50개의 지방 또는 시의회가 뒤따르며 각각 집행, 행정, 입법기관을 가지며 이 지구상의 공적 권위를 구성한다. 그러나 정치생활의 복잡성을 밝혀줄 실마리는 되지 못한다. 왜냐하면 이런 무수한 권위의 중심부에는 또 각각 여러 정당이 있고 이들 정당 자체가 계급, 지방색, 파벌, 씨족에 따라 여러 계층을 이루고 있기 때문이다. 그리고 이들 내부에는 많은 정치가가 있어서 저마다 인간관계, 기억, 공포, 희망이 거미줄처럼 얽혀 있다.

이유는 분명치 않지만 지배나 타협 또는 익숙함의 결과로 정치 단체로부터 여러 명령이 생겨난다. 이런 명령은 군대를 동원하고, 또한 화해를 하고, 징병을 하고, 세금을 매기고, 추방하고, 투옥하고, 재산을 보호 또는 몰수하고, 어떤 기업은 장려하고 어떤 기업은 억누르고, 이민을 권하거나 방해하고, 의사소통을 개선 또는 검열하고, 학교를 설립하고, 해군을 창건하고, '정책'과 '운명'을 선언하고, 경제적 장벽을 다지고, 이자에 이자가 붙어 재물이 늘게 하거나 돈을 모두 잃어 망하게 하고, 한 국민을 다른 국민의 지배 아래 두고, 또한 한 계급을 다른 계급보다 우대한다. 이런 여러 결정의 하나하나를 위하여 여러 사실에 대한 어떤 견해가 결정적 요소가 되며 환경에 대한 어떤 견해가 추리의 기초로서 그리고 감정의 자극제로 받아들여진다. 그러면 사실에 대한 어떤 견해란 무엇이며, 왜 그 견해가 받아들여지는가?

그러나 이것만으로는 진정한 복잡성을 설명할 실마리가 되지 못한다. 공식적인 정치 조직은 사회 환경 속에 존재한다. 그 사회 환경 속에는 크고 작은 수많은 법인, 공공기관, 자발적인 또는 반자발적인 조직, 전국적·지방적·도시적 이웃집단들이 있어서 정치집단에게 이따금 영향을 끼친다. 이와 같은 여러 결정은 무엇을 근거로 하고 있을까?

체스터튼(Chesterton) 씨는 말한다.

"현대 사회는 모든 인간이 같은 일을 해도 동기가 다르다는 생각에 기반을 두고 있어 본질적으로 불안정하다. ……그리고 감옥에 갇힌 사람의 머릿속에는 완전히 개별적인 죄의 지옥이 있듯이 교외에 사는 직원 집이나, 머리에 쓴 모자 아래에도 완전히 다른 철학이 만든 지옥이 있을지 모른다. 예를 들어 한 사람은 완벽한 유물론자로 자기 육체를 자신의 정신을 만드는 무서운 기계라고 느낄 수도 있다. 그는 마치 시계의 똑딱 소리에 귀를 기울이듯이 자기 생각에 귀를 기울이리라. 옆집 사람은 크리스천 사이언스의 신자로 자기 육체를 그 그림자보다도 덜 실체적인 것으로 여길지도 모른다.

그는 자신의 손발을 거의 황홀한 상태의 꿈속에서 움직이는 뱀처럼 환상 속의 존재라 생각할지 모른다. 그 거리의 세 번째 집 사람은 크리스천 사이언스 신자가 아니라 그리스도교 신자일지도 모른다. 이웃 사람들이 말한 바와 같이 그는 동화 속에, 이 지상의 사람이 아닌 친구들의 얼굴이나 모습으로 가득 찬 비밀의, 그렇지만 충실한 이야기 속에 산다. 네 번째 집 사람은 신지학자(神智

學者)일지 모른다. 그리고 채식주의자일 것이다. 또한 다섯 번째 집 사람은 악마 숭배자라고 상상해서 안 될 이유는 전혀 없다고 생각한다.

……그런데 이런 다양성에 가치가 있건 말건, 거기서 만들어지는 통일은 불안정하다. 모든 인간이 언제나 저마다 다른 생각을 하는데 같은 일을 하리라고 기대하는 일에 의문이 든다. 그것은 사회가 공동체 또는 관례에 기반을 둔다고 보는 것이 아니라, 우연의 일치에 기반을 둔다고 보는 것이다. 네 사람이 같은 가로등 밑에서 만났다고 하자. 한 사람은 시(市)의 일대 개혁을 위해 그 가로등 기둥에 황록색 페인트를 칠하기 위해서, 한 사람은 그 불빛으로 교회의 기도서를 읽기 위해서, 한 사람은 술에 취해 우연히 가로등 기둥을 끌어안기 위해서 왔다. 그리고 마지막 한 사람은 황록색 기둥이 젊은 애인과 만나는 약속을 하기에 쉬운 장소이기 때문에 왔다. 그러나 이런 일들이 밤마다 일어나리라고 기대한다는 것은 현명한 일이 아니다……"*14

가로등 밑에 모인 네 사람 대신에 정부, 정당, 법인, 사교계, 사회단체, 조합이나 전문 직업, 대학, 종파, 그리고 세계의 여러 나라들로 대치해 보라. 먼 나라 국민들에게까지 영향을 끼칠 법안을 가결하려는 입법자를, 결정을 내리려는 정치가를 생각해보라. 그 밖에도 유럽의 국경을 재조정하려는 평화회의를, 본국 정부와 자기가 주재하고 있는 외국 정부의 의향을 알아내려고 애쓰는 외국 주재 대사를, 후진국에서 이권을 얻으려는 개척자를, 전쟁을 주장하는 편집자(編輯者)를, 경찰에게 오락의 단속을 요구하는 목사를, 파업에 들어가려 하는 클럽 휴게실을, 학교를 규제하려는 자선재봉회(慈善裁縫會)를, 오리건 주의회가 부인 노동 시간을 규제할 수 있는가 아닌가를 결정하는 9명의 판사들을, 어떤 정부를 승인할지 결정하는 내각 회의를, 후보를 선출하고 정책의 큰 줄기를 정하려는 정당대회를, 2700만 명의 유권자들을 생각해 보라.

벨파스트에 사는 한 아일랜드 사람을 생각하는 코크 지방의 아일랜드 사람을, 인간 사회를 전면적으로 다시 세우려는 제3인터내셔널을, 종업원들 요구를 마주한 중역 회의를, 생업을 택하는 소년을, 다음 계절의 수요와 공급을 예상하는 상인을, 시장 시세를 점치는 투자자를, 새 사업에 돈을 빌려줄 것인가 아닌가를 결정하는 은행가를, 광고주를, 광고 독자들을 생각해보라. ……대영제

---

*14 G. K. Chesterton, "The Mad Hatter and the Sane Householder," *Vanity Fair*, January, 1921, p.54.

국, 프랑스, 러시아, 또는 멕시코에 대하여 생각하는 각각 다른 미국 사람들을 떠올려보라. 체스터튼 씨의 황록색 가로등 밑에 모인 네 사람과 별다를 것이 없다.

6

따라서 인간의 선천적 차이라는 모호한 문제 속에 얽혀들기 전에 먼저 인간이 알고 있는 일은 천차만별이라는 사실에 유의하는 것이 좋을 것이다.[*15] 인간에게는 중요한 생물학적 차이가 있다는 데는 의심할 바 없다. 인간도 동물인 이상 생물학적 차이가 없다면 이상하다. 그러나 두 환경 사이에 상당한 유사성이 없는데 그 안에서 행동의 차이를 비교해 일반화하여 말하는 일은 이성적 동물인 이상 매우 어리석은 짓이다. 행동은 환경에 의한 반응이기 때문이다.

천성과 교육, 선천적 성질과 환경에 대해 예부터 많은 논쟁이 있었으며 한 발 나아가야 하지만 이런 생각에는 그런 점에서 실제적인 의미가 있다. 왜냐하면 의사환경(擬似環境)은 '인간성'과 '조건'의 혼합물이기 때문이다. 그것은 인간의 행동 관찰만으로 인간이란 무엇이며 그리고 앞으로 어떠하리라든가, 또는 사회의 필요 조건이란 무엇인가에 대하여 그럴싸하게 말한다는 것이 얼마나 무의미한 것인가를 나에게 가르쳐준다. 대사회(大社會)의 현실에 반응해서 인간이 어떻게 행동할 것인지 우리는 알 수 없기 때문이다. 우리가 실제로 알고 있는 것이라고는 인간이 대사회에 가장 부적절하다고 말해도 지장이 없는 이미지에 반응하여 행동한다는 사실뿐이다. 이런 근거로는 인간 또는 대사회에 대한 올바른 결론을 얻을 수 없다.

그러므로 바로 이것이 우리들이 탐구하는 실마리가 될 것이다. 각각의 인간은 직접적인, 확실한 지식에 따르지 않고 자신이 만들어낸 이미지 또는 받은 이미지에 따른다고 가정해야 한다. 만일 그의 지도(地圖)가 세계는 납작하다고 말한다면, 그는 떨어질까 두려워서 지구 끝이라고 생각되는 곳 가까이로 항해하지 않을 것이다. 만일 지도에 영원한 젊음의 샘이 그려져 있다면, 폰세 데 레온(Ponce de Leon, 1460?~1521. 스페인의 탐험가) 같은 인물은 그것을 찾으러 나설 것이다. 누가 황금처럼 보이는 누런색의 흙을 파내면, 그는 잠시나마 마치

황금을 찾아낸 것과 똑같은 행동을 하리라. 인간 행동은 세계를 어떻게 상상하느냐에 따라 결정된다. 그러나 그것은 인간이 무엇을 이룰 것인가를 결정하지는 않는다. 그것은 인간의 노력, 감정, 희망을 결정하지, 인간의 업적이나 결과가 아니다. 소리 높여 '유물론'을 주장하고 '관념론'을 멸시하는 마르크스주의자, 공산주의자들은 그들의 모든 희망을 어디에다 두는가? 계급의식에 눈을 뜬 집단이 만든 선전에 희망을 맡긴다. 그런데 선전(propaganda)이란 하나의 사회양식을 다른 것으로 바꾸기 위해 사람들이 현재 반응하는 사회상을 고치려는 노력이 아니고 무엇이겠는가? 계급의식도 세계를 이해하는 방법의 하나가 아니고 무엇이겠는가? 민족의식 역시 또 하나의 방법이 아니겠는가? 그리고 기딩스(Giddings, 1855~1931. 미국의 사회학자) 교수의 동류의식(同類意識)이란 우리가 많은 사람들 속에서 자신과 같은 종류로 보이는 사람들을 인지한다고 믿는 하나의 작용이 아니고 무엇이겠는가?

사회생활을 즐거움의 추구, 고통의 회피라고 설명하면 곧 우리는, 쾌락주의자들은 이를 자명한 이치로 삼는다는 것을 알 수 있다. 인간이 이런 목표를 추구한다고 가정하더라도 쾌락을 만들어 내리라 생각되는 길이 왜 저 길이 아니라 이 길인가, 이런 중요한 문제는 해결되지 못한 채 남아 있기 때문이다. 그렇다면 인간의 양심을 이끄는 것으로 사회 생활을 설명할 수 있을까? 그런데 그렇다면 어째서 한 인간이 자신의 양심이라는 특별한 양심을 가지게 되는가? 경제적 이기심 추구라는 이론은 어떤가? 그러나 어째서 자신들의 이익에 대해 저렇게가 아니라 이렇게 생각하게 되는가? 안전이나 명성, 지배, 또는 막연하게 자아실현이라고 하는 것에 대한 욕구로 설명될 수 있을까? 그러면 인간은 안전을 어떻게 생각하고 명성을 어떻게 여기며 지배 수단을 어떻게 고안해내고, 실현하려는 자아란 무엇인가? 쾌락, 고통, 양심, 취득, 보호, 강화, 지배 등은 확실히 포함된다. 이런 목적을 지향해서 움직이는 본능적 기질이 있을지 모른다. 그렇다고 목적에 대해 아무리 설명해도, 혹은 목적을 추구하는 성질에 대한 어떠한 기술도 거기서 이뤄지는 행동을 설명할 수 없다. 어쨌든 사람들이 이론을 세운다는 사실이 바로 인간의 의사환경, 즉 그들이 내면에 품은 세계상이 사상, 감정, 행동의 한 결정 요소임을 증명하고 있다. 왜냐하면 현실과 인간의 반응 사이의 관계가 간접적·추론적이 아니라 직접적·즉각적인 것이라면, 결단을 내리지 못한다든가 실패란 존재하지 않을 것이며(만일 우리 모두가 자궁 속의 태아처럼 아늑하게 세계에 딱 들어맞아 있다면), 버나드 쇼도 인간은 생명이 되어 2개월이 지나면 식물처럼 스스로 자기 일을 다룰 수 없게 된다고 말하지 않았을 테니까.

정치사상에 정신분석 체계를 적용할 때 주된 어려움은 여기서 생긴다. 프로이트 학파는 서로 다른 여러 개인이나 구체적 상황에 대한 부적응(不適應) 문제를 다루고 있다. 만일 내면적인 혼란을 고칠 수만 있다면 무엇이 분명하게 정상적 관계인지 거의 또는 전혀 혼란이 일어나지 않는다고 가정했다. 그러나 여론은 간접적이고 보이지 않는, 그리고 영문 모르는 사실을 다루며 분명한 것이라곤 하나도 없다. 여론이 언급하는 상황은 오직 의견으로서 알려질 뿐이다. 한편 정신분석가는, 명석한 지성은 환경을 알 수 있으며 만일 알 수 없더라도 전할 수 있다고 거의 언제나 가정한다. 이와 같은 가정은 여론이 거론해야 할 문제이다. 사회분석가는, 이미 알고 있는 환경을 마땅한 것으로 받아들이는 대신에 더 큰 정치적 환경이 어떻게 인식되는가, 그리고 어떻게 하면 좀더 좋은 결과를 가져오도록 인식될 수 있는가의 연구에 몰두하고 있다. 정신분석가는 그가 환경이라고 부르는 X에 대한 적응을 검토한다. 사회분석가는 그가 의사환경이라고 부르는 X를 검토한다.

물론 사회분석가는 늘 변함없이 새로운 심리학의 도움을 받고 있다. 왜냐하면 새로운 심리학을 잘만 응용한다면 무슨 일이 일어나건 사람들의 자립을 크게 도울 수 있을 뿐만 아니라, 꿈이나 환상에 대한 합리적 설명은 의사환경이 어떻게 형성되는가를 밝혀냈기 때문이다. 그러나 사회분석가는 기존 사회 질서 속의 '정상적인 생물학적 생애(career)'[16]라고 불리는 것이나 사회 질서 밖의 '종교적 억압이나 독단적 인습에서 해방된'[17] 생애를 자신의 비평 기준으로 여길 수 없다. 사회학자들에게 있어 정상적인 사회적 생애란 무엇인가? 또는 억압이나 인습에서 해방된 생애란 무엇인가? 보수적인 비평가는 틀림없이 전자를 택하고 로맨틱한 비평가는 후자를 택한다. 어쨌든 그런 관점을 택할 때 그들은 이 세계의 존재를 통째로 인정하게 된다. 다시 말해서 한쪽은 사회가 그들이 정상이라 생각하는 것과 같다고 주장하거나, 다른 한쪽은 사회가 자신들이 자유라고 생각하는 것과 같다고 말할 뿐이다. 이 두 가지 관념은 모두 여론에 불

---

*16 Edward J. Kempf, *Psychopathology*, p.116.

*17 *Id.*, p.151.

과하다. 의사(醫師)로서의 정신분석학자는 어쩌면 이런 관념을 받아들일지 모르나, 사회학자는 현존하는 여론의 결과를 여론 연구의 기준으로 삼을 일은 없을 것이다.

7

우리가 정치적으로 다루어야 할 세계는 손에 닿을 수 없고 보이지도 않는, 모르는 곳에 있는 세계이다. 우리는 그 세계를 찾아내어 보도하고 상상해야 한다. 인간은 단번에 모든 존재를 생각할 수 있는 아리스토텔레스 같은 신(神)이 아니다. 인간은 겨우 자기 생존을 유지하는 데 충분한 부분적 현실만 간신히 지배하고 시간의 척도에서 본다면 순간에 불과한 통찰이나 행복밖에 잡아낼 수 없는 진화의 산물이다. 그러나 이같은 생물이 맨눈으로 볼 수 없는 것을 보고, 귀로 들을 수 없는 것을 듣고, 엄청나게 거대하거나 더할 수 없이 작은 양을 재고, 하나하나 기억할 수 없으리만큼 많은 조항들을 헤아리거나 구분하는 방법을 찾아냈다. 인간은 일찍이 보지도 만지지도 냄새를 맡지도 못하고, 또 듣지도 기억하지도 못했던 세계의 드넓은 부분을 지혜로 볼 수 있게 됐다. 인간은 점점 자신의 손이 닿을 수 없는 세계의 믿을 만한 이미지를 자기 머릿속에서 멋대로 만들었다.

현실 세계의 현상이 다른 사람들의 행동과 관계가 있어야만 하는 경우 그런 다른 사람들의 행동이 우리의 행동과 교차하거나, 우리에게 의지하고 또는 우리의 관심사가 되는 한, 우리는 그런 현실 세계의 현상을 크게 공적인 일이라고 부른다. 이런 사람들의 머릿속 이미지—즉 자기 자신에 대한 또는 다른 사람들, 자신들의 욕구·목적·관계 등에 대한 이미지—는 바로 그들의 여론(public opinion)이다. 사람들의 집단에 따라 또는 집단의 이름 아래에서 활동하는 개인이 머릿속에 그리는 이미지를 대문자로 여론(Public Opinion)이라 한다. 그러므로 다음 장들에서 우리는 먼저 왜 인간이 머릿속에 가진 이미지 때문에 현실 세계의 일을 다루는 데 자주 잘못을 저지르게 되는지 이유를 몇 가지 알아볼까 한다. 이 주제에서는 사람들이 사실에 접근하는 일을 제한하는 그 원인을 생각해볼 것이다. 거기에는 인위적 검열, 사회 접촉을 제한하는 여러 가지 상황, 하루 중에 공적인 일에 주의를 기울이는 데 이용할 수 있는 시간이 비교적 적다는 것, 사건들은 짧은 메시지로 압축하여 보도해야 하므로 생기는 왜곡, 복잡한 세계를 단어 몇 마디로 표현하기가 곤란하다는 것, 그리고 마지막으로 기존의 인간 생활을 위협하는 듯한 사건에 마주하기를 꺼리는 공포심 등이 있다.

이처럼 다소 외적인 요인에서 오는 여러 제약을 분석한 뒤 안 그래도 적은 현실 세계로부터의 메시지가 지금까지 쌓인 다양한 이미지, 선입관 그리고 편견에 의하여 어떤 영향을 받게 되는가 하는 문제로 넘어간다. 그런 문제들은 우리의 주의력 활동이나 머릿속 상상 자체를 설명하고, 충족하며 기회가 온다면 강력한 지휘력을 발휘한다. 이 책은 더 나아가 고정관념화된 외부로부터의 제한된 메시지가 개개인 속에서 그가 느끼고 생각할 때에 그 자신의 관심에 어떻게 통일화되어 가는지를 검토한다. 이어서 여러 의견이 여론이라 불리는 것으로 어떻게 결정화(結晶化)되는가, 또 국가의지, 집단정신, 사회목적 등 무엇이라 부르든 간에 그런 것이 어떻게 형성되는가를 검토한다.

이 책의 처음 5부는 서술적 부분이다. 여론에 대한 전통적 민주주의 이론 분석이 그 뒤를 따른다. 그 논의의 요점은, 본래 민주주의는 사람들의 머릿속 이미지가 현실 세계와 자동적으로 대응하지 않기 때문에 생기는 문제에 이제까지 진지하게 직면한 적이 없다는 것이다. 그리고 그 다음에는 민주주의 이론이 사회주의 사상가들의 비판을 받고 있으므로 그 비판 가운데서도 영국 길드 사회주의자들의 비판처럼 가장 앞서고 일관된 비판을 검토하기로 한다. 여기서 나는 이들 개혁자들이 과연 여론의 주된 문제점을 고려했는지 아닌지를 알아보기로 한다.

내 결론은 그들 또한 초기 민주주의자들과 마찬가지로 이런 문제를 모두 무시했다는 점이다. 왜냐하면 옛날보다 훨씬 더 복잡한 문명 속에서 살면서도 신기하게도 그들 또한 인간의 마음속에는 인간의 손이 닿을 수 없는 세계관이 존재한다고 가정했기 때문이다.

나는 정치 또는 산업에서 어떤 형태의 선거를 통하더라도 의사 결정을 해야 할 사람들에게 눈에 보이지 않는 사실을 분명히 알릴 수 있는 독립적 전문 기관이 없는 한, 대의통치(代議統治)는 성공할 수 없다고 주장한다. 그러므로 나는 눈에 보이지 않는 사실을 대표하는 것에 의해 보이지 않는 사람을 대표하는 이들이 보완되어야 한다는 원리가 진정 받아들여질 때에만 비로소 권력 조직의 분산이 가능해지며, 우리 한 사람 한 사람이 모든 공사(公事)에 대하여 충분한 의견을 갖추어야 한다는 가능하지도, 작동할 리도 없는 허구에서 벗어날 수 있다고 주장한다.

　나는 언론 문제가 혼란에 빠진 이유는, 비판가나 옹호자나 할 것 없이 모두 신문이 이 허구를 실현하고 민주주의 이론에서 예측하지 못했던 모든 일들을 보상하기를 바랐기 때문이다. 그리고 독자들은 이 기적이 아무런 대가나 부담 없이 이루어지기를 기대한다. 민주주의자들은 신문을 자신들의 상처를 치료하는 만병통치약으로 생각하지만, 뉴스의 본질과 신문의 경제적 기반을 분석하면 신문은 필연적으로 여론의 불완전한 조성을 반영하고 따라서 얼마쯤 사실을 강조한다는 것을 알 수 있다. 결론적으로 여론이 건전성을 띠려면 여론으로 신문을 만들어야 한다. 오늘날처럼 신문에 의해서 여론이 형성되어서는 안 된다. 이 조직화야말로 정치학이 마주한 과제라 생각한다. 신문은 결정이 내려진 뒤의 변호자나 비판자 또는 기자가 아니라, 결정이 내려지기 전에 명확하게 계통이 잡힌 설명을 하는 매체로 바른 위치를 차지하게 되는 것이라고 생각한다. 나는 정부와 산업측의 혼란은 정치학 자체를 강화하고 공공에 봉사할 커다란 기회를 부여한다는 점을 지적하고 싶다. 그리고 물론 내 글이 많은 사람들이 그 기회를 더욱더 뚜렷이 인식하고 더욱더 의식적으로 추구하게 되는 데 도움이 되기를 바란다.

제2부 현실 세계로의 접근

제2장 검열과 사생활

1

역사상 큰 전쟁 중 가장 긴박한 시간에 편집회의를 여는 장군의 그림은 현실의 한 페이지라기보다 초콜릿 병사(The Chocolate Soldier)*¹의 한 장면 같다. 그러나 프랑스군의 성명서를 편집한 장교의 증언으로 이런 회의가 전쟁 수행에 있어 꼭 필요한 사업의 하나임을 알 수 있다. 베르됭(Verdun) 전투 최악의 순간에 조프르 장군과 그의 부관들은 회의를 열고 다음 날 아침 신문에 인쇄되어야 할 명사, 형용사 및 동사에 대해 논의했다.

드 피에르푀*²의 말에 따르면, "(1916년 2월) 23일 저녁의 작전 성명서는 극적 분위기 속에서 편집되었다. 수상실의 베르틀로(Berthelot)는 수상의 명령에 따라 펠레(Pellé) 장군에게 보고 내용을 강화하고 적의 공격에 대한 부분을 강조하라고 전화를 막 걸었던 터였다. 사태가 파국으로 바뀔 경우에 대비하여 국민들로 하여금 최악의 결과에 대비하도록 할 필요가 있었다. 이런 걱정은 분명히 정부가 총사령부나 국방장관을 믿을 만한 근거를 가지지 못했다는 것을 의미했다. 베르틀로 씨의 말을 펠레 장군은 메모했다. 장군은 정부의 간절한 요구를 적은 메모와 함께 몇몇 포로들로부터 발견된 사실로 그날 독일군의 폰 다임링(von Deimling) 장군이 명령한 이 공격은 평화를 얻기 위한 마지막 공격이라 쓴 메모도 내게 주었다. 잘만 이용한다면 이것은 모두 독일이 거대한 전투, 즉 전례가 없을 만큼 강력한 전투를 시작하려 하고 있으며 이를 성공시켜 독일이 전쟁을 끝내려 함을 증명할 수 있었다.

그러니까 우리 군이 퇴각해도 아무도 놀랄 필요가 없다는 뜻이었다. 30분 뒤 내가 원고를 가지고 클로델(Claudel) 대령의 집무실로 내려갔을 때 대령은 이

---

*1 버나드 쇼의 〈무기와 인간〉을 오페라화한 각본.

*2 G.Q.G., pp.126~129.

미 외출 중이라 없고, 펠레 장군, 자냉(Janin) 장군, 뒤퐁(Dupont) 대령, 르누아르(Renouard) 중령이 모여 있었다. 내가 만든 성명서로는 기대에 어긋나는 인상을 줄까 봐 염려한 나머지 펠레 장군 자신이 손수 성명서를 준비했다. 나는 내가 만들어 온 것을 읽었다. 너무 온건하다는 결론이 나왔다. 반대로 펠레 장군의 성명서는 너무 겁을 주는 듯했다. 나는 일부러 폰 다임링의 그날의 명령을 뺐다. 만일 그것을 성명서에 넣는다면, 일반 사람들의 익숙한 형식을 깨는 일이 되며 성명서를 변명으로 바꾸게 된다고 생각했다. 마치 '우리는 어떻게 하면 저항할 수 있겠는가?'라고 말하는 것과 같았다. 사람들이 이 어조의 변화 때문에 혼란을 일으켜 모든 일이 끝났다고 믿지 않을까 걱정할 만한 부분이 있었다. 나는 내가 생각하는 이유를 설명하고 다임링의 명령문은 별도로 신문에 제공하도록 건의했다.

의견이 나누어졌으므로 펠레 장군은 드 카스텔노(de Castelnau) 장군을 찾아가, 직접 와서 마지막 결단을 내려달라고 청했다. 장군은 미소를 지으면서 조용히 기분 좋게 들어와 지금까지 없었던 이런 문학적인 군사회의에 대해 가볍게 몇 마디 한 뒤 두 가지 문안을 검토했다. 그는 간단한 원고를 골라 첫머리 부분에 더 중점을 두어 '예상한 대로……'라는 말을 집어넣어 믿음을 갖도록 하고, 폰 다임링의 명령문을 넣는 데에는 반대했지만 별도의 특별 기사로 신문에 전달하는 것은 찬성했다……. 조프르 장군은 그날 저녁 그 성명서를 신중히 읽은 다음에 허락했다.

몇 시간 뒤 2, 3백 자로 된 글을 온 세계가 읽었다. 사람들의 머릿속에는 베르됭의 비탈에서 일어나고 있는 일의 이미지가 그려졌으며, 그 이미지로 용기를 얻거나 실망했다. 브레스트의 신발 가게 주인, 로렌의 농부, 프랑스 국회의원, 암스테르담이나 미니애폴리스의 편집자들은 희망을 가지면서도 있을지도 모를 패배를 당황하지 않고 받아들일 수 있도록 그들 나름대로 마음의 준비를 해야만 했다. 그래서 후퇴가 프랑스군 사령부에는 놀랄 일이 아니라는 소식이 전해진다. 사태는 심각하지만 예기치 못한 일은 아니라고 생각하도록 가르친다.

그런데 사실 프랑스 참모들은 독일군의 공세에 충분히 대비하지 못했다. 참호도 파지 못했고, 예비 도로도 마련하지 못했으며, 철조망도 부족했다. 그러나 그 사실을 그대로 전한다면 시민들의 머릿속에 후퇴를 엄청난 불행으로 생각하게 만드는 결과를 가져올지 모른다. 최고사령부는 일단 실망을 했어도 다시 분발할 수 있다. 그러나 불안에 가득 찬 국민들은 전문가들처럼 전쟁 상황에 전념하지 못했다. 만일 그들이 완전한 상황을 알게 된다면 장교들의 능력에 대해 찬성과 반대 두 파로 갈라져서 논쟁하다가 혼란에 휩싸여 결국 전쟁을 잊어버릴 것이다. 그러므로 장군들이 알고 있던 모든 사실을 알려 사람들이 행동하도록 하는 대신에 당국은 일정한 사실만을 제공했고, 그것도 사람들의 동요가 가장 적을 방법으로 골랐다.

이 경우에 의사환경을 만든 사람들은 진정한 환경이 무엇인가를 알고 있었다. 그러나 2, 3일 뒤에 프랑스군의 참모도 그 진실을 몰랐던 사건이 생겼다. 독일군이 그 전날[*3] 오후에 두오몽 요새(Fort Douaumont)를 공격해 차지했다고 발표했던 것이다. 샹티이(Chantilly)에 있던 프랑스군 총사령부에서는 이 보도를 아무도 이해하지 못했다. 그 까닭은 25일 오전, 즉 제20군단의 교전 뒤 전세 (戰勢)가 좋아지기 시작했기 때문이었다. 전선에서부터 들어오는 보고에 두오몽에 대한 이야기는 없었다. 그런데 조사 결과 독일군의 보도가 사실임이 드러났다. 그래도 그 요새가 어떻게 점령당했는지는 아무도 몰랐다. 그러는 사이에 독일군의 성명서가 온 세계에 퍼져서 프랑스군은 무언가 발표를 해야만 하는 지경에 이르렀다. 그래서 총사령부는 다음과 같이 설명했다.

"샹티이에서는 어떻게 공격이 들어왔는지 전혀 알 길이 없으나, 우리는 26일 저녁 성명서에서 1000분의 1의 가능성밖에 없는 공격 계획에 대해 상상한 바가 있었다."

이 전투를 상상으로 보도한 성명서의 내용은 다음과 같았다.

"베르됭의 구(舊) 방위 체제 전진기지(前進基地)였던 두오몽 요새 주변에서 격전이 벌어지고 있다. 오늘 아침 적(敵)은 여러 번에 걸친 공격이 실패로 돌아가 막대한 손실을 입으면서도 아군의 한 지점을 차지했으나, 아군은 이 지점에 다시 이르러 전진했고 적은 반격을 하지 못했다."[*4] 실제로 일어난 일은 프랑스군

[*3] 1916년 2월 26일. Pierrefeu, G.Q.G., pp. 133 et seq.

[*4] 이것은 저자 자신의 번역이다. 2월 27일 일요일의 〈뉴욕타임스〉에 발표된 런던발 영어 번역은 다음과 같다.

London, Feb. 26(1916). A furious struggle has been in progress around Fort de Douaumont which is an advance element of the old defensive organization of Verdun fortresses. The position captured this morning by the enemy after several fruitless assaults which cost him extremely heavy losses(The

의 보고와도 다르고 독일군의 보고와도 달랐다. 부대들이 전선에서 교대하는 사이에 명령에 혼란이 생겨 두오몽 요새를 잊어 버렸다. 그래서 요새에는 포병 중대장과 몇몇 사병만 남아 있었다. 몇몇 독일병들이 기회가 온 것을 보고 요새에 숨어들어가 안에 있던 사람들을 모두 포로로 잡았다. 그 뒤 언덕 비탈에 있던 프랑스군은 요새로부터 사격을 받아 아연실색했다. 그랬을 뿐 두오몽에서는 아무런 전투도 없었고 다친 사람도 없었다. 또한 성명서에서 말한 대로 프랑스군이 그 지점을 지나 전진한 바도 없었다. 프랑스군이 그 지점의 양쪽에 있었던 것은 사실이나, 요새는 적의 손안에 들어 있었다.

그럼에도 사람들은 성명서를 통해서 요새는 거의 아군이 포위했다고 믿었다. 물론 말로는 그렇게 뚜렷이 표현하지 않았지만, 신문은 언제나 그렇듯이 억지로 분위기를 띄웠다. 군사평론가들이 독일군은 곧 항복할 수밖에 없다고 결론을 내렸다. 며칠 뒤 그들은 독일군이 식량이 부족한데도 왜 아직도 항복을 하지 않는가 자문하기 시작했다. 신문사를 통해서 군사평론가들에게 요새가 포위되었다는 사실을 다루지 않도록 부탁해야만 했다.[*5]

2

프랑스군 성명서의 편집자는 전투가 장기화되자 독일군의 사기를 꺾기 위하여 자기 동료들과 함께 독일군이 엄청난 손해를 입었다고 끊임없이 주장했다고 말했다. 그리고 그 무렵 실제로는 1917년까지 모든 연합국 국민들의 보편적인 전쟁관은, 전쟁은 '사상자 수'로 결정되는 것이었다는 사실을 돌이켜 볼 필요가 있었다. 아무도 주의 주장을 위해 움직이는 전쟁을 믿지 않았다. 전략이나 외교는 문제가 안 된다고 주장했다. 그저 독일인을 죽이는 것만이 중요했다. 일반 사람들은 조금이나마 그 신념을 믿었으나, 독일군의 눈부신 성공을 마주하자 끊임없이 사람들에게 그 신조를 떠올리도록 해주어야 했다.

"성명서가 공정함의 탈을 쓰고 독일군의 대량 사상자, 그것도 더할 수 없이 많은 대량 사상자가 나왔다며 보도하고 피투성이 희생자, 산더미 같은 시체,

---

French text says "pertes très élevés." Thus the English translation exaggerates the original text), was reached again and gone beyond by our troops, which all the attempts of the enemy have not been able to push back.

*5 Pierrefeu, *op. cit.*, pp.134~5.

대학살에 대해 말하지 않은 날이 거의 없었다. 더불어 무선통신 역시 늘 베르됭의 정보부 통계를 이용했는데 정보부장 쿠엥테(Cointet) 소령이 발명했다는 독일군 사상자 수 계산법이 엄청난 효과를 올렸다. 그 숫자는 2주일마다 10만씩 늘어났다. 이렇게 해서 30만, 40만, 50만이라는 사상자 수가 발표되고, 하루, 일주일, 한 달의 사상자 수로 나누어지면서 별의별 방법으로 다 되풀이되었다. 이것은 엄청난 효과를 발휘했다. 우리 글은 거의 변함이 없었다. '포로들 말에 따르면, 이 공격으로 독일군은 엄청난 손해를 입었다', '피해로 말미암아 기진맥진한 적은 다시 공격을 시작하지 못했다.' 나중에는 너무 자주 쓰여서 버리게 된 문구도 있었지만, 날마다 다음과 같은 판에 박힌 말들을 사용했다. '아군이 기관총 사격과 포화 밑에서……' '아군의 포 및 기관총을 연달아 쏘아서…….' 끊임없는 반복은 중립국뿐만 아니라 독일 자신에게도 강한 인상을 남겨 이 끊임없는 되풀이를 막으려고 한 나우엔(Nauen : 독일 무선)의 말에도 불구하고 열기로 가득찬 배경을 만들어내는 데 큰 도움이 되었다."[*6]

프랑스군 사령부가 이들 보도를 통해서 대중 안에 확립하려던 것은 검열관들을 위한 지침에 다음과 같이 명시되었다.

"이 공격은 병력이 줄어들고 있는 적의 현역 부대와의 싸움이다. 우리는 1916년도 병사들이 이미 전선에 참가했다는 사실을 안다. 이미 징집 중인 1917년 병사들과 제3종(55세 이상 남자 또는 회복 기간에 들어선 환자)에 속하는 인원이 남았을 뿐이다. 2, 3주 뒤에는 이 공격으로 기진맥진한 독일군이 연합군의 전 병력(700만 대 1000만)과 대결하게 될 것이다."[*7]

드 피에르푀 씨에 따르면, 프랑스군 사령부까지 이런 신념을 갖게 되었다.

"궤도를 벗어난 정신 상태 때문에 적의 사상자 수만 눈에 띄고 아군에는 전혀 사상자가 없는 듯보였다. 니벨(Nivelle) 장군도 같은 생각이었다. 우리는 1917년에 그 결과를 알게 되었다."

우리는 이것을 가리켜 선전(宣傳, propaganda)이라 부른다. 일반 사람들이 사건의 진실을 알 수 없도록 소수의 선동집단이 목적에 맞도록 뉴스를 꾸몄다.

---

*6 Op. cit., pp.138~139.
*7 Op. cit., p.147.

이 경우에 그 목적이 애국 때문이었다는 것은 문제가 안 된다. 그들은 권력을 이용하여 연합국의 대중이 그들이 바라는 대로 사태를 보도록 만들었다. 온 세계에 알려진 쿠엥테 소령의 사상자 수도 이런 구조였다. 그 숫자의 목적은, 소모전이 프랑스군에 유리하게 돌아가고 있다는 특정의 추정을 불러일으키는 데 있었다. 그러나 그 추정은 논의 형식으로 나온 것이 아니었다. 그것은 독일군이 베르됭 언덕 부근에서 수없이 살육되는 광경을 마음속에 그리면 거의 자동적으로 생겨나는 추정이었다. 이 그림의 중심에다 죽은 독일병을 가져오고 반대로 프랑스병의 죽음은 전혀 말하지 않음으로써 더할 나위 없이 특수한 전투 광경이 만들어졌다.

그것은 독일군의 영토 침략이 주는 효과와 끈질긴 공격이 만들어 낸 적군의 위압감을 중화하기 위해 그린 이미지였다. 또한 연합군에게 피할 수 없는, 사기를 꺾는 수세에 몰린 전략을 묵인하게 만들려는 의도도 들어 있었다. 왜냐하면 전쟁이란 흔히 대규모의 전략적 이동, 측면 공격, 포위, 극적인 항복으로 성립된다고 생각한 대중은 목숨을 걸면 전쟁에 이긴다는 무서운 전쟁관을 유지해온 지금까지의 이미지를 서서히 잊어야 했기 때문이다. 그래서 프랑스군 총참모부는 전선으로부터 날아온 모든 보도를 통제함으로써 이런 전략에 알맞은 사실로만 만들어진 전쟁관을 대신 제공했다.

야전군 총참모부는 대중이 인식하는 사항을 넓게 통제할 수 있었다. 전선에 갈 특파원 선정을 제한하고, 전선에서 그들의 행동을 제한하며, 전선에서 보내는 그들의 메시지를 검열하고, 무전(無電)까지 조작한다. 군대 배후에 있는 정부도 해외통신이나 여권, 우편, 세관 및 봉쇄에 대한 지배권을 행사해서 그 통제를 더욱 엄격히 한다. 정부는 출판업자나 공개 집회에 대한 법적 구속력으로 통제를 강화한다. 이는 비밀정보기관이 맡아서 처리한다. 그러나 군을 통제할 경우에는 많은 미비점이 있다. 오늘날과 같은 무전 시대에는 적의 성명서가 늘 들어오고 이를 중립국이 모를 수가 없다. 무엇보다 더 중요한 것은, 사병들의 소문이 전선에서 흘러들어오고 이 소문이 사병들의 휴가 때 널리 퍼진다는 사실이다.*8 이런 의미로 육군은 다루기 힘들다. 그래서 해군과 외교상의 검열이 훨씬 안전한 이유가 여기에 있다. 육군에 비해 무슨 일이 일어나고 있는지를

*8 미국군의 생미엘(St. Mihiel)과 아라곤―뫼즈(Argonne―Meuse) 마을에 대한 공격에 앞서 몇 주 전에 이미 프랑스에서는 누구나 극비에 관하여 말하고 있었다.

아는 사람이 적고, 그들의 행동을 감시하는 것도 훨씬 쉽다.

3

어떤 형태의 검열 없이는 엄밀한 의미의 선전이 불가능하다. 선전을 하기 위해서는 대중과 그 사건 사이를 가로막는 어떤 장애가 있어야 한다. 누군가가 스스로 현명하다거나 바람직스럽다고 생각할 만한 의사환경(擬似環境)을 만들어내기 전에, 현실 환경에 접근할 수 없도록 제한해야 한다. 왜냐하면 직접 접촉한 사람들은 그들이 본 것을 오인할 수도 있는데, 그들이 보는 대상과 장소를 결정할 수 없는 한, 아무도 그들이 어떻게 오인할지 알 수 없기 때문이다. 군사 검열은 가장 단순한 대중과 사건 사이를 차단하는 장애이기는 하지만, 가장 결정적인 효력을 가진 것은 아니다. 사람들도 검열의 존재를 알고 있고, 따라서 어느 정도 감안하고 받아들이기 때문이다.

각각 다른 시기에 다른 문제에 대하여 어떤 사람들은 기밀에 대한 특정 기준을 강요하고, 어떤 사람들은 그것을 따른다. 발표하는 것이 이른바 '공공의 이익과 양립'하지 않기 때문에 비밀로 부치는 경우와 대중이 끼어들면 안 된다는 확신에 의해 비밀로 부쳐지는 경우가 있는데 둘을 가로막는 경계가 점차 사라져 후자로 바뀌어 버린다. 무엇이 알려져서는 안 되는 개인적인 일인가 하는 관념은 유동적이다. 사람의 재산이 얼마나 되는가 하는 문제는 개인의 사사로운 일로 여겨서 소득세법에서도 그것을 되도록 공개하지 않도록 세심한 규정이 마련되어 있다. 한 덩어리의 토지를 판다는 것은 사사로운 일은 아니지만, 그 가격은 사사로운 일이 된다. 월급은 일반적으로 품삯보다 더 사사로운 것으로 취급된다. 동시에 수입은 유산(遺産)보다 더 사사로운 것으로 다루어진다. 한 사람에 대한 신용평가는 일정 범위의 사람들 사이에서만 알려진다. 대기업의 이윤은 중소기업의 것보다 더 공개적이다. 어떤 성격의 대화—부부 사이의, 변호사와 의뢰인 사이의, 의사와 환자 사이의, 성직자와 신도 사이의 대화—에는 비밀로 지켜질 특권이 부여된다. 중역 회의는 일반적으로 비밀회의이다. 대부분의 정치 회의도 마찬가지이다. 내각 회의에서의 발언, 외국 대사가 외무장관에게 한 말, 개인적 만남, 만찬 때의 발언은 거의 사사로운 일이다. 많은 사람들은 고용주와 피고용인 사이의 계약을 사사로운 일로 생각한다. 한때는 모든 회사의 일이 마치 오늘날 사람들의 종교처럼 비밀 사항이라 생각한 시절이 있었다. 그런가 하면 그 이전에는 누군가가 어떤 종교를 가졌는지 그의 눈동자 색깔처럼 공개적이었던 때도 있었다. 반면에 전염병이 사람의 소화작용과 마찬가지로 사사로운 일이었던 때도 있었다. 사생활 개념에 대한 역사를 따라가면 하나의 재미있는 이야기가 될 것이다. 볼셰비키가 비밀 조약을 공표했을 때처럼, 또는 휴스(Hughes) 씨가 생명보험회사를 조사했을 때처럼, 또는 누구에 대한 추문이 마을소문을 다루는 신문에서부터 허스트계 신문(Mr. Hearst's newspapers)의 1면 기사로 퍼져 나갔을 때처럼 때로 사생활을 둘러싸고 심하게 대립하기도 한다.

사생활을 지키는 이유가 좋건 나쁘건, 현실과 대중을 차단하는 장애는 존재한다. 공사(公事)로 불리는 영역의 모든 장소에서 성가실 정도로 기밀을 주장한다. 따라서 여러분이 자기 의견의 근거가 된 사실에 다다른 과정을 자문한다면 매우 뚜렷해지는 경우가 많다. 여러분의 의견 대상을 누가 실제로 보고, 듣고, 느끼고, 헤아려보고, 이름 지었는가? 그 사람은 여러분에게 말해준 사람이었는가, 또는 그 사람에게 말해준 다른 사람이었는가. 안 그러면 더 먼 사람이었는가? 그리고 그 사람은 자기 눈으로 얼마나 볼 수 있었나?

그가 여러분에게 프랑스는 이렇게 생각하고 저렇게 생각한다고 일러줄 때에 그는 과연 프랑스의 어느 부분을 보았을까? 어떻게 그것을 볼 수 있었을까? 그것을 보았을 때 그는 어디에 있었던가? 그는 어떤 프랑스 사람들과 말할 수 있었을까? 무슨 신문을 읽었을까? 그리고 프랑스 사람들은 그들이 말하는 것을 아는가? 여러분이 이런 질문을 할 수는 있지만, 거의 답할 수는 없다. 그러나 이런 질문은 여론이 다루고 있는 사건 자체에서 얼마나 멀리 떨어진 곳에 있는가를 명심하도록 해줄 것이다. 그리고 명심한다는 것 자체가 위험을 막는 한 방법이다.

제3장 접촉과 기회

1

검열과 사생활 때문에 이 많은 정보들이 그 원천에서 가로막히는 한편 이를 피한 아주 많은 사실도 결국 모든 사람에게는 이르지 못하고 끝나버리거나, 전해지더라도 매우 늦게 도달한다. 왜냐하면 사상의 유통에는 아주 뚜렷한 제한이 있기 때문이다.

전쟁 중에 정부의 선전을 살펴보면 정보를 모든 사람에게 알리기 위해 얼마만큼의 노력을 기울였는지 계산할 수 있을 것이다. 미국이 참전할 무렵, 이미 전쟁은 2년 반이나 계속되어 왔고 몇 천만 페이지의 인쇄물이 배포되었으며 헤아릴 수 없는 연설이 행해졌다는 사실을 다시 떠올리면서, 크릴(Creel) 씨가 설명했듯이 '아메리카주의의 성경 말씀이 지구 구석구석까지 미치도록 사람들의 정신을 위하여, 사람들의 확신을 얻어내기 위하여' 싸운 것에 주목하기로 하자.*9

크릴 씨의 말에 따르면, 보도부를 포함한 기구를 만들어 6000건이 넘는 발표를 해야 했다. 7만 5000명의 연설단체로부터 협력을 받아 합계 3억이 넘는 사람들에게 적어도 75만 5790번의 연설을 해야 했다. 보이스카우트는 미국의 세 대주들에게 윌슨 대통령의 연설을 쉽게 풀이한 글을 배부했다. 60만 명의 교원들에게 격주로 정기 간행물을 발송했다. 해설 그림이 있는 강연을 위한 20만 개 환등기용 슬라이드가 마련되었다. 포스터, 창의 첩지(貼紙), 신문 광고, 만화, 스티커, 단추 등을 위하여 1438개의 디자인이 제작되었다. 상공회의소, 교회, 우애단체(友愛團體), 학교 등에 배부했다. 크릴 씨의 활동을 이 정도만 말해서 죄송하지만 이 밖에도 평화촉진연맹, 자유국가연합(League of Free Nations Association), 국가안보연맹 같은 애국 단체의 독자적 활동이나 연합국과 군소국가들의 선전국(宣傳局)의 활동은 말할 것도 없고, 맥카두(McAdoo) 씨의 자유채권(自由債券)을 위한 큰 조직, 널리 퍼진 후버(Hoover) 씨의 식량에 관한 선전, 적십자, Y.M.C.A., 구세군, 가톨릭우애자선회(Knights of Columbus), 유대인 사회복지회 등의 활동이 있었다.

어느 정도 일관된 일련의 사상을, 한 나라의 모든 국민에게 재빨리 전달하려는 가장 대규모의, 그리고 가장 집중적인 노력이었는지도 모른다. 옛날의 개종(改宗) 운동은 그것보다 더 느렸다. 어쩌면 더 확실했는지는 몰라도, 이토록 포괄적이지는 않았다. 지금 만약 위급한 상황에 빠져 모든 사람에게 빠짐없이 알리기 위해서 비상수단이 필요하다면 이보다 더 정상적인 방법으로 사람들의 마음에 얼마나 통할 수 있었을까? 정부는 이 시기에 미국 전역에 걸친 하나의 여론이라 불릴 만한 것을 만들어내려 애썼고, 전쟁이 계속되는 동안 매우 큰

---

*9 George Creel, *How We Advertised America*.

성공을 거두었다고 나는 생각한다. 그러나 그러려면 꼭 필요한 인내성 있는 작업, 복잡한 계획, 자금, 그리고 인원을 생각해야 한다. 평화시에는 그런 것은 존재하지 않는다. 또 평화로움의 마땅한 결과인 온갖 사회적 구분이 있으며 커다란 집단들, 독립적인 크고 작은 집단, 여러 계급들이 있게 마련이다. 거기서 진행되는 많은 일들은 어렴풋하게만 들려온다.

그들은 판에 박힌 생활을 되풀이하고 자신들의 문제에서 벗어나지 못하며, 그들과 다른 유(類)의 사람들과 거의 접촉이 없고 책도 읽지 않는다. 여행과 쇼핑, 우편, 전신, 라디오, 철도, 고속도로, 선박, 자동차, 그리고 다음 시대에는 물론 비행기가 사상의 유통에 가장 큰 영향을 끼칠 것이다. 이들 하나하나가 정보와 의견의 공급이나 질(質)에 복잡하게 작용한다. 그리고 그들 하나하나가 기술적, 경제적, 정치적 조건의 영향을 받는다. 정부가 여권 발급 절차나 세관 검사를 완화할 때마다, 새 철도나 항구가 개설될 때마다, 새 항로가 생겨나고 환율이 오르내릴 때마다, 우편물의 배달 시간이 빨라지거나 느려질 때마다, 전신 검열이 폐지되고 요금이 내려갈 때마다, 고속도로가 건설되거나 길이 확장되거나 개량될 때마다 이들은 사상의 유통에 영향을 끼친다.

관세율이나 보조금은 민간기업 방향에 영향을 주며 따라서 계약 내용에도 영향을 끼친다. 그래서 매사추세츠 주 살렘(Salem) 시의 경우처럼 조선기술(造船技術)의 변화 때문에 국제적 중심지였던 도시를 조용한 지방 도시로 바꿔버렸다. 더 빠른 변화에서 생기는 직접적 효과는 반드시 좋지는 않다. 이를테면 지나치게 파리에 집중된 프랑스 철도망에 대한 프랑스 국민의 반응은 결코 좋지 않다.

의사소통 수단에서 생기는 문제가 더할 나위 없이 중대한 문제임에 틀림없다. 그래서 국제연맹 구상의 가장 건설적인 특징은 철도 수송과 항만에 대한 연구였다. 해저전신, 항만, 연료 보급소, 산고갯길, 운하, 해협, 하천수로, 종착역, 시장 등의 독점은[10] 한 무리의 실업가들이 재물을 모아 부자가 된 사실이나 정부 위신보다 더 큰 의의를 갖는다. 즉 보도(news)와 의견 교환을 차단하는 하나의 수단이었다. 그러나 독점만이 의사소통을 차단하는 방법은 아니다. 소요 비용과 이용할 수 있는 교통기관의 공급량이 더 큰 차단 방법이 된다. 왜냐하

---

[10] 그래서 야프(yap, 섬 이름)를 획득한다는 생각이 진지하게 다루어진 것이다.

면 여행이나 교역 비용이 엄청나게 크거나 교통기관에 대한 수요가 공급을 넘어설 경우에는 독점 없이도 현실에서 의사소통 차단이 성립되기 때문이다.

2

수입의 많고 적음은, 그 사람의 이웃을 넘어서 세계에 대한 접근에 상당한 영향을 준다. 돈만 있으면 사람은 거의 모든 의사소통을 막고 있는 구체적인 장애를 극복할 수 있다. 그는 여행하고, 책과 잡지를 사고, 이미 알려진 세계의 거의 모든 사실을 스스로 가질 수 있는 범위 안으로 들어갈 수 있다. 개인 수입과 공동체 수입에 따라 의사소통의 양이 결정된다. 그런데 수입을 어떻게 사용하는가의 문제는 각자의 생각에 의해 결정되며, 그것이 결국 개인 수입에 영향을 주게 된다. 사람은 자주 제멋대로이고 자신에게 약하기 때문에 이 또한 의사소통을 제약 한정하는 매우 현실적인 요소가 된다.

몇몇 독자적인 사람들은 여유로운 시간과 돈을 자동차 운전과 자동차 비교에, 트럼프나 브리지 승부 분석에, 또는 영화나 대중 작품에 소비하고 같은 사람들에게 언제나 같은 문제에 대해서 전과 다름없이 이야기하는데 쓴다. 이런 사람들이 검열이나 비밀, 의사소통의 높은 비용에 고민한다고는 말할 수 없다. 그들의 고민은 빈혈이나 식욕부진, 현실에 대한 호기심 부족이다. 이들에게는 현실 세계에 대한 접근수단은 문제가 되지 않는다. 재미있는 세계가 이들의 탐구를 기다리고 있지만, 이들은 거기에 들어가려 하지 않는다.

그들은 마치 끈에 매인 개처럼 그들이 속한 사교계의 법칙과 신조에 따라 정해진 범위 안의 지인(知人)들 사이에서 움직인다. 남자들의 경우, 사업상 또는 클럽이나 흡연차 안에서의 대화 상대는 그들이 속한 집단보다 넓다. 여자의 경우에는 속한 집단과 대화 상대가 거의 같을 때가 많다. 독서나 강의나 대화 상대에게서 얻은 생각들이 집약되거나, 받아들여지고, 거부되고, 판단되고, 제재를 받는 일도 바로 자신이 속한 사교계 안에서 일어난다. 이야기를 나누는 상황 속에서 어떤 권위와 정보의 원천이 인정될 만한 것인가 아닌가가 최종적으로 결정된다.

우리가 속한 사교계는 '사람들이 말한 바에 따르면'이라는 말 속의 사람들로 이루어져 있다. 이들이 인정하느냐 안 하느냐는 우리에게 가장 직접적으로 영향을 준다. 넓은 관심사를 가진 사람, 이리저리 움직일 수단을 가진 남녀, 대도시의 주민들 사이에서는 이 사교계가 그렇게 엄밀하게 한정되지 않는다. 그러나 대도시에서도 스스로 충족할 수 있는 사교계를 가진 구역이나 무리가 존재한다. 지역사회가 작아질수록 그 안의 교제는 좀더 자유스러운 교제, 즉 아침식사 후부터 저녁식사 전까지 더 성실한 교류 관계가 존재한다. 그렇다고 해서 자기들이 어느 사회에 속하고 어느 사회에 속하지 않는가를 모르는 사람은 거의 없다.

한 사교계를 구별하는 데 보통 눈에 띄는 것은 자녀들의 결혼을 허락하느냐 않느냐 하는 문제이다. 그 집단 밖의 사람과 결혼할 경우에는 적어도 약혼이 허락되기까지 걱정과 의심의 대상이 된다. 각각의 사교계는 모든 사교계가 이루어진 지위 등급 가운데서 자신이 상대적으로 놓여 있는 지위에 대하여 어느 정도 뚜렷한 생각을 가지고 있다. 같은 수준의 집단 사이에서는 교제가 쉽다. 개인들도 쉽사리 받아들이고 환영을 받으며 난처해지는 일이 별로 없다. 그러나 '높고' '낮은' 관계에 있는 집단 사이의 접촉에서는 늘 서로 망설임이나 얼마간의 불안과 차이를 느끼게 된다. 미국과 같은 사회에서는, 특히 인종적 장애가 없고 경제적 지위가 급하게 변하는 것으로 보아, 확실히 개인은 한 집단에서 다른 집단으로 어느 정도 자유로이 옮겨간다.

그러나 경제적 지위란 벌어들이는 돈으로만 측정되는 것이 아니다. 왜냐하면 적어도 창업 1세대에서 사회적 지위를 결정하는 것은 수입이 아니라 그 직업의 성격이기 때문이다. 그리고 이것이 사라지려면 한 세대 또는 두 세대가 걸릴지 모른다. 은행업, 법률업, 의사, 공익사업, 신문업, 성직자, 대규모 소매업, 중개업, 제조업 등은 판매업, 감독, 전문기술직, 간호사, 교사, 상점 직원 등과 다른 사회적 가치를 가진 것으로 평가된다. 그리고 이들은 다시 배관수리공, 운전사, 양재업, 하청업, 속기업(速記業) 등과 달리 평가되고 또 이들은 다시 청지기, 하녀, 영화기사, 또는 기관사와 달리 평가된다. 그러나 금전적 보수는 이런 순위와 반드시 같지 않다.

3

거기에 들어갈 때 어떤 시험을 치르더라도 사교계는 한번 이루어지면 단순한 경제적 계급이 아니라 오히려 생물학적 씨족에 더 가깝다. 구성원 자격은 사랑, 결혼 그리고 자녀들과 밀접하게 이어져 있다. 아니 좀더 정확히 말하면 생활 태도와 욕구로 깊은 관계를 맺는다. 그러므로 사교계에서 의견은 가문, 체면, 예의, 위엄, 취향 및 형식과 같은 규범과 부딪친다. 이런 규범들은 그 사회 집단의 자화상을 이루며 그들의 자녀들 속에 꾸준히 뿌리내린다. 그러면 무엇을 사회적 입장으로 받아들여야 하는가. 이에 대해서는 집단들 내부에서 요구하는 공인된 해석이 있다. 집단의 자화상 안에 암묵적으로 큰 범위를 차지하는 것이 이 부분이다. 비교적 정리되지 않은 집단은 의무로서의 복종심을 밖으로 드러내라고 강요하지만 그렇지 않은 집단은 이런 복종심이 눈에 보이지 않는 형태로 존재한다는 것을 알고 있어도 이에 대해서 점잖게, 게다가 배려를 하면서 침묵한다. 그렇지만 이를 안다는 것은 결혼할 때, 전쟁 때, 사회적으로 혼란할 때 공연히 나타나 트로터(Trotter)*¹¹가 집단본능이라는 일반용어로 분류한 여러 기질을 큰 다발로 묶는 띠가 된다.

사교계 속에는 《순수의 시대(The Age of Innocence)》*¹²에 나오는 반 데르 루이덴 집안(the van der Luydens) 사람들이나 맨슨 밍고트 부인(Mrs. Manson Mingott) 같은 그 집단의 행동양식 관리자 및 해석자로 인정된 예언자가 있다. 반 데르 루이덴 집안사람의 눈에 들기만 하면 성공은 틀림없다고 한다. 그들의 연회에 초대받으면 성공과 지위를 약속받았다는 증거이다. 대학 안의 사교계는 엄밀히 등급으로 나누어지고 그 등급이 널리 인정된다. 그런 사교계에 선택받으면 대학에서의 지위가 정해진다. 최종적으로 그 집단의 우생학(優生學)적 책임을 지는 지도자들은 책임의 무게 때문에 두드러지게 날카롭다. 그들은 그들이 속한 집단을 유지하는 데 기여하는 것을 주의 깊게 살펴야 할 뿐만 아니라, 다른 사교계가 무엇을 하고 있는지 알아낼 수 있는 특수한 능력을 길러야 한다. 그들은 마치 외무장관처럼 행동하는 것이다. 많은 구성원들이 이 집단이야말로 실제적인 목적을 위한 세계라 생각하고 만족스러운 생활을 하는 곳에서 사회 지도자들은 그들의 집단을 분석해 깊은 지식과 함께 모든 사교계의 지위 등급 가운데 자기들 집단이 어떤 위치를 차지하는가에 대한 지속적 의식을 가져야 한다.

사실 계층이란 사교계 지도자들에 의해서 결합된다. 이를 수평 방향으로 보면 어떤 평면에도 거기에는 그런 지도자들이 구성하는 사교집단 같은 것이 존

---

*11 W. Trotter, *Instincts of the Herd in War and Peace*.
*12 Edith Wharton, *The Age of Innocence*.

재한다. 그러나 수직적으로는 집단들이 서로 결합된 경우는 그것이 사회적 접촉에 의해 결속되어 있는 한, 예외적인 사람들에 의해 결합된 것이다. 그들은 흔히 의심을 받으며 《순수의 시대》의 줄리어스 보포트(Julius Beaufort)나 엘렌 올렌스카(Ellen Olenska)같이 어떤 집단을 나오거나 들어간다. 그러는 동안 하나의 집단에서 다른 집단으로 개인적 채널(경로)이 만들어지고 거기를 통해서 이른바 타르드(Tarde)의 모방 법칙이 작용한다.

그러나 온 인류의 대부분에게는 이런 경로가 존재하지 않는다. 대신 그들에게는 상류사회 특유의 소문이나 상류생활을 그린 영화가 있다. 그들은 흑인이나 외국계 사람들이 그랬듯이 거의 눈에 띄지 않게 그들 나름의 사회적 계층을 발전시킨다. 그렇지만 언제나 스스로 '민족국가'를 자처하는 저 동화(同化)된 대중 속에서는 집단과 집단이 멀리 떨어져 있음에도 다양한 개인적 접촉이 존재하며 그것을 통해서 규범의 유통이 가능해진다.

여러 집단 가운데 어떤 것들은 로스(Ross) 교수가 말하는 '인습의 복사점(輻射點)*13 같은 위치를 갖게 된다. 그래서 사회적으로 우월한 지위에 있는 사람들을 열등한 지위에 있는 사람들이 따라 하고, 권력을 잡은 집단을 따르는 집단이 따라 하고, 성공자를 실패자가, 부자는 가난한 사람들이, 도시 사람을 시골 사람들이 따라 한다.

그런데 모방은 결코 나라 안에만 국한되는 것이 아니다. 권력이 있으며 사회적으로 우월한 지위를 차지하고 성공을 거머쥔 부자에다 도시적인 집단은, 본질적으로 서반구 전체를 통하여 국제적인 존재이며, 여러 가지로 많은 점에서 런던이 그 중심지가 된다. 이런 집단 구성원은 세계적으로 가장 영향력 있는 사람들, 이를테면 외교관, 재벌, 고위 육해군 장성, 몇몇 교회 지도자와 신문 발행인 그리고 사교계를 지배하는 부인들, 어머니, 딸들이 포함된다. 그것은 커다란 의사소통 클럽인 동시에 진정한 사교계이다. 그러나 여기서 중요한 점은 이 집단에서는 마침내 공(公)과 사(私)의 구별이 사실상 없어진다는 데 있다. 이 집단의 사사로운 일은 곧 공무(公務)이며, 그 공무는 사사로운 일, 아니 많은 경우에는 가정 문제이다. 마고 애스퀴스의 출생은 왕실 사람들의 출생과 마찬가지로 철학자들이 말한 바처럼 세관 신고서나 국회 토론과 거의 다름없는 차원으

---

*13 Ross, *Social Psychology*, Ch. IX, X, XI.

로 다루어지는 화제이다.

이 사교집단이 관심을 갖지 않은 정치 분야도 넓다. 적어도 미국에서는 합중국정부에 대한 이 집단의 지배력은 꾸준하지 못했다. 그러나 외교문제에 있어서는 언제나 아주 큰 영향력을 가졌고 전쟁이 치러지는 동안 그 위신은 절정에 이른다. 그도 그럴 것이, 이들 세계주의자들은 다른 많은 국민들에게 허락되지 않은 외부세계와 접촉하고 있기 때문이다. 그들은 여러 나라 수도에서 함께 식사한 적이 있으며, 따라서 조국의 명예를 중시한다는 그들의 감각은 단순한 추상이 아니라, 친구들에게 푸대접을 받는다거나 환영을 받는다든가 하는 구체적 경험이다.

고퍼 초원의 케니코트(Kennicott) 박사에게는 윈스턴(Winston)이 무슨 생각을 하건 별 문제 될 것이 없지만, 에즈라 스토우보디(Ezra Stowbody)가 무슨 생각을 하느냐 하는 것은 중대 관심사이다. 그러나 외국의 스위딘(Swithin) 백작과 결혼한 딸의 어머니인 밍고트 부인에게는 자기 딸을 찾아가거나 윈스턴을 접대한다는 것은 중대한 일이다. 케니코트 박사나 밍고트 부인은 둘 모두 사회문제에 날카로운 사람이지만, 밍고트 부인의 경우에는 세계를 통치하는 한 사교집단에 예민한 데 반하여, 케니코트 박사의 사교계는 오로지 고퍼 초원만을 통치한다.

그러나 대사회라는 훨씬 더 큰 관계에 영향을 주는 문제에 대해서 케니코트 박사는 자기 생각은 순수한 자기 자신의 견해라고 생각하지만, 사실 그 견해란 상류사회에서부터 고퍼 초원에 뚝 떨어져 지방의 여러 사교집단을 통과하면서 변형된 것이다.

4

여기서 사회조직을 설명할 의도는 없다. 우리 세계와 정신적 접촉을 가질 때 사교계가 얼마나 중요한 구실을 하는가, 무엇을 용인할 수 있는가를 정하고 이를 어떻게 판단해야 좋을지 정하는 데 사교집단이 어떤 역할을 하는지 유의하면 충분하다. 사교집단은 제각기 가진 능력으로 처리할 수 있는 문제는 어떻게든 혼자 힘으로 결정한다. 무엇보다 먼저 판단을 실천에 옮길 때 세부적 사항을 결정한다.

그러나 이런 판단 자체는 과거로부터 계승되거나 다른 사교계에서 전해지거나 또는 모방한 본보기(pattern)*14에 따라 이루어진다.

가장 높은 위치에 있는 사교계는 대사회의 지도층 사람들로 구성된다. 거의 모든 사교계에서는 수많은 의견이 직접적인 경험을 바탕으로 한 지방 문제에 한정되는데 반해, 이 최고 사회에서는 전쟁과 평화, 사회 전략, 정치 권력의 최종적 분배 같은 큰 문제의 결정이 개인적인 친구로 이루어진 집단, 적어도 그런 경우가 있을 수 있는 동료 집단 내부의 가까운 경험으로 이루어진다.

어떤 지위에 있으며 어떤 접촉을 하느냐는 무엇을 보고 듣고 읽고 경험하느냐를 결정할 뿐만 아니라, 무엇을 보고 듣고 읽고 아는 일이 허락되는지 결정하는 일에도 큰 역할을 한다. 그러니 구조적 사고보다도 도덕적 판단이 훨씬 더 일반적이라고 해서 놀랄 것이 없다. 진정으로 효과적인 사고를 위해서는 여러 가지 판단을 모조리 지우고, 천진한 관찰력을 되찾아 감정을 풀고, 호기심 왕성하게 마음을 여는 일이 무엇보다 중요하다. 인간 역사는 아는 바와 같이 복잡하기 때문에 대사회와 같은 규모의 정치적 견해를 가지기 위해서 아주 잠깐이라도 누구에게나 다다르기 힘든 이타적인 고요함(equanimity)이 요구된다. 우리는 공사에 관심이 있음에도 사사로운 일에 마음을 빼앗긴다. 우리가 여러 의견을 무조건 받아들이지 않도록 노력하는 데 필요한 시간과 주의력에는 제한이 있을 뿐만 아니라, 끊임없는 방해를 받는다.

제4장 시간과 주의력

1

물론 사람들이 공적인 문제에 대한 정보를 얻기 위해서 날마다 얼마만큼의 주의력을 쓰느냐 하는 것을 대략 계산해내는 일은 가능하다. 그런데 내가 조사한 3가지 어림셈이 서로 다른 때와 장소와 방법으로 이루어졌는데도 제법 비슷하다는 것은 흥미로운 일이다.*15

---

*14 Cf. Part Ⅲ.

*15 1900년 7월. D.F. Wilcox, *The American Newspaper : A Study in Social Psychology,* Annals of the American Academy of Political and Social Science, vol. xvi, p. 56. (통계표는 James Edward Rogers, *The American Newspaper*에 실려 있다.)

1916년(?) W.D. Scott, *The Psychology of Advertising,* pp. 226~248. Henry Foster Adams, *Advertising and its Mental Laws,* Ch. Ⅳ도 참조.

1920년 *Newspaper Reading Habits of College Students,* by Prof. George Burton Hotchkiss and

호치키스(Hotchkiss)와 프랑켄(Franken)이 만든 질문서를 뉴욕 시의 남녀 대학생 1761명에게 보냈는데 몇 사람을 제외한 거의 모든 사람이 답을 보내왔다. 스코트(Scott)는 시카고 시에 있는 저명한 실업가, 전문가 4000명에게 질문서를 보내 2300명에게서 답을 받았다. 이 두 가지 질문서에 답한 사람의 70~75%는 신문을 읽는 데 하루에 15분을 쓴다고 했다. 시카고의 피조사자들의 4%는 15분보다 적게 쓴다고 대답했으며, 25%는 더 많은 시간을 쓴다고 대답했다. 뉴욕 대학생의 경우에는 8%를 조금 넘는 사람들이 신문을 읽는 데 15분 이하, 17.5%는 15분 이상 걸린다고 답했다.

15분이라는 시간을 정확히 인식하는 사람은 거의 없다고 할 수 있으므로 이 숫자를 액면 그대로 받아들여서는 안 된다. 그뿐 아니라 많은 실업가, 전문가, 대학생들은 신문을 읽는 일에 너무 많은 시간을 소비하는 것처럼 보이는 데 얼마쯤 부정적인 편견을 가지고 있으며, 또한 자기는 신문을 빨리 읽는 사람으로 알려지기를 바라는 경향도 조금 있다. 이 숫자들이 말하는 것이라고는 피질문자로 선정된 사람 전체의 4분의 3 이상이 현실 세계에 대한 인쇄 정보에 소비하는 주의력의 양(量)이 상당히 낮다는 것뿐이다.

이와 같은 시간에 대한 어림셈은 좀더 객관적인 질문을 덧붙이면 꽤 정확하게 알 수 있다. 스코트는 시카고 조사 대상자들에게 하루에 몇 가지 신문을 읽느냐고 물었는데, 다음과 같은 대답을 얻었다.

한 가지 신문만을 읽는다.	14%
두 가지 신문을 읽는다.	46%
세 가지 〃	21%
네 가지 〃	10%
다섯 가지 〃	3%
여섯 가지 〃	2%
모든 신문(여덟 가지 신문)을 읽는다	3%

둘 또는 세 가지 신문을 읽는다는 사람이 67%이며 이것은 하루에 신문을 읽

Richard B. Franken, published by the Association of National Advertisers, Inc., 15 East 26th Street, New York City.^각주끝^

는 데 15분을 쓴다고 한 스코트의 조사 그룹의 71%에 가까운 숫자이다. 네 가지 또는 여덟 가지 신문을 읽는 잡식성 독자는 15분 이상 신문을 읽는다고 답한 25%와 거의 일치한다.

2

시간 배분을 추정하는 일은 더 어렵다. 대학생들은 "당신이 가장 흥미 있게 보는 기사(features) 다섯 가지를 들어보라"는 질문에 20%가 '일반 기사(general news)'에 투표했고, 15%가 '사설'에, 12%가 '정치'에, 8%가 조금 넘는 사람들이 '경제'를 선택했다. 제1차 세계대전이 휴전된 지 2년도 채 안 지난 이때에 6% 약간 넘는 사람들이 '해외 뉴스'에, 3.5%가 '지방 기사'에, 약 3%가 '실업(實業)'에, 0.25%가 '노동 관계 기사'에 투표했다. 나머지는 스포츠, 특별 기사, 연극, 광고, 만화, 서평, '정확성', 음악, '윤리성', 사교, 요약, 예술, 이야기(story), 해운(海運), 학교 소식, '시사 뉴스', 판화 등등에 가장 흥미를 갖는다고 답했다. 그러나 이들을 제외하면 약 67.5%가 가장 흥미 있는 기사로 공사를 다룬 특별 뉴스(features news)와 오피니언을 골랐다.

이 투표는 남녀공학 대학생들을 대상으로 이루어졌다. 여학생들은 남학생보다 일반 뉴스, 해외 뉴스, 지방 뉴스, 정치, 사설, 연극, 음악, 예술, 이야기, 만화, 광고 및 '윤리성'에 더 많은 관심을 보였다. 이에 반하여 남학생들은 재정, 스포츠, 실업, '기사의 정확성'과 '요약'에 더 관심이 끌린다고 했다. 이와 같은 차이는 응답의 객관성을 의심케 한다. 왜냐하면 그들이 무엇을 문화적이며 윤리적인 것, 남성적이며 과감한 것이라 생각하는지, 그 이상과 밀접한 관련이 있기 때문이다.

그러나 대학생들의 대답은 스코트의 조사 대상이 된 시카고의 실업가나 전문가들의 답과 상당히 일치한다. 여기서 어떤 기사가 가장 흥미 있었느냐가 아니라, 왜 특정 신문을 다른 신문보다 좋아하는지 그 이유를 물었다. 71%에 가까운 사람들이 지방 뉴스(17.8%), 정치(15.8%), 재정(11.3%), 해외 뉴스(9.5%), 일반 기사(7.2%), 사설(9%)을 그 선택의 이유로 들었다. 나머지 30%는 공무(公務)와 관련이 없는 이유로 구독할 신문을 정했다. 즉 그들은 윤리성 때문에 결정했다는 7%에서 유머에 가장 관심 있다는 0.05%까지 광범위하다.

이와 같은 독자 취향과, 신문 주제들이 차지하는 지면량은 어떻게 대응할까?

불행히도 시카고와 뉴욕 집단에 대한 질문서가 작성되었을 때 그들이 읽은 신문의 이 문제에 대한 자료들을 모으지 못했다. 그러나 그보다 20여 년 전에 윌콕스(Wilcox)가 흥미로운 분석을 했다. 그는 14개 대도시의 110개 신문을 연구하여 9000여 개의 주제로 분류했다.

전국적으로 평균을 보면, 신문이 다루는 주제는 다음과 같이 정리된다.

Ⅰ. 뉴스 55.3
- (a) 전쟁 뉴스 17.9
- (b) 일반 뉴스 21.8
  - 해외 1.2
  - 정치 6.4
  - 범죄 3.1
  - 기타 11.1
- (c) 전문 뉴스 15.6
  - 실업 8.2
  - 스포츠 5.1
  - 사교 2.3

Ⅱ. 삽화　3.1
Ⅲ. 문학　2.4
Ⅳ. 의견　7.1
- (a) 논설 3.9
- (b) 투서·회답 3.2

Ⅴ. 광고　32.1

이 표로 주제마다 차지하는 지면을 공정히 비교하기 위해 광고 지면을 제외하고 비율을 다시 계산할 필요가 있다. 시카고 집단이나 대학생 집단의 조사에서도 의식적으로 광고를 선택한다는 사람은 아주 적은 부분에 지나지 않았기 때문이다. 내 생각에는 신문은 획득한 광고[16]는 내용에 상관없이 인쇄하는 데 반해, 나머지 지면은 독자 취향을 감안해서 채워지므로 우리 목적을 위해 이렇게 하는 것이 정당하다. 그러면 표는 다음과 같이 수정된다.

---

[16] 달갑지 않다고 인정되거나 극히 드문 일이지만 지면이 부족해서 실리지 못한 것은 예외이다.

```
                    ┌ 전쟁 뉴스  26.4 −
                    │                              ┌ 해외  1.8 −
                    │ 일반 뉴스  32.0 +            │ 정치  9.4 +
                    │                              ┤ 범죄  4.6 −
Ⅰ. 뉴스  81.4 + ────┤                              └ 기타  16.3 +
                    │                              ┌ 실업  12.1 −
                    └ 전문 뉴스  23.0 − ───────────┤ 스포츠  7.5 +
                                                   └ 사교  3.3 −


Ⅱ. 삽화      4.6 −
Ⅲ. 문학      3.5 +
Ⅳ. 의견      10.5 − ┌ 논설  5.8 −
                    └ 투서  4.7 +
```

이 수정표에서 공무(公務)를 다룬 것으로 생각할 수 있는 항목, 즉 전쟁, 해외, 정치, 기타, 실업 뉴스 및 의견을 합치면 1900년의 편집 지면 가운데서 76.5%가 된다. 1916년에 시카고 실업가들이 특정 신문을 읽는 이유로 지적한 이유의 70.6%를 위해 제공되었고, 1920년에 뉴욕 대학의 67.5%가 가장 흥미를 가졌다고 한 다섯 가지 기사에 제공되었다.

이는 오늘날 대도시의 실업가나 대학생들의 취향이 20년 전 대도시 신문 편집자들의 평균적 판단과 조금이나마 일치한다는 것을 가리키는 듯하다. 그 뒤로 뉴스와 비교해 특별 기사가 차지하는 지면 비율이 커졌다는 것이 확실해졌으며, 신문의 발행 부수와 지면의 크기도 늘어났다. 따라서 오늘날 우리가 비록 실업가나 전문가, 대학생들보다 더 일반적인 독자 집단에게서 정확한 답을 얻을 수 있다면, 공적인 일에 대한 기사를 읽는 시간의 비율과 그 기사에 제공되는 지면의 비율이 모두 줄었음을 발견할 것이다. 그와 반대로, 보통 사람들이 신문을 읽는 시간은 15분이 넘고, 공무에 주어지는 지면의 비율이 20년 전보다 줄었지만 그 절대량은 증가했다는 사실을 알 수 있다.

이와 같은 숫자에서 정밀한 추론을 기대할 수는 없다. 다만 이런 숫자는 우리 의견에 대한 자료를 얻기 위해서 날마다 쓰이는 노력을 조금이나마 구체화시키는 데 도움이 된다. 물론 신문이 자료를 얻는 유일한 수단은 아니지만, 주요한 것임에는 틀림이 없다. 잡지, 공개토론, 문화강습회, 교회, 정치집회, 노동조합대회, 여성 클럽, 그리고 영화관에서 계속 상영되는 뉴스 등은 신문을 보충한다. 그러나 아무리 잘 평가해본들 하루에 우리가 모르는 환경에 대한 정보에 직접 노출되는 시간이란 누구나 짧을 수밖에 없다.

제5장 속도, 말, 명백성(明白性)

1

우리는 주로 말을 통해서 모르는 환경에 대한 정보를 얻는다. 이런 말은 기자가 전신(電信)이나 라디오를 통해서 편집자에게 보내고 편집자가 말을 인쇄물로 바꾼다. 전보는 비용이 많이 들고 시설도 제한되어 있다. 그래서 보통 신문사의 뉴스는 부호화(符號化)된다.

"Washington, D.C. June 1.—The United States regards the question of German shipping seized in this country at the outbreak of hostilities as a closed incident." (워싱턴 6월 1일발—미국은 교전이 일어나자 미국에 붙잡혀 있던 독일 선박 문제를 이미 해결된 사건으로 보았다.)

이를테면 위와 같은 특파원 보도는 전신에서는 다음과 같은 형식으로 송신될 것이다.

"Washn 1. The Uni Stas rgds tq of Ger spg seized in ts cou at t outbk o hox as a clod incident."[*17]

또 다른 예를 살펴보자.

"Berlin, June 1—Chancellor Wirth told the Reichstag to-day in outlining the Government's program that 'restoration and reconciliation would be the keynote of the new Government's policy.' He added that the Cabinet was determined disarmament should be carried out loyally and that the disarmament would not be

---

*17 Phillips Code.

the occasion of the imposition of further penalties by the Allies." 〔베를린발, 6월 1일. 비르트 수상은 오늘 의회에서 정부 방침을 요약하여 '부흥과 화해야말로 새 정부 정책의 밑바탕이 될 것이다'라고 말했다. 그는 내각은 군비 축소가 충실히 실시되어야 한다고 결의하고 있으며, 군축 때문에 더 이상 연합국측의 제재를 받을 일은 없을 것이라고 덧붙였다.〕

위 기사는 아래와 같이 송신될 것이다.

"Berlin 1. Chancellor Wirth told t Reichstag tdy in outlining the gvts pgm tt qn restoration & reconciliation wd b the keynote f new gvts policy. qj He added ttt cabinet ws dtmd disarmament sd b carried out loyally & tt disarmament wd n b. the ocan f imposition of further penalties bi t alis."

이 두 번째 기사의 내용은 외국어로 된 긴 연설에서 요지를 가려뽑고 번역해 약식전문화(略式電文化)된 뒤 다시 보통 문장으로 고친다. 전문(電文)을 수신하는 기술자들은 전문이 도착하면 보통 문장으로 고쳐쓰는데, 능숙한 기술자는 점심식사를 위한 30분과 두 번의 10분 휴식을 포함한 하루 8시간 동안 1만 5천 자 또는 그 이상을 쓸 수 있다고 한다.

2

몇 마디 말로 행동, 사상, 감정 그리고 결과의 전체적 연결을 표현해야 할 때가 많다. 이를테면 이런 문장이 있다.

"워싱턴발, 12월 23일—전시에 벨기에에서 발생했다고 한 것보다 더 '두렵고 야만적인' 행위를 일본군이 저질렀다고 비난한 성명서가 오늘 이곳에서 한국위원회에 의해 발표되었다. 위원회 말에 따르면, 이 성명은 위원회가 만주에서 손에 넣은 믿을 만한 보고서에 근거한 것이라고 한다."

이 경우, 사건 목격자들은—그들의 정확성에 관해서는 알 수 없지만—'믿을 만한 보고서'를 작성하는 사람에게 보고한다. 그러면 이 보고를 받은 작성자들은 5000마일이나 떨어진 곳에 있는 위원회에 그 보고서를 전달한다. 위원회는 출판물로 만들기에는 너무 긴 성명서를 마련할 것이다. 그러면 기자가 성명서의 일부를 가려뽑아 9cm에 가까운 길이의 신문 기사를 만든다. 그때 기사를 읽는 사람이 그 뉴스에 얼마만큼의 비중을 두어야 하는가를 판단할 수 있도록 요점을 압축해야만 한다.

일곱 달에 걸쳐 한국에서 일어났던 일을 모두 바르게 전하기 위하여 필요한 진실의 모든 요소를 100개의 글자로 압축해 설명할 수 있을까? 아무리 훌륭한 문체의 대가라 하더라도 이것이 가능할지 의심스럽다. 왜냐하면 말이란 결코 의미를 전달하는 수단으로 완전하지 않기 때문이다. 말은 유행처럼 몇 번이나 바뀌고, 오늘은 이런 일련의 이미지를 불러일으키는가 하면 내일은 또 다른 일련의 이미지를 불러일으킨다. 같은 단어라도 기자가 마음속에 그린 것과 같은 관념을 독자 마음속에도 정확히 그려내는지 어떤지 확실치가 않다. 이론상으로 모든 사실과 관계가 각각 독특한 이름을 가지고 모든 사람이 그 이름에 동의한다면, 오해 없는 전달이 가능하리라. 정밀과학은 이 이상으로 접근할 방법이 있다. 세계적 협력이 여러 분야에서 이루어지는 가운데 과학분야 연구가 가장 성과를 올리는 이유가 여기에 있다.

사람이 자유롭게 쓸 수 있는 말은 표현하려는 관념보다 적고, 장 폴(Jean Paul)이 말한 바와 같이 언어는 퇴색한 은유(隱喩)의 사전이다.[18] 기자는 자신이 어렴풋이 상상할 수밖에 없는 50만 독자에게 말을 건넨다. 연설가는 멀리 떨어진 시골이나 바다 건너 외국으로 보낼 말을 한다. 그들은 겨우 몇 구절로 나타낸 의미가 모두 전달되리라 기대할 수는 없다. 브리앙(Briand) 씨는 국민의회에서 로이드 조지의 말이 잘못된 해석으로 말미암아 잘 전달되지 못해 범(汎)게르만주의자들에게 무엇인가 시작할 때가 왔다는 생각을 주게 된 듯하다고 말한 적이 있다.[19]

한 영국 수상이 귀를 기울이고 있는 전 세계인을 향해 자기 뜻을 영어로 말하면 세계인들은 그 말 속에서 자신들의 의미를 찾는다. 수상이 말하려는 뜻이 아무리 의미심장하고 섬세하더라도—아니 오히려 의미심장하고 섬세하면 할수록—그가 말하려는 의미는 표준적인 말로 나와 다시 외국 사람 마음속으

---

* 18 White, *Mechanisms of Character Formation*에서 인용.
* 19 Edwin L. James가 1921년 5월 25일 *New York Times*에 타진한 특전(特電).

로 분배되는 과정에서 크게 손상된다.*20

영국 수상을 주목하고 있는 몇백만 명의 사람들은 영어를 읽을 줄 모른다. 다른 몇백만 명의 사람들은 읽을 줄은 알지만 그것을 이해하지 못한다. 읽고 이해할 수 있는 사람 가운데 4분의 3은 영어를 위해 쓰는 시간이 하루에 30분밖에 안 된다. 겨우 그만큼의 시간으로 습득한 언어가 이 사람들에게는 사고(思考) 전체를 이해하는 실마리이며 최종적으로는 이를 기반으로 수많은 결과 가운데 하나를 고르게 된다. 우리가 읽는 글은 여러 가지 생각을 불러일으킨다. 그리고 필연적으로 우리 의견의 기초 자료 가운데 가장 큰 부분을 차지하게 된다. 세계는 드넓고, 우리와 관계되는 상황은 복잡하며, 전해 오는 정보는

---

* 20 1921년 5월, 영국과 프랑스 사이의 관계는 상부 실레시아(Upper Silesia)에서 일어날 콜판티(Korfanty) 반란 때문에 긴장된 상태였다. *Manchester Guardian*지(1921년 5월 20일)의 런던 통신은 다음과 같은 기사를 실었다 :

프랑스–영국 언어 교환.

오늘날의 위기를 통해 나는 다음과 같은 사실을 알 수 있다. 프랑스식 생활 방식과 성격을 잘 아는 사람들은, 프랑스 신문에 나타나는 격렬하고 때로는 절제 없는 언어에 대해 우리나라 신문이 지나치게 예민하다고 생각한다. 이 점에 관하여 어떤 정보통인 중립적 관찰자는 다음과 같이 지적했다.

"말은 돈과 마찬가지로 가치의 표상이다. 그러므로 말은 뜻을 나타내며 돈의 경우와 똑같이 그들이 나타내는 가치는 위아래로 오르내린다. 'etonnant(놀라운)'이란 프랑스 말은 오늘날에는 그런 의미는 없어졌지만 보쉬에(Bossuet)가 썼을 때에는 무서운 의미를 지니고 있었다. 비슷한 것을 영어의 'awful(놀라운)'이라는 말에서 볼 수 있다. 나라에 따라서 천성적으로 사실보다 작게 말하는 경향이 있는가 하면 부풀려 말하는 경향도 있다. 영국병 토미가 불건전한 곳이라 부른 곳도, 이탈리아병은 능변과 몸짓의 도움으로 풍부한 어휘를 구사하지 않고서는 표현할 수 없다. 지나치게 작게 표현하는 국민은 그 말이라는 돈의 가치를 건전하게 유지한다. 지나치게 크게 표현하는 국민은 국어 팽창에 고민하게 된다.

'저명한 학자(a distinguished scholar)', '능란한 작가(a clever writer)'라는 표현은, 프랑스 말로는 '위대한 하인(a great servant)'과 '절묘한 대가(an exquisite master)'라는 말로 번역되어야만 한다. 그것은 단순한 교환 문제이다. 마치 프랑스에서 1파운드는 46프랑인 양. 그러나 그렇다고 해서 영국에서 그 가치가 늘지 않는다는 점을 기억해두자. 프랑스 신문을 읽는 영국인은 프랑을 파운드로 환산해주는 은행원과 같은 정신 조작을 하도록 노력해야 하며, 그럴 때 평상시의 교환은 1대 25였는데 전시 덕분에 지금은 1대 46이라는 것을 잊어서는 안 된다. 왜냐하면 화폐 교환과 같이 언어 교환에서도 전쟁으로 인한 가치 변동이 있기 때문이다.

논의는 두 가지 방법으로 작용하도록 기대되며 프랑스인이 영국인의 적은 말수 뒤에는 자기들 자신의 많은 말수 뒤에 숨어 있는 것과 같은 가치가 있음을 이해 못할 일은 없는 것이다."

적다. 따라서 의견의 가장 주요한 부분은 상상 속에서 꾸며야만 한다.

우리가 '멕시코'라는 말을 쓸 때 뉴욕에 사는 사람은 어떤 이미지를 떠올릴까? 아마도 사막, 선인장, 기름밭, 멕시코 인, 럼주 마시는 인디언, 볼에 난 수염과 자존심 강하며 성질이 급한 늙은 멋쟁이, 아니면 공업주의의 매연으로 더러워질까 두려워 인권을 위해 투쟁하는 장 자크(Jean Jacques)와 같은 목가적인 농부의 모습이 섞여 있을 것이다. '일본'이라는 말은 무엇을 불러낼까? '황화(黃禍)'로 둘러싸인 눈꼬리가 올라간 황인종, 사진을 통해서 결혼한 신부, 부채, 사무라이, 만세, 예술 및 벚꽃일까? 외국인이라는 말은 어떨까? 뉴잉글랜드의 대학생들이 1920년에 쓴 바에 따르면, '외국인(alien)'이란 말은 다음과 같이 다양한 뜻이 있다.[*21]

> "우리나라에 적대적인 사람."
> "정부에 반대하는 사람."
> "적(敵)의 편인 사람."
> "비우호 국가 출신 사람."
> "전쟁 중인 다른 나라 사람."
> "자기가 살고 있는 나라에 해를 끼치려는 다른 나라 사람."
> "외국에서 온 적."
> "국가에 반대하는 사람."

그런데 외국인(alien)이라는 단어는 더할 나위 없이 정확한 법률 용어로서, 주권·독립·국위·권리·국방·침략·제국주의·자본주의·사회주의 등처럼 우리가 '찬성' 또는 '반대' 입장을 취하기 쉬운 말들보다 훨씬 더 정확한 말이다.

3

겉으로 비슷한 말을 분간하고 그 차이에 유의하며, 다양함을 구별하는 힘은 명석한 정신에서 나온다. 이는 상대적인 능력이다. 그러나 명석함에도 여러 가지가 있어서 예를 들면 신생아의 명석함부터 꽃을 조사하는 식물학자의 명

---

*21 *The New Republic*, 1920년 12월 29일, p. 142.

석함까지 폭이 넓다. 아이들에게는 자기 발가락, 아버지 시계, 탁자 위의 스탠드, 하늘에 뜬 달, 모파상의 멋지고 화려한 금빛 표지의 책 사이에 아무런 차이가 없다. 유니언 리그 클럽(Union League Club)의 많은 회원들에게는 민주당원, 사회주의자, 무정부주의자, 그리고 밤도둑 사이에 별다른 차이가 없다. 한편 고도로 지적인 무정부주의자에게는 바쿠닌(Bakunin)과 톨스토이, 크로포트킨(Kropotkin) 사이에 하늘과 땅 같은 차이가 있다. 이와 같은 예로 보아 아이들에게 모파상에 대해, 유니언 리그 클럽 안에서 민주당원에 대해 건전한 여론을 확보하는 일이 얼마나 어려운지 알 수 있다.

남의 자동차에 타기만 하는 사람은 그 자동차가 포드 회사 제품이냐, 택시냐, 아니면 단순한 자동차냐 하는 것 이상의 자세한 구분을 하지 않을지 모른다. 그러나 같은 사람에게 자기 차를 갖게 하고 그 차를 운전하며 정신분석자가 말한 바와 같이 리비도(libido)를 자동차에 투사시켜보면, 그는 한 길 떨어진 데서 차의 뒷부분을 보기만 해도 기화기(氣化器, 카뷰레터)의 차이까지 알아낼 것이다. 대화가 '일반적인 화제'에서 자신이 좋아하는 화제로 옮겨가면 마음이 편안해지는 경우가 많은데 그 이유는 다음과 같다. 그것은 마치 거실에 있는 풍경화에서 집 밖의 논밭으로 시선을 옮기는 것과 비슷하다. 기억에도 아리송한 풍경을 떠올리며 화가가 자기가 보았다고 생각하는 감정적 반응을 그린 그림을 보다가 다시 3차원 세계로 되돌아가는 일과 같다.

"우리는 부분적으로만 비슷한 두 가지를 쉽사리 동일시해버린다"고 페렌치(Ferenczi)는 말한다.*22 이는 어른보다, 그리고 미성숙한 사람이나 발달이 멈춘 사람들은 정신적으로 성숙한 사람보다 훨씬 쉽게 동일시한다. 의식은 처음으로 아이들에게 나타날 때 이는 여러 가지 감각물로 된 통제할 수 없는 혼합물처럼 보인다. 아이들에게는 시간 감각이 없다. 그리고 공간 감각도 거의 없다. 그래서 아이들은 어머니의 유방에 손을 내밀 때와 똑같이 닿으리라 확신을 가지고 샹들리에를 잡으려 손을 내민다. 처음에는 젖이 나올 거라고 생각하기까지 한다. 기능들은 아주 천천히 독립할 뿐이다. 전혀 경험하지 못한 사람에게 이 세계는 일관성 있게 균질적이며 철학의 한 학파에 대해 누군가가 말했듯이

---

*22 Internat. Zeitschr. f. Arztl. Psychoanalyse, 1913. Dr. Ernest Jones에 의하여 S. Ferenczi, *Contributions to Psychoanalysis*, ch. Ⅷ, *Stages in the Development of the Sense of Reality* 속에 번역되어 재출판되었다.

거기서 모든 사실은 의식의 흐름 속에서 우연히 나란히 있게 된 사실과 아직 전혀 분리되지 않은 존재이다.

처음에 아기는 무엇인가 자기가 원하는 것을 울부짖음으로써 얻게 된다고 페렌치는 말한다. 이것은 '마술적인 환각적 전능 시기'이다. 제2단계에서는 자기가 원하는 것을 손으로 가리킨다. 그러면 그것을 받을 수 있다. '마술적 몸짓에 의한 전능 시기'이다. 그 다음으로 아이는 말하는 방법을 배워서 자기가 바라는 것을 요구하고 어지간히 성공한다. '마술적 사고와 언어 시기'이다. 어떤 단계든 상황에 따라 지속되기도 한다. 다만 평소에는 숨어 있다가 가끔씩 나타난다. 예를 들어 우리 가운데 완전히 신경 쓰지 않는 사람은 거의 해(害)가 없는 조그마한 미신 속에서 볼 수 있다.

부분적 성공이 다음 단계의 발달에 영향을 준다. 많은 개인, 정당, 그리고 국민까지도 경험을 마술적으로 조직하는 이상의 일은 거의 없는 듯하다. 그러나 가장 선진적인 국민 가운데서도 가장 선진적인 부문을 차지하는 사람들은 실패가 되풀이된 뒤 시행착오로 새로운 법칙을 만들어낸다. 그들은 달을 향해 소리를 지른다고 해서 달이 움직이지 않음을 배운다. 곡식은 봄 축제나 공화당 다수파에 의해서가 아니라 햇빛과 습기, 씨앗, 비료 및 경작에 의해서 땅속에서 자란다는 것을 안다.*23

페렌치의 반응에 대한 분류를 순수한 도식적 관점에서 평가한다면, 눈에 띄는 결정적 특징은 거의 인식밖에 없는 반응이나 막연히 비슷한 반응을 구별하는 힘이다.*24 이에 대해 취리히연상(聯想)연구소(Zurich Association Studies)는 가벼운 정신적 피로, 내적 주의력을 방해하는 것 또는 외적 기분을 산만하게 만드는 것이 연상(聯想) 반응을 '둔하게 만드는' 경향이 있다고 뚜렷이 지적한다.

---

*23 Ferenczi는 병리학자(病理學者)이기 때문에 경험이 방정식으로서 조직되는 이 완전히 발달한 시대, 과학에 근거하는 리얼리즘 단계에 관해서는 기술하지 않고 있다.

*24 이를테면 C.G. Jung 박사의 지도 밑에 취리히의 정신 의과대학병원에서 실시된 진단 연상 연구를 보라. 이들 실험은 주로 이른바 크레펠린-아샤펜부르크(Kraepelin-Aschaffenburg) 분류 밑에서 실시되었다. 이 실험은 반응 시간을 가리키고 내부적, 외부적, 자극어에 대한 반응을 분류하며, 처음 100마디와 두 번째 100마디 사이의, 피실험자가 어떤 관념에 심증을 가져서 정신이 산만해졌을 때나 메트로놈으로 시간을 재면서 대답할 때의 반응 시간과 반응 질(質)에 대한 제각기 다른 결과를 나타낸다. 이 내용은 Jung의 *Analytical Psychology*, Ch. II(Dr. Constance E. Long 번역)에 요약되어 있다.

아주 '둔한' 타입의 연상 반응의 예로서 유음 연상(類音聯想, cat-hat)이 있다. 이는 자극을 받은 말에 반응한 것으로 의미의 연상 반응은 아니다. 이를테면 한 실험에서 한 시리즈를 백 번 연상 반응 시험을 계속하자 제2시리즈가 되니 유음 연상이 9% 증가했다. 여기서 유음은 거의 되풀이되며 유형으로 가장 원시적이다.

4

실험실의 비교적 단순한 조건에서마저 그렇게 쉽게 구별하는 능력을 둔화시킬 수 있다면, 도시 생활에서는 어떤 결과가 나올까? 실험실에서의 피로는 아주 가볍고 혼란스럽게 겪는다 해도 아주 작은 일이다. 둘 다 마주한 문제에 대한 관심과 자각에 의해 균형이 유지된다. 만일 메트로놈의 소리만으로 지성이 둔해진다면, 소음과 악취와 열로 가득 찬 공장 안에서 8시간, 12시간 동안 또는 타자기 소리와 전화벨 소리와 문이 닫히는 소리 속에서 나날을 보낸다는 것이 전차나 지하철 안에서 읽은 신문을 바탕으로 이루어진 정치적 판단에 얼마나 영향을 미칠까?

분명한 목소리가 아니라 웅성거리는 소란 속에서 무엇을 들을 수 있으며, 전광판처럼 번쩍이는 것이 아니라 계속 눈부시게 빛나는 빛 속에서 무엇을 볼 수 있을까? 도시 주민들의 생활은 고독과 고요함과 편안함이 부족하다. 대도시 사람들은 끊임없이 소리의 공격을 받는다. 때로는 난폭하며 날카로운 소리 같은가 하면 때로는 끊임없는 리듬으로 변하면서 끝없이 이어지는 무자비한 소리로 사람들을 괴롭힌다. 현대 산업주의 아래에서 갖는 사고력은 소음 속에서 살아간다. 그 식별력이 자주 둔해지고 무뎌졌다면, 이것이 한 이유가 될 수 있으리라. 주권을 가진 국민은 삶과 죽음, 행복에 대한 결정을 내릴 때 생각하는 일이 무척 어렵다는 사실을 경험으로도 실험으로도 명백한 상황에 살고 있다. '사고라는 견디기 어려운 짐'은 상태가 사고를 어렵게 만들므로 무거운 짐이 되는 것이다. 본래 생각한다는 것은 춤추는 일과 같이 설레며 마찬가지로 자연스러운 일일 텐데 말이다.

생각하는 것이 직업인 사람이라면 누구나 하루에 얼마쯤은 자기 주위에 깊은 고요를 만들어내야 한다는 것을 알고 있다. 그러나 우리가 문명이라는 이름으로 함께 살아가는 저 혼란 속에서, 시민이 생각할 수 있는 최악의 상태 아래

정치라는 위험한 일을 수행하고 있다. 이 현실을 조금이라도 인식한다면 노동 시간 단축, 휴가 기간 연장, 공장이나 사무실의 조명, 환기, 정돈과 햇빛, 존엄을 요구하는 운동을 북돋우기에 충분하다. 그렇지만 우리 생활의 지적 측면이 더 좋아지더라도 이는 시작에 지나지 않는다.

이다지도 많은 일들이 끝없는, 그리고 노동자들에게는 목적도 없는 반복이며 단조로운 형태로 근육을 움직이는 자동적인 작업인 한, 그의 삶은 언제 살펴보아도 특별히 구별할 수 없는 자동적인 작업이 되어 버린다. 천둥같이 큰 목소리로 그 사실을 가르쳐주지 않으면 그렇게 되어 버린 노동자가 낮뿐만 아니라 밤에도 육체적으로 군중 속에 갇혀 있다면, 그의 주의력은 흐려지고 풀어질 것이다. 노동자의 주의력은 고된 일의 소란, 어린이들의 울부짖음, 귀에 거슬리는 주장, 소화하기 어려운 음식, 나쁜 공기, 숨막힐 듯한 장식에서 벗어나지 못한 가정에서는 더 악화될 것이고 뚜렷한 집중력으로 명쾌한 결정을 내릴 수 없다.

그러는 우리도 이따금 조용하고 넓은 건물 속에 들어간다. 현대 연출법으로 오락적인 요소를 없애버린 극장에 들어간다든가, 바다로 간다든가, 고요한 장소에 간다. 그러면 현대의 도시 생활이 얼마나 소란스럽고 변덕스러우며 쓸데없고 시끄러운 것인가를 인식하게 된다. 우리는 왜 혼탁한 마음이 사물을 정확히 포착할 수 없으며, 표제나 표어에 사로잡혀서 타란텔라 춤처럼 이리저리 동요하고 분명히 다른 것들을 동일시하는가의 이유를 이해하게 된다.

5

그러나 이 외적 혼란은 내적 혼란 때문에 더욱더 복잡해진다. 실험에 따르면, 연상(聯想)의 속도와 정확성과 지적인 질은 이른바 감정적 갈등이라는 것에 따라서 혼란이 생긴다. 5분의 1초 안에 연상을 할 경우 아무것도 아닌 말과 자극을 주는 단어를 포함한 100마디로 된 자극어 실험은 5에서 32까지는 불규칙한 반응 결과거나 반응을 하지 않는 경우가 있다.*[25] 우리 여론은 온갖 종류의 콤플렉스, 이를테면 야심과 경제적 이해, 개인적 증오, 인종적 편견, 계급적 감정 등등 온갖 것과 단편적으로 맞닿아 있다. 이 콤플렉스는 우리가 읽고 생각

---

*25 Jung, *Clark Lectures*.

하고 말하고 행동하는 것을 아주 다양한 방법으로 왜곡시킨다.

마지막으로 공적인 일에 대한 의견은 사회의 정상적 구성원에 머무르지 않고, 또한 선거, 선전, 지지자 집단에서는 수가 중요하기 때문에 주의력의 질은 더욱더 떨어진다. 완전히 글을 모르고 의지박약인 데다가 몹시 신경질적이며 영양불량이고 욕구불만을 가진 사람들로 이루어진 대중의 수는 상당히 많다. 그것은 우리가 일반적으로 상상하는 것 이상이다. 그리하여 폭넓은 대중에게 하는 말은 정신적으로 어린 아이이자 야만적인 사람들, 생활의 혼란 때문에 곤경에 빠진 사람들, 활력이 없어진 사람들, 폐쇄된 사람들, 토론되는 문제의 요소를 경험한 적이 없어 하나도 이해하지 못하는 사람들, 이런 사람들 사이를 지나간다. 여론 흐름은 이런 사람들로 말미암아 막히고 오해의 조그마한 소용돌이가 되어서 편견과 억지에 가까운 유추에 의해 퇴색되고 만다.

'폭넓은 대중에게 하는 말'은 이로 인해 일어나는 연상의 질을 계산에 넣고 있으며 널리 분포되어 있는 감수성을 가진 사람을 향한다. '좁은' 또는 '특수한' 호소는 일반적이 아닌 감수성을 가진 사람을 향해서 호소된다. 그러나 같은 개인이 다른 자극에 대하여, 또는 다른 시간에 같은 자극에 대하여 아주 다른 성질의 반응을 보일 때가 있다. 인간 감정이란 알프스 지방과 같다. 거기에는 고립된 정상이 있는가 하면, 넓지만 서로 다른 고원도 있다. 그런가 하면, 거의 전 인류로 이어지는 깊은 지층이 있다. 그래서 독일의 논리학자 프레게(Frege)와 이탈리아의 수학자 페아노(Peano) 사이에, 또는 사세타(Sassetta)의 그림이 전기와 후기 사이에 미세한 차이가 존재하는 것과 같은 산꼭대기의 부족한 공기는 산마다 다르다.

이를 느낄 수 있는 마음을 가진 사람이라도 다른 수준의 호소에 대해서는 고집스런 공화당원일지도 모르며, 그가 배고픔과 공포를 느낄 때에는 다른 배고픔과 공포에 떠는 사람들과 큰 차이가 없을지 모른다. 많은 발행부수를 가진 잡지가 다른 어떠한 상표보다도 예쁜 소녀의 얼굴, 그러니까 사람들을 매혹할 만큼 예쁘면서도 사람들에게 받아들여질 만큼 순진한 얼굴을 좋아하는 것은 마땅한 일이다. 왜냐하면 이런 자극이 작용하는 '정신적 수준'은 잠재적 대중의 크기를 결정하기 때문이다.

6

　이와 같이 우리 여론이 문제로 삼는 환경은 정보를 보내는 쪽에서는 검열과 사생활을 이유로, 또 받아들이는 쪽에서는 물리적·사회적 장애로 말미암아, 부주의, 언어 빈곤, 정신 산만으로 말미암아, 무의식적 감정의 배치로 말미암아, 그리고 피로, 슬픔, 폭력, 단조로움으로 말미암아, 여러 겹으로 굴절되어 있다. 우리가 그 환경에 접근하려는 데 존재하는 이와 같은 제한은 사실 자체의 애매함과 복잡함이 결합되어 명확하고 정당한 지각을 방해하며 효과적인 관념 대신에 잘못된 판단을 하기 쉬운 허구를 대치시키고 의식적으로 그릇된 길로 이끌려는 사람들에 대한 적절한 방지책을 우리에게서 빼앗는다.

제3부 스테레오타입

제6장 고정관념

1

우리는 서로 지구 표면의 작은 부분에 살면서 각기 일하고 활동하는 범위는 좁다. 거기서 우리가 알고 지내는 사람의 수도 그리 많지 않다. 많은 영향을 주는 공적(公的)인 사건에 대해서 우리가 볼 수 있는 것은 고작 한 과정, 한 단면 뿐이다. 조약을 만들고, 법률을 만들며, 명령을 내리는 높은 지위의 이들에게는 물론이고, 자신들을 위해 만들어진 조약, 자신들에게 공포된 법률, 자신들에게 내려진 명령으로 살아가는 사람들에게도 마찬가지이다. 우리 의견이 우리가 직접 관찰할 수 있는 것보다 넓은 공간, 오랜 시간, 그리고 수많은 일들에 영향을 미치는 것은 피할 수 없다. 그러므로 우리 의견이란, 다른 사람이 보고한 것과 우리 스스로 생각할 수 있는 것을 함께 결합해 이루어지게 된다.

그렇지만 목격자조차도 현장 모습을 그대로 전할 수는 없다.[*1]

경험에 따르면 목격자는 자신이 현장에 무언가를 가지고 갔지만 나중에 이

---

*1 E.g, cf. Edmond Locard, *L'Enquête Criminelle et les Méthodes Scientifiques*. 목격자의 신빙성에 대한 흥미로운 많은 자료가 몇 해 전부터 모아졌다. 그 자료에 따르면 Locard 박사의 저서에 대한 서평을 〈*The times*(런던)〉지 문예 부록(1921년 8월 18일)에 쓴 한 유명 평론가가 지적한 바와 같이 신빙성은 목격자 계층, 사건 종류, 지각 유형에 따라 다르다. 촉감, 냄새, 맛 등의 감각 은 증거로서는 매우 낮은 가치를 지닌다. 우리 청각은 소리가 나는 곳이나 소리가 오는 방 향을 판단할 때 거의 불안정하고 믿기 어렵다. 또한 다른 사람들이 하는 말을 들을 때는 "선의의 증인이더라도 자신이 듣지 못한 부분을 적당히 보충해 넣게 된다. 그는 대화의 요점 에 대해 하나의 이론을 가질 테고, 그것에 알맞게 자신의 귀에 들린 소리들을 정리해나갈 것이다." 시각조차도 확인, 인식, 거리감, 숫자 추정, 이를테면 모여 있는 사람들의 수 등에 대해서 큰 잘못을 저지르기 쉽다. 훈련되지 않은 관찰자의 경우에 시간 감각은 신뢰할 수 없다. 이처럼 근본적인 약점들은 모두 기억의 장난이나 끝없는 창조적 상상력으로 말미암 아 더욱 복잡해진다. Sherrington, *The Integrative Action of the Nervous System*, pp. 318~327 참조. Hugo Münsterberg 교수는 이런 문제에 대해 *On the Witness Stand*라는 유명한 책을 썼다.

사실을 빼고 말하거나 그가 사건의 진실이라 여기며 하는 말이 실은 변형된 사건인 경우가 매우 많다. 우리가 의식하는 사실 가운데 단순히 바깥에서 주어진 사실 그대로인 경우는 드물다. 우리가 의식하는 사실의 대부분은 부분적으로 과장되거나 미화된다. 하나의 정보는 알려주는 사람과 듣는 사람의 합작품이며, 여기에서 관찰자는 언제나 그 과정에서 선택을 하고 대개 창작해내기 마련이다. 우리가 보는 사실은 우리가 놓여 있는 장소와 우리 사물을 보는 눈의 습관에 달려 있다.

낯선 광경은 갓난아기의 세계와 같아서 '하나의 크고 왕성하며 소란스러운 혼란 상태'[*2]이다. 존 듀이는[*3] 새로운 일이 처음이고 낯선 것일 때 성인(成人)들은 이런 충격을 받는다고 말했다. "이해하지 못하는 외국어는 늘 알아들을 수 없게 지껄이는 소리로 생각되며, 이때 뚜렷하게 구별된 말을 그 안에서 찾아내는 일은 불가능하다. 사람이 많은 복잡한 도시로 온 시골 사람, 바다로 간 육지 사람, 전문가들끼리의 복잡한 운동경기에 나간 아무것도 모르는 사람들 모두가 마찬가지로 충격을 받는다. 경험이 없는 사람을 공장에서 일하게 하면 처음에는 공장 설비도 그의 눈에는 의미가 없는 뒤섞임처럼 보일 것이다. 외국인에게는 다른 인종의 사람들이 아마 똑같이 보일 것이다. 양치기는 양의 무리 안에서 양 한 마리 한 마리를 완전히 가려낼 수 있지만, 외부 사람은 크기나 빛깔 따위의 큰 차이만 알 수 있을 뿐이다. 흐릿한 반점 모양, 구별할 수 없을 만큼 작은 호흡 차이가 초보자 눈에는 보이지 않는 저마다의 특징이다. 따라서 사물이 나타내는 의미를 자신의 것으로 만드는 일, 바꾸어 말하면 사물을 있는 그대로 이해하는 습관을 들이는 일은 의미의 단순한 이해력의 습관 형성 문제는 그렇지 않으면 뜻이 모호하고 동요하는 것에 (1)명확성과 차별성, (2)일관성과 안정성을 그대로 불명확하고 불안정한 것 안에 도입하는 문제이다.

그러나 이런 명확성과 일관성을 받아들일지 어쩔지는 누가 도입하느냐에 따라 다르다.

듀이는 그의 책 뒷부분에서[*4] 화학에 조예가 깊은 아마추어와 전문 화학자

[*2] Wm. James, *Principles of Psychology*, Vol. I. p. 488.
[*3] John Dewey, *How We Think*, p. 121.
[*4] *Op. cit.*, p. 133.

가 금속이라는 말을 정의할 때 어떻게 다른가를 예로 보여준다. 아마추어는 "매끄러움, 단단함, 윤기, 빛남, 크기에 비해 무거운 중량…… 쇠망치로 치거나 잡아당겨도 망가지지 않는 성질, 열을 가하면 물렁물렁하게 녹고 차게 하면 굳으면서 주어진 형체를 유지하여 압력이나 부식에 대한 저항성" 등의 효용적인 특성을 늘어놓을 것이다. 그러나 화학자는 이러한 미학적이고 실용적인 성질은 무시하고 금속은 "산소와 결합하여 염기를 이루는 모든 화학 원소"라고 정의할 것이다.

보통 우리는 본 다음에 정의하지 않고, 정의를 내린 뒤에 본다. 크고 왕성하며 소란스러운 혼돈의 현실 세계에서 우리 문화가 이미 우리를 위해 정의해준 것을 본다. 그리고 이렇게 본 것을 우리 문화로 고정관념화한 형태 그대로 지각하기 쉽다. 인류의 일들을 해결하려고 파리에 모였던 위대한 사람들 가운데 유럽 상황을 몇 명이나 정확히 볼 수 있었을까. 오히려 그들은 유럽을 둘러싼 자신들의 입장을 보고 있는 것이 아니었을까?

만일 누군가가 클레망소 씨의 마음속을 꿰뚫어볼 수 있었다면, 그 사람은 1919년의 유럽 이미지를 볼 수 있을까? 아니면 오랜 전쟁 체험을 통해 쌓이고 굳어진 고정관념의 사상 침전물을 볼까? 그 사람이 본 것은 1919년의 독일 사람들 모습이었을까, 아니면 1871년부터 그렇게 봐야 한다고 배워온 그런 유형의 독일인이었을까? 그는 그런 유형의 독일인을 보았고, 그가 독일에서 받은 수많은 보고 가운데 믿고 받아들인 것은 그의 마음속에 있었던 유형에 맞는 보고뿐이었을 것이다. 그에게는 화가 나서 고함을 지르는 융커[5]가 진정한 독일인이다. 그러나 만일 한 노동조합의 지도자가 제국이 죄를 지었다고 고백한다면 그는 진정한 독일인이 아니다.

괴팅겐 심리학회에서는 이미 심리학 훈련을 받은 집단을 대상으로 재미있는 실험을 했다.[6]

"학회 회의장과 멀지 않은 곳에서 가면무도회가 열렸다. 갑자기 회의장의 문이 열리더니 손에 권총을 든 흑인에게 쫓기는 광대가 뛰어들어왔다. 그들

---

[5] 독일 귀족을 통틀어 이르는 말.
[6] A. von Gennep, *La formation des légendes*, pp. 158~159. F. van Langenhove, *The Growth of a Legend*, pp. 120~122 인용.

은 회의장 한복판에서 싸웠다. 광대가 넘어지자 흑인이 광대 위에 올라타 총을 쐈다. 그리고 두 사람은 회의장 밖으로 달려 나갔다. 이 일은 불과 20초 안에 일어난 일이었다.

학회장은 사법상의 조사가 있을 것이 확실했으므로 그곳에 있던 모든 사람들에게 곧바로 사건에 대한 보고서를 쓰도록 부탁했다. 40통의 보고서가 제출되었다. 그 가운데 단 한 통만이 중요한 경과에 대해서 20% 이하만 틀렸고 14통은 20~40%, 12통은 40~50%, 그리고 13통은 50% 이상의 잘못된 내용이 들어 있었다. 더구나 24개의 보고서에는 세부 설명 10%가 완전한 창작이었으며, 이러한 날조 비율은 다른 10개 기술에서는 더욱 컸고 그 이하는 6개였다. 요컨대 보고서의 4분의 1은 잘못된 내용이었던 것이다.

그 소동은 모두 미리 연출되었으며 사진을 찍어 두었다는 사실은 다시 말할 필요도 없다. 10개의 잘못된 보고서는 창작된 이야기나 전설이라 해도 좋을 정도였다. 24개의 기술은 반전설적(半傳說的)이고, 6개의 기술은 정확한 증거에 가까운 가치를 지녔다."

이와 같이 눈앞에서 일어난 일에 대해 기술한 40명의 잘 훈련된 관찰자 가운데서 과반수 사람들이 거기서 실제로 일어나지 않은 장면을 보았다. 그렇다면 이들이 본 것은 무엇이었을까? 보통 실제로 일어나지 않은 일을 창작하기보다 실제로 일어난 일을 그대로 보고하는 편이 훨씬 쉽다고 생각한다. 그런데 이 사람들이 본 것은 이러한 싸움에 대한 각자의 고정관념이었다. 이들은 모두 지금까지 살아오는 동안, 싸움에 대한 일련의 이미지를 습득했고 이런 이미지들이 그들의 눈앞에서 깜박거렸던 것이다. 이런 이미지들이 실제 광경으로 대치되었던 것이다. 그것이 20% 이하였던 사람은 하나뿐이고 다른 13명은 반 이상을 대치했다. 고정관념은 40명의 관찰자 중에서 34명에게 적어도 그 광경의 10분의 1을 남보다 먼저 보게 했다.

저명한 미술평론가는 다음과 같이 말한 적이 있다.[7]

"하나의 사물이 보이는 헤아릴 수 없이 많은 형체 때문에, 그리고 우리의 둔감함과 부주의 때문에 사물은 우리가 마음대로 떠올릴 수 있을 만큼 확고하

---

*7 Bernard Berenson, *The Central Italian Painters of the Renaissance*, pp. 60, *et seq.*

고 명확한 특징이나 윤곽을 거의 보여 주지 않는다. 예술이 그런 사물에 부여한 고정관념의 형상만 보여준다."

이 말은 훨씬 넓은 범위에 적용할 수 있다. 이 세상에 부여된 고정관념화한 형체는 회화, 조각 및 문학을 포함하는 모든 예술에서만 오는 것이 아니라 우리의 도덕 규범, 사회철학 및 정치 선동 등에서도 생기기 때문이다.

다음의 베렌슨(Berenson) 씨의 글에서 예술이라는 말을 정치, 사업 및 사회라는 말로 바꿔보아도 그 문장들은 조금도 손색이 없다.

"오랜 세월에 걸쳐 모든 미술 유파를 연구하는 일도 좋지만 동시에 자신의 눈으로 사물을 보는 방법을 배워야 한다. 그렇지 않으면, 우리는 이미 우리가 잘 알고 있는 미술에서 일정한 형체를 빌려와 우리가 보는 것을 모두 그 틀에 맞춰 보는 습관에 빠지고 말았을 것이다. 거기에는 미술적 현실을 보는 자신의 기준이 생겨 버린다. 우리는 가치도 없는데 머릿속에 진부한 형태나 색을 모아둔다. 이런 관념에 맞지 않는 형태나 색을 누군가가 보여주면, 우리는 자신이 확실히 알고 있다고 생각하는 형태나 색을 그가 잘 재현하지 못했다며 머리를 흔들거나 그를 불성실하다고 비난할 것이다."

베런슨 씨는 "사물을 시각화할 때 우리 자신과 조금이라도 같게 하지 않는" 화가가 있을 경우 우리가 불쾌감을 느끼며 중세 이후 "우리가 형태를 시각화하는 방법이 수천 가지나 바뀌었기 때문에"[8] 중세 미술을 평가하기 어렵다고 말한다.

그는 또한 우리가 눈에 비친 모습을 어떻게 봐야 하는지 그리고 이에 대해 우리는 어떤 교육을 받아 왔는지 말했다.

"도나텔로(Donatello)와 마사초(Masaccio)가 창조하고 인문주의자들이 인정한 새로운 인체의 규범, 새로운 얼굴 모양은…… 그 무렵 지배계급에게 인간이 온 힘을 다해 싸울 때 가장 자랑스러워할 인간형을 상징했다. 이 새로운 기준을

---

[8] cf. *Dante's Visual Images, and his Early Illustrators* in *The Study and Criticism of Italian Art* (First Series), p. 13. "베르길리우스에게 로마 사람처럼 옷을 입히고 그에게 '고전적인 프로필'과 '조각적인 모습'을 줄 수밖에 없다. 그러나 단테의 베르길리우스에 대한 시각적인 이미지는 그의 로마 시인에 대한 (전체적인) 개념과 같을 정도로 중세적이며 또한 고대의 정밀한 재건에 기초를 두고 있는 것이리라. 14세기의 화가들은 베르길리우스를, 모자를 쓰고 가운을 입은 중세 학자와 같은 모습으로 그렸다. 따라서 단테의 베르길리우스에 대한 시각적인 이미지가 이것과 달라야 하는 이유는 없다."

깨부술 수 있는 사람이 있었을까? 천재들이 이렇게 형태를 정한 이상 그보다 더 명확하게 현실을 표현할 수 있는 형태를 혼란스러운 사물 속에서 선택하는 힘을 가진 사람이 누구란 말인가. 그런 힘을 가진 사람은 하나도 없었다. 사람들은 사물을 그렇게 볼 수밖에 없었다. 다른 방법이 없었다. 그려진 형태만을 보고 제시된 이상만을 사랑할 수밖에 없었다."[9]

2

다른 사람들이 안다고 생각하는 것을 알아야만 비로소 다른 사람들의 행위를 완전히 이해할 수 있다. 그렇다면 공정한 판단을 위해 우리는 자유롭게 쓸 수 있는 정보뿐만 아니라 정보를 걸러내는 그들의 지성도 평가해야만 한다. 이미 받아들인 여러 형식, 현재 유행하는 패턴, 표준적인 해설 등이 정보가 의식 속에 들어오는 것을 막기 때문이다. 이를테면 미국화(美國化)라는 말은 적어도 표면적으로는 유럽적인 고정관념을 미국의 고정관념으로 바꾸는 것이다. 그래서 어떤 농부는 지주를 마치 장원(莊園)의 영주처럼 생각하거나 또는 고용주를 대지주(大地主)라고 본다. 그러나 미국화의 덕택으로 그는 미국적인 표준에 따라 지주나 고용주를 보는 방법을 배운다. 이것은 정신의 변화이며 이러한 동화(同化)가 성공했을 때에는 결과적으로 마음에 비치는 그림에 변화를 가져온다.

그의 눈은 사물을 전과는 달리 보게 된다. 어떤 점잖은 한 부인이 고정관념이 대단히 중요하다는 예로서 고백하기를, 자신이 생각한 고정관념이 만족되지 않으면 인간의 형제애나 신(神)의 사랑마저도 인정할 수 없다고 했다. "우리는 신기하게도 자신이 입은 옷에 영향을 받습니다. 옷은 정신적인 분위기를 만들어 냅니다. 런던의 제봉사가 만든 옷이 아니면 입지 않는 남자가 미국 정신을 주장한들 무슨 희망을 맡길 수 있겠습니까. 먹는 음식마저 그 사람이 주장하는 미국 정신의 의미를 좌우합니다. 사워크라우트[10]나 림버거 치즈[11]의 분위기에서 대체 어떤 미국적인 의식이 자라난다는 말입니까? 냄새로 가득찬 곳에서, 언제나 마늘 냄새가 나는 사람에게서 어떻게 미국 정신을 기대할 수 있

---

*9 *The Central Italian Painters*, pp. 66~67.
*10 양배추를 싱겁게 절여서 발효시킨 독일식 김치.
*11 독특한 풍미가 있는 벨기에 치즈.

겠습니까?"*12

이 숙녀는 내 친구가 본 야외 연극의 주최자였는지도 모른다. 이 행사는 '멜팅 팟(the Melting Pot)'이라는 제목의 야외 연극으로 외국 출신 노동자가 많은 자동차 공업 도시에서 7월 4일 독립기념일에 열렸다. 야구장의 중앙, 이후 베이스가 있는 곳에 나무와 천으로 만든 거대한 용광로가 서 있었다. 그리고 그 양옆에는 용광로 위로 올라가는 계단이 있었다. 관중이 자리를 잡고 악대 연주가 끝나자 야구장 한쪽 출입구에서 행렬이 나왔다.

행렬을 이룬 사람들은 모두 공장에서 일하는 외국 국적을 가진 사람들이었다. 그들은 자기 나라의 고유 의상을 입고 고향 노래를 불렀다. 또한 그들의 민속춤을 추었고 유럽 여러 나라의 국기를 들고 있었다. 이 행사의 사회자는 엉클 샘(Uncle Sam)으로 분장한 초등학교 교장 선생님이었다. 그는 사람들을 용광로로 이끌었다. 그리고 사람들에게 한쪽 계단으로 올라가 용광로 안으로 들어가도록 시켰다. 다시 반대쪽 계단으로 사람들을 나오라고 했다. 사람들은 중산모를 쓰고 외투와 바지, 조끼, 풀을 빳빳이 먹인 옷깃에 물방울 무늬 넥타이를 하고 나왔다. 내 친구의 말에 따르면 그들은 주머니에 샤프펜슬까지 꽂고 있었다. 그리고 모두 미국 국가를 불렀다.

이 행사를 주최한 사람이나 역할을 맡았던 모든 사람들은 이 용광로를 옛 미국 사람들과 새 미국 사람들이 친해지는 데 따르는 어려움을 나타내려고 한 것 같았다. 그들의 고정관념에 자리잡고 있는 차이가 공통적인 인간성을 충분하게 이해하는 것을 방해한다. 이주한 뒤 자기 이름을 바꾸는 사람들은 다음과 같은 사실을 알고 있다. 그들은 이름을 바꿔서 그들 자신을 바꾸려 했으며, 그들을 대하는 다른 사람들의 태도를 변화시키려 했다.

우리는 일정한 관념을 통해 현실 세계를 관찰한다. 그러니 관념과 현실 세계의 모습을 이어주는 무언가가 있다. 예를 들면 급진적인 사람들 모임에 머리가 긴 남자와 머리가 짧은 여자가 있는 것처럼 말이다. 그러나 시간에 쫓기는 관찰자에게는 관념과 현실 세계 사이에 아주 약간의 관련만 있으면 충분하다. 이런 모임에 짧은 머리를 좋아하는 사람들이 온다는 사실을 이미 알고 있는 기자는, 머리가 짧은 사람이 둘, 수염을 기른 사람이 넷이나 있으면 머리가 짧고

---

*12 Mr. Edward Hale Bierstadt, *New Republic*, June 1, 1921, p. 21에서 인용.

수염을 기른 사람들이 왔다고 보도한다. 우리 마음속 이미지와 사실 사이에는 둘을 이어주는 무언가가 있다. 그렇지만 이는 이상한 연결인 경우가 많다. 여기에 건물을 짓기 위해 구획을 나눌 수 있는지 검토할 때 말고는 경치를 바라보는 일이 거의 없는 남자가 있다고 하자. 그러나 객실에 걸려 있는 풍경화는 많이 보았다. 그래서 그 남자는 풍경이란 장밋빛으로 물든 노을이라든지 교회 첨탑이나 은색 달빛이 비추는 시골길이라 생각한다. 어느 날 그 남자가 시골에 갔다. 그런데 아무리 시간이 흘러도 경치는 하나도 눈에 들어오지 않는다. 하늘이 장밋빛으로 물들고 해가 저문다. 드디어 남자는 경치를 바라보며 아름답다고 감탄한다. 그러나 이틀 뒤 자신이 본 풍경을 떠올려 보려고 하지만 머릿속에 그려지는 그림은 신기하게도 객실에 걸린 풍경화뿐이었다.

그가 술에 취했거나 꿈을 꾸고 있었거나 미치지 않았다면, 남자는 분명히 저녁노을을 보았을 것이다. 그러나 그 저녁노을에서 그가 본 것은, 그리고 거기서 그가 기억할 수 있었던 것은, 예를 들면 인상파 화가들이나 능숙한 일본 사람이 눈으로 보고 자신의 것으로 만든 일과는 다른, 즉 풍경화가 보도록 가르쳐준 것에 더 가까웠다. 일본인이나 화가라도 우연히 인류를 위해 새로운 경치를 만들어내는 안목을 가진 아주 드문 존재가 아니었다면, 자신들이 이미 배운 어떤 형태를 보거나 기억할 확률이 더 크다.

훈련되지 않은 눈으로 주변을 관찰할 때 우리는 거기서 자신이 인식할 수 있는 기호만 본다. 그런 기호는 관념을 나타내는 기호이며 이런 관념을 우리는 자신 속에 담아둔 이미지로 채운다. 우리는 이 사람, 저 노을처럼 모두를 따로 보지 않는다. 인간은 이렇다, 노을은 이렇다 하고 인식한 뒤에 그런 주제에 대해 우리 머릿속에 이미 가득 들어 있는 이미지만을 본다.

3

여기에는 경제성이라는 문제가 얽혀 있다. 모든 사물을 정해진 유형이나 일반성으로가 아니라 신선한 눈으로 자세히 보려 하면 매우 피곤한 일이다. 그뿐 아니라, 바쁜 일상 속에서는 실제 불가능한 일이다. 친구들이나 가까운 동료, 경쟁자들 사이에서는 각자 이해하기 위한 지름길이나 대신할 것이 필요 없다. 우리가 가장 사랑하고 존경하는 사람들의 경우 그 의식 속에는 사람의 유형보다는 저마다의 인간들로서 존재하며, 그들이 아는 우리란 유형별로 나뉜 우리가 아니라 한 사람 한 사람이다. 우리는 비록 그것을 말로 표현하지 않더라도 인간 분류는 어떤 목적에 따라 나뉜다는 점, 그것은 반드시 우리 자신의 목적이라고 할 수 없다는 것을 직감적으로 알고 있다. 이를테면 두 사람 사이에서 서로가 상대를 목적으로 생각하지 않는 교제는 어떤 교제든 궁극적인 존엄이 없다는 사실을 알고 있다. 서로가 개인으로서 불가침성(不可侵性)을 인정하지 않으면 두 사람 사이의 교제에는 흠이 있게 마련이다.

그러나 현대 생활은 바쁘고 가지각색이어서 고용주와 고용인, 공무원과 유권자처럼 서로가 밀접한 관계에 있는 사람들마저 물리적인 거리로 막혀 있다. 친해질 시간이나 기회도 없다. 그 대신 우리는 잘 알려진 유형을 나타내 주는 특징을 그 사람 속에서 찾아, 머릿속 고정관념으로 인물상의 남은 부분을 채운다. 그는 선동자이다. 그것밖에 알 수 없다. 또는 가르쳐 주지 않는다. 그래 선동자란 이러이러한 사람이다, 그러니까 그 사람도 이러이러한 사람일 것이다, 우리는 생각한다. 그는 지식인이다. 그는 재벌이다. 그는 외국인이다. 그는 남부 유럽 사람이다. 그는 백 베이(Back Bay) 출신이다. 그는 하버드 대학 출신이다. 이 말은 그가 예일 대학 출신이라는 말과 전혀 의미가 다르다. 그는 제대로 된 사람이다. 그는 육군사관학교 출신이다. 그는 선임 하사관이다. 그는 그리니치 빌리지*13에 사는 사람이다. 그만큼 알면 우리는 그 사람에 대해 모든 것을 알았다고 한다. 그는 국제적인 은행가이다. 그는 메인 거리(Main Street) 출신이라도 마찬가지이다.

바깥에서 오는 모든 영향 가운데 가장 작으며 가장 광범위하게 침투하는 힘은 고정관념의 레퍼토리를 만들고 유지하는 힘이다. 우리는 실제로 눈으로 보기 전에 세계가 어떤 것인가를 듣게 된다. 직접 사물들을 경험하기 전에 그것을 상상한다. 그리고 교육으로 확실히 깨닫게 해 주지 않는 한, 이러한 선입견이 지각의 모든 과정을 깊이 지배한다. 그리고 이런 선입견은 대상인 사물이 익숙한지 낯선지를 나누게 된다. 그 차이가 과장되어서 조금이라도 익숙한 사물은 매우 익숙한 사물이라 생각하고 조금 낯선 사물은 아주 낯선 사물이라 생각한다. 이러한 선입견은 작은 기호로 환기되는데, 이 기호들은 참된 지표에서 어렴풋한 유추에 이르기까지 다양하다.

---

*13 뉴욕의 예술가 거리.

한번 환기된 선입견은 새로이 인식한 이미지를 옛 이미지로 채우고 기억에 떠오른 이미지를 현실세계에 투영한다. 만일 현실 세계에 실제적으로 비슷한 예가 없다면 사물을 보기 위해 선입견을 받아들이는 인간 습관에는 경제성 뿐만 아니라 오류만 생기게 된다. 그러나 정확하다고 해도 좋은 유사성이 있고 주의력의 절약은 반드시 필요하므로, 오로지 순수한 그대로의 사물을 경험하기 위해 고정관념을 버리면 인간 생활을 가난하게 하는 결과를 가져오게 될 것이다.

여기서 중요한 것은 고정관념의 성격과, 이를 사용하는 우리의 융통성 없는 고지식함이다. 이런 문제는 결국 우리의 인생 철학을 구성하는 포괄적인 유형에 따라 달라진다. 만일 그 인생 철학에서 세계는 우리가 규범에 따라 체계화된다고 가정한다면, 우리는 현재 일어나고 있는 일을 보고할 때 그런 규범에 따라 움직이는 세계를 이야기하게 된다. 그러나 우리 철학은 한 사람 한 사람이 세계를 이루는 작은 일부분에 지나지 않으며, 그 지성은 기껏해야 여러 관념의 거친 그물로 세상의 부분과 요소의 부분만 포착할 수 있다고 우리에게 말해준다면 어떨까.

우리는 고정관념을 사용할 때 그것이 고정관념에 지나지 않는다는 것을 알고 그것을 가볍게 여기게 되리라. 또한 그것이 잘못되었음을 알았을 때 기쁘게 그것을 수정한다. 그리고 우리 관념이 언제, 어디서 시작되었고 어떻게 우리에게 나타나게 되었으며, 왜 그것을 받아들이게 되었는지를 더욱더 뚜렷하게 알게 된다. 이런 의미에서 모든 이로운 역사는 절대로 썩지 않는다. 그런 역사가 우리로 하여금 동화(童話), 교과서, 전통, 소설, 연극, 그림, 문장이 한 선입견을 이 사람 마음속에, 또 다른 선입견을 저 사람 마음속에 심었는가를 알게 해준다.

4

예술을 검열해야 한다고 말하는 사람들은 적어도 고정관념의 영향력을 과소평가하지 않는다. 그렇지만 그들은 고정관념의 영향력을 오해하고 자신들이 승인하지 않은 것은 모두 다른 사람이 보지 못하게 하려고 한다. 어쨌든 그들은 플라톤이 시민론에서 한 말과 같이 허구를 통해 얻은 유형이 현실 사회에서 겹쳐진다는 사실을 어렴풋하게나마 느끼는 것이다. 영화도 사물 이미지를 차근차근 만들어내며 그 이미지는 사람들이 신문에서 읽는 말로 마음 속에 되살아난다.

인류의 모든 경험 가운데 영화에 필적할 만큼 사물의 시각화에 도움이 된 도구는 없었다. 만일 피렌체 사람이 성자(聖者)의 모습을 그렸다면, 교회의 프레스코 벽화에서 지오토(Giotto)가 그 시절의 규격에 맞춰 그린 성자들의 모습을 볼 수 있었을 것이다. 만일 아테네 사람이 신들의 모습을 그린다면, 신전으로 갔을 것이다. 그러나 그림으로 그린 사물의 수는 많지 않았다. 제2의 계명(모세의 십계명, 우상을 만들지 마라) 정신을 널리 받아들인 동양에서는 구체적인 사물 묘사가 매우 부족했고, 이러한 이유 때문에 실제적인 결단 능력이 훨씬 낮았다. 그러나 서구 사회에서는 지난 몇 세기 동안 종교를 벗어난 세속적인 묘사, 생생한 사실(寫實), 이야기, 그림책, 그리고 끝으로 무성영화와 유성영화가 나와 그 분량과 범위가 크게 늘어났다.

얼마 전에는 인쇄된 말이, 그 이전에는 말하는 언어가 상상력에 권위를 가졌다. 이를 지금은 사진이 가지고 있다. 사진은 완전히 현실 그대로처럼 보인다. 사진은 다른 사람의 수정 없이 우리에게 직접 오며 가장 노력이 들지 않는 마음의 양식이라고 생각한다. 말로 된 묘사나 움직임이 없는 그림은, 그로 말미암아 머릿속에 이미지와 연결되기 위해서는 먼저 기억이라는 노력이 필요하다. 그러나 영화에서는 관찰, 묘사, 보고, 그리고 상상의 모든 과정이 보는 사람 대신 만들어져 있다. 눈만 뜨고 앉아 있으면 아무것도 할 필요가 없고 평소라면 상상력을 발휘하지 않으면 얻을 수 없는 결과가 스크린 위에 모두 펼쳐진다. 아득했던 관념이 생생해진다.

예를 들어 큐 클럭스 클랜(Ku Klux Klan : 미국의 극우 비밀결사단체)에 대한 애매한 생각은 그리피스(Griffiths) 감독 덕분에 〈국가의 탄생〉을 보면 구체적으로 확실한 형체를 가지게 된다. 역사적으로 보면 잘못된 형체일지도 모르고, 도덕적으로는 해로운 일일지도 모른다. 그러나 이 영화는 하나의 구체적인 형체이며 그리피스 감독보다 큐 클럭스 클랜을 잘 모르는 사람이 이 영화를 보면 다음에 이름을 다시 들었을 때 반드시 영화에서 본 하얀 옷의 기사(騎士)들을 떠올릴 것이라 생각한다.

5

이처럼 고정관념, 유형(類型), 공식(公式)은 선천적인 성격이 적응하고 반응한 정신 세계의 기틀에 아주 결정적인 역할을 한다. 그래서 우리가 어떤 집단의 정신, 즉 프랑스 정신, 군국주의 정신, 볼셰비키 정신 등에 대해서 말할 때 본능적으로 가진 것을 고정관념, 유형, 공식에서 분리시키는 일에 우리가 동의하지 않는 한, 심각한 혼란에 빠지기 쉽다. 이런 구별을 잘하지 않으면 집단 정신, 민족 정신, 인종 심리에 대한 산만한 논의가 흘러넘치게 된다. 확실히 고정관념은 매우 일관적이며 권위를 가지고 어버이 세대에서 아이들 세대로 전해지기 때문에 마치 생물학적인 사실처럼 생각된다. 우리는 월러스(Wallas) 씨가 말한 바와 같이[14] 우리는 사회적인 유산에 생물학적으로 기생하게 되었을지도 모른다.

그러나 사람은 날 때부터 자기가 태어난 나라의 정치적인 습관을 지니고 있음을 입증할 만한 과학적인 증거는 없다. 한 나라 국민의 정치적 습관이 비슷하다면 그 원인은 유치원, 학교, 교회 등에 있으며 집단정신이나 민족정신의 산물은 아니다. 전통은 부모, 교사, 목사, 친척 등으로부터 다음 세대로 계승되는 것이 아니라는 사실을 모르는 한, 정치적인 차이를 생물학적인 유전으로 돌리는 가장 나쁜 잘못을 저지른다.

같은 범주의 교육과 경험 안에서 살아온 사람들로 한정하면 대조적인 차이에 대해 일반론을 말할 수 있다. 그러나 실험적으로 그리고 겸손한 태도로 말해야 한다. 이런 일조차도 마음을 놓기는 어렵다. 왜냐하면 두 아이의 두 경험은 한 가정에서 자랐더라도 똑같지 않기 때문이다. 형은 동생이 가지는 경험을 절대 갖지 못한다. 따라서 두 사람의 선천적인 성격 차이에 대해서는 양육방식 차이에서 생기는 효과를 빼고 생각할 수 있을 때까지 판단을 보류해야 한다. 두 토지 중에서 어느 쪽이 생산적인가를 생각할 때도 마찬가지이다. 다시말해 어느 쪽이 래브라도와 아이오와의 흙인지를 알기 전에, 또한 어느 토지가 경작되어 왔고 비옥하게 만들어진 땅인지 또는 그대로 내버려두어 다 말라버린 땅인지를 알기 전에 수확량만 비교해서 어느 땅이 더 생산적인지를 판단해서는 안 된다.

---

*14 Graham Wallas, *Our Social Heritage*, p. 17.

제7장 고정관념의 방어작용

1

좀더 공평하고 객관적인 이미지가 필요할 때 우리는 고정관념에 집착하기 쉽다. 여기에는 노력을 절약하려는 의도 말고도 또 하나의 이유가 있다. 고정관념 체계는 우리의 개인적인 습관의 핵심이며, 우리의 사회적 지위를 보전하는 방어수단이기 때문이다.

고정관념 체계는 질서 바르고 어쨌든 모순 없는 세계상이며 우리의 습관, 기호(嗜好), 능력, 위안, 희망은 고정관념에 적응해왔다. 고정관념은 세계를 완전히 그려내지 못할지도 모르지만 하나의 있을 법한 세계를 보여주며 우리는 이에 순응한다. 그 세계 안에서 사람도 사물도 납득이 가는 장소를 차지하며, 기대대로 일을 한다. 그곳에서 우리는 편안함을 느낀다. 우리는 그 세계의 일부이다. 우리는 자기 주위상황을 알고 있다. 거기서 익숙한 것, 정상적인 것, 믿을 수 있는 것의 매력을 찾아낸다. 거기서는 관례도 양식도 익숙한 곳에 있다. 비록 그 거푸집 속에 우리 자신을 억지로 맞출 때에는 우리를 유혹하는 많은 것을 버려야 했지만, 한번 그 속에 들어가면 오래 신은 구두처럼 편안하게 들어맞는다.

그러므로 조금이라도 고정관념에 혼란이 생기면 세상의 근원을 공격받은 것처럼 느낀다고 해도 이상할 것이 없다. 그러나 여기서 공격받는 대상은 우리 머리 속에 있는 세계의 이미지다. 중요한 일이 걸려 있는 문제일 때 우리는 머리 속 세계의 이미지와 현실 세계 사이에 존재하는 차이를 쉽사리 인정하려 들지 않는다. 우리가 명예라 생각하는 일이 실제로는 가치 없고, 우리가 경멸하는 일을 고귀하다고 하는 세계 또한 견딜 수 없다. 우리가 이것밖에 없다고 생각한 우선 순위가 실은 그렇지 않다고 한다면 어떤 혼란이 일어날까.

만일 온순한 자가 정말로 땅을 상속받는다면, 최초의 사람이 마지막 사람이어야 한다면, 죄 없는 사람들만 죄인에게 돌을 던질 수 있다면, 만일 시저(Caesar)에게 시저의 것만 돌려준다면, 이런 격언이 거짓이라 여기며 살아온 사람들 자존심의 뿌리가 흔들릴 것이다.

고정관념의 유형은 공평하지도 객관적이지도 않다. 왕성하고 시끄러운 현실이라는 거대한 혼돈 상태를 대체하는 질서를 제공하는 수단인 것만도 아니다. 또한 지름길만도 아니다. 그것은 이 모두를 아우르면서 동시에 그 이상이기도

하다. 고정관념은 우리의 자존심을 보장해준다. 우리 자신의 가치, 지위 그리고 권리를 우리가 어떻게 느끼는지 현실 세계에 투영한 것이다. 따라서 고정관념에는 그에 따른 여러 감정적인 요소들이 가득 차 있다. 고정관념은 우리 전통을 지키는 성채(城砦)이며, 우리는 이 성채 방어선 뒤에 있을 때야 비로소 자신이 차지한 지위에 안주할 수 있다는 편안한 느낌을 유지할 수 있다.

2

이를테면 기원전 4세기 아리스토텔레스가 대두하기 시작한 노예 회의론(懷疑論)*15에 대항해 노예제도 옹호론을 썼을 무렵, 아테네 노예들은 거의 자유 시민과 구분이 되지 않았다. 치메른(Zimmern) 씨는 노예를 잘 다루는 방법을 보여주는 다음과 같이 흥미로운 구절을 '고대 집정자'에서 인용했다. "노예가 시민에게 두드려맞는 것이 합법적이라 가정해보자. 아테네인을 노예나 이방인으로 착각해 때리는 일이 자주 일어날 것이다. 왜냐하면 아테네인이 노예나 이방인보다 옷을 더 잘 입는 것도 아니고, 외모가 특별이 뛰어난 것도 아니니까."

이처럼 둘을 구별하지 못하는 점에서 노예제도가 사라지는 것은 자연스러운 일이었다. 만일 자유 시민과 노예가 겉보기에 똑같을 경우, 무엇을 기준으로 둘을 다르게 대우하라는 말인가? 아리스토텔레스는 《정치학》 제1권에서 이 혼란을 없애려 했다. 노예제도를 정당화하기 위해서는 먼저 노예제도를 유지하는데 걸맞은 노예관을 그리스인들에게 가르쳐야 한다. 아리스토텔레스는 틀린 적이 없는 직관으로 이를 깨달았다.

아리스토텔레스의 말에 따르면, 천성적으로 노예인 사람들이 있다.*16 "그런 사람들은 천성적으로 노예로 태어났으며 타인의 노예가 되기에 적합하다. 그 때문에 노예인 것이다." 다시 말해 노예란, 누구든 간에, 천성적으로 노예가 되도록 태어났다는 것이다. 논리적으로 이 기술은 전혀 가치가 없다. 게다가 실은 논리적인 명제가 아니므로, 논리학과 아무 관계도 없다. 이 기술은 이미 하나의 고정관념이다. 아니 오히려 고정관념의 일부라고나 할까. 그 나머지 부분은 바로 뒤에 이어진다. 노예도 이성을 가지고 있지만 그것을 사용할 권리는 없다고 설명한 뒤, 아리스토텔레스는 다음과 같이 주장한다. "노예와 자유인의 몸

---

*15 Zimmern, *Greek Commonwealth*. p. 383의 주석 참조.

*16 *Politics,* Bk. Ⅰ, Ch. 5.

은 서로 다르게 만든 것은 자연의 의지이다. 즉 노예는 다른 사람들에게 봉사하도록 튼튼하게 만들어져 있지만, 자유인은 그런 노동을 할 수가 없으며 시민생활에 알맞도록 곧게 만들어져 있다. ……그러므로 어떤 사람들은 천성적으로 자유롭고 다른 사람들은 노예임이 분명하다."

아리스토텔레스의 주장이 어디가 이상한지 살펴보자. 그는 자기 자신과 사실 사이에 두꺼운 벽을 쌓아 놓고 논의를 시작했다. 아리스토텔레스가 노예는 천성적으로 노예가 되도록 만들어져 있다고 말했을 때, 우연히 노예가 된 그 특수한 사람들이 천성적으로 노예로 만들어진 사람인가 아닌가 하는 중요한 문제를 배제해버렸다. 이 문제가 제기되면 노예들 저마다의 경우에 따라 의심스러운 사례가 나올 가능성이 있기 때문이다.

게다가 노예라는 사실이 그 사람이 노예가 될 운명이었다는 증거가 아니므로, 그런 질문을 받았을 때 자신의 주장을 확실하게 증명할 방법이 없었으리라. 그 때문에 아리스토텔레스는 이렇게 자신의 주장을 무너뜨린 의심을 전적으로 배제했다. 현재 노예인 사람들은 노예로 운명지어져 있었다. 노예 소유자는 노예라는 재산을 천성적인 노예로 보아야 한다. 노예 소유자들이 그렇게 보도록 훈련 받았을 때 그들의 본성이 노예의 본성이라는 증명으로 노예들이 노예처럼 일하고, 노예일을 하는 데 적합하며, 또 그러한 일을 하는 데 알맞은 근육을 가지고 있다는 일에 주목한다.

이것은 완전한 고정관념이다. 그 증거로 고정관념은 이성보다 앞선다. 그것은 지각의 한 형태이며 데이터가 지성에 이르기 전에 고정관념이 우리 감각기관 데이터에 특정한 성격을 부여한다. 고정관념은 비콘 거리에 있는 라벤더색 유리창과 닮았으며 가장무도회 출입구에서 손님의 차림새가 적절한가를 판단하는 문지기와도 같다. 고정관념만큼 교육이나 비평에 고집스럽게 따르지 않는 것은 없다. 고정관념은 증거를 얻으려는 바로 그 행위의 과정에서 증거에 고정관념의 도장을 찍어버린다. 귀국한 여행자의 여행담이 흔히 그 여행자가 떠나면서 가지고 간 일에 대한 이야기인 경우가 많은 것도 이 때문이다.

만일 그 여행자가 식욕 때문에 여행을 떠났다면, 또는 타일을 바른 목욕탕에 들어가고 싶다는 열망 때문에, 풀맨 자동차*17에 타는 일이 이 세상 최고의

---

*17 고급 침대차.

사치라고 믿거나, 웨이터, 택시 기사, 이발사에게 봉사료를 주는 것은 어쩔 수 없지만 역무원이나 안내원에게는 절대로 주지 않는다는 신념을 지니고 여행을 떠났다면, 그의 여행은 맛있는 음식, 맛없는 식사, 목욕탕에서의 모험, 칸막이 열차에서의 탈선행위, 끝없는 낭비, 이런 이야기로 가득 찰 것이다. 만일 그 여행자가 좀더 성실한 정신을 가진 사람이라면, 여행 중에 유명한 장소를 찾을지도 모른다. 목적지에 도착하여 기념비를 슬쩍 바라볼 뿐 오로지 베데커 여행안내서에 얼굴을 파묻고 한 글자도 놓치지 않고 읽은 뒤 다음 명소로 걸음을 옮길 것이다. 그러고는 별 하나, 별 둘로 등급을 매겨서 요령 있게 정리한 유럽의 인상을 마음에 품고 돌아온다.

외부에서 들어온 자극은 특히 문자나 말인 경우, 고정관념의 체계를 일부라도 불러일으킨다. 그 결과 실제 감각과 선입견이 동시에 의식을 채운다. 파란 안경으로 빨간색을 보면 초록색으로 보이듯이, 실제 감각과 선입견은 뒤섞인다. 우리가 지금 보고 있는 것이 우리가 기대했던 바와 정확히 일치할 경우, 고정관념은 시간이 갈수록 더욱 강해진다. 그것은 마치 일본인은 교활하다고 알고 있던 사람이 재수 없게 정직하지 못한 일본인을 두 번이나 만난 경우와 같다.

만일 현실 경험이 고정관념과 모순될 경우, 다음 두 가지 중 하나의 반응이 일어난다. 만일 그 사람이 이미 유연성을 잃어버렸거나, 또는 어떤 강력한 이해관계 때문에 자신이 가진 고정관념을 재정비하는 일이 매우 어려운 경우, 그는 그 모순을 원칙에 있기 마련인 예외로 경시하며, 증인을 의심하고 어딘가 트집을 찾아내 모순을 잊으려고 할 것이다. 그러나 만일 그 사람이 아직 호기심에 차고 마음이 트여 있다면, 그 새로운 경험은 이미 머릿속에 있는 그림에 더해져 이를 수정하도록 허락한다. 때때로 그 사건이 너무 충격적이며 그가 기존체계에 큰 불만을 가지고 있을 때 그는 매우 동요하며 지금까지 받아들인 모든 인생관에 불신을 품게 된다. 세상이란 보통 그럴 것이라 생각하는데로 존재해야 한다고 여기는 경우도 생길 수 있다.

극단적인 경우, 특히 그가 문학가일 경우 배신자인 유다(Judas), 독립전쟁에서 영국에 가담한 베네딕트 아놀드(Benedict Arnold), 권모술책가 체사레 보르자(Caesar Borgia)를 영웅으로 만든 소설을 써서 도덕규범을 뒤집으려고 열정을 쏟을 것이다.

고정관념의 역할은 독일에서 전해지는 벨기에 저격병 이야기에서 볼 수 있다. 그 이야기를 특이하게도 팍스(Pax, 평화)라는 독일 가톨릭 신부 단체가 처음으로 반박했다.*[18] 잔학한 행위를 묘사한 이야기 퍼졌다는 사실 자체도, 독일 국민이 이런 이야기를 기쁘게 믿었다는 사실도 새삼스러운 일이 아니다. 오히려 주목할 점은, 가장 보수적인 이 애국 독일인 단체가 1914년 8월 16일이라는 이른 시기에 적(敵)에게 뒤집어씌운 근거 없는 중상모략에 반발을 했다는 사실이다. 물론 그런 중상모략은 적을 죽이는 일로 괴로워하는 동포의 양심을 달래는 데 매우 효과 있기는 했다. 그럼에도 잘못을 지적했다. 왜 제수이트 교단(the Jesuit order)은 독일의 전의를 높이는 데 효과 좋은 거짓말을 파괴하려 나섰던가?

반 랑겐호프(van Langenhove) 씨의 말을 빌려 설명하면 다음과 같다.

"독일군이 벨기에에 침입하자마자 이상한 소문이 돌기 시작했다. 소문은 여기저기로 옮겨지고, 신문에 보도되고, 곧 독일 전체에 퍼졌다. 그 소문에 따르면, 성직자들이 선동한 벨기에 사람들이 배반하거나 적대행위를 하고, 고립한 분견대(分遣隊)를 기습하며, 점령군의 위치를 적에게 통보하고, 젊은이건 노인이건 할 것 없이 다쳐서 저항하지 못하는 독일군 병사의 눈을 파내며, 손가락이나 귀 혹은 코를 자르는 잔악한 행위를 했다는 것이다. 사제직에 있는 사람들이 설교단에서 사람들에게 이런 범죄를 권유했고, 그 대가로 하늘의 왕국을 약속했으며, 이 야만적인 행위를 솔선수범했다.

독일 대중은 쉽게 이 이야기를 믿었다. 정치 최고 권력자들은 이 소문을 환영했고, 그들의 권위로 이 소문의 신빙성을 뒷받침해주었다.

이런 식으로 독일의 여론은 들끓고, 격렬한 분노가 벨기에 인이 범한 야만 행위를 책임져야 하는 신부들을 향했다. ……독일의 분노가 가톨릭 신부들 전체를 향하게 된 것은 자연스러운 일이었다. 개신교 신자의 마음속에는 옛 종교를 증오하는 불길이 다시 붙었다. 그래서 그들은 가톨릭교도들에게 도전하기 시작했다. 새로운 '문화 전쟁(Kulturkampf)'이 시작되었다.

가톨릭교도도 이 적대적인 태도에 바로 반격했다."*[19]

---

*18 Fernand van Langenhove, *The Growth of a Legend*. 저자는 벨기에의 사회학자이다.
*19 *Op. cit.*, pp. 5~7.

벨기에에서 여러 번 저격 사건이 있었다는 말은 아마 사실일 것이다. 그러나 만일 성난 벨기에 인들이 모두 도서관으로 달려가서, 국제법 법전을 펴고 자기 거리를 짓밟고 다니는 무법자들을 저격할 권리가 자신에게 있는지 확인했다면, 그것이야말로 이례적인 일일 것이다. 마찬가지로 실전 경험이 없는 군대가 날아오는 탄환 하나하나를, 하필 이 시기에 날아 왔다는 이유로 정규군 탄환이 아니라고 생각하는 경우도 있지 않을까? 왜냐하면 이제까지 전쟁이라고는 유일하게 책상에서 한 전쟁 게임이 전부였던 군대가, 이런 탄환이 게임규칙을 어겼다고 생각하는 경우가 없었을까? 없었다면 이 또한 말이 안 된다. 사람은 자기가 상대에게 잔인한 짓을 할 때, 그 상대가 잔인한 사람이라고 자신에게 이해시키려는 감정적 성향이 있기 때문이다. 이렇게 소문은 퍼져서 검열관과 선전원 귀에 들어갔다. 이런 사람들은 자신이 그것을 믿든 안 믿든 간에 그 소문의 효과를 인정하고, 독일 민간인들에게 퍼뜨렸다. 그들은 자신이 학대하는 사람들이 인간 이하임을 알고 전혀 유감스럽게 여기지 않았다. 더군다나 그 이야기가 그들의 영웅에게서 나온 것이므로 그들은 그것을 믿을 자격이 있을 뿐만 아니라, 믿지 않는다면 나라를 사랑하지 않는 국민이 되었다.

그러나 학대 행위 현장은 전쟁이라는 안개 속에 모습을 감춰버리기 때문에 많은 일을 상상에 기대야 했다. 이런 경우, 어떠한 확인도 통제도 할 수가 없다. 벨기에 신부들이 잔인하다는 소문은 곧바로 옛 증오를 다시 불타오르게 했다. 왜냐하면 거의 다가 애국적인 독일 교도, 특히 상류계급 교도들은 비스마르크의 승리를 머릿속으로 그렸는데 그 그림에는 로마 가톨릭교도와의 오랜 싸움도 들어 있기 때문이다. 벨기에 성직자로 한정되었던 소문이 연상 과정을 통해 신부들 모두가 그렇다는 이야기가 되고, 벨기에 인 증오는 독일인이 가진 모든 증오의 배출구가 되었다. 이러한 독일인 교도는 일부 미국인들이 전쟁을 받을 때 나라 밖의 적(敵)과 국내 반대자들을 증오 대상으로 만들어낸 경우와 똑같다. 즉 독일의 야만인과 국내 야만인에게 미국인들은 자기 속에 있는 모든 증오를 쏟아냈다.

잔학 행위 소문에 가톨릭 교도는 물론 자신들을 지키고자 저항했다. 이는 벨기에 가톨릭교도뿐만 아니라, 모든 가톨릭교도를 증오하게 만드는 특정한 이야기를 겨냥했다. 반 랑겐호프 씨에 따르면, 《평화 정보(*Informations Pax*)》는 종교적 의미밖에 안 가졌고, 그들의 관심은 전적으로 신부에게 죄를 뒤집어 씌우는 불법 행위에만 국한되었다. 그러나 비스마르크 제국의 의도가 드러났을 때 독일 가톨릭교도에게 어떠한 충격을 주었을까. 그리고 그 사실을 알고 휴전 때 독일 제국 사망 증명서에 서명하려고 나선 그 유명한 정치가가 가톨릭 중앙당 지도자 에르츠베르거(Erzberger)[20]였다는 사실 사이에 막연하지만 어떤 관련이 있지 않았는가 하는 점에 대해 의문을 갖지 않고는 못 배겼으리라.

제8장 맹점과 그 가치

1

나는 지금까지 이상(理想)보다 고정관념을 이야기해왔다. 왜냐하면 이상은 보통 우리가 참되고, 선하고, 아름답다고 생각하는 것을 위한 말이기 때문이다. 이처럼 이상이라는 말은 모범이 되고 모범을 이루어야 하는 어떤 존재라는 암시를 지닌다. 그러나 우리의 고정관념은 그보다 훨씬 더 광범위하다. 이상적인 사기꾼, 이상적인 부패 정치가, 이상적인 애국에 눈이 먼 사람, 이상적인 선동자, 이상적인 적(敵)을 포함한다. 우리의 고정관념화된 세계는 반드시 우리가 그랬으면 하는 세계가 아니다. 그것은 단순히 우리가 이럴 것이라고 생각한 세계이다. 만일 거기에서 일어난 사건이 세계와 부합할 경우 거기에는 친밀감이 생긴다. 그리고 우리는 그런 사건과 함께 움직인다고 느낀다.

만일 우리가 양심의 가책을 원하지 않는 아테네 인이라면, 우리의 노예는 천성적으로 노예여야만 한다. 골프에서 18홀을 95로 친다고 친구들에게 말해버린 뒤에 110으로 친다면, 오늘은 몸 상태가 좋지 않아서 그랬다고 변명한다. 우리는 15회나 공을 잘못 친 바보와 상관없다는 의미이다.

만일 각 세대의 몇몇 사람들이 고정관념을 정리하고 표준화하고 개량하여 '경제학의 법칙', '정치학의 원리' 등등으로 알려진 이론 체계로 발전시키지 않는다면, 우리는 우연적이고 유동적인 잡다한 고정관념들을 통해 세상을 바라보려 할 것이다. 일반적으로 우리가 문화, 전통, 집단 정신에 대해 쓸 때, 우리는 천재들이 만든 이러한 체계를 염두에 둔다. 이런 이상화(理想化)된 견해에 연구와 비판이 필요하다는 것에는 달리 논할 여지가 없다. 그러나 역사가, 정치가, 그리고 유명한 사람들은 거기서 멈추지 않는다. 왜냐하면 역사 속에 작용

---

[20] 이 저서가 쓰인 뒤에 에르츠베르거는 암살되었다.

하는 것은 천재가 만들어낸 체계적 관념이 아니라, 개인 마음속에 있는 다양한 모방, 모사(模寫), 모조, 유추, 왜곡이기 때문이다.

따라서 마르크스주의는 반드시 카를 마르크스가 《자본론》에 쓴 내용뿐이라고는 할 수 없다. 자기야말로 충실한 마르크스주의 신봉자라고 주장하는 당파들이 믿는 것이라면 모두 마르크스주의였다. 복음서로 그리스도교 역사를 연역할 수 없고, 또한 미합중국의 헌법으로 미국 정치사를 연역해낼 수도 없다. 역사를 읽어내려면 자본론을 어떻게 파악하는지, 복음서에 어떤 설교가 나오며 그 설교를 어떻게 이해하는지, 헌법을 어떻게 해석하며 운용하는지 알아야한다. 왜냐하면 표준적 해석과 통속적 해석들 사이에 주고받는 영향이 있기는 해도, 사람들의 행동을 좌우하는 것은 사람들 사이에 퍼진 이런 고정관념이기 때문이다.*21

모나리자처럼 부드러운 눈빛을 가진 비평가는 다음과 같이 말한다. "상대성 원리는 진화론이 그랬던 것처럼 보편적 응용에 적합한 원리로 발전된다. 진화론은 전문적인 생물학의 가설에서 시작했지만, 거의 모든 분야 사람들에게 영감을 주는 안내자가 되었다. 예를 들면 풍속과 습관, 도덕, 종교, 철학, 예술, 증기기관, 전차 등 모든 것이 '진화했다.' '진화'는 매우 일반적인 말이 되었다. 동시에 본래의 한정된 의미가 사라질 만큼 부정확해지고, 그 이론은 처음 의도와는 달리 오해를 받았다. 우리는 상대성 원리가 이와 비슷한 길을 걷고 비슷한 운명에 빠질까 봐 두렵다.

현재에도 아직 완전히 이해하지 못한 이 전문적인 이론은 더욱 막연해지고 흐려질 것이다. 역사는 되풀이된다. 따라서 진화론처럼 상대성 원리도 이해하

---

*21 그러나 불행히도 이 현실의 문화를 안다는 것은 천재의 작품을 요약하고 해설하는 것보다 훨씬 더 어렵다. 현실의 문화는 자기 신념을 계통 세우는 이상한 일에 열중하기에는 너무나도 바쁜 사람들의 내부에 존재한다. 그들은 자기 신념을 아주 우연히 기록해놓기 때문에 학자는 자기 자료가 어느 정도 전형적인지 거의 알지 못한다. 아마도 그가 할 수 있는 최상의 일은 브라이스(Bryce) 경의 말에 따라(Modern Democracies, Vol. Ⅰ, p. 156) "모든 종류의 또 모든 상태의 사람들 사이"를 자유로이 움직이며, 평가의 재능이 있는 공평한 인물을 가까이서 찾아내는 것이다. "오랜 경험과 '공감적(共感的) 접촉'이 주는 '제6감'이라는 것이 있다. 훈련된 관찰자는 사소한 암시를 이용하는 법을 알고 있다. 마치 노련한 뱃사람이 육지의 사람보다도 다가오는 태풍의 징조를 빨리 알아내는 것처럼." 요컨대 상당한 양의 추측이 행해진다. 그리고 정확을 즐기는 학자들이 자기 주의(注意)를 다른 학자들의 좀더 산뜻한 체계에 국한시키는 것도 놀랄 일이 못 된다.

기 쉽지만 좀 통속적인 주석이 많이 추가된 뒤 세계를 제패하는 길로 나설 것이다. 그 무렵이면 이 이론은 아마 '상대주의(Relativismus)'라는 이름으로 불릴 것이다. 이렇게 폭넓은 분야에 이론을 적용하고 거의 다 정당하다고 인정할 것이다. 그 가운데 엉뚱한 것도 있을 터이며, 우리가 상상하기에는 상당수가 진부한 문구로 격하되리라. 그리고 힘찬 성장을 할 씨앗에 지나지 않는 이 물리학 이론은 다시 한 번 과학자들의 순수한 전문적 관심의 대상이 될 것이다."[*22]

그러나 이러한 세계 제패의 길에 오르기 위해서는, 한 관념이 아무리 부정확하다 할지라도 어떤 구체적인 것과 대응해야만 한다. 베리(Bury) 교수는 얼마나 오랫동안 진보라는 관념이 사변적인 장난감에 지나지 않았는가를 설명했다. 그는 말한다.[*23] "사변적인 관념은 그것이 겉으로 몇 가지 구체적으로 보이거나 어떤 확실한 물적증거로 뒷받침할 때 비로소 사회의 일반통념 속으로 들어가 사회 지식이 된다. '진보'의 경우, 이러한 조건들이 (영국에서는) 1820~50년 시기에 채워졌었다." 가장 확실한 물적증거는 기계혁명이었다. "19세기 초에 태어난 사람들은 30세가 되기 전에 이미 증기기관 항해의 급속한 발달, 가스 등 도로와 주택의 조명, 최초의 철도 노선 개통 등을 자기 눈으로 보았다." 보통의 가장(家長)들의 의식 속에 이런 기적이 인류는 진화한다는 믿음을 심어주었다.

철학적인 문제에 있어서 보통 사람과 크게 다른 바 없는 테니슨(Tennyson)은 리버풀에서 맨체스터로 가는 첫 열차(1930년)를 탔을 때, 차바퀴가 나아가는 모습을 보고 발전한다는 감상을 느꼈다. 그래서 그는 다음의 한 구절을 썼다.

"이 넓은 세상을 영원히 달리게 하라. 굉음을 울리며 변하는 궤도 위에서."[*24]

이와 같이 리버풀에서 맨체스터로 가는 여행에 적용할 수 있는 한 생각이

＊22 *The Times* (London), *Literary Supplement,* June 2, 1921, p. 352. Einstein 교수는 1921년 미국을 방문했을 때, 사람들이 그의 이론의 영향을 높게 평가하고, 그 확실성을 낮게 평가하는 경향이 있다고 말했다.

＊23 J.B. Bury, *The Idea of Progress,* p. 324.

＊24 Tennyson, *Memoir by his Son,* Vol. I, p. 195. Bury, *op. cit.,* p. 326에서 인용.

'영원히 달리는 세상'이라는 형태로 일반화되기에 이르렀다. 이 형태는 다른 사람들이 받아들이고 눈부신 발명으로 보강되며, 진화론에 대한 새로운 낙관적인 견해를 강화했다. 그 이론 자체는 베리 교수가 말한 것처럼 비관주의도 낙관주의도 아닌 중립적이다. 그러나 그 이론은 계속적인 변화를 약속했다. 그리고 세계의 눈에 띄는 변화들이 경이로운 자연의 정복을 보여주며 사람들은 둘을 혼동하기에 이르렀다. 즉 다윈 자신이 먼저 일으키고, 그 다음에 허버트 스펜서(Herbert Spencer)가 좀더 정교하게 다듬은 진화론은 '완성을 향한 진보'였다.

2

'진보'나 '완성'이라는 말로 대표되는 고정관념은 근본적으로 기계의 발명으로 생겨났다. 그리고 오늘에 이르기까지 전체적으로는 변하지 않았다. 다른 어떤 나라보다도 미국에서 기계가 발전하는 모습이 너무 깊은 인상을 새겨 도덕규범 전체를 뒤덮었다. 미국인은 그가 진보적이 아니라는 비난 말고는 거의 어떤 모욕이라도 견딜 것이다. 그가 유서깊은 가문 출신이든 최근에 온 이민자이든, 늘 그의 눈을 사로잡은 것은 미국 문명의 커다란 물질적 성장이다.

그것이 기본 고정관념을 형성하고, 그것을 통해 그는 세계를 보게 된다. 즉 지방의 마을은 대도시가, 빌딩은 마천루가 될 것이고, 작은 것은 크게, 느린 것은 빠르게, 가난한 것은 부유하게, 수가 적은 것은 많아질 것이며, 현재가 어떻든 간에 미래에는 더 잘될 것이다.

물론 모든 미국인이 세계를 이렇게 보지는 않는다. 헨리 아담스(Henry Adams), 윌리엄 앨런 화이트(William Allen White)는 이렇게 보지 않았다. 그러나 성공 신화에 열을 내는 잡지에 '미국을 만든 사람'으로 등장하는 사람들은 모두 이런 세계관을 가지고 있다. 그들이 진화, 진보, 번영, 건설적인 것, 미국식 일처리를 설교할 때 바로 그런 견해를 이야기한다. 비웃기는 쉽지만, 그들은 사실 인간 노력이라는 아주 중요한 틀을 사용한다. 첫째로, 이 틀은 비개인적인 기준을 가졌다. 둘째로, 그것은 세속적 기준을 채택한다. 셋째로, 그것은 사람들에게 양적으로 생각하는 습관을 붙여준다.

확실히 이런 이상은 우수함을 크기로, 행복을 속도로, 인간성을 기묘한 기계로 혼동한다. 그렇지만 이와 같은 동기가 도덕규범에 작용하고 있고 앞으로도 그럴 것이다. 가장 큰 것, 가장 빠른 것, 가장 높은 것을 추구하는 욕망, 혹은 손목시계나 현미경을 만드는 사람의 경우라면 가장 작은 것을 추구하는 욕망, 요컨대 비할 데 없는 최고를 추구하는 애정은 본질적으로 고귀한 정열이다.

이런 미국식 진보론은 경제 상태와 인간성에서 이제까지 광범위하게 나타난 여러 뚜렷한 사실에 꼭 들어맞는 것이었다. 그것은 유별나게 많은 거친 기질, 취득욕, 권력욕을 생산적인 일로 향하게 만들었다. 불과 얼마 전까지 이 미국식 진보는 미국 사회의 활동적인 사람들의 적극적인 성질을 심하게 좌절시킨 적은 없었다. 미국인이 만든 문명은 일, 교제, 오락의 면에서, 혹은 산과 황야나 멀리 떨어진 사람들끼리의 경쟁을 빠르게 극복했다는 점에서 충분히 만족감을 주었고, 세상의 목적과 하나가 된다는 종교적 감정을 수행하는 역할까지 대신했다. 이 틀은 이상·실천·결과라는 연속 속에서 거의 완벽한 성공을 거두었으므로, 여기에 도전하는 것은 모두 비미국적이라 불리게 되었다.

그러나 이 틀은 세계를 대표하기에는 너무 부분적이고 불충분하다. 진보를 '발전'이라고 생각하는 습관은 외부세계의 많은 요소를 완전히 무시해 버리는 일이 아닐까? 미국 대중은 '진보'의 고정관념에 사로잡혀 자기들이 생각하는 진보의 이미지에 맞지 않는 진보는 진보로 보지 않았다. 그들은 도시 확장을 보았지만 빈민가 확대는 보지 못했다. 그들은 국세 조사의 숫자에 박수를 보냈지만, 과잉인구의 문제를 생각하기를 거절했다. 그들은 자랑스러운 자기들의 성장을 강조했으나, 미국의 유랑민 즉 동화되지 못한 이민문제를 이해하려 하지 않았다. 그들은 천연자원을 함부로 희생시키며 산업을 확장했다. 노사 관계 조정을 생각하지 않고 커다란 기업체를 만들어냈다.

미국은 고립을 끝나게 하는 제도나 정신을 준비하지 않고 이 지상에서 최강국 가운데 하나가 되었다. 정신적으로도 물질적으로도 준비 없이 세계대전에 말려들어갔다가 간신히 빠져나왔을 때 크게 환멸을 느꼈지만, 그 경험에서 거의 조금도 배운 바가 없었다.

세계대전 중에 미국식 고정관념의 장점과 단점이 확실히 드러났다. 군대를 무분별하게 보충하고, 채권을 무분별하게 발행하고, 함선(艦船)을 무분별하게 건조하고, 탄약을 무분별하게 생산했다. 또 무분별하게 이런 것에만 집중하면 전쟁에 승리할 수 있다는 생각은 전통적인 고정관념에 딱 들어맞았으며, 물질적인 기적과 같은 결과를 낳았다.*25 그러나 이런 고정관념의 영향을 가장 많이 받은 사람들은 무엇이 승리의 보수이며, 또 어떻게 그것을 손에 넣는지 생각할 여유가 전혀 없었다. 따라서 전쟁 목적을 무시하거나 자연스럽게 일어나는 현상으로 간주하며 승리란 고정관념이 요구했던 대로 전장에서 적군을 섬멸하는 것 말고는 아무것도 의미하지 않는다고 여겼다.

평화로울 때 왜 자동차를 최고속도로 달리게 하는지 묻지 않듯이 전쟁 때 왜 완전한 승리를 추구하는지 묻지 않았다. 그렇지만 파리에서는 이 패턴이 사실에 들어맞지 않았다. 평화로울 때는 작은 것을 큰 것으로, 큰 것은 더욱 큰 것으로 끝없이 대체할 수 있다. 그러나 전쟁이 일어나면 절대적인 승리를 얻은 뒤에는 좀더 절대적인 승리를 계속 얻을 수 없다. 그래서 완전히 새로운 본보기가 필요해진다. 이러한 새로운 본보기가 없다면, 전쟁 종결은 (많은 사람들이 원하는 것이지만) 쓸쓸하고 재미없는 세계에 남겨진 허무함을 가져온다.

이것은 고정관념과 사실 사이에 무시할 수 없는 분명한 분기점이 있음을 표시한다. 우리가 사물의 행동에 대해 가진 이미지는 사건들의 간만(干滿)보다 더 단순하고 더 고정적이므로, 언제나 이러한 분기점이 존재한다. 따라서 평소에는 시야의 가장자리에 머무르던 맹점이 중심으로 나오는 때가 온다. 그때 경종을 울릴 용기를 가진 비평가들이 없고, 그 변화를 이해할 수 있는 지도자들이 없으며, 관용의 습관을 가진 민중이 없다면, 고정관념은 1917년과 1918년에 그랬던 것처럼 노력을 절약하고 에너지를 집중시키는 대신에 인간의 눈을 가려 노력을 수포로 만들고 인간의 에너지를 낭비시킬 것이다. 1919년에 카르타고식 평화를 부르짖고 1921년에는 베르사유 조약을 비탄했던 사람들의 고정관념이 좋은 보기가 된다.

3

고정관념은 아무런 비판없이 받아들일 경우, 배려할 필요가 있는 많은 것을 검열로 쫓아낸다. 그뿐 아니라 최후의 심판의 날이 와서 고정관념이 붕괴될 때, 그나마 고정관념이 현명하게 배려한 것까지도 모두 망쳐버린다. 그것은 '자유

---

*25 나는 200만 군대의 국외 수송과 그 보급을 마음속에 두고 있다. 웨슬리 미첼(Wesley Mitchell) 교수는, 미국의 참전 이후에 총생산고가 1916년에 비해 양적으로는 커다란 차이가 없음을 지적하고 있다. 그러나 군수산업(軍需産業)의 생산고는 증가했다.

무역', '자유계약', '자유경쟁', '자연적 자유', '자유경제', '다원주의' 등에 버나드 쇼가 내린 벌(罰)이다. 만일 100년 전에 살아 있었다면, 버나드 쇼는 이러한 주의를 가장 신랄하게 옹호한 사람 가운데 하나였을 것이다. 100년 뒤인 오늘, 이 '불신의 반세기'*26에 이러한 교의들을 안전하게 속임수로 '적을 이기는' 핑계로 보는 것과는 다른 눈으로 보았을 것이다. 버나드 쇼는 이렇게 말했다.

"정부가 주도하는 간섭, 주먹싸움에 대항해 합법적으로 사기 행위를 보호하는 경찰을 제외한 모든 조직, 혹은 인간적 자유·계획·예상 등을 혼란한 산업 속에 끌어들이려는 모든 시도는 경제학의 법칙에 반대되기 때문이다."

즉 그들이 벌받지 않고 거래 상대에게 부정행위를 한다는 구실에 지나지 않는다는 말이다. 100년 전이었다면 그는 자신의 표현처럼 천상(天上)을 향하는 진보의 선구자로서*27 빅토리아 여왕의 큰아버지 집정 아래에서 볼 수 있었던 인간적 자유·계획·예상 등이 오히려 적을수록 좋다고 생각할지도 모른다. 그는 강자가 약자를 속임수로 이기는 것은 보지 못해도 어리석은 자가 강자를 속임수로 이기는 모습은 보았을지도 모른다. 또는 목적·계획·예상이 발명을 방해하고, 기업을 방해하고, 그가 '창조적 진화'의 다음 단계로 인정했던 것을 방해하는 일을 보았으리라.

지금이라 할지라도 버나드 쇼는 그가 아는 어떠한 지도적 정부 방침에도 결코 열심히 찬성하지 않았을 것이다. 그러나 이론상, 그는 자유경제를 반대했다. 마찬가지로 세계대전 이전의 가장 진보적인 사상은, 모든 것을 자유로이 해방시키기만 하면 지혜가 샘솟아 조화가 생긴다는 기존 사고방식에 반대 입장을 취했다. 세계대전 뒤로 검열관, 선전관, 간첩의 도움을 받은 지도적 정부가 명확한 사실로 증명되면서 아울러 로벅 램즈덴(Roebuck Ramsden)과 '자연적 자유'가 진지한 사상가들의 반려(伴侶)로 다시 들어오게 되었다.

이 순환 현상에 한 가지 공통점이 있다. 즉 한 고정관념 속에는 노력이 멈추고 사상(事象)이 여러 사람이 원하는 대로 저절로 일어나는 분기점이 있다. 일을 자극할 만한 힘을 가진 진보적 고정관념은 그것이 무슨 일이며 왜 그 일을 해야 하는가를 결정하려는 노력을 거의 완전히 말살해버린다. 다행히 어리석은 관료주의로부터 해방된 자유경제는 인간이 스스로 미리 정해져 있는 조화

---

*26 *Back to Methuselah*, Preface.

*27 *The Quintessence of Ibsenism*.

를 움직여갈 것이라고 가정한다.

무자비한 이기주의를 치료하는 해독제인 집산주의(集産主義)는, 마르크스주의자들의 마음에는 사회주의 관리의 능률과 지혜로 향한 경제적 결정론을 상정하는 듯하다. 기껏해야 질서의 가치를 깊이 의식한 강력한 정부와 국내외 제국주의는, 피지배자에게 중요한 모든 것은 지배자에 의해서 알려질 것이라는 개념에 끝내 의존한다. 어느 이론에도 자동작용(自動作用)에 맡긴다는 맹점이 있다.

그 맹점은 어떤 사실을 가려버린다. 만일 그 사실을 고려한다면, 고정관념이 불러일으키는 인간의 행위를 저지할 것이다. 진보적인 사람은 농담에 나오는 중국인처럼, 속도 기록을 깨뜨리면서 생긴 시간 여유를 어떻게 사용할 것인가 자문자답해야만 한다. 자유경제를 주장하는 사람들은 자유롭고 풍부한 인간의 에너지뿐만 아니라, 이른바 인간성도 생각해보지 않으면 안 될 것이다. 집산주의자는 자기 부하를 어떻게 구할 수 있을까 하는 문제로 머리가 가득 찰지도 모른다. 또 제국주의자는 자기 자신의 영감에 의문을 가질지도 모른다. 만일 이런 일이 일어난다면, 햄릿 같은 사람은 늘어나고 헨리 5세 같은 사람은 줄어들 것이다.

이러한 맹점은 마음을 뒤숭숭하게 하는 이미지들을 쫓아내기 때문이다. 마음을 어지럽히는 이미지들에 여러 감정이 덧붙으면서, 인간은 행동을 주저하게 되고 행동의 목적은 비틀어져버린다. 그 결과 고정관념은 분주한 생활 속에서 시간을 절약하고 우리의 사회적 지위를 지켜줄 뿐만 아니라, 이 세계를 확실히 바라보고 또 세계를 전체적으로 보려는 노력이 가져오는 모든 혼란으로부터 우리를 구해줄 수 있는 것이다.

제9장 규범과 그 적

1

플랫폼에서 친구를 기다려본 사람이라면 누구나 전혀 모르는 사람을 친구로 착각했던 기억이 있을 것이다. 모자 모양이나 조금 특이한 걸음걸이가 그의 마음눈에 친구의 모습을 생생히 떠오르게 했을 것이다. 잠자는 중에는 딸랑거리는 소리가 큰 종이 울리는 것같이 들릴 수 있고, 멀리서 두드리는 망치 소리가 천둥처럼 들릴 수도 있다. 우리의 심상군(心像群, constellations of imagery)은 그것과 조금밖에 닮지 않은 자극에 진동하기 때문이다. 이러한 환각에 빠졌을 때 심상군은 우리 의식 전체에 흘러넘치게 된다. 우리가 낯익은 단어나 사물을 무관심하게 쳐다보면 그 단어나 사물이 차차 낯설게 보이게 되는 것과 같은 경험은 몹시 드물고 또 대단히 복잡한 경험인 듯싶지만 심상군은 거의 느껴지지 않는다.

대체로 우리가 사물을 인식하는 방식은, 존재하는 사물과 우리 기대의 결합이라 할 수 있다. 똑같은 하늘이라도, 천문학자와 두 연인에게는 저마다 달리 보인다. 칸트 철학서의 한 페이지는 칸트 학와 급진적인 경험론자에게는 각각 다른 사상을 불러일으킬 것이다. 타이티 섬의 미녀는 〈내셔널 지오그래픽 (*National Geographic Magazine*)〉 독자보다 그녀의 구혼자 눈에 더 예쁘게 보일 것이다.

어떤 분야에서 전문가가 된다는 것은 그 분야에 관련된 일을 여러 측면으로 볼 수 있는 눈을 갖게 되었음을 뜻한다. 또한 우리의 기대, 즉 고정관념에서 벗어난 생각을 하는 습관이 증대되었음을 뜻한다. 무식한 사람에게는 모든 것이 비슷하게 보이고 인생이 이것이나 저것이나 매한가지이지만, 전문가에게는 사물이 아주 개별화된다. 자동차 운전사, 미식가, 미술품 감정가, 정부 각료, 대학교수의 아내들에게는 자동차, 술, 옛 거장들, 공화당, 대학교수 이야기를 할 때 명료한 개별성과 특성이 보인다. 그러나 이런 명료한 개별성이나 특성 문외한에게는 조금도 분명치 않다.

우리의 여론에 있어서는, 버나드 쇼가 밝힌 것처럼 인생이 너무나 짧기 때문에 전문가는 매우 드물다. 전문가인 사람은 두서너 가지 문제에만 그렇다. 우리가 전쟁 중에 배운 바와 같이 노련한 기병이 반드시 참호전이나 탱크전에 우수한 것은 아니었다. 사실 어떤 작은 문제에 조금 전문적인 지식을 갖게 되면, 우리의 고정관념 속에 밀어넣을 수 있는 모든 것을 밀어넣고, 거기에 맞지 않는 것은 바깥 어둠 속에 내던지려는 인간 습성이 고개를 든다.

우리가 아주 주의하지 않으면, 우리가 친숙하게 인식하는 것은 무엇이나 이미 우리 마음속에 있는 심상의 도움을 받아 인식하기 쉽다. 진보와 성공을 생각하는 미국인의 견해 속에는 인간성과 사회에 관한 특정한 이미지가 있다. 그것은 이상적이라 생각되는 진보를 논리적으로 만들어내는 인간성이며 사회로 그려진다. 그리고 우리는 실제 성공한 사람들과 실제 일어났던 사건을 기술하거나 설명할 때, 고정관념 속에 미리 가정한 여러 특성들에 맞춰 그것을 해석한다.

이런 특성은 옛 경제학자가 천진난만하게 규격화시켰다. 그들은 자신이 살던 사회제도를 기술하려니, 너무 복잡해서 표현할 수가 없었다. 그래서 단순한 도식(圖式)으로 나타내고 싶었다. 그러나 완성한 도식은 어린아이가 그린 다리와 머리를 붙인 평행사변형의 복잡하고 기괴한 소 그림과 원칙과 정확성에 있어서 별로 다를 것이 없었다. 이 도식은 노동자의 노동으로 열심히 자본을 저축한 자본가, 사회적으로 유용한 수요를 생각하여 공장을 세운 기업가, 자기의 노동을 자유계약한 노동자 집단, 지주, 그리고 쾌락과 고통의 계산법을 쉽게 사용하여 자신에게 가장 많은 쾌락을 줄 물품을 가장 싼 시장에서 사는 소비자 집단으로 구성되어 있다. 이 모형은 잘 들어맞았다. 이 모형이 가정한 사람들은 이 모형이 가정한 세계에 살며 이 모형이 기술된 책에서는 늘 조화를 유지했다.

경제학자들은 자신들의 사고를 단순화하기 위해 이 허구에 수정과 수식을 덧붙여 팔고 대중화시켰다. 그리하여 이러한 허구는 많은 사람들에게 그 시대의 경제학 신화로 통용되기에 이르렀다. 이 허구는 성공을 설명하기보다 성공하기에 열중했던 사회의 자본가, 기업가, 노동자, 그리고 소비자의 표준형을 제공해주었다. 높아지는 건물들과 축적되는 은행 예금은 일이 어떻게 돌아가는가 하는 고정관념이 얼마나 정확한지 뒷받침해주는 증거가 되었다. 그리고 성공으로 가장 이윤을 많이 얻은 사람들은 스스로를 표준형이라고 믿기에 이르렀다. 성공한 사람들의 솔직한 친구들이 그를 다룬 공식적인 전기와 신문의 사망 기사를 읽을 때에 과연 이 사람이 자기의 친구인지 묻지 않도록 자제해야만 하는 것은 너무도 마땅하다.

2

물론 패자와 피해자는 이 공식적인 도식을 받아들이기 힘들었다. 왜냐하면 진보의 살아 있는 증인이 된 사람들은 자기들이 그 지위에 이른 것은 경제학자들이 정해놓은 길이나 아니면 그와 비슷한 명예로운 다른 길을 밟았기 때문인지 물어보는 일이 적은 데 반하여, 성공한 사람들은 정말 물어보았기 때문이다. "누구나 자기 자신의 세부적인 지식이 미치지 못할 만큼 깊이 전체를 읽어

내려 노력하는 사람은 없다"고 윌리엄 제임스(William James)*28는 말한다. 산업의 지도자는 위대한 기업결합(트러스트) 속에서 자기들의 성공 기념비를 보았다. 그러나 그들에게 패배한 경쟁자들은 그 속에서 그들의 실패의 낙인을 보았다. 그러므로 산업 지도자들은 대기업의 경제와 그 장점을 설명했고, 자유방임을 요구했으며, 자기들이 번영을 가져왔으며 거래 개발자라고 호언했다. 그러나 패자는 기업 합동의 낭비와 만행을 비난하며, 기업을 공동 모의에서 해방시키라고 법무부에 소리 높여 요구했다. 똑같은 상황에서 한쪽은 진보와 경제와 찬란한 발전을 보았고, 다른 한쪽은 반동과 낭비와 거래 제약을 보았던 것이다. 많은 통계 숫자, 진실과 속사정, 그리고 좀더 깊고 넓은 진리에 관한 비밀 역사가 두 입장을 증명하기 위하여 발표되었다.

고정관념의 체계가 확립되면, 그것을 밑받침해주는 사실에 우리의 관심이 쏠리고, 그것과 상반되는 사실로부터 우리의 관심이 멀어진다. 그러므로 동정심이 많은 사람들은 동정을 베풀어야 할 많은 이유를 찾아내고, 악의에 찬 사람들이 악의를 쏟은 이유를 찾아내는 것은 아마도 사람들이 그것을 발견하도록 미리 조절되어 있기 때문인 듯하다. "장밋빛 안경을 통해 본다", "색안경 쓰고 본다"는 말은 적절한 표현이라 하겠다. 필립 리텔(Philip Littell)이 언젠가 저명한 교수에 대하여 쓴 바와 같이, 우리가 인생을 사회계급을 통하여 어렴풋하게 본다면, 가장 우수한 사람이 어떤 것이며 하류계급이 어떤 것인가에 대한 우리의 고정관념은 분별 때문에 오염되지 않을 것이다. 이질적인 것은 배척을 받을 테고, 다른 것은 사람의 눈에 띄지 않으리라. 우리의 눈이 받아들이는 데 익숙하지 않은 것은 우리에게 보이지 않는다. 때때로 의식적으로, 그러나 많은 경우에 무의식적으로 우리는 우리의 철학에 맞는 사실에서 강한 인상을 받는다.

3

이런 철학은 보이지 않는 세계를 기술하려고 조직적으로 구성한 이미지의 연속이다. 그러나 그것은 보이지 않는 세계를 기술하는 것 뿐만 아니라, 그것을 판단하기 위한 일이기도 하다. 그러므로 고정관념은 사람의 취향에 따라, 좋고 나쁜 감정으로 충만해 있으며, 공포와 욕망, 열망, 자만, 희망에 연결되어 있다.

---

*28 *The Letters of William James*, Vol. I, p. 65.

이 고정관념을 불러일으키는 것은 무엇이나 그에 적합한 감정으로 평가된다. 우리가 일부러 편견을 멈출 때를 제외하고, 우리는 어떤 사람을 잘 살펴본 뒤에 나쁜 사람이라는 판정을 내리는 것이 아니다. 우리는 그 사람을 볼 때 이미 나쁜 사람으로 본다. 이슬 내린 아침을, 수줍어 얼굴 붉히는 처녀를, 덕이 높은 사제를, 유머가 없는 영국인을, 위험한 공산주의자를, 태평한 보헤미안을, 게으른 힌두 인을, 간교한 동양인을, 몽상에 잠긴 슬라브 인을, 차분하지 못한 아일랜드 인을, 욕심이 많은 유대인을, 100% 미국인도 마찬가지다.

이 현실 사회에서는 증거가 나오기 훨씬 전에 그러한 판단을 참된 판단이라고 여기는 일이 많다. 그리고 그 판단 속에는 증거가 틀림없이 확인해줄 결론이 이미 들어 있다. 그러나 정의도, 자비도, 진리도 이러한 판단 속에는 들어 있지 않다. 왜냐하면 판단이 증거에 앞서 있기 때문이다. 그렇지만 편견이 없는 국민, 완전히 중립적인 시야를 가진 국민의 존재는 유익한 사고의 대상이 될 만한 문명 사회에서는 생각조차 할 수 없으므로, 그러한 이상적인 조건에 기초한 교육 계획을 세우는 일은 불가능하다. 편견은 찾아낼 수 있고 무시할 수 있으며, 개선할 수 있다. 그러나 유한한 인간이 짧은 교육 기간 안에 넓은 문명을 다루는 학습을 압축해야 하는 한, 그 문명의 심상을 지녀야만 하고, 편견을 가질 수밖에 없다. 그의 사고와 행위의 질이 좋으냐 나쁘냐는 그 편견이 호의적이냐 아니냐, 다른 사람들과 다른 사상에 호의적이냐 아니냐에 달려 있고, 또한 그 편견이 자신이 선(善)이라고 생각하는 관념 속에 들어 있지 않은 것을 증오하는 것이 아니라 적극적인 선으로 느껴지는 것에 대한 사랑을 불러일으키느냐에 달려 있다.

도덕, 좋은 취미, 바른 예절은 이런 심층에 깔린 편견을 먼저 표준화하고 다음에 강조한다. 우리는 스스로를 우리 규범에 순응시키면서, 우리가 보는 사실도 그 규범에 맞춰 인식한다. 합리적으로 생각하면, 모든 사실은 우리의 선악(善惡) 관념에서 중립성을 띠어야만 한다. 그러나 사실상, 우리가 무엇을 어떻게 인식할 것인가는 우리 규범이 크게 좌우한다.

한 도덕규범은 여러 대표적인 경우에 적용되는 행위 체계이다. 규범이 명령하는 대로 행동한다는 것은 그 규범이 추구하는 목표를 수행하는 것이다. 그것은 신의 뜻일 수도 있고, 왕의 뜻일 수도, 실재하는 살기 편한 3차원의 천국일 수도, 지상에서의 출세일 수도, 인류에 대한 봉사일 수도 있다. 어쨌든 규범을 만든 사람들은 어떤 특정한 상황을 선정해놓고 나서, 추리나 직관으로 그들이 인정하는 목적을 달성할 행동을 추론해냈다. 이 규칙은 적용되는 곳에서만 적용된다.

그러나 일상생활에서 어떤 사람이 처한 상황이 입법자가 생각했던 상황과 같은지 다른지를 어떻게 알 수 있을까? 그는 살인하지 말라는 명령을 들었다. 하지만 그의 자식들이 공격을 받는다면, 그는 살인을 막기 위해서 살인을 해도 좋을까? 모세의 십계명은 이 문제를 언급하지 않는다. 그러므로 모든 도덕 규범 주위에는 특정한 경우에 결론을 이끌어낼 수 있는 구름같이 많은 해설자가 있다.

그러면 법학박사들이 그가 자기를 지키기 위해 살인해도 좋다는 결정을 내렸다고 생각해보자. 그러나 그 다음 행동하는 사람에게 의문은 앞선 것과 거의 같은 정도로 크다. 그가 자기방어를 올바로 정의했는지, 또는 그가 사실을 잘못 판단하여 공격을 받았다고 상상한 것은 아닌지, 그 자신이야말로 진짜 공격자가 아닌지 어떻게 알겠는가? 아마 그가 공격을 도발했는지도 모른다. 그러나 도발이란 무엇인가? 이런 혼란이 1914년 8월, 많은 독일인들 마음에 일어났었다.

현대 세계에서 서로 다른 도덕규범보다 더욱 심각한 문제는 그 도덕규범이 적용되는 사실에 관한 가정(假定)이 서로 다르다는 것이다. 종교, 도덕, 정치 신조는 그들의 신봉자들이 그렇다고 가정하는 사실에서 그다지 벗어나지 않는다. 그러므로 저마다의 이상을 비교하는 대신 사실을 어떤 각도에서 보느냐 하는 것을 재검토하는 것이 유익한 토론이 된다. "남에게 대접받고자 하는 대로 남을 대접하라"는 황금률(黃金律)은 인간성이 모두 똑같다는 신념을 기초로 한 것이다. "사람마다 취향이 다르므로 네가 남에게 대접받고자 하는 대로 남을 대접하지 마라"라는 버나드 쇼의 말은 인간성이 똑같지 않다는 신념을 기초로 한 것이다.

경쟁은 상업의 생명이라는 격언은 경제 동기, 산업 관계, 특정한 상업 조직 운영에 관한 방대한 가정으로 이루어져 있다. 개인이 소유하고 운영하지 않으면 미국은 결코 여러 척의 상선으로 묶인 대열을 가질 수 없을 것이라는 주장은 어떤 특정한 종류의 이윤 획득과 동기 사이에 입증된 관계가 존재한다고 가정한 말이다. "모든 국가는 폭력의 도구"*29라는 이유로 볼셰비키 선전가들이 독재와 간첩 활동과 공포 정치를 정당화하는 것은 하나의 역사적인 해석에 지나지 않고 그 진리는 공산주의자가 아닌 사람에게는 결코 자명한 진리가 아니다.

모든 도덕규범의 핵심에는 인간성을 그린 하나의 그림과 세계관, 역사관이 들어 있다. 이 규범의 법칙은 (그렇게 생각한) 인간성에, (그렇게 상상한) 세계에, (그렇게 이해한) 역사에 적용된다. 인성과 환경과 기억의 사실들이 다르면 그만큼 규범의 규칙도 성공적으로 적용하기 힘들게 된다. 모든 도덕규범은 인간의 심리와 물질적인 세계와 전통을 개념으로 파악해야 한다. 그러나 과학의 영향을 받은 규범에서는 이러한 견해가 가설로 알려져 있지만 과거에서 검토하지 않은 채 전수하거나, 마음의 동굴에서 솟아나온 규범에서는 이 견해가 증명과 반박을 요구하는 가설이 아니라, 의문 없이 받아들여지는 하나의 허구이다.

전자의 경우, 인간은 자기 신념이 가정적이고 또 불완전하다는 것을 알기 때문에 자기 신념에 대하여 겸손하다. 반면 후자의 경우, 인간은 자기 신념을 완성된 신화로 보기 때문에 독단적이다. 과학을 따르는 도덕가는 자기가 모든 것을 알지는 못하지만 알아가는 과정에 있다는 것을 안다. 그러나 독단적인 사람은, 자기가 진리와 허위를 분간할 수 있는 기준을 가지고 있지 못하더라도, 자기는 전지전능한 신의 통찰력의 일부를 나누어 받았다고 신화적으로 믿는다. 신화의 특색은 진리와 오류, 사실과 허구, 보고와 공상이 모두 똑같은 신빙성의 평면 위에 있다는 데 있기 때문이다.

신화가 반드시 허위인 것은 아니다. 완전한 진실일 수도 있고, 부분적인 진실일 수도 있다. 만일 신화가 오랜 세월에 걸쳐 인간의 행위에 영향을 미쳐 왔다면, 그 속에는 오묘하고 중요한 진리가 많이 담겨 있을 것이다. 다만 신화 속에 절대로 담겨 있지 않은 것은, 신화 속에 들어 있는 진리와 오류를 분간할 수 있는 비판 능력이다. 그 능력은, 어떠한 인간의 견해도 그 의견이 어디서 나왔건 증거로 확인하지 않아도 될 정도로 품은 뜻이나 이상이 높고 원대하지는 않으며 의견은 어느 것이나 누군가의 의견일 수밖에 없다. 만일 왜 증거로 확인하

---

*29 *Two Years of Conflict on the Internal Front,* published by the Russian Socialist Federated Soviet Republic, Moscow, 1920. Tr. by Malcolm W. Davis for the *New York Evening Post,* January 15, 1921 참조.

는 일이 다른 어떤 것보다 좋은가 묻는다면, 그 사실을 증명하기 위하여 적극적으로 증거를 사용했을 때 비로소 그 해답이 얻어질 것이다.

4

도덕규범은 사실에 대한 특정한 견해를 전제로 한다는 주장은 충분히 증명할 수 있다고 생각한다. 나는 도덕규범이라는 말 속에 모든 규범을 포함시켰다. 즉 개인, 가족, 경제, 직업, 법, 애국, 국제 규범이다. 이들 규범의 핵심에는 심리학, 사회학, 역사에 관한 고정관념에는 제각기 한 가지 패턴이 있다. 인간성이나 사회 제도나 전통에 똑같은 견해가 모든 규범 속에 똑같이 있는 경우는 거의 없다. 예컨대 경제와 애국 규범을 비교해보라. 모든 사람에게 똑같이 나쁜 영향을 미치는 전쟁이 일어났다. 여기서 두 사람이 공동 사업을 하고 있다. 그중 한 사람은 군에 입대하고, 다른 한 사람은 군수 계약을 한다. 군인은 모든 것, 생명까지 희생한다. 그는 하루에 1달러밖에 봉급을 받지 않는다. 그러나 그에게 어떤 형태든 경제적인 동기로 그를 좀더 훌륭한 군인으로 만들 수 있다고 말하거나 믿는 사람은 아무도 없을 것이다. 이러한 동기는 그의 인간성에서 사라졌다. 군수 계약자는 희생하는 것도 거의 없이 많은 이윤을 얻는다. 만일 경제적인 동기가 없어도 그가 탄약을 계속 생산하리라고 말하거나 믿는 사람은 아무도 없을 것이다. 그것은 그에게 부당한 요구일 테니까.

중요한 것은 공인된 애국 규범과 상업 규범 속에는 각각 다른 종류의 인간성을 가정한다는 점이다. 아마 모든 도덕규범의 밑바닥에는 다음과 같은 기대가 있을 것이다. 곧 어떤 사람이 어떤 규범을 받아들일 때에는 그는 그 규범이 요구하는 인간성을 드러내기 쉽다는 것이다.

이것은, 인간성을 일반화하는 것이 얼마나 위험한 일인가 하는 하나의 이유가 된다. 인자한 아버지가 고약한 상사나 진지한 시정개혁론자, 탐욕스럽고 맹목적인 애국자일 수도 있다. 그의 가정생활, 그의 사업, 그의 정치, 그의 외교 정책은 타인과 자기의 행동 양식에 따라 전혀 다르게 해석해야 한다. 이러한 해석은 똑같은 사람에게서도 규범에 따라 다르고, 같은 사회 계층에 속한 사람들 사이에도 조금 차이가 나며, 다른 사회 계층 사이에는 완전히 다르고, 두 나라나 두 인종 사이에서는 전혀 비슷한 가정이 없을 정도에 이를 수 있다. 그러므로 같은 종교적인 신앙을 고백하는 사람들이 전쟁에 나갈 수 있다.

행위를 결정하는 그들의 신앙 요소는 그들이 취하는 사실에 대한 견해인 것이다.

여기에서 규범이 여론 형성에 아주 미묘하고 넓게 스며든다. 정통적인 이론은 여론은 한 무리의 사실에 대한 도덕적인 판단이라는 것이다. 내 이론은 현재의 교육 상태에서 여론이란 무엇보다 먼저 도덕이나 규범을 통해서 사실을 보는 하나의 해석이다. 우리 규범의 핵심이 담긴 고정관념의 유형은, 우리가 어떤 종류의 사실을 어떠한 관점에서 볼 것인가를 크게 결정한다. 그래서 가장 큰 선의를 가지고도 어떤 신문의 보도 정책은 그 편집 정책을 지지하게 되며, 자본가는 한 가지 사실과 인간성의 특정한 측면만 보게 되고(문자 그대로 본다), 그의 적수인 사회주의자는 다른 종류와 다른 측면을 보게 되며, 둘의 진정한 차이는 지각의 차이인데도 한쪽은 다른 한쪽을 사리에 벗어나고 비뚤어진 인간으로 본다. 즉 그 차이는 자본주의자와 사회주의자의 고정관념 패턴이 다르기 때문에 생겨난다. "미국에는 사회 계급이 없다"고 어떤 미국 편집인은 말한다. 그러나 공산당 선언에는 "이제까지 존속해 온 모든 사회의 역사는 계급 투쟁의 역사"라고 쓰여 있다. 만일 여러분이 앞의 편집인의 관념형(觀念型)을 가지고 있다면, 그 관념형과 일치하는 사실은 분명히, 그것과 모순되는 사실은 희미하게 보일 것이다. 여러분이 공산주의 이념형(理念型)을 가지고 있다면, 여러분은 다른 사실을 찾게 될 뿐만 아니라, 여러분과 위의 편집인이 똑같이 본 사실도 완전히 다른 각도에서 보게 될 것이다.

5

나의 도덕 체계는 내가 사실을 어떻게 해석하느냐에 달려 있다. 그러므로 나의 도덕적 판단이나 사실 해석을 부정하는 자를 나는 비뚤어지고 이질적이며 위험한 사람으로 인식한다. 나는 그 사람을 어떻게 설명해야 할 것인가? 적(敵)은 반드시 설명되어야 한다. 그가 다른 종류의 사실을 본다는 설명을 결코 하려 하지 않는다. 이러한 설명은 피한다. 왜냐하면 이러한 설명은 인생을 착실하게 그리고 전체적으로 관찰하고 있다는 우리 자신의 확신을 흔들어 놓기 때문이다. 우리의 의견이 고정관념을 통해 본 하나의 부분적 경험이라는 것을 인식하는 습관을 가지게 될 때에만, 우리는 진정으로 우리 적수에 대해 관용의 정신을 지니게 될 것이다. 이러한 정신적 습관이 없으면, 우리는 우리 자신의 견해만이 절대적이고, 그것에 반대되는 모든 것은 반역적인 성격을 가졌다고 믿게 된다. 사람들은 어떤 문제든 두 가지 면이 있다는 사실은 기꺼이 인정하면서도, 그들이 '사실'이라고 생각하는 것에 두 가지 면이 있다는 사실은 믿으려 들지 않는다. 비판적인 교육을 오랫동안 받은 뒤, 그들의 사회에 관한 자료의 인식이 얼마나 간접적이고 주관적인가를 완전히 의식하기까지는 그것을 절대 믿지 않는다.

그러므로 두 파벌이 각각 인정하는 관념에서 똑똑히 본 것을 스스로 설명하려고 할 때, 상대를 진심으로 믿는 것은 거의 불가능하다. 어떤 중요한 대목에서 그들의 고정관념 틀이 그들의 경험과 일치하면, 그들은 그것을 하나의 해석으로 보지 않고 '사실'로 본다. 실제 경험과 일치하는 경우 말고는 '사실'과 유사하지 않을지도 모른다. 마치 어떤 사람이 자기 성공을 똑바른 좁은 길을 걸어온 결과라고 보는 것은 내가 뉴욕에서 보스턴으로 가는 길이 지도상 일직선이라고 보는 것과 같다. 그러나 그의 성공의 길에 기업과 노동과 절약 말고도 다른 갈림길이 많을 수 있는 것처럼, 내가 실제로 간 보스턴 길에도 돌아가는 길과 꾸불꾸불한 곳이 많았다. 그러나 내가 보스턴에 도착하고 그가 성공했을 때 머릿속에 그린 곧은 길은 미리 만들어놓은 지도 구실을 할 것이다. 다만 누군가가 그 지도를 보고 갔으나 목적지에 도착하지 못했을 때, 우리는 그의 항의에 답변해야만 한다. 우리가 우리 지도를 고집하고 누군가가 그 지도가 틀렸다고 계속 주장하면, 우리는 곧 그를 위험한 바보로 취급하게 되고 그는 우리를 거짓말쟁이와 위선자로 보게 될 것이다.

이와 같이 우리는 점차 상대의 초상을 그려나간다. 서로에게 상대는 "악(惡)이여! 그대는 나의 선(善)이 될지어다!"라고 말하는 사람으로 보인다. 그는 사물의 질서 속에 맞지 않는 성가신 존재가 된다. 그럼에도 그는 간섭한다. 그리고 우리 머리 속에 지도는 꺾을 수 없는 절대적인 논리로 확증된, 논박할 수 없는 사실에 기초한다고 생각하기 때문에 이런 성가신 존재가 있으면 그를 위해 그 질서 속에 발 붙일 곳을 마련해주어야 한다. 그러나 정치나 산업에서는 그도 우리와 같은 현실을 보지만 다른 측면에 착안한 것뿐이라는 사실을 쉽게 인정하고 그가 발 붙일 곳을 만들어주는 경우는 거의 없다. 그런 일을 하면 지도 전체가 흔들기 때문이다.

파리에 사는 이탈리아 인들에게 피우메(Fiume)*30는 이탈리아 영토였다. 피우메는 이탈리아 영토에 포함되었으면 좋을 도시일 뿐만 아니라 이탈리아 영토였던 것이다. 그 도시의 법적인 경계선 안에 과반수를 차지하고 있는 이탈리아 인에게 파리에 거주하는 이탈리아 인 대표들의 온 신경이 집중되었다. 피우메보다 뉴욕에 이탈리아 인이 더 많이 살고 있지만, 뉴욕을 이탈리아 영토로 보지 않는 미국 대표들은 피우메를 중앙 유럽의 입구가 되는 항구로 주목했다. 이탈리아 인이 살지 않는 지역과 교외에 사는 유고슬라비아 사람들이 미국인들에게는 똑똑히 보였다. 그러므로 파리에 있는 이탈리아 사람들은 이런 미국인의 비뚤어진 시선에 이해할 만한 설명이 필요했다. 그들은 이 설명을 어디서 생겼는지도 모르는 풍문에서 찾아냈다. 그 풍문에 의하면, 어떤 유력한 미국인이 한 유고슬라비아의 여인에게 빠져 있다는 것이다. 그 여인과 미국인이 가로수길에서 조금 떨어진 베르사유에서…… 큰 나무가 서 있는 별장에 같이 있는 것을 보았다는 등의 소문이다.

이것은 반대파가 왜 반대하게 되었는가 하는 동기를 설명할 때 자주 등장하는 상투적인 수법이다. 이런 비방은 거의 인쇄물이 아니라 심한 중상모략 형태를 취한다. 그러므로 루스벨트나 하딩(Harding) 같은 사람도 몇 년을 기다려서야 비로소 빠져나갈 구멍을 찾아, 어디서나 화젯거리가 되어버린 유언비어 공세에 마침표를 찍을 수 있었다. 공직에 있는 사람들은 무서울 만큼 많은 독설에 찬 클럽 집회소, 오찬 식탁, 부인용 방에서 비방이 반복되고, 교묘하게 꾸며지고, 그것을 들으면서 좋아서 킬킬거리고 재미있게 생각하는 꼴을 보고도 참아야 한다. 미국은 이런 사태가 유럽보다 덜한 것같이 보이지만, 누군가의 비방을 받지 않는 미국 관리는 거의 없다.

우리는 우리에게 반대하는 사람들을 악한과 음모자 취급한다. 물가가 한없이 올라가면 부당하게 이득보는 사람들이 공모한 것이고, 신문이 잘못 보도하면 자본주의자의 모략이 있으며, 부자가 너무 돈을 많이 벌면 도둑질한 것이고, 아슬아슬한 선거전에 지게 되면 선거구민이 뇌물을 받은 것이며, 정치가가 찬성할 수 없는 일을 하면 어느 불명예스러운 짓을 하는 인간에게 매수당했거나 영향을 받은 것이 되고, 노동자들이 동요하면 선동자에게 넘어간 것이며, 노

*30 이탈리아 북동쪽에 있는 항구도시. 1920년에 독립국이 되었다가 1924년에 이탈리아 영토가 되었다.

동자들이 넓은 지역에 걸쳐서 동요하면 어떤 음모가 있는 것이다.

항공기를 충분히 생산하지 못하면 이것은 간첩 짓이고, 아일랜드에 떠들썩한 소란이 일어나면 이것은 독일인이나 볼셰비키가 퍼트린 '황금' 때문이다.

만일 여러분이 미칠 듯이 음모를 찾아다니면, 모든 파업과 플럼 계획(Plumb plan), 아일랜드인의 반란, 마호메트 교도들의 동요, 콘스탄틴 왕의 복위, 국제연합, 멕시코의 폭동, 군비 축소 운동, 일요일의 영화, 짧은 치마, 주류단속법의 기피, 흑인의 자기 주장이 모두 모스크바나 비밀결사나 일본인들이나 또는 시온운동*31의 장로들이 조종한 어떤 커다란 음모 계획의 곁줄거리로 보이게 된다.

제10장 고정관념의 발견

1

노련한 외교관들은 전쟁하는 국민들에게 소리 높여 말해야 하므로, 많은 고정관념들을 사용하는 방법을 배웠다. 이 외교관들은 전쟁이 일어나 거국체계(擧國體系)를 아주 신중한 지도력으로 간신히 유지하는 열강(列强)들의 불안정한 동맹을 상대했다. 일반 군인과 그 군인의 아내는 옛 용사들 이야기에서도 찾아볼 수 없을 만큼 영웅답고 자신을 돌보지 않는 사람들이었지만, 제국 외교관들이 문명의 미래를 위해 꼭 필요하다는 이념을 위하여 기꺼이 생명을 바칠 만큼 호협하지는 않았다. 항구, 광산, 험한 산길, 마을 등을 자기 나라가 아닌 동맹국을 위해, 위험한 지대를 기꺼이 건너갔을 군인은 거의 없었을 것이다.

어떤 나라에는 외무부, 군사령부, 그리고 거의 모든 언론기관을 장악한 군부가 여러 이웃 국가의 영토 청구권을 주장했다. 키플링(Kipling), 트라이치케(Treitschke), 모리스 바레스(Maurice Barrès)를 100% 루리타니아(Ruritania)*32 인으로 보는 이 나라의 지식계급은 이 영토 청구권 주장을 '루리타니아 왕국 확장운동'이라 불렀다. 그러나 이 커다란 이상은 외국에서 열광적인 반응을 불러일으키지 못했다.

그러므로 그들의 계관시인이 읊은 것처럼 루리타니아 정치가들은 이 루리타니아 정신이라는 고귀한 꽃을 마음에 품고 나가 적을 분리해서 정복했다. 그들은 여러 지역으로 나누어 청구권을 주장했다. 그들은 그 지역에 우방국이 물

---

*31 유대인을 팔레스타인에 복귀 시키려던 유대민족주의 운동.
*32 유럽 중부에 있는 거상의 왕국, Anthony Hope 의 소설 *The Prisoner of Zenda*에서 나왔다.

리치기 어려운 고정관념을 꺼내며 호소했다. 왜냐하면 그 우방국에는 바로 이러한 고정관념을 사용하여 승인을 받기 원하는 청구권 주장이 있었기 때문이다.

첫 지역은 외국 농부들이 사는 산악지대였다. 루리타니아국은 그 나라의 자연적, 지리적 국경을 갖추기 위하여 그 지역을 요구했다. 자연적인 것이라는 설명하기 어려운 단어의 진정한 의미를 오래 고민하다보면 그 외국 농부들은 안개 속으로 사라져버리고, 산악의 비탈만 눈에 보이게 된다. 그 다음 지역에는 루리타니아인들이 살았다. 어떤 국민도 외국인 통치 밑에 살아서는 안 된다는 원칙에 의하여 그들은 재병합되었다. 그 다음 지역은 루리타니아인들이 살지 않은 주요 상업도시였다. 그러나 18세기까지 이 도시는 루리타니아국의 일부였었다. 그러므로 이 지역은 '역사적 권리' 원칙에 따라 합병되었다. 그리고 외국인이 소유하고, 외국인이 일하는 훌륭한 광산이 있었다. 손해배상 원칙에 따라 이 광산도 병합했다.

이 광산 너머에는, 주민의 97%가 외국인이고 다른 나라의 자연적 국경선이며 역사적으로도 루리타니아 일부였던 적이 전혀 없었던 지역이었다. 그러나 루리타니아에 합병된 한 도(道)가 옛날에 그 지역 시장에서 물건을 사고팔았고, 그래서 상류사회의 문화는 루리타니아와 비슷했다. 문화 우세와 문명 방어의 필요하다는 원칙에 따라 이 땅을 요구했다. 마지막으로, 지리·인종·경제·역사·전통에서 루리타니아와 조금도 관련이 없는 항구가 있었다. 루리타니아는 국가 방위를 위해 필요하다는 이유로 그 항구를 요구했다.

세계대전을 끝나게 한 여러 조약에서 이런 예를 많이 발견할 수 있다. 이런 원칙에 따라 유럽의 문제를 해결했다고 내가 생각한다는 인상을 주고 싶지는 않다. 그것이 불가능하다는 것을 나는 확신한다. 절대적이고 허세에 가득 차 있는 이러한 원칙들을 적용한다는 그 사실 자체가 바로 관용의 정신이 부족하며, 따라서 평화의 실체가 존재하지 않는다는 것을 의미했다. 공장이나 광산, 나아가 정치세력을 어떤 영구불변 원칙의 완전한 본보기로서 논하기 시작하는 순간, 이는 논쟁이 아니라 싸움이 된다.

그 영구불변의 원칙은 모든 반대를 물리치고, 문제를 그 문제의 배정과 상황에서 분리시키며, 원칙에는 적합하지만 조선소와 창고와 부동산에는 아주 부적합한 어떤 강렬한 감정을 사람들 마음속에 일으킨다. 그러한 감정으로 시작하면 멈출 수 없게 된다. 정말 위험하다. 이 위험에 대처하려면, 여러분은 공격 받기 쉬운 것을 방어하기 위하여 더 절대적인 원칙에 호소해야만 한다. 그 다음에는 방어한 것을 또 방어해야 하고, 완충지대를 구축해야 하며, 완충지대를 위한 완충지대를 또 세워야만 한다. 이러다가 결국에는 모든 것이 아주 뒤죽박죽 되어서 주먹싸움이 말싸움을 계속하는 것보다 덜 위험한 것처럼 보이게 된다.

어떤 고정관념의 거짓된 절대성을 알아내는 데 자주 도움이 되는 몇 가지 단서가 있다. 루리타니아의 선전은 여러 원칙들이 너무도 빨리 다른 원칙을 지워나갔기 때문에 어떻게 그 논리가 구성되었는가를 쉽게 알 수 있었다. 잇달아 모순이 나타나고 지역 청구권 주장에 방해가 되는 모든 사실을 지워 없애는 고정관념이 사용되었다는 것을 알 수 있었다. 이러한 모순이 훌륭한 단서가 되는 일이 많다.

2

공간을 고려할 능력이 없는 것도 하나의 단서가 된다. 한 예로 1918년 봄에 주둔해 있던 소련군이 철수하자 많은 사람들이 몹시 놀라며, '동부전선 재구축'을 요구했다. 그들이 생각했던 전쟁은 두 전선에서 싸우는 것이었다. 그러므로 그중 한 전선이 사라졌을 때 그 전선을 재구축하라고 요구했다. 이제까지 전선에 배치하지 않은 일본군이 소련군 대신 동부전선에 주둔할 계획이었다. 그러나 뛰어넘을 수 없는 장벽이 하나 있었다. 블라디보스토크와 동부전선 사이에는 5천 마일이나 되는 땅이 가로놓여 있었고 그 둘을 잇는 철도는 부서져 있었다. 그러나 열광적인 지지자들의 마음속에는 5천 마일이나 되는 거리가 존재하지 않았다.

동부전선이 필요하다는 그들의 확신이 너무나도 강렬하고, 일본군의 무예와 용맹에 그들의 믿음이 너무도 컸기 때문에, 그들은 상상 속에서 일본군을 블라디보스토크에서 폴란드로 마술 양탄자에 실어 옮겨놓았다. 군(軍) 당국은 울워드(Woolworth) 빌딩의 지하실에서 지붕으로 기어 올라가는 것이 달에 가는 일과 아무 관계가 없듯이, 시베리아의 가장자리에 군대를 상륙시키는 것은 독일군이 있는 곳까지 가는 것과 아무런 관계도 없다고 주장해보았지만 소용없었다.

이 경우 고정관념은 전쟁은 두 전선을 가져야 한다는 점이었다. 사람들이 세계대전을 상상하기 시작한 이래 줄곧 독일이 프랑스와 러시아 사이에 끼어 있다고 생각해 왔다. 한 세대의 전략가들, 아마도 두 세대의 전략가들은 그런 심상을 모든 계산의 시발점으로 삼고 살아 왔다. 4년여 동안이나 그들이 본 군용 지도는 모두 이것이 전쟁이라는 인상을 깊이 심어주었다. 그래서 전쟁 상황이 바뀌었는데도 새로운 상황을 있는 그대로 받아들이기 쉽지 않았다. 새로운 상황을 고정관념을 통해 보았다. 일본에서 폴란드까지의 거리 같이 고정관념과 어긋나는 사실은 의식 속에 선명하게 들어올 수 없었다.

미국 관계자들이 이 새로운 사실을 프랑스 인보다 더 현실적으로 다루었다는 것은 흥미로운 사실이다. 미국인들은 유럽 대륙 전쟁에 어떤 선입견도 없었기 때문이다. 또한 미군 동원에 열중했던 미국관계자들이 서부전선에 특정한 관점을 가지고 있었기 때문이기도 하다. 그 관점은 하나의 고정관념이 되었고 그 고정관념으로 말미암아 그들은 다른 전쟁 지역에 대한 분명한 의식을 가질 수 없었던 것이다. 1918년 봄에는 이러한 미국의 견해가 전통적인 프랑스 견해와 맞설 수 없었다. 왜냐하면 미국인들은 그들 자신의 능력을 지나치게 믿는 반면에 프랑스 인들은 그 무렵 [캉티니(Cantigny) 전투와 제2의 마른(Marne) 전투 이전에] 중대한 의문을 품고 있었기 때문이다.

이 미국인들의 신념은 미국인의 고정관념에 스며들어, 고정관념에다 의식을 사로잡을 수 있는 능력과 생기와 예민한 자극과, 의지를 자극하는 효과, 욕망의 대상에게 품는 감정적 관심, 현재 활동과의 조화를 주었다. 이런 것들을 제임스는 '실재적인'*33 것의 특징이라 말한다. 절망에 빠져 있던 프랑스 인들은 그들이 지난날 받아들인 이미지를 고집했다. 그리고 큰 지리적 사실이 그 선입견과 일치하지 않을 때는 이런 사실을 마음속에서 몰아내거나, 사실 자체를 강제로 변형시켰다.

이처럼 일본군이 5천 마일 떨어진 곳에 있는 독일군에게 가는 데 가로놓인 난관은, 독일군을 그 거리의 반 이상이나 데려와 일본군을 만나게 하면서 어느 정도 해결되었다. 1918년 3월과 6월 사이에 동부 시베리아에서 작전을 행하는 독일군이 있다고 상상했다. 이 유령 군대는 실제로 거기에서 눈에 띈 몇몇 독일

---

*33 *Principles of Psychology*, Vol. Ⅱ, p. 300.

군 포로와 더 많은 수의 상상으로 만들어낸 독일군 포로와 특히 중간에 놓인 그 5천 마일의 거리가 실재하지 않는다는 망상으로 구성되어 있었다.[*34]

3

공간 개념을 바르게 파악하기란 쉬운 일이 아니다. 내가 만일 뭄바이와 홍콩을 연결하는 선을 지도 위에 그어 거리를 재도, 내가 가야 할 실제 거리는 아무것도 배우지 못한다. 내가 지나가야 할 실제 거리를 측정한다 하더라도 어떤 배가 항해하며, 언제 운항하고, 그 항해 속도는 얼마이며, 선실을 예약할 수 있고 배표를 살 재정적 여유가 있는가 등을 알기까지는 별로 안다고 할 수 없다. 일상생활에서 공간이란 기하학적 문제가 아니라 교통수단의 문제이다. 이러한 사실을 알기에 옛 철도왕은 이전에 자기 비위를 거스른 일이 있는 어떤 도시의 거리에 풀이 자라도록 하겠다고 위협했다.

내가 자동차를 타고 여행을 하다가 길 가는 사람에게 내 목적지까지 얼마나 남았냐고 물었을 때, 그 사람이 차로 가면 6마일을 돌아가야 한다고 말하지 않고 3마일이라고 말하면 나는 그에게 천하에 없는 바보 녀석이라며 욕설을 퍼부을 것이다. 걸어가면 3마일밖에 되지 않는다고 말해주어도 나에게는 소용이 없다. 직선거리로 1마일이라고 말해주는 것이나 매한가지이다. 나는 까마귀처럼 직선으로 날지도 않고, 걷지도 않기 때문이다. 자동차로는 9마일이고, 또 그 중 6마일은 울퉁불퉁한 길과 웅덩이 길이라는 사실을 나는 알아야만 한다. 나는 3마일이라고 말하는 보행자를 성가신 존재로 보며, 1마일이라고 말하는 항공기 조종사를 나쁘게 생각한다. 그들은 둘 다, 그들이 갈 거리를 말한 것이지, 내가 가야 할 거리를 말한 것이 아니기 때문이다.

[*34] 이 점은 Charles Grasty 씨와 Foch 원수와의 인터뷰를 참조. *New York Times*, February 26, 1918.

"독일군이 러시아를 행군하고 있다. 그렇게 할 상황에 있는 미국과 일본은 독일군과 대치하기 위해 시베리아에 군대를 보내야 한다."

또한 유타 주의 King 상원의원의 1918년 6월 10일 결의안, Taft 씨의 성명(*New York Times*, June 11, 1918)도 참조할 것. 마지막으로 러시아의 정보국장 A.J. Sack의 미국에 대한 호소(1918년 5월 5일)도 참조.

"만일 독일이 연합군 편에 있다면…… 1년 이내에 300만의 병력을 동부전선에 투입했을 것이다."

국경선을 그을 때도 어떤 지역의 지형 실태를 잘 파악하지 못해 우스운 문제가 일어나기도 했다. 정치가들은 가끔 민족자결주의 같은 일반적인 원칙에 따라 지도에 경계선을 긋곤 했다. 이 경계선은 현장에 나가보면 공장 한가운데를 지나는 것도 있었고, 마을의 한길 가운데를 지나는 것도 있었으며, 교회의 청중석을 대각선으로 가로질러 가는 것도, 농가의 부엌과 침실 사이를 지나가는 것도 있었다. 낙농국가에서는 목장과 물, 목장과 시장, 공업국가에서는 설치 중인 철도 노선의 끝과 철도 노선을 갈라놓은 국경선이 있었다. 색으로 표시한 인종 지도 위에서 경계선은 인종으로 볼 때 옳았다. 다시 말하면, 그 인종 지도 세계에서만 옳았다.

4

그러나 시간을 머리 속으로 파악하는 일도, 공간 못지않게 어려운 일이다. 흔히 볼 수 있는 예로, 어떤 사람이 자기가 죽은 뒤 오랫동안 자기 유산을 관리할 수 있도록 자세하고 빈틈없이 유언장을 쓴 경우가 있다. 윌리엄 제임스 1세의 증손자인 헨리 제임스(Henry James)*35는 "윌리엄 제임스는 자식들이(그가 죽었을 때 그의 자식 여럿이 미성년이었다) 그가 물려주려는 많은 유산을 받을 수 있는 자격을 근면과 경험에서 얻게끔 하고 싶었다. 그래서 그는 금지 사항과 지시가 섞인, 부피가 큰 유언장을 남겼다. 이와 같은 방식으로 자기 자신의 판단력에 얼마나 자신만만한가, 그리고 자기 자손의 도덕적인 건강을 얼마나 걱정하고 있는가를 보여주었다." 하지만 법정이 그 유언을 뒤집어놓았다. 왜냐하면 법은 영구재산 소유에 반대하므로, 누구나 미지의 후세에 그의 도덕규범을 강요하도록 허락하는 데에는 분명한 한계가 있다는 점을 인식했기 때문이다. 그러나 그것을 강요하려는 욕망은 너무나 인간적인 특성이다. 너무나 인간적이므로 법은 죽은 뒤 일정 기간 동안 그것이 작용하도록 허락한다.

어떤 헌법에나 있는 개정 조항은 입안자들이 후대에도 그들의 의견이 미치리라는 자신감을 가지고 보여주는 좋은 지표이다. 미국의 주헌법(州憲法)에는 거의 개정 불가능한 것이 있다고 생각한다. 그 주헌법을 기초한 사람들은 시간의 흐름을 거의 의식하지 못했다. 그들에게는 이 시간, 이 장소가 의심의 여

---

*35 *The Letters of William James*, Vol. I, p. 6.

지없이 뚜렷하고, 미래는 너무나 막연하거나 무시무시했다. 때문에 그들은 자기들이 저세상으로 간 뒤에 어떻게 삶을 영위해야 한다고 말할 용기가 있었다. 또한 헌법은 개정하기 힘들기 때문에 세대를 이어 영원히 소유하는 데에 취미를 가진 열성분자들은 이 불멸의 동판(銅板)에 모든 규칙과 제한 조항을 쓰기 좋아했다. 미래에 조금이라도 겸허한 마음이 있다면 통상적인 법률처럼 영원할 수 없으리라.

시간에 대한 선입권이 우리 의견 속에 널리 들어와 있다. 어떤 사람에게는 그의 전 생애에 걸쳐 존재해 온 하나의 관습이 세상에 영원히 존재하는 법칙이고, 다른 사람에게는 일시적인 것이다. 지질학 시간은 생물학 시간과 아주 다르다. 사회 시간은 가장 복잡하다. 정치가는 자신의 계산이 긴급사태를 위한 것인가, 장기적인 것인가를 결정해야만 한다. 앞으로 2시간 안에 일어날 일을 생각하여 내리는 결단도 있다. 그런가 하면 1주일, 1개월, 한 계절, 10년, 또는 아이들이 자랐을 때, 손자들이 성장했을 때에 일어날 일을 생각하여 내리는 결정도 있다. 눈앞의 사태에 알맞은 시간 개념을 가려낼 수 있는 것은 대단히 현명한 일이다. 잘못된 시간 개념을 가지고 있는 사람은 현재를 무시하는 몽상가에서 현재 말고는 다른 것을 볼 수 없는 속물에 이르기까지 가지각색이다. 시간이 가진 상대성을 파악하는 예리한 감각이 없으면 사물의 진정한 가치를 알 수 없다.

과거와 미래 같은 멀리 떨어진 시간 관념을 어떻게 해서든 형성해야 한다. 그러나 제임스가 말하듯이 "긴 시간의 지속을 우리는 직접 느낄 수 있는 '감각'이 없다."[36] 우리가 직접 느끼는 가장 긴 시간의 지속은 '그럴 법한 현재'이다.[37] "그 동안에 받은 모든 인상은 동시에 우리가 느낄 수 있다. 그러므로 우리는 정물뿐만 아니라 변화와 사건을 깨달을 수 있다. 깨달아 알게 된 현재는 관념인 현재로 보충해 완성된다. 깨달음이 기억 이미지와 합쳐지면서 과거의 며칠 간, 몇 달 간, 심지어 몇 년 간까지도 현재 속으로 통합된다."

이 관념적 현재에서는 제임스가 말한 것처럼, 선명도는 우리가 이 관념적 현재 속에서 지각하는 식별 수에 비례한다. 그러므로 우리가 할 일이 없어 따분하게 보내는 휴가는 우리가 휴가를 보내는 동안 느리게 지나가지만, 기억 속에

---

[36] *Principles of Psychology*, Vol. I, p. 638.
[37] Warren, *Human Psychology*, p.255에서 인용.

서는 아주 짧게 보인다. 반면에 바쁘게 활동을 하면 시간이 빨리 지나가지만, 기억 속에서는 길다. 식별 수와 우리의 시간 관념의 관계에 대해 제임스는 다음과 같은 재미있는 글을 썼다.[38]

"본능적으로 느끼는 시간의 양과 그 시간을 채우는 작은 사건들은 사람마다 아주 다르다고 생각할 만한 충분한 이유가 있다. 카를 베어(karl Ernst Baer)는 이러한 차이가 자연의 모습을 변화시키는 데 어떠한 영향을 미치는가 흥미로운 계산을 했다. 우리가 현재 1초 동안 식별할 수 있는 사건은 겨우 10개지만 1만 개의 사건을 식별할 수 있다고 가정하자.[39] 그때 만일 우리가 평생 받는 인상의 수가 일정하다면, 우리 일생은 1천 분의 1 길이밖에 안 될 것이다. 우리는 한 달도 살지 못할 테고, 계절 변화도 느끼지 못한다. 겨울에 태어났다면, 우리는 지금 우리가 석탄기 더위를 상상하는 것처럼 여름을 상상할 것이다.

유기체의 움직임은 너무나 느리게 느껴지고 그 운동을 추정하게 될 것이다. 해는 하늘에 정지해 있을 테고, 달은 거의 변하지 않을 것이다. 그러나 위의 가설을 뒤집어서, 어떤 생물이 우리가 일정 시간에 느끼는 인상의 1천 분의 1만 느낀다고 가정해보라. 그러면 그 사람은 우리보다 1천 배나 오래 살게 된다. 겨울과 여름이 그에게는 25분과 같을 것이다. 버섯과 버섯보다 빨리 자라는 식물들은 순식간에 생겨난 것처럼 보일 정도로 빨리 돋아날 테고, 1년생 초목은 솟아오르는 온천의 끓는 물처럼 땅에서 뿜어 올랐다가는 떨어질 것이다. 동물의 움직임은 총알과 대포알이 날아가는 것처럼 우리 눈에 보이지 않을 테고, 태양은 불의 꼬리를 남기면서 마치 유성처럼 하늘을 달릴 것이다."

5

《세계사 개론(*Outline of History*)》에서 웰즈(Wells) 씨는 '지리적 시간에 대한 역사적 시간의 정확한 비율[40]'을 시각화하려고 애를 썼다. 콜럼버스부터 현재까지의 시간을 3인치 길이로 표시한 척도에서 알타미라 동굴의 벽화를 그린 화가의 시대로 거슬러 올라가려면 55피트를 걸어야 할 것이고, 더 옛날인 초기 네안데르탈인 시대는 550피트, 공룡 시대 끝무렵은 1마일쯤 거슬러 올라가야

---

*38 *Op. cit.*, Vol. I, p. 639.
*39 영화에서 이 효과는 고속도 사진기로 멋지게 만들 수 있다.
*40 Vol. II, p. 605. James Harvey Robinson, *The New History*, p. 239도 참조.

한다.

어느 정도 정확한 연대는 기원전 1천 년부터 겨우 시작된다. "아카디아—수메리아 제국의 사르곤 1세(Sargon I)는 이미 오랜 옛날이었다. ……현대 세계에서 콘스탄틴 대제까지보다 더 먼 옛날이다. ……함무라비는 1천 년 전에 죽었다. ……영국의 스톤헨지는 이미 만들어진지 1천 년이 지난 역사를 가지고 있었다."

웰즈 씨는 어떤 목적을 가지고 이렇게 썼다. "1만 년이라는 짧은 기간에 이러한 단위(이 단위로 인간이 결합해 왔다)는 초기 신석기 문화의 작은 가족 부족에서 현재의 광대한—광대하다고는 하지만 너무나 작고 불완전한—통일국가로 성장해 왔다." 웰즈 씨는 우리가 현재 마주한 문제를 생각할 때 사용하는 시간관념을 바꾸면서 도덕관념을 변화시키기를 바랐던 것이다. 그러나 현재를 작게 보는 망원경식 측정법인 천문학, 지질학, 생물학 시간 측정법은 현재를 크게 보는 현미경식 측정법보다 더 사실을 나타낸다고 할 수 없다. 시미언 스트런스키(Simeon Strunsky)의 다음과 같은 주장은 옳다.

"웰즈 씨가 자기 책의 부제를 '인류의 그럴 법한 미래'라 생각한다면, 그는 자기 문제 해결을 위하여 몇 세기가 넘는 시간을 달리고 요구할 권리가 있다. 그러나 만일 그가 세계대전의 결과로 비틀거리는 이 서구 문명을 구제하려는 생각이라면, 그는 10년이나 20년 단위로 생각해야만 한다."[41] 척도의 눈금은 척도를 사용하는 실제 목적에 따라 달라진다. 시간 관념을 늘여야 할 경우도 있고, 줄여야 할 경우도 있다.

2세대가 지나면 출산율이 손실을 보충할 것이므로 1천5백만 중국인이 굶어 죽어도 괜찮다고 말하는 사람은 자신의 게으름을 변명하기 위해 시간 관념을 사용했다. 눈앞의 어려움을 지나치게 감상적으로 생각하여 건강한 청년을 거지꼴이 되게 하는 것은 그 거지의 생존 기간을 보지 못한 데 있다. 당장의 평화를 위하여 침략을 일삼는 제국의 욕심을 만족시켜 돈으로 덮어버리는 것은 그럴 법한 현재가 그들 자손들의 평화에 간섭하게 만드는 셈이 된다. 말썽부리는 이웃을 참지 못하고 모든 것을 '결판'지으려는 사람도 그럴 법한 현재의 희생자이다.

---

*41 *The Salvaging of Civilization, The Literary Review of the N. Y. Evening Post*, June 18, 1921, p. 5의 서평.

6

거의 모든 사회문제는 걸맞는 시간 계산이 되어 있다. 이를테면 재목 문제를 생각해보자. 어떤 나무는 다른 나무보다 빨리 자란다. 그러므로 건전한 삼림정책은 계절마다 벌목할 나무의 종류와 나이를 계산하여 그만한 수의 나무를 심어 보충한다. 그 계산이 옳으면, 가장 큰 이익을 얻을 수 있다. 그보다 적게 벌목하는 것은 낭비이고, 그보다 더 많이 벌목하는 것은 마구 베기다. 그러나 긴급사태가 올 수도 있다. 전쟁이 일어나면 항공기 제조에 필요한 전나무에 수요 늘어 나듯이 이런 때에는 연간 허용량이 초과될 수밖에 없다. 똑똑한 정부라면 이런 사실을 인식하고, 또 균형 회복을 미래를 위한 의무로 생각할 것이다.

석탄은 이와는 다른 시간 이론이 필요하다. 왜냐하면 석탄은 나무와 달리 지질학적 시간 기준에 따라 생산되기 때문이다. 공급이 한정되어 있다. 그러므로 올바른 사회정책을 위해서는 세계 석탄 매장량, 발굴 가능성, 현재 사용률, 현재 사용하는 절약 방법, 대체연료 등을 세밀하게 계산해야 한다. 이러한 계산이 되면, 마지막으로 이 계산을 시간을 포함한 이상적인 표준에 맞추어야 한다. 예를 들어 현재 연료가 어떤 속도로 없어지고 있으므로, 새로 발굴하지 않으면 미래의 어떤 특정 시점에는 산업이 축소기에 접어들게 되리라는 결론을 어떤 기술자가 내렸다고 하자. 그래서 후세를 위해 가능한 모든 절약을 하게 되었을 때, 우리는 어느 정도의 절약과 희생을 할 수 있는지를 결정해야 한다. 그런데 우리는 어디까지를 후세라 부를 것인가? 우리의 손자? 우리의 증손자? 대체연료가 필요하다는 사실이 곧 뚜렷해지면, 대체연료 발견에는 100년이 충분한 시간이라 믿고 100년 단위를 기초로 계산하기로 결정할지도 모른다. 물론 이 숫자는 가정이다. 그러나 이와 같이 계산하는 때에는 우리가 가지고 있는 모든 이유를 사용한다. 우리는 여론에서 사회적 시간이 중요하다고 인정하는 셈이다. 다음은 좀 다른 경우를 생각해보자. 시 당국과 전자회사가 맺는 계약의 경우이다. 회사 측은 말하기를, 만일 시 당국이 주요 간선도로를 99년 동안 독점 사용하도록 허락하지 않는다면 회사 자본을 투자하지 않겠다고 한다. 그러한 요구를 하는 사람들의 마음속에서 99년은 '영원'을 의미할 만큼 긴 기간이다. 그러나 중앙발전소에서 보내는 전기로 선로 위로 달리는 전차가 20년 뒤면 폐지될 것이라고 생각할 만한 이유가 있다고 상상해보자. 그러면 이것은 아주 현명하지 못한 계약이 될 것이다. 그런 계약을 맺으면 사실상 후세대를 열등한 교통수단으로 묶어놓는 셈이 되기 때문이다. 이러한 계약을 체결할 때 시 당국자는 99년을 인식하는 감각이 부족하다. 영원이라는 광활한 시간 관념을 만족시키면서 투자를 자극하는 것보다 현재 회사에 보조금을 지급하는 편이 훨씬 낫다. 99년이라는 시간을 이야기할 때 시 당국자와 회사 대표자는 현실 시간 관념을 인식하는 감각이 없다.

통속적 역사는 시간 혼동 사례를 찾기에 좋다. 예컨대 일반 영국인에게 크롬 웰(Cromwell)의 행동, 조합법 부패, 1847년의 굶주림은 지금 살아 있는 아일랜드 인이나 영국인과는 아무 관계도 없는, 오래전에 죽은 사람들이 당하고 오래전 에 죽은 사람들이 저지른 잘못된 행동이다. 그러나 애국심 깊은 아일랜드인의 마음속에는 이런 사건들이 자기 시대에 일어났다. 그의 기억은 베르길리우스 와 단테가 나란히 앉아 대화하는 모습을 그린 저 역사적인 회화와 같다.

이처럼 상관없는 일로 보는 견해와 가까운 일로 보는 견해는 국민들 사이에 가로놓인 하나의 커다란 장벽이다. 어떤 전통 속에 사는 사람이 다른 전통 속 에서 무엇이 현대적인가를 알기는 아주 힘들다.

'역사적 권리' 또는 '역사적 악'이라는 이름으로 불리는 것 가운데 과거를 정 말 객관적으로 보는 견해는 거의 없다. 알자스-로렌(Alsace-Lorraine) 지방 소유 를 둘러싼 프랑스·독일의 논쟁을 예로 들어보자. 최초 연대를 언제로 하느냐에 따라 결론이 달라진다.

라우라키(Rauraci)와 세콰니(Sequani) 시대부터 시작하면 이 땅은 역사적으로 고대 갈리아(Gaula) 지방에 속한다. 앙리 1세를 선택하면 이 땅은 역사적으로 독일 영토이다. 1273년에서 시작하면 이 땅은 오스트리아 왕가에 속한다. 1648 년 베스트팔렌 평화조약(Peace of Westfalen)에서 시작하면 이 땅은 거의 다 프 랑스에 속한다. 루이 14세와 1688년에서 시작하면 이 토지는 거의 프랑스에 속 한다.

만일 역사적인 논증을 사용한다면, 현재 무엇을 해야 하는지 자신의 해를 지지해주는 연대를 과거에서 선택할 것임이 틀림없다.

'인종'과 국적 논쟁에도 위와 똑같은 독단적인 시간관을 자주 엿볼 수 있다. 전쟁 중 강한 감정의 영향 아래에서, 대중은 '튜턴'족과 '앵글로색슨'족 및 프랑 스 인의 차이는 어느 시대든 같다고 믿었다. 그들은 언제나 적대적인 인종이었 다. 그러나 1세대 전에 프리먼(Freeman) 같은 역사가들은 서구인들이 튜턴족을 공통의 선조로 가진다고 강조했다. 인종학자들은 독일인, 영국인, 그리고 많은 프랑스 인이 옛날에는 한 선조에서 갈라져 내려온 분가(分家)라고 확신을 가지고 주장했다.

일반적인 규칙은 이렇다. 만일 여러분이 현재 어떤 국민을 좋아하면, 여러분은 그 민족이 자신과 같은 선조를 가졌다고 주장한 것이다. 반대로 싫어하면 자신의 선조와는 아무 관련이 없이 동떨어졌다고 주장할 것이다. 앞의 경우에서, 여러분은 따로 갈라지기 이전의 시기에 주의를 집중하고, 뒤의 경우에서는 그 둘의 구별이 분명해진 뒷 시기에 주의를 집중한다. 그리고 결국 그 시대 분위기에 맞는 견해가 진실이 될 것이다.

족보도 이처럼 겉보기로만 다를 뿐 내용으로는 다를 게 없는 예이다. 보통 한 쌍의 부부, 가능하면 노르만인의 정복 같은 명예로운 사건과 관계 있는 부부는 시조로 정하자. 그 부부는 조상이 없다. 그들은 누구의 자손이 아니다. 그렇지만 그들은 어느 조상들의 자손이었다. 그러므로 아무개 씨가 어떤 일가의 시조라는 표현은 그가 그의 일가의 아담이라는 뜻이 아니라, 그로부터 시작하는 것이 바람직한 특정한 선조라는 뜻이거나, 기록에 남아 있는 최초의 선조라는 뜻이다. 그러나 족보는 이보다 더 깊은 편견을 표시한다. 모계(母系)가 특별히 훌륭하지 않으면, 혈통은 부계(父系)로 거슬러 올라간다. 가계(家系)의 나무는 남자이다. 돌아다니는 벌이 묵은 사과나무에 내려앉듯이, 때때로 여자가 가계의 나무에 붙는다.

7

그렇지만 미래는 모든 시간 중에서 가장 착각하기 쉬운 시간이다. 단계를 밟을 필요가 있는 데도 여러 단계를 뛰어넘고 싶은 유혹을 받는다. 그리고 우리 인간은 희망이나 회의에 지배되므로, 어떤 과정의 여러 단계를 거치는 데 필요한 시간을 과장하거나 축소 하고픈 유혹을 받는다. 산업 경영에서 임금노동자들이 맡은 역할을 수행해야 한다는 논쟁에는 이러한 어려움이 가득 차 있다. 경영이라는 말은 많은 기능을 포괄한다.*42 이 기능 중에는 훈련이 필요하지 않은 것도 있고, 약간의 훈련이 필요한 것도 있으며, 평생이 걸려야만 배울 수 있

---

*42 *Cf.* Carter L. Goodrich, *The Frontier of Control*.

는 기능도 있다.

그러므로 정말로 분별 있는 산업 민주화 계획은 바른 시간 단계를 밟아 계획해야 하며 그래야 서로 보완하는 관계에 있는 산업 교육 계획과 함께 책임이라는 가설이 작동한다. 무산계급의 급격한 독재 제안은 중간 준비 기간을 없애려는 시도이다. 모든 사람이 책임을 나누어지는 데 반대하는 것은 시간이 지남에 따라 인간의 능력이 변한다는 사실을 부정하려는 시도이다. 관직 교체 같은 전문직을 무시한 민주주의의 유치한 개념은 지혜의 여신이 성장해 완전무장한 모습으로 주피터 이마에서 태어났다는 옛 신화와 다를 바 없다. 그런 유치한 사고 방식은 몇 년 걸려서 배우게 되는 것은 전혀 배울 필요가 없다고 그들은 가정한다.

'후진국 국민'이라는 말이 어떤 정책 사상으로 쓰일 때는 언제나 시간 개념이 하나의 결정적인 요소가 된다. 예를 들면 국제연맹 규약*43에는 "위임통치의 성격은 다른 근거에서뿐만 아니라 민족의 발달 단계에 따라 달라야 한다"고 쓰여 있다. 이 규약에 의하면, 어떤 공동체들은 '이 공동체들이 자립할 때까지' 조언과 원조를 받는다는 조건 아래 그들의 독립을 임시적으로 승인할 수 있는 '발전 단계에 이르렀다.' 이 경우 위임통치국과 위임통치를 받는 나라가 그 시기를 어떻게 생각하느냐에 따라 그들의 관계가 크게 달라질 것이다. 쿠바의 경우 미국 정부의 판단은 쿠바의 애국자들의 판단과 사실상 일치했다. 말썽이 있긴 했지만, 강대국이 약소국가를 대우한 방식으로서는 이보다 더 훌륭한 역사상의 기록은 찾아보기 힘들다.

둘의 판단이 일치하지 않은 예가 역사에 더 많다. 후진국민의 후진성이 너무나 절망적이어서 개선할 가치가 없거나, 그 후진성이 그들에게 꽤 많은 이익을 주기에 개선하는 것은 바람직하지 못하다고 제국주의 국가 국민은 깊이 믿었다. 그런 두 나라 관계가 세계 평화를 해치고 파괴해 왔던 것이다. 아주 드물게, 후진성은 지배 세력에게 선진적인 계획, 일정한 기준과 확실한 시간 가치를 가진 계획의 필요를 의미했다. 훨씬 더 자주, 바른 규칙인 것처럼 보일 만큼 자주 후진성은 본질적이고 영원한 열등의 표시로 생각되어 왔다. 또한 덜 후진적이 되려는 모든 시도는 선동 행위로 무시당해 왔다.

---

*43 Article ⅪⅩ.

사실 이런 상황 아래서 그것은 의심할 여지 없이 선동 행위이다. 우리 자신의 인종 전쟁에서, 시간이 흑인의 노예근성을 차차 없애줄 것이고, 이 근성에 기초한 사회 적응도 무너지기 시작하리라는 사실을 인식하지 못해서 일어난 결과를 볼 수 있다.

우리의 욕망을 지연시키는 장애물은 그 어떤 것이나 제거해주고, 우리를 공포에서 보호해주는 것은 어떤 것이나 영원하다고 생각하기 위해서 마치 우리의 현재 목적에 복종하는 듯한 미래 모습을 그리지 않기가 어렵다.

8

우리는 여론을 모을 때 우리 눈으로 볼 수 있는 것보다 더 넓은 공간을, 우리가 깨달을 수 있는 것보다 더 긴 시간을 상상해보아야 한다. 뿐만 아니라 우리가 세거나 뚜렷이 마음속에 그려볼 수 있는 것보다 더 많은 사람과 더 많은 행동과 더 많은 사물을 기술하고 평가해야 한다. 우리는 요약하고 추려내야 한다. 우리는 표본을 골라 그것을 전형적인 것으로 다루어야 한다.

큰 집단의 전형적인 표본을 고르기란 쉽지 않다. 이것은 통계학에 속하는 문제이다. 그래서 수학 실력이 없는 사람에게는 아주 어려운 일이다. 내가 옛날에는 정말 이해한 줄로 생각했던 대여섯 권의 교과서에도 나의 수학 지식은 아직 초보 단계에 머물러 있다. 이 수학 교과서를 통해서는, 단지 분류하고 표본을 고르는 일이 얼마나 어려운가를, 그리고 사실의 어느 한정된 일면을 보고 전체를 판단하기가 얼마나 쉬운가를 좀더 의식하게 되었을 뿐이다.

얼마 전에 영국 셰필드(Sheffield)의 한 사회사업가 집단은 이 도시의 노동자의 지적 수준을 그들이 가지고 있던 인상적인 이미지가 아니라 정확한 이미지로 바꾸려고 나섰다.[44] 그들은 많은 근거를 가지고 셰필드 노동자들의 지적 수준이 어떤가를 말하기 원했다. 보통 우리는 자신이 얻은 최초 관념이 지배하지 못하도록 하는 순간에 여러 가지 복잡한 문제에 둘러싸여 있다는 것을 알았다.

그들이 사용한 검사에서는 그것이 방대한 질문지였다. 좀더 구체적으로 말하면, 그 질문지 문항은 영국 도시 생활에 필요한 지적 수준을 측정하는 훌륭

---

*44 *The Equipment of the Worker.*

한 검사였다고 생각해두라. 그렇다면 이론상으로는 노동계급의 모든 구성원에게 이런 질문을 했어야 할 것이다. 그러나 누가 노동계급에 속하는지 알기가 쉽지 않다. 그래서 국세(國勢) 조사로 그들을 분류했다고 하자. 그렇다면 질문을 받았어야 할 사람은 대략 남자가 10만 4천 명, 여자가 10만 7천 명이다. 그들은 '무식한 노동자' 또는 '지능이 높은 노동자'에 관한 상식적인 표현을 정당화하거나 반박할 해답을 가지고 있었다. 그러나 20만 명에게 모두 질문할 생각을 한 사람은 아무도 없었다.

그래서 이 사회사업가들은 저명한 통계학자 보울리(Bowley) 교수와 상의했다. 그는 그들에게 적어도 408명의 남자와 408명의 여자가 적당한 표본이 될 것이라고 조언했다. 수학적 계산으로는 이 숫자가 22분의 1 이상 편차가 크지 않기 때문이다.*45 그러므로 그들은 평균적인 노동자를 논하려면 적어도 816명에게 질문해야만 했다.

그러나 어떤 816명을 대상으로 삼아야 하는가. "우리 중 누군가 예비 심사로 접촉한 노동자들에 대한 자세한 정보를 모을 수도 있었을 것이다. 아니면 우리는 클럽, 선교구(宣敎區), 병원, 교회당, 사회복지관에서 어떤 노동자 계층과 접촉한 남녀 자선가들을 통하여 조사할 수도 있었을 것이다. 하지만 이러한 선택 방법으로는 전혀 가치 없는 결과를 얻을 것이다. 이와 같이 선택된 노동자들은 일반적으로 '평범한 노동자'라고 불리는 계층을 조금도 대표하지 못할 터이다. 그들은 그들이 속해 있는 작은 집단밖에 대표하지 못한다."

"조사 대상이 될 희생자를 확보하기 위해 막대한 시간과 노력을 들여가면서 우리가 굳세게 지키는 옳은 방법은, 어떤 '중립', '우연', 또는 '무작위' 수단으로 노동자를 붙잡는 것이다." 그들은 정말 이렇게 했다. 그러나 이렇게까지 용의주도했는데도 다음과 같은 결론처럼 확실한 결론을 얻지는 못했다. 즉 그들의 분류와 질문지에 의하면, 20만 명의 셰필드 노동자 가운데서 '약 4분의 1'이 '훌륭한 자질'을 가지고 있고, '4분의 3 가까운' 수가 '불충분한 자질'을, '약 5분의 1'이 '열등한 자질'을 가지고 있었다.

이 판단에 이르기까지 양심적이지만 거의 현학적인 방법은 보통 우리가 국민 집단에게 내리는 평가와 비교해 보자. 변덕스러운 아일랜드인, 논리적인 프

---

*45 *Op. cit.*, footnote, p. 65.

랑스 인, 예절 바른 독일인, 무식한 슬라브인, 정직한 중국인, 믿을 수 없는 일본인 등등 이것은 모두 표본에서 얻은 일반화이다. 그러나 표본은 통계학적으로 아주 부당한 방법으로 추출했다.

이처럼 고용주는 그가 알고 있는 가장 말썽꾸러기 종업원이나 가장 고분고분한 종업원을 보고, 모든 노동자를 평가한다. 많은 급진세력은 이것을 노동계급의 정당한 표본이라고 상상해 왔다. '하인 문제'를 둘러싸고 부인들의 견해는 그녀들이 하인을 대하는 모습을 반영한 것에 지나지 않는다. 비합리적인 사람은 자기 편견을 뒷받침해주거나 아니면 반대로 편견을 부정하는 표본을 우연히 발견하여, 그것을 모든 집단의 대표로 삼는 경향이 있다.

사람들이 우리가 그들을 분류한 것처럼 자기 자신의 계급을 거절할 때 큰 혼란이 생긴다. 우리가 정해준 자리에 그들이 가만히 머물러 있기만 하다면 예언이 훨씬 쉬워질 것이다. 그러나 사실 노동계급이라는 말은 한정된 기간 동안 사실의 일부만 가리킨다. 어떤 수준 이하의 수입을 가진 모든 사람을 노동계급이라 부를 때에, 이와 같이 분류된 사람들이 분류한 사람의 고정관념에 따라 행동할 것이라고 가정해야만 할 것이다. 그 사람들이 누구인지는 확실하지 않다. 공장 직공과 광산 노동자는 그 고정관념에 조금 들어맞는다. 그러나 농장 노동자, 소농장 경영자, 행상인, 작은 가게 주인, 사무원, 하인, 군인, 경찰관, 소방수는 그물에서 빠져 나간다.

'노동계급'을 강조하고 싶다면 2, 300만의 얼마쯤 고정된 노동조합원에게 주의를 집중하여, 그들을 노동계급으로 대하기 쉽다. 통계적으로 자격이 있을 수 있는 나머지 1천7, 800만 노동자들은 조직된 중핵에 있는 사람들과 같다고 암묵적으로 정해 버린다. 1918년에서 1921년 사이의 영국 노동계급이 노동조합 회의 결의나 지식계급이 쓴 팸플릿에 표명된 견해를 가지고 있다고 생각하는 것은 얼마나 잘못된 일이었는가!

'노동자는 해방자'라는 고정관념은 자기를 지지해주는 증거는 선택하고 그밖의 다른 증거는 배척한다. 노동자들의 현실적인 진전과 나란히 가는 '노동운동'이라는 허구가 있다. 이 허구 속에서 이상적인 대중은 이상적인 목표를 향하여 움직인다. 이 허구는 미래를 다룬다. 미래에 가능성은 그보다 더 실현성이 강한 그럴듯함과 구별할 수 없고, 그럴듯함은 확실성과 구별할 수 없다. 미래가 충분히 길면, 인간의 의지에 따라 단지 있음직한 일은 아주 있을 법한 일로 변하고, 아주 있을 법한 일은 다시 틀림없이 일어날 일로 변할 수도 있다. 제임스는 이것을 '신앙의 사다리'로 불렀다. 그리고 "이 신앙의 사다리는 선의(善意)라는 비탈길이며 인간은 인생의 중대한 문제에 있어서 늘 그 위에서 살고 있다"고 말했다.*46

"1. 어떤 세계관에 불합리한 것 가운데 진실인 것은 없다. 모순되는 것 가운데 진실인 것은 없다.
2. 그것은 어떤 조건 아래에서는 참일 수도 있다.
3. 그것은 지금도 참일 수 있다.
4. 그것은 참이 되기에 알맞다.
5. 그것은 참임에 틀림없을 것이다.
6. 그것은 참임에 틀림없다.
7. 그것을 참이라 하자. 적어도 나에게는 참이다."

그리고 그는 다른 곳에서 이와 같이 덧붙여 말했다.*47 "어떤 특별한 경우에 이와 같은 당신의 행동이 나중에는 그것을 틀림없이 옳은 행동이라고 만드는 방법일 수도 있다." 그러나 방법을 안다면 출발점을 결승점으로 바꾸지 않도록 해야 하며, 용기와 노력과 기술로 미래에 창조할 수 있는 것을 현재에 존재하는 것으로 해석하지 말아야 한다(우리가 그렇게 하지 않는 방법을 알기만 한다면). 이런 점을 제임스보다 더 강력히 주장한 사람은 없었을 것이다. 그러나 이 뻔한 이치는 실천하기가 굉장히 어렵다. 왜냐하면 우리는 누구나 할 것 없이 우리 표본을 추출하는 데 거의 훈련되어 있지 않기 때문이다.

우리가 어떤 사실이 꼭 참일 것이라고 믿는다면, 우리는 언제나 그것이 참일 경우이거나 그것이 꼭 참일 것이라고 믿는 사람을 발견할 수 있다. 어떤 구체적인 사실이 어떤 희망을 뒷받침해 줄 때 그 사실을 정당히 평가하는 것은 너무나 어렵다. 우리가 만나는 처음의 여섯 사람이 우리와 의견이 일치하면, 그들이 모두 아침식사 때 똑같은 신문을 읽었을지도 모른다는 사실을 생각해 내기 어렵다. 하지만 우리가 사실일 확률을 평가하고 싶을 때마다 언제나 816

---

*46 William James, *Some Problems of Philosophy*, p. 224.
*47 *A Pluralistic Universe*, p. 329.

명의 무작위 표본에게 질문지를 보낼 수는 없다. 많은 사람을 다룰 때, 우리가 비합리적인 인상에 따라 행동하면 정당한 표본을 추출하지 못했을 확률이 많다.

9

눈에 보이지 않는 복잡한 사건의 인과관계를 찾아보기 위해서 한 걸음 더 나아가려 할 때 거짓 의견은 아주 귀찮은 존재가 된다. 공사(公事)에 있어서 인과관계가 금방 분명히 드러나는 중대사는 거의 없다. 이를테면 몇 년을 바쳐 경기순환이나 물가와 노임 변동이나, 이주와 동화나 열강의 외교 목적 같은 현상을 연구한 학자에게도 이러한 인과관계는 분명치 않다. 그러나 어떤 방법으로든지 우리는 모두 이러한 문제의 원인과 결과에 의견을 가지고 있다고 생각한다. 그러므로 가장 흔한 추리 형식은 직관적이고, B가 A 뒤에 일어났으므로 A가 B의 원인이라고 생각하는 방식이다.

사고가 훈련되지 않으면 않을수록 동시에 주의를 끄는 두 사건이 어떤 인과관계를 가지고 있다는 이론을 펴기가 그만큼 더 쉬운 법이다. 사건이 어떻게 우리 주의를 끄는지 이미 길게 논의한 바 있다. 우리가 정보에 접근하는 길 방해를 받아 불확실해지며, 우리 그 정보를 어떻게 이해하느냐는 고정관념에 의하여 크게 좌우되고, 우리가 추론하는데 도움이 되는 증거는 변명·위신·도덕·공간 그리고 표본 추출이라는 착각에 지배된다는 사실을 우리는 알게 되었다. 이제 우리는 이 처음부터 오염된 여론에 또 다른 함정이 있음을 살펴보아야 하겠다. 왜냐하면 주로 고정관념을 통해 본 일련의 사건 속에서, 우리는 잇달아 일어나거나 비슷한 성질을 인과관계가 있다고 보기 때문이다.

이 혼동은 동시에 생기는 두 관념이 똑같은 감정을 불러일으킬 때에 가장 쉽게 일어난다. 두 관념이 같이 일어나면 똑같은 감정을 일으키기 쉽다. 두 관념이 같이 나타나지 않을 때에도, 한 관념이 강한 감정을 일으키면 같은 감정을 느꼈던 관념을 기억 구석구석에서 어떻게든 빨아낸다. 이와 같이, 고통을 불러내는 관념 모두 인과관계의 한 체계 안에 모이게 된다. 쾌락을 느끼게 만드는 모든 관념도 마찬가지이다.

"11월 11일(1675년). 이날 나는 하느님께서 이 도시 한복판에 화살을 쏘시

는 소리를 들었다. 천연두가 백조(白鳥) 문장(紋章)을 단 집의 25대 후손을 덮
쳤다. 이 문장의 소유주 이름은 윈저(Windsor)이다. 그의 딸이 이 병에 걸렸
다. 이 병은 한 술집에서 시작됐다. 이것은 하느님께서 술을 마시는 죄와 술
집이 늘어나는 죄를 보고 기뻐하시지 않는다는 증거이다."[*48]

인크리스 매더(Increase Mather)[*49]는 위와 같이 말했다. 1919년 한 저명한 '우
주역학' 교수가 아인슈타인의 이론을 이렇게 공격했다.

"볼셰비키의 봉기는 사실상 세계적으로 퍼진 깊은 곳에 깔린 어떤 정신적
불안이 눈에 보이는 모습으로 나타난 현상이다. ……이와 똑같은 불안이 과
학에 스며들었다."[*50]

어떤 것을 증오할 때, 우리는 우리가 아주 미워하거나 두려워하는 다른 것
들과 인과관계가 있다고 보기 쉽다. 천연두와 술집, 상대성 원리와 볼셰비즘처
럼 아무런 관계가 없을지도 모른다. 그러나 그들은 같은 감정 일으킨다는 이
유로 연관지어 생각한다.
'우주역학' 교수처럼 미신을 깊이 믿는 마음속에서는, 감정이란 흐르는 용암
과 같아서 그것에 닿는 것은 모두 잡아서 속에 묻어버린다. 그 속을 파보면
마치 매몰된 도시처럼 갖가지 물건들이 서로 이상한 모습으로 얽혀 있는 것
을 볼 수 있을 것이다. 원하기만 한다면 어떤 사물도 서로 연결지을 수 있다.
이러한 상태에 있는 마음은, 그것이 얼마나 불합리한가를 알 길이 없다. 옛 공
포가 새로운 공포로 더 늘어나고 강해져서 뭉쳐 딱딱하게 굳은 채 서로 얽혀
지게 된다. 그렇게 되면 두려운 것은 무엇이나 다른 두려운 것의 원인이 되는
법이다.

10
이렇게 해서 결국 모든 악(惡)의 체계와 모든 선(善)의 체계가 생기게 된다.

[*48] *The Heart of the Puritan*, p. 177, edited by Elizabeth Deering Hanscom.
[*49] 미국의 청교도 목사·저술가, 1639~1723.
[*50] *The New Republic*, Dec. 24, 1919, p. 120에 인용.

그러면 절대성을 좋아하는 우리 성향이 나타난다. 우리는 한정부사(限定副詞)[51]를 싫어한다. 한정부사는 문장을 지저분하게 하며 엄숙한 감정에 방해가 된다. 우리는 '더'보다 '가장', '보다 적게'보다 '가장 적게'를 더 좋아하고, '얼마간', '아마', '만일', '또는', '그러나', '…가량', '아주 …하지 않은', '거의', '일시적으로', '부분적으로' 등의 말을 싫어한다. 그렇지만 공사(公事)를 언급하는 모든 여론은 이런 말로 한정해야 한다. 그러나 우리가 방심할 때, 모든 것을 절대적으로 —'100%', '모든 곳', '영원히'—행동하기 쉽다.

우리 쪽이 적(敵)보다 더 정당하고, 우리의 승리가 적의 승리보다 더 민주주의에 도움이 될 거라고 말하는 것만으로는 충분치 않다. 우리의 승리는 전쟁을 '영원히' 끝낼 것이고, 이 세상을 민주주의가 지배할 수 있는 안전한 곳으로 만들 수 있다고 주장해야만 한다. 그러나 전쟁이 없어지면, 아직도 우리를 괴롭히는 악보다 더 큰 악을 쳐부수었지만, 그 결과의 상대성은 사라지고, 현재 악의 절대성이 우리의 정신을 압도한다. 그래서 우리는 우리가 불가항력의 존재가 아니었으므로 무력하다고 느끼게 된다. 전능과 무력 사이를 정신의 시계추가 왔다 갔다 하는 것이다.

실제 공간, 실제 시간, 실제 수, 실제 관계, 실제 무게가 모두 사라진다. 행동의 원근법과 배경과 차원은 잘게 끊겨서 고정관념 속에 얼어붙는다.

---

[51] 프로이트의 꿈의 절대설에 관한 토론으로서는 *Interpretation of Dreams*, Chapter VI, 특히 p. 288 이하를 참조.

제4부 이해관계

제11장 이해관심의 참여

1

그러나 인간의 마음은 셔터와 렌즈를 통해 들어오는 낱낱의 인상을 단 한 번만 기록하는 필름이 아니다. 인간의 마음은 한없이 그리고 끊임없이 창조한다. 화상(畫象)은 사라지거나 얽히며 선명한 부분도 흐린 부분도 있다. 우리는 그것을 더욱 완전히 이해하면서 여기저기 초점이 맞는 화상이 맺히게 된다. 이 화상들은 마음의 표면에 가만히 있는 것이 아니라, 시적 능력으로 우리 자신의 개인적인 표현으로 변형된다. 우리는 이 작용에 중점을 두며 활동에 참여한다.

그러기 위해서 우리는 다수를 인격화하고 그 관계를 극적으로 표현하는 경향이 있다. 매우 학식 있는 사람이 아닌 한, 세상일은 어떤 종류의 비유(allegory)로 표현된다. 사회운동, 경제력, 국가이익, 여론을 인물로 취급하고, 반대로 교황, 대통령, 레닌, 모건(Morgan) 또는 왕은 사상이나 제도가 된다. 모든 스테레오타입 가운데 가장 깊이 침투한 것은, 무생물이나 집합물에 인간성을 부여하는 인간적 스테레오타입이다.

우리가 받는 인상은 갈피를 잡기 힘들 만큼 다양해서 온갖 검열을 받고 난 뒤에도 우리는 비유라는 보다 경제적인 방법을 채택할 수밖에 없다. 사물의 수는 너무나도 많으므로 우리는 그 모두를 마음속에 생생히 기억해둘 수 없다. 그래서 흔히 우리는 사물에 이름을 지어주고, 그 이름이 인상 전체를 나타내게 한다.

그러나 이름이란 구멍 투성이다. 어느새 옛 의미가 빠져나가고 새 의미가 미끄러져 들어온다. 그리고 그 이름의 의미 전부를 유지하려는 노력은 처음에 받은 인상을 회상하려고 애쓰는 만큼 사람을 힘들게 한다. 더구나 이름은 사상을 대신하는 통화로 쓰기에는 빈약하다. 이름은 너무나 텅 비고, 너무나 추상적이며, 너무나 비인간적이다. 그래서 우리는 이름을 개인적인 고정관념을 통해 보고, 해석하며, 마지막에는 이름 속에서 어떤 인간 성질이 들어 있다고 생각하게 된다.

그러나 인간의 성질은 그 자체가 막연하고 또 수시로 변동한다. 인간의 성질은 신체 특징으로 가장 잘 기억된다. 그리고 그 때문에 우리는 인간의 성질을 우리가 받은 인상의 이름으로 판단하는 경향이 있을 뿐만 아니라, 인간의 성질은 그 자체를 신체적 은유(metaphor)로 시각화하는 경향이 있다. 영국 국민, 영국 역사는 영국이라는 이름으로 응축하고, 영국은 쾌활하고 뚱뚱한, 별로 영리하지 못하지만 자기 자신은 잘 돌볼 줄 아는 존 불(John Bull)이 된다.

어떤 사람에게는 민족 이동이 굽이굽이 흘러가는 강물처럼 보일 테고, 또 다른 사람들에게는 국토를 황폐하게 만드는 홍수로 보일 것이다. 사람들이 나타내는 용기는 바위로 객관화될 수 있을 터이며, 그들의 목적은 길로, 그들의 의심은 갈라진 길로, 그들의 곤란은 바퀴 자국과 바윗덩어리로, 그들의 발전은 풍요로운 골짜기로 객관화될 것이다. 만일 드레드노트 전함(Dreadnoughts)을 동원했다면, 그것은 칼을 뺀 셈이다. 군대가 항복한다면, 땅바닥에 팽개쳐진 것이다. 부당한 압박을 받는 것은 고문대에 올려진 것이거나, 아니면 써레 밑에 깔린 것이다.

공공의 일을 연설, 머리기사, 연극, 영화, 풍자만화, 소설, 조각상, 또는 회화에서 일반화할 때, 사건이 인간의 흥미를 끌도록 변형(transformation)하려면 맨 먼저 원형을 추상해야 하고, 그 다음으로 추상한 이미지에 생기를 불어넣어야만 한다. 우리는 눈에 보이지 않는 사물에 절대로 많은 관심을 보이거나 크게 감동하지 않는다. 우리는 저마다 공공의 일은 별로 보지 못하며, 그 때문에 예술가 소질을 가진 어떤 사람이 그것을 생생한 그림으로 그려줄 때까지는 무미건조하고 흥미를 돋우지 못한다.

현실에 관한 우리의 지식은 사건에 접근하는 방법과 우리 자신의 편견으로 제한되어 있어서 어쩔 수 없이 추상화되고, 그 추상화는 다양한 형태로 보완된다. 어디에나 있고 또 모든 것을 다 알 수 없는 까닭에 우리는 우리가 생각해야 하고 이야기해야만 하는 것을 많이 볼 수 없다. 살과 피로 된 인간이기에 우리는 단어와 이름과 잿빛 이론을 먹고 살 수만은 없다. 어떤 예술가들이기에 우리는 추상화된 관념을 재료로 하여 그림을 그리고 연극을 상연하며 풍자만화를 그린다.

그렇지 않을 경우, 가능하다면 우리는 우리 대신에 사물을 시각화해줄 재능이 있는 사람들을 찾아낸다. 왜냐하면 사람들이 모두 다 그림에 대한 재능을 똑같이 부여받지 않았기 때문이다. 게다가 베르그송이 말한 것처럼 실천할 수 있는 지성은 공간 성질에 가장 가깝게 들어맞는다고 주장할 수 있으리라 생각한다.[1] '명석한' 사상가는 거의 언제나 시각화 작업에 뛰어난 재능을 가졌다. 그러나 바로 그 이유로 말미암아, 즉 그가 '영화적'이기 때문에 그만큼 외면에 사로잡히기 쉽고 감수성이 부족하다. 왜냐하면 직관, 아마도 음악적 또는 근육지각이라 할 수 있는 직관을 가진 사람들은 흔히 사건의 성질과 행위의 본질을 시각형 사람보다 훨씬 더 잘 판단하기 때문이다.

이런 사람들은 상대가 하는 말이 노골적으로 드러나지 않고 수수께끼 같은 동작이나 말의 리듬 속에서만 떠오르는 욕구일 경우 더 깊이 이해한다. 시각화는 자극과 결과를 파악할 수는 있다. 하지만 거기에 끼여 있는 것과 내적인 것은, 귀여운 소녀의 역할을 찢어질 듯한 소프라노로 노래하듯이 시각화 하는 사람이 나쁜 방향으로 풍자하는 경우가 많다.

그럼에도, 비록 직관이 흔히 고유한 정당성을 가지고 있다 하더라도 더할 나위 없이 사적이며 대체로 전달하기 어렵다. 그런데 사회적 상호관계는 의사소통에 의존하며, 인간은 자기 자신의 인생 방향을 직관에 따라 아주 멋지게 조종할 수 있지만, 다른 사람들에게 이 직관을 느끼게 하는 데는 흔히 큰 곤란을 겪는다. 그가 직관을 이야기할 때, 그 직관은 불분명하게 들린다. 왜냐하면 직관은 인간 감정을 꽤 정확히 느끼지만, 공간 및 촉각을 편애하는 이성은 그러한 느낌을 거의 이해할 수 없기 때문이다.

그러므로 많은 사람들의 의견이 일치하느냐에 따라 행동을 결정하는 경우, 첫째로 어떠한 사상도 그것이 시각적 또는 촉각적 가치를 가지지 않는 한 실제 결정을 내리는데 도움이 될 만큼 분명하지 않다는 것이 아마 진실이리라. 그러나 시각화 한 사상이라 할지라도 우리 자신의 개성이 가지고 있는 어떤 힘을 포함할 때 비로소 의미를 가진다는 것도 진실이다. 시각화한 사상은 우리 자신의 어떤 열망을 해방하거나 그것에 저항하며 또는 억누르거나 높여주지

---

[1] *Creative Evolution*, Chs. Ⅲ, Ⅳ.

않는 한, 아무 의미없는 객관적인 대상으로 남는다.

2

이제까지 사상을 전달하는 가장 확실한 방법은 그림이었으며, 그 다음은 기억 속 그림을 불러내는 말이었다. 그러나 이렇게 전달한 사상은, 그 그림 일부와 우리 자신이 하나라고 느끼게 되어서야 비로소 완전히 자기 것이 된다. 동일시(identification), 즉 버넌 리(Vernon Lee)가 감정이입(empathy)*²이라 부른 것은 거의 포착하기 어렵고 상징적인 것일지도 모른다. 우리가 깨닫지도 못하는 사이에 다른 사람 흉내를 내는 일도 있으며, 때로는 우리 인격 가운데 자존심을 지탱하는 부분을 위험하게 만들만큼 흉내를 내기도 한다. 교양 있는 사람에게 공감한다는 것은 영웅의 운명이 아니라, 영웅과 악역을 모두 중요한 존재로 다루는 작품 전체가 걸어갈 운명이다. 그러나 이것은 아주 정교하게 다듬을 작품일 경우에만 해당된다.

일반 작품에서는 동일시 하기 위한 위한 실마리가 대부분 언제나 명확하다. 우리는 누가 주인공인지 얼른 알 수 있다. 그리고 이런 표시가 명확하지 않거나 선택 기준이 분명치 않은 경우, 쉽게 인기를 얻기 힘들다.*³ 그러나 그것만으로 충분하지 않다. 관객이 해야 할 일이 있어야 하며, 진·선·미를 높이는 건 관객이 해야 하는 일은 아니다. 신문 기사와 소설, 그리고 영화도 마찬가지로, 화면 앞에서 지루하게 앉아만 있지 않기 위해서는 관객이 그 작품 이미지 충동을 느껴야 한다.

충동에도 다양한 형태가 있지만 쉽게 일어나고 열렬한 자극이 필요하다는 점에서, 다른 모든 것을 훨씬 넘어서는 두 가지 형태가 있다. 그것은 성욕과 투쟁이며, 이 둘은 서로 너무 많은 관련을 가졌으며 서로 너무나 친밀히 얽혀 있다. 때문에 성(性)에 관한 투쟁은 다른 어떤 주제보다도 매력의 폭이 넓다. 문화와 국경에서 이처럼 마음을 사로잡는 것은 없다.

성적 주제(sexual motif)는 미국 정치를 형상화할 때 거의 등장하지 않는다. 전쟁 때의 어느 하찮은 황홀, 이따금씩 있는 스캔들, 아니면 흑인이나 아시아인과의 인종 충돌의 경우를 제외한다면, 성적 주제를 다루는 것은 엉뚱하게 여겨

---

*2 *Beauty and Ugliness.*
*3 뉴스 성격에 중대한 관계가 있는 사실이다. 제7부 참조.

질 것이다. 영화, 소설 및 몇몇 잡지 소설에서만 산업 관계, 사업 경쟁, 정치, 외교에서 여자나 정부가 얽힌 이야기를 다룬다. 이에 반해 투쟁이라는 주제는 모든 곳에 얼굴을 내민다. 정치는 투쟁이 있을 때, 또는 쟁점이 있을 때 흥미로운 법이다. 그래서 정치를 대중 관심을 끌기 위해서는 실제로는 아무 문제가 없을 때일지라도—판단이나 원리나 사실이 달라도 그것이 투쟁심을 불러 일으키지는 않는다—쟁점을 찾아내야만 한다.[*4]

그러나 직접 정치에 참여하지 않는 우리가 투쟁심이 생기지 않는 일에 흥미를 계속 갖는 것은 어렵다. 한편 직접 정치에 참여하는 사람들에게는 진심으로 몰두하고 있기에 아무 쟁점이 없을 때라도 흥미가 있다. 그들은 활동에 순전히 기쁨을 느낌으로써, 또는 마음 놓을 수 없는 경쟁심이나 창조력으로 움직인다. 그러나 문제 전체가 부수적이고 거리가 먼 사람들에게는 이러한 다른 정신적 기능이 쉽사리 활동을 시작하지 않는다. 사건의 어렴풋한 이미지가 그들에게 무언가 의미를 갖도록 만들기 위해서는 그들이 투쟁, 긴장감, 그리고 승리를 사랑하게끔 만들어야 한다.

패터슨(Patterson) 여사는 다음과 같이 역설한다.[*5] "긴장감…… 이것이 뉴욕 메트로폴리탄 미술관 명화와 리볼리나 리알토 극장 영화의 차이이다." 그녀는 명작이 쉽게 일체감을 얻을 수 있는 양식을 가지지 못했다는 점, 또는 요즘 세대에게 인기 있는 주제를 갖추지 못했다고 확실하게 말하지는 않았지만 그런 말만 했더라면 그녀의 다음 말은 전적으로 타당할 것이다. 그녀에 따르면, 이것은 "왜 메트로폴리탄 미술관에는 사람들이 드문드문 방문하는데 리알토와 리볼리 극장에는 몇백 명씩 들어가는지를 설명해준다. 미술관에서는 미술 전공 학생, 비평가, 또는 미술 감식가가 아닌 한, 한 그림을 10분도 보지 않는다. 리볼리나 리알토 극장에 몇백이 넘는 사람들이 1시간이 넘게 영화를 본다. 아름다움이라는 점에서 보면 둘 중 어느 것이 더 가치가 있는지 비교할 수 없다. 그러나 영화는 더 많은 사람을 끌어들이며, 명화보다도 더 오래 주의를 사로잡는다. 그 이유는 영화 자체의 본질적 가치 때문이 아니라, 관중이 숨죽이며 결과를

---

*4 Cf. Frances Taylor Patterson, *Cinema Craftsmanship*, pp.31~32.
　"Ⅲ. 각본 구성에 긴장감이 모자라면 1. 경쟁자를 더하라, 2. 장해를 더하라, 3. 문제를 더하라, 4. 관객의 마음속에 있는 문제 중의 하나를 강조하라……."
*5 *Op.cit.*, pp.6~7.

기다리는 다양한 사건 전개 때문이다. 영화는 투쟁의 요소를 가지고 있어서, 그것이 반드시 긴장감을 불러일으킨다."

그러므로 이 거리가 멀게 느껴지는 상황을 우리 주의(注意)의 중심에 가져오기 위해서는, 이 상황이 동일시할 수 있는 기회가 있는 영상으로 바꿔야 한다. 그렇지 않으면 오직 몇몇 사람의 흥미를 잠깐 끄는 데에 그칠 것이다. 전환이 없다면 눈에 보이기는 해도 감동이 없는 광경에, 우리의 감각기관을 자극하기는 해도 인정받지 못하는 감동에 지나지 않을 것이다. 우리는 어느 한 쪽의 편을 들어야 한다. 우리는 편을 들 수 있어야 한다. 우리 존재의 깊은 곳에서 우리는 청중의 속에서 무대로 올라가야 하며, 영웅처럼 선이 악을 이기기 위해 싸워야만 한다. 우리는 비유(allegory) 속에 우리 생명의 숨결을 불어넣어야 한다.

3

그리하여 비판이 있기는 해도, 리얼리즘과 로맨티시즘을 둘러싼 오랜 논쟁에 하나의 판결이 내려졌다. 우리의 대중적 취미는 드라마가 동일시를 그럴싸하게 해주기에 충분할 만큼 현실성 있는 상황 설정에서 출발하여, 그것이 바람직하기는 하나 생각할 수 없을 정도는 아닌 로맨틱한 상황으로 끝나기를 원한다. 시작과 끝 사이의 기준은 자유롭지만, 현실같은 시작과 행복한 결말이 요점이다. 영화 관객이 공상으로만 가득한 공상 이야기를 거부하는 이유는, 순수한 공상에는 기계시대 자신들에게 낯익은 지반이 없기 때문이다. 관객은 이미 자신이 경험한 투쟁에서 패배하는 일을 좋아하지 않으므로 철저한 리얼리즘도 거부한다.

진실로서, 현실적인 것으로서, 선(善)으로서, 악(惡)으로서, 바람직한 것으로서 받아들여지는 것은 영원히 고정되어 있는 것이 아니다. 이러한 것은 어린 시절의 경험에서 얻게 되어 그 뒤 경험에서 판단할 때 사용하는 고정관념으로 굳어진다. 그러므로 만일 각 영화와 대중잡지에 투자하는 자본이 즉각적이고도 광범위한 인기를 요구할 만큼 엄청난 것이 아니라면, 정신력과 상상력이 있는 사람들은 그러한 영화와 정기간행물을 우리 상상 활동의 소재인 이미지들을 확대하고 세련하고 확인하고 비판하기 위해 쓸 수 있을 것이다. 그러나 현재의 비용이 주어진다 해도 영화 제작자들은 다른 시대의 교회 화가나 궁정 화가들처럼 그들이 찾아낸 스테레오타입에 집착해야만 하며, 그렇지 않을 경우에 기대가 좌절되는 대가를 치러야만 한다. 스테레오타입은 바뀔 수 있으나, 영화가 지금으로부터 6개월 뒤에 상영될 때 성공을 보증할 만한 시간적 여유가 없다.

고정관념을 바꾸는 사람들, 즉 개척적인 예술가나 평론가들은 자연히 이윤을 생각하는 경영자나 편집자에게 낙담하며 화를 낸다. 자신들은 모든 것을 다 걸었는데, 왜 다른 사람들은 그렇지 않은가? 그러나 이 분노는 공평하다고 할 수 없다. 왜냐하면 그들은 분노로 말미암아 그들 자신이 받는 정신적인 보상을 잊고 있으며, 그 보상은 그들의 고용주가 느끼는 감동은 초월하기 때문이다. 그들은 입장을 바꿀 수 없으며, 만일 바꿀 수 있다 하더라도 바꾸려 하지 않을 것이다. 그리고 또 하나 그들이 잊은 것은 속물과의 끊임없는 전쟁이다. 그들은 그들이 과거의 예술가나 현자들이 결코 꿈꾸어 볼 수도 없었을 척도로 자신의 성공을 측정한다는 사실을 잊고 있다. 그들은 불과 얼마 전 세대까지 어떠한 예술가도 생각지 못했던 발행부수와 청중을 요구한다. 그리하여 그것을 얻지 못할 때, 그들은 실망한다.

소설 《메인 스트리트(Main Street)》의 작가 싱클레어 루이스처럼 인기를 얻은 사람들은 수많은 다른 사람들이 어렴풋이 머릿속에서 말하고 싶어하는 것을 뚜렷이 나타내는 데 성공한 이들이다. "당신이 그것을 나 대신 말해주었습니다." 그리하여 그들은 그 뒤 끊임없이 모방되는 새로운 형식을 확립하게 되는데, 그것 또한 언젠가 지각의 한 고정관념이 되어 버린다. 다음 선구자는 사람들로 하여금 《메인 스트리트》를 다른 각도에서 보게 하는 일이 얼마나 어려운지 깨닫게 된다. 그래서 그는 싱클레어 루이스의 선구자들처럼 사람들과 말다툼한다.

이 말싸움은 여러 고정관념의 충돌에서 생길 뿐만 아니라, 선구적인 예술가가 자신의 소재에 경의를 가지고 있기 때문에 생기기도 한다. 그가 선택하는 수준이 무엇이든 간에, 그는 그 수준에 남게 된다. 만일 어떤 사건의 내면을 다루고 있다면, 그는 그것이 불러올 고통을 무릅쓰고 그 결론까지 추구한다. 그는 어떤 사람을 돕기 위해서, 또는 평화가 없는 곳에서 평화를 외치기 위해서 그의 환상을 추구하지 않을 것이다. 그 자신이 생각하는 아메리카가 있다. 그러나 많은 청중은 이러한 엄격한 일을 좋아하지 않는다. 그들은 이 세상의 다른 어떤 것보다도 자기 자신에 더 흥미를 가지고 있다. 그들이 흥미를 느끼는 자신이란 교육이나 전통으로 드러난 자기 자신이다. 청중은 예술작품이 그들이 올라갈 수 있는 디딤판이 달린 자동차여야 하며, 국토의 지형선을 따라서가 아니라, 1시간이나 타임 레코더에 신경 쓰지 않아도 되고 접시를 안 씻어도 좋은 나라로 자동차를 타고 가야 할 것이라고 주장한다. 이러한 요구를 만족시키기 위해 중간급 예술가들이 존재하는데, 그들은 수준을 혼란시키고 위대한 사람들의 창안에서부터 현실적이고 로맨틱한 혼합물을 접합시킬 수 있는 능력과 의지가 있다. 그리고 패터슨 여사가 조언하듯이, "현실에서는 거의 일어날 가능성이 없는 것—즉 일련의 어려움을 해결하고 승리를 얻는다. 덕(德)의 고뇌와 죄의 승리가…… 덕의 찬미와 그 적(敵)의 영원한 처벌로 변한다."[*6]

4

정치 이데올로기도 이러한 규칙을 따른다. 리얼리즘의 발판은 언제나 거기에 있다. 어떤 현실적 악(惡)의 이미지, 예를 들면 독일의 위협이나 계급 투쟁은 이 논의 속에 들어 있다. 세계의 어떤 국면을 설명하는데 설득력이 있다면 그것은 낯익은 관념과 일치하기 때문이다. 그러나 이데올로기는 확실한 현재와 함께 눈에 보이지 않는 미래를 다루고 있으므로 알지도 못하는 사이에 입증의 경계선을 넘어버린다. 현재를 말할 때, 일반적으로 공통된 경험에 묶여버린다. 아무도 경험하지 못한 것을 말할 때, 여러분은 마음대로 하는 수밖에 없다. 아마겟돈(Armageddon)[*7]에 임하여, 어쩌면 주님을 위해 싸울 것이다. ……현재 널리 행해지고 있는 표준에 따르고 현실에서 시작해 행복한 결말이다. 마르크스주의자들은 누구나 현재의 잔인성에 대해서는 혹독하지만, 독재 뒤의 시대에는 낙천적이다. 전쟁 선전가들도 이와 마찬가지였다. 즉 그들은 라인 강 동쪽 어느 곳에서든 인간성 중에 흉포성을 발견했고, 선전가들이 독일인인 경우, 라인 강의 서쪽 어느 곳에서든 인간성 중에 흉포성을 찾아냈었다. 흉포성이 있다는 것도 좋다. 그러나 승리 다음에는 영원한 평화가 온다고 말한다. 이러한 많은 선전은 아주 냉소적으로 고의적이다. 왜냐하면 교묘한 선전가는 처음에는 그럴

---

*6 *Op. cit.*, p.46. "주인공과 여주인공은 일반적으로 젊음, 아름다움, 선(善), 고매한 자기희생과 변함없는 절조를 가지고 있어야만 한다."
*7 지구 종말에 펼쳐지는 악과 선의 대결.

싸한 분석으로 시작하지만, 현실의 정치적 실천의 지루함이 곧 여러분의 흥미를 깨뜨려버려, 계속 분석하기를 멈출 것임을 알고 있기 때문이다. 그래서 선전가는 꽤 그럴싸한 시작으로 현실의 흥미를 없앤 뒤, 천국으로 가는 통행권을 자랑스레 내보임으로써 긴 항해를 위한 에너지를 불러일으킨다.

이 공식은 공공의 허구가 사적인 위기와 얽히면서 작용한다. 그런데 투쟁의 한복판에 한 번 얽혀들기만 하면, 접합점 구실을 한 본디 자아와 고정관념은 완전히 눈에 보이지 않게 된다.

제12장 이기주의의 재검토

1

그러므로 똑같아 보이는 이야기도 그것을 듣는 모든 사람에게 똑같은 이야기가 되지 못한다. 어떤 두 경험도 정확히 똑같은 것이 아니므로, 저마다 조금 다른 관점에서 그 이야기를 듣는다. 그는 자기 자신의 방식으로 그것을 재규정하고 그 이야기에 자기 자신의 감정이 배어들게 한다. 때때로 감동하지 않고는 못 배기게 하는 기술을 가진 예술가가 우리 자신의 생활과는 아주 다른 생활, 언뜻 보기에 재미없고 싫증이 나거나 틀을 벗어난 듯한 생활에 우리를 끌어들일 것이다. 그러나 그런 일은 드물다. 우리의 주의를 사로잡는 거의 모든 이야기에서 우리는 그 이야기의 등장인물이 되어, 그 역할을 우리 자신의 무언극으로 연출한다. 이 무언극은 훌륭할 수도 형편없을 수도 있고, 이야기에 동정적일 수도, 오로지 미숙하게 비슷할 수도 있을 것이다. 그러나 이 무언극은 우리가 그 역할에 대해 가진 관념으로 생겨나는 감정들로 구성될 것이다. 그리하여 원작의 주제는 그것이 인간 사이에 전해질 때, 그것이 통과하는 모든 사람에 의해 강조되고, 왜곡되며, 꾸며진다. 그것은 마치 셰익스피어의 한 연극이 배우와 관객이 북돋은 강조와 의미의 온갖 변화를 띠고서 상연될 때마다 다시 쓴 것처럼 보이는 바와 같다.

문자로 기록하기 전 북유럽 전설에서 이와 아주 비슷한 일이 일어났다. 우리 시대에는 인쇄된 기록이 개개인의 상상을 가로막는다. 그렇지만 소문에서는 전혀 상관 없거나 방해가 있어도 크지 않다. 그래서 진실이거나 거짓이거나 뜬소문(가십)에 참가한 예술가가 그것에 손을 대서 날개와 뿔, 발굽과 부리가 돋아나게 된다. 맨 처음 말하는 이의 이야기는 그 모양과 비율을 보존하지 못한다.

이야기는 그것을 듣고, 백일몽의 재료로 쓰며, 다음 사람에게 전할 때, 그것을 가지고 논 모든 사람에 의해 편집되고 수정된다.[*8]

그 결과 청중이 잡다할수록 반응의 다양성은 더욱더 커질 것이다. 왜냐하면 청중이 더욱더 커지면 공통 언어 수가 줄어들기 때문이다. 그래서 그 이야기의 공통 요소는 훨씬 추상적이 된다. 이 이야기는 그 자체의 명료한 성격을 잃게 되고, 아주 다양한 성격의 사람들이 그 이야기를 듣는다. 그리하여 그들은 그 이야기에 자신의 성격을 부여한다.

2

청중이 이야기에 주는 성격은 성(性)과 나이, 인종과 종교와 사회적 지위에 따라 다를 뿐만 아니라, 이러한 큰 분류 안에서도 개인이 선천적·후천적으로 갖게 된 성질, 즉 재능, 직업, 경력, 경력 중에서도 강조하는 요소, 기분과 시기, 또는 그가 참가하는 인생의 게임 무대에서 그가 차지한 지위에 따라 달라진다. 그의 관심을 끈 공공 문제, 몇 행의 인쇄물, 몇 장의 사진, 일화, 그리고 우연히 그 자신이 경험한 것, 이러한 것을 그는 그의 일정한 틀을 통해 깨닫고, 그 자신의 정서로 재창조한다. 그는 자신의 개인적인 문제를 보다 큰 환경의 부분적 표본으로 생각하지 않는다. 그는 보다 큰 환경을 자기 사생활이 그대로 확대된 것으로 생각한다.

그러나 사생활의 확대라고 해도 반드시 그가 생각하는 사생활은 아니다. 왜냐하면 사생활 가운데서도 선택 범위가 좁고, 그 자신이 외적 행동을 직접적으로 지배할 수 없는 데서는 대개 그 자신이 억눌리고 눈에 띄지 않게 되기 때문이다. 그리하여 자기 자신의 행복을 세상 사람을 위한 선의에 투사하거나, 또는 자기 자신의 불행을 의심과 증오로 투사하는 보통 사람들이 있는 반면에, 가족이나 친구나 일을 싫어하면 싫어할수록 더욱더 인류애에 넘쳐흐르는 사람들과 같이, 자기 자신이 사귀는 친구 범위를 제외한 모든 곳에서 잔인한 외견상의 행복을 보이는 사람들도 있다.

일반론에서 낱낱의 조항으로 내려옴에 따라, 사람들이 자기 문제를 다룰 때의 성격이 일정하지 않다는 사실이 점점 더 뚜렷해진다. 아마도 한 사람 속에

---

*8 흥미 있는 예로서, 다음 책에 쓰인 예를 보라. C. J. Jung, *Zentralblatt für Psychoanalyse*, 1911, Vol. I, p.81. Translated by Constance Long, in *Analytical Psychology*, Ch. IV.

있는 다양한 자아는 공통 줄기와 공통 성질을 가지고 있겠지만, 그 줄기와 잎은 여러 모양을 가지고 있다. 아무도 모든 상황을 똑같은 성격으로 대하지 않는다. 그는 자기 증식하는 인간이 아니므로 그의 성격은 시간이나 차곡차곡 쌓여가는 추억의 영향으로 조금씩 변화한다. 그의 성격은 시간뿐만 아니라 환경에 따라서도 변화한다.

한결같이 수염을 깎고, 만찬을 위해 검은색 넥타이를 했다는 남태평양의 고독한 영국인 전설은, 그가 지금까지 쌓아올린 성격을 잃을까봐 걱정하는 본능적이며 문명인다운 공포를 증명해준다. 마찬가지로 일기, 앨범, 기념품, 옛 편지, 낡은 옷, 그리고 변하지 않는 일과에 집착하는 마음은, 헤라클레이토스가 말했듯이, 같은 강에 두 번 들어가는 일이 얼마나 어려운가를 우리가 얼마나 잘 아는지 증명해준다.

하나의 정해진 자아가 늘 활동하는 것은 아니다. 그러므로 어떤 여론을 만들고자 할 때 어느 자아가 활동하고 있는지가 아주 중요하다. 일본인이 캘리포니아에 이주할 권리를 요구한다. 그 요구가 과일을 재배하기 위해서인지 백인의 딸과 결혼하기 위해서인지에 따라 요구 전체를 생각하는 방법에 상당한 차이가 생긴다. 두 국가가 한 영토를 두고서 분쟁할 때, 사람들이 그 협상을 부동산 거래로 볼 것인가, 그들에게 모욕을 주기 위한 계획으로 볼 것인가, 아니면 이러한 논쟁을 흔히 흐려버리는 흥분한 나머지 도발적인 언어를 주고 받는 가운데 강제로 빼앗으려는 것으로 볼 것인가 하는 점이 크게 문제된다. 왜냐하면 우리가 레몬을 생각하거나 또는 먼 데 있는 토지를 생각할 때에 본능을 지배하는 자아는, 이를테면 우리가 모욕당한 가장(家長)으로서 생각하고 있을 때에 나타나는 자아와 아주 다르다. 전자의 경우 의견에 들어가는 개인적 감정이 미지근하고, 후자의 경우 뜨겁게 불타 오른다. 그래서 자신의 이익이 의견을 결정한다는 것은 동어반복(同語反復)에 지나지 않을 만큼 바른 말이지만 많은 자아 중에 어느 자아가 이와 같이 이익이라 생각하는 것을 선택하고 지배하는가를 알 때까지 이 말은 문제를 해결해주지 못한다.

종교 가르침과 민중의 지혜는 언제나 한 인간 속에 여러 개성(personalities)을 식별해 왔다. 이들 개성은 '높은 것'과 '낮은 것', '정신적인 것'과 '물질적인 것', '신성한 것'과 '육체적인 것'이라 불렸다. 비록 우리가 이 분류를 모두 다 받아들이지는 않을지라도, 이런 구별이 존재한다는 사실은 인정한다. 반대되는 두 자아 대신에, 근대인은 아마 그처럼 명확히는 구분되지 않는 수많은 자아들을 발견했다. 그는 신학자들이 정한 구별이 독단적이고 표면적이라고 말할 것이다. 왜냐하면 많은 자아들이 신학자들의 범주에 일치하는 경우에, 그 자아들이 '높은 것'이라는 한 묶음으로 분류되었기 때문이다. 그러나 그럼에도 그는 여기에 다양한 인간성을 생각하는데 필요한 믿을 수 있는 실마리가 있다고 인정했다.

우리는 많은 자아가 있다는 사실에 주의해 왔고 또 그 자아로 판단을 내릴 때는 서둘지 말라고 배웠다. 우리는 우리가 똑같은 육체를 가진 사람을 보지만, 그가 사회적으로 똑같은 사람과 사귀는가 또는 사회적으로 자기보다 못한 자, 또는 높은 자와 사귀는가에 따라서 자주 그 사람을 다른 사람처럼 생각하는 경우가 있다. 그가 결혼하기에 적당한 여자와 또는 적당치 않은 여자와 연애하는가에 따라, 그가 여자에게 구애하는가 또는 자기가 그녀의 남편이라 생각하고 있는가에 따라서, 그가 아이들을, 그의 파트너를, 그의 가장 신뢰하는 부하를, 또는 그를 승진시킬 수도 목을 자를 수도 있는 상사를 대하는가에 따라서, 그가 생활에 필요한 것을 얻기 위해 고투하고 있는가 또는 성공하기 위해서인가에 따라서, 그가 친밀한 외국인과 또는 멸시하는 외국인과 사귀는가에 따라서, 그가 커다란 위험에 처해 있는가 또는 완전히 안전한가에 따라서, 그가 파리에 홀로 있는가 또는 페오리아에서 가족과 함께 있는가에 따라서 우리는 그 사람이 달라진다는 사실을 알고 있다.

물론 사람에 따라 변하느냐 안 변하느냐는 크게 차이가 있다. 너무나 광범하여 지킬 박사처럼 분열된 정신을 가진 사람부터 브란트*9나 파르시팔(Parsifal)*10이나, 또는 돈키호테같은 인물까지 온갖 단계를 망라한다. 자아가 너무 관련이 없는 경우, 우리는 그 사람을 믿지 않는다. 자아가 너무 확고히 한 진로만을 향하는 경우, 우리는 그가 재미없거나 완고하거나 또는 괴짜라고 생각한다. 고립한 자와 거만한 자의 종류는 적고, 순응하는 사람의 종류는 아주 많으며 거기에는 하느님 앞에서도 당당한 높은 자아부터 우리 자신조차 눈을 피해버리고 싶은 밑바닥의 자아까지 온갖 자아가 있다. 가족으로 말하면 아버지, 여호와, 폭군, 남편, 주인, 남성, 연인, 호색가 그리고 직업으로 말하면 고용주,

*9 입센의 희곡 *Brand*에 나오는 청년 목사.
*10 성배전설(聖杯傳說)에 나오는 기사(騎士). 같은 이름의 바그너의 가극이 있음.

주인, 착취자, 경쟁자, 음모가, 적(敵), 부하, 아첨꾼, 속물 등의 단계가 있을 것이다. 어떤 것은 절대 일반의 눈에 띄지 않는다. 다른 것은 오직 특별한 상황일 때에만 불려 나온다.

그러나 여러 가지 성격은, 인간이 주어진 상황을 어떻게 생각하는가에 따라 결정된다. 만일 그가 예민하게 받아들이는 환경이 우아한 상류사회 집단일 경우, 그는 거기에 걸맞다고 생각하는 성격을 모방할 것이다. 그 성격은 그의 태도, 언어, 주제 선택, 기호(嗜好)를 상황에 맞게 조정해줄 것이다. 사람들이 낯선 상황 아래 놓였을 때, 자기 성격을 어떻게 생각하는가에 따라서 인생의 희극이 생겨난다. 사업가에게 둘러싸인 대학교수, 포커를 하는 교회 사제, 시골에 온 런던 사람, 진짜 다이아몬드 사이에 있는 인조 다이아몬드처럼.

3

인간의 성격 형성에는 간단히 구분할 수 없는[11] 잡다한 외부 힘이 영향을 준다. 그 근본 요소에 관한 분석은 오늘날까지도 아마 히포크라테스가 기질의 원리를 만들어서 다혈질, 우울질, 담즙질, 점액질로 구분하고, 이 기질은 혈액, 흑담즙, 황담즙, 점액에서 생긴다고 한 기원전 5세기와 똑같이 의심스럽다. 캐논(Cannon),[12] 아들러(Adler),[13] 켐프(Kempf)[14]에서 볼 수 있는 최근의 학설은, 외부 행동에서 내부 의식, 육체 생리학에 이르기까지, 거의 똑같은 단서를 쫓아 밝혀낸 것처럼 보인다. 그러나 매우 개선된 기술에도 선천성을 후천성과 구분하고, 가지고 태어난 성격과 습득한 성격을 분리할 수 있는 정확한 기준이 있다고 주장할 사람은 아무도 없을 것이다.

성격 설명이 골상학자(骨相學者), 손금 점술가, 점쟁이, 독심술가(讀心術家) 및 몇몇 정치학 교수가 확립했다고 보는 것은 조셉 재스트로(Joseph Jastrow)가 심리학의 빈민가라고 불렀던 영역뿐이다. 거기에서는 아직도 "중국인은 색채를

---

*11 성격을 설명하는 주목할 만한 초기의 시도에 관한 흥미로운 개설로는, Joseph Jastrow, *The Psychology of Conviction*의 "The Antecedents of the Study of Character and Temperament"를 보라.

*12 *Bodily Changes in Pleasure, Pain and Anger.*

*13 *The Neurotic Constitution.*

*14 *The Autonomic Functions and the Personality, Psychopathology.* 또한 Louis Berman : *The Glands Regulating Personality*도 참조.

좋아하여 눈썹을 아치 모양으로 그린다", 또는 "칼무크인의 머리 윗부분은 평평하고, 이것이 물욕(物慾)을 일으키는 기관이다. 그래서 이 민족의 도벽이 인정된다"[15]고 주장하는 것을 볼 수 있다.

현대 심리학자들은 성인(成人)의 외적 행동을 환경 저항, 성숙기의 억눌린 욕망, 뚜렷한 성격 같은, 수많은 변수 사이의 방정식으로 보는 경향이 있다.[16] 심리학자들은, 뚜렷이 말하지는 않으나, 욕망 억압이나 통제가 늘 인간 전체와 관련하여 생기는 것이 아니라 얼마간 그를 구성하는 여러 자아들과의 관계에서 결정된다는 것을 우리가 상정케 해준다. 스스로를 애국자라고 자부할 때는 하지 않는 일을, 애국자로 생각하지 않을 때 하는 일들이 있다. 의심할 바 없이, 많든 적든 어린 시절 초기에 나타나는 충동도, 그 충동이 은밀히 그리고 간접적으로 다른 충동과 결합할 때를 제외하고는, 인간의 일생을 통해 두 번 다시 행사하지 않는 경우가 있다. 그러나 그것조차 확실치 않다. 왜냐하면 억압은 회복될 수 없기 때문이다. 그 이유는 마치 정신분석학자들이 파묻힌 충돌을 표면으로 끌어낼 수 있듯이, 사회 상황도 그럴 수 있기 때문이다.[17] 우리는 주위 상황이 정상적이고 고요할 때나 주위 사람들이 우리에게 기대하는 것이 한결같을 때, 우리의 많은 기질을 알지 못한 채 생활한다. 예기치 않은 일이 일어나면, 우리는 우리가 알지 못했던 우리 자신에 대해 많이 배우게 된다. 우리는 우리에게 영향을 미치는 모든 사람의 도움으로 자아를 형성한다.

그리고 그 자아는 어느 충동을 얼마나 강화하고 어디를 향해야 우리가 그에 대비해서 미리 태도를 배워놓은 특정한 상황에 알맞을 것인가를 처방해준다. 모은 인격을 외부에 보여주는 일은 자제하는 편이 좋다고 깨닫는 경험에 이를 실행하는 성격이 있다. 예를 들면 살의를 품은 증오는 시민 생활 속에서 통제

---

* 15 Jastrow, op. cit., p.156.

* 16 Kempf, *Psychopathology* p.74에 의해 다음과 같이 공식화되어 있다.

뚜렷한 원망(願望)	
그 밑에	
최근에 억압된 원망	
그 밑에	환경의 저항에 의해 반대된다=행동
청년기에 억압된 원망	
그 밑에	
청년기 이전에 억압된 원망	

된다. 분노로 말문이 막힐지라도, 부모로서, 아이로서, 고용주로서, 또는 정치가로서 그것을 겉으로 나타내지 않는다. 살의가 담긴 증오를 스며나오게 하는 성격을 나타내고 싶어하지는 않을 것이다. 자신도 그 성격에 이마를 찌푸리고 주위 사람들도 이마를 찌푸릴 것이다.

그러나 일단 전쟁이 일어나면, 존경하는 모든 사람들이 사람을 죽이고 미워하는 것을 정당하다고 느끼기 시작할 것이다. 맨 처음 이러한 감정 분출구는 매우 좁다. 정면에 나오는 자아는 참다운 애국심에 걸맞는 자신뿐이다. 즉 루퍼트 브룩(Rupert Brooke)이나, 1914년 8월 3일 에드워드 그레이(Edward Grey)의 연설, 그리고 1917년 4월 2일 의회에서 한 윌슨 대통령의 연설에서 볼 수 있는 그런 종류의 감정에 걸맞는 자아다. 전쟁의 현실을 직시하는 것은 여전히 기피하며 전쟁이 실제로 무엇을 의미하는지를 천천히 알게 된다. 왜냐하면 이전의 전쟁은 단지 미화된 추억에 지나지 않기 때문이다.

그 신혼기에 전쟁 현실주의자들은 국민이 아직도 잠에서 깨지 못했다고 주장하며, "전쟁이 낳은 사상자들 명단이 올 때를 기다리라"면서 서로를 북돋운다. 그리하여 사람들의 마음속에서 차츰 살인 충동이 주요한 것이 되고, 그것을 제한할 성격은 모두 무너져 내린다. 살인 충동이 중심에 자리를 차지하고, 신성화되며, 점차 통제할 수 없게 된다. 이 살인 충동은 적(敵), 즉 대부분의 사람들이 전쟁 동안 실제로 보는 모든 적이라는 관념에만 향하는 것이 아니라 늘 증오스러웠던 모든 사람과 대상과 사상에 향해진다. 적을 미워하는 것은 합법적이다.

그러나 적이 아닌 것을 증오하는 마음까지 조잡하게 유추 합법화된다. 바꾸어 말하면 일단 그 열기가 식기만 하면 이것이 얼마나 억지스러운 유추인지 알 수 있다. 이렇게 강력한 충동은 한번 고삐가 풀리면 억누르는 데 오랜 시간이 걸린다. 그 때문에 전쟁이 사실상 끝나도 자제심을 회복하고 일반 시민 성격을 되찾아 평화 문제를 다루기까지는 많은 시간과 노력이 필요하다.

---

*17 매우 흥미 있는 책 Everett Dean Martin, *The Behavior of Crowds*를 참조하라.
　　또한 Hobbes, *Leviathan*, Part Ⅱ, Ch. 25. "왜냐하면 사람들의 격정은 떨어져 있을 때는 극단을 달리지 않고 불타고 있는 한 그루 나무의 열과 같다. 그러나 집회에서는 서로를 불붙이는 장작과 같다. 특히 연설로 말미암아 격정이 서로에게 바람 불듯이 치밀어 오를 때에는……."
　　LeBon의 *The Crowd*는 Hobbes의 이 관찰을 세밀히 설명한다.

현대 전쟁은 허버트 크롤리(Herbert Croly)가 말했듯이, 현대 사회 정치 구조 속에 본질적으로 내재되어 있으나, 현대 사회의 이념으로 볼 때 합법이 아니다. 오늘날 군인이 존재하며 옛날 기사들이 규정했던 전쟁 때 이상적 행동 규약은 현대 민간인에게는 존재하지 않는다. 민간인은 우수한 자가 임시변통으로 만든 규준만 가지고 있다. 그들이 가진 유일한 규준은 전쟁을 저주스러운 것으로 정의한다. 그러나 비록 불가피한 전쟁이라 할지라도, 그에 필요한 도덕적 훈련을 미리 해두지 않았다. 민간인이 가진 여러 자아 가운데 높은 자아만 모범적인 행위 규준과 틀을 가지고 있으며, 그 높은 자아가 더 낮은 자아라고 생각하는 성격에 따라 행동해야만 할 때 심각한 혼란이 생긴다.

사람들이 경험하게 될지도 모르는 모든 상황에 대처하기 위한 여러 성격을 준비하는 것이 도덕 교육의 한 기능이다. 그렇다면 분명히 도덕 교육의 성공은 얼마만큼 성실하게, 그리고 얼마나 높은 지식을 가지고 그 환경을 연구했느냐에 달려 있다. 왜냐하면 잘못 이해된 세계에서는, 우리 자신의 성격도 잘못 파악되고 또 우리가 잘못 행동하기 때문이다. 그 때문에 교육가는 다음과 같은 선택을 할 수밖에 없다.

즉 그는, 인생에는 혐오스러운 부분도 있지만 그것이 아무리 싫어도 인생의 모든 국면에 대비한 행동 패턴을 제공해야 한다. 또는 자신이 찬성하지 않는 상황에 결코 부딪치지 않을 것이라고 학생들에게 보증해야 한다. 그는 전쟁을 폐지하거나 또는 심리적 부담을 최대한 줄여서 전쟁을 어떻게 수행해야 하는 가를 사람들에게 가르쳐주어야 한다. 그는 인간의 경제생활을 없애고 우주먼 지나 이슬로 인간을 먹여 살리든지, 그렇지 않으면 경제생활의 모든 복잡한 문제를 연구해서 누구나 자급자족으로 살아갈 수 없는 세계에 두루 쓰일 행동 패턴을 제시해야 한다. 그러나 그것은 바로 현재 널리 행해지는 도덕 교육이 일반적으로 거부하는 행동이다.

좋게 말하면 현대 세계의 아주 복잡한 상황에 자신이 놓여 있지 않은 것이고 나쁘게 말하면 비겁한 것이다. 그 최악의 국면에서는, 그것은 비겁하기 짝이 없다. 그런데 도덕가가 경제학이나 정치학이나 심리학을 공부할 것인가, 또는 사회학자가 도덕가를 교육할 것인가 하는 문제는 현재 중요한 문제가 아니다. 각각의 세대에는 거의 확실히 마주치는 문제가 있다. 그런 문제에 둘러싸였을 때 필요한 인격이 무엇인지 생각하도록 배우지 않는 한, 준비 없이 현대 세계에 들어가게 될 것이다.

4

이기주의(self-interest)를 비판하지 않으면 이런 문제를 거의 고려하지 못한다. 자기(self)와 이익(interest)을 고정관념으로 이해한다는 것, 그것도 대개 관습적으로 이해한다는 것을 잊고 있다. 보통 이기주의의 정설은 흔히 이런 인식 기능을 완전히 무시한다. 인간은 결국 모든 것을 자기 자신에게 돌린다는 사실을 너무나 고집하는 나머지 모든 것, 그리고 자신들에 대한 생각이 본능적이 아니라는 사실을 간과한다. 그러나 이런 생각은 습득되는 것이다.

제임스 매디슨(James Madison)이 《연방주의자론(The Federalist Papers)》 제10 논문에서 다음과 같이 쓴 것은 확실히 진실일지도 모른다. "지주의 이익, 제조업의 이익, 상업의 이익, 그리고 재계(財界)의 이익은, 많은 더 작은 이익과 함께 문명국에서 필연적으로 성장하며, 그런 나라들을 다양한 감정과 견해에 따라 움직이는 여러 계급으로 나눴다." 그러나 매디슨의 논문의 문맥을 검토해보면 때때로 역사의 경제적 해석이라 불리는, 이런 본능적 숙명론 견해에 주목하게 만드는 무언가를 발견할 것이다.

매디슨은 합중국 헌법에 찬성하는 논의를 하며 "연방의 수많은 장점 중에 불순한 무리의 폭력을 깨뜨리고 통제하는 경향"이 있다고 주장했다. 불순한 무리야말로 매디슨을 괴롭혔다. 그래서 그는 당파심의 원인이 인간성에 있다고 했다. 인간성에는 잠재적인 경향이 "시민사회의 사정이 달라짐에 따라 다양한 활동에 영향을 준다. 종교문제와 정치문제, 그리고 그 밖의 여러 문제에 대하여 실천하는 면에서 뿐만 아니라 사색면에서 다양한 의견을 가지려는 열의, 다른 사람 위에 서고 싶다거나 권력을 차지하려고 야심적으로 싸우는 여러 지도자, 또는 인간의 열정에 호소하여 많은 이들을 이끌 수 있는 운명을 가진 사람들에 대한 애착, 오히려 이러한 것들이 결과적으로 인간을 당파로 가르고 서로를 증오심으로 불타오르게 하며, 그들 공통의 이익을 위해 협력하게 하기보다 서로를 괴롭히고 압박하려는 마음을 일으키게 한다. 서로에 대한 증오심의 포로가 되는 인간의 성향은 매우 강한 것이므로, 실질적인 아무런 원인이 없어도 그들의 적대심에 불을 지피고 가장 격심한 투쟁을 불러일으킬 만한 비현실적인 차이가 있기만 하면 그것으로 충분했다. 그러나 당파를 생기게 하는 원인

가운데 '가장 일반적이고 영속성 있는' 원인은 재산의 불평등한 분배이다."

그래서 매디슨 이론은 당파의 성향이 종교·정치 의견, 또는 지도자에 따라 커질 수도 있으나, 가장 일반적으로는 부(富)의 분배 때문이라는 것이다. 그렇지만 매디슨은 인간이 재산과 그들의 관계에 따라 나뉜다고만 주장한 사실을 주의해야 한다. 그는 인간의 재산과 의견이 원인과 결과라고 말하는 것이 아니라, 재산의 차이가 서로 다른 의견의 원인이라고 말한 것이다. 여기에서 가장 중요한 것은 '다른(different)'이라는 말이다. 경제적 상황이 다르면 다른 의견이 생긴다는 가능성의 추론은 성립할지 모르지만, 이 다른 의견이 필연적으로 어떤 것일지 추론할 수는 없다.

이러한 제한은 보통 매디슨의 이론을 신봉할 때 근본적으로 그 이론을 파고든다. 이 제한이 필요하다는 것은 정통파 사회주의자들 사이의 교리와 실제의 커다란 모순이 증명한다. 그들은 사회 진화의 다음 단계는 현단계의 필연적인 결과라고 주장한다. 그러나 그 불가피한 다음 단계를 낳기 위해서, 그들은 '계급의식'을 낳도록 조직을 만들고 행동을 이끈다. 그렇다면 왜 경제 상태가 모든 사람의 마음에 계급의식을 낳게 하지 않는 것일까? 경제 상태는 계급의식을 낳지 않는다. 단지 그것뿐이다. 그러므로 사회주의 철학이 운명을 예언하는 능력에 근거를 둔다는 그 의기양양한 주장에 대항할 수 없을 것이다. 이 철학은 인간성에 대한 하나의 가설을 기초로 하고 있다.[18]

사회주의자는 만일 사람들이 경제적으로 다른 상황에 놓이게 된다면 그들이 어떤 견해를 가지게끔 이끌 수 있다는 믿음에 기초를 두고 있다. 의심의 여지없이 그들은, 예를 들면 지주와 소작인, 고용인과 고용주, 숙련공과 견습공, 임금노동자와 봉급생활자, 사는 사람과 파는 사람, 농부와 중간상인, 채권자와 채무자 관계에서 볼 수 있듯이 사람들은 저마다 다른 일을 믿게 되고, 그렇게 믿도록 유도할 수 있다. 수입의 차이는 접촉과 기회에 큰 차이를 가져온다.

소스타인 베블런(Thorstein Veblen)이 매우 명석하게 설명했듯이,[19] 기계로 일하는 사람은 경험을 수공업자나 상인과는 다르게 해석한다. 만일 이것이 유물론 정치학이 주장하는 전부라면, 그 이론은 의견을 해석하는 모든 사람이 써

---

[18] *Cf.* Thorstein Veblen, "The Socialist Economics of Karl Marx and His Followers," *in The Place of Science in Modern Civilization*, esp. pp. 413~418.

[19] *The Theory of Business Enterprise*.

야만 할 굉장히 가치 있는 가설일 것이다. 그러나 그들은 때때로 이 이론을 버려야만 할 것이고 항상 경계할 수밖에 없다.

왜냐하면 공적인 일을 설명하려 할 때, 개인이 가지는 많은 사회적 관계 중 어느 관계가 특정한 의견을 낳게 하는지는 좀처럼 분명하지 않기 때문이다. 스미스라는 사람의 의견은 지주가 가진 문제에서 생긴 것인가, 그렇지 않으면 수입업자, 철도 주주 또는 고용인들이 문제에서 생긴 것인가? 존스라는 사람의 견해, 곧 직물공장의 한 직공인 존스의 견해는 그의 주인의 태도에서 생긴 것인가, 새로운 이민자들과 경쟁하는 과정에서 생긴 것인가, 그의 아내가 준 식료품 계산서 또는 포드 자동차나 가옥이나 땅을 할부로 팔려는 상점과의 끊임없는 계약에서 생기는 것인가? 특별히 조사하지 않고는 이를 구분할 수 없다. 경제 결정론자는 전혀 구분도 할 수 없다.

한 인간이 갖는 다양한 경제 접촉은 그의 의견 영역을 제한하기도 확대하기도 한다. 그러나 어느 경제적 접촉이 어떤 모양으로, 어떤 이론을 바탕으로 하는지 유물론 정치 개념으로는 예언할 수 없다. 유물론 정치학은 다음과 같은 것이라면, 높은 확률로 예언할 수 있다. 만일 한 사람이 공장을 가지고 있다면, 그 공장과 조금이라도 관계가 있다고 보이는 의견에 공장주의 생각이 나타날 것이다.

하지만 소유자라는 기능이 어떻게 나타날 것인가는 어떠한 경제 결정론자도 말할 수 없다. 공장주라는 입장에 따라오는 어떤 문제에도 일련의 고정된 의견이 있는 것이 아니며, 하물며 보다 덜 직접적인 문제인 노동, 재산, 경영에 정해진 견해가 있는 것이 아니다. 결정론자는 공장주 100명 가운데 99명이 그 소유권을 빼앗으려는 시도에 저항하리라는 것, 또는 자기 이익을 증가시킬 것이라고 생각하는 입법에는 찬성하리라는 것을 예언할 수 있다. 그러나 공장주라는 지위 자체에는 어떤 법률이 그를 성공시켜줄 수 있는지 알도록 해주는 마력이 없다. 따라서 공장주가 장기적인 견해를 취할 것인지 단기적인 견해를 취할 것인지, 경쟁적 견해를 취할 것인지 또는 협동적 견해를 취할 것인지 예언할 수 있는 인과관계가 경제 유물론 속에는 존재하지 않는다.

경제 유물론의 이론이 자주 주장되듯이 타당성을 가지고 있다면, 그것은 우리에게 예언을 가능케 할 것이다. 우리는 국민의 경제 이익을 분석하고, 사람들이 반드시 무엇을 할 것인지 연역할 수 있을 것이다. 마르크스는 그것을 시도했고 강한 확신을 가지고 있었지만 완전히 틀렸었다. 최초의 사회주의 실험은 마르크스의 예언과는 달리 서구의 자본주의 발전의 시점이 아니라, 동유럽 전(前)자본주의 체제 붕괴에서 일어났다.

왜 마르크스는 틀렸던가? 왜 그의 가장 위대한 제자인 레닌은 틀렸던가? 그 이유는 마르스크주의자가, 인간의 경제 상황이 불가항력으로 그들의 경제적 이익에 대한 명확한 관념을 낳는다고 생각했기 때문이었다. 마르크스주의자들은 자신들이 그 명확한 관념을 가지고 있으며, 그들이 알고 있는 것을 나머지 인류가 배울 것이라고 생각했었다. 결과는, 이익의 명확한 관념이 모든 사람의 마음속에 자동적으로 일어나지 않을 뿐만 아니라, 그것이 마르크스나 레닌 자신들의 마음속에서도 일어나지 않았음을 보여주었다. 마르크스와 레닌이 쓴 모든 글을 읽어도 인류의 사회적 행동은 아직도 불명료하다.

만일 경제적 상황만이 여론을 결정짓는다면, 그것은 분명하게 나타나야 한다. 곧 그들의 이론이 옳다면 경제적 상황은 인류를 여러 계급으로 가를 뿐만 아니라, 저마다 계급에 그 이익에 관계하는 의견을 주고 그것을 얻기 위한 일관된 정책을 주어야 하는 것이다. 그러나 모든 계급의 인간들이 그들의 이익가 무엇인가에 대해 한결같이 혼란에 빠져 있다는 것은 너무나도 뚜렷하다.[20]

이것은 경제 결정론의 충격을 해소한다. 왜냐하면 만일 우리의 경제적 이익이 그 이익에 대한 여러 가지 관념으로 구성되어 있다고 한다면, 사회 과정을 푸는 마스터키(master key)로서의 힘을 잃기 때문이다. 경제 결정론은 인간이 그

---

[20] 실제로 시험을 하게 되었을 때, 레닌은 정치에 대한 유물론적 해석을 완전히 버렸다. 그가 1917년 권력을 탈취했을 때 마르크스의 공식을 마음에 간직하고 있었더라면, 그는 자신에게 다음과 같이 말했을 것이다 : 마르크스의 가르침에 따르면, 사회주의는 완숙한 자본주의로부터 전개될 것이다. ……여기 나는 지금 막 자본주의적 발달로 들어가려는 나라를 다스리고 있다. ……내가 사회주의자라는 것은 진실이다. 그러나 나는 과학적 사회주의자이다. ……따라서 현재로서는 사회주의 공화국에 관한 모든 개념은 문제가 안 된다. ……우리는 마르크스가 단정한 발전이 일어나도록 자본주의를 전진시켜야만 한다. 그러나 레닌은 그런 일을 하지 않았다. 진화가 발생하기를 기다리는 대신, 그는 의지와 힘과 교육으로써, 그의 철학이 가정했던 역사 과정을 무시하려 했다.

이것이 쓰인 이래 레닌은 러시아가 성숙한 자본주의라는 필요한 기초를 가지고 있지 않다는 근거로 공산주의를 버렸다. 그는 지금 러시아는 자본주의를 창조해야 하며, 그것은 프롤레타리아를 창조할 것이고, 또 언젠가 공산주의를 창조할 것이라 말하고 있다. 이것은 적어도 마르크스주의 교리와 일치한다. 그러나 그것은 결정론자의 의견 속에 얼마나 결정론이 없는가를 보여준다.

들의 이익에 단 한 가지 해석만 선택해 쓸 수 있고, 그것을 선택하면 그것을 실현시키기 위해 숙명적으로 활동할 것이라 가정한다. 이 이론은 계급에는 특정한 이익이 존재한다는 것을 가정한다. 그러나 그 가정은 잘못됐다. 계급 이익은 넓게도 좁게도, 이기적으로도 몰아적(沒我的)으로도, 사실의 근거 없이도 약간의 사실 또는 많은 사실을 근거로 해서도, 옳게도 그르게도 생각될 수 있기 때문이다.

그리하여 마르크스의 계급투쟁 구제 대책은 무너진다. 구제 대책이 모든 재산을 공유할 수만 있다면 계급의 차이는 사라질 것이라고 주장했다. 그렇지만 이 가정 또한 잘못이었다. 재산은 공유될 수 있을는지 모르지만, 그것을 전체로 이해할 수는 없을 것이다. 어떤 집단의 사람들이 공산주의가 뜻하는 공산주의를 잃어버린 순간 그들은 그들이 실제로 본 것을 기초로 하여 여러 계급으로 분열할 것이다.

마르크스 사회주의는 현재 사회질서를 말할 때 재산 싸움이 의견을 만들어내는 것이라 강조하고, 막연히 정의된 노동계급은 선동의 기반이 되는 재산 싸움을 무시하며, 미래를 말할 때는 재산 싸움이 없는, 그러므로 의견 싸움이 없는 사회를 상상한다. 그런데 현존하는 사회질서에서는, 사회주의 아래에 있을 때 한 사람이 얻는 것이 있으면 한 사람이 잃는 경우가 더 많겠지만, 한 사람이 잃고 한 사람이 얻는 모든 경우에는 사람들이 단순히 그들이 교육을 받지 않았기 때문에 싸움이 일어난다고 상상하는 경우가 끝없을 것이다. 또 사회주의 아래에서는 비록 온갖 절대적인 싸움의 예를 제거할 수 있을지라도, 개인은 무한한 사실 중 일부밖에 접촉할 수 없으므로, 그것이 싸움을 생겨나게 할 것이다. 사회주의 국가는 비록 엄격한 유물론적 기반 위에서 재산의 공유가 교육, 도덕, 또는 자유 학문을 불필요한 것으로 만든다 할지라도 이러한 것들을 없애버릴 수는 없다. 경제 결정론만이 러시아 인민의 여론을 결정한다면, 러시아의 공산주의자들은 그러한 줄기찬 열정으로 그들의 신앙을 선전하지는 않을 것이다.

5

인간성을 다룬 사회주의 이론은 쾌락주의의 계산처럼 잘못된 결정론의 한 예이다. 둘 다 선천적인 소질(dispositions)은 운명적이지만 총명하게 어떤 유형의 행동을 만들어낸다고 가정한다. 사회주의자는 타고난 소질이 한 계급의 경제적 이익을 추구한다 믿고, 쾌락주의자는 소질이 쾌락을 추구하고 고통을 피한다고 믿는다. 이 이론은 둘 다 본능에 대한 소박한 견해, 과격하기는 하지만 제임스[21]가 정의한 다음과 같은 견해에 기초를 두고 있다. 곧 본능이란 "목적에 대한 선견(先見)도 없고, 또 미리 그 실행에 관해 교육받은 바도 없이, 일정한 목적을 이루려고 활동하는 능력이다."

이러한 종류의 본능적 활동이 인간의 사회생활에 나타나는지는 의심스럽다. 왜냐하면 제임스가 지적했듯이[22] "기억을 가진 동물의 본능적 행위는 한 번 되풀이된 뒤에는 '맹목적'이어서는 안 되기" 때문이다. 출생 때에 어떤 것을 갖추었든, 타고난 소질은 유아기 때부터 무엇이 자극으로서 소질을 흥분시키는가를 결정하는 경험에 젖어 있다. 그래서 맥두걸(McDougall)이 말하듯이,[23] "타고난 소질은 그것을 직접으로 자극하는 종류의 대상을 자연 그대로의, 또는 태어날 때부터 본능의 자극물을 깨달을 때뿐만 아니라, 그와 같은 대상의 관념에 의해서 또는 다른 대상의 깨달음과 관념에 의해서도 지도될 수 있다."[24]

맥두걸은 이어 "소질의 중심부[25]만이 그 특성을 유지하고, 본능을 자극하는 모든 개인과 사물 그리고 상황에 공통의 반응을 보인다."고 말한다. 인식의 과정과, 본능이 그 목적을 이루기 위해 실제로 움직이는 육체 운동은 한없이 복잡할 것이다. 바꾸어 말하면 인간이 공포의 본능을 가지고 있어도, 그가 무엇을 무서워하고 또 어떻게 도망치려 할 것인가는 선천적으로가 아니라 경험으로 결정된다.

만일 이 가능성을 생각하지 않으면, 다양한 인간성을 이해하기란 어려울 것이다. 그러나 여러분이 인간의 모든 중요한 성향, 곧 그의 식욕, 사랑, 증오, 호기심, 성욕, 공포, 그리고 투쟁심이 자극으로 모든 대상에, 또는 만족을 주는 것으로 모든 대상에 자유로이 이어질 수 있다고 생각한다면, 그러한 복잡한 인간

---

* 21 *Principles of Psychology*, Vol. Ⅱ, p.383.
* 22 *Op. cit.,* Vol. Ⅱ, p.390.
* 23 *Social Psychology*의 서론, 제4판, pp.31~32.
* 24 "대개의 본능 및 본능적 행위의 정의는 다만 그들의 능동적 국면을 설명할 뿐이다. ……그리고 본능적 정신 과정의 인식적 및 정서적 국면을 무시함은 공통된 잘못이다." Footnote *op. cit.,* p.29.
* 25 *Op. cit.,* p.34.

성도 생각할 수 없는 것은 아니다. 더욱이 새로운 세대가 각각 전(前)세대의 결과로 생긴 환경의 상속인인 동시에 이전 세대가 제약받았던 바와 같이 우연히 희생됐다는 사실을 생각한다면 이해의 폭은 더욱 넓어진다.

그러므로 사람들이 어떤 특정한 것을 바라거나 어떤 특정한 방식으로 행동하기 때문에, 인간성은 숙명적으로 그것을 바라고 그렇게 행동하게끔 되어 있다고 단정지을 수는 없다. 욕구와 행동은 둘 다 배우는 것이며, 다른 세대에 가서는 다르게 배울 수도 있을 것이다. 분석심리학과 사회사(史)는 이 결론을 똑같이 지지한다. 심리학은 특정한 자극과 특정한 반응 사이에 어느 정도 본질적인 인과관계가 있는가를 지적한다. 가장 넓은 의미에서 인류학은 인간의 열정을 흥분시켰던 것과, 그들이 그 열정을 실현하기 위해 썼던 수단이 시대와 장소가 바뀜에 따라 끝없이 변화한다는 것을 입증하면서 이 견해를 보강한다.

인간은 자기 이익을 추구한다. 그러나 어떻게 추구할 것인가는 숙명적으로 결정되어 있지 않다. 따라서 이 지구가 인간의 생명을 계속 지탱하는 시간의 한계 안에서, 인간은 창조적 에너지에 어떠한 단언도 내릴 수 없다. 인간은 곧 무의식적 행동에 심판을 내릴 수 없다. 만약 반드시 말해야만 할 경우라면, 인간이 평생 선(善)으로 인식할 수 있는 어떤 변화도 없을 것이라고 말할 수는 있다. 하지만 그런 말을 함으로써, 그는 자기 마음으로 볼 수 있을지도 모르는 것을 거부하고, 단지 그의 눈으로 볼 수 있는 것에만 그의 생활을 국한시키게 될 것이다. 즉 그는 자기가 우연히 소유하게 된 그 척도를 선의 척도로 생각할 것이다. 그는 그가 미지(未知)를 알 수 없는 것으로 간주하도록 택하지 않는 한, 아무도 알지 못하는 것을 아무도 알지 못할 것이라는 것, 그리고 어떤 사람이 아직까지 배우지 못한 것을 결코 아무도 가르쳐줄 수 없을 것이라고 믿기를 택하지 않는 한 그의 가장 높은 희망은 버릴 수도 없고, 또 그의 의식적인 노력을 늦출 근거를 찾아낼 수도 없다.

제5부 공통의지의 형성

제13장 이해관심의 이동

1

이것은 개인이 눈에 보이지 않는 세계에 가진 인상(印象)에 많은 변수가 있음을 보여준다. 접촉점이 다르고 고정관념(stereotyped)이 된 기대도 다양하며, 이해와 관심은 모든 것 가운데 가장 미묘한 차이를 보인다.

많은 사람들이 머리 속으로 그리는 인상은 한 사람 한 사람의 내부에서는 극도로 개인적인 것이며, 전체적으로는 다룰 수 없을 만큼 복잡하다. 그렇다면 어떻게 해서 사람들의 머릿속에 있는 것과 머리 밖에 있으면서도 눈에 보이지 않는 것 사이에 어떤 실제적인 관계가 성립될 수 있는가? 어떻게 매우 추상적인 이미지에 저마다 개인적인 느낌을 가지고 있는 많은 사람들이, 민주주의 이론의 언어를 써서 공통된 의지를 전개하는가? 어떻게 이러한 복잡한 변수에서 단순하고 변함없는 사상이 나타날 수 있는가? 어떻게 이처럼 휙 스쳐가는 일시적인 이미지에서 '인민의 의지'라든가 '국가 목적'이라든가 또는 '여론'이 생겨나는 것인가?

여기에 어려움이 있다는 사실은 1921년 봄, 영국 주재 미국 대사와 많은 미국인들 사이에 생긴 격렬한 논쟁으로 알 수 있다. 하비(Harbey)는 영국인 주최 만찬회 자리에서 연설하면서, 1917년 미국인들의 동기가 무엇인가를[1] 조금도 망설이지 않고 세계에 확언했다.[2] 하비가 말한 미국인의 동기란 윌슨 대통령이 미국인 정신을 선언했을 때 강조한 동기와는 다른 것이었다. 물론 하비도 윌슨도, 비판자도 찬성자도, 또는 그 밖의 어떤 사람이든 3천만 또는 4천만 성

---

*1 미국은 1917년 4월 세계대전에 참전했다.

*2 *New York Times*, May 20, 1921.

인(成人)의 마음속에 무슨 일이 일어났는가는 질적으로도 양적으로도 알 수 없다.

그러나 아무도 어느 정도의 비율인지는 알 수 없으나 월슨이 말하는 동기나 하비가 말하는 동기, 그리고 이 두 동기의 온갖 혼합물로 자극받은 많은 사람의 노력으로 전쟁을 했고 승리를 얻었다는 사실을 알고 있다. 사람들은 군대에 지원하고, 싸우고, 일하고, 세금을 내고, 공통의 목적을 위해 희생했다. 그러면서도 무엇이 자신을 그렇게 움직였는지는 아무도 정확히 말할 수 없다. 그래서 하비 씨가, 이것은 전쟁을 끝내기 위한 전쟁이었다고 생각하는 한 병사에게, 당신은 조금도 그런 생각을 하지 않았다고 말해보았자 소용없다. 그렇게 생각한 그 병사는 그렇게 생각했던 것이고 그와 다르게 생각했던 하비 씨는 그와 다르게 생각했던 것이다.

같은 연설 중에서 하비 씨는 1920년의 투표자가 마음에 품고 있었던 일을 마찬가지로 공식화했다. 이것은 경솔한 행동이며, 만일 자신의 당이 지명한 정부통령 후보에게 투표한 사람 모두가 자신과 같은 동기로 투표했다고 가정한다면, 그것은 현명한 판단이 아니다. 총계를 보면 1천6백만이 공화당에, 9백만이 민주당에 투표했다. 하비의 말에 따르면, 이 선거에서 사람들은 국제연맹에 찬성하거나 반대하여 투표했으며, 그는 이 주장의 근거로 월슨이 국민투표를 요구한 것과 민주당과 콕스[3]가 연맹이야말로 선거 논쟁점이라고 주장했던 부인할 수 없는 사실을 지적할 수 있다고 말한다.

그러나 연맹이 논쟁점이라고 말했다 해서 연맹이 논점이 되는 것은 아니며, 투표일에 얼마나 투표했는지 표를 계산한다고 연맹에 대한 여론이 어느 비율로 나뉘는지 알지 못한다. 예를 들면 9백만 민주당 지지자가 있었다. 그들이 모두 다 연맹의 든든한 지지자라고 믿을 수 있는가? 믿을 수 없다. 왜냐하면 미국 정치 조직에서 볼 때 9백만 가운데 대다수는 변함없이 남부에서 현행 사회제도를 유지하기 위해 투표한 것이지, 그들이 연맹에 대해 어떤 견해를 가지고 있든 간에 그 견해를 표현하기 위해 투표한 것이 아니었음을 말해주기 때문이다. 연맹을 원했던 사람들은 의심의 여지없이 민주당이 연맹을 원한 것을 기뻐했으리라. 연맹을 싫어했던 사람들은 투표할 때 마지못해 받아들였을 것이다. 그렇지

---

*3 Cox. 20년 민주당 지명 대통령 후보.

만 남부 사람들은 둘 다 똑같은 당이 지명한 후보에게 표를 던졌다.

공화당 지지자는 민주당 지지자보다 더 의견이 일치했었던가? 누구든지 그의 친구들 중에서 존슨(Johnson)과 녹스(Knox) 두 상원의원의 연맹 반대에서부터 후버(Hoover) 장관과 태프트(Taft) 대심원장 연맹 지지에 이르기까지 온갖 의견을 가진 공화당 지지 투표자를 찾아낼 수 있다. 누구도, 얼마나 많은 사람이 연맹에 특별한 느낌을 가졌는지, 또는 얼마나 많은 사람이 그 문제에서 느낀 기분을 바탕으로 투표했는지를 명확히 말할 수 없다. 백 가지나 되는 다양한 감정을 표현하는 데 단 두 방법밖에 없을 때, 결정적인 조합(combination)이 무엇이었는지 확실히 아는 방법은 없다.

보라(Borah) 상원의원[*4]은 공화당이 지명한 정부통령 후보에 투표한 것은 자기나름의 이유가 있기 때문이다. 로웰(Lowell) 총장[*5]도 그렇게 생각했다. 공화당 지지자 대다수는 공화당의 승리가 연맹을 죽일 것이라고 생각했던 남녀와, 그 승리가 연맹을 보증하는 가장 실제적인 방법이라고 생각했던 사람들과, 그 승리가 연맹을 개조하기 위해 제출된 가장 확실한 방법이라고 생각했던 사람들로 이루어져 있었다.

이들 투표자는 모두 경기(景氣)를 개선하고 싶은, 또는 노동을 잘 관리하고 싶은, 또는 민주당이 참전한 것을 벌주고 싶은, 또는 참전을 더 일찍하지 않은 것을 벌주고 싶은, 또는 벌레슨(Burleson)을 제거하고 싶은, 또는 밀 가격을 개정하고 싶은, 또는 세금을 낮추고 싶은, 또는 다니엘(Daniel)의 세계 재건을 중지시키고 싶은, 또는 하딩(Harding)[*6]이 추진하는 개혁을 돕고 싶은 투표자 자신의 욕망, 또는 다른 투표자의 욕망과 끊으려야 끊을 수 없을 만큼 뒤얽혀 있었다.

그런데도 한 결정이 내려졌다. 하딩이 백악관으로 들어갔다. 왜냐하면 전체 투표의 결과가 민주당은 나가야 하고 공화당이 들어와야 한다는 것이었기 때문이다. 그것은 온갖 모순이 서로를 지워 없앤 뒤에 남은 유일한 요소였다. 그러나 그 요소는 4년간 정책을 변화시키기에 충분했다.

왜 1920년 11월 그날 정권교체를 요구했는지 정확한 이유는 기록되어 있지 않으며, 투표자 한 사람 한 사람의 기억에조차 기록되어 있지 않다. 현재도 이

---

*4 당시 무소속으로 진보적이었다.
*5 하버드 대학 총장. 매우 보수적이었다.
*6 미국 29대 대통령. 공화당 출신.

유는 밝혀지지 않았다. 이유는 성장하고 변화하며, 또 다른 이유 속에 녹아든다. 그래서 하딩 씨가 다루어야만 하는 여론은 그를 뽑아준 이유가 된 여론은 아니다. 갖가지 의견과 특정한 행동 사이에 필연적인 관계가 없다는 것을 1916년에 모든 사람이 보았다. 분명히 참전하지 않는다는 주장으로 뽑힌 윌슨*[7]은 5개월도 채 못 되어 미국을 전쟁에 끌어들였다.

그러므로 민중의 의사 동향은 언제나 설명을 필요로 한다. 민중의 의지가 불규칙하게 움직인다고 통감한 사람들은 르봉(LeBon)을 예언자로 생각했고, 또 그들은 로버트 필(Robert Peel)이 '어리석은 행동, 약함, 편견, 잘못된 감정, 올바른 감정, 고집 그리고 여론이라고 불리는 신문의 짧은 기사, 이러한 것들로 뒤엉킨 커다란 합성물'이라고 말했던 일반론을 환영했다. 다른 사람들은 변동과 모순 속에서 정해진 목적이 나타나는 것이므로 한 나라의 국민을 초월한 어딘가에 신비로운 메커니즘이 작용한다고 결론 내린다. 그들은 제멋대로인 여론에 질서를 잡아주는 집합 정신, 민족 정신, 시대 정신을 불러낸다. 신(神)이 필요한 듯이 보였지만, 그것은 한 집단의 구성원 속에 있는 정서나 생각은 그 구성원 하나하나가 자기들의 '여론'을 빠르게 표현했다고 받아들일 수 있는 상징적인 표현만큼 단순하며 투명한 것을 표현하지 못하기 때문이다.

2

그러나 내 생각에는, 사실은 어떤 형태이든 신의 도움 없이 이해할 수 있게 설명할 수는 있다. 결국 다른 생각을 가진 온갖 부류의 사람들이 똑같은 투표를 하게끔 이끄는 기술은 모든 정치 운동에서 실행되고 있다. 예를 들면 1916년 공화당 후보자는 많은 다른 공화당원들로부터 공화당 지지표를 얻어내야만 했다. 대통령 후보 지명을 받아들인 뒤에 휴즈(Hughes)가 최초로 한 연설을 검토해보자.*[8]

그 앞뒤 사정은 많은 설명이 필요하지 않을 만큼 우리 마음에 선명히 남아 있다. 그러나 쟁점은 더 이상 토론 주제에 오르지 않는다. 그 후보자는 드물 만큼 말솜씨가 없는 사람이었고, 몇 년 동안 정계를 떠나 있어서 최근의 문제에 개인적인 관계가 없었다. 거기다 그는 루스벨트, 윌슨, 로이드 조지 같은 민중

*7 16년 대통령 에 재선되었다.
*8 1916년 7월 31일, 뉴욕 시 카네기홀에서의 연설.

지도자들이 가졌던 마력을 조금도 가지지 못했고, 그를 지지하는 사람들의 감정을 대표해주는 연기력도 없었다. 이처럼 정치적 관점에서 본다면, 그는 기질이나 훈련 면에 있어서 정치와는 인연이 멀었다.

그럼에도 그는 주의 깊은 계산으로 정치가의 기술이 무엇인가를 알고 있었다. 그는 일을 어떻게 해야 하는가는 알지만, 스스로 실행하지 못하는 사람 중하나였다. 그러나 그러한 사람들은, 기술이 2차적인 성질에 지나지 않아 자기자신이 어떻게 하고 있는지를 모르는 대가들보다 더 훌륭한 교사일 경우가 많다. "할 수 있는 자는 실행하고, 할 수 없는 자는 가르친다"는 말은 교사에게만 해당하는 말처럼 들리는데 전혀 그렇지 않다.

휴즈는 그 연설이 중요한 기회임을 알고, 주의 깊게 원고를 준비했다. 특별석에는 막 미주리에서 돌아온 시어도어 루스벨트가 앉아 있었다. 회의장에는 여러 의심을 품고 망설임을 가진 대격전*9의 숙련가들이 앉아 있었다. 단상과 다른 특별석에는 1912년의 위선자들과 밤도둑*10들이 아주 건강한 상태로 감상적인 분위기에 젖어 있는 것이 보였다. 회장 바깥에는 강력한 친(親)독일파와 친(親)연합국파, 동부와 대도시의 호전파와 중부 및 태평양 지방의 평화파가 있었다. 그는 멕시코에도 거친 감정을 가졌다. 휴즈는 태프트 대 루스벨트, 친독일파 대 친연합국파, 호전파 대 중립파, 멕시코 간섭파 대 불간섭파, 이러한 온갖 조합으로 분열되어 있는 사람들로부터 민주당에 대항할 우위를 형성해야만 했다.

물론 우리는 여기서 이 사건의 도덕성이나 이성은 문제삼는 것이 아니다. 우리의 유일한 관심은 이질적 의견을 다루는 지도자가 원하는 표를 확보하기 위해 일을 해나가는 방법이다.

> "이 **대의제** 집회는 행복의 전조입니다. 이 모임은 **화해**가 얼마나 강한 힘을 발휘하는가를 의미합니다. 그것도 **링컨**의 당(黨)이 복구되었다는 사실을 의미합니다……."

고딕체로 쓴 말이 접착제(接着劑)이다. 이러한 연설을 한 링컨은 물론 에이브

---

*9 12년 공화당의 당내 경쟁을 가리킬 것이다.
*10 당내 경쟁 때의 정치적 범죄자를 말할 것이다.

러햄 링컨과는 아무 관계도 없다. 그것은 단지 하나의 고정관념에 지나지 않는다. 이 고정관념으로 말미암아 링컨을 존경하는 마음이 그를 흉내내는 공화당 후보자에게까지 미칠 수 있다. 링컨의 이름은 공화당원들에게, 불 무스*[11]와 올드 가드*[12]에게, 그들이 분열하기 전에 같은 역사를 가지고 있었다고 상기시킨다. 분열은 아무도 말할 여지가 없다. 그러나 분열은 엄연히 현존하고, 아직 화해하지 않고 있다.

연설자는 이들을 화해시켜야만 한다. 그런데 1912년의 분열 소동은 국내 문제로 일어났고, 1916년의 재결합은 루스벨트가 말했듯이, 국제 문제를 처리한 윌슨의 행동을 둘러싼 공통의 분노를 바탕으로 하고 있었다. 그러나 국제 문제는 분쟁을 부르는 위험한 것이기도 했다. 1912년 문제가 다시 주목받는 일은 피해야 하고, 1916년 폭발적인 싸움을 피할 수 있는 첫 화제를 찾아내는 일이 필요했다. 그래서 이 연설자는 교묘하게 외교관을 임명할 때 엽관제(獵官制, spoils system)*[13]를 선택했다. '그에게 적합한 민주당원'은 신용을 떨어뜨리는 말이었다. 그래서 휴즈 씨는 즉시 그 말을 생각해냈다. 과거 기록은 반론을 하지 않으니 이를 공격하는 일은 전혀 머뭇거릴 필요가 없다. 논리적으로 말하면, 그것은 모두를 공통된 감정으로 끌어들이기 위한 이상적 도입부였다.

휴즈 씨는 그 다음에 멕시코로 화제를 돌려, 역사를 돌아봤다. 그는 멕시코에서 문제가 나쁘게 진행되고 있다는 일반적인 감정과, 또 전쟁은 피해야 한다는 이에 못지않은 일반적인 감정을 고려해야 했다. 또한 두 유력한 여론의 흐름, 곧 윌슨 대통령이 우에르타(Huerta)를 승인하지 않은 것이 옳았다는 의견과, 카란사(Carranza)보다는 오히려 우에르타를 좋아한다는 의견, 그리고 이 둘에 간섭해야 한다고 주장하는 다른 의견을 고려하지 않으면 안되었다. 우에르타 문제는 처음으로 부딪히는 난관이었다…….

"그는 확실히 사실상 멕시코 정부의 원수(元首)였습니다."

그러나 우에르타를 주정꾼 살인자로 여기는 도덕가들을 달래야만 했다.

---

*11 Bull Moose. 루스벨트가 1912년 공화당과 갈라져 따로 조직한 진보당의 당원.

*12 Old Guard. 공화당의 최고 보수파.

*13 정당에 관한 공헌이나 인사권자와의 개인적 연고관계를 기준으로 하는 공무원 임용제도.

"그를 승인해야 할지 말지는 건전한 사려 분별로 그리고 올바른 원리에 따라 결정해야만 하는 문제입니다."

그래서 우에르타를 승인해야만 한다고 말하는 대신, 이 후보자는 올바른 원리가 적용되어야만 한다고 말한다. 모든 사람이 올바른 원리를 믿고, 또 모든 사람이 그가 그 원리를 가졌다고 믿는다. 논점을 더욱 흐리기 위해, 윌슨 대통령 정책은 '간섭'으로 묘사했다. 그것은 법률적으로는 간섭은 될지 모르나, 그 무렵 일반적으로 간섭이라는 말이 가졌던 의미의 간섭이 아니었다. 간섭이라는 말을 포괄적으로 적용해 윌슨 씨가 한 일과 참다운 간섭주의자가 원했던 것을 섞어서 두 파 사이의 논쟁을 억누르려 했다.

일촉즉발 상황인 '우에르타'와 '간섭'이라는 두 문제를 모든 사람에게 의미 있는 말을 사용해 잘 빠져나간 뒤 연설은 잠깐 안전지대로 들어갔다. 후보자는 탐피코,*14 베라크루스,*15 빌라(Villa), 산타이사벨(Santa Ysabel), 콜럼버스, 그리고 카리살(Carrizal)의 이야기를 했다.

휴즈 씨는 신문에서 알게 되는 사실이 번거롭게 만들기 때문인지, 또는 탐피코처럼 진상 설명이 너무 복잡하기 때문인지 세세한 일까지 언급했다. 이러한 이야기에는 어떤 반발도 일어나지 않았다. 그러나 마지막에 후보자는 분명한 입장을 보여야만 했다. 청중이 그것을 기대했다. 고발은 루스벨트 씨가 했다. 휴즈 씨는 루스벨트의 해결법, 곧 간섭을 채택할 생각인가?

"우리나라는 멕시코를 침략할 정책을 채택하지 않았습니다. 우리는 멕시코 영토의 어떤 부분에도 욕망을 가지고 있지 않습니다. 우리는 멕시코가 평화와 안전과 번영을 누리기를 원합니다. 멕시코가 자신의 상처에 붕대를 감는 것을 도와줄 준비를 하고, 멕시코를 굶주림과 가난에서 구해주고, 모든 실제적인 방법을 다하여 멕시코에게 우리의 사심 없는 우정을 줄 준비를 해야 합니다.

이런 방침을 시행하려면 많은 어려움이 따르지만 우리는 이를 극복해야 합니다. ……우리는 '새로운 정책'을, '확고부동한' 한결같은 정책을 '채택해야

---

*14 Tampico. 멕시코의 항구도시.
*15 Vera Cruz. 멕시코 제일의 항구.

하며', 그 정책을 통해서만 우리는 변함없이 오랫동안 '우호'를 촉진할 수 있습니다."

우호라는 말은 비간섭주의자를 위한 것이고, '새로운 정책'과 '확고부동'이라는 말은 간섭주의자를 위한 것이다. 논쟁을 자극하지 않는 과거 기록은 상세히 논하고, 논쟁점은 모두 흐리다.

유럽 전쟁을 다룰 때도 휴즈 씨는 교묘한 논법을 사용했다.

"나는 육상, 해상에서 '모든' 미국의 권리를 보호하기 위해 단호한 태도를 취한다."

이 진술을 했을 무렵에 이 말이 가졌던 힘을 이해하기 위해서는, 미국이 중립주의를 채택한 시기에 미국 여러 파는 모두 자신들이 반대한 유럽 나라들이 미국 권리를 침해했다고 믿는다는 사실을 기억해야 한다. 휴즈는 친연합국파에게, 나 같으면 독일을 위압했을 것이라고 말하는 듯했다. 그러나 친독일파는 영국 해군이 우리의 권리를 침해했다고 주장했다. 휴즈 씨는 정반대인 둘의 의견을 '미국의 권리'라는 상징적인 말로 묶어 버렸다.

그러나 루시타니아 호 사건[16]이 일어났다. 1912년 공화당 분열처럼, 조화를 꾀하는 데 치명적인 장해가 되었다.

"……루시타니아 호의 침몰로 미국인의 생명을 잃는 일은 없었다고 나는 생각합니다."

이와 같이 화해할 수 없는 문제는 없애버려야 하며, 우리가 의견을 하나로 모을 수 없는 문제인 경우, 그것이 존재하지 않는 척해야 한다. 유럽과 미국의 장래 관계에 대해서 휴즈 씨는 침묵했다. 그가 말하는 어떠한 것도, 그가 지지를 받기 위해 노력하는 화해할 수 없는 두 당파를 좀처럼 기쁘게 하지는 못했을 것이다.

---

*16 the Lusitania. 15년 5월 독일 잠수함에 의해 영국 기선 루시타이나 호가 격침되어 미국인이 다수 사망했다.

휴즈 씨가 이런 기술을 창안하지는 않았고, 또 그 기술을 가장 성공적으로 쓰지 않았음은 말할 필요조차 없다. 그러나 그는, 서로 다른 의견으로 구성된 여론이 얼마나 모호한지를, 그 여론의 의미가 모두 섞이면 어떤 색에 가까워지는가를 직접 설명해보였다. 표면적인 융화가 목적이지만 실은 싸움이 투쟁일 경우, 사람들에게 호소할 때 보통 모호한 표현을 쓰기 마련이다. 공개 토론 때 거의 언제나 결정적인 문제점을 얼버무리는 이유는 전혀 다르고 복잡한 문제를 해결하려 한다는 증거이다.

3

그러나 모호한 의견이 아주 번번이 깊은 곳에서 느끼는 다양한 의견을 통합하는 힘을 발휘하는 경우가 자주 있다. 왜 그럴까? 이러한 의견은, 아무리 마음 깊이 느껴지더라도, 그 의견이 다루는 사실과 계속 그리고 자극적인 접촉을 가지지 않기 때문이다. 아무리 우리의 감정이 강렬하다 해도 멕시코라든가 유럽 전쟁 같은, 직접 보지 못한 환경을 깊이 이해하지는 못한다. 그 감정을 불러일으킨 본디 영상과 말은 감정 그 자체에 조금도 힘을 미치지 못한다.

시각도 청각도 닿지 않는, 우리가 한 번도 가본 적이 없는 장소에서 일어났던 일은 꿈이나 환상처럼 순간적이 아닌 한, 현실의 모든 차원을 장악한 적이 없으며 이해할 수도 없다. 하지만 이런 보고라도 모든 감정을 불러일으킬 수 있고, 때때로 현실보다도 더 강한 정서를 불러일으키기도 한다. 왜냐하면 그 방아쇠가 된 자극이 한번으로 끝나지는 않기 때문이다.

가장 처음 방아쇠를 당긴 자극은, 인쇄 또는 언급한 말로 마음속에 떠오른 일련의 심상이었을 것이다. 이 심상은 차츰 엷어져 그대로 보존하기가 힘들다. 그 심상의 윤곽과 맥박은 변화한다. 자기가 왜 그것을 느끼는지 확신을 가지지 못한 채 점차 자신이 느끼는 것만 아는 단계로 들어간다. 엷어지는 심상은 다른 심상으로 바뀌고 다음에는 이름이나 상징으로 바뀐다. 그러나 정서는 다른 이미지나 이름으로 계속 떠오른다.

엄밀한 생각도 이러한 변화가 일어난다. 왜냐하면 사람이 두 복잡한 상황을 비교하려 한다면 그는 곧 둘을 상세히 마음속에 담아두려는 일을 금방 소진해 버린다. 그래서 그는 이름과 기호와 표본이라는, 적용 대상의 범위를 줄이는 기술을 사용한다. 조금이라도 앞으로 나아가려면, 그는 이 기술을 써야만 한다. 왜냐하면 그가 이야기에서 한 걸음 더 나아갈 때마다 모든 문구 속에 있는 내용 전부를 운반할 수는 없기 때문이다. 그러나 만일 그가 자기가 치환을 했다든지 단순화했다는 사실을 잊어버린다면, 그는 곧 그 단어에만 집착하고 실물과는 상관없는 이름을 이야기하기 시작한다. 그 경우 맨 처음 대상에서 떨어진 그 이름이 다른 어떤 것과 잘못 결합해도 이를 깨달을 길이 없게 된다. 더구나 그 상황만 넘기려는 정치가가 하는 말은, 마치 요정이 어린애를 데려가 버리고 그 대신에 못생긴 아이를 갖다놓는 것과 같이, 그것을 막기가 한층 더 어렵다.

심리학자들에게 조건 반응이라고 알려져 있는 바에 의하면, 하나의 정서는 하나의 관념에만 부속된 것이 아니기 때문이다. 정서를 불러일으킬 수 있는 일은 무한하고, 정서를 만족시킬 수 있는 일도 무한하다. 이것은 자극이 다만 어렴풋이 간접적으로 느껴졌을 때, 그리고 대상이 똑같이 간접적일 때 특히 그러하다. 한 정서, 예를 들면 공포를 맨 먼저 당장 위험한 것과, 그 다음에 그 위험한 것의 관념과, 다음에는 그 관념과 비슷한 것과 같은 식으로 연상해 나갈 수 있다.

어떤 점에서 보면 인류 문화의 모든 구조는, 본디 정서 능력이 꽤 고정된 중심에 남아 있는 자극과 반응에서 만들어진다. 물론 정서의 성질은 역사 흐름 속에서 변화했지만, 정서의 조절을 특징지은 속도나 공들인 말 같은 것처럼 변화한 것은 결코 아니다.

관념을 느끼는 사람들의 감수성은 저마다 매우 다르다. 어떤 사람은 러시아에서 굶주리고 있는 어린아이라는 관념이 늘 말에서 굶주린 어린아이처럼 마음 아프다. 또 다른 사람들은 거리가 먼 관념에 거의 자극을 받지 못한다. 그 사이에는 많은 단계가 있다. 또 사실에는 둔감하고, 관념에 의해서만 자극되는 사람들이 있다. 그러나 관념이 정서를 불러일으킨다 해도, 우리 자신이 현장에서 행동하면서 그 정서를 만족시킬 수는 없다. 굶주린 러시아 어린아이 관념은 그 어린아이에게 음식을 먹여주고 싶은 욕망을 불러일으킨다. 하지만 그렇게 자극 받은 사람이 그 어린아이를 먹여줄 수는 없다. 그는 단지 인간이 아닌 다른 기관에 아니면 후버 씨라고 부르는 의인화된 기관에 돈을 줄 수 있을 뿐이다. 그의 돈은 그 어린아이에게 가지 않는다. 그 돈은 많은 어린아이들을 보호하는 일반 기금에 전달된다. 그리하여 그 관념이 2차적인 것과 똑같이, 행위의 효과도 2차적이다. 인식은 간접적이고, 효과만이 직접적이다. 이 과정의 세 요소에 관해 말하자면, 자극은 시선이 닿지 않는 곳에서 와서, 반응도 시선이 닿지 않는 곳에 이르며, 정서만이 그 사람 속에 완전히 존재한다는 것이 된다. 그는 어린아이의 굶주림에 관해 관념밖에 가진 것이 없고, 어린아이의 구제에 관해서도 관념밖에 가진 것이 없지만, 어린아이를 도우려고 하는 그 자신의 욕망에 관해서는 실제의 경험을 가지고 있다. 그것이 곧 그 자신 속에 있는 1차적인 정서, 이 사건의 중심적 사실이다.

때에 따라 다르기는 하지만 저마다 한계 안에서 정서는 자극과 반응 양쪽으로 이동할 수 있다. 그러므로 만일 여러 가지 반응의 경향을 가진 많은 사람들에게 똑같은 정서를 불러일으키는 자극을 발견할 수 있다면, 처음 자극을 그 자극과 바꿔 놓을 수 있다.

예를 들어 국제연맹을 싫어하는 사람과 윌슨 씨를 싫어하는 사람, 또 노동계급을 두려워하는 사람이 있다. 이 경우 세 사람 모두가 싫어하지만 정반대에 있는 상징적인 존재를 찾아낼 수 있다면, 그들을 단결시킬 수 있을 것이다. 그 상징적인 존재가 미국주의(Americanism)라고 가정해보자. 맨 처음 국제연맹을 싫어한 사람은 미국주의를 미국의 고립을 보존하는 뜻으로 이해할 것이다. 아마 그는 미국의 고립을 '독립'이라는 말로 부를지도 모른다. 두 번째로 윌슨 씨를 싫어하는 사람은, 미국 대통령은 이래야 한다는 자기 관념과 충돌하는 정치가를 거부하는 일로 이해할 테고, 노동계급을 무서워하는 세 번째 사람은 혁명에 저항하라는 외침으로 받아들일 것이다.

미국주의라는 상징 자체가 특정하게 어느 하나를 문자로 의미하지는 않으나, 거의 모든 것을 연상시킬 수 있다. 그리고 그 때문에 이 말은, 공통된 감정을 묶을 수 있다. 비록 그 감정이 본디 전혀 다른 관념에서 비롯된 것일지라도 말이다.

정당이나 신문이 미국주의, 진보주의, 인도주의, 법과 질서, 정의, 인간애에 찬성한다고 할 때, 이러한 상징 대신에 특정한 문제를 토론하려 한다면, 서로 싸워 분열할 당파의 감정을 융합해야 한다. 왜냐하면 그 상징을 중심으로 연합이 성립하면 감정은 그 수단을 비판적으로 정밀히 검사하기보다는 오히려 그 상징 아래 동조하는 방향으로 흐르기 때문이다.

내 생각에는, 이와 같은 여러 의미를 가진 문구를 상징적이라고 부르는 것은 편리한 동시에 기술적으로도 옳다. 이러한 말은 특정한 관념을 나타내지 않으며, 여러 관념 사이에 접합점을 만드는 데 쓰여진다. 이들 상징은 많은 철도가 최초 출발점이나 또는 최종 목적지가 어디인가에 관계없이 하나로 모이는 전략적 철도 센터와 같다. 그러나 대중의 감정이 당장 들어갈 수 있는 상징을 획득하는 자는 그만큼 공공정책을 제 마음대로 할 수 있다. 그래서 특정한 상징이 연합을 만드는 힘을 가지면 야망을 가진 당파는 그것을 얻어내려고 다툴 것이다.

예를 들어 링컨의 이름이나 루스벨트의 이름을 생각해보라. 일반적으로 쓰이는 상징을 자유로이 지배할 수 있는 지도자나 이익은 현재의 상황을 지배할 수 있다. 물론 한계는 있다. 여러 집단이 그 상징이 나타낸다고 생각하는 현실에 너무 난폭한 독설을 퍼붓거나, 그 상징의 이름을 빌려 새로운 목적에 너무 큰 저항을 하면, 그것은 그 상징을 터뜨려버리게 된다. 이런 식으로, 1917년에 신성 러시아(Holy Russia)와 러시아 황제(Little Father)라는 당당한 상징이 수난과 패배의 충격 아래 결국 사라져 버렸다.

4

제정러시아 붕괴가 가져온 일이 매우 중대하다는 것은 모든 전선에서, 그리고 모든 국민 사이에서 느껴졌다. 그 중대성은 전쟁으로 착각한 잡다한 의견 속에서 한 공통된 의견을 찾아낸다는 놀라운 실험으로 여겨졌다. 14개 항목*[17]은 모든 정부, 곧 연합국·적국·중립국의 모든 정부에게, 그리고 모든 국민에게 제출했다. 이 14개 항목은 세계대전이 가져올 중요하나 헤아릴 수 없는 것들을 결합해보려는 시도였다.

인류를 구성하고 결정하는 모든 사람들이 한번에 동일한 관념, 또는 적어도 동일한 이름이 붙은 관념을 생각할 수 있게 만들었던 것은 이 대전이 처음이었기 때문에, 14개 항목은 필연적으로 새로운 출발점이었다. 해저전선, 라디오, 전신, 그리고 일간신문이 없었더라면, 14개 항목의 실험은 불가능했을 것이다. 그것은 근대 통신기관을 활용해 세계 전체가 다시 '공통 의식(common consciousness)'을 되찾는 방향으로 출발하려는 시도였다.

＊17 the Fourteen Points. 18년 1월 8일 월슨 대통령이 의회에서 발표한, 연합국 측의 제1차 세계대전 강화 조건.

그러나 우리는 먼저 1917년 끝 무렵에 14개 항목이 등장했을 때의 몇몇 사정을 검토해야만 한다. 왜냐하면 최종적으로 체제가 정리된 이 문서 속에 고찰해야 할 문제가 모두 나타나 있기 때문이다. 여름과 가을 사이 사람들의 기질과 전쟁 경과에 깊이 영향을 끼친 사건이 잇달아 일어났다.

7월 러시아군은 마지막 공세를 취했다가 비참한 패배를 당했고, 이로 말미암아 사기가 점점 떨어져서 11월의 볼셰비키 혁명으로 향하게 되었다. 이보다 좀더 일찍 프랑스군은 상파뉴(Champagne)에서 통렬한, 거의 비참한 패배를 당했으며, 그것이 군대 안에 폭동과 시민 사이에 패배주의 선동을 낳게 했다. 영국은 잠수함 공격의 영향과 플랑드르 전투(Flanders battles)의 무서운 손실로 고통을 당했고, 11월 영국군은 캉브레(Cambrai)에서 전선의 군대와 국내 지도자들의 간담을 서늘하게 했던 패배를 당했다. 정점에 이른 전쟁피로가 서유럽 전체에 퍼져 있었다.

그러자 지금까지 받아들여져 왔던 전쟁론에 집중해 있던 사람들의 마음을 고민과 실망이 뒤흔들었다. 그들의 관심은 이제 보통의 공식 발표로는 제지할 수 없었고, 그들의 주의는 때로 그들 자신의 고뇌 쪽으로, 또 그들의 당이나 계급의 목적 쪽으로, 정부에 대한 국민의 분노 쪽으로 이리저리 움직이기 시작했다. 공식 프로파간다로 생겨난 인식과 희망, 공포 그리고 증오라는 자극에서 비롯된 관심이나 주의를 거의 완전히 조직화한 것 그러니까 사기가 무너지기 시작했다. 사람들의 마음은 모든 곳에서 구제를 약속해주는 새로이 마음을 쏟을 수 있는 대상을 찾기 시작했다.

그런데 그들은 놀라운 드라마를 보았다. 동부전선에 크리스마스 휴전, 살육 중지, 소음 중지, 그리고 평화의 약속이 나타났다. 브레스트-리토프스크*18에서는 모든 소박한 사람들의 꿈이 실현되었다. 협상이 가능해졌고, 적과 목숨을 걸고 싸우지 않아도 이 시련을 끝낼 방법이 생겨났다.

사람들은 겁을 내면서도 동부전선에 희망을 걸기 시작했다. 왜 교섭을 할 수 없겠느냐고 사람들은 물었다. 이 모든 것은 무엇을 위한 일인가? 정치가들은 자기들이 무엇을 하는지 알기나 하는가? 우리는 정말 정치가들이 말하는 것을 위해 싸우는 걸까? 어쩌면, 싸우지 않고서도 그것을 획득할 수 있지 않을

---

*18 Brest-Litovsk. 러시아 서부의 도시, 1918년 독·소(獨蘇)평화조약이 맺어졌다.

까? 이러한 생각은 검열로 금지되어 있어 인쇄물로 나타나지는 않았지만, 랜스다운(Lansdowne) 경이 연설했을 때 진심으로 공감을 표시했다. 전쟁 초기 상징은 케케묵은 것이 되고, 그것이 가졌던 통합력도 잃어버렸다. 연합국가 저마다에서 표면 아래 커다란 분열이 벌어지고 있었다.

이와 비슷한 일이 중부 유럽에서 일어났다. 그곳 또한 전쟁 열기가 약해졌다. 신성한 연합이 무너진 것이다. 전선을 따라 수직으로 그어진 분열선은 온갖 종류의 예견할 수 없는 길로 달리는 수평선과 교차되어 절단되었다. 군대 승패가 눈에 보이기 전에 전쟁의 정신적 위기가 이미 찾아왔다. 이 모든 것을 윌슨 대통령과 그의 고문들은 알고 있었다. 그들은 물론 그 상황을 완벽히 알았던 것은 아니었지만, 내가 대략 기술한 것을 알고 있었다.

연합국 정부는 형식적으로도 정신적으로도, 이 전쟁의 목적이 일반 국민들의 관념에 반(反)하는 일련의 약속으로 묶였다. 파리 경제회의의 결정은 물론 공공재산이었고, 비밀 조약 망조직을 1917년 11월에 볼셰비키가 공표했다.*[19] 이들 조약의 조건은 사람들에게 어렴풋이 알려지기는 했어도, 그 조건이 민족자결, 무병합, 무배상이라는 이상적인 강령과는 거리가 멀다는 점을 믿었다는 건 확실하다. 일반 사람들의 의문은 알자스-로렌, 또는 달마티아*[20]가 영국인 몇천 명의 생명의 가치가 있는가, 폴란드나 메소포타미아는 프랑스인 몇 명의 생명의 가치가 있는가 하는 형식을 취했다. 또 미국에서 이런 의문을 전혀 모르던 것도 아니었다. 연합국 측의 주장은 브레스트-리토프스크 회의 참가를 거부하면서 수세에 몰렸다.

여기에 유능한 지도자 같으면 간과하지 않는, 고도로 예민한 정신 상태가 있었다. 이상적인 반응은 연합국이 공동 행위로 대응하는 것이다. 그것은 10월 연합국 회의에서 고려했을 때 불가능함이 드러났다. 그러나 12월까지는 압력이 너무나 컸기 때문에 조지 씨와 윌슨 씨는 독자적으로 어떤 반응을 보일 수밖에 없었다. 대통령이 선택한 형식은 14개 항목으로 이루어진 강화 조건 성명이

---

*19 윌슨 대통령은, 상원의원들과의 회담에서 그가 파리에 도착할 때까지, 이 조약에 관해 아무것도 들은 바 없다고 말했다. 그 성명은 우리를 당황하게 한다. 14개 조항은, 그 원문이 보여주듯이, 비밀 조약을 알지 않고서는 조문화할 수 없었을 것이다. 이 비밀 조약의 내용은, 대통령과 하우스(House) 대령이 14개 조항의 최종 원문의 공표를 준비할 때, 대통령 앞에 있었다.

*20 Dalmatia. 유고슬라비아 남서부의 지방.

었다.

이 강화 조건에 번호를 붙인 것은 정확을 기하고, 바로 이것이 사무적인 문서라는 인상을 주려는 책략이었다. '전쟁 목적(war aims)' 대신에 '강화 조건(peace terms)'이라고 표현하는 생각은 브레스트-리토프스크 회담에 어울리는 대안을 내세워야 할 필요성에서 생긴 것이었다. 이들 조건은 러시아-독일 회담이라는 큰 무대를 대신하는 한층 더 큰 세계적 규모의 공개 토론을 제공해서 더욱 주의를 끌려고 했다.

세계 관심을 동원한 이상 그 상황이 내포하는 온갖 가능성에 대비하여 그 관심을 통일하고 융통성을 가질 필요가 있었다. 강화조건은 대부분의 연합국이 그렇게 할 가치가 있다고 생각할 만한 것이어야 했다. 그 조건은 국민 저마다의 민족적 열망에 합치해야 하면서도, 어떤 한 국가도 자국이 타국에 이용당한다고 생각하지 않을 만큼 이 열망을 제한해야 했다. 강화조건은 정부가 분열하지 않을 정도로 정부의 이익을 만족시키면서도, 사기를 떨어뜨리지 않을 만큼 민중의 생각에 일치해야 했었다. 요컨대 그 조건은 전쟁을 계속해야만 할 경우에 연합국 통일을 유지시키고 확인시켜주는 것이어야 했다.

그러나 그 조건은 또한 실현될 수 있는 평화의 조건이어야 했고, 그리하여 독일 중립파와 좌파가 선동할 준비가 무르익었을 때 그들이 지배계급을 무찌를 수 있는 조문(條文)을 갖추어야만 했다. 그러기에 그 강화조건은 연합국의 지도자들을 그들의 국민들에게 가깝게 하고, 독일 통치자들을 인민들로부터 격리시키며, 연합국과 정부 편이 아닌 독일인들과 오스트리아-헝가리 국민들 사이에 공통된 이해의 노선을 확립해야 했다.

14개 항목은 거의 모든 사람이 의지할 수 있는 하나의 표준을 세우려는 대담한 시도였다. 만일 충분한 수의 국민이 이에 호응할 준비를 갖춘다면 평화가 올 테지만, 그렇지 않다면 연합국은 전쟁 충격을 견딜 마음의 준비를 해야 한다.

이 모든 고찰이 14개 항목의 작성에 들어갔었다. 혼자서 14개 조항 모두를 생각한 사람은 없었겠지만, 그것에 관계한 모든 사람은 그중 몇 개는 생각하고 있었다. 이것을 배경으로 이 문서의 몇 가지 요소를 검토해보자.

처음 5개조와 제14조는 '공개 외교', '해양 자유', '무역 기회 균등', '군비 축소', 식민지를 제국주의로 병합 금지, 그리고 국제연맹을 논한다. 이들 조건은 아마 그 무렵 거의 모든 사람이 믿는다고 공언했던 일반론을 설명문으로 선언했다고 말해도 좋다. 그러나 제3조는 좀 특수하다. 그것은 의식적으로 그리고 직접적으로 파리 경제회의 결의를 겨냥했으며 독일인들을 질식의 공포에서 구해주려는 의도였다.

제6조는 특정 국가를 다룬 최초의 조항이었다. 그것은 연합국을 의심하는 러시아에게 답하기 위한 것으로, 그 약속을 조리있고 당당하게 말하는 어조는 브레스트-리토프스크가 펼친 드라마에 맞춘 것이었다. 제7조는 벨기에를 다룬 조항으로, 중앙 유럽의 대부분을 포함하여 실제적으로 전 세계가 원했다고 할 수 있을 만큼 형식도 목적도 철저했었다.

제8조는 잠깐 검토해봐야 한다. 이 조항은 프랑스 영토에서 외국군 철퇴와 반환을 절대적 요구하는 데서 시작하여 그 다음 알자스-로렌 문제로 나아간다. 이 조항의 어법(phrasing)은 복잡하고 광범위한 이해관계를 몇몇 단어로 압축해야 하는 공식 성명의 특징을 가장 잘 보여준다. "거의 50년 동안이나 세계 평화를 어지럽힌, 알자스-로렌을 둘러싼 1871년 프러시아의 프랑스 권리 침해 사건은 반드시 바로잡아야 한다……(And the wrong done to France by Prussia in 1871 in the matter of Alsace-Lorraine, which has unsettled the peace of the world for nearly fifty years, should be righted……)." 여기서는 모든 단어를 세심한 주의를 기울여 뽑았다. 권리 침해를 바로잡아야 한다고 말했는데 왜 알자스-로렌은 반환해야 한다고 말하지 않았는가? 그렇게 말하지 않은 이유는, '당시의' 프랑스인 전부가 국민 투표를 한다고 해서 재병합을 위해 무한정으로 계속 싸울 것인지 확실치 않았기 때문이고, 또 영국과 이탈리아가 계속 싸울지 말지도 알 수 없었기 때문이었다. 그래서 이 조문은 두 가지 경우를 모두 포함할 수밖에 없었다. '바로잡는다'는 단어는 프랑스에 만족을 주면서 단순히 병합을 언급한 것뿐이라고 생각하지 않았다.

그런데 왜 '1871년'에 '프러시아'가 한 권리 침해를 언급했을까? 프러시아라는 단어는 물론 남부 독일인들에게 알자스-로렌이 그들이 아니라 프러시아에 속했었음을 상기시키기 위한 것이었다. 왜 '50년' 동안 어지럽혀졌던 평화를 언급했고 왜 '1871'이라는 말을 썼을까? 첫째, 프랑스인과 다른 세계 사람들이 기억하는 해가 1871년이었다. 그것은 그들의 불평 불만이 집중한 해였다. 그러나 14개 조항 작성자들은 프랑스 관계자가 1871년의 알자스-로렌보다 더 많은 땅을 손에 넣으려 계획한 사실을 알고 있었다. 1916년 차르(Czar) 대신과 프랑스 관리 사이에 교환한 비밀 각서는 자르(Saar) 협곡 병합과 라인란트 분할을 포함하고 있었다. 그 비밀 각서는 '알자스–로렌'이라는 말에 자르 협곡을 포함시킬 계획이었다.

왜냐하면 자르 협곡은 1814년에 분리해 프로이센–프랑스 전쟁이 끝났을 때 (1871년)에는 알자스–로렌 영역에 포함되지 않았기 때문이었다. 자르 협곡을 병합하기 위한 프랑스의 공식 문구는 1814~1815년 알자스–로렌을 의미하는 '알자스–로렌' 속에 자르 협곡을 포함하는 것이었다. '1817년'을 고집하는 이유는 사실 대통령이 독일과 프랑스와의 최종 경계선을 정하면서 그 비밀 조약을 언급하고, 또 그 비밀 조약을 배격하기 위한 것이었다.

제9조는 앞 조합처럼 철저하게 만들지는 않았지만, 이탈리아에 똑같은 일을 했다. '분명히 인정할 수 있는 민족 경계선(Clearly recognizable lines of nationality)'은 바로 런던 조약이 정한 경계선과 완전히 반대였다. 런던조약 경계선은 일부분은 전략적, 일부분은 경제적, 일부분은 제국주의적, 일부분은 인종적으로 정했다. 아마 연합국의 동정을 획득할 수 있는 경계선 가운데 유일하게 진정한 이탈리아 민족통일당(Italia Irredenta)을 회복시킬 수 있었다. 그 밖의 모든 것은 사정을 들은 사람이면 다 알고 있듯이, 남은 조합은 모두 임박한 유고슬라비아 반란을 늦추게 하기 위한 것이었다.

5

이 14개 조항을 만장일치로 환영하기는 했지만 그것이 이 계획에 만장일치로 동의한다는 뜻을 나타낸다고 생각하는 것은 잘못이다. 모든 사람이 좋아하는 것을 발견하고 이 점을 또는 세세한 면을 강조했다. 그러나 감히 토론하려는 자는 아무도 없었다. 문명 세계 밑바닥에 깔린 투쟁을 담뿍 품은 윌슨의 말을 받아들였다. 이 말은 서로 대립하는 여러 생각을 나타내고 있었지만, 공통된 감정을 불러일으켰다. 그리하여 그런 범위 안에서 이 말은 아직도 계속 견디어야 할, 죽을힘을 다하는 10개월의 전쟁 동안 서구 국민들을 단결시키는 데 한몫을 담당했다.

14개 조항이 격렬한 고통이 끝났을 때의 저 흐리고 행복한 앞날을 다루는 한, 실제적인 해석 싸움은 표면에 나타나지 않았다. 14개 조항은 전혀 눈에 보이지 않는 환경 세계를 해결한 조합이었고 또 이것이 모든 집단에게 저마다 희망을 불러일으켰기 때문에, 모든 희망이 합쳐 하나의 공적(公的) 희망이 되었다. 일치란, 우리가 휴즈 씨 연설에서 보았듯이 여러 상징의 계급 조직(hierarchy)이기 때문이다. 그리고 더 많은 당파를 포함시키기 위해 그 상징이 단계를 올라갈수록 지적(知的) 일관성을 잃어도 얼마 동안은 정서결합을 유지할 것이다.

그러나 그 정서까지도 점점 엷어진다. 경험에서 멀리 떨어질수록 고도의 일반화 또는 정묘함에 다다른다. 기구(氣球)를 타고 위로 올라가면서 점점 구체적인 것을 기구 밖으로 내던지고, '인류의 권리'라든가 '민주주의가 보장된 세계'와 같은 몇몇 문구를 가지고 정점까지 올라갔을 때, 시야가 멀리 널리 탁 트였지만 거의 아무것도 보지 못한다. 하지만 여기까지 온 사람들은 수동적으로 정서를 받아들이기만 하지 않는다. 공중에 대한 호소(public appeal)가 점점 모든 사람에게 모든 것을 의미하게 될 때, 의미는 흩어지고 정서가 불러일으켜질 때 그 말에 더할 나위 없이 개인적인 보편성이 주어진다. 누군가가 몹시 원하는 것은 무엇이든지 '인류의 권리'가 된다.

내용이 공허하면 공허할수록 거의 무엇이나 의미할 수 있게 되고 곧 거의 모든 것을 뜻하게 되기 때문이다. 윌슨 씨의 말은 지구 방방곡곡에서 무한히 다른 뜻으로 이해되었다. 이 혼란을 바로잡기 위한 어떤 공공 기록 문서도 존재하지 않았다.[*21] 그래서 강화의 날이 왔을 때, 모든 사람이 모든 것을 기대했다. 이 조약 유럽 제국의 기초자(起草者)들은 큰 선택권을 가지고 있었다. 그래서 그들은 국내에서 가장 큰 세력을 휘두르는 그들의 국민이 가진 기대를 실현하려고 했다.

그들은 '인류의 권리'에서 프랑스의 권리, 영국의 권리, 그리고 이탈리아의 권리로, 말의 상징계급 단계를 내려왔다. 그들은 상징 사용을 포기하지 않았다. 그들은 선거인 상상력 속에 전쟁 뒤 이미 영속적인 남지 않을 상징만 버렸다. 그들은 상징주의를 사용함으로써 프랑스의 통일을 지켰지만, 유럽은 통일을 위해서 어떤 위험도 무릅쓰려고 하지 않았다. 프랑스라는 상징에는 깊은 애착이 있었지만, 유럽이라는 상징은 역사가 얕았다.

그럼에도 유럽 같은 옴니버스(omnibus)와 프랑스 같은 상징의 구별은 분명하지 않다. 국가와 제국의 역사는 통일적인 관념의 범위가 확대하고 또 축소하는

───────────────

*21 14개 조항에 관한 미국의 해석은 휴전 직전에 연합국의 정치가들에게 설명되었다.

시기들을 보여준다. 인류가 처음부터 끝까지 한결같이 소규모에서 대규모에 충성을 바치게 되었다고는 아무도 말할 수 없다. 왜냐하면 사실이 그 주장을 뒷받침하지 않기 때문이다. 로마 제국이나 신성 로마 제국은 '세계 국가' 신봉자들이 유추 근거로 썼던 19세기 민족 통일보다 더욱 팽창했다. 그럼에도 제국의 일시적인 팽창이나 수축과는 관계없이 실질적인 통합이 증대해 왔다는 것은 아마 사실이다.

6

이러한 실질적인 통합은 의심의 여지없이 미국 역사에 일어났다. 1789년까지 10년 동안, 대부분의 사람들은 그들의 주(州)와 그들의 공동사회는 실재하지만, 주의 연합은 실체가 없다는 느낌을 가졌다. 그들의 주에 대한 관념, 그 주의 깃발, 그 주의 가장 탁월한 지도자, 또는 매사추세츠나 버지니아를 나타내는 것이 무엇이든 모두가 진실한 상징이었다. 말하자면 이런 상징은 유년 시절, 직업, 거주 장소 등등에서 얻은 실제 경험으로 길러진다. 사람들의 경험이 미치는 범위는 그들이 머릿속에 그리는 주의 경계를 넘은 적이 거의 없다. Virginian이라는 말은 대부분의 버지니아인들이 지금까지 알아왔고 또 느껴왔던 일에 많은 관련이 있다. 그것이 그들의 경험과 실제로 접촉한 가장 커다란 정치 관념이었다.

그들의 경험이 문제이지, 그들의 필요성이 문제는 아니다. 왜냐하면 그들의 필요성은 그들의 실제 환경에서 생겼으며, 그 환경은 그 무렵 적어도 13개 식민지만큼 컸기 때문이다. 그들은 공동 방위가 필요했다. 그들은 미국 식민지 동맹(the Confederation, 1781~89)만큼 넓은 재정적·경제적 정치 체제를 필요로 했다.

그러나 주(州)라는 비슷한 환경이 그들을 둘러싸고 있는 한, 주의 상징은 그들의 정치적 관심을 없애버리고 만다. 미국 식민지 동맹 같이 주를 초월한 관념은 무력한 추상적 관념을 대표했다. 그것은 상징이라기보다 오히려 하나의 합승버스였고, 이 합승버스가 창조하는 다른 집단 간의 조화란 일시적이다.

나는 연합이라는 관념은 무력한 추상적 관념이라고 말했다. 하지만 헌법이 채택되기 전 10년 동안 통일의 필요성이 존재했다. 그 필요성은 만일 통일의 필요성이 참작되지 않으면 모든 일이 비뚤어졌다는 의미에서 존재했다. 식민지 저마다의 어떤 계급들이 주의 범위에 한정된 경험을 천천히 돌파하기 시작했다. 그들의 개인적인 이해가 주 경계선을 넘어 주 저마다의 경험에 이르렀고,

차츰 그들의 마음속에, 그 범위에서 진실로 국가적인 미국 환경의 심상을 구성했다. 그들에게는 연합이라는 관념이 참다운 상징이 되었고, 합승버스 관념에서 벗어났다.

이러한 사람들 중 가장 상상력이 풍부했던 사람은 알렉산더 해밀턴(Alexander Hamilton)이었다. 우연히 그는 서인도(西印度) 제도에서 태어났으므로 어떤 한 주에 대한 애정을 가지고 있지 않았으며, 그의 활동적인 생애 시작부터 모든 주의 공통 이익과 관계했었다. 그 무렵 많은 사람들에게는 수도가 버지니아에 있어야 하는가 또는 필라델피아에 있어야 하는가 하는 문제가 가장 중요했다. 왜냐하면 그들은 향토 의식이 강했기 때문이다. 그러나 해밀턴에게는 이 문제가 조금도 중요하지 않았다. 그가 원했던 것은 주의 부채(負債)를 인수하는 일이었다. 그것을 기획한 동맹을 더욱 국가적으로 만들 수 있을 것이라는 생각에서였다. 그래서 그는 포토맥(Potomac) 지역을 대표하는 사람들에게서 필요한 두 표를 얻기 위해 그 표와 국회의사당의 터를 교환했다. 해밀턴에게 연방은 그의 모든 이익과 모든 경험을 대표했던 상징이었다. 포토맥 대표 화이트(White)와 리(Lee)에게는, 그들의 지방 상징이 그들이 봉사했던 최고의 정치 실재였다. 그래서 그들은 그 대가를 치르기 싫었지만, 그 상징에 봉사했다. 제퍼슨(Jefferson)에 따르면, 그들은 그들의 표를 바꾸기로 동의했다. 특히 '화이트는 거의 위경련이 일어난 듯 괴로운 얼굴로.'[22]

공통 의지(common will)가 결정되는 데에는 언제나 알렉산더 해밀턴 같은 사람이 활약한다.

제14장 예스 또는 노

1

상징은 흔히 너무 유용하고 신비로운 힘을 가지고 있으므로 상징이라는 단어 자체가 마력적인 힘을 나타내게 된다. 상징을 생각할 때 우리는 그것이 마치 독립된 힘을 가진 것처럼 여기고 싶어한다. 그러나 지난날 한번 황홀한 꿈을 꾸게 했지만 지금은 사람들에게 영향을 주지 못하는 상징이 헤아릴 수 없

---

[22] *Works*, Vol. IX, p.87. Cited by Beard, *Economic Origins of Jeffersonian Democracy*, p.172.

이 많다. 상징에는 사람들의 마음속에서 일어나는 연상(聯想)으로 나오는 힘 말고는 다른 힘이 없기 때문에 박물관이나 민간전승(民間傳承)을 취급한 책은 생명이 없는 표장(標章)이나 주문(呪文)으로 가득 차 있다. 힘을 잃은 상징, 그리고 끊임없이 나타나면서 정착하지 못한 상징이 있다는 사실은 만일 우리가 상징의 순환 과정을 상세히 연구하는 인내력을 가지고 있다면 완전히 세속 세계의 역사를 볼 수 있게 될 거라고 일깨워준다.

휴즈의 선거 연설, 14개 조항, 해밀턴의 계획에도 상징을 사용했다. 그러나 이 상징은 어떤 사람이 어떤 특정한 때에 사용했다. 말 자체가 따로 떨어진 감정을 하나로 모으지는 않는다. 그런 말은 전략적인 지위에 있는 사람이 해야 하며 또한 적당한 기회를 노려야 한다. 그렇지 않으면 이 말은 아무 뜻도 없는 공허한 말이 되고 만다. 상징은 눈에 띄는 표시가 있어야 한다. 왜냐하면 상징은 그 자체로서는 아무 뜻이 없고, 도움이 될 수 있는 상징을 선택하는 일은 언제나 매우 어려운 일이므로 우리는 2개의 마른풀 자루 가운데 선 당나귀처럼 우리 주의를 끌기 위해 경쟁하는 상징 가운데 서서 순수한 우유부단(優柔不斷) 탓에 망하게 될 것이기 때문이다.

예를 들면 여기에 1920년 대통령 선거 직전에 몇몇 일반 시민이 어떤 신문에서 말한 투표 이유를 들어보자.

하딩을 지지하는 사람들은 말하기를,
"하딩과 쿨리지에게 표를 던진 현대의 애국적인 남녀는 후세 사람들에게 우리의 제2의 독립선언에 서명한 것으로 기억될 겁니다."
월모트 씨(발명가)

"그는 미합중국이 '복잡한 동맹'에 들어가지 않도록 마음을 쓸 것입니다. 워싱턴 시는 민주당에서 공화당으로 정권이 넘어감으로써 이익을 얻을 것입니다."
클라렌스 씨(판매원)

콕스를 지지하는 사람들은 말하기를,
"합중국 국민이 국제연맹에 가입하는 것은 프랑스 전쟁터에서 맹세한 의무라는 것을 알고 있습니다. 우리는 전 세계의 평화를 확립하는 일에서 우리에게 주어진 역할을 실행해야만 합니다."

마리 양(속기사)

"만일 우리가 국제 평화를 위해서 국제연맹에 가입하기를 거부한다면, 우리는 자존심과 다른 나라 국민들의 존경을 잃게 될 것입니다."

스펜서 씨(통계가)

이 두 쌍의 문구는 모두 똑같이 고상하고 진실되며 또한 거의 바꿔 말할 수도 있다. 클라렌스 씨와 윌모트 씨는 프랑스 싸움터에서 맹세한 우리의 의무를 이행하지 않으려고 한다는 사실을 잠깐이라도 인정할 것인가? 또는 그들은 국제 평화를 열망하지 않았다는 사실을 인정할 것인가? 확실히 그렇지 않다. 마리 양과 스펜서 씨가 복잡하게 얽힌 국제연맹과 미국의 독립을 포기하는 편이라는 사실을 인정할 것인가? 그들은 국제연맹이 전 세계에 외치는 독립선언인 동시에 유럽이 아닌 온 세계에 말하는 먼로주의(Monroe Doctrine)의 선언 같은 것이며, 윌슨 대통령이 말한 것처럼 복잡하게 얽힌 것을 푸는 연맹이라고 말했을 것이다.

2

상징의 수가 매우 많고 또한 그것이 드러낼 수 있는 뜻이 매우 유동적이므로 어떤 특정한 상징이 어떻게 해서 어떤 특정한 사람의 마음속에 뿌리를 박게 되는가 하는 의문이 생긴다. 상징은 우리가 권위를 인정한 다른 사람 때문에 마음속에 심어진다. 만일 그것이 충분히 깊이 심어지면, 나중에는 우리에게 그 상징을 보여준 사람을 권위가 있는 사람이라고 말하게 될 것이다. 그러나 상징은 기질이 같고 중요한 인물을 통해서 소개되기 때문에 처음 자기 기분에 맞으면서 중요한 것으로 된다.

우리는 18세 때 현실적인 상상을 갖추고 달걀 속에서 태어난 게 아니므로 쇼(Shaw) 씨가 생각한 것처럼 아직 버지(Burge)와 루빈(Lubin) 시대에 머물러 있으며 어렸을 때에는 나이 든 사람들에 의지해 외부 세계와 접촉한다. 그리하여 우리는 어떤 사랑하는 권위 있는 사람들을 통해서 외부 세계와 연결고리를 갖게 된다. 그들은 눈으로 볼 수 없는 세계를 이어주는 최초의 다리 역할을 하는 사람들이다. 우리는 뒤에 보다 큰 환경에서 여러 국면을 혼자 힘으로 점차 알게 되지만, 늘 보다 광대한 미지의 환경이 남아 있게 된다. 이보다 광대한 환경은 여전히 권위를 통해 관계 맺는다. 그러나 모든 사실이 시야 밖에 있는 곳에서는 진실된 보고와 그럴듯하게 들리는 허위를 같은 것으로 이해하며 같게 들리고 같게 느껴진다.

우리가 많이 아는 몇몇 문제를 제외하고는 우리는 진실된 보고와 허위 보고를 분간할 수 없다. 그래서 우리는 믿을 수 있는 보고자와 믿을 수 없는 보고자를 고르게 되는 것이다.*23

이론적으로 말하면, 우리는 문제마다 최고의 전문가를 골라야 한다. 그러나 전문가를 고르는 일은 진실을 고르는 것보다는 쉽지만, 그래도 아직 너무 어렵고 실제와는 동떨어진 때가 많다. 한편 전문가 자신도 전문가들 중에서 누가 가장 전문적인지 조금도 확신을 가지고 있지 못하다. 그리고 우리가 믿을 수 있는 전문가를 찾아냈다 해도 아마 그는 상담에 응하기에 너무 바쁘거나 가까이 하기 매우 어려울 것이다. 하지만 여러 가지 일에서 지도자 자리에 있기 때문에 우리가 쉽게 찾아낼 수 있는 사람들도 있다. 부모, 교사, 그 밖의 훌륭한 친구들은 우리가 처음으로 만나는 이런 인물이다. 어린이들이 어째서 부모 가운데 어느 한쪽을 믿으며 주일학교 선생보다 역사 선생을 신뢰하는가 등의 어려운 문제에는 우리가 들어갈 필요가 없다. 또한 우리가 어떻게 신문이나 공공 사건에 관심을 갖는 지인을 통해서 사회적으로 알려진 사람을 점차 믿게 되는가의 문제도 생각하려고 하지 않는다. 정신분석 문헌은 많은 시사적(示唆的)인 가설을 보여준다.

어쨌든 우리는 어떤 사람들, 곧 우리에게 미지 세계와 이어지는 수단을 만들어주는 사람들을 신뢰한다는 것을 알게 된다. 그러나 아주 이상하게도 이 사실은 때때로 우리 자신이 본디 위엄이 없거나 양, 원숭이 같은 성질을 가졌다는 증거로 간주된다. 하지만 우주에서 완전히 독립할 수는 없다. 만일 우리가 모든 일을 실제적으로 마땅하게 받아들이지 않는다면, 아마 우리는 하찮은 아주 작은 일에 우리 일생을 허비해야만 하리라. 완전히 독립한 성인에 가장 가

＊23 흥미롭고 약간 이상한 고서(古書)인 George Cornewall Lewis, *An Essay on the Influence of Authority in Matters of Opinion*을 보라.

까운 사람은 은자(隱者)이다. 그러나 은자의 활동 범위는 아주 좁다. 혼자 독립해서 행동하므로 은자는 아주 작은 반지름 범위 안에서 단순한 목적을 위해 행동할 뿐이다. 만일 그가 위대한 사상을 생각하는 시간을 가졌다면, 그는 은자가 되려고 하기 전에 이미 체온을 보존하는 방법과 굶주림에서 벗어나는 방법, 그리고 무엇이 위대한 문제인가 등에 대해서 애써 얻은 지식의 레퍼토리를 아무런 의문도 없이 받아들였을 것이 확실하다.

우리가 생활하는 범위는 좁고 우리가 관계를 맺는 일은 그것을 모두 합쳐도 아주 작지만, 그것들에서 우리가 최대한 독립을 유지하는 방법은 손쉽게 말을 들을 수 있는 권위자의 수를 늘이는 것이다. 날 때부터 아마추어로 우리가 진리를 탐구하는 길은 전문가를 분발하고 일어나게 하고 사람을 확신시키는 어조를 가진 어떤 사설(邪說)에 응수하도록 그들에게 강한 요구를 한다. 우리는 흔히 누가 논리적으로 승리했는가를 판정할 수 있지만, 토론자들 가운데 아무도 도전하지 않는 잘못된 전제나 아무도 논쟁에 포함시키지 않는 무시된 면은 사실상 대처할 수 없다. 우리는 나중에 민주주의 이론이 어떻게 서로 대립하는 가정 위에 계속 나아가며, 또한 정치 목적을 위해서 자신이 많은 개인을 무한히 만들어내는 것을 전제로 하는가를 알게 될 것이다.

외부 세계와 접촉하기 위해서 우리가 의지하는 사람들은 현재 외부 세계를 지배하는 것처럼 보이는 사람들이다.[24] 그들은 아마 외계의 더할 수 없이 작은 부분만 지배하고 있을 것이다. 보모(保姆)는 어린아이를 먹이고 씻기며 재운다. 이런 사실이 보모를 물리학, 동물학, 또는 고등 비판에 의한 성서 연구의 권위자로 만들지는 않는다. 스미스 씨는 공장을 경영하거나 적어도 공장을 경영하는 사람을 고용한다. 이런 사실이 그를 합중국 헌법이나 포드니(Fordney) 관세표 효력에 권위자로 만들지는 않는다. 스무트(Smoot) 씨는 유타 주에서 공화당을 지배한다. 그렇다고 해서 이런 사실이 그를 세제(稅制)에 대한 조언을 얻기에 가장 적합한 사람으로 만들어주지는 않는다. 그럼에도 보모는 얼마 동안 그 어린아이가 어떤 동물학을 배워야 할 것인가를 결정할 것이다. 또한 스미스 씨는 헌법이 자신의 아내, 자신의 비서, 그리고 아마 자신의 교구 목사에게까지도 무엇을 뜻하는 것이며 스무트 상원의원 권위의 한계는 누가 결정해야 할

---

* 24 *Cf.* Bryce, *Modern Democracies*, Vol. Ⅱ, pp. 544~545.

것인가에 대해 많은 의견을 가지게 될 것이다.

목사, 장원(莊園)의 영주, 지휘관과 왕, 당 지도자, 상인, 두목 등은 출생, 상속, 정복, 선거 가운데 어느 하나로 선택한 것이다. 그리고 그들과 그들 조직의 부하들은 인간 사회의 여러 가지 일을 지배하게 된다. 그들은 장교이며 가정에서는 육군 원수, 사무실에서는 소위(少尉), 정치에서는 보잘것없는 한 사람에 지나지 않을 수도 있고 많은 제도에서 지위의 계급 조직은 분명하지 못하거나 또는 숨겨져 있을지 모르지만, 많은 사람의 협력을 요하는 제도에는 어떤 계급 조직이 존재한다.*25 미국 정치에서 우리는 이 계급 조직을 하나의 기구(a machine) 또는 '조직(the organization)'이라고 부르고 있다.

3

이 기구 구성원과 그 지도를 받는 사람들 사이에는 여러 가지 중요한 차이가 있다. 지도자, 운영위원회, 그리고 내부단체 등은 환경과 직접 접촉한다. 확실히 그들은 무엇을 환경이라고 정의해야 하는가에 대해 아주 좁은 견해밖에 가지고 있지 않지만, 그들이 추상적인 개념을 취급하지 않은 것은 거의 확실하다. 당선을 바라는 특정한 사람들이 있고, 개선되기를 바라는 특정한 대차대조표(貸借對照表)가 있으며, 이루어야 할 구체적인 목표가 있다. 나는 그들이 고정관념으로 기우는 경향에서 벗어난 사람이라고 말하는 것은 아니다. 자신의 고정관념으로 이따금 그들을 어리석은 틀에 박힌 사람으로 변한다. 그러나 그들에게 어떤 한계가 있든 정상들은 그보다 광대한 환경의 중대한 부분과 실제로 접촉한다. 그들은 결정한다. 그들은 명령한다. 그들은 흥정한다. 그리고 아마 그들이 전혀 상상도 하지 못했던 무엇인가 결정적인 현상이 일어난다.

그들을 따르는 사람들은 같은 신념으로 정상들과 연결되어 있는 게 아니다. 곧 기구에서 별로 중요하지 않은 구성원들은 지도자의 지혜를 따로 판단해 충성을 다하는 것은 아니다. 계급 조직에서 개인은 윗사람을 따르며 자신 또한 자신을 따르는 사람보다는 상위에 있게 된다. 이 기구를 결속시키는 것은 특권 조직이다. 여러 가지 특권은 기회나 그 특권을 구하는 사람들의 취미에 따

---

*25 Cf. M. Ostrogorski, *Democracy and the Organization of Political Parties, passim* : R. Michels, *Political Parties, passim* ; 그리고 Bryce, *Modern Democracies*, 특히 Chap. LXXV : 또한 Ross, *Principles of Sociology*, Chaps. XXII–XXIV.

라 모든 방면의 연고채용(緣故採用), 후원 등에서 시작해 파벌, 영웅 숭배, 또는 고정관념(fixed idea)에 이르기까지 많은 차이가 있다. 특권은 군대에서 군인계급에서 시작하여 봉건제도에서 토지나 봉사를 거쳐 근대 민주주의에서 직업이나 선전에 이르기까지 여러 가지로 다르게 나타난다. 그래서 특정 기구는 그 특권을 완전히 폐지하면 파괴되고 마는 것이다. 그러나 내가 믿는 바로는, 성원끼리 접촉이 긴밀한 모든 집단의 기구는 틀림없이 다시 나타나게 된다. 왜냐하면 특권은 완전히 상대적이며, 사람들의 지위를 균일화한다는 것은 불가능하기 때문이다. 다른 사람이 목적으로 삼지 않는 것은 누구도 자기 목적으로 하는 일이 없는, 생각할 수 있는 한 순수한 공산주의를 상상해보라. 그러면서 공산주의자 집단이 무슨 행동이든 해야만 할 경우, 다수의 표를 확보하는 연설을 하려는 사람의 친구라는 특권을 주는 것만으로도 그의 주위에 친한 사람들로 이루어진 조직을 확고하게 하는 데 충분하다고 나는 확신한다.

그때 일반적으로 한 집단의 판단이 여론을 대표하는 사람의 발언보다 더욱 조리가 서고 형식이 충실한 이유를 설명하기 위해 집단 지능(intelligence) 같은 것을 발명할 필요는 없다. 한 사람 또는 몇 사람의 정신은 일련의 사고를 쫓을 수는 있지만, 똑같이 사물을 생각하려는 집단은 집단으로서 찬성하거나 이의를 제기하는 이상의 일은 할 수 없다. 계급 조직의 구성원들은 집단 전통을 가질 수 있다. 수습생으로 그들은 스승이 수습생일 때 배운 일을 차례로 배우지만, 어떤 영속적인 사회도 지배계층 내부의 인사 변화는 아주 천천히 일어나기 때문에 일정한 커다란 고정관념과 행동 형식 전달이 가능해진다. 아버지에서 아들에게로, 수도원장에서 수련사제에게로, 참전용사에서 사관후보생에게로 일정한 관찰과 행동 방법을 가르친다. 이런 방법은 잘 알려진 것이며, 그런 것으로 외부 사람들은 인식한다.

4

인간 집단은 몇몇 사람이 운영하는 중앙기관이 없어도 언제나 아무리 복잡한 문제라도 협력한다는 견해는 멀리서 볼 때에만 매력이 있다. 브라이스는[26] "세계를 지배하는 사람의 수가 극소수라는 것을 인정하지 않는 입법이

---

*26 Op. cit., Vol. Ⅱ, p.542.

나 행정 문제를 몇 년 간 계속해서 처리해 온 경험이 있는 사람은 없다"고 말했다. 물론 브라이스는 국가 문제를 말하는 것이다. 확실히 인류의 모든 문제를 생각한다면 지배하는 사람의 수는 상당하겠지만, 만일 입법기관, 정당, 노동조합, 민족주의 운동, 공장 또는 클럽 중 그 어느 것이건 어떤 특정한 기관을 생각한다면 지배자 수는 이론적으로 지배층이라 여겨지는 사람 수의 극히 낮은 비율밖에 되지 않는다.

당세(黨勢)의 대변동은 한 기관을 몰아내고 다른 기관을 내세운다. 또한 혁명은 때때로 어떤 특정 기관을 완전히 없애버린다. 그런데 민주혁명은 서로 교체하는 두 기관을 설정하고, 그 기관은 저마다 몇 년 안에 다른 기관이 저지른 잘못으로 유리한 위치를 차지하게 된다. 그러나 기관이 어디로 사라지는 것은 아니다. 어디건 목가적인 민주주의 이론이 실현되는 곳은 없다. 확실히 노동조합이나 사회주의 정당, 또는 공산주의 정부 등 어느 곳에서도 그런 일은 일어나지 않는다. 천천히 관심을 잃거나 관심을 가진 적이 없는 대중에게로 희미하게 사라져가는 동심원을 이루는 몇몇 단체에 둘러싸인 내부 단체가 있는 것이다.

민주주의는 결코 이 흔한 집단 생활과 타협을 하지 않았다. 왜냐하면 민주주의에는 두 가지의 전망이 있으며 그중 하나는 자기 스스로 일을 해나갈 수 있는 개인을 가정하고, 또 다른 하나는 모든 일을 조정하는 신(神)을 가정한다.

이 두 전망 가운데 적어도 신은 한 사람 한 사람 구성원의 마음속에 자연히 생기지 않는 결정은 대중이 내리는 것을 인정하기 때문에 약간 상위에 있다. 그러나 만일 우리가 기관에 주의를 기울인다면, 단체 행동을 다스리는 수호신으로서의 신은 더 이상 쓸데없는 존재이다. 기관은 아주 무미한 현실이다. 기관은 옷을 입고 집에 살며 이름도 붙일 수 있고 설명을 할 수도 있는 인간으로 구성되어 있다. 그들은 보통 신이 한다는 일을 모두 수행한다.

5

기관(機關)이 존재하는 이유는 인간성이 사악하기 때문이 아니다. 그것은 어느 집단이든 개인이 아무리 사적인 견해를 가지고 있어도 거기서 공통적인 생각이 자연히 나타나지 않기 때문이다. 많은 사람들이 자신의 손이 닿지 않는 상황에 직접 행동할 수 있는 방법은 한정되어 있기 때문이다. 그들 가운데 몇

몇은 어떤 형태로든지 이주하거나 파업을 하거나 보이콧할 수 있고 또는 칭찬하거나 비난할 수도 있다. 그들은 이런 수단으로 가끔 그들의 마음에 들지 않는 일에 반항하거나 그들의 욕망을 방해하는 사람들을 위압한다. 그러나 대중의 행동으로는 아무것도 구성되거나 고안되고 또는 협상되거나 처리될 수 없다. 사람들은 그 주위에 모일 수 있는 조직적 계통이 없어도 값이 비싸면 사지 않고 임금이 너무 낮으면 일을 하지 않을 수 있다. 노동조합은 파업이라는 대중 행동으로 대립을 이겨내어 조합 간부가 협정할 수 있도록 만들 수 있다. 예를 들면 조합은 조정에 참가하는 권리를 얻을 수 있을지도 모른다. 하지만 조합은 조직을 통하지 않고서는 그 권리를 행사할 수 없다. 국민은 전쟁을 하자고 소요를 일으킬 수 있지만, 전쟁이 시작되면 국민은 참모들 명령에 따라야만 한다.

직접 행동하면서 행할 수 있는 일은 모든 실제적인 목적을 위해서 대중에게 제시된 논쟁점에 예스나 노를 말하는 권한이다.[*27] 왜냐하면 논쟁점이 아주 단순한 경우가 아니면 같은 형태로 자연적으로 거의 같은 때에 모든 구성원 앞에 나타나지 않는다. 불평이 아주 뚜렷해서 많은 사람들이 지도자도 없는데 같은 반응을 일으키는 무조직 파업이나 보이콧이 산업 파업 말고도 일어나는 경우가 있다.

그러나 이와 같은 초보적인 경우에도 자신들이 무엇을 원하는가를 다른 사람들보다 빨리 알아채고 그 자리에서 주도자가 되는 사람이 있다. 이런 사람들이 나타나지 않는 곳에서 사람들은 개인적인 목적에 둘러싸여 정처 없이 여기저기 방황하거나, 그렇지 않으면 언젠가 어떤 사람이 자살하는 것을 50명이 가만히 지켜보았던 것처럼 숙명적으로 방관하는 태도를 취하게 될 것이다.

왜냐하면 눈으로 볼 수 없는 세계에서 받는 수많은 인상에서 우리가 만들어 내는 것은 공상 속에서 펼쳐지는 어떤 무언극이나 다름없기 때문이다. 우리가 시야 밖에 있는 사건에 무언가를 의식적으로 결정하는 일은 실제로는 하지 않았으며, 성취할 수 있었을 것이라고 생각하는 저마다의 의견은 그다지 중요하

[*27] Cf. James, *Some Problems of Philosophy*, p.227. "그러나 우리가 당하는 대부분의 돌발 사건에 대해서 단편적인 해석은 불가능하다. 우리가 단편적으로 행동할 수 있는 경우는 극히 드물다."

Cf. Lowell, *Public Opinion and Popular Government*, pp.91, 92.

지 않다. 실제적인 논쟁점은 거의 없고, 따라서 결정을 내려야 한다는 습관도 없다. 그것은 많은 정보가 우리에게 전해질 때 그 뉴스를 우리가 어떻게 느껴야 하는가 그 미묘한 암시 분위기가 함께 전해지는 일이 없다면 더욱 분명해질 것이다. 이러한 암시는 우리가 필요로 하며, 그런 암시가 뉴스에 없을 때 우리는 논설이나 믿을 만한 조언자에게서 이를 찾는다. 공상이라는 것은 우리가 뉴스에 관계가 있다고 느끼면 자신의 입장을 알게 될 때까지, 바꾸어 말하면 우리가 사실에 '예스'냐 '노'냐를 느낄 수 있을 만큼 사실이 정리되기까지는 마음이 편하지 못하다.

많은 사람들이 모두 '예스'라고 말할 때 그들은 모두 그렇게 말한 여러 이유를 가지고 있을 것이다. 사실 그들은 대개 여러 다른 이유를 가지고 있다. 왜냐하면 그들의 마음속에 있는 심상은 이미 앞에서 말한 바와 같이 미묘하고 상세한 점에서 서로 다르기 때문이다. 그러나 이 미묘함은 그들의 마음속에 남아 있다. 그래서 그것은 의지를 거의 배제한 뒤에 남은 개인의 정서를 전하는 많은 상징적인 어구에 의해 공적으로 표현된다. 계급 조직, 또는 서로 경쟁하고 있는 경우라면 두 계급 조직은 상징을 일정한 행동, '예스'냐 '노'냐의 투표, 찬성이냐 반대냐의 태도와 연합(연상)시킨다. 여기서 국제연합에 반대한 스미스와, 제10조에 반대한 존스와, 윌슨 씨와 그의 모든 저작에 대해서 반대한 브라운은 저마다의 이유에 따라 많건 적건 같은 상징적인 어구의 이름으로 공화당에 찬성표를 던져 그 결과 민주당에 반대하는 표를 던지게 된 것이다. 이렇게 해서 공통 의지가 표현된다.

구체적인 선택을 제시해야 했고 그 선택은 다양한 상징을 통해 관심을 바꿔 개인의 의견과 연결되어야만 했다. 직업 정치가는 이것을 민주주의 철학자보다 훨씬 먼저 배웠다. 그래서 그들은 한 가지 분명한 선택을 이끌어내는 수단으로 간부회, 지명 대회, 또는 운영위원회를 조직했다. 많은 사람의 협조를 필요로 하는 일을 성취하려는 사람은 누구나 이 본보기를 따른다. 이런 일은 평화 회의가 10인 위원회로 축소되며, 다시 10인 위원회가 3대국 또는 4대국 위원회로 축소되고, 연합국의 약소국가와 그들의 유권자, 그리고 적국에게는 다만 그것을 취할 것이냐 취하지 않을 것이냐 하는 일만 허용된 조약을 썼을 때처럼 때때로 매우 잔인하게 행해진다. 대개 협의는 가능하며 원하는 횟수보다 더 많이 열린다. 그러나 몇몇 간부가 큰 집단에게 선택을 제시하는 본질적인 사실은 그

대로 남아 있다.

6

운영위원회를 남용한 결과 국민발안(國民發案), 국민투표, 직접 예선 같은 여러 가지 제안을 하게 했다. 그러나 이런 일은 선거 또는 H. G. 웰스가 언젠가 아주 정확하게 말한 것처럼, 선택을 복잡하게 해서 기관의 필요성을 연기하거나 감추는 일에 불과하다. 왜냐하면 투표의 합계는 그것이 의안(議案)이건 후보자이건 투표자가 '예스'인가 '노'인가를 말할 수 있는 논쟁점을 만들어낼 필요를 없애주지는 못하기 때문이다. '직접입법(直接立法)' 같은 것은 사실상 존재하지 않는다. 직접입법이 존재한다고 보이는 곳에서는 무슨 일이 일어날까? 시민은 투표장에 가서 언제나 많은 법안(法案)이 생략된 채 인쇄된 투표용지를 받지만, 만일 그가 무슨 발언을 한다면 단지 '예스'냐 '노'냐를 말하는 것뿐이다. 세상에서 가장 훌륭한 수정안이 그의 머릿속에 떠오를지도 모른다. 그러나 그는 투표용지에 '예스'냐 '노'냐를 표시할 뿐이며 그 이상은 아무것도 할 수 없다. 이러한 것을 입법이라고 부른다면 과감하게 영어개혁에 나서야 한다. 물론 나는 이 과정을 무엇이라고 부르건 아무 이익도 없다는 것이 아니다. 나는 어떤 논쟁이든 분명히 이익이 있다고 생각한다.

하지만 대중의 결정이 단순성을 필요로 하며 그 결정이 작용하는 세계의 불가피한 복잡성에 비추어볼 때 매우 중요한 사실이다. 내 생각에는 사람이 제안하는 투표 형식 가운데 가장 복잡한 것은 아마 우선투표(優先投票)다. 이 방법에 따르면, 투표자는 많은 후보자들 가운데서 한 사람에게 '예스'라고 말하고 나머지 후보자들에게 '노'라고 말하는 대신에 후보자를 선택하는 순서를 정한다. 그러나 그것이 매우 융통성 있는 것임에도 대중의 행동은 제시된 선택의 질에 따라 결정된다.*28 그리고 이 선택은 청원(請願)으로 법석을 떨고 대표자

---

*28 Cf. H.J. Laski *Foundations of Sovereignty*, p.224.

　　"……비례대표제는…… 집단 제도와 통하는 것이라 생각되어 그것에 의하여 선거인이 지도자를 선택하지 못하게 한다고 말할 수 있다." 집단 제도는 라스키 씨가 말했듯이 행정부의 선택을 보다 간접적인 것으로 하는 경향이 있지만, 보다 완전히 대표하는 입법의회를 만드는 경향이 있는 것도 확실하다. 그것이 좋으냐 나쁘냐 하는 것은 미리 결정할 수 없다. 그러나 보다 정확하게 대표된 의회에 있어서는 성공적인 협력과 책임이 고정된 2대 정당의회에서보다 정치적 지성과 습관의 고도 조직을 요구한다고 말할 수 있다. 그것은 보다 복잡

를 모으는 정력적인 사람들이 제시한다. 몇몇 사람들이 후보자를 지명한 뒤에 많은 사람들이 선거를 하게 되는 것이다.

제15장 지도자와 일반 대중

1

성공한 지도자는 자기를 지지해준 사람들을 통합하는 다양한 상징이 중요하다는 사실을 알기에 아무리 바빠도 상징을 소중하게 키웠다. 특권이 계급 조직 안에서 하는 역할을 상징은 일반 대중을 대상으로 실행한다. 상징은 통일을 유지한다. 토템폴(totem pole)에서 국기(國旗)에 이르기까지, 나무로 만든 우상에서 신(神) 곧 눈에 보이지 않는 왕에 이르기까지, 마법 주문에서 아담 스미스(Adam Smith)나 벤담(Bentham)의 실제보다 과장한 이론에 이르기까지 상징은 다양한 차이가 융합하는 초점이므로, 거리를 두고 관찰하는 사람은 상징을 지키기 위해 애국심 강한 미국 형식을 경멸할지도 모른다. 그 경멸은 아마 파리(Paris)를 지키기 위해서는 몇몇 무리의 사람들이 죽어도 좋다고 말한 왕을 경멸하는 감정과 비슷하다. 그러나 지도자는 경험으로 상징이 그 기능을 다할 때에만 자신이 군중을 움직이기 위해 쓸 수 있는 핸들이 가능한 것을 알고 있다. 그리고 상징 안에서 정서는 공통 목표를 향해 기울어지고 현실적인 관념의 특징은 사라지고 만다. 지도자는 그가 파괴적인 비판이라고 부르는 것을 미워하는데, 그것은 자유로운 정신을 가진 사람이 인기를 끌기 위한 연설을 배제하는 것이라고 불리는 것이다.

배젓(Bagehot)은 말한다. "무엇보다도 왕권은 존중해야 하고, 만일 왕권을 여기저기 파고들기 시작한다면 그것을 존경할 수 없게 된다."*29 왜냐하면 분명한 정의와 솔직한 진술로 여기저기 파고든다는 것은 공통 의지를 쉽게 보존하지는 못하지만, 우리가 알고 있는 모든 높은 목적에 도움이 되기 때문이다. 모든 책임이 있는 지도자가 의심하듯이 파고든다는 것은 정서가 개인의 마음에서 제도적인 상징으로 옮아가는 것을 중단시키는 경향이 있다. 그리고 거기서 일어나는 첫 번째 결과는 지도자가 올바르게 말하는 것처럼 개인주의와 대립하

한 정치 형태이며 따라서 잘되어 나가지는 못할 것이다.
*29 The English Constitution, p.127. D. Appleton&Company. 1914.

여 싸우는 여러 당파들의 혼란 상태인 것이다. 신성 러시아나 강철 디아스(Iron Diaz)와 같은 상징의 붕괴는 언제나 긴 대변동의 시작을 알리는 것이다.

이런 커다란 상징들은 오래되고 고정관념이 된 사회의 소소하고 세부적인 모든 충성을 전이(轉移) 작용으로 전부 갖게 된다. 이런 상징들은 한 사람 한 사람의 최초 현실, 그리고 정적(靜的)인 사회에서 그의 유일한 현실이기도 한 풍경이나 가구나 사람들의 얼굴이나 기억 등에 그가 가지고 있는 감정을 불러일으킨다. 심상과 헌신의 핵심은 국민성으로 그는 그것 없이 자신의 일을 생각할 수 없다. 커다란 상징은 이러한 헌신을 문제 삼아 원시적인 심상의 도움을 청하지 않고 헌신을 불러일으킬 수 있다. 사람들이 논쟁할 때 쓰이는, 곧 정치를 주제로 한 우연적인 잡담을 할 때 쓰이는 보다 낮은 차원의 상징들은 늘 그것이 위로 거슬러 올라가 이들 중요한 원형 상징(proto-symbols)과 관계지어져 가능한 경우에는 그들과 제휴된다. 지하철의 표 값이 정당한 것인가 아닌가의 문제는 국민과 이윤 사이의 논쟁점으로 상징화되어, 다음에 국민은 미국적인 상징에 끼어들어 결국 싸움이 격렬해지면 8센트의 표 값에 대한 저항은 프랑스에서 영원히 잠든 사람들의 죽음과 같은 뜻을 가지게 된다.

상징은 명확한 관념에서 정서를 빨아올리는 힘을 가지고 있으므로, 그것은 단결하게 만드는 기능을 수행하며 또한 착취하는 기능을 수행한다. 상징은 사람들을 공통 목적을 위해 일하도록 할 수 있지만 전략적인 지위에 있는 몇몇 사람이 구체적인 목표를 선택해야만 하기 때문에, 상징은 소수의 사람이 다수의 사람 덕으로 살이 찌고 비판을 비뚤어지게 하며 다수의 사람들을 그들이 이해하지 못하는 대상에 고통받도록 만드는 수단이다.

만일 우리가 우리 자신을 현실적이고, 자기 힘이 강하며 자제심이 강한 사람으로 생각한다면 우리가 상징에 복종하는 많은 면이 기분을 돋우어주는 것은 아니다. 그러나 상징을 모두 악마의 도구라고 결론을 내리기는 불가능하다. 과학과 사고 영역에서 상징은 의심할 여지도 없이 바로 유혹자 자신이다. 하지만 행동의 세계에서 상징은 은혜롭고 때로는 필요한 것이기도 하다. 그 필요를 가끔 상상하고 위험이 만들어진다. 그러나 빠른 결과를 얻어야 할 때에는 상징을 통해 대중을 조종하는 것이 위기일발에 있는 사건을 처리할 수 있는 유일한 방법일 것이다. 많은 경우에 이해하는 것보다 행동하는 일이 더 중요하다. 모든 사람이 그것을 이해한다면 행동이 실패하리라는 것도 때때로 사실이다. 국민

투표를 시행할 때까지 기다릴 수 없고 또는 일반에게 공개될 때까지 견딜 수 없는 일이 많으며, 전쟁이 일어나면 국민이나 군대가 그 지휘관들조차도 아주 극소수의 사람에게 전략을 맡겨야만 할 때가 있고 2개의 의견이 대립될 때에는 비록 어떤 한 의견이 옳다 해도 잘못된 하나의 의견보다 훨씬 위험할 때가 있다. 잘못된 의견은 나쁜 결과를 가져올지 모르지만, 의견이 2개 있으면 통일을 파괴함으로써 큰 재앙을 가져올지도 모른다.*30

그래서 포슈(Foch)와 헨리 윌슨(Henry Wilson) 경은 예비군에 나뉘어져 있었기에 코프(Gough)의 군대에 큰 재앙이 닥칠 거라는 것을 예지했지만, 파괴적인 패배의 위험도 신문지상에서 흥분한 토론을 하는 것보다 확실히 덜 파괴적이라는 것을 알고 있었으므로 그들은 그 의견을 몇몇 사람들에게만 말했던 것이다. 왜냐하면 1918년 3월을 지배했던 긴장 아래에서 가장 중요한 것은 저마다의 행동이 정당한 것보다도 명령의 출처에 관한 기대가 깨지지 않는 일이었기 때문이다. 만일 포슈가 '국민에게로 갔었다'면 그는 전쟁에서는 이겼겠지만, 그가 논쟁에 이기기 훨씬 전에 지휘해야 했던 군대는 모두 멋대로 해체되었을 것이다. 왜냐하면 올림포스 산 위의 격렬한 논쟁이라는 구경거리는 재미있고 파괴적이기 때문이다.

그러나 묵살하는 계략도 마찬가지로 파괴력이 있다. 라이트(Wright) 대위의 말에 의하면, "위장 기술을 잘 실행해 최고 단계에 이르는 것은 최전선이 아니라 고급 사령부다. 어디에 있든 사령관은 무수한 선전원들의 바쁜 활동으로 멀리서 보면 나폴레옹으로 착각할 정도로 꾸며져 있다. ……이들 나폴레옹을 직책에서 물러나게 하는 것은 그들이 아무리 무능해도 거의 불가능한데, 그것은 실패를 감추거나 좋게 꾸며 말하고 성공을 과장하고 조작하면서 사람들에게 엄청난 지지를 얻기 때문이다. ……그러나 이와 같이 고도로 조직화된 거짓이 만들어낸 가장 방심할 수 없는 최악의 결과는 장군들을 덮친다. 그들은 확실히 신중하고 애국심이 강하지만, 많은 사람들이 고귀한 군직에 종사하고 있는 것처럼 그들 자신은 결국 이런 보편적인 환상의 영향을 받고 또 그 환상을 날마다 아침 신문에서 읽어 많은 잘못을 저지르고 있는데도, 자신들이 전쟁 사

---

*30 Captain Peter S. Wright, Assistant Secretary of the Supreme War Council, *At the supreme War Council*. 이 책은 연합국 지도자들에 대해 격렬한 논쟁을 하고 있지만, 지휘의 비밀과 통일에 관해 주의 깊게 읽은 만한 충분한 가치가 있다.

령관의 자리를 유지하는 것은 어떤 수단을 사용해도 좋을 정도로 신성한 일이라고 설득당하게 된다. ……이런 기만이 그것의 가장 큰 수단이지만, 이들 여러 사정은 결국 참모들을 모든 통제에서 해방시킨다. 그들은 이미 국가를 위해 사는 것이 아니라 국가가 그들을 위해 살아 있다. 아니, 오히려 그들을 위해 죽는 것이다. 승리나 패배는 가장 중요한 관심의 대상이 아니다. 군주와 비슷한 단체에 있어서 중요한 것은 사랑하는 늙은 윌리가 그들의 지휘관이 될는지 아니면 가엾은 늙은 해리가 그들의 지휘관이 될 것인지의 문제이며, 또는 샹티이파(the Chantilly party)가 앵발리드로(路)파(the Boulevard des Invalides party)를 이길 것인가 하는 문제이다."*31

그러나 침묵이 얼마나 위험한지 그렇게 웅변적이며 통찰력이 있었던 라이트 대위도 환상을 공적으로 파괴하지 않는다는 점에서 포슈의 침묵을 시인할 수밖에 없었다. 전통적인 민주주의 인생관은 비상사태나 위험한 경우를 위해 구상한 것이 아니고, 평온과 조화로운 상태를 위해 구상한 것이므로 여기에는 우리가 나중에 더 자세히 검토할 때 생기는 복잡한 역설이 있다. 그래서 많은 사람이 불확실하고 언제 폭발할지 모르는 환경에서 협력해야만 하는 곳에서는 참된 동의 없이 통일과 융통성을 확보하는 일이 늘 필요하다. 상징이 그 일을 해낸다. 상징은 사적인 의도를 덮어씌우고, 구별을 없애며, 개인적인 목적을 불명확하게 한다. 상징은 인격을 고정시키고, 동시에 집단의 의도를 매우 날카롭게 하며, 위기에 처했을 때 아무 일도 못 하는 집단이 목적한 행동을 일으키도록 결합시킨다. 상징은 인격을 고정시키지만, 대중을 활동적으로 만든다. 상징은 그것에 의해 대중이 일시적으로 스스로의 타성(惰性), 우유부단의 타성, 또는 무모한 운동의 타성에서 빠져나와 복잡한 상황의 꼬불꼬불한 길을 따라 나아갈 수 있도록 하는 도구이다.

2

그러나 이 기간이 더 길어지면 결국에는 지도자와 지도를 받는 사람들 사이에 응수가 늘어난다. 지도자에게 대중이 가지고 있는 정신 상태를 기술하기 위해서 가장 흔히 쓰는 말은 사기(土氣)라는 단어이다. 저마다 자기에게 할당된

*31 *Op. cit.*, pp.98, 101~105.

책임을 다할 때에는, 곧 저마다의 온 힘이 상부의 명령으로 불러일으켜졌을 때 사기가 왕성하다고 말한다. 그래서 모든 지도자는 이런 것을 마음에 품고 정책을 세우게 된다. 지도자는 참된 값어치뿐만 아니라 그가 계속 지지를 받고자 하는 아랫사람들에게 주는 영향을 생각해서 결정을 내려야 한다. 만일 그가 공격을 계획한 장군이라면, 그는 사상자 수의 비율이 너무 높을 때 그가 조직한 군대가 흩어져서 폭도가 된다는 사실을 알고 있다.

세계대전 중에 '프랑스에 간 9명 가운데 5명은 꼭 사상자가 되었으므로, 미리 해둔 계산은 큰 폭으로 틀렸다.'*32 참을성의 한계는 모두가 생각했던 것보다 훨씬 컸다. 그러나 한계는 어디엔가 있다. 그래서 부분적으로는 적에게 미치는 영향을 생각해서, 그리고 군대와 그들의 가족에게 주는 영향을 생각해서 이 전쟁에서는 어떤 사령부도 감히 솔직한 손해 보고를 공표하지 않았다.

프랑스에서는 사상자 명부를 절대 공표하지 않았다. 영국과 미국 그리고 독일에서는 큰 전투에서 입은 손해는 통계로 비롯될 충격을 피하기 위해 오랜 기간에 걸쳐 나눠 발표했다. 내부 사람들만 솜(Somme)이나 플랑드르 전투에서 어느 정도 희생을 치렀는가를 알았고,*33 오히려 루덴도르프(Ludendorff)가 런던이나 파리나 시카고에 있는 어떤 개인보다 이들 사상자의 수를 훨씬 정확하게 파악했다. 모든 진영의 지휘관들은 어느 병사나 민간인이, 일어나는 그대로 생생하게 알 수 있는 실전의 수를 제한하기 위해서 최선을 다했다. 물론 1917년의 프랑스군 같은 고참병들 사이에는 지금까지 사람들의 귀에 퍼지지 않았던 전쟁에 대한 많은 것이 알려졌다. 이러한 군대는 자신의 고통을 근거로 그 사령관을 평가하기 시작했다. 그리고 승리에 대한 터무니없는 약속이 늘 그랬듯이 피투성이의 패배로 돌아갔을 때 그것은 첩첩이 쌓여온 실패이기 때문에, 1917년 니벨(Nivelle)의 공세처럼 비교적 작은 실패*34에 대해서도 상관에 대한 저항이 일어나게 되는 것이다. 혁명이나 상관에 대한 저항은 보통 연속적으로 일어

---

*32 Op. cit., p.37. 이 숫자는 라이트 대위에 의하여 영국 육군성 기록에 있는 전쟁의 통계적 요약본에서 얻은 것이다. 숫자는 겉으로 보기에 영국의 손해에만 관계하고 있지만, 아마 영국과 프랑스에 관한 것 같다.

*33 Op. cit., p.34. 솜 전투는 50만에 가까운 전사상자를 냈고, 1917년 아라스와 플랑드르의 공세는 65만의 영국군 사상자를 냈다.

*34 연합군은 슈맹 데 담(the Chemin des Dames)에서의 손해보다도 많은 피투성이 패배를 했다.

난 큰 실패의 본보기 같은 작은 실패의 결과로서 일어나는 것이다.[*35]

정책의 영향이 지도자와 부하들 사이의 관계를 결정한다. 지도자가 자신의 계획을 수행하기 위해 필요한 사람들이 행동할 장소에서 멀리 떨어져 있거나, 결과가 비밀로 되어 있거나 연기되었을 때, 개인의 의무가 간접적이거나 아직 이행되지 않았을 때, 특히 동의하는 일이 즐거운 감정을 일으키는 경우에는 지도자들은 다분히 그들이 하고 싶은 대로 할 수 있게 될 것이다. 금주주의자(禁酒主義者)들 사이의 금주령(禁酒令)처럼 지배를 받는 사람들의 사생활 습관과 바로 충돌하지 않는 계획은 곧 일반에게 널리 퍼지게 된다. 이것은 정부가 외교 문제에서 그렇게 자유롭게 일을 행하는 큰 이유 가운데 하나이다. 두 나라 사이의 충돌은 대부분 불명확하고 긴 일련의 논쟁을 포함하고 있으며 때때로 그것이 국경 지방에 대한 것이기는 하지만, 학교 지리 시간이 정확한 지식을 주지 못하는 지방에 대한 것이 훨씬 많다. 체코슬로바키아에서 미국은 해방자로 여겨지지만, 미국의 신문 기사나 뮤지컬 코미디나 대체로 미국인들의 그림에서는 미국 사람이 해방시킨 나라가 체코슬로바키아인지 유고슬로비아인지 결말이 나지 않는다.

외교 문제에서 정책이 다루는 범위는 상당히 오랫동안 눈에 보이지 않는 환경에 한정되었었다. 거기서 일어난 일은 조금도 자신과 관계 있는 이야기로 느껴지지 않았다. 그래서 세계대전 전에는 누구도 싸움을 하지 않아도 되었고 전쟁을 위한 세금도 내지 않아도 되었기 때문에, 정부는 국민 의견을 물을 필요도 없이 스스로의 견해에 따라 앞으로 나갔던 것이다.

그러나 지방 문제에서는 한 정책을 위해 얼마나 대가를 치러야 하는지 쉽게 볼 수 있다. 그러므로 가장 탁월한 지도자들은 모두 희생이 가능한 한 간접적인 정책을 택하는 것이다. 그들은 직접세를 좋아하지 않는다. 그들은 현금으로 지불하기를 좋아하지 않는다. 그들은 장기채무를 좋아한다. 그들은 투표자들에게 외국인이 낼 거라고 믿게 하고 싶은 것이다. 소비자의 조세 부담은 아주 많은 작은 항목에 분산되어 있으므로 그들은 늘 소비자가 아니라 생산자 입장에서 번영을 계산하라는 강요를 받았다. 노동 운동 지도자들은 가격 하락보다 임금 상승을 택해왔다. 일반인의 관심은 훨씬 크지만 포착하기 어려운 산업 조

[*35] 수아손(Soissons)의 폭동 사건과 이를 처리하기 위해 페탱(Pétain)이 취한 방법에 대해 피에르푀(Pierrefeu)의 설명(*op. cit.*) 참조. Vol. I, Part Ⅲ, *et seq*

직이 얼마나 낭비했느냐보다, 눈에 보이지만 비교적 중요하지 않은 백만장자가 얼마나 이득을 봤느냐에 쏠려 있다.

이 책을 집필하는 동안에도 현존하는 주택 문제를 다루는 어떤 주의회는 첫째로 가옥 수를 늘이는 일에는 아무것도 하지 않고, 둘째로 욕심 많은 집주인을 공격하며, 셋째로 폭리를 얻는 건축업자나 노동자를 조사하면서 이 법칙을 예증한다. 왜냐하면 욕심 많은 집주인이나 폭리를 취하고 있는 연관시설업자는 눈에 보이며 직접적인 데 반해, 건설적인 정책은 간접적이고 흥미 없는 요소를 취급하기 때문이다.

그러나 사람들은 상상도 할 수 없는 미래에 대해 어떤 정책이 자기들에게 이익을 줄 거라고 쉽게 믿어버리지만, 정책에서 나온 실제 움직임은 그들의 의견과는 다른 논리를 따르는 법이다. 어떤 국민들은 아마 운송료 인상이 철도를 잘되게 할 것이라고 믿는다. 하지만 이러한 인상이 농민이나 운송업자를 자극하고 일용품 가격이 소비자가 지불할 수 없을 정도까지 올라가게 되면, 국민이 철도에 가졌던 확신이 철도 사업을 번창하게 하지는 못할 것이다. 소비자가 돈을 내느냐 내지 않느냐 하는 것은 가격을 올려서 사업을 돕는다는 제안을 9개월 전에 승인하는가 하지 않는가에 달려 있는 게 아니고, 그가 현재 값을 지불할 수 있는 새 모자나 새 자동차를 원하고 있는가 아닌가에 달려 있다.

3

지도자들은 가끔 사람들의 마음속에 있는 계획을 확실히 드러나게 했을 뿐이라고 말한다. 만일 그들이 그렇게 믿고 있다면, 그들은 자신을 속이고 있는 것이다. 계획은 많은 사람들의 마음속에서 동시에 생기지 않는다. 그것은 많은 사람들의 마음이 반드시 지도자의 마음보다 열등하기 때문이 아니고, 생각은 하나의 유기체로 기능하는데 대중은 하나의 유기체가 아니기 때문이다.

대중은 끊임없이 암시에 노출되어 있어서 이 사실은 흐려진다. 대중은 뉴스뿐만 아니라 그 뉴스를 보고 취해야 할 행동 방향을 보여주는 최면술 같은 암시와 함께 뉴스를 읽는다. 대중은 사실 그대로 객관성을 가진 보도가 아니라 이미 어떤 일정한 행동 형태에 맞게 고정관념으로 변한 보도를 듣는 것이다. 그래서 표면상 지도자들은, 진짜 지도자는 강력한 신문을 소유한 사람이라는 사실을 알게 된다. 그러나 만일 지금 실험실 속에서처럼 많은 사람들의 경험에서 모든 암시와 지도자의 영향을 없앨 수 있다면, 누구나 다음과 같은 일을 알게 될 것이다.

같은 자극을 받은 대중은 이론상 오류의 다각형(a polygon of error)으로 그릴 수 있는 반응을 전개할 것이다. 같은 부류 속에 넣을 수 있을 만큼 비슷하게 느끼는 집단도 있을 것이다. 두 끝에는 여러 가지 다른 감정이 나타나게 될 것이다. 이러한 분류는 저마다의 분류 속 개인이 말로써 그들의 반응을 나타낼 때 굳어지는 경향이 있다. 바꾸어 말하면 어렴풋하게 느끼는 사람들의 막연한 감정을 말로 하게 되면 그들은 그들이 느낀 바를 더욱 확실히 알게 되고, 따라서 더욱 확실히 느끼게 될 것이다.

일반 대중 감정에 접촉하는 지도자들은 이러한 반응을 빨리 의식하게 된다. 그들은 높은 물가가 대중을 압박하며, 어떤 사람들의 인기가 떨어지고 있다는 것, 또는 다른 나라에 가진 감정이 우호적인지 적대적인지를 잘 알고 있다. 그러나 보도자가 지도자인 척하는 것뿐이라고 암시가 가진 효과를 계속 무시하면, 어떤 특정한 정책의 선택을 최종적으로 결정하는 대중의 감정 속에는 아무것도 존재하지 않는 셈이 된다. 대중의 감정은 현재 공표한 정책이 본디 가진 감정에 논리적으로 억지로라도 유추와 연상으로 이어지는 것만 바란다.

그래서 새로운 정책이 시작되려고 할 때에는 마르쿠스 안토니우스가 브루투스를 따르는 사람들에게 한 연설*36과 같이, 감정을 일치시키기 위해 가장 먼저 지도자는 대중 속에 퍼져 있는 의견을 말한다. 그는 때때로 좋은 이야기를 하거나 자신의 애국심을 보여주고 또는 불만을 자극해 청중과 친근한 태도를 취한다. 그가 믿을 만한 사람이라는 사실을 알게 되면 여기저기 방황하던 대중은 그에게로 향하게 될 것이다. 그래서 사람들은 그가 세우는 작전을 기대하게 될 것이다. 그러나 그는 대중의 감정을 전하는 강령에서 그런 계획을 찾아내지 못할 것이다. 보통 계획은 강령 속에 암시조차 되어 있지 않다. 정책의 영향이 직접 미치지 못하는 먼 곳에서 계획은 무엇보다 말이나 감정으로 처음에 많은 사람들의 입에 올랐던 일과 연결되는 것이 가장 중요하다. 잘 아는 자리에 있는 믿을 만한 사람들은 일반이 받아들이는 상징에 동의하면 계획 내용을 설명하지 않고도 오랫동안 주도권을 잡을 수 있다.

---

*36 Martin, *The Behavior of Crowds*, pp.130~132에 잘 분석되어 있다.

그러나 현명한 지도자들은 그 정도로 만족하지 못한다. 그들이 생각할 때 공표해도 별로 반대가 크지 않고 토론을 한다 해도 그다지 행동이 늦어지지 않는 것이라면 그들은 어느 정도 사람들의 동의를 구한다. 그들은 거기서 이제부터 일어나게 될 일을 부하들에게 준비시키고, 또한 그런 결과가 그들의 자유의지에 따라 원했던 것이라는 느낌을 갖게 하기 위해 모든 사람에게는 아닐지라도 부하에게는 비밀을 충분히 털어놓는다. 그러나 아무리 지도자가 성실해도 사실이 매우 복잡하면 이런 협의에는 어느 정도 환상이 있다. 왜냐하면 사람들은 자신들보다 경험이 많고 상상력이 풍부한 이들과 마찬가지로 우연히 일어난 사건을 생생하게 느낄 수 없기 때문이다. 상당히 많은 비율을 차지하는 사람들이 지도자가 자기들에게 제공해준 선택의 기회에 고맙게 생각하는 시간이나 교양도 없이 동의할 수밖에 없게 된다. 하지만 누구도 그 이상의 것을 요구할 수는 없다. 그것을 하는 것은 이론가들뿐이다. 만일 우리가 법정에서 이기고, 우리가 말해야만 했던 것에 귀를 기울이며 우리가 한 행위가 좋은 결과를 가져오게 되면, 우리 대부분은 가까이에서 진행중인 일에 자신의 의견이 얼마만큼 영향을 주었는가를 계속 생각하게 된다.

그리하여 만일 확립된 권리가 예민하고 정보를 잘 제공한다면, 그리고 그 권력이 확실히 일반의 감정을 충족시키려고 한다면, 또 어떤 불만이 일어난 원인을 실제로 없애면, 그것이 아무리 천천히 진행된다 해도 실제로 그것이 진행되는 것처럼 보이는 한에 있어서 권력은 조금도 두려워할 게 없다. 엄청난 실책을 반복하고 거기에 걷잡을 수 없는 결과가 나오지 않는 한, 밑에서부터 시작하는 혁명은 생기지 않는다. 궁정혁명(宮廷革命), 여러 부문 사이의 혁명은 그것과는 다른 일이다. 나쁜 소문을 퍼뜨리는 경우도 이것과 마찬가지이다. 남에게 해를 끼치는 소문은 감정을 표명하면서 긴장을 푸는 일에 그친다. 그러나 정치가는, 그러한 해결은 일시적인 것이며 정도가 지나치면 건강하지 못하다는 사실을 알고 있다. 그래서 그는 그 감정과 관계 있는 사실을 다루는 계획 속에 그 감정을 넣을 수 없을 때 그것을 일으키지 않도록 마음을 쓴다.

하지만 모든 지도자가 정치가는 아니며, 모든 지도자는 물러나기를 싫어하고, 또한 많은 지도자는 상황이 나쁠 때 다른 사람들이 그를 더욱 나쁘게 하지 않을 거라고 믿는다는 것은 어려운 일임을 알게 된다. 지도자들이 발견한 정책이 어떤 영향을 미치는가 하는 것은 보통 자기들 책임이기 때문에 그들은 사람들이 정책의 영향을 스스로 느낄 때까지 수동적으로 기다리지 않는다. 그러므로 그들은 틈틈이 자신들의 보루(堡壘)를 손보고 자신들의 지위를 강화하는 일에 힘쓴다.

보루를 손보는 일에는 가끔 속죄를 위해 염소를 바치는 일, 세력 있는 어떤 개인이나 당파에게 영향을 미치는 별로 중요하지 않은 불평의 씨를 없애는 일, 어떤 일을 재정리하고 고향에 병기창고를 두기를 원하거나 어떤 사람의 악행을 중지시키는 법률을 원하는 한 무리의 사람들을 달래는 일 같은 것이 들어 있다. 선거에 의지하는 어떤 관리나 그의 일상생활을 조사해보면 더 많은 일을 알게 된다. 해마다 선출되는 국회의원들 가운데 공공문제에 힘을 기울일 생각을 조금도 하지 않는 사람들이 있다.

그들은 어딘가 아무것도 없는 곳에서 큰 봉사를 하기보다는 많은 사람들에게 보잘것없는 작은 일에 작은 봉사를 하는 쪽을 택한다. 어떤 조직에 성공적인 시종이 될 수 있는 사람의 수는 제한되어 있으므로, 예리한 정치가들은 관대함을 보여줄 수 있을 만한 약한 사람을 섬기려고 한다. 그러므로 은혜를 입지 못하는 훨씬 많은 수의 사람, 곧 익명의 사람들은 선전을 받게 된다.

어떤 조직이건 그 기관의 지위가 확립된 지도자들은 많은 이익을 얻게 된다. 그들은 보통 사람들보다 좋은 정보원을 두고 있다. 책이나 문서가 그들의 사무실에 있다. 그들은 중요한 회의에 참석한다. 그들은 중요한 인물들을 만난다. 그들은 책임을 가지고 있다. 그러므로 그들에게는 주의를 끌고 사람들을 설득시키는 어조로 말한다는 것이 비교적 쉬운 일이다. 또한 그들은 사실에 접근하는 기회에 많은 통제를 가진다. 모든 직원이 어느 정도의 검열관이다. 자신이 일반 사람들에게 무엇을 알리고 싶은지 모르면 숨겼든지, 말하는 것을 깜빡 잊었든지 정보를 억제할 수 없으므로 모든 지도자는 어느 정도 선전가이다. 전략적인 지위에 앉아서 기껏해야 서로 싸우면서 똑같이 사람을 수긍시키는 제도의 안전이라는 이상과 사람들에 대한 솔직함 사이에서 선택을 강요당하는 직원은 그 스스로가 점점 의식적으로 어떤 사건을 어떤 경우에 어떤 모양으로 사람들에게 알게 할 것인가를 결정하고 있다는 사실을 알게 될 것이다.

4

사람들의 의견을 아주 성숙한 방법으로 일치시키는 일이 가능하다는 것은 아마 어느 누구도 부정하지 않을 거라고 생각한다. 여론이 일어나는 과정은 이 책에서 말했듯이 아주 복잡하며, 조작할 기회가 그것을 이해하는 모든 사람에게 다 주어진다는 것은 너무도 확실한 일이다.

동의를 조작한다는 것은 결코 새로운 기술이 아니다. 그것은 민주주의 출현과 함께 없어졌다 여겨지는 아주 낡은 기술이다. 그러나 그것은 아직도 완전히 없어지지 않았다. 사실 그것은 지금 주먹구구가 아닌 분석에 근거를 두기 때문에 그 수법이 많이 발전되었다고 보는 게 옳다. 그래서 현대의 통신 수단과 함께 심리학 연구 결과로 민주주의 실시는 마지막 모퉁이를 통과하게 되었다. 혁명이 일어났으며, 그것은 어떤 경제적인 힘보다도 훨씬 중요하다.

일을 조정해 나가는 데 있어서 한 세대의 인생 안에서 벌써 설득은 하나의 깨닫는 방법이 되었고, 일반 정부의 정상적인 하나의 기관이 되었다. 우리 가운데 누구도 그 결과를 이해하려고 시작하지 않았지만, 동의를 만들어내는 방법 지식이 모든 정치적인 계산을 새롭게 바꾸고 또한 모든 정치적인 전제를 고치게 할 것이라고 말하는 일은 너무 모험적인 예언은 아닐 것이다. 선전은 반드시 그 단어가 지닌 불길한 의미만 말하는 것은 아니지만 우리 사고에서 옛날에는 정수(定數)였던 수가 이제 변수(變數)가 되었다. 예를 들면 이제 민주주의 원리를 믿을 수 없게 되었고, 인간의 문제를 처리해 나가는 데 필요했던 지식은 자연히 인간의 마음속에서 나오게 되었다. 우리가 그 이론에 따라 행동하는 곳에서 우리는 자기 기만과 우리가 입증할 수 없는 설득의 형태에 우리 자신을 내어놓고 있는 것이다. 우리가 다다를 수 없는 세계를 다루려고 한다면 우리는 직관, 양심, 또는 뜻하지 않은 의견의 우유성(偶有性)에 의지할 수 없다는 것이 증명되었다.

제6부 민주주의의 이미지

"솔직히 말해서 나는 미국에서 미국 이상의 것을 보았다. 나는 민주주의 그 자체의 영상을 찾았다."

토크빌(Alexis de Tocqueville)

제16장 자기중심 인간

1

여론을 민주주의 정치의 원동력이라 생각하는 이상 마땅히 여론을 다룬 많은 참고 문헌이 있으리라 생각하기 쉽지만, 실제로 여론을 다룬 책은 거의 없다. 정부와 정당을 주제로 한 훌륭한 서적, 다시 말해서 여론이 형성되고 난 뒤에 이론상 그 여론을 표현해내는 기구를 설명하는 책은 많다. 그러나 여론을 형성하는 근원이나 여론이 이루어지는 과정을 다룬 참고 문헌은 비교적 적다. '여론'이라고 불리는 사회 힘이 존재한다는 사실은 이미 인정된 바이다. 그래서 미국 정치학자들은 정부가 어떻게 여론이라는 일반 의지를 표현해내느냐 하는 문제와 정부의 존재 목적을 파괴하는 일반 의지를 어떻게 막느냐 하는 데만 큰 관심을 보여 왔다. 따라서 미국의 정치학자들은 전통에 따라 여론을 억제하거나 여론을 따르기를 바랐다. 그래서 꽤 평판이 좋은 교과서 총서를 편집한 사람은 "정부의 가장 어렵고 힘든 과제는, 개인의 의견이 갖는 사회적인 힘을 어떻게 대중의 행동으로 이행시키느냐에 있다"고 말한다.[1]

그러나 이보다 훨씬 중요한 과제가 있다. 그것은 실제 정치 현상에 저마다 갖는 의견이 옳고 그른지 어떻게 증명하느냐 하는 문제이다. 앞으로 좀더 설명할 생각이지만, 이미 통용되고 있는 여러 원리를 발전시켜 나감으로써 이 점에 근

---

[1] Albert Bushnell Hart in the introductory note to A. Lawrence Lowell's *Public Opinion and Popular Government*.

본적인 접근이 가능하다. 그러나 이런 발전은, 우리가 저마다의 의견을 지키는 방편으로 이 의견들을 여론으로 만들 때 여론 형성의 지식을 얼마나 유효하게 이용하느냐에 따라 결정된다. 뚜렷하지 않은 의견이란 부분적인 접촉, 전통, 개인적인 이해관계의 산물, 정확한 기록, 측정, 분석, 그리고 비교에 기초를 둔 정치사상 방법과는 다른 것이다. 흥미롭다든가, 중요하다든가, 친근감이 든다든가, 개인적이라든가, 극적이라든가 하는 것들은 다분히 심리적인 상태를 뜻하는 말로, 이들은 무엇보다 현실적인 의견을 저해하는 심리 상태에 불과하다. 따라서 만일 그 사회 전체에 편견이나 직관만으로 부족하다는 확신이 없다면, 시간과 돈과 노동, 의식적인 노력, 인내, 그리고 평정심을 필요로 하는 현실적인 여론을 형성할 때 충분한 지지를 얻기 어렵다. 이러한 확신은 자기비판 정신이 성장할수록 강해진다. 그러면서 우리는 정치연설이 보잘것없다는 사실을 깨닫고 이를 받아들였던 자신을 혐오하게 되며 앞으로 이런 오류를 범하지 않도록 주의를 환기시켜준다. 책을 읽거나 이야기하거나 결단을 내릴 때 우리에게 의견을 분석하는 뿌리 깊은 습관이 없다면, 우리는 보다 나은 생각이 필요하다고 느끼지도 않을 터이며, 설사 보다 나은 생각이 나왔다 해도 별 관심을 가지지 않을 것이다. 그리고 정치정보의 새로운 기술의 조작을 저지할 수도 없을 것이다.

가장 오래되고 또 강력한 척도로 판단해보면, 민주주의는 여론을 신비로운 존재로 만들어 왔다. 선거일에 과반수 이상의 지지를 얻는 신비스러운 재주를 습득한 여론 조직자는 예부터 있어 왔다. 그러나 이런 여론의 조직자들을 정치학 관점에서 비천한 사람, '문제의 인물'로 취급해 왔지, 여론을 형성·조종하는 탁월한 지식의 소유자로 생각하지는 않았다. 민주주의를 실행해보지는 못했지만 민주주의의 이념을 개진한 사람들이나 학자, 연설가, 언론인들은 마치 다른 사회에 살고 있는 사람들이 여러 가지 사건이 발생한 현상을 신비스러운 힘에 의존해서 보는 것과 같은 눈으로 여론을 바라보았다.

많은 정치 이론에는 설명이 불가능한 요소가 포함되어 있는데, 특히 그 이론이 전성기에 있을 때 이런 요소는 불문에 붙여진다. 이런 요소의 실체를 파헤쳐보면 '운명', '수호신', '선민에게 위임', '신성군주체제', '하느님의 섭정', '명문 계급'과 같은 것이 된다. 천사나 악마 그리고 군주 같은 사람들은 민주주의 사상 밖으로 사라져버렸다. 그러나 우리를 이끌어줄 감추어진 힘을 믿어야 한다는 사실은 오늘날에도 의연히 남아 있다. 민주주의의 원형을 만든 18세기 사상가들도 이런 신앙이 필요하다고 인정하며 받아들였다. 이들의 신은 창백했지만 따뜻한 마음을 가졌다. 그리고 이들은 새로운 사회 질서를 확립하는 데 반드시 필요한 근원을 인민주권 원리에서 찾았다. 여기에도 신비성은 있었다. 그래서 인민의 적만 이 신비성에 더럽고 호기심에 가득 찬 손을 뻗쳤다.

2

이 사상가들은 자신이 치열하고 승패를 가릴 수 없는 투쟁에 처한 실제 정치가들이었으므로 이 신비의 베일을 벗기지 않았다. 이들은 어떤 정부 이론보다 심오하며 친근감과 중요성이 큰 민주주의에 희망을 걸었다. 그래서 이들은 오래된 편견에 저항하면서 인간의 존엄성을 강요했다. 이들의 관심사는 시정인(市井人) 존 스미스가 공공문제에 자기 의견을 표명할 수 있느냐 없느냐 하는 데 있었던 게 아니라, 비천한 가문 출신이라는 이유 때문에 언제나 남 앞에 무릎을 꿇어야 했던 존 스미스가 이제는 다른 사람과 동등한 지위를 획득했느냐 아니냐 하는 데 있었다. "여명 속에서 산다"는 기쁨을 이런 입장에서 느꼈다. 그러나 분석학자들은 모두 이러한 인간의 존엄성에 품위를 떨어뜨리려는 입장을 취하고 있는 것 같다. 이들은 모두 인간이 언제나 이성적이고, 교육을 받아 알 것을 모두 안다는 말을 부정한다. 민중은 어리석어서 자신과 이해관계가 얽힌 일에 대해서도 충분한 지식을 갖지 못해서, 모든 사람을 동등하게 지배하는 것이 옳지 않다는 생각을 하고 있는 듯하다.

대체로 비판가들은 북을 두드리는 아이들처럼 환영받으려고 했다. 인간은 쉽게 오류를 범할 수 있다는 이들의 비판적인 관찰을 싫증이 나도록 이용해 왔다. 만일 민주주권론자들이 귀족주의자들의 주장에도 타당성이 있다고 인정을 했다면, 이런 말과 행동은 반대론자들에게 공격할 약점을 겉으로 다 드러내 보이는 것과 같은 결과를 초래했을 것이다. 마치 아리스토텔레스가 노예는 나면서부터 노예라고 말할 수밖에 없었던 것과 같이, 민주주권론자들은 자유민은 나면서부터 입법자요 행정가라고 주장해야만 했다. 인간이 입법자, 행정가가 되기 위해 필요한 기술을 완전히 갖춘 적은 과거에도 없었고 앞으로도 기대하기 어렵지만, 인간이 자기 의사에 반하여 제3의 도구로 이용당할 수 없다는 하늘이 준 권리를 보유했다는 사실을 이해할 수 있게 논리적으로 말할 마음의 여유조차 민주주권론자들은 가지지 못했었다. 지식이 많은 사람들의 힘이 크고 그들 자신이 세부적인 곳에까지 신경을 쓰지 않아도 될 시대였으므로 모든 것을 솔직하게 털어놓고 이야기하는 데 머뭇거릴 필요는 없었다.

그래서 초기 민주주권론자들은 대중에서 합리적인 정당성이 자연히 우러나온다고 주장했다. 토마스 제퍼슨 같이 더할 나위 없이 현명한 사람들은, 이 점에 갖가지 개인적인 유보(留保)를 남겼다. 그러나 한 가지 뚜렷한 사실에는 모두 같은 견해를 보였다. 다시 말해서 이 시대 사람들은 여론이 반드시 자연스럽게 생성된다고 믿었다. 왜냐하면 어떤 기본적인 면에서 보면 민주주의에 기초를 둔 정치 이론과 아리스토텔레스 이론은 같기 때문이다. 민주주권론자나 귀족주의자, 공화파에 속하는 사람에게 통치하는 기술은 하늘에서 주어진다는 전제는 이론상 아무런 차이가 없다. 하늘이 내려준 이런 재능이 누구에게 주어졌느냐는 점에 관해서는 극단적인 의견 차이를 보였지만, 하늘이 내려준 재능을 가진 사람을 찾아내야 한다는 점에서는 전적으로 의견을 같이했다. 왕당파에 속하는 사람들은 왕이야말로 지배하기 위해 태어났다고 확신했다. 알렉산더 해밀턴의 생각은 이러했다. '인간 사회의 어떤 계층에도 확고한 정신을 가진 사람은 없다. ……의회가 지주, 상인 및 학식이 많은 사람들로 구성되더라도 통치 정신에 어떤 영향력을 행사하는 일은 극히 예외적인 경우에 국한될 것이다.'*² 제퍼슨은 신이 농민과 개척자에게 정치적 재능을 부여한 것으로 생각하고, 한 걸음 나아가 인간이 모두 통치하는 재능을 가진 것처럼 말했다.*³ 중요한 전제는 어떤 경우에나 똑같았다. 곧 통치란 그 사회의 기호에 따라, 한 사람 또는 선택된 몇 사람, 남성 전체, 그리고 어느 때에는 21세 이상의 백인, 그리고 또 다른 경우에는 전체 남성과 여성에 부여된 본능이었다.

누가 가장 적합한 지배자인가를 결정하는 데 세계를 얼마나 잘 하느냐가 그 기준이 된다는 것은 이미 넓게 인정된 바 있다. 귀족주의자들은 큰 문제를 다루어 본 사람만이 지배 본능을 갖는다고 믿는 반면, 민주주권론자들은 모든 사람은 지배 본능을 가지므로 큰 문제를 다룰 수 있다고 주장한다. 어떤 경우에도 세계에 관한 지식을 어떻게 해야 지배자에게 전달할 수 있느냐 하는 문제

＊2 *The Federalist*, Nos. 35, 36. Henry Jones Ford, *Rise and Growth of American Politics*, Ch. Ⅴ 중에 나오는 비판 참조.
＊3 이 책 p. 196 참조.

를 정치학에서는 고려하지 않았다.

　국민을 위해 일한다는 사람도 유권자에게 충분한 정보를 주기 위해 노력하지는 않았다. 21세가 되면 정치능력이 생긴다고 한다. 바람직한 것은 착한 마음과 추리력이 강한 두뇌, 그리고 균형 잡힌 판단력이었다. 나이를 먹어감에 따라 이것들은 원숙해진다. 따라서 정보를 주기 위해, 추리력을 기르기 위해 애쓸 필요가 없었다. 사람들은 숨을 쉬듯이 이런 사실들을 받아들였다.

3

　그러나 사람들이 이렇듯 쉽게 받아들이는 사실에는 한계가 있다. 사람들은 그들이 머물고 일하는 장소의 관습과 뚜렷한 특성을 파악할 수 있었다. 하지만 이들이 이해해야만 하는 외부 세계가 있었다. 이들은 본능적인 힘에 의존해서 외부 세계를 상상할 수 없었고, 단지 살아가면서 얻어지는 힘만으로 외부 세계에 관한 믿을 만한 지식을 얻지 못했다.

　따라서 자율적인 정치가 가능한 유일한 환경은 지배자가 직접 그리고 확실히 알 수 있는 일정한 범위에 한정되었다. 정부가 인간 능력이 자연적으로 미치는 한계를 벗어나지 못하는 한, 이러한 결론에 예외는 있을 수 없다. "한 국가 시민들이 분수에 맞게 관직자를 비판하고 또 관직을 분담하는 경우에도 시민들은 서로의 성격을 알아야만 한다. 만일 이러한 지식이 없다면, 관직 선거도 소송 판결도 잘못된 것이 되고 만다"고 아리스토텔레스는 말했다.[4]

　이 격언은 어떤 학파의 정치 사상에 뚜렷한 구속력을 갖는다. 그러나 민주주권론자들에게는 특수한 문제를 제기했다. 계급 정치를 신봉하는 사람들은 왕궁이나 귀족 저택에서 지배 계층 서로의 성격이 통한다고 주장하고, 다른 계급에 속하는 사람들이 수동적 입장을 취하기만 한다면 지배계급에 속하는 사람들 서로 성격을 아는 것만으로 충분하다고 했다. 하지만 모든 백성의 존엄성을 고양해야 했던 민주주권론자들은 남성 유권자 전체라는 방대한 규모의 지배계급이 빚는 혼란 속에 휘말려들었다. 민주주권론자들의 논리는, 정치란 인간의 태어날 때부터 가진 본능이요, 정치적 본능은 한정된 환경 속에서 훌륭히 작용한다는 것이었다. 아무리 광범한 환경 속에서도 모든 인간은 정치 활동

---

*4 *Politics*, Bk. Ⅶ, Ch. 4.

을 할 수 있다는 희망적 견해를 가졌다. 이렇듯 이들의 이상과 이론 사이에 생기는 갈등을 해결하는 오직 하나의 탈출구는, 필요 이상의 토론을 그만두고 국민의 소리는 곧 하늘의 소리라고 결론을 내리는 데 있었다.

비판적으로 보기에는 모순과 위협이 너무나 크고 또 그들의 이상이 실행되기에는 이상이 너무 높았다. 이들은 보스턴에 사는 보스턴 시민이 어째서 버지니아 사람의 사고방식을 갖고, 버지니아에 사는 버지니아 시민이 어떻게 워싱턴 정부에 현실적인 의견을 가지며, 또 어떻게 워싱턴 국회의원이 중국과 멕시코에 대한 견해를 가지느냐 하는 문제의 해답을 줄 수 없었다. 그 시대 많은 사람들은 눈으로 직접 보지 못한 환경에 스스로 판단을 가질 수가 없었다. 이들이 아리스토텔레스 시대 뒤로 약간의 진보를 이룬 것은 확실하다. 몇 가지 신문과 책이 있었으며 도로와 선박도 좋아졌다. 그러나 장족의 발전은 없었다. 18세기 정치 가설이 과거 2천 년 동안의 정치 풍토를 풍미해 왔다. 민주주권론 선구자들은 인간의 주의력이 감쌀 수 있는 범위와 인간의 존엄성에 대한 그들의 무한한 신앙 사이에 생긴 갈등을 해결해줄 아무런 재료도 갖지 못했다.

그들의 가설은 현대의 신문, 세계적인 규모의 뉴스 제공, 사진, 영화 출현을 앞질러 이루어졌을 뿐 아니라, 측정과 기록, 양적·비교적 분석, 사실 판단 기준, 눈으로 본 사실에 대한 편견을 수정·배제하는 심리학 분석 능력보다 앞서 만들어졌다. 나는 결코 오늘날의 기록이 만족할 만하고, 분석에 편견이 없으며, 측정이 정확하게 이루어진다고 말하고 싶지는 않다. 다만 눈으로 보지 못한 세계를 판단하는 데 필요한 기본적 발명을 했다는 것이다. 이런 발명은 아리스토텔레스 시대에 이루어진 것도 아니며, 그 발명의 중요성이 루소, 몽테스키외, 토마스 제퍼슨 시대의 정치 이론에 반영될 만큼 인정된 것도 아니다. 인간을 재건하는 가장 새로운 학설, 영국 길드 사회주의 학설에 이르기까지 여러 가지 기본 전제는 과거의 사상 체계에서 계승해 온 것이라는 사실을 뒷장에서 설명하려 한다.

그 오랜 사상 체계가 언제나 영향력을 미치고 왜곡되지 않으려면, 인간이 경험할 수 있는 공적인 일의 범위가 극히 제한될 수밖에 없다고 전제해야만 한다. 인간이 공적인 일에 할애할 수 있는 시간이 아주 적다는 점에서 본다면, 그 전제는 오늘날에도 하나의 중요한 진리이다.

그러나 과거 학설이 주장한 인간이 공적 문제에 쏟을 수 있는 주의력이 아주 적을 뿐 아니라, 설사 주의를 기울인다 해도 그 대상은 아주 가까운 곳에 있는 사건에 국한된다는 가정을 인정할 수밖에 없었다. 먼 곳에서 일어난 복잡한 사건을 아마추어들이 쉽고 옳게 선택할 수 있도록 보도, 분석, 전달할 수 있는 시기가 올 것으로 상상한 것은 하나의 몽상에 불과했었다.

그러나 이제 그 시기가 왔다. 직접 눈으로 보지 못하는 환경을 계속 보도하는 것이 가능하다는 사실을 의심할 여지가 없다. 물론 보도를 잘못하는 경우도 있다. 하지만 보도를 한다는 사실은 보도를 할 수 있다는 사실을 뜻하고, 잘못된 보도를 한다는 사실을 알기 시작했다는 말은 앞으로 그 잘못을 바로잡을 가능성이 있다는 사실을 뚜렷이 시사한다. 기술과 정확성이라는 점에서 약간 차이는 있지만, 실업가들을 위해 기술자와 사무원이 먼 곳에서 일어나는 복잡한 사건을 보도하고 고급 관리에게는 비서와 하급 공무원, 참모 장교를 위해서는 정보 장교가, 독자를 위해서는 몇몇 저널리스트가 그 임무를 맡아 수행한다. 이런 변화는 아직 미숙하지만, 이는 근본적인 시작이다. 여기에서 근본적이라는 말은 전쟁, 혁명, 권력 포기, 권력 회복 등의 말을 되풀이하는 것보다 훨씬 깊은 의미를 지니는 뜻으로 '근본적'이라는 말이 가진 액면의 의미보다 훨씬 깊은 뜻을 갖는다. 다시 말하면 로이드 조지 씨가 아침식사 뒤 런던에서 웨일스 탄광 이야기를 하고 저녁을 먹기 전에 파리에서 아랍 제국의 운명을 말할 수 있을 만큼 인간의 생활 규모는 변했는데, 이런 변화와 같은 정도의 근본적인 것을 뜻한다.

오늘날 인간 활동의 모든 측면은 판단의 대상이 될 수밖에 없다. 이러한 판단 대상의 확대는 오랫동안 정치 사상의 한계를 구속해 온 장벽을 허물게 했다. 물론 지금까지 주의의 범위가 정치 이론의 중요한 전제임을 인식하지 못한 사람은 많다. 그들은 모래 위에 집을 짓고 외부 세계에 더할 나위 없이 한정되고 자기중심적인 지식의 효과를 과시해 왔다. 플라톤과 아리스토텔레스에서 마키아벨리, 홉스, 그리고 민주주권론자에 이르기까지 뛰어난 정치 사상가들이 아니었더라면, 머릿속에 있는 몇 개의 그림으로 세계를 보려 했던 자기중심적 인간을 중심으로 정치적 사유(思惟)가 맴돌았을 것이다.

제17장 자급자족 공동체

1

자기중심적 인간 집단이 서로 접촉하게 되면 그들은 생존 경쟁에 들어간다. 홉스는 《리바이어던(Leviathan)》에서 유명한 한 구절을 남겼는데, 아래와 같은 말에는 많은 진리가 들어 있다.

"지난날 어떤 시대에도 개인이 서로 교전상태에 있었던 적은 없었다. 그러나 군주나 주권자는 언제나 독립을 지키기 위해 서로 경계심을 늦추지 않고 감시의 눈빛을 번뜩이며 칼을 갈아 상대와 대치해 왔다."[*5]

2

이러한 결론을 피하기 위해 한 위대한 사상이 큰 가지를 뻗으며 과거에도 현재에도 많은 학파를 포괄하며 다음과 같이 말했다. 이념적으로 옳은 인간관계의 유형이 생겨나고, 이런 인간관계 속에서 인간 저마다 정해진 기능과 권리를 가진다. 인간이 자기에게 할당된 역할을 양심적으로 수행하기만 한다면, 그가 가지고 있는 의견이 옳고 그르고는 문제되지 않는다. 저마다 자기 의무를 다하고 이렇듯 의무에 충실한 인간이 모일 때 조화로운 세계가 이루어진다. 모든 계급 조직은 이 원칙에 기초를 둔다. 플라톤 공화국, 아리스토텔레스, 전형적 봉건제, 단테의 낙원, 사회주의 관료 형태, 자유경제 사상, 그리고 신디칼리즘,[*6] 길드 사회주의, 무정부주의, 로버트 랜싱(Robert Lansing)파의 전형적 국제법 체계에 이르기까지 어디에서나 이 원칙을 발견할 수 있다.

이들은, 그것을 장려했든 강요했든 또는 태어날 때부터 가진 것이든, 모두 이미 설정된 조화를 가정으로 삼는다. 이 조화를 통해 자기 의견을 고집하는 개인이나 계급, 그리고 사회가 다른 사람들과 차원 높은 오케스트라 같은 조화를 이룬다. 오케스트라에 지휘자가 있는 것처럼 권위주의 조직에서 구성원 저마다는 자기가 맡은 역할만 수행하도록 통제된다. 무정부적인 조직에서는 구성원 저마다가 마음 내키는 대로 즉흥적인 연주를 하면 가장 완전한 화음이 이루어진다고 생각한다.

---

*5 *Leviathan*, Ch. ⅩⅢ. Of the Natural Condition of Mankind as concerning their Felicity and Misery.
*6 공장·사업체 등은 그 속에서 일하는 모든 사람이 소유하고 경영해야 한다는 주의.

그러나 권리와 의무라는 개념에서 출발한 이러한 논리를 부정하는 사상가들은 인간의 본성을 투쟁에 있다고 보고, 어떻게 하면 자기 편이 승리하느냐에 열중했다. 불안감에 빠져 있을 때에도 이들은 다른 사람보다 훨씬 현실적이었다. 왜냐하면 이들의 일이란, 인간이면 누구나가 겪는 여러 경험을 일반화하는 데 있었기 때문이다.

마키아벨리(Machiavelli)는 이 학파에 속하는 전형적인 존재로 비록 가장 큰 비난을 받았지만, 지금까지 초자연주의자들이 선점해 온 분야에서 솔직한 말을 한 최초의 자연주의자였다.*7 그는 이제까지 등장한 정치 사상가 가운데 누구보다 악명이 높았지만, 자기충족적 국가를 존립시키는 기법(技法)을 충실하게 가르쳤다. 그래서 많은 제자들을 길러낼 수 있었다. 그의 악명이 높았던 이유를 주로 다음과 같은 점에서 찾아볼 수 있다. 그는 메디치 가문에 환심을 사려고 노력했으며 밤에는 서재에서 '고상한 궁정복'을 입고 자신이 군주가 되는 망상에 빠지는가 하면, 모든 일의 결과를 신랄하게 비판하면서도 그 방법에는 찬사를 보내는 행동을 했다.

그의 저서 가운데 가장 유명한 한 장(章)에서 그는 다음과 같이 적었다.*8

"군주는 위에서 말한 다섯 가지 덕으로 가득 차지 않는 말이 입 밖으로 나오지 않게 주의해야 하고, 그의 이야기를 듣고 그를 바라보는 사람에게 언제나 자애, 신의, 인간미, 고결, 독실한 사람같이 보여야 한다. 특히 이중 마지막 성질을 가졌다고 보여야 한다. 왜냐하면 일반적으로 사람들은 손보다는 눈으로 판단할 뿐 아니라, 군왕을 보는 사람은 많아도 그를 만지는 사람은 적기 때문이다. 군주의 겉으로 드러난 모습은 누구나 볼 수 있다. 그러나 군주의 진정한 모습을 볼 수 있는 자는 아주 적다. 그 적은 사람들도 자신을 보호하는 국가의 주권을 지닌 다수의 의견에 감히 반대하려 들지 않는다. 인간의 행위, 특히 군주의 행위에는 아무도 도전하려 들지 않고, 그 결과를 보고 판단한다. ……이름을 밝힐 수는 없지만, 오늘날 어느 한 군주는 평화와 신앙이라는 말 말고는

---

*7 F.S. Oliver는 그의 저서 *Alexander Hamilton*에서 "현존하는 여러 조건—인간과 자연의 본질 —이 변하지 않는다고 가정한 마키아벨리는 용감하고 현명한 지배자가 그와 그의 왕조의 안전에 유리하도록 사건들을 어떻게 이용하는가를 개구리 교사가 냉정하고 과학적인 태도로 강의하듯 뚜렷이 밝혔다."

*8 *The Prince*, ch. ⅩⅧ. "Concerning the way in which Princes should keep faith."

입에 담지 않는다. 그러나 이 군주는 평화와 신앙이라는 말에 큰 적의(敵意)를 품고 있다. 그리고 만일 그가 자신이 한 말을 지키려고 했다면 명성과 영토를 여러 번 잃었을 것이다."

이것은 비뚤어진 견해이다. 비록 그의 냉소주의(cynicism)가 본질적 원인을 파헤치지는 못했지만, 진실을 본 사람이 가질 수 있는 냉소주의이다. 마키아벨리는 '손보다는 눈으로 판단하는' 사람들과 군주의 경향을 마음속에 두고 있었다. 마키아벨리는 이들의 판단이 주관적임을 말하려 했다. 그는 당대의 다른 이탈리아 사람들처럼 세계를 차근차근 그리고 전체로 보려고 할 만큼 초연한 태도를 가질 수 있는 상황이 아니었다. 그는 환상에 빠지지 않았다. 그뿐 아니라 전망을 수정하는 방법을 배운 사람이 있다는 생각을 가능케 하는 자료도 가지지 못했다.

그의 견해에 따르면, 이 세계는 가지고 있는 견해를 거의 고칠 수 없는 국민들로 구성되어 있다. 마키아벨리는, 사람들이 공적인 관계를 사적인 안목으로 관찰하려 들기 때문에 끝없는 투쟁에 휘말려든다는 사실을 알고 있었다. 이들은 개인, 계급, 왕정(王政), 그리고 시정(市政) 시각에서 여러 가지 사상을 보지만, 실제로는 이 사상들이 이들의 통찰력 범위를 훨씬 벗어나 있다.

이들은 볼 수 있는 측면만을 보고 그것이 옳다고 생각한다. 따라서 이들은 다른 자기중심적 인간과 충돌한다. 이렇게 되면 이들의 존재 자체가—존재라는 말을 좋아하는 이유는 별것이 아니다—위험에 빠지게 된다. 사적이기는 하지만 현실적인 경험에 기초를 두고 생겨난 목적이 수단을 정당화하게 된다. 국민들은 다양한 이상 가운데 하나를 희생시키더라도 전체를 구하려 들 것이다. ……다시 말하면 "인간은 결과를 가지고 판단한다."

3

이러한 기본적인 진리는 민주주의 사고를 가진 철학자들의 사상과 정면으로 어긋났다. 의식적이든 아니든, 이들은 정치지식의 한계와 자치의 한계를 알고 있었으며, 자족적 국가가 서로 마찰을 일으키면 언제나 전사로서의 자세를 갖추어야 한다는 사실도 알고 있었다. 한편 이들은 인간이 자신의 운명을 결정하는 의지를 가지고 있다는 점과, 폭력으로 강요할 수 없는 평화를 지향하는 의지를 갖는다고 확신했다. 그러면 이들은 어떻게 이상과 현실을 융화시켰던 것일까?

그들은 자신의 주변을 보았다. 그리스와 이탈리아 도시국가는 부패와 음모와 전쟁으로 점철된 역사를 가졌다.*9 그들이 사는 도시에도 내분과 음모와 열병이 있었다. 이러한 환경 속에서는 민주주의 이념이 꽃필 수 없었고, 이런 곳에서는 자립적이며 평등한 능력을 지닌 사람들이 자발적으로 일을 처리할 수 없었다. 이들은 훨씬 앞을 내다보았다. 장 자크 루소(Jean Jacques Rousseau)의 가르침에 따라 움직이듯이 아무도 가보지 못한 먼 시골 마을에 눈길을 돌렸다. 이들은 민주주의 이념이 정착할 땅이 거기에 있다고 믿었다. 특히 제퍼슨이 그렇게 느꼈다. 그는 누구보다 미국 민주주의 이미지를 선명하게 형성한 사람이다. 미국을 독립전쟁에서 승리로 이끈 힘은 타운십(township)에서 나왔다. 그리고 제퍼슨의 정당을 선거에서 권력으로 이끈 표도 타운십에서 나왔다. 매사추세츠와 버지니아 농촌에서 노예의 존재를 시야에서 지워버리기만 하면, 마음의 눈을 통해 민주주의의 미래상을 볼 수 있게 될 것이다.

토크빌(Tocqueville)은 말한다.*10 "미국의 독립전쟁이 발발했다. 그래서 그때까지 타운십에서 배양되어 온 인민주권 원리는 미국 전체의 정치를 지배하게 되었다." 인민주권 원리가 민주주의의 고정관념을 형성하고 일반화시킨 사람들의 마음을 사로잡을 만했다. 제퍼슨은 "국민들이 소중히 품은 생각이 우리의 원리"*11라고 말했다. 그러나 소중한 생각을 품은 국민이란 예외 없이 약간의 토지를 소유한 농민들이었다. "만일 신이 선택한 사람이 있다면, 흙에서 일하는 농민이야말로 신이 선택한 사람들이다. 신은 농민들 가슴을 본질적이고 진정한 덕성을 저장하는 보고로 삼았다. 농민이야말로 신이 성화를 계속 불태우는 중심체이며 만일 농민이 없었더라면 이 지구상에서 성화는 자취도 없이 사라졌을 것이다. 농민들이 도덕적으로 부패한 현상이 지금과 같이 최고조에 달한 시대나 나라의 전례를 인류 역사에서 찾을 수 없다."

비록 자연으로 돌아가라는 낭만적 사고가 앞에서 말한 탄식하게 만드는 유형에 속하기는 하지만, 여기에도 충실하게 영근 알맹이는 있다. 다른 어떤 인간

---

*9 "지금까지 민주주의는 혼란과 투쟁의 장소였다. ……민주주의 일반적으로 단명하여 그 죽음은 급작스러운 것이었다." Madison, *Federalist*, No. 10.

*10 *Democracy in America*, Vol. I, p. 51. Third Edition.

*11 Charles Beard, *Economic Origins of Jeffersonian Democracy*, Ch. XIV에 인용.

사회보다 독립된 농민 집단이 자발적으로 민주주의를 이룩하는 데 필요한 요구를 충족시킬 수 있다고 생각한 제퍼슨의 판단은 옳았다. 그러나 이런 이상을 지키려면, 이런 이상적인 사회를 부정한 세계에서 충분히 방어해야만 한다. 농민들이 그들의 일을 처리하는 경우에도, 처리하는 데 익숙해진 일만 골라서 처리해야 한다. 제퍼슨은 이런 논리정연한 결론을 얻었다. 그는 생산업, 무역업, 상선, 그리고 무형의 재산을 인정하지 않았다. 그뿐 아니라 소규모 자치 단체에 발판을 두지 않은 어떤 정치 형태의 이론도 부정했다. 당대에도 제퍼슨의 비판자들은 있었는데 그중 한 사람은 다음과 같이 말했다.

"자기도취에 깊이 빠졌지만, 현실적으로는 어떤 외부 침략자라도 물리칠 수 있는 힘을 쌓은 우리는 영원한 자기 이익을 추구·향락하고, 감동 없는 비천한 생활을 이기(利己)에 찬 무관심의 그늘 속에서 영원히 누릴 것이다."*12

4

제퍼슨이 만든 민주주의 이념은 이상적인 환경과 선택된 계급이라는 두 가지 요소로 이루어져 있는데, 그 무렵 정치 이론과 마찰을 일으키지는 않았다. 그리고 풍성한 언어를 구사해 정치적 목적에 이용하기 위해서 민주주의 이념을 사뭇 절대적인 어휘로 표현할 때에는 이 이론이 처음부터 아주 특수한 조건을 전제로 만들어졌다는 사실을 곧 잊어버렸다. 이 이념은 정치의 복음이 되었고, 이 복음서가 주는 고정관념 시각을 통해 미국의 여러 정당들은 정치를 보았다.

제퍼슨 시대에는 여론이 자발적이고 주관적으로 형성된다고 모두가 굳게 믿었다. 이러한 시대 요청에 따라 그 복음서가 쓰여진 것이다. 따라서 민주주의 전통은 거주하는 지역 안에서 일어나는 일의 원인과 결과에 전적으로 관심을 기울일 수 있는 사람들만 모여 사는 그런 세상에서 찾을 수 있다.

예측할 수 없는 광범한 환경 속에서 민주주의 이론은 그 결실을 맺을 수 없다. 그 거울은 오목거울이다. 비록 민주정치론자들은 그들이 외부 세계 사건과 접촉한다고 인정하지만, 그들은 이러한 외부와의 접촉 행위가 민주주의 본디 개념에 위협이 된다는 사실을 잘 알고 있다. 이런 두려움은 옳은 공포감이다.

---

*12 Op. cit., . 426.

만일 민주주의가 자발적이라면, 민주주의적인 여러 관계는 단순하고 지적이어야만 하고 또 처리하기 쉬운 상태에 머물러 있어야만 한다. 우연한 경험을 통해서만 정보가 공급되게 하려면 제반 조건은 격리하고, 전원적인 타운십의 조건과 비슷해야만 한다. 다시 말해서 그 환경이 모든 사람이 직접적이고 확실한 지식을 얻을 수 있는 범위로 한정되어야 한다.

민주정치론자들은 여론 분석이 보여준 결과를 이해했다. 곧 "보이지 않은 외부 세계에서 일어나는 일을 아무렇게나 판단해서는 안 되는데도 지금까지 아무렇게나 이루어져 왔다."[*13] 민주정치론자들은 어떻게 해서든 눈으로 보지 않은 외부 세계 환경이 지니는 중요성을 축소시키려고 노력했다. 그들은 외국과의 교역이 그 외국과의 관계를 만든다고 두려워했다. 그리고 생산업자들이 큰 도시와 많은 사람을 모으는 원인이 된다는 이유를 들어 이들을 믿지 않았다. 그럼에도 생산업을 가질 수밖에 없었던 이유는 민주정치론자들도 자급자족의 이익을 지키고 싶었기 때문이다. 이런 조건들을 현실 세계에서 찾을 수 없을 때 민주정치론자들은 열정적으로 넓은 황야로 내달렸다. 그래서 외국과 접촉을 피할 수 있는 벽지에 유토피아를 세웠다. 그들의 강령은 그들의 편견을 말해준다. 그들은 '자치', '자결', '독립'을 옹호했다. 그러나 세 개념 중 그 어느 하나도 자치 집단이라는 개념의 울타리를 넘어서는 동의나 사회라는 의미를 지닐 수 없다. 민주주의의 행동 범위는 일정한 지역 안으로 한정되어 있다. 자급자족을 성취하고 분쟁을 피하려는 목적은 보호된 영역 안에서만 이루어져 왔다. 이러한 법칙은 오직 외교정책에만 적용되는 것은 아니다. 그러나 외교정책 면에서 이 법칙을 적용할 가능성은 뚜렷하다. 왜냐하면 국경선 밖의 생활은 그 안의 생활보다 훨씬 더 낯설기 때문이다. 민주주의 국가의 외교정책이 일반적으로 완전 고립과 그들의 이념을 파괴하는 외교의 중간을 택해 왔다는 것은 역사가 증명하는 바와 같다. 사실 민주주의로 가장 성공을 거둔 스위스, 덴마크, 오스트레일리아, 뉴질랜드 그리고 최근까지 미국에는 유럽적 개념의 외교정책이 없었다. 몬로주의 같은 원칙도 무외교정책을 표방할 만큼 공화당적인 성격을 띤 미국 여러 주의 경향을 말해주는 동시에 무외교의 공백을 메우는 보완 조처와도 같은 것이었다.

---

*13 Aristotle, *Politics*, Bk. Ⅶ, Ch. Ⅳ.

독재정치가 기능하려면 위기감이 가장 큰 조건이었는데, 민주주의가 가능하려면 안전보장이 필요하다고 생각했다.[14] 자기충족적 사회라는 전제를 위협하는 존재는 가급적 줄여야 한다. 안전이 보장되지 않으면 의혹이 생긴다. 이는 통제할 수도 조언할 수도 없는 사람들이 관례를 파괴하는 충분한 폭력이 있음을 뜻하는 것이요, 또 폭력이 신속하고 비상한 결단을 촉구하는 새로운 문제를 제기한다는 것을 뜻한다.

오늘날에는 모든 민주주의론자가 민주주의가 모순의 위기에 봉착했다는 사실을 가슴 깊이 느낀다. 왜냐하면 대중의 타성이란 소수가 결정하면 다수는 맹목적으로 추종하는 데 있음을 알고 있기 때문이다. 그렇다고 무정부주의자가 민주주의론자 가운데서 생겨나지는 않았다. 오히려 민주주의 전쟁은 평화주의적 목표를 이루기 위해 치러졌다. 실제로 정복을 위한 전쟁에 참전할 때에도 이들은 그 전쟁이 문명을 지키기 위한 전쟁이라고 굳게 믿었다.

지구 표면을 제 것으로 만들고 확장하려는 시도가 비겁한 자, 무관심한 자또는 제퍼슨의 논적들이 비꼰 것과 같이 '수도승의 계율을 지키며 사는 자들'에 의해 고취되지는 않았다. 다시 말해서 민주주의론자들은 모든 인간의 능력을 최고로 높여 인간의 존엄성을 고양하면서 인간이 스스로 만든 속박에서 해방될 수 있다고 믿었다. 그들의 정치 기술 지식을 가지고는, 아리스토텔레스가 그랬던 것처럼, 자발적 개인들이 공적인 사회를 마음속에 두고 한정된 단순 사회만을 문제 삼은 것이 당연하다. 국민이 공무를 자율적으로 처리할 수 있다는 결론을 얻기 위해서는 다른 전제를 택할 수 없었다.

5

그들의 가장 절실한 희망을 이루기 위해서 이런 전제를 채택했지만 거기서 다른 결론도 얻었다. 스스로 성장하는 자치정부를 갖기 위해서 단순한 자급자족 공동체를 처리하는 능력은 누구에게나 있다는 사실을 인정했기 때문이다.

소망이 사상의 아버지가 될 수 있는 상황에서는 이런 논리가 설득력을 갖는

---

*14 1800년의 민주주의 혁명에 놀라 Fisher Ames는 1902년 Rufus King에게 다음과 같은 편지를 보냈다. "대부분의 국가가 필요로 하는 것과 같이 우리도 무서운 이웃 나라에 압박을 가해야 한다. 이 무서운 국가의 존재는 선동 정치가가 정부와 국민 사이에 심는 공포보다 훨씬 무서운 공포를 고취한다." Ford, *Rise and Growth of American Politics*, p. 69 인용.

다. 그뿐 아니라 전능한 시민이라는 사고는 농촌 타운십에서 처음으로 그 실제 문제를 해결하는 데 도움이 됐다. 마을 사람들은 누구나 늦든 빠르든 마을의 모든 일에 참여한다. 마을 사람들은 모든 일을 관장하는 공직을 교대로 맡는다. 민주주의 고정관념을 일반적으로 적용해 인간이 복잡한 문명을 보는 눈으로 폐쇄된 작은 마을을 보기 시작하자 전능한 시민이라는 사고방식은 중대한 혼란에 부딪치게 되었다.

시민 개개인은 공무를 취급하는 데 적합할 뿐 아니라, 언제나 공익정신에 차 있고 또 절대적인 관심을 가지고 있었다. 모르는 사람이 없고 모르는 일이 있을 수 없는 타운십 속에서 인간은 공공정신을 십분 발휘했다. 타운십에 맞는 사고이면 어떤 목적에도 쉽게 사용할 수 있는 생각이 될 수 있었다. 우리가 주의해 온 것과 같이 양적 사고란 고정관념에 맞지 않다. 그러나 거꾸로 보면 여기에도 하나의 논리는 있었다. 곧 누구나 중요한 문제에는 큰 관심을 보인다. 따라서 모든 사람이 큰 관심을 보이는 것은 중요한 일이라는 논리가 성립된다.

다른 말로 설명하면, 인간은 두뇌에 형성된 도식적 틀에 따라 외부 세계를 머릿속에 형상화한다. 이런 도식적인 틀은 부모와 교사가 고정관념으로 전승해 준 것으로, 후천적 경험으로는 잘 고쳐지지 않는다.

주 경계선을 넘어서 처리해야 할 일을 다루는 사람의 수는 아주 적었다. 그리고 외국에 나갈 정당한 이유를 가진 사람은 더욱 적었다. 많은 유권자는 한 세계에서만 살아왔다. 사람들은 몇몇 보잘것없는 신문이나 팸플릿, 정치 연설, 종교 교육, 그리고 유포된 주제를 통해서만 상업, 재정, 전쟁, 평화 같은 보다 넓은 환경에서 생기는 일들을 알 수 있었다. 객관적인 보도에 기초를 둔 여론은, 수많은 상상을 통해서 형성되는 여론에 비해 그 수가 극히 적었다.

그리고 여러 가지 다른 이유로 자급자족 공동체는 그 형성기에 있어서 하나의 개념적 이상이었다. 타운십의 물리적 고립, 개척자의 고독, 민주주의 이론, 청교도의 전통 그리고 정치 이론의 제한이 중복된 결과 정치학 한계는 처음부터 개인적 양심과 구별되는 것이라는 믿음을 사람들에게 심었다. 절대적인 여러 원리에서 법을 추론하면서 인간의 자유로운 활동력을 박탈한 것은 불가사의한 일이 아니다.

그 뒤 미국의 정치 사상은 자본을 바탕으로 삼아야만 했다. 미국의 정치 사상은, 시련을 통해 많은 규칙에 준법정신을 부여할 수 있었다는 데서 그 특성을 찾을 수 있다. 경험을 통해 새로운 진리를 찾는 노력을 기울이지 않고도 낡은 규칙에서 새로운 규칙이 생겨났다. 이러한 공식을 놀라울 정도로 신성시했기 때문에 선의의 외국인 관측자는 모두, 미국인의 동적이고 실천적인 활기와 그들의 공공생활에서 보는 정적인 이론주의 사이에 생기는 대조에 놀라움을 금할 수 없었다. 간단히 말하면, 미국인들은 고착된 여러 원리에 변하지 않는 애정을 가졌으므로 자급자족을 완수할 수 있었다. 그러나 외부 세계에서는 어느 한 지역사회의 여론은 법률이나 도덕률에서 형성되는 고정관념 이미지로 거의 조성되고, 지역적인 경험을 통해 생겨난 감정으로 활력에 넘치게 된다.

그리하여 궁극적인 인간의 존엄성이라는 아름다운 이념에서 출발한 민주주의 이론은 그 환경을 보도할 적당한 수단을 갖추지 못하면서 유권자 마음속에 우연히 축적된 지혜와 경험에 의존할 수밖에 없었다. 제퍼슨의 말을 빌리면, 신은 인간의 마음을 '중요하고 진정한 덕성을 저축하는 보고'로 삼았다. 자급자족 사회에 사는 선택받은 사람들은 모든 사실을 직접 접할 수 있었다. 그들은 환경을 너무나 친숙하게 알고 있어서 거의 모두가 실질적으로 똑같은 사상을 놓고 이야기한다고 해석할 수 있는 처지였다. 그래서 의견이 일치하지 않는 경우에도 그것은 같은 사상에 대한 판단의 차이에 불과했다. 정보 출처를 보증할 필요가 전혀 없었다. 정보원은 뚜렷이 밝혀져 있었고, 누구나가 똑같이 손에 넣을 수 있었다. 궁극적인 판단 기준 같은 것에 신경을 쓸 필요도 없었다. 자급자족 공동체에서 인간은 같은 도덕 규범을 가질 가능성이 클 뿐 아니라, 실제로 같은 도덕 규범을 가졌다.

따라서 이런 사회에서 이견은, 일반적으로 승인된 기준을 일반적으로 승인된 사실에 적용할 때, 인간이 저마다 논리적으로 가장 합당한 방법을 모색하려는 데서 생겼다. 그러나 추리 능력 또한 잘 규격화되어 있어서, 추리에서 나온 과오는 자유 토론 과정에서 곧 드러났다. 결국 자유에는 지금까지 논술해 온 것과 같은 한계가 있지만, 자유로 진리를 얻을 수 있다는 신앙은 이렇게 생겨난 것이다. 사회는 손에 넣은 정보를 사회적 수단으로 삼는 것을 당연시했다. 곧 학교, 교회, 가족을 통해 사회적 규범을 강요하기 위해서, 전제를 찾아내는 능력보다는 주어진 전제에서 출발하여 결론을 이끌어내는 힘을 기르는 것이 인간의 지적 교육의 주목적이 되었다.

제18장 힘, 관직 임명권

1

해밀턴은 다음과 같이 적었다.[15] "미리 예상했던 바와 같이 미연방의 구조는 제대로 시행되지 않았다. 주(州) 제도의 결함은 점점 커져서 극단에 이르고 미국 정부의 기능을 침해하여 급기야는 마비시키는 데로 몰고 갔다. ······왜냐하면 연방 정부에서 내려오는 중요한 안건을 시행하기 위해서는 개별 주권을 지닌 13개 주의 의지를 연방 체제 아래에서는 하나로 모을 필요가 있었기 때문이다." 그렇게 되지 않으면 어떤 사태가 일어날까? "저마다 주의 지배자들은 토의할 안건에 찬성과 반대를 스스로 판단할 것이다. 그들은 제안하고 요청한 안건이 그들 자신의 이익과 목적에 들어맞는지 고려할 것이다. 일시적인 편리나 불편에 따라 그 안건의 채택과 기각이 결정된다. 그 결정은, 옳은 판단을 내리는 데 반드시 필요한 국정 지식이나 주정부의 이성을 무시하고 이루어진다. 따라서 시장 사정에 치중한 편견이 잘못된 결정으로 이끌고 이해관계와 의심으로 토의할 안건을 대한다. 연방을 형성하는 개별 구성체는 모두 위와 같은 과정을 겪게 마련이다. 그래서 연방체라는 전체가 입안한 계획은 언제나 개별 구성체의 불완전한 정보와 편견에 따른 상이한 견해의 자유재량 때문에 늘 불안해하고 동요하게 마련이다. 일반 집회 과정에 통달한 사람들은, 외부 압력이 없는 경우에 중요한 안건을 전원일치로 처리하는 일이 얼마나 어려운 일인가 겪어왔다. 그래서 이들은 거리가 떨어지고, 시간 차이가 나며, 서로 다른 인상을 받은 안건을 놓고 토의를 진행할 때 같은 견해와 같은 목적 밑에서 협력해 나가도록 집회를 이끄는 일이 더할 나위 없이 어렵다는 사실을 알게 된다."

존 애덤스(John Adams)의 말을 빌리면,[16] '단순한 외교적 집회'에 그친 의회정치를 겪은 혁명 지도자들은, 많은 자기중심 공동체가 같은 환경에 휩쓸렸을 때 어떤 사태가 발생하는가를 '유익하나 출혈이 큰 교훈[17]'을 통해 배웠다.

1787년 5월, 혁명 지도자들이 연방 규약 수정을 내걸고 필라델피아에서 모였을 때, 이들은 18세기 민주주의의 기본적인 전제에 반동적인 입장을 취했다.

---

* 15 *Federalist*, No.15.
* 16 Ford, *op. cit.*, p.36.
* 17 *Federalist*, NO.15.

매디슨이 말한 바와 같이 이들은 민주정치는 '불안과 투쟁 광경'을 제공했다는 사실을 몸소 체험하게 되어, 이 시대의 민주주의 정신에 의식적으로 반대한 데 그치지 않고, 자치공동체사회의 이념을 국가적 차원에서 자율적 환경이라는 개념으로 벌충했다. 인간이 자발적으로 자기 일을 처리한다는 근시안적 민주주의관이 낳은 충돌과 실패가 이들의 눈앞에 펼쳐졌다.

이들이 봉착한 문제는 여전히 반(反)민주주의 성향의 정부를 복귀시키는 데 있었다. 이들은 정부를 국가 결정을 내리는 기관으로 이해하고 이 결정을 국민에게 강요하는 권력 기구로 이해했다. 이들은 민주주의란 서로 다른 지방과 계급이 그들의 직접적 이익과 목적에 들어맞도록 스스로 결정할 수 있는 권리를 고집하는 데 있다고 믿었다.

이들은 따로 떨어진 지역사회가 여러 사실에 같은 견해를 가지고 자발적으로 행동할 것인가 하는 가능성을 계산에 넣고 생각하지 못했다. 이제야 우리는 비로소 뉴스가 자유로이 전파되고 자유롭게 언어가 소통될 수 있는 지구상의 어느 국한된 장소에서, 국한된 인간 생활 한 측면만을 대상으로 할 때 이런 가능성이 존재할 수 있다는 사실을 깨닫기 시작했다. 산업과 국제정치에서 자유의지를 바탕으로 한 연방주의는 아직 기초 단계를 벗어나지 못하고, 우리의 경험으로 비추어보아 매우 한정되고 좁은 범위 안에서만 실제 정치에 적용된다.

1세기 이상이 지난 오늘날의 우리도, 여러 세대에 걸쳐 지적 능력을 불러일으키는 자극 정도로 인식하고 있는 것을 미국 헌법 초안자들이 생각했을 리 없다. 해밀턴과 그의 동료들은, 인간은 공통된 관심을 갖기 때문에 협력할 수 있다는 이론에 주목하지 않고, 세력 균형으로 특수한 이해관계가 평형을 이룰 때 비로소 인간을 지배할 수 있다는 이론에서 계획을 세웠다. 매디슨은 "야심에는 야심으로 대응해야 한다"*18 말했다.

많은 저술가들이 말했듯이 이들의 의도가, 정부가 영구한 함정에 빠져 헤어나지 못할 만큼 모든 이익에 균형을 이루게 하려는 데 있지는 않았다. 이들은 지방, 계급 이해에 마침표를 찍으면서 정부에 방해가 되는 지방, 계급 이해를 배제하는 데 그 의도를 두었다. "인간 위에 선 인간이 운영하는 정부를 조직할 때 아래와 같은 어려운 문제가 있다"*19고 매디슨은 말했다. "첫째 정부가 지배

---

*18 *Federalist*, No.51, Ford, *op. cit.*, p.60 인용.
*19 *Id.*

받는 사람들을 지배할 수 있도록 만들어야만 하고, 그 다음으로는 정부가 정부 자체를 자유롭게 조종할 수 있어야 한다."

하나의 중요한 의미에서 볼 때, 억제와 균형의 원칙은 여론이라는 문제에 대응하는 연방주의 지도자를 구해주는 해결책이었다. 지방 여론을 중립화하는 하나의 진정한 기관을 고안하지 않고서는, 이들이 '피로 얼룩진 칼'[*20]을 '행정관의 온화한 칼'로 바꾸는 방법을 찾아낼 수 없었다.

이들은 공통된 정보의 기초 위에 공통된 동의가 이루어진다는 가능성 말고는 커다란 유권자를 조작 통제하는 방법이 있으리라고 생각지 못했다. 1800년에 해밀턴이 태머니 홀(Tammany Hall)의 원조를 받아 뉴욕 시 통치권을 장악했을 때, 애런 버(Aaron Burr)가 가르친 교훈에서 큰 감명을 받은 것은 사실이다. 그러나 이 새로운 발견을 충분히 체득하기 전에 해밀턴은 암살되고 말았다. 포드 씨의 말을 빌리면,[*21] 버의 권총이 연방 당의 두뇌를 날려버린 것이다.

2

헌법 초안이 완성되었을 때만 해도 "정치는 신사끼리 협의와 동의로 처리할 수 있었다."[*22] 그리고 정부 운영을 위해 해밀턴은 이들 신사 계급 사람들에게 도움을 청했다. 헌법의 억제와 균형 원리로 지방 편견이 균형 상태에 이르면 이들 신사가 나랏일을 처리해 갈 수 있다는 발상에서 출발한 논리였다. 양자가 되면서 이 신사 계급에 발탁된 해밀턴이 이 계급에 소속된 사람들에게 인간적인 호의에서 편견을 가졌을 법도 하다.

그러나 이것만으로는 그의 정치적 역량을 설명하기에는 부족하다. 그가 연방에 뜨거운 열정을 불태웠다는 사실은 의심의 여지가 없지만, 내 생각으로는, 그가 계급 특권을 연방 설립에 이용했다고 말하지 않고 계급 특권을 옹호하기 위해서 연방제를 만들었다고 강하게 주장하는 것은 진실을 크게 전도하는 해석인 듯싶다.

해밀턴은 다음과 같이 말했다. "우리는 인간을 액면 그대로 받아들여야 한다. 그리고 우리가 공익을 위해 봉사하기를 기대할 때 그의 열정을 그 실천으

---

*20 *Federalist*, No.15.

*21 Ford, *op. cit.*, p.119.

*22 *Op. cit.*, p.144.

로 이끌어야 한다."*23 해밀턴은 이런 열정을 국가 이익과 바로 직결할 수 있는 지배자를 필요로 했다. 이런 범주에 속하는 사람이란 상류 사회의 명사, 국가에게 채권자 입장에 놓인 사람, 공장 소유주, 무역업자였다.*24 일정한 목적을 이루기 위해 채택한 현명한 수단의 예로는, 해밀턴이 지방 명사를 새로운 정부에 밀착시키는 데 이용한 일련의 재정적 조처 이상의 것이 거의 없을 정도이다.

헌법의회는 비공개로 진행되었고, 그 인준도 '전체 성인남성의 6분의 1을 넘지 않는 투표'*25로 이루어지기는 했는데도 거의 변명하지 않거나 아예 하지 않았다.

연방주의자들은 어디까지나 연합을 부르짖었지 민주주의를 주장하지는 않았다. 공화당 출신 대통령으로 2년 동안 재임한 뒤였기 때문에 '공화'라는 말 자체가 조지 워싱턴에게는 불쾌하게 들렸다. 헌법이란 분명 민중 통치 영역을 좁히는 하나의 시도였다. 재력에 따라 극도로 제한된 선거권에 기초를 둔 하원이 바로 정부가 소유해야 한다고 계획했던 유일한 민주 기관이었다. 이런 상태의 하원을 놓고도 이것이 너무나 파격적 기관이라고 생각했으므로 상원, 선거단, 대통령의 거부권 그리고 사법부의 해석으로 견제를 받게 되고, 균형이 잡히도록 만든 것이다.

프랑스 혁명이 전 세계 민중의 감정에 불을 지르려던 시기인 1776년 미국 혁명가들은 자기 이익에 손해가 가지 않는 범위 안에서 역사를 거슬러 올라가 영국의 독재왕정에서 정치 형태의 모델을 찾았다. 이런 보수적 반동은 오래 이어지지 않았다. 보수적 반동을 보인 사람들은 소수파로 많은 사람들이 이들의 동기를 예의 주시했다. 그리고 상류사회 인사들은 워싱턴이 은퇴한 뒤, 그 후계자 자리를 놓고 벌어진 경쟁에서 승자가 될 만한 확고한 지위를 점유하지 못했다. 헌법 초안을 작성한 사람들의 처음 계획과 그 시대의 도덕관 사이에 가로놓인 의견 차이가 너무 커서 한 훌륭한 정치가가 극복하기에는 힘든 일이었다.

3

제퍼슨은 자신의 당선을 '1800년의 대혁명'이라고 말했지만, 이는 무엇보다

---

* 23 Op. cit., p.47.

* 24 Beard, Economic Interpretation of the Constitution, passim.

* 25 Beard, op. cit., p.325.

사람들의 마음속에 일어난 혁명이었다. 정책상의 큰 변화는 없었지만, 새로운 전통은 만들어졌다. 왜냐하면 제퍼슨이 처음으로 미국 국민에게 헌법은 민주주의 수단이라고 가르쳤고, 그 뒤 미국 국민들이 정치를 말할 때 즐겨 사용하는 이미지, 이념 그리고 많은 문구를 고정관념으로 만들었기 때문이다.

그 정신적 승리가 너무나 완전한 것이었으므로 25년의 세월이 흐른 뒤에 연방주의자들의 고향에 초대된 토크빌은 "공화당 정부의 오랜 집권을 혐오하는 많은 사람까지도 공식 석상에서는 공화당 정부의 집권을 환영하고 민주주의 제도의 장점을 공공연히 칭찬한다"고 말했다.*26

미국 헌법 기초자들은 뛰어난 지혜를 가지고도, 비민주주의적인 헌법이 오랫동안 묵인되지 않으리라는 사실을 뚜렷이 인식하지 못했었다. 헌법 문제에서 그들의 의견을 보는한 정부를 '교양 없는' 민중의 의지에 맡길 생각이 없다는 점에서 해밀턴의 생각과 조금도 다를 바 없는 제퍼슨과 같은 사람의 입장은 민중 지배를 대담하게 부정하는 태도이며 공격하기 좋은 표적이 되었다.*27 연방파 지도자들은 그들의 신념을 솔직히 말한 확고한 신념을 가진 자들이었다. 그들의 공적 견해와 사적 견해 사이에는 실질적인 모순이 거의 없었다.

그러나 제퍼슨 사상은 많이 모호했다. 이는 단지 해밀턴이나 그의 전기를 쓴 작가들이 생각해 온 것같이 그의 사상 체계에 결함이 있어서가 아니라, 제퍼슨이 연방제도를 믿으면 서로 다른 한편으로는 자발적인 민주주의를 믿었으며 그 무렵 정치학에서는 이들을 조화할 방법을 찾아낼 수 없었다는 데서 나온 말이다. 제퍼슨 사상과 행동에서 찾아볼 수 있는 이러한 혼돈은 그의 구상이 너무나 방대하고 새로운 것이었으므로 생긴 것이다. 비록 민주주권 사상을 뚜렷이 이해한 사람은 없었지만, 민주주권 사상이 너무나도 폭넓은 인간 생활 확대를 의미하는 듯이 보였기 때문에 이를 정면에서 부정하는 헌법은 존속할 수 없었다.

따라서 민주주권을 정면에서 부정하는 요소는 인간 의식에서 사라지고 대신 입헌민주주의의 좋은 예를 보여주는 헌법을 민중이 직접 지배하는 수단으로 생각한 것만은 사실이다. 실제로 제퍼슨은 연방주의자들이 헌법 해석에 많

---

*26 *Democracy in America*, Vol. I, ch. X(Third Edition, 1838), p.216.
*27 이 점에 관해서는, 제퍼슨의 버지니아 헌법 구상, 재산 소유자들로 구성된 상원 구상, 사법상의 거부권에 대한 견해를 참고. Beard, *Economic Origins of Jeffersonian Democracy*, pp.450 *et seq.*

은 오류를 범했다고 믿었고 또 이들은 헌법 기초자들이 아니라고까지 생각했다. 그래서 이런 의미로 마음속에서 헌법을 다시 만들었다. 일부는 실제로 수정하기도 했지만, 선거 단체처럼 실제적인 운영을 통해 이루어지기도 했다. 그러나 무엇보다 중요한 것은, 새로이 고정관념으로 만든 틀을 통해 헌법을 해석하면서 정면에서 본 헌법은 초기 과두제(寡頭制) 시각으로는 볼 수 없는 형태로 변해버렸다.

미국 국민들은 그들의 헌법이 민주주의의 수단이라고 굳게 믿게 되었으며, 이런 신념을 가지고 헌법을 다루었다. 미국 국민이 가지는 이런 거짓 신념은 제퍼슨에게 승리를 안겨 주었다. 그리고 이 거짓 신념은 위대하고 보수적인 미국의 것이 되었다. 만일 모든 사람의 헌법 인식이 헌법 기초자들의 헌법 인식과 같았다면, 헌법을 하루아침에 폐기했을 것이다. 왜냐하면 헌법에 바치는 충성과 민주주의에 바치는 충성은 양립할 수 없기 때문이다. 제퍼슨은 미국 국민에게 헌법을 민주주의 표현으로 배우라고 가르치면서 이런 모순을 극복했다. 그러나 제퍼슨 자신도 이 한계를 넘어서지 못했다. 25년이라는 세월이 흐른 뒤, 다시 말해서 사회 조건이 급격히 변화한 뒤 앤드류 잭슨(Andrew Jackson)은 제퍼슨이 구축해놓은 전통 위에 정치 혁명을 단행했다.*28

4

그 혁명의 정치적 중심은 관직 임명권 문제에 있었다. 정부를 조직한 사람들은 공직을 가볍게 범할 수 없는 어떤 재산으로 생각했다. 그리고 그들이 속한 사회계급이 이 공직을 장악하기를 희망했다. 그러나 민주주의 원칙은 그것의 중심이 되는 요소로 시민은 전능하다는 사고를 포함한다. 따라서 민중이 헌법을 민주주의의 수단으로 생각하기 시작하면서 공직에 오랫동안 머무르는 것을 비민주주의적이라 여기게 되었다. 인간이 태어날 때부터 지니고 있는 야심이 당대의 위대한 도덕 충동과 일치했다.

제퍼슨은 이 이념을 사람들에게 퍼트리기는 했지만 가차 없이 관행으로 만드는 일은 하지 않았다. 버지니아 출신 역대 대통령 시절에는 당 사정에 따라 공직을 다른 사람으로 바꾼 경우는 적었다. 공직 임명권을 만든 최초의 인물은

---

*28 해밀턴의 의견과 잭슨의 실천을 구별하는 혁명 정도의 차이에 의문이 있는 독자는 다음의 책을 참고할 것. Henry Jones Ford, *Rise and Growth of American Politics*.

잭슨이었다.

오늘날 우리에게는 기이하게 들리지만, 그 무렵 공직 단기교체원칙은 위대한 개혁으로 여겨졌다. 이는 일반 서민도 어떤 공직에서든 일할 수 있다는 관점에서 출발한 서민 존엄성 인정이요, 사회 소수 계급의 공직 독점의 봉쇄이며, 실력이 있는 자에게 길을 열어줄 뿐 아니라, '과거 여러 세기에 걸친 정치 부패를 해결하는 가장 효력 있는 약'이며, 관료제도를 저지하는 유일한 수단으로 인정되었다.*²⁹ 잦은 공직 교체는, 자율적 마을 체제에서 이끌어낸 민주주의 이미지를 광범한 분야에 적용한 것이다.

두말할 것도 없이 민주주의 이론이 기초로 삼은 이상적인 지역사회에서 잦은 공직 교체를 통해 거둔 것과 같은 성과를 국가라는 큰 단위에서는 얻지 못했다. 잠적한 연방파 자리에 새로운 지배계급이 들어앉으면서 예상치 못한 결과를 불러왔다. 의도적인 것은 아니었지만, 관직 임명권은 광범위한 유권자에게 해밀턴의 재정적 조처가 상류계급에 미친 것과 같은 결과를 주었다.

우리는 가끔 미국 정부의 안정이 관직 임명권 때문에 이루어졌다는 사실을 잊어버린다. 관직 임명권은 자연적인 지도자들이 자기중심적 지역사회에 너무 집착하는 일을 견제하고, 지방 정신을 약하게 만들며, 공통된 관심의 결여로 연합을 파괴하는 지방의 명사들을 평화로운 협조로 이끈다.

그러나 민주주의 이론은 새로운 지배계급이 탄생하리라고는 상상하지 못했고, 사실 자체에 순응한 것도 아니다. 민주주의파 사람들이 공직 독점을 폐지하고 공직 교체와 짧은 임기를 설정할 때 그들은 머릿속으로 공직 임기를 끝마치고 미련 없이 농원으로 돌아간 타운십을 그렸다. 민주주의파 사람들은 정치가들이 하나의 특수계급을 형성한다는 생각을 혐오했다. 하지만 민주주의론자들이 바라던 바를 실제로 실현할 수는 없었다. 왜냐하면 민주주의 이론은 이상적인 환경에서 도출된 것인 반면에, 그들은 현실 속에서 살았기 때문이다. 이들이 민주주의에 도덕 충동을 강하게 느끼면 느낄수록, 먼 거리에 떨어져 서로 다른 인상을 받은 일을 지역사회가 논의할 때 같은 견해, 같은 방향에 입각해서 장기적인 협력을 이루기는 어렵다고 한 해밀턴의 말에 심오한 진리가 있다는 사실을 인정하지 않으려 했다. 왜냐하면 이런 진리를 인정하게 되면, 모든

---

* 29 Ford. *op, cit*, p.169.

사람에게 같은 동의를 얻는 기술이 근본적으로 개선되지 않는 한, 국정에서 민주주의를 완전히 실현하는 일이 지연되고 말기 때문이다. 그리고 제퍼슨과 잭슨이 주도한 혁명은 2대 정당 체제를 확립하고, 상류계급 지배를 대신해 억제와 균형을 정돈하는 새 질서를 확립하기 위해 관직 임명권을 만들었다. 그러나 이 모든 것이 세상 사람들의 눈에 띄지 않게 진행되었다.

공직 교체는 명목상 이론이며 실제로는 몇몇 친한 사람들이 주로 공직을 받았다. 임기제 때문에 공직을 영원히 독점할 수는 없어도 직업 정치가들의 직업 자체에는 임기가 없었다. 하딩 대통령이 말한 바와 같이, 정치 자체는 쉬워도 선거에서 이기려면 지혜를 짜고 노력을 기울여야 한다. 공직 급료는 제퍼슨이 입었던 양복처럼 쌌지만, 정당이 사용하는 경비와 승리를 위한 지출은 엄청났다.

고정관념이 된 명목상 민주주의로 눈으로 볼 수 있는 정부를 통제할 수는 있었지만, 미국 국민이 그들의 환경을 이루는 진정한 사실을 수정하고 여기에 적응하는 과정은 미국 국민 모두가 이 사실을 알고 난 다음에도 눈으로 볼 수 없었다. 민주주의의 원시적인 이미지에 일치해야 했던 것은 법률 조문, 정치가 연설, 정당 강령, 행정지구의 형식적인 조직에 지나지 않았다.

5

자기충족적 지역사회 여론이 자기중심적인 경우, 이들 지역사회가 서로 협력하게 만들려면 어떻게 해야 하냐고 이론파 민주주의론자에게 물었다면, 그는 의회 형태를 취한 대의정치를 예로 들었을 것이다. 그러나 만일 그가 대의정치의 위신이 계속 추락된 반면에 대통령 권한은 계속 강화되었다는 오늘날의 사실을 알게 된다면, 크게 놀랄 수밖에 없을 것이다.

어떤 비판가는 오늘날의 의회를, 지방 명사들을 수도 워싱턴에 초청하던 관습의 잔재로 여긴다. 이들은 의회가 전국의 저명인사들로 구성되면 수도 생활이 한결 화려할 것으로 생각했다. 물론 그럴 수도 있었다. 만일 퇴임하는 대통령과 각료들이 존 퀸시 애덤스가 걸어온 길을 답습했다면, 수도의 생활이 더욱 좋아졌을 수 있다. 그러나 그런 사람이 없었다는 사실 자체가 의회가 처한 어려움을 설명해주지는 않는다. 왜냐하면 의회가 쇠퇴하기 시작한 것은 정치 기구 가운데 의회가 가장 중요한 부분을 차지했을 때의 일이기 때문이다. 사실은 그 반대가 더 진실에 가까울지도 모른다. 그 이유는 의회가 국가 정책을 결정하는 데 직접적인 영향력을 행사하지 못한 단계에 이르면서 저명인사를 끌어들이는 매력을 잃고 말았다는 데 있다.

의회를 불신하는 경향은 이제 세계적으로 퍼지게 되었는데, 그것은 본질적으로 광대한 미지의 세계에 식견을 가지지 못한 사람들이 하원을 구성했기 때문이다. 몇몇 예외는 있지만, 의회가 스스로 정보를 수집하는 데 헌법과 대의정치 이론이 인정하는 유일한 방법은 저마다 지방 사이의 의견을 교환하는 것이다. 세계에서 일어나는 일을 알아내는 데 의회는 조직적이고 적절하며 권위 있는 수단을 가지지 못했다. 이론으로 보면 여러 지역의 가장 우수한 사람이 그 선거구의 가장 훌륭한 지혜를 중앙에 가져와 지혜의 조화를 이루고 이런 지혜의 조화가 곧 의회의 필요를 충족하게 된다. 새삼스럽게 의회에서 이루어지는 지방 의견 발표와 교환이 지니는 값어치를 의심할 필요는 없다. 의회는 연방국가 시장이라는 큰 가치를 지닌다. 의사당 현관, 휴게실, 숙소, 의원 부인들이 주최하는 다과회 그리고 국제도시 워싱턴의 접객실에 이따금 얼굴을 비추면서 새로운 사실을 알 수도 있고 시야를 넓힐 수도 있다.

그러나 이러한 이론이 옳다 해도 여러 지역에서 언제나 가장 지혜로운 사람을 의회에 보낸다 하더라도, 지역 인상의 조화나 조합으로는 국가 정책의 기초를 장만하고 외교정책을 통제하는 데 충분하지 못하다. 법률의 진정한 효과는 대부분 눈에 띄지 않게 숨겨져 있기 때문에 지방의 경험을 지방의 사고 방법을 통해 투시해보는 것만으로는 법률의 옳은 효과를 이해하기 어렵다. 법률의 효과는 통제된 보도나 객관적인 분석을 통해서만 알 수 있다. 대규모 공장의 공장장이 조장과 이야기하는 것만으로는 그 공장의 능률을 알 수 없다. 회계사가 조사해놓은 계산서와 자료를 면밀히 검토해야만 한다. 이와 같이 입법자가 지방 사정을 모자이크 식으로 종합해놓고 연방의 진정한 상태를 파악했다고 강하게 주장할 수는 없다. 입법자가 지방의 사정을 익힐 필요는 있지만, 만일 이와 같은 지방 사정을 헤아릴 기구를 갖지 못한다면, 그 중요성과 선악을 구별하기 어렵다.

대통령은 연방정부 메시지를 의회에 보내면서 의회에 조언한다. 방대한 기구와 부서의 보고와 활동을 종합적으로 거느리는 대통령은 의회에 조언할 위치에 있다. 그러나 대통령은 조언할 내용을 선택한다. 그는 결코 심문받는 대상이 될 수 없다. 그리고 공익 사항을 검열하는 권리를 장악하고 있다. 반면에 의회는 시카고 신문의 상업적 활동이나 하급 관리의 부주의한 실수로 중요한 문서를 손에 넣는 경우가 많다. 이는 대통령과 의회의 관계가 너무나 일방적으로 편중되어 있음을 설명해준다. 의원들은 필요한 사실을 손에 넣는 통로가 잘 열려 있지 않아서 이 목적을 이루기 위해 개인적으로 조사비를 쓰거나, 합법화된 잔혹 행위를 마다하지 않는다. 합법적 잔혹 행위란 의회 조사를 뜻하는 말로, 사상의 양식에 굶주린 의원들은 마치 열병에 걸려 거친 인간 사냥을 하는 포수처럼 잔인하다.

의회 조사를 통해 손에 넣는 약간의 정보, 여러 행정 부와의 비정기적인 통신, 의원이 개인적으로 수집한 각종 자료, 의원이 읽는 신문, 정기간행물, 서적류 그리고 범주 상업위원회, 연방 무역위원회, 관세위원회 같은 전문기관에서 받는 조력을 제외한다면, 의회의 의견 형성은 모두 배타적이다.

이런 사실로 미루어보아, 한 국가의 입법은 식견이 넓은 내부자(insiders)가 준비하고 당파적 세력의 힘으로 통과되거나, 어떤 지방의 필요로 입안되는 지방적인 조항의 개별적인 집성체라고 풀이할 수 있다. 관세항목, 해군공창, 육군 주둔지, 하천, 항만, 우체국, 연방정부 건물, 연금, 연고제 이런 것은 국민 생활에 미치는 실질적 혜택의 증거로서 근시적 지역사회에 주어진다. 근시적이기 때문에 이들은 지방 현실의 가치를 높일 목적으로 적립한 연방정부 자금으로 백악관을 건축해도 이를 받아들이는가 하면, 지방 개발 자금이 얼마나 누적되었는지 아는 것보다 쉽게 이해할 수 있다.

저마다 지방에 실질적인 지식을 가진 사람들이 모여 의회와 같은 큰 기구를 형성하므로 한 지역을 뛰어넘은 사태를 다루는 법률은 전체 의원의 창조적 참여 없이 폐기될 때도 있고 통과될 때도 있다. 의원들은 지방 문제로 포괄하여 다룰 수 있는 법률 제정에만 참여한다. 왜냐하면 정보 수집과 분석을 하는 데 능률적인 수단을 가지지 못한 입법부는 폭동으로 간헐적으로 깨지는 맹목적인 조화와 타협 사이를 시계추같이 왕복하는 데 그치기 때문이다. 의원은 적극적인 유권자가 바라는 대로 그들의 이익을 지키고 있다는 사실을 유권자에게 증명할 때 타협이라는 수단을 쓰기 때문에 타협이야말로 조화를 가능케 해주는 이유이다.

의원이 이런 상태에 만족하는 경우를 제외하고는 그 모순은 결코 의원 저마다의 잘못이 아니다. 아무리 현명하고 근면한 의원이라 해도 그가 투표하는 법안의 일부분을 이해하려 할 만큼 용감할 수는 없을 것이다. 의원이 처리해야 할 안건은 폭주하므로 의원이 최선을 다하려면 몇 개의 법안 심의에만 전념하고 나머지는 다른 의원들의 조언에 따라야 한다. 졸업 시험을 치른 뒤 한 번도 공부해보지 못한 사람처럼, 하나의 법안을 놓고 블랙커피를 계속 마시는가 하면 젖은 수건으로 머리를 적시며 전전긍긍하는 의원을 나는 많이 보았다.

이들은 정보를 캐내야 한다. 그리고 의식적으로 조직한 정치 체제에서는, 결정을 내리기 쉬운 형태로 언제나 쉽게 손에 넣을 수 있는 사실을 정리하고 실증해야만 한다. 하나의 문제를 의원이 올바로 파악해도 어려움은 이제 막 시작됐을 뿐이다. 왜냐하면 그 의원의 출신구에서는 그의 노력과 어려움을 모르는 신문, 상공회의소, 중앙 연합조합 그리고 부인 단체가 지방의 색안경을 끼고 그의 업적을 평가하려 들기 때문이다.

6

관직 임명권이 정치 거물과 정부를 밀착시킨 것처럼, 헤아릴 수 없이 많은 지방 보조금과 지방 특권은 자기중심적 지역사회에 크게 공헌한다. 관직 임명권과 유권자의 특권은 수천에 달하는 특별한 의견과 지방적 불만 그리고 개인적인 야심을 융화하고 안정시킨다. 선택할 수 있는 길은 둘밖에 없다. 하나는 공포와 복종으로 하는 정치요, 다른 하나는 '국가 정세 및 국가 이성 지식'을 국민 앞에 밝혀 정보, 분석, 자의식을 고도로 개발된 제도를 통해 처리하는 정치이다.

독제 체제는 부패하고, 자발적 정치 제도는 아직 발아기에 있다. 따라서 국제연맹, 산업국가, 연방국가 같은 국민 집단 사이의 결속을 평가 전망할 때에, 어느 정도로 강한 공동 의식이 존재하는가에 따라 협력을 이루는 데 작용하는 힘의 강도를 측정할 수 있다. 그리고 이제 힘 대신 생겨나는 제도인 관직 임명권이나 연금제도가 협력에 미치는 정도 또한 공동 의식의 강도에 따라 결정된다. 국가의 위대한 건립자인 알렉산더 해밀턴 같은 인물의 비밀은, 그가 이러한 원칙들을 예측하여 알아내는 방법을 터득하고 있는 데에 있다.

제19장 겉만 새롭게 바꾼 낡은 이미지:길드 사회주의

1

자기중심적인 집단 사이의 분쟁이 심화될 때, 과거의 개혁자들은 언제나 두 가지 길 가운데 하나를 택하라는 강요를 받았다. 그중 하나가 로마로 통하는 길을 선택하는 경우로 서로 다투는 여러 부족에게 '로마식 평화(정복)'를 강요한다. 이와 반대로 다른 하나의 길은 고립으로 통하는 길, 다시 말해서 자치와 자급자족으로 통하는 길을 선택하는 경우이다. 개혁자들은 언제나 과거 가까운 시기에 지나온 길과는 다른 새로운 길을 택했다. 이들은 제국정치의 단조로움을 파괴하려 했고, 이들이 소속된 사회의 소박한 자유를 무엇보다 소중히 여겼다. 그러나 이런 소박한 자유가 너그럽지 못한 질투 때문에 짓밟힐 때에는 차라리 위대하고 강력한 국가의 여유로운 질서를 택했다.

어느 길을 택하든지 본질적인 어려움은 사라지지 않았다. 결정권을 지방에 나눠주면 지방 의견이 서로 어긋나는 혼란을 빚었고, 결정권을 중앙에 집중하면 국가 정책이 중앙에 있는 몇몇 인사들 의견에 따라 좌우되었다. 어떤 경우든지, 다시 말해서 한 지방의 권리를 다른 지방의 권리가 침해하는 현상을 막기 위해서 지방 저마다에 법과 질서를 확립하기 위해서 그리고 중앙의 계급 정부에 저항하기 위해서 외부 야만인 침략에서 사회 전체—중앙집권적 사회일 수도 지방분권적 사회일 수도 있다—를 보호하기 위해서는 어쩔 수 없이 힘이 필요했다.

근대 민주정치와 산업 조직은 국왕과 귀족정치에 대항하는, 또는 철저한 경제 통제에 대항하는 반동의 시대에 태어났다. 산업에서는 이 반동이 자유 방임 개인주의로 알려진 극단적인 형태로 나타났다. 자산 소유자들이 경제 결정권을 모두 가졌다. 자산이란 거의 소유할 수 있는 것이기에 그 소유자들이 결정권을 장악할 수 있었다. 이 형태는 철저한 다원주권이었다.

다원주권이란 임의의 누군가의 경제철학에 기초를 둔 경제 통치였다. 그리고 경제 통치는 궁극적으로 조화를 이루게 되는 불변의 재정 원칙으로 지배했다. 이 경제 통치가 훌륭한 결과를 많이 가져오기는 했지만, 시대에 역행하는 불순하고 무서운 부작용도 낳았다. 그 하나가 트러스트(trust)로서, 트러스트는 산업 내부에서는 로마식 평화를 이룩했지만 외부에서는 약탈 제국주의를 확립했다. 국민은 입법부에 구원의 손길을 뻗쳤다. 이들은 거의 절대적인 자치권을 행사하는 법인회사를 견제하기 위해 타운십 농민 이미지를 살린 대의정치를 강구했다. 노동자 계급은 노동조합을 조직하기 시작했다. 계속해서 중앙집권화와 군비확장 경쟁이 진행되었다. 트러스트 제휴와 직종별 조합 연합이 노동 운동으로 확대되었다. 개혁자들이 대기업에 대항하는 권력체를 만들려 했기 때문에 워싱턴의 정치 체제는 강화된 반면에 주의 정치 체제는 약화되었다.

이 시기에 마르크스주의 좌파에서 시어도어 루스벨트가 중심이 된 신민족주의자에 이르기까지 사회주의 모든 정파는 중앙집권화 현상을, 반독립적인 기업의 주권을 정치 권력에서 흡수하는 것으로 끝맺어질 진보의 첫 단계로 보았다. 그러나 전쟁 중 몇 개월을 제외하고 이런 진화는 일어나지 않았다. 진화는 그것으로 충분했다. 정치 권력에 유리한 방향으로 굴러가던 바퀴는 새로운 형태의 다원론을 추종하는 방향으로 회전했다. 하지만 이런 전환으로 사회는 아담 스미스가 제창한 경제적 인간이나 토마스 제퍼슨이 주장한 농민에서 본 것과 같이 원자적 개인주의로 되돌아간 것은 아니고, 자발적 집단의 분자적 개인주의에 눈길을 돌렸다.

이러한 이론 변화에서 찾아볼 수 있는 흥미로운 사실 가운데 하나는, 하나같이 생존경쟁에서 도태되지 않는 방법을 가르친 마키아벨리의 이론을 부정하는 세계를 약속했다는 사실이다. 어떤 집단이든 어떤 형태의 강요로 존립하고 또 자기 보존을 위해 강요를 받아들였다. 그리고 강요를 받아들일 때는 그 강요가 물리적 권력이든, 특수 지위이든, 연고제이든, 특권이든 자신들 이상의 일부로 받아들이는 것은 아니다. 개인주의자는 자발적으로 계몽된 이기주의가 안팎의 평화를 가져온다고 주장했다. 사회주의자는 침략 동기가 사라진다고 확신한다. 그래서 새로운 다원론자들은 침략의 동기가 사라지기를 희망했다.[*30] 마키아벨리 이론 말고는 거의 모든 사회 이론이 강제를 금지하고 있다. 인간 생활을 합리화하려는 사람에게는 누구에게나 강제를 무시하려는 유혹이 절대적이다. 왜냐하면 강제란 불합리하고 표현하기 어려우며 다루기 힘든 것이기 때문이다.

---

*30 G.D.H. Cole, *Social Theory*, p.142.

힘이 수행하는 역할을 전면적으로 승인하기 싫어서 콜(G.D.H. Cole)과 같은 현명한 사람은 길드 사회주의 저서를 통해 이런 주장을 펼쳤다. 오늘날의 국가는 "1차적으로 강요하는 도구이다."*31 그러나 길드 사회주의 사회에서 조정 집단은 존재할 수 있어도 절대 권력은 존재할 수 없다. 그는 이런 집단을 코뮌(Commune)이라 명명했다.

콜의 독자는 이 코뮌이 본디 강요하는 수단이 아니라고 기억하는데 콜은 코뮌의 다양한 힘을 나열했다.*32 코뮌은 물가를 조정한다. 그리고 때로는 물가를 결정하고 잉여와 부족을 공평하게 평준화한다. 코뮌은 천연자원을 분배하고 채권 발행을 통제한다. 그리고 '공동 노동력'을 나눠준다. 코뮌은 길드와 공무원 예산을 승인하고 세금을 거둬들인다. '수입 문제' 또한 코뮌의 업무에 속한다. 코뮌은 그 사회에서 생산자가 아닌 구성원에게 수입을 '분배'하고 정책과 권한에 관련하여 길드 사이에서 제기되는 문제를 최종적으로 결재한다. 그뿐 아니라 직능 집단의 기능을 규정하는 헌법을 제정하고 통과시키며, 사법관을 임명한다. 길드에 강제권을 부여하여 강제력을 행사할 때 생기는 사태에 대비하여 길드의 내규를 비준한다. 코뮌은 선전포고를 하고 평화 조약을 체결한다. 군대를 거느리고 나라 밖에서는 국가의 최고 대표자가 되는 한편 국내에서는 국경 문제의 해결자가 된다. 새로운 직능 집단을 창설하고 오래된 직능 집단에 새 직능을 준다. 경찰을 지휘하고 개인의 행동과 재산을 통제하는 데 필요한 법률을 제정한다.

이러한 권한은 단 하나의 코뮌이 행사하는 게 아니라 내셔널 코뮌(National commune)을 최고 기관으로 한 지방 코뮌 연합체가 행사한다. 물론 코뮌은 주권국가가 아니라고 주장한 콜 씨를 지지할 만하다. 그러나 만일 근대 국가가 모두 강제력을 누린다면—이 점을 콜 씨는 언급하지 않았다—나로서는 코뮌이 주권 국가라고 생각할 수밖에 없다.

그럼에도 콜 씨는 앞으로 길드 사회는 강제력이 없을 거라고 말했다. 곧 "우리는 강요가 아닌 자유 봉사 정신을 기본 이념으로 한 새로운 사회를 건설하

---

*31 Cole, *Guild Socialism*, p.107.

*32 *Op. cit.*, Ch. VIII.

고자 한다"*33는 것이다. 이런 소망을 가진 사람은 누구나가 강요를 최소한으로 한정할 것을 약속한 길드의 사회주의 계획 내용을 면밀히 검토할 것이다. 그 결과 오늘날의 길드가 벌써 광범한 강제력을 보유한 사실을 안다. 모든 사람의 동의를 얻을 수 있는 새로운 사회가 생성될 수 없음은 명료한 사실이다. 사회의 변화를 이루는 데 힘의 요소가 작용해야 한다는 사실을 콜 씨는 솔직히 인정했다.*34 그리고 그는 내란의 정도를 뚜렷이 예측하지 못하면서도, 노동조합이 주도하는 직접적인 행동의 시기가 필요하다고 했다.

3

사회 변화 문제와 민중을 약속한 땅으로 이끌었을 때 앞으로 그들 행동에 어떤 영향을 미칠 것인가 하는 문제는 내버려두고, 현존하는 길드 사회만을 대상으로 삼아 생각해보기로 하자.

콜 씨는 이 문제에 두 가지 해답을 제시했다. 하나는 마르크스주의식 해답으로, 자본주의 재산 제도를 폐지하면서 침략 동기를 없애자는 것이다. 그러나 그가 이런 해결책을 믿은 것 같지는 않다. 만일 믿었다면, 일단 노동계급이 정권을 장악했을 때 노동계급이 정부를 어떻게 운영할 것인가 마르크스주의자들이 신경을 쓰지 않는 것처럼 그도 신경을 쓰지 않았어야 한다. 마르크스주의자가 옳았다면, 그의 주장도 옳은 것이 된다. 병의 원인이 자본계급이면, 자본계급의 소멸로 구제는 자동적으로 가능했다. 하지만 콜 씨의 관심은 혁명 뒤에 올 사회를 국가 집단체제가 운영할 것인지, 길드나 공동체 같은 사회가 운영할 것인지, 그렇지 않으면 민주주의 의회제도가 운영할 것인지에 있었다. 실제로 길드 사회주의는 대의정치의 새로운 이론으로 주목받았다.

길드 사회주의자들은 자본주의 재산권을 없앤다고 기적을 낳을 수 있을 거라고 생각하지 않는다. 이들은 수입의 평준화를 원칙으로 하면 사회적 관계에 큰 변화를 일으킬 수 있다고 기대했는데, 이러한 기대는 물론 정당한 것이다. 내가 이해하는 범위 안에서 말한다면, 그들은 다음과 같은 점에서 정통 소련 공산주의자와는 다르다. 한번 수입과 고용이 평등해지면 사람들은 공격적으로 만드는 동기가 사라진다고 믿는 공산주의자들은 프롤레타리아 독재 힘으로 평

---

*33 Op. cit., p.141.

*34 Cf. op. cit., Ch. X.

등을 확립해야 한다고 제창한다. 길드 사회주의자 또한 힘으로 평등을 확립해야만 한다고 주장하지만, 이들은 공산주의자들보다 현명하다. 이들은 균형을 유지할 필요를 느낄 때, 균형을 유지하는 데 필요한 제도의 설치를 고안한다. 따라서 길드 사회주의자들은 새로운 민주주의 이론에 믿음을 둔다.

콜 씨의 말을 빌리면, 이들의 목적은 "기구를 고쳐서 사람들이 사회 의지를 표현하는 데 가급적 편리하도록 만드는 데 있다"[35]는 것이다. 그리고 사회 의지에는 자치 단체 내부에서 '사회 행동 행태와는 상관없이' 자기를 표현할 기회를 주어야만 한다. 이러한 이야기에는 민주주의에 바라는 진정한 욕구, 다시 말하면 인간에게 영향을 미칠 수 있는 일을 처리하는 데 인간 저마다의 의지가 작용하지 않는 한 인간의 존엄성은 손상될 수밖에 없다는 전통적인 가정과 인간의 존엄성을 고양하려는 욕구가 함축되어 있다. 길드 사회주의자는 초기 민주주의자처럼 자치 이상을 실현 가능한 환경을 찾았다. 루소와 제퍼슨 뒤로 100여 년이 지나갔고, 문제의 핵심도 지방에서 도시로 옮겨졌다. 이제 새로운 민주주의자들은 이상이 된 지방 타운십에서 민주주의 이미지를 찾지 않게 되었다. 이들은 워크숍(workshop)에서 민주주의의 이미지를 찾았다. "가장 마음껏 표현할 수 있는 분위기에서 협동정신이 자유롭게 활동할 수 있게 해야 한다. 인간이 함께 일하는 습관과 전통을 익힌 곳은 분명히 공장이다. 산업민주주의의 자연적, 기본적 단위는 공장이다. 공장은 공장 자체의 문제를 처리할 수 있도록 가능한 한 큰 자유를 누려야 할 뿐 아니라, 공장이라는 민주주의 단위는 길드 사회주의라는 훨씬 큰 규모의 민주주의 기초가 되어야 한다. 그리고 길드를 행정과 통치하는 더 큰 기관은 주로 공장대표제 원칙에 기초를 두어야만 한다."[36]

공장이라는 말은 너무 광범위한 어휘이다. 그래서 콜 씨는 공장이라는 말을 광산, 조선소, 부두, 정거장, 그 밖에도 '자연히 생산 중심지가 된 곳'[37]을 의미하는 말로 해석해 달라고 당부한다. 이런 의미의 공장은 산업과 개념이 전혀 다르다. 콜 씨가 인식한 공장은 사람들이 실제로 개인적 접촉을 갖는 작업장이며 모든 종사자가 직접 보고 들을 수 있을 만큼 작은 환경을 의미한다. "만일

---

*35 Op. cit., p.16.
*36 Op. cit., p.40.
*37 Op. cit., p.41.

이런 민주주의가 실현 가능한 것이라면, 길드의 모든 구성원이 이를 마음속으로 친근하게 느껴야 하고 그들의 손으로 직접 운영할 수 있어야 한다."*38

제퍼슨처럼 콜 씨도 자연스럽게 존재하는 정치 단위를 찾고 있기 때문에 위에서 말한 점은 매우 중요하다. 자연에 존재하는 단위만 완전히 친숙한 환경이다. 이제 큰 공장, 철도 조직, 큰 광산은 이런 의미의 자연 단위가 아니다. 아주 작은 공장이 아닌 한, 콜 씨가 생각하는 공장은 워크숍과 같은 단위다. 워크숍이야말로 인간이 '공동으로 작업하는 습관과 전통'을 가질 수 있는 곳이다. 그 밖의 공장과 산업은 추론으로만 알 수 있는 환경이다.

4

순수한 워크숍 내부의 모든 일을 다스리는 자치는 '한번 보는 것만으로 이해할 수 있는'*39 일을 다스리는 자치와 같다. 그러나 워크숍 내부의 일이 무엇이냐 하는 데에는 이견이 제기될 여지가 있다. 임금, 생산 수준, 필요 물자 구입, 생산품 판로 개척, 작업 확장 같은 중요한 사업계획은 어떻게 보더라도 결코 순수한 내부 문제가 아니다. 워크숍 민주주의는, 외부에서 많은 제약을 받는 상태에서 자유롭다. 워크숍 민주주의는 어느 정도까지 워크숍을 위해 준비된 작업의 조정을 다룰 수 있다. 워크숍 민주주의는 개인의 성격과 체질 문제를 다루는가 하면, 산업 정의를 구현하기도 하고 규모가 제법 큰 개인 사이의 분쟁을 다루는 제1심의 법정 노릇을 하기도 한다. 무엇보다 다른 워크숍과 접촉할 때 하나의 단위 역할을 할 수 있다. 공장을 하나의 전체로 취급할 수도 있다. 하지만 고립은 불가능하다. 산업민주주의의 구성 단위는 외국 문제의 소용돌이에 철저히 휘말려든다. 길드 사회주의 이론에 시련을 안겨주는 것은 이런 외부 관계를 처리하는 일이다.

외부 관계는 서로 접촉하는 지역 대표 제도가 워크숍에서 공장, 공장에서 산업, 산업에서 국가로 통합적인 순서에 따라 처리해야만 한다. 그러나 이런 구조 원리는 워크숍에서 얻은 것이므로 마땅히 그것으로 발생한 여러 이점도 워크숍이라는 근원의 덕으로 돌려진다. 진정한 민주주의는 최종적 직장 전체를 '조정'하고 '규제'하는 대표를 뽑는 과정이라고 콜 씨는 주장한다. 대표자는 자

---

*38 Op. cit., p.40.
*39 Aristotle, Politics, Bk. VII, Ch. IV.

치의 구성 단위에서 선출되기 때문에 전체적 통합 기구는 자치 정신과 자치 현실에 의해 고취된다. 이들 대표자들은, 노동자들 스스로가 '자기 힘으로 의식한 현실의 의지'*⁴⁰ 다시 말해 직장에서 개인이 의식한 현실 의지를 실현하려고 들 것이다.

역사적으로 보았을 때 이 원리에 따라 진정으로 운영된 정치는, 항구적인 협조 아니면 어긋나는 워크숍들이 빚는 엄청난 혼돈이었다. 왜냐하면 직장에서 노동자는 직장 내 모든 문제에 진정한 의견을 가질 수 있는 반면 직장, 공장, 산업 그리고 국가의 관계에서 그들의 '의지'는 그 대상에 얼마나 접근할 수 있느냐, 고정관념, 이기심 같이 다른 자기중심 의견을 둘러싼 여러 규칙과 조건에 지배받기 때문이다. 직장에서 한 그의 경험은 전체의 한 국면에만 관심을 쏟게 한다. 직장 안에서 사물의 선악을 다루는 그의 판단은 필요한 사실을 직접 알아내면서 이루어진다. 그러나 직접 볼 수 없는 넓고 복잡한 환경 속에서 선악을 다루는 그의 판단은, 그것이 저마다 직장에서 얻은 자신의 직접적인 경험을 단순히 일반화한 것인 한, 잘못 판단하는 경우가 많다. 경험의 문제지만 길드 사회 대표자들은, 오늘날 노동조합 간부들처럼 그들 자신이 결정지어야 할 많은 문제를 대할 때 '이해한 현실 의지(actual will as understood)'가 움직이지 않는다는 사실을 알게 되었다.

5

하지만 길드 사회주의자들은 이런 비판을, 위대한 정치 발견을 무시했기에 맹목적이라고 주장한다. 직장 전체에서 의견이 나오지 않는 많은 문제를 직장 대표자들이 결단을 내려야 한다고 생각한다면, 이는 옳은 생각이라고 그들은 말할 것이다. 그러나 이는 해묵은 오류에 단순하게 빠진 것이다. 구체적으로 설명하면, 국민을 대표할 사람을 원하지만 그런 대표자를 찾을 수는 없다. 존재 가능한 유일한 대표자는 '어떤 특수한 직능'*⁴¹을 대표해 행동하는 사람이다. 따라서 '수행해야 하는 직능으로 분명하게 구분된 기본 집단의 수만큼' 많은 대표자를 선출하도록 서로 도와야 한다.

그런데 그 대표자들이 직장인을 대표하지 않고, 이들이 관심을 가지고 있는

---

*40 Op. cit., p.42.
*41 Op. cit., pp.23~24.

직능을 대표하여 발언한다고 가정해보자. 만일 대표자들이 직능을 구성하는 집단의 의지를 구현하지 않는다면, 이들은 충성스럽지 못하다.[42] 이들 직능 대표자들은 한자리에 모이는데, 이들이 맡은 임무는 조정하고 규제하는 일이다. 직장 사이의 의견 대립이 있다고 가정했을 때 어떤 기준으로 다른 대표의 제안을 판단하는 것일까? 만일 의견 대립이 없다면, 조정하고 규제할 필요가 없지 않은가?

직능 민주주의의 두드러진 장점은 저마다 이해관계에 따라 솔직하게 투표하는 데 있다고 생각한다. 이때 사람들은 일상 경험으로 자신에게 무엇이 이득인지를 알고 있다고 여긴다. 이는 자기충족적 집단 안에서 가능한 일이다. 그러나 외부와의 관계에 있어 전체인 집단과 그 대표자는 직접 경험할 수 없는 문제를 다룬다. 직장을 내버려두면 자연스럽게 전체 상황을 파악하지는 못한다. 따라서 직장의 권리와 의무를 다루는 직장 여론은, 직장 의식(shop-consciousness)에서 자동으로 나오는 산물이 아닌 교육과 선전활동으로 얻은 결과이다. 길드 사회주의자가 대의원을 선출하든, 대표를 선출하든 이들은 정통 민주주의자를 괴롭힌 문제에서 벗어나지는 못한다. 전체인 집단이나 선출된 대표자는 직접 경험할 수 없는 사물을 생각해야만 한다. 그는 다른 직장에서 제기한 문제와, 전체 산업 영역 밖에 있는 문제에 대해 투표해야만 한다. 어떤 직장에서는 최대의 이익을 거둘 수 있어도 그 산업 부문 전체에서 최대 이익을 거둘 수 있는 건 아니다. 하나의 직업, 대규모 산업 그리고 나라에 부과된 기능은 하나의 경험이 아닌 하나의 개념이다. 우리는 이러한 기능을 상상하고 발명하며 가르치고 믿어야 한다. 아무리 신중하게 이 기능을 정의한다고 하더라도, 그 기능에 대한 직장의 견해가 다른 직장의 견해와 반드시 일치할 수 없다는 사실을 인정한다면, 어느 하나의 이해관계를 대표하는 사람은 다른 이해관계 대표들이 제안한 안건에도 관계를 맺는다는 사실을 간과하지 않을 것이다. 한 이해관계의 대표가 공동의 이익을 고려해야만 한다고 주장한다. 그래서 대표를 뽑을 때 직능을 대변할 사람에게 투표를 하는 데 그치지 않고—이 경우에 투표자는 그 직능을 직접적으로 안다—다른 사람이 그 직능에 가진 견해에 자신의 의견을 대변할 사람에게 투표한다. 다시 말해서 정통파 민주주의자처럼 아무런 제한

---

[42] Cf. Part V, 'The Making of a Common Will.'

이 없는 투표를 하는 것이다.

6

길드 사회주의자는, 기능이라는 말을 복잡하게 만들어 공동 이익을 어떻게 인식할 것인가 하는 문제는 이미 해결했다고 생각한다. 이들은 이 세상의 중요한 일은 모두 여러 직능으로 분석하고, 다시 조화를 이루며 합쳐지는 그런 사회를 상상한다.*43 이들은 전체인 한 사회가 세운 목적에 근본적으로 합의를 이룰 수 있다고 상상하며, 이런 목적을 실현하는 데 조직된 각 집단의 역할을 기본적으로 조화할 수 있다고 가정한다. 따라서 이들이 가톨릭 봉건사회에 있었던 제도의 이름을 따서 이들의 학설에 붙인 것은 미묘한 감정의 표출이라 할 것이다. 그러나 그 시절 현명한 사람들이 가정한 직능이라는 구상이 세상 사람들 힘으로 실현되지 않았다는 사실을 길드 사회주의자들은 기억해야 한다. 이 구상이 장래에 어떻게 실현되고, 근대 사회에 어떻게 수용될 것인지 길드 사회주의자들이 어떤 생각을 했는지 알 길이 없다. 노동조합 조직을 통해 이 구상이 발달한다고 생각하는 것 같기도 하고, 집단의 본디 직능을 코뮌이 정의를 내린다고 주장한 것 같기도 하다. 하지만 집단이 스스로 그들 자신의 직능을 정의한다고 이들이 믿었느냐 믿지 않았느냐에 따라 실제적으로 뚜렷한 차이가 생긴다.

아무튼 콜 씨는 '기능에 따라 분명하게 구별할 수 있는 기본 집단'이라는 개념을 인정하는 기초 위에 이루어진 사회 계약으로 사회가 운영될 수 있다고 가정했다. 그렇다면 이렇게 기능에 따라 확실하게 구별할 수 있는 기본 집단을 어떻게 알아낼 수 있을까? 내가 이해하기에 콜 씨는, 한 집단의 구성원들이 하나의 직능을 관심의 대상으로 여긴다고 생각한다. "직능 민주주의의 본질은, 한 사람이 관심을 가지고 있는 직능의 수보다 더 많이 생각을 거듭하는 데 있다."*44 관심을 갖는다는 말에는 적어도 두 가지 의미가 있다. 어떤 사람이 처한 상태, 또는 머리가 그 일로 꽉 찬 상태라는 뜻으로 쓸 수 있다. 예를 들면 존 스미스는 스틸먼 이혼 소송에 비상한 관심을 갖는다. 그래서 그는 저급 신문에 게재된 이 사건 기사를 빠짐없이 읽는다. 이와 달리 법적인 문제에 휘말린 젊

---

*43 Cf. op. cit., Ch. XIX.

*44 Social Theory, p.102 et seq.

은 스틸먼은 이 사건에 전혀 관심이 없다. 존 스미스는 그에게 아무 이득도 손해도 주지 않는 이혼 소송에 관심을 가진 반면에, 스틸먼은 그의 온 생애에 영향을 줄 이 사건에 관심이 없다. 내가 보기에는 콜 씨는 존 스미스 쪽으로 마음이 기운 것 같다. 그는 직능별로 투표하면 횟수가 너무 많아지는 게 아니냐는 '너무나 어리석은 반론'에 다음과 같이 답했다. "만일 어떤 사람이 여러 가지 개별적인 문제를 결정하는 투표를 할 때 흥미를 느끼지 못하거나 그를 투표하게 만드는 내부 충동이 일어나지 않는다면, 이는 투표권을 포기하는 행위이며, 결과적으로 그가 관심도 없이 맹목적으로 투표권을 행사하는 것보다 더 민주적이지 않다."

콜 씨는 교육받지 못한 투표자는 '투표권을 포기했다'고 생각한다. 이런 생각에서 교육받은 투표자의 투표는 그들의 관심을 나타내고, 그들의 관심이 직능을 정의한다는 결론을 얻었다.[45] "따라서 브라운, 존스, 로빈슨(모든 인간)은 단 한 번의 투표권을 가지는 게 아니라 이들의 관심의 대상이 되고 또 협동이 필요한 문제 수만큼 많은 직능의 표를 갖는다."[46] 브라운, 존스, 로빈슨이 모든 선거에 관심이 있다고 주장하는 경우, 과연 콜 씨가 이들의 주장대로 그들에게 모든 투표권이 주어져야 한다고 생각하는지, 또 이들이 관심을 둘 자격이 있는 직능에 이름을 밝히지 않은 다른 사람이 선출될 수 있다고 생각하는지 정말 궁금하다. 콜 씨의 생각을 내 나름대로 말해본다면, 콜 씨는 투표권을 포기하는 투표자를 교육받지 못한 투표자로 가정하고 이 불가사의한 가정으로 제기된 문제를 적당히 얼버무리려고 한 것 같다. 그리고 그는 높은 권력이 직능 투표를 마련하든 반대로 투표에 관심이 있는 사람만 투표한다는 원칙에 따라 '밑에서부터' 투표가 마련되든, 결국은 교육받은 사람만이 투표하기 때문에 이 제도가 계속 움직여 나갈 수 있다고 결론을 내린 듯싶다.

그러나 교육받지 못한 투표자에도 두 부류가 있다. 지식이 없으며 그 자신이 이 사실을 잘 알고 있는 사람이다. 일반적으로 이런 사람은 분별력이 있다. 그는 자신의 투표권을 스스로 포기할 사람이다. 한편 지식이 없으면서 이 사실을 모르거나 개의치 않는 사람도 있다. 이런 사람은 정당의 기구가 돌아가는

---

[45] 본서 18장 참조. "모든 사람이 중요한 문제에는 대단한 관심을 보이기 때문에, 모든 사람이 관심을 갖는 문제만을 중요한 문제로 생각하게 되었다."

[46] *Guild Socialism*, p.24.

한 언제나 투표장에 나갈 인간이다. 그의 표는 정당 기구의 기초가 된다. 그리고 길드 사회에서 코뮌은 과세, 임금, 가격, 채권, 천연자원에 광범위한 권한을 가지므로 적어도 우리의 선거와 같이 활발히 선거전이 전개될 거라 생각하는 것은 터무니없는 일이다.

사람들이 자신의 관심을 표명하는 것만으로는 직능 사회의 기능을 경계지을 수 없다. 직능을 정의할 수 있는 다른 두 가지 방법이 있다. 그 하나는, 투쟁으로 길드 사회주의를 만들어낸 노동조합으로 이루어진다. 노동조합의 이런 투쟁은 집단 사람들을 어떤 직능 관계로 모은다. 그리고 이런 집단을 길드 사회주의 사회의 기득권자로 만든다. 광부나 철도원과 같은 사람들을 강화하여 자본주의와 투쟁하면서 확립한 그들의 직능관에 더욱 밀착시킨다. 어떤 특혜를 입은 위치에 놓인 노동조합이 사회주의 국가에서 통합과 정치의 중심이 된다는 사실은 가능하다. 그러나 길드 사회에서 노동조합이 다루기 어려운 일을 문제화한다는 것은 피할 수 없는 일이다. 왜냐하면 직접적 행동은 그들의 전략 권력을 드러내는 것이 되고, 또 일부 조합 간부는 적어도 이 권력을 자유의 제단에 바치려 하지 않기 때문이다. 따라서 노동조합을 '조정'하기 위해서 길드 사회는 조합의 권력을 한곳에 모을 수밖에 없다. 이렇게 되면 곧 길드 사회주의의 급진파는 길드의 직능을 정의할 만큼 강력한 힘을 가진 코뮌을 요구하게 될 것이다.

그러나 만일 정부(코뮌)가 직능의 정의를 내리게 하려면, 이 이론의 전제는 사라지고 만다. 우물 안 직장이 자발적으로 사회와 긴밀한 관계를 맺게 하려면 직능이라는 구상이 필요하다고 가정해야만 했다. 만일 투표자가 안정된 직능 구상을 가지지 못한다면, 이런 투표자에게는 길드 사회주의가 자기중심적인 의견을 사회적 판단에 옮겨놓는 정통 민주주의보다 진보되지 못할 것이다. 물론 실제로는 이런 안정된 직능 구상이 존립할 수 없다. 왜냐하면 비록 콜 씨와 그의 동조자들이 훌륭한 구상을 했다고는 하지만, 모든 권력의 원천인 직장 민주주의(shop democracy)는 경험과 상상으로 직능 구상 형태를 평가할 터이기 때문이다. 길드 사회주의자는 같은 구상을 달리 볼 것이다. 그래서 길드 사회를 통합하는 뼈대가 되는 이 구상 대신에 구상의 당위 형태를 정의하려는 시도가 길드 사회주의 아래에서도 다른 곳에서처럼 정치에서 다룰 중요한 업무가 된다. 만일 우리가 콜 씨의 직능 구상을 받아들인다면, 이는 그가 제의한 모든 것을 승인하는 셈이 된다. 불행히도 그는 길드 사회로 이끌어내고 싶어했던 결론을 그의 전제 속에 집어넣어 버렸다.*47

제20장 새로운 이미지

여기서 배울 수 있는 교훈은 아주 뚜렷한 것이라고 생각한다. 제도와 교육을 통해 환경을 잘 보도하면 사회생활의 현실과 자기중심적 의견이 구별되는데, 만일 이런 제도와 교육이 없다면 공통 이익과 여론이 거의 전적으로 들어맞지 않은 채, 한 지방의 이해를 초월한 곳에 개인적 이해를 둔 특수계급의 힘으로만 공통의 이익이 처리될 수 있다. 이 특수계급은 무책임하다. 왜냐하면 이들은 민중이 알지 못하는 상황에서 공유물이 아닌 정보를 토대로 행동하기 때문이다. 그리고 이들은 이미 기성화된 사실에만 국한하여 책임을 지기 때문이다.

민주주의 이론은, 자기중심적 의견만으로 좋은 정치를 낳을 수 없다는 사실을 인정하지 않으면서 이론과 실천의 알력에서 빚어지는 끝없는 투쟁에 휘말렸다. 민주주의 이론에 따르면, 인간의 완전한 존엄성은 콜 씨가 말한 바와 같이 '모든 형태의 사회 행동'에도 그의 의지를 반영하는 데 있다. 인간은 본능적으로 정치 기술을 갖는다고 여겨지므로, 인간이 그 의지를 표현하는 데에는 굉장히 열정적이다. 그러나 단순한 경험을 통해 알 수 있듯이, 자신의 의사 결정은 인간의 성격에 관한 흥미로운 문제들 가운데 하나에 불과하다. 인간은 자기 운명을 스스로 개척하려는 강렬한 욕구를 가지지만, 이 욕구를 다른 강렬한

---

*47 나는 소련의 경험보다는 콜 씨의 이론을 다루었다. 그 이유는, 소련의 경험에 대한 증언이 단편적이라는 데에도 있지만, 대부분의 유능한 관측자들이 1921년의 소련은 완성된 공산주의 국가가 아니라는 데 동의하고 있기 때문이다. 소련의 혁명은 진행 중이므로 우리는 소련에서 혁명이 어떤 것인가를 배울 수 있지만 공산주의 사회가 어떤 것인가를 배우기는 힘들다. 다음의 사실은 매우 중요하다. 처음에는 실천적 혁명으로 출발하여 그 다음은 관리로서 일하고 있는 소련의 공산주의자들이 소련 국민의 자발적인 민주주의에 의존하지 않고, 특수 계급—다시 말해서 공산당에 충성하는 골수 당원—의 규율, 관심 그리고 의무에 기대했다는 사실은 대단히 의미 있는 현상이다. 시간적 제약이 없는 '변천기'에 있어서 계급 정치와 강제 국가를 치료하는 요법은 이열치열의 방법이라고 나는 생각한다. 명쾌하게 정리된 웨브 부부(Sidney and Beatrice Webb)의 《대영제국 사회주의 헌장》 대신에 콜 씨의 저서를 선택한 이유를 나는 해명하지 않은 것 같다. 나 역시 위 저서를 매우 좋아한다. 그러나 이 저서의 지적 우수성을 인정할 수가 없다. 나에게는 콜 씨가 훨씬 사회주의 운동 정신에 철저하게 탐닉한 듯하고, 따라서 보다 적합한 증인인 것 같다.

욕구—다시 말하면 편안한 생활, 평화 그리고 고난에서 벗어나려는 욕구—와 조화시켜야만 한다. 저마다의 의지 표현은 자기 표현 욕구뿐 아니라 편안한 생활을 추구하려는 욕구까지도 충족시킬 수 있다는 생각이 민주주의의 본디 전제였다(편안히 생활하는 가운데 자기를 표현하려는 본능은 나면서부터 있었다).

따라서 언제나 인간의 의지를 표현하는 데 필요한 기구만 강조해 왔다. 민주주의의 '이상향'은 언제나 완전한 환경, 완전한 선거, 완전한 대의제도를 바탕으로 했다. 이런 조건에서는 본디 가진 선의와 저마다의 정치력(statesmanship) 본능을 정치 활동으로 옮겨놓을 수 있었다. 어느 제한된 지역 그리고 어느 제한된 시기에 그 환경은 아주 훌륭했다. 다시 말해서 그 환경이 너무나도 완전히 고립되고 행운의 기회로 꽉 차 있어서, 사람들에게 이 민주주의 이론이 언제 어디서든 적용될 수 있다는 믿음을 갖도록 했다. 이러한 고립된 환경이 파괴되고, 사회가 어느 때보다 복잡해져서 사람들이 서로 조정하고 적응할 수밖에 없게 되자, 민주주의론자들은 콜 씨가 말한 것같이 "의사 표현 기구를 바로잡아 가능한 한 사람들의 사회 의지에 가까운 것으로 만들" 희망을 가지고 보다 완성된 투표 단위를 고안해내는 데 시간을 보냈다. 그러나 민주주의 이론가가 이 작업에 몰두하는 동안에 그는 점점 인간성을 갖춘 현실 관심에서 멀어져 갔다. 민주주의 이론가는 자치라는 한 가지 일에 몰두해 있었다.

인류는 다른 모든 일, 곧 질서, 권리, 번영, 보는 것, 듣는 것, 지루하지 않는 삶에 관심을 가졌다. 자발적 민주주의가 모든 관심을 충족시키지 않는 한, 대부분의 경우의 사람들은 자치를 공허하게 느꼈다. 성공적인 자치 기술은 본능적으로 얻어지는 게 아니기 때문에 사람들은 자치를 위한 자치를 더 이상 바라지 않게 되었다. 사람들은 자치의 결과를 누리기 위해 자치를 원한다. 불리한 조건에 대한 항의로 자치를 선택하는 충동이 가장 강렬한 이유가 여기에 있다.

민주주의의 오류는 민주주의 정치 과정이나 결과에 있다기보다 정치의 기원에 너무 집중했기 때문이다. 민주주의자는, 만일 정당한 방법으로 정치 권력이 생성된다면 그 정치 권력은 유익하다고 가정해 왔다. 이들은 권력의 근원을 파악하는 데 모든 주의력을 기울였다. 첫째로 표현은 인간의 최고 관심사요, 둘째로 인간의 의지는 본디 선한 것이므로, 민중의 의지를 표현하는 일은 가장 위대한 사업이라는 신념에 민주주의자들은 사로잡혀 있다. 그러나 하천 상류에서 흐르는 물의 양을 아무리 조정한다 해도 이런 방법으로는 하천의 흐름을 완전히 통제할 수 없다. 민주주의자들은, 사회 권력을 보다 효과적으로 만들어내는 투표와 대의제에 적합하고 뛰어난 기구를 창안하는 데 몰두해 왔다. 하지만 너무 이 일에만 열중한 나머지 인간의 다른 관심사는 거의 무시해버렸다. 아무리 권력의 기원을 통제한다 하더라도 권력을 어떻게 행사하느냐 하는 문제가 인간의 중대한 관심사로 남는다. 문명의 성격은 권력을 어떻게 행사하느냐에 따라 결정된다. 권력 행사를 그 근원에서 통제할 수는 없다.

정치를 전적으로 그 근원에서 통제하려 든다면, 어쩔 수 없이 중대한 결정을 다른 사람들이 볼 수 없게 만들어야 한다. 왜냐하면 인간은 훌륭한 생활의 모태가 되는 정치 결정을 자동적으로 낳는 본능을 가지고 있지 않기 때문에 권력을 행사하는 사람들이 민중의 의지를 표현하는 데 실패할 뿐 아니라—민중은 대부분의 문제에 전혀 의지를 가지지 않는다—이들은 투표자가 모르는 의견에 따라 권력을 행사한다.

만일 정치가 본능적이고 따라서 자기중심적인 의견으로 운영될 수 있다는 가정을 민주주의 철학에서 모두 뽑아버린다면, 인간의 존엄성을 믿는 민주주의 신념은 무너질 것이다. 인간의 존엄성은 인간성의 빈약한 부분과 서로 결속하여 존속되는 게 아니라, 인간의 모든 인격과 연결될 때 존속이 가능해진다. 전통 민주주의자들은, 현명한 법과 훌륭한 정치를 통해 인간이 본능적으로 인간의 존엄성을 뚜렷하게 나타낸다는 위험한 가정 아래, 인간의 존엄성을 위태롭게 만들었다. 투표자들은 이런 기대를 배반했다. 그래서 강력한 정신의 소유자들은 민주주의자들을 바보로 취급했다. 그러나 자치 가정에 인간의 존엄성을 매달지 않고, 인간의 능력을 제대로 행사할 수 있을 정도의 생활 수준을 달성할 때 인간의 존엄성이 지켜진다고 주장한다면, 문제는 완전히 달라진다. 정치에 적용시키려는 기준은, 그 정치가 최소한의 건강, 주택, 생활필수품, 교육, 자유, 오락 그리고 아름다움을 주느냐 주지 않느냐에 따라 결정되지, 이 모든 것을 희생하고 인간이 자기 멋대로 만들어낸 자기중심적 의견에 정치가 뜻을 같이하느냐 하지 않느냐에 따라 결정되지는 않는다. 이런 기준이 어느 정도 정확하고 객관적으로 만들어지느냐에 따라, 어쩔 수 없이 몇몇 사람들만의 관심사가 되어버린 정치적 결정이 사람들의 이해와 실제적으로 관계를 맺게 된다.

우리가 상상할 수 있는 어떤 시대가 오더라도 사람들이 지금까지 보지 못한 모든 환경을 볼 수 있게 되고 정부의 전체 업무에 건전한 여론을 자발적으로 형성할 수는 없을 것이다. 설혹 이런 시기가 오리라 전망할 수 있다 해도 우리는 거의 다 이런 귀찮은 일을 좋아하지 않는다. 우리는 우리에게 영향을 미치는 '어떤 사회적 행위'에 대한 의견을 갖기 위해서 시간과 노력을 들이려 하지 않는다. 실현 가능한 유일한 전망은, 우리 저마다가 자기 분야에서 눈에 보이지 않는 세계에 대한 현실적인 영상을 형상화하도록 더욱더 노력하고 이러한 영상을 현실적인 것으로 만들기 위해 더 많은 전문가를 교육해 배출시키는 데 있다.

우리의 좁은 주의력이 미치는 범위 밖에서는 생활 수준과 다양한 규범을 설정할 수 있는지가 사회 통제를 결정한다. 그리고 공무원과 산업 지도자의 행위는 생활 수준과 다양한 규범을 설정할 수 있는지로 측정된다. 우리는 이러한 행위를 신비로운 민주주의자가 언제나 희망해 온 것과 같은 식으로 권장하고 지도할 수는 없다. 그러나 이러한 행위를 사실대로 기록하고 그 결과를 객관적으로 측정함으로써, 우리는 이러한 행위에 우리의 진정한 통제를 점점 더해갈 수 있다. 우리의 이 요구가 점차 그 타당성을 인정받을 수 있다고 나는 말하고 싶다. 왜냐하면 생활 수준과 자세히 헤아리는 방법을 정치의 기준으로 삼고 이를 적용하기 시작한 것은 사실 얼마 전의 일에 불과하기 때문이다.

제7부 신문

제21장 일반 구독자

1

세계를 지배하려면 적극적으로 세상을 배워야 한다는 생각은 정치 사상에 있어서 아주 작은 역할밖에 하지 못했다. 세상 일을 보도하는 기구(mechanism)가, 아리스토텔레스 시대부터 민주주의의 기초 이론이 확립된 시대에 이르기까지 비교적 발전되지 못했기 때문이다. 때문에 민주주의의 선구자에게, 국민 의지의 근거가 되어야 할 정보는 어디에서 오는지를 묻는다면 그는 틀림없이 어찌할 바를 몰라 할 것이다. 당신의 생명과 정신이 어디에서 왔는지를 질문하는 것만 같았으리라. 이들의 가정에 따르면, 민중의 의지는 언제나 존재한다. 정치학의 본디 역할은 투표권과 대의정치의 기구, 제도를 만들어내는 데 있었다. 이 기구와 제도가 자기충족적 마을이나 자기충족적 직장에서와 같이 잘 운용된다면, 이 기구와 제도로써 아리스토텔레스가 지적한 한정된 주의력과 자기충족적 커뮤니티의 이론이 암묵적으로 인정하고 있던 좁은 범위는 어떤 형태로든 극복할 수 있을 것이다. 오늘날 길드 사회주의자들은, 적절한 선거와 대의 제도가 옳은 단위에서 이루어진다면 복잡한 협동연합 사회도 확립할 수 있으리라는 생각에 사로잡혀있다.

지혜는 분명 존재하며 찾아내기만 하면 된다고 확신한 민주주의자는 여론 형성의 문제를 시민적 자유의 문제로 다루어 왔다.[*1] "자유롭고 공개적인 논쟁에서 '진리'가 패배하리라고 누가 생각했을까?"[*2] 진리가 패배하는 것을 누구도 보지 못했으니, 나무 두 쪽을 비비면 불이 피어나듯 진리는 논쟁을 통해 이루

---

* 1 Prof. Zechariah Chafee's, *Freedom of Speech*가 가장 좋은 책이다.

* 2 Milton, *Areopagitica*, Chafee의 책 첫머리에서 인용. Milton, John Stuart Mill과 Bertrand Russell이 자유의 고전적 원리에 대해 언급한 것에 대해서는 내 책 *Liberty and the News*, Ch. Ⅱ 참조.

어진다고 믿어야 하는가? 미국 민주주의자들이 〈권리장전(*Bill of Rights*)〉이라는 형태로 구체화한, 고전적 자유민주주의 사상의 배경에는 사실 진리의 탄생과 관련된 몇 가지 다른 이론이 숨겨져 있다. 그중 하나는, 진리는 특별한 힘을 갖고 있기 때문에, 의견이 서로 충돌하는 경우에는 진리에 더 가까운 의견이 승리한다는 신념이다. 만일 진리를 추구하는 투쟁이 오랜 시간 계속된다면, 이 신념은 건전한 생각이리라. 이런 주장을 하는 사람들은 역사의 심판을 믿고, 살아 있을 때에는 박해를 받았어도 죽은 뒤에는 성자로 추앙을 받는 이단자들을 생각한다. 앞에서 인용한 밀턴(Milton)의 의문은 모든 사람이 태어나면서부터 진리를 인식할 능력을 가지며 자유롭게 유포되는 진리를 인간이 수용한다는 신념을 바탕으로 한다. 이는 경험에서도 도출된다. 둔한 경찰관 눈앞에서밖에 발견한 진실을 말할 수 없는 상황에서, 인간은 진실을 발견해낼 수 없다. 경험은 그것을 분명하게 밝혀왔다.

이러한 시민적 자유의 실제적 가치와 그 가치를 유지하는 일의 중요성은 누구나 아무리 평가한다고 해도 지나치지 않다. 이런 자유가 위험해지면 인간의 정신도 위험해진다. 전쟁 중일 때처럼 자유를 빼앗기는 시대가 온다면, 사상 탄압은 문명의 위기로 이어질 것이다. 그리고 히스테릭한 사람들이 너무 많아서 전쟁 중의 금기를 평화에까지 넘기려 든다면, 문명이 전쟁 중의 위협으로부터 벗어나 다시 일어서는 데 방해가 될지도 모른다. 다행히도 대중은 오랫동안 직업적 검찰관들을 따를 만큼 관대하지 않다. 탄압에 위협받는 것을 부끄러워하는 사람들의 비판을 받는 직업적 심문자들이, 사실은 열에 아홉은 스스로도 무엇을 말하고 있는지 모르는, 비루한 정신의 소유자였음이 점차 밝혀지고 있는데도 사람들이 그들의 존재를 그저 받아들일 리가 없다는 것이다.*3

그만큼 시민적 자유가 중요함에도 이런 의미의 시민적 자유는 현대 사회의 여론 안전을 보증하지 않는다. 왜냐하면 진실은 자연히 전달되는 것이며, 외부 간섭이 없을 때는 진실을 전달하는 수단이 있다는 가정을 전제로 하기 때문이다. 그러나 눈으로 직접 볼 수 없는 환경을 취급할 때 이 전제는 적합하지 않다. 멀리 떨어져 있거나 복잡한 여러 문제에 관한 진리는 분명하지가 않다. 그리고 정보를 수집하는 기구는 전문 기술을 필요로 하며 이것에 들어가는 비용

---

*3 예를 들면 뉴욕의 러스크 위원회(Lusk Committee)의 보고, 그리고 윌슨 대통령이 와병 중 미국의 검찰총장을 역임한 미첼 파머(Mitchell Palmer) 씨의 공개성명과 예측을 참조.

도 엄청나다. 하지만 정치학, 특히 민주주의 정치학은 아리스토텔레스의 정치학이 설정한 최초 가정에서 벗어날 만큼 발전하지 못했기 때문에, 정치학은 그 전제들을 새로이 설정할 수 없었다. 때문에 보이지 않는 세계를 근대국가 시민들이 볼 수 있게 하려면 정치사상이 어떻게 해야 하는가에 대한 문제는 해결할 수 없었던 것이다.

이 전통은 너무나 뿌리 깊이 박혀, 얼마 전까지도 미국 대학에서는 신문의 존재를 무시하는 입장에서 정치학을 가르쳤다. 나는 대학의 신문학과를 이야기하려는 게 아니다. 신문학과는 직업 교육 학과로서 남녀 대학생의 취업을 목적으로 한다. 나는 장래의 실업가, 법률가, 관리 그리고 일반 시민에게 설명할 수 있는 정치학에 대해 말하고 있는 것이다. 정치학에서는 언론과 정보원에 대한 연구의 장이 보이지 않는다. 이는 이상한 일이다. 정치학의 일반적인 관심 분야를 알지 못하는 사람에게는, 미국의 정치학자나 사회학자가 뉴스 수집을 다룬 저서를 한 권도 내놓지 않았다는 사실은 이해하지 못할 일일 수 있다. 때때로 언론에 대해 언급도 한다. 언론에 '자유와 진실성'이 없다 비난하기도 하고, '자유와 진실성'은 언론의 필수 요건이라 주장하기도 한다. 그러나 그 이상의 것은 없었다. 정치학 전문가들은 이렇듯 저널리즘을 무시하는 태도를 보이지만 여론에서의 저널리즘 위치는 그와 반대된다. 신문보도는 눈에 보이지 않는 환경과 접촉하기 위한 중요수단으로 세상에서 널리 인정을 받고 있다. 그리고 원시적 민주주의하에서 우리가 우리 스스로 할 수 있다고 상상한 정보 수집의 기능을 언론이 자진해서 대신해야 하고, 우리가 관심을 둔 외부 세계의 사실을 날마다 보도하거나 하루에 두 번 보도해야 한다는 생각을 우리 모두가 하고 있다.

2

진실은 고생해야 얻어지는 게 아니라 시사, 폭로되어 대가 없이 제공되어야 한다는 확고하고 오래된 믿음은 신문 독자인 우리의 뿌리 깊은 경제적 편견에 명백하게 드러나 있다. 비록 그 진실이 신문에 이익을 가져다주지는 못해도 우리는 신문이 진실을 제보해주기를 기대한다. 우리가 기본적인 서비스라 생각하는 그 어렵고도 때로는 위험한 뉴스 제공의 대가로, 우리는 얼마 전까지도 국가가 발행한 화폐의 가장 소액만 지불하면 된다고 믿었다. 그러나 이제는 2, 3

센트를 내는 데 익숙해졌고, 일요일이 되면 그림이 든 교양기사나 연예기사 같은 부록에 무리해가면서 5센트 또는 10센트를 내게 되었다. 신문에 대가를 지불해야 한다는 의무를 잠시라도 느끼는 독자는 없다. 독자는 신문이 진실의 샘이 되기를 바라지만, 자신의 위험과 비용, 수고가 걸려 있는 한 법률적으로 도덕적인 계약을 맺으려 들지 않는다. 독자는 기분이 내키면 소액을 지불하고, 또 그러고 싶지 않으면 지불을 멈추거나 적당하다고 생각하는 신문으로 바꾸면 된다. "신문 편집자는 매일 재선(再選)되어야 한다"고 누군가는 재치 있는 표현을 쓰기도 했다.

독자와 신문 사이에 성립되는 이런 우발적이고 일방적인 관계는 현대 문명에서 볼 수 있는 하나의 변화이다. 다른 곳에서는 신문의 이러한 관계를 찾아볼 수 없다. 따라서 신문을 다른 사업이나 제도와 비교하기는 어렵다. 신문은 하나의 사업이라 할 만큼의 순수하고 단순한 존재가 아니다. 신문이 뭔가에 못 미치게 팔리기 때문이기도 하지만, 중요한 이유는 사회가 신문을 평가할 때와 사업이나 공업을 평가할 때 서로 다른 윤리 척도를 사용하기 때문이다. 윤리적으로 신문은 교회나 학교와 같이 취급된다. 그러나 이러한 비교는 틀렸다. 납세자는 공립학교를 위해 세금을 물고, 사립학교는 수업료를 받는다. 교회는 기부금이나 모금을 받기도 한다. 저널리즘을 법률, 의학, 공학과 비교할 수도 없다. 이들 전문 분야에 대해 소비자는 받은 서비스의 대가를 지불해야 되기 때문이다. 독자의 태도를 중심으로 판단해보면, 독자가 생각하는 자유로운 신문은 구독료가 없는 무료 신문을 뜻한다.

그러나 신문 비평가들은 신문 같은 제도가 학교나 교회, 그리고 이윤을 추구하지 않는 조직과 같은 차원에 있으리라 기대하기 때문에, 공동사회 윤리기준에 대해 그저 목소리만 높이고 있다. 이 또한 민주주의의 '우물 안 개구리' 같은 성격을 나타낸다. 인력을 들여야만 얻을 수 있는 정보를 필요로 하고 있음에도 그 필요성을 느끼지 못하고 있다. 정보는 자연적으로, 즉 무료로 들어온다고 여겨지고 있다. 시민의 마음에서 얻을 수 없다면 신문에서 무료로 얻어야 한다는 것이다. 시민은 전화 통화, 철도 이용, 자가용, 오락의 대가로 돈을 지불한다. 하지만 뉴스의 대가는 적극적으로 지불하지 않는다.

그러면서도 다른 사람으로 하여금 자신에 대한 기사를 읽게 만드는 대가로 많은 돈을 지불한다. 자신의 말을 전하기 위해서라면 직접 값을 치를 뿐만 아니라 타인이 낼 광고비용도 간접적으로 내게 된다. 그 비용은 생필품 가격 안에 포함되어 있어 일반 시민으로서는 이해하기 어려운 보이지 않는 환경에 속해 있기 때문이다. 세상일에 대한 뉴스를 얻는 대가로 고급 크림 소다 한 잔 값을 치르라고 한다면 일반 시민들은 낭비라 할 것이다. 그러나 광고로 선전된 상품을 살 때에는 크림 소다 한 잔 값과 똑같거나 그 이상의 비용을 낸다. 대중은 지불의 형태가 직접적이 아니라 감추어진(간접적) 형태를 취할 때에만 신문사에 돈을 낸다.

3

따라서 발행 부수는 어디까지나 목적을 위한 수단이다. 신문이 광고주에 팔려야 비로소 발행부수는 자산이 된다. 광고주는 독자가 부담하는 간접적 세금으로부터 얻은 수입으로 그 자산(발행부수)을 사들인다.[*4] 광고주는 그가 판매할 상품에 따라 신문의 종류를 결정한다. 상류층을 다루는 신문일 수도 있고 대중 신문일 수도 있다. 명확한 한계선을 그을 수는 없다. 광고를 통해 팔리는 대부분의 상품은 그 구매자가 극히 부유한 일부 계층도 아니요, 반대로 극히 가난한 일부 계층도 아니기 때문이다. 필요한 것 이상의 것을 이미 갖고 있는 이들이 구매자이다. 따라서 꽤 부유한 가정에서 구독하는 신문은 대부분 광고주에게 많은 기회를 제공한다. 가난한 가정에서도 이 신문을 구독할 수 있다. 그러나 어느 종류의 상품을 제외하고는, 분석적인 광고 대리점은 발행 부수 자체를 큰 자산으로 평가하지 않는다. 하지만 허스트(Hearst)사의 신문처럼 발행부수가 엄청나게 높을 경우는 예외이다.

광고의 대상이 되는 독자를 화나게 만드는 신문은 광고주에게 나쁜 매체가 된다. 광고를 자선사업이라 말하는 사람은 없듯이, 광고주는 미래의 고객에게 배부될 확률이 높은 간행물의 지면을 산다. 잡화상의 부정 행위를 보도하지 않는다고 걱정하며 아까운 시간을 낭비할 필요가 없다. 그런 부정 행위는 그

---

*4 "대신문은 손익계산표상에 혹자 계정을 나타낼 수 있도록 발행부수에 따라 광고료를 책정하여, 발행부수에 의한 순이익을 올릴 수 있는 권리를 갖는다. 순이익을 계산해내기 위해 나는 홍보, 배달 말고도 발행부수에 따라 늘어나는 다른 경비를 공제했다." 〈*New York Times*〉지의 사장 Adolf S. Ochs 씨가 필라델피아 국제광고클럽 회의에서 행한 연설에서 인용 (1916년 6월 26일). Elmer Davis, *History of The New York Times*, 1851~1921, pp.397~398.

렇게 중요한 의미를 갖지 못한다. 이런 사건은 자유로운 신문의 여러 비평가들이 생각하는 만큼 흔히 일어나는 일이 아니다. 정말 중요한 문제는, 뉴스 수집의 대가를 지불하는 게 습관이 되지 못한 독자들이 구독자 수로 계산된 뒤 자산화되어 제조업자와 판매업자에 팔리고 있다는 점이다. 신문 입장에서 자산이 될 가장 중요한 대상은 상품을 구입할 돈을 가진 사람들이다. 이러한 신문은 상품을 사들일 능력이 있는 대중의 의견을 존중할 수밖에 없다. 이들을 위해 신문은 편집되고 발행된다. 이들의 지지를 받지 못하는 신문은, 또한 광고주를 받지 못하는 신문은 존립할 수 없기 때문이다. 신문이 광고주를 무시할 수도 있고 유력한 은행이나 수송회사를 공격할 수도 있다. 그러나 만일 독자의 마음이 떠나버린다면, 그 신문은 존립에 반드시 필요한 하나의 재산을 잃고 마는 결과가 된다.

뉴욕의 〈이브닝 선(*Evening Sun*)〉지에서 일한 바 있는 존 L. 기븐(John L. Given) 씨는,*5 미국에서 발행되는 2천300개 일간지 가운데 175개 이상이 인구 10만이 넘는 도시에서 발행되었다고, 1914년에 말했다. 이 신문들은 '일반 뉴스' 보도를 목적으로 한다. 그리고 중대한 사건을 다루는 중요한 신문들이다. 175개 신문 가운데 어느 한 신문도 읽지 않는 독자 또한 외부 세계를 알기 위해서는 결국 이들 신문의 힘에 의존하게 된다. 왜냐하면 신문사들이 대규모 신문협회를 결성하여 뉴스 교환에 협력하기 때문이다. 따라서 각 신문사는 그 신문의 독자에게 뉴스를 전하는 전달자일 뿐 아니라, 다른 도시의 신문들에게 그 지방 뉴스를 전하는 지방 통신원인 것이다. 대개 지방지(地方紙)와 전문지(專門紙)는 '일반 뉴스' 수집을 위해 이들 주요 신문에 의존하고 있다. 그리고 이들 가운데 아주 돈이 많은 신문이 있다. 그래서 전 미국의 신문들은 국제 뉴스를 주로 신문협회의 보도나 몇몇 주요 신문이 제공하는 뉴스 서비스에 의존하게 된다.

대체적으로 말하면 일반적 뉴스의 수집에 대한 경제적인 원조는, 인구 10만이 넘는 도시의 꽤 부유한 계층이 광고된 상품을 구입할 때 지불하는 상품 가격 속에 포함되어 있다. 이들 구매 대중의 주된 수입원은 무역업, 상업, 제조업

---

*5 *Making a Newspaper*, p.13. 내가 알고 있는 한, 가장 훌륭한 전문서적이다. 신문에 관심이 있는 사람은 반드시 읽어야 할 책이다. Home University Library의 *The Newspaper*를 집필한 G.B. Diblee는 말했다(p.253). "신문 종사자들을 위해 저술된 신문에 관한 저서 중 필자가 추천하고 싶은 책은 한 권밖에 없다. 그 책은 Given 씨의 *Making a Newspaper*이다."

그리고 금융업이다. 이들은 광고의 단골손님이므로 이들을 위해 신문에 광고를 싣는 것이 가장 효과가 크다. 이들은 집중적인 구매력을 지닌다. 그 구매력을 양적으로 계산한다면 농민과 노동자의 구매력을 합한 것보다 많지는 않지만, 일간지의 입장에서 보면 이들이야말로 무엇보다 빠른 반응을 보이는, 자산화할 수 있는 사람들이다.

4

더구나 이들에게는 이중의 주의력을 쏟아야만 한다. 이들은 광고주를 위한 가장 좋은 고객일 뿐 아니라, 그들 안에 광고주들이 포함되어 있다. 그래서 신문이 이런 대중에게 어떤 인상을 주는 지가 중요한 문제이다. 다행히도 이들이 모두 같은 의견을 갖지는 않는다. 이들은 모두 '자본주의적' 성향을 띠지만 자본주의의 본질과 그 운영 방법에 대해서는 폭넓은 의견을 갖는다. 비상사태의 시기를 제외하고 이 적잖은 의견은 여러 갈래로 나뉘어져 다양한 정책을 가능하게 한다. 신문 발행자는 그들 자신이 평범한 도시의 여러 공동체를 구성하는 주민으로서, 그들의 연고자나 친구들의 눈을 통해 이 세계를 보고 있다. 그러나 만일 그들이 이렇게 하지 않는다면, 독자들의 다양한 의견은 훨씬 값진 것이 될 것이다.

발행인들의 일은 투기적이다.[*6] 왜냐하면 이 사업은 상업의 일반적인 조건의 영향도 받지만, 그 이상으로 독자와의 결혼 계약이 아닌 자유 연애에 의해 발행부수가 결정되기 때문이다. 따라서 발행인들은 거리의 판매대에서 신문을 사 보는 비정기적 구독자를 정기적 구독자로 바꾸는 데 중점을 두고 발행부수를 늘려야 한다. 독자의 충성심에 의존할 수 있는 신문은 근대 저널리즘이 근거를 두어야 할 경제기반을 다짐으로써 최고 독립성을 갖추고 있다.[*7] 신문이 어떤 어려움에 처하더라도 그 신문을 계속 구독해주는 독자 집단은 광고주 저

[*6] 신문은 너무나 투기적인 사업이어서, 신용을 얻기 위해 발행인이 채권자의 노예가 되어야 할 때도 있다. 이런 점에 관한 정보는 매우 구하기 어렵다. 그래서 때때로 그 일반적 중요성이 필요 이상으로 과장된다.

[*7] "독자의 수가 많으면 많을수록 광고주의 영향에서 초연할 수 있고, 독자의 수가 적으면 적을수록 광고주에 의존하게 된다"는 말은 신문 발행에 대한 하나의 격언이다. 모순 같지만, 아래와 같은 주장은 진리이다. "광고주의 수가 많으면 많아질수록 광고주의 개인적인 영향력은 감소된다." Adolf S. Ochs, *cf. supra.*

마다가 휘두르는 어떤 힘보다도 강한 힘을 지니고, 광고주들의 단합을 쉽게 깨뜨릴 수 있는 강력한 힘을 갖는다. 따라서 한 신문이 광고주의 편을 들어 독자를 배반한다면, 그 원인을 다음의 둘 중 하나로 확신해도 좋다. 첫째는 발행인이 진정으로 광고주와 의견을 같이하는 경우요, 둘째는 발행인이 공공연하게 광고주 지시에 저항하더라도 독자들의 지지를 잃을 수 있다고 스스로 인정하는 경우이다(아마 잘못된 생각이겠지만). 뉴스의 대가를 현금으로 지불하지 않는 독자는 충성심으로 대가를 지불한다는 것이다.

제22장 변함없는 구독자

1

신문에 대한 일반 구독자의 충성심은 어떤 계약으로도 약정할 수 없다. 신문사 말고 다른 모든 기업에서도 수익자는 그의 횡포를 규제하기 위해 약정한 계약을 지켜야 한다. 최소한 그가 얻은 것에 대한 대가는 지불한다. 정기간행물의 경우, 일정한 기간 동안 계약을 맺는 것과 가장 비슷한 방법은 구독료를 미리 내는 것이다. 그러나 대도시 일간지의 경제를 볼 때 구독료의 선불은 큰 역할을 할 수 없다. 독자만이 하루하루 자신의 충성심을 결정할 수 있으며, 약속을 파기하거나 지지를 철회한다고 해도 어떤 이의도 제기할 수 없기 때문이다.

모든 것이 독자의 지지에 달려 있지만, 이 사실을 독자에게 상기시키는 전통은 전혀 없다. 독자들의 충성심은 그들의 감정 상태와 습관에 의해 좌우된다. 신문에 게재된 뉴스의 질뿐만 아니라, 여러 애매한 요소들에 의해서도 독자들의 마음은 결정된다. 그러나 우리처럼 부담 없이 신문과 관계를 맺고 있으면 그런 요소들을 일부러 의식할 일은 거의 없다. 가장 중요한 것은, 다른 무엇보다 우리 스스로가 깊숙이 관계되어 있다고 생각하는 부분의 뉴스를 신문이 어떻게 다루었느냐에 따라 그 신문이 평가를 받는다는 사실이다. 신문은 우리의 경험 밖에 있는 수많은 사건들을 취급한다. 동시에 우리가 경험하는 몇몇 사건도 취급한다. 우리가 경험하는 사건을 어떻게 다루느냐에 따라 우리는 그 신문을 좋아하기도 싫어하기도 한다. 그리고 그 신문을 믿을지 말지를 결정하기도 한다. 우리가 알고 있다고 믿는 일, 다시 말해서 우리의 사업, 교회, 정당에 대해 신문이 만족할 만한 설명을 주면, 그 신문은 우리의 날카로운 비판을 피할 수 있다. 우리는 아침 식탁에서 신문 기사와 자기 의견을 대조함으로써 가장 훌륭한 판단 기준을 얻을 수 있다. 그래서 대부분의 사람들은 신문이 일반 독자에게 보도한다는 태도를 버리고, 독자가 실제 경험하는 문제들을 책임을 갖고 설명하는 태도로 보도해주기를 바란다.

보도된 사건의 당사자가 아니고서는 기사의 정확성을 증명할 수 있는 독자는 거의 없다. 그 뉴스가 지방적인 것이고, 취재 경쟁 아래에 있을 때, 그 기사의 편집자는 취재한 기사의 부당성과 부정확성을 지적하는 사람들의 항의를 각오해야 한다. 그러나 그 뉴스가 지방적인 것이 아닌 경우, 사건이 발생한 곳이 멀면 멀수록 기사의 오류를 정정할 수단은 줄어든다. 다른 도시에서 발간된 신문이 자기들을 잘못 기사화했다고 생각해도 이 잘못을 발견하고 정정할 수 있는 이들은 선전 담당 직원이 속해 있는 잘 조직된 집단의 사람들뿐이다.

신문이 일반 독자를 잘못 기사화했다고 하더라도 법률이 이들을 보호하지 않는다는 사실에 우리는 흥미를 느끼고 주목해야 한다. 권리를 침해당한 당사자만이 중상(中傷)과 명예훼손을 이유로 소송을 제기할 수 있으나, 자신이 구체적으로 어떤 피해를 당했는지를 증명해야만 한다. 막연하게 부도덕하다거나 선동적이라고 주장하는 문제를 제외한 일반적인 뉴스는 모두에게 공통되는 중요 사건이 아니라는 전통을 법률은 고수하고 있다.[*8]

사건과 이해관계가 없는 독자가 모든 기사를 검사할 수는 없지만, 몇몇 독자들은 전체 뉴스들 가운데 어떤 기사에 대해서 아주 명확한 선입견을 가지고 있다. 이러한 기사는 그 독자의 판단 자료가 되나, 그러한 개인적인 기준 없이 읽히는 뉴스는 정확성이 아닌 다른 기준으로 평가된다. 그 안에서는 허구인지 사실인지 사람들은 구분할 수 없는 기사가 다루어지고 있다. 이런 경우는 진실인지 아닌지를 기준으로 판단할 수가 없다. 스테레오타입화된 그들의 성향과 그 뉴스가 합치만 된다면, 이런 뉴스를 접할 때 이들은 놀라지 않는다. 그래서 뉴스가 그들의 흥미를 일으키는 한, 그 뉴스를 계속해서 읽는다.[*9]

[*8] 독자가 이를 검열의 요구로 오해하지는 않을 것이다. 그러나 정부 기관이 아닌 어떤 형태의 법정이 설립되어 이곳에서 일반 뉴스의 기만성과 불공정성을 검사한다면, 이는 바람직한 일이라 할 것이다. *Cf. Liberty and the News,* pp. 73~76.

[*9] 예를 들면 Upton Sinclair 씨는, 그가 급진주의자에게 불공평하다고 지적한 신문만큼이나 사용자들에게 악질적으로 불공평한 사회주의 신문에 대해서는 전혀 분노에 찬 감정을 나타내지 않고 있다.

2

독자들이 자신과 관련된 일을 읽고 싶어하리라는 신념으로 편집을 하는 신문사는 대도시에도 있다. 이 이론에 따르면, 많은 사람이 신문에서 그들 자신의 이름을 빈번히 찾아낼 수 있고 그들의 결혼, 장례, 사고, 외국 여행, 모임, 학교 행사, 50회 생일, 회갑일, 은혼식, 외출 및 소풍에 대한 기사를 읽을 수 있다면, 그 신문은 안전한 발행부수를 확보할 수 있다.

이런 신문의 고전적인 편집방침은, 호러스 그릴리(Horace Greeley)가 1860년 4월 3일 지방 신문을 발간하려는 '친구 플레처(Friend Fletcher)'에게 보낸 편지에도 적혀 있다.*10

"보통 사람들은 자기 자신에 대한 화제에 가장 깊은 관심을 갖는다는 사실을 명심하고 시작하게. 다음으로는 그의 이웃에 관심을 갖게나. 이런 점에서 볼 때 아시아와 통고(Tongo) 제도(諸島)에서 생기는 일은 그 순위가 훨씬 뒤일세. ……새로 만들어진 교회, 새로 들어온 교우, 팔린 농장, 새로 지은 건물, 가동하기 시작한 공장, 새로 문을 연 상점 그리고 많은 가정에서 흥미를 가질 만한 사건들을 비록 간단하지만 정확하게 자네의 신문에 실어야 하네. 농부가 큰 나무를 베거나 엄청나게 큰 사탕무를 재배할 때, 그리고 밀이나 옥수수를 대량으로 수확하거든 가급적 간결하게, 그러나 예외 없이 그 사실들을 신문에 보도하게."

리(Lee) 씨가 말했듯이, 신문을 '활자화한 우리 마을 일기'가 되도록 만드는 일은 신문이 어디에서 발행되든, 어느 정도 수행되어야 할 기능이다. 뉴욕과 같은 대도시에서는 신문이 이런 기능을 수행할 수 없다. 따라서 각 지역을 대상으로 하는 그릴리*11 방식의 작은 신문이 발행되고 있다. 맨해튼(Manhattan)이나 브롱크스(Bronx) 지구에는 대신문 수의 두 배가 넘는 지방 일간지가 있다.*12 그런데 이들 일간지는 서로 다른 직업, 종교, 국적을 가진 사람들을 위한 특별 부록을 내고 있다.

---

*10 James Melvin Lee, *The History of American Journalism*, p.405에서 인용.
*11 미국 콜로라도주 북부의 도시.
*12 *Cf.* John L. Given, *Making a Newspaper*, p.13.

이들 일간지는 자신들의 생활이 흥미롭다고 생각하는 사람들을 위해 발행된다. 그러나 자기 생활을 지루하다고 여기는 사람들도 많다. 이들은 헤다 가블러(Hedda Gabler)*¹³처럼 보다 긴장감을 느낄 수 있는 생활을 하고 싶어한다. 이런 사람들을 위해 몇몇 신문은 전 지면을, 다른 신문들은 약간의 지면을 상류 계층 사람들의 사생활을 보도하는 데 쓴다. 독자는 이들 주인공의 화려한 악행을 공상 속에서 자기 자신의 행동으로 동일화시킨다. 허스트 씨가 상류사회에 가지는 끝없는 관심은 상류사회에 도저히 속할 수 없는 사람들을 만족시키기 위한 것이다. 그들은 신문에서 읽은 상류 계층 사람들의 생활이 자기들 생활의 일부라는 막연한 감정을 가지고 싶어한다. 황홀함을 맛보고 싶은 것이다. 그래서 대도시의 '활자화된 우리 마을 일기' 또한 상류 사회 일기가 되기 쉽다.

이미 말했듯이, 도시의 일간지는 먼 곳의 뉴스를 시민들에게 전해줄 책임을 진다. 그러나 반드시 정치적이고 사회적인 뉴스가 이들의 발행부수를 유지시켜주는 것은 아니다. 이런 분야에 대한 관심은 지속적인 것이 아니므로 신문사는 그런 뉴스에만 의존하고 있을 수는 없다. 따라서 신문은, 중대한 뉴스에 비판적일 수밖에 없는 독자들의 관심을 사로잡을 다양한 특별 기사를 싣는다. 더구나 중대한 뉴스에 대한 어느 한 지역 내의 보도경쟁은 그렇게 치열하지 않다. 신문사는 중요한 사건을, 일정한 기준을 둔 채 다루고 있다. 대규모의 특종(scoop)을 성공시키기는 매우 힘들다. 최근 〈뉴욕 타임스〉는 서로 다른 의견의 여러 계층 사람들에게 꼭 필요한 신문이 되었지만, 〈뉴욕 타임스〉가 보도하는 방대한 양의 뉴스를 필요로 하는 독자의 수는 많지 않다. 다른 신문과 구별되는 특색을 보이면서 고정된 독자를 모으려면 대부분의 신문이 일반 뉴스 이외의 분야에 대해 보도해야만 한다. 그래서 신문들은 상류사회, 스캔들과 범죄, 스포츠, 영화, 여배우, 연애 상담, 학교 소식, 여성란, 쇼핑 안내, 요리, 장기, 트럼프, 원예(園藝), 만화, 뭉쳤다 흩어지는 정당 소식을 닥치는 대로 보도한다. 발행인과 편집자가 이런 것들에 흥미를 가지기 때문이 아니다. 독자는 신문에게 진실만을 요구한다고 신문 비평가들은 생각하지만, 독자 중에는 이런 것들에 뜨거운 시선을 보내는 사람들이 있기 때문에 이들의 취향을 좇아 독자를 확보하

---

*13 입센의 동명 희곡의 주인공. 옛 애인에 대한 사랑과 질투로 자살함.

기 위한 방법으로 이런 것들을 보도한다.

　신문 편집자는 묘한 입장에 있다. 그의 사업은 광고주가 독자에게 부과한 간접세에 의존하고 있다. 그리고 광고주는, 신문 편집자가 그들을 위해 고객을 얼마큼 효과적으로 모아줄 수 있느냐를 평가하여 신문사를 후원할지 말지 결정한다. 상품의 고객(독자)은 자기가 신문에서 읽은 것에 대해 독자적인 지식이 없으므로 개인적인 경험이나 스테레오타입적인 기대에 따라 사물을 판단한다. 그 판단이 호의적이면 편집자는 적어도 계산에 맞는 발행부수를 확보할 수가 있다. 그렇다고 편집자가 전적으로 외부 세계의 뉴스에만 기댈 수는 없다. 물론 편집자는 가급적 흥미롭게 뉴스를 다룰 수 있다. 하지만 독자들은 여러 일간지의 성격을 구별할 때 일반 뉴스, 특히 공적인 사건에 대한 기사를 그 기준으로 삼지는 않는다.

　신문과 공공정보와의 어딘가 조화롭지 않은 이 관계는 신문 관계자의 급료에 영향을 미친다. 기자의 업무는, 이론적으로 신문사의 기초를 이루는 중요한 일임에도, 회사 안에서는 최저 임금을 받고 가장 무시당한다. 일반적으로 유능한 사람이 기자직을 택하는 이유는 경험을 쌓겠다는 필요성이나 빠른 기간 내에 이 직을 마쳐야겠다는 명확한 의도에 있다. 그저 취재를 할 뿐인 업무로는 많은 보수를 받을 수 없기 때문이다. 저널리즘의 큰 보수는, 자기 이름을 밝히고 기사를 쓸 수 있는 논설위원급의 특파원, 경영진 그리고 자기 특성과 묘미를 살릴 수 있는 사람들에게 돌아간다. 이는 경제학자들이 능력 지급이라 표현한 원칙에 들어맞는다. 그러나 이 경제적 원칙이 저널리즘에 너무도 무리하게 적용되어, 그 공적인 중요성에 맞는 수만큼의 유능한 경험자를 끌어들일 매력을, 뉴스보도는 갖추지 못했다. 유능한 자가 가급적 빠른 기간 안에 '평범한 취재 기자직'을 벗어나겠다는 생각으로 이 직업을 갖는다는 사실은, 저널리즘이라는 전문직에 권위와 자존심을 부여하는 공동체로서의 전통이 충분히 발달되지 못했음을 의미한다. 왜냐하면 저널리스트라는 직업에 자부심을 주고, 입사 수준을 높이며, 신문 도덕에 저촉되는 행위에 벌을 주고, 신문인에게 사회적 지위를 주장할 힘을 부여하는 것이 이러한 직업집단으로서의 전통이기 때문이다.

그러나 앞서 이야기한 것들만으로는 문제의 핵심에 다다를 수 없다. 저널리즘을 뒷받침하는 경제사정이 뉴스 취재의 가치를 과소평가하지만, 그렇다고 분석을 포기하는 것은 잘못된 결정론이라고 확신하기 때문이다. 취재 기자 안에 있는 힘은 매우 크고, 취재 기자직을 경험한 많은 사람들은 대단히 유능하다. 그러나 기자직을 의학이나 공학 그리고 법학과 같은 전문적 수준으로 높이려는 비교적 진지한 노력은 하지 않았다. 여기에는 무엇인가 근본적인 이유가 있다.

업턴 싱클레어(Upton Sinclair) 씨는 '구리 수표(The Brass Check)'라는 말을 만들어 이것이 바로 그 근본적인 이유라고 강력히 주장했는데, 이는 미국의 많은 사람들 의견을 대변한 것이 되었다.*14 다시 말해서

"여러분은 매주 월급 봉투 속에서 '구리 수표'를 발견한다—여러분은 기사를 써서 인쇄하여 만든 신문과 잡지를 배부한다. '구리 수표'는 그런 여러분의 치욕의 대가이다—여러분은 진실이라는 이름다운 육체를 취재하여 이를 시장에 판매한다. 곧 인류의 깨끗한 희망을 '대기업'이라는 더러운 매음굴에 양도한다."*15

여기에서 우리는, 이미 알려진 진실과 충분히 근거가 있는 희망이 부유한 신문 소유주들의 의식적인 음모에 의해 무참히 짓밟히고 그 처녀성까지 잃어버린다는 것을 느끼게 된다. 만일 이 이론이 옳다면 그 결론은 정해져 있다. 대기업과 전혀 관계가 없는 신문만이 진실을 더럽히지 않는다는 것이다. 대기업의 조종을 받지도 않고 대기업과 가깝지도 않은 신문이 진실을 올바로 싣지 못한다면, 싱클레어 씨의 이론에는 어디엔가 잘못된 곳이 있다는 결론에 이르기 때문이다.

이와 같은 신문은 있다. 불가사의하게도 싱클레어 씨는 문제의 해결책을 내놓으면서 그의 독자에게 가장 가까이 있는 급진적 신문을 구독하라고 권하지는 않았다. 왜일까? 미국 저널리즘이 안고 있는 문제가 대기업의 '구리 수표'에

---

*14 힐레어 벨록(Hilaire Belloc) 씨는 영국 신문을 똑같은 방법으로 분석한다. *Cf. The Free Press*.
*15 Upton Sinclair, *The Brass Check. A Study of American Journalism*, p.436.

서 생긴 것이라면, 절대 '구리 수표'를 받지 않는 신문의 구독이 그 해결책이 될 수 없는 이유는 무엇인가? '갖가지 신조와 목적을 가진' 대규모 이사회가 있는 '내셔널 뉴스'를 지원하여, "철강 트러스트, 국제 산업노동자 연합(I.W.W.), 스탠더드 석유회사, 사회주의 정당에 관한 사실을, 손해를 입는 측을 고려하지 않고" 신문 가득히 보도하는 이유는 무엇인가? 만일 대기업, 다시 말해서 철강 트러스트나 스탠더드 석유가 문제의 원인이라면, 왜 모든 사람에게 I.W.W.나 사회주의 정당의 신문을 읽으라고 강요하지 않는가? 싱클레어 씨는 이 의문에 해답을 주지 않고 있다. 그 이유는 간단하다. 반(反)자본주의 신문이 자본주의 신문의 결점을 해결할 대응책이라고 다른 사람에게 주장할 자신이 없을 뿐 아니라, 자기 자신도 그렇게 확신하고 있지 않기 때문이다. 싱클레어 씨는 '구리 수표 이론'이나 그의 적극적인 제안들에서도 반자본주의 신문은 무시하고 있다. 그러나 미국 저널리즘을 분석할 때는 반자본주의 신문을 무시할 수 없다. 여러분이 '진실이라는 아름다운 실체'에 관심을 두면, 한 계통의 신문에서만 볼 수 있는 온갖 부정과 허위의 예시들을 모아놓고 만족해하는 커다란 이론적 실수를 범하지는 않을 것이다. 다른 계통의 신문에서 쉽게 찾아낼 수 있는 여러 예시들을 무시하지 않게 되는 것이다. 허위의 원인을 여러분의 조사 대상이 된 신문의 공통적인 특징이라고 생각한다면, 이는 중대한 논리적 오류를 범하는 일이 된다. 만일 신문의 결점으로 '자본주의'를 헐뜯으려 든다면, 자본주의의 제약을 벗어난 곳에는 이와 같은 결점이 존재하지 않음을 증명할 수 있어야 한다. 싱클레어 씨가 신문이 갖는 결점의 원인을 자본주의에 두고 처방에 이르러서는 자본주의와 반자본주의를 같이 무시했다는 점으로 미루어보아 그 또한 앞서 말한 사실을 증명할 수 없는 게 분명하다.

진실성과 능력을 갖춘 반자본주의 신문을 기대할 수 없었기 때문에 싱클레어 씨와 그의 동조자들은 그들의 가설을 보다 비판적으로 검토하게 되었다고 추리할 수 있다. 예를 들어 이들은 스스로에게 물었다. 도대체 대기업이 타락시키는 진실의 실체가(그러나 반자본주의에서도 얻을 수 없는) 어디에 있는 것이냐고. 나는 이 의문이 사건의 핵심, 다시 말해서 뉴스란 무엇이냐 하는 문제와 직결된다고 생각한다.

제23장 뉴스의 본질

1

이 세상의 모든 기자가 하루 24시간을 쉬지 않고 일한다 해도 세계 곳곳에서 일어나는 모든 사건을 눈으로 직접 볼 수는 없다. 기자들 수가 그렇게 많은 것도 아니다. 그리고 같은 시각에 두 곳에 가 있을 수도 없다. 기자가 천리안을 가진 것도 아니요, 투명한 유리알을 통해 세계를 마음대로 볼 수 있는 것도 아니다. 따라서 이렇듯 비교적 적은 수의 사람들이 어떻게든 갖고 있는 화제가 널리 퍼지는 것은 그 사건이 일상적으로 되풀이되는 흔한 일이 아니더라도, 이는 어떤 기적이라 할 수 있다.

신문이 모든 사람을 감시하지는 않는다.[16] 경찰 본부, 검시소(檢屍所), 군(郡) 사무소, 시청, 백악관, 상원, 하원 등과 같은 중요한 곳에만 감시자인 기자가 머무른다. 이들은 감시를 하는데, 보다 정확하게 표현하면 "누군가의 생활이 정상 궤도에서 벗어나거나, 화제가 될 만한 사건이 일어났을 때 이를 알 수 있는 비교적 한정된 몇 곳을 감시하도록 이들을 채용한 조직체에 대부분 소속된다. 이를테면 존 스미스가 브로커가 되었다고 가정하자. 10년 간 그는 더할 수 없을 만큼 평온한 생활을 하며 그의 고객과 친구 말고는 아무도 그에게 신경 쓰지 않는다. 신문의 관점에서 그는 살아 있지 않은 것과 같다.

그러나 11년 째 되는 해에 그는 큰 손해를 입어 무일푼이 된다. 그래서 변호사를 불러 양도 증서를 쓸 준비를 한다. 변호사는 군 사무소에 서장(書狀)을 발송하고 군 서기는 공식조서(公式調書)에 필요 사항을 적어 넣는다. 이 단계에 비로소 신문이 끼어든다. 스미스 씨가 사업상 사망했음을 서기가 작성하는 몇 분 동안 기자는 그의 어깨너머로 스미스 씨의 파산 내용을 알게 된다. 그러고는 마치 지난 11년 동안 매일 같이 그의 사업 내용을 감시해 온듯 그의 사업 상황을 보도한다."[17]

신문이 '스미스의 파산'과 '그의 사업상 위치'를 안다고 기븐 씨는 말했지만, 스미스 씨 본인이 아는 만큼의 정보를 갖고 있다는 뜻은 아니다. 그리고 스미스 씨를 주인공으로 세 권짜리 소설을 쓰려는 아놀드 베네트(Arnold Bennett) 씨

---

[16] 이미 인용한 바 있는 John L. Given 씨의 저서 중 잘 설명된 장 "Uncovering the News," Ch. V 참조.

[17] Op. cit., p.57.

만큼 신문이 스미스 씨에 대해 알고 있다는 것도 아니다. 신문은 불과 2, 3분 동안 군 사무소에서 서기가 기록한 몇 가지 사실의 요점만을 파악했을 뿐이다. 이렇게 기록되어 있는 뚜렷한 행위만을 가지고 스미스에 대해 폭로한다. 그러나 이 뉴스를 계속해서 보도하느냐는 다른 문제이다. 이러한 일련의 일들이 뉴스가 되기 위해서는 사건이 뚜렷이 드러나서, 사건화할 때 주목을 끌 수 있어야 한다는 데에 문제의 핵심이 있다. 일반적으로 보아 잔혹할 만큼 분명하게 드러난 결과만이 뉴스의 소재가 된다. 스미스 씨의 친구들은 이미 몇 년 전부터 스미스 씨의 위험을 알고 있었을지도 모른다. 만일 그의 친구들이 입이 가벼운 자들이라면, 이 소문이 금융 담당 기자의 귀에 들어갔을 수도 있다. 명예를 훼손시킬 수 있어서 발표하지 않았다는 것은 문제 삼지 않더라도, 이런 소문에는 사건을 뒷받침할 분명한 게 아무것도 없다.

어찌 되었든 구체적인 형태의 확실한 사건이 일어나야 한다. 그것이 파산 선언일 수도 있고, 화재, 충돌, 폭행, 폭동, 체포, 고발, 법안 제출, 강연, 투표, 집회, 저명인사의 의견 발표, 신문 논설, 팔 물건, 봉급명세서, 물가변동, 교량건설(橋梁建設)의 제의일 수 있다. 사건의 경과도 어떤 분명한 양상을 띠어야 한다. 그래서 사건은 기성 사실로서 표면화되는 단계에 이르러서야 비로소, 미래에 뉴스가 될 가능성을 띤 무수한 진실에서 벗어나 뉴스로서 독립될 수가 있다.

2

사건이 언제쯤 보도할 수 있는 형태를 갖추게 되느냐 하는 문제에 대해서는 널리 의견이 다양하다. 유능한 기자는 3류 기자보다 자주 뉴스를 찾아낼 것이다. 붕괴 위험이 있는 건물을 발견했을 때 그는 이 위험을 뉴스로서 확인하기 위해 거리로 건물이 무너질 때까지 기다릴 필요도 없다. 훌륭한 기자는 어느 귀족이 인도의 기후를 조사한다는 소식만 듣고도 다음 인도 총독을 추측해낸다. 운이 좋아 꼭 들어맞을 때도 있지만, 그 행운을 누구나 잡을 수 있는 것은 아니다. 흔히 뉴스는, 사건이 사람들 눈에 띄기 쉬운 곳에서 스테레오타입화된 형태를 취하면 성립된다. 사람들 눈에 띄기 쉬운 장소란, 민중의 사건과 당국이 접촉을 일으키는 곳을 말한다. 법은 사소한 일을 간과하지 않는다(De minimis non curat lex). 결혼, 태어남, 죽음, 계약, 파산, 입국, 출국, 소송, 술렁거림, 전염병, 재앙 등이 알려지는 곳이 이러한 장소이다.

따라서 첫째, 뉴스는 사회 상황 전반을 반영하는 거울이 아니며 자연히 드러난 한 국면을 보도하는 것에 지나지 않는다. 뉴스는 우리에게 씨앗이 땅속에서 어떻게 싹을 틔우는가를 설명하지 않는다. 그러나 언제 싹이 처음으로 땅바닥을 뚫고 돋아났는지를 알려준다. 누가 땅속에 있는 씨에 변화가 생겼다고 말한다면, 기자는 이 사람의 이야기를 여러분에게 뉴스로 전할 것이다. 예정한 시기에 싹이 트지 않으면 그 사실도 알려줄 것이다. 어떤 사건이든, 주목을 받고 객관화되며 측정되고 이름이 붙여질 요소가 많으면 많을수록, 뉴스화될 기회가 많이 주어진다.

그래서 만일 미래의 어느 날, 인류의 진보를 위해 모든 방안을 강구한 의회가 야구 경기의 득점을 숫자로 표시하는 것을 금지한다 해도, 야구 경기 자체가 불가능해지지는 않을 것이다. 심판은 자신의 정정당당한 승부 감각에 따라 경기의 길이와 공격—수비의 교대, 그리고 승부의 판단을 내릴 수 있다. 신문이 이 야구 경기를 보도하는 경우, 그 기사는 심판의 판정과 관중의 야유와 환호성에서 기자가 받은 인상, 그리고 수비자리가 정해지지 않은 여러 야구선수들이 표시 하나 없는 잔디밭 위를 오랜 시간 돌아다니는 모습을 두루뭉술하게 설명한 글로 구성되어 있을 것이다. 이렇듯 불합리한 상황을 논리적으로 생각하면 할수록, 뉴스를 보도하려면 (경기의 목적은 별도로 해두고) 이름을 붙이고 경기 내용을 기록하는 장치와 규칙이 꼭 필요하다는 사실을 더욱 뚜렷하게 알 수 있을 것이다. 이러한 장치와 규칙이 너무나 불완전하므로 심판의 생활에 때때로 혼란이 일어나기도 한다. 심판은 승패가 걸린 수많은 중요한 경기를 오직 자기 눈으로 판정해야만 한다. 장기를 둘 때 규칙만 철저히 지킨다면 싸움이 일어날 리가 없듯이, 경기 하나하나를 사진으로 찍어둘 가치가 있다고 생각하는 사람이 있다면 야구경기에서도 판정에 대한 이의 제기는 없을 것이다. 인간의 눈이 포착할 수 있는 속도에는 한계가 있어서, 뎀프시의 어떤 공격이 카펜티어를 녹아웃시켰느냐는 의문이 제기되었을 때 이 문제를 최종적으로 해결한 것은 기록영화였다.

훌륭한 기록 시스템이 갖추어진 곳에서는 현대의 뉴스가 아주 정확하게 보도된다. 증권거래소도 이런 장치와 기구를 갖추고 있어서 주식의 가격 변동을 믿을 수 있을 만큼 정확하게 보도한다. 선거 결과를 처리하는 기계도 있어서 득표수의 계산과 집계가 이 기계로 이루어지기 때문에 보통 선거일 저녁이면 전국 선거 결과가 판명된다. 문명 사회에서는 출생, 죽음, 결혼, 심지어는 이혼도 의식적인 은폐나 누락이 없는 한 기록으로 정확하게 알 수가 있다. 산업과 정부의 몇몇 부서(매우 한정된 부서)에서도 이러한 기록 시스템이 활용되는데, 증권, 화폐, 상품, 은행 결제, 부동산 취득 그리고 임금률 등과 같은 것들의 처리를 위해 쓰인다. 세관에서 통관 절차를 밟아야 하는 수출입 품목의 직접적인 기록에도 쓰인다. 그러나 국내 교역, 특히 상점에서의 거래에는 앞서 말한 장치와 기구를 거의 사용하지 않는다.

뉴스의 확실성과 기록 시스템은 직접적인 관계를 맺고 있다고 생각한다. 개혁자들이 신문을 나무랄 때 그 비판의 원인이 되는 이야깃거리들(topics)을 생각해보자. 그 속에서 신문은 득점을 숫자로 표현하지 않는 야구 경기의 심판과 같은 위치에 처해 있음을 알게 될 것이다. 인간의 심리 상태를 다룬 뉴스는 모두 이런 성격을 띤다. 성격, 성실성, 야심, 동기, 의도, 대중 감정, 국민 감정 그리고 외국 정부의 정책에 관한 기술이 이 범주에 속한다. 앞으로 일어날 사건을 다룬 뉴스도 마찬가지다. 개인적 이해, 개인적 수입, 임금, 노동 조건, 작업 능률, 교육의 기회, 실업(失業),*18 독점, 보건, 인종 차별, 부정, 교역 제한, 낭비, '후진', 보수주의, 제국주의, 급진주의, 명예, 정의감—이런 것들에 대한 의문도 같은 범주에 속한다. 이런 자료들은 갑작스레 기록된 것에 지나지 않는다. 이들 자료는 검열과 사생활 보호라는 관습 때문에 숨겨질 수 있다. 기록을 중요시하지 않거나 절차가 복잡하다고 생각하기 때문에, 또는 객관적인 평가 시스템을 누구도 개발하지 않아서 자료가 존재하지 않을지도 모른다. 따라서 뉴스가 전체적으로 무시되지 않는 경우라면, 앞서 말한 문제들을 다룬 뉴스는 논란의 대상이 된다. 점수로 기록되지 않는 뉴스는 개인적 또는 상투적인 의견으로 기사화되거나 뉴스조차 되지 못하기도 한다. 누군가가 이의를 제기하거나 조사를 하거나, 그렇지 않으면 어원학적인 의미에서 사건을 문제화할 때 비로소 그 사건은 뉴스의 모양을 갖추게 된다.

신문 종사자들이 존재하는 숨은 이유가 여기에 있다. 어떤 사실과 어떤 인상을 선정하여 보도할 것인가는 자유이기에 인간의 모든 조직 집단은 (자신의 이름이 선전되기를 원하든 익명으로 남기를 원하든) 그 방대한 자유재량권의 행사

---

*18 1912년의 실업자 보고에 얼마만 한 추측이 작용했는지 생각해보라.

를 기자들에게 모두 맡길 수는 없다고 생각한다. 조직 집단과 신문 사이에 기자를 끼워 넣는 방법이 보다 안전할 것이다. 신문기자를 채용하고 나면 기자의 전략적 지위를 이용하려는 유혹이 더욱 강해진다. 프랑크 코브(Frank Cobb)는 이렇게 말하기도 했다.

"제1차 세계대전 직전에 고용된 신문 종사 인구 조사에 따르면 약 1만 8천 명의 기자가 있었다고 한다. 1919년 현재 그 수가 어느 정도인지 나는 알지 못한다. 그러나 뉴스의 직접적 통로가 폐쇄되어, 일반 사람들을 위한 정보가 선전 회사를 통해 제공된다는 사실은 알고 있다. 큰 회사도, 은행도, 철도도, 상업적·사회적·정치적 단체도 선전 회사를 가지고 있다."[*19]

만일 보도가 명백한 사실을 다시 살아나게 할 뿐이라면, 신문담당자는 그저 사원과 다를 게 없을 것이다. 하지만 큰 뉴스의 경우에는 그 대부분의 문제를 둘러싼 여러 사실들이 단순하지도 명백하지도 않다. 그 또한 광고업자의 기호와 의견에 따라 크게 좌우된다. 그리고 사람들은 자신이 선택한 사실이 신문에 인쇄되기를 바란다. 광고업자의 임무는 이런 일을 하는 데 있다. 광고업자는, 신문기자 혼자 윤곽을 명확히 파악할 수 없는 현실 세계의 상황을 선명하게 그려줌으로써 신문기자의 노고를 크게 덜어주게 된다. 광고업자가 독자들에게 보이고 싶은 이미지와 똑같은 것이다. 이들은 고용주가 맡긴 임무에 책임을 지는 검열관이요 선전관이다. 그리고 이들은 고용주의 이익에 들어맞는 진실에 대해서만 책임을 진다.

우리가 쉽게 알아보기에는 현대 생활 속 여러 사실들의 형상이 너무나 애매하고 어렴풋하다. 광고업의 발달은 이를 잘 설명해주는 하나의 훌륭한 증거가 된다. 이렇듯 불명확한 사실들은 누군가 뚜렷하게 형상화시켜야 한다. 그리고 일상적인 기자의 활동으로는 현대의 여러 사실을 형상화할 수 없을 뿐 아니라, 공평한 정보기관이 거의 없기 때문에 이해관계 당사자들이 그 공식적인 형태를 이루어내고 있다.

3

훌륭한 신문인은, 자신이 전하고자 하는 것이 아무리 훌륭하다고 해도 일상

[*19] 1919년 12월 11일 뉴욕의 Women's City Club에서의 연설, *New Republic*, Dec. 31, 1919, p.44에 전재.

생활의 테두리 밖에 있는 진귀한 것이 아니면 뉴스가 될 수 없음을 이해한다. 신문사가 그런 훌륭한 일을 싫어해서가 아니라, 아무도 무엇이 일어나기를 기대하지 않을 때 신문이 아무 사건도 일어나지 않았다고 보도하는 것은 무의미하기 때문이다. 따라서 광고업자는 곧바로 받아들일 만한 선전을 하고자 마음먹었을 때, 어떤 일을 일으켜야만 한다. 깜짝 놀랄 만한 일을 준비해두어야 한다. 다시 말해서 교통을 방해하고 경찰관을 괴롭혀서, 이미 뉴스가 된 사건에 그의 고객과 그의 동기를 어떻게 해서든 얽어놓는 것이다. 참정권론자들은 이 이치를 알고 있었다. 특별히 그 지식을 이리저리 휘두르지는 않았지만, 이 지식을 활용하여 행동했다. 그들은 참정권의 찬부양론(贊否兩論)이 사람들 입에 오르내리게 된 뒤에도, 이 문제를 뉴스로 존속시키는 데 성공했다. 그렇게 사람들은 참정권 운동을, 미국의 국민생활에 뿌리를 둔 하나의 조직으로서 받아들이게 되었다.[20]

다행히도 참정권자들은 여권 옹호론자와는 뚜렷이 구별되는, 아주 구체적이고 매우 단순한 목적을 가졌다. 투표 그 자체가 상징하고 있는 내용은, 그 강력한 옹호론자나 반대론자들도 알고 있듯이 단순하지 않다. 그러나 투표권은 단순하고 친근한 권리이다. 또한 신문을 비난하는 주된 항목인 노동 문제에 있어서, 파업권은 투표권처럼 아주 단순한 권리이다. 하지만 어느 특정한 파업의 동기와 목적은, 여성 운동의 동기와 목적처럼 매우 미묘하며 파악하기도 어렵다.

노동조건이 좋지 않아 파업에 들어갔다고 가정해보자. 좋지 않다는 것의 척도는 무엇일까? 적당한 생활 수준, 예를 들면 위생, 경제적 안정 그리고 인간의 존엄성이 어느 정도 지켜져야 적당한 수준이라고 할 수 있을까? 공동사회가 이론상 정해둔 수준을 산업이 훨씬 못 따라가고 있음에도, 노동자는 너무 가난하여 항의조차 못하고 있을지도 모른다. 반면에 여러 조건이 이론적 수준을 훨씬 웃돌고 있음에도 노동자들은 격렬히 항의할 수 있다. 그러나 그 기준은 애매하기 마련이다. 하지만 여기에서 우리는 노동자의 여러 조건이 평균 이하인 경우를 생각해보자. 때에 따라서는 노동자들이 항의하기 전에, 사회복지사의 사주를 받은 편집자가 기자를 보내 조사를 하고, 나쁜 조건에 대해 주의를 환

* 20 Cf. Inez Haynes Irwin, *The Story of Woman's Party*. 이 책은 여성 운동의 중요 부분을 잘 설명해줄 뿐 아니라 민중의 관심, 공공의 이익, 정치 관습의 근대적 조건들 아래에서 이루어진 성공적이고 비혁명적인 운동에 관한 자료를 풍부히 싣고 있다.

기시키는 경우도 있다. 이는 자주 할 수 있는 일이 아니다. 왜냐하면 이런 조사에는 시간과 돈과 특별한 재능, 그리고 많은 지면이 요구되기 때문이다. 조건이 나쁘다는 기사를 사실로 받아들이도록 읽게 하려면 많은 지면이 필요하다. 피츠버그 지구의 철강 노동자들의 상황을 보도하는 데에는 한 무리의 조사원과 오랜 시간, 그리고 두터운 인쇄물이 여러 권 필요했다. 모든 일간지가 '피츠버그 보고'나 '인터처치 철강 보고'를 신문의 당연한 업무를 처리하듯이 만들 수 있다고 생각한다면 잘못이다. 취재하는 데 많은 노고가 필요한 뉴스는 일간지의 능력 밖에 있다.*21

실제로 노동조건이 좋지 않다고 해도 그 사실만으로는 뉴스가 될 수 없다. 특별한 경우를 제외한다면, 저널리즘이란 형상화되지 않은 소재를 직접 보도하는 것이 아니라, 형태가 갖추어진 소재를 보도하는 것이기 때문이다. 따라서 보건국이 어느 산업지역의 비정상적으로 높은 사망률을 발표하고 난 다음에야 비로소 나쁜 노동 조건이 뉴스가 될 수 있다. 이런 식으로 끼어들지 않는다면, 노동자들이 노동조합을 만들어서 고용주에게 노동 조건의 개선을 요구한 시점에야 비로소 노동 조건이 나쁘다는 사실이 뉴스가 된다. 이런 때 노사의 타협이 쉽게 이루어질 것이 확실하다면, 그 타협의 결과와는 관계없이 뉴스 가치는 떨어진다. 반대로, 이들 노사 관계가 파업이나 공장 폐쇄로 나빠진다면, 그 뉴스의 가치는 높아진다. 만일 파업 결과가 신문 독자들의 생활에 직접적인 불편을 불러오거나 질서를 어지럽게 한다면, 그 뉴스 가치는 더욱더 높아진다.

잠재되어 있던 문제는 요구, 파업, 혼란 같은, 눈에 확 띄는 징후를 통해 뉴스화된다. 노동자나 옳고 그름을 올바로 가리려는 정의파에 속하는 사람들 입장에서 보면 요구, 파업, 혼란은 더할 나위 없이 복잡한 과정에 일어난 사소한 사건에 지나지 않는다. 그러나 기자나 대부분의 신문을 지지하는 특수한 독자들은 그 현실과는 멀리 떨어져 있어서 직접 경험할 수 없으므로, 노동자들이 그들의 현실을 행동으로 표시할 때까지 기다려야만 한다. 그 신호가 예를 들어

---

*21 최근에 베이브 루스(Babe Ruth)가 속도 위반으로 투옥되었다. 오후 경기가 시작되기 직전에 풀려난 루스는, 대기 중인 자기 차에 뛰어가 감옥에서 잃어버린 시간을 보충하기 위해 과속으로 구장에 달려갔다. 이번에는 경찰관도 그를 잡지 않았다. 한 사람의 기자가 베이브 루스의 차 속도를 재어서 다음 날 아침 신문에 발표했다. 베이브 루스는 예외적인 인물이다. 신문이 모든 자동차의 속도를 잴 수는 없다. 속도 위반의 뉴스를 기자는 경찰에서 얻어야 한다.

노동자의 동맹 파업이나 경찰의 개입과 같은 형태를 이룬다면, 파업과 혼란에 대해 사람들이 가지고 있는 스테레오타입이 뉴스 속에 깊숙이 작용하게 된다. 보이지 않는 투쟁은 그 분위기를 전해주지 않는다. 그 투쟁은 추상적인 주목만을 *끈다.* 그리고 이런 추상적인 보도는 독자와 기자의 경험을 통해 투사될 때 비로소 생기를 얻는다. 이렇게 투사하여 굴절된 경험과 파업 당사자들의 경험은 전혀 다르다. 노동자들은 현장 감독의 기질, 신경을 곤두세우게 하는 기계의 단조로운 음향, 질식할 정도의 탁한 공기, 아내가 감당해야 하는 집안일의 고역, 아이들의 완전하지 못한 발육 그리고 더러운 가옥을 피부로 느낀다. 하지만 독자와 기자는 파업이라는 머리기사와 요구 조건을 먼저 접한다. 그러고는 그들이 읽은 기사에 자신의 감정을 담아버린다. 파업 중인 노동자들이 자기들 일에 필요한 제품을 생산하지 않고 있어서 일에 지장이 생길 수도 있다는 불안감을 느끼거나, 물자가 부족해져 물가가 오른다고 생각할 수도 있으며, 파업이 지독한 불편을 가져다 준다고 생각할 수도 있다. 이 또한 현실이다. 그래서 파업이라고 이름 붙인 추상적 뉴스를 독자들이 그렇게 색안경을 끼고 보면, 어쩔 수 없이 노동자는 불리한 상황에 처하게 된다. 따라서 노동자의 불평과 희망을 원천으로 한 뉴스가 생산자에 대해 공격적인 성향을 띠는 것도 당연하다.

그 과정을 순서에 따라 늘어놓으면 다음과 같다. 첫째 몹시 복잡한 여러 가지 사정이 생기고, 둘째 이들 사정을 알리는 신호화된 뚜렷한 행동이 일어나며, 셋째 자신에게 직접적인 영향을 준 실제 경험에서 얻은 지식을 거울 삼아 자기 나름대로 유형화된 행동을 해석한다. 파업을 통해 체험한 독자의 경험이 매우 중요한 의미를 가질 수도 있으나 파업의 원인에서 보면 그 경험은 특이하다고 할 수 있다. 하지만 이 특이한 의미(eccentric meaning)야말로 퍽 흥미로운 성격을 지닌다.*22 상상력에 의존해서 문제의 핵심으로 들어간다는 것은, 독자가 자기 자신으로부터 벗어나 전혀 다른 생활을 시작한다는 것과 같다.

파업을 보도하는 가장 쉬운 방법은 뚜렷한 행동으로 나타난 사실을 뉴스화하고 이 사건이 독자의 생활을 위협한다고 묘사하는 데 있다. 이렇게 하면 독자의 주의력을 1차적으로 환기시킬 수 있고, 쉽게 독자의 관심을 집중시킬 수 있다. 개혁자와 노동자의 눈으로 보면, 신문의 의도적인 오보(誤報)로 보이는

---

*22 *Cf.* Ch. XI, "The Enlisting of Interest."

기사의 대부분은 뉴스를 표면화하는 과정에서 생기는 실제적인 어려움의 직접적 결과, 또는 먼 곳에서 일어난 사건에 흥미를 부여하려고 할 때 오는 정서적 어려움의 결과이다. 나는 이 점이 가장 중요하다고 생각한다. 사실 에머슨이 말한 바와 같이, "우리와 동떨어진 사건들이, 사실은 우리가 피부로 체험한 친근한 경험의 개정판에 지나지 않음을 인정하지 못하거나 그 새로운 사건을 이미 경험한 비슷한 사건을 다루던 척도로 해석할 수 없다면 그 사실들에 흥미를 갖기란 어렵다."[*23]

신문이 파업을 보도하는 과정을 연구해보면, 파업을 크게 다루거나 중요 기사로 취급하는 경우가 아주 드물다는 사실을 발견할 것이다. 그리고 때에 따라서는 언급조차 하지 않는다. 다른 도시의 노동 쟁의가 중대한 의미를 지니려면, 그 쟁의의 실체에 관한 확정적인 정보가 기사 속에 포함되어 있어야 한다. 뉴스는 일반적으로 그런 과정을 거친다. 약간의 조정은 필요하지만, 정치 문제나 국제 문제를 보도할 때에도 이 원리는 적용된다. 뉴스란 뚜렷이 드러난, 흥미로운 사실의 묘사이다. 그리고 신문이 이 궤도에서 벗어나지 못하도록 여러 측면에서 압력이 가해진다. 이 압력은 한 사건이 일어났을 때 스테레오타입화한 한 국면만을 주목하라는 압력이다. 또다른 압력은, 새로운 사건을 여러 측면으로 분석할 만한 유능한 저널리스트를 찾아내기란 어렵다는 사실에서 온다. 또 때로는 훌륭한 저널리스트가 그의 견해를 발표하려 해도 신문의 지면을 얻을 수 없다는 사실이 압력으로 작용한다. 그리고 독자의 관심을 빨리 끌어야 한다는 경제적 필요성과, 독자의 마음을 사로잡지 못할 때 오는 경제적 부담, 불충분하거나 쓸데없는 보도로 독자의 분노를 일으키지는 않았을까 하는 두려움이 압력으로 작용한다. 위험한 사건이 일어났을 때, 앞서 말한 압력들이 편집자에게 작용하여 편집자의 불안감을 조장하고, 급기야는 논쟁을 불러올 걱정이 없는 사실만을 보도하거나 독자의 흥미를 쉽게 끌 수 있는 기사만을 다루게 한다. 논쟁을 불러올 걱정이 없는 사실이나 독자의 관심을 쉽게 끌 수 있는 것은, 파업 그 자체와 파업으로 말미암아 독자가 입는 불편이다.

현재와 같은 산업 조직 밑에서, 깊이 있고 정묘한 진실은 모두 믿을 수 없는 진실이 된다. 정확한 기록과 양적 분석 없이는 끝없이 논쟁할 수밖에 없는 생

[*23] *Art and Criticism*이라는 표제의 그의 논문에서. 인용은 R.W. Brown 교수의 *The Writer's Art*의 p.87에서 했음.

활 수준, 생산성, 인권과 같은 것에 대해서도 앞서 말한 진실이 판단을 요구한다. 산업 내부에 평가 기준이 설정되지 않는다면, 산업과 관계가 있는 뉴스는, 에머슨이 이소크라테스(Isocrates)를 인용하여 말한 바와 같이 "두더지가 산을 만들기도 하고, 산이 두더지를 만들기도 한다"[24]는 부조리한 논리를 인정하는 것이 된다. 산업 내부에 합법적인 절차가 없거나, 증거와 주장을 전문가가 감별하지 않는다면, 저널리스트는 독자에 대해서 선정적인 사실만을 추구하게 될 것이다. 대규모의 노동자와 자본가 관계에 있어서 회의를 열고 조정을 한다 해도 결정을 짓는 데 필요한 사실들을 독자적으로 걸러내지 않는다면, 독자들의 문제가 산업의 문제는 될 수 없을 것이다. 따라서 신문에 호소하여 분쟁을 해결하려 하면, 신문과 독자에게 이들이 감당할 수 없을 뿐 아니라 감당해서도 안 될 무거운 짐을 지우는 결과에 이르게 된다. 현실에 맞는 법률과 질서가 없는 상황에서 뉴스가 의식적으로, 용감하게 수정되지 않는다면, 방대한 양의 뉴스는 자기 의견을 합법적으로 조리 있게 주장할 방법을 갖추지 못한 사람들에게 불리한 것이 될 터이다. 사건 발생 현장에서의 속보는 사건을 발생시킨 원인보다, 주장에서 생긴 분쟁에 초점을 맞추게 된다. 원인을 캐려고 들지도 않는다.

4

편집자는 사건 현장에서 들어온 속보를 검토한다. 그는 사무실에 앉아서 들어온 기사를 읽는다. 그러나 사건 전체 내용을 직접 보는 일은 거의 없다. 우리가 이제까지 보아온 바와 같이, 편집자는 적으나마 독자를 늘리기 위해 온갖 노력을 다해야만 한다. 왜냐하면 경쟁 상대의 신문이 히트를 치게 되면 독자는 가차 없이 편집자가 만든 신문을 버리기 때문이다. 편집자는 극심한 압박을 받으며 일한다. 신문들은 치열하게 경쟁한다. 모든 기사는 신속하고 복잡한 판단을 필요로 한다. 기사 하나하나를 개별적으로 검토하되 다른 기사들과의 관계에서 이해해야 한다. 그리고 편집자는 그 기사가 어느 정도 독자의 흥미에 맞는가를 고려해서 크게 보도하기도 하고 작게 보도하기도 한다. 규격화, 스테레오타입, 일정한 판단 기준, 자세한 것에 대한 대담한 생략 등이 없다면 편집자는 밀어닥치는 흥분을 가누지 못해 죽고 말 것이다. 일정한 크기의 지면을 기

---

[24] *Id., supra.*

사로 채워서 제시간에 내놓아야 한다. 기사마다 캡션(caption)을 달아야 하고 캡션은 일정수의 활자로 이루어져야 한다. 언제나 독자의 재촉을 받아야 하고 명예훼손법을 의식해야만 한다. 그 밖에도 어려움에 부닥칠 가능성은 끝없이 많다. 규격화하고 제도화하지 않고는 도대체 일을 처리할 수가 없다. 상품을 규격화하면 시간과 노력을 절약할 수 있을 뿐 아니라 실패를 막는 부분적인 보증이 된다.

신문이 서로 가장 큰 영향을 주고받는 이유가 여기에 있다. 그래서 전쟁이 발발했을 때, 미국의 신문들은 그때까지 다루어본 적 없는 전쟁이라는 새로운 사건을 취급하게 되었다. 해저 통신 사용료를 낼 능력이 있었던 일간지들은 뉴스 획득의 선두주자가 되었고, 이들 일간지의 뉴스 제공 방법이 신문계의 모델이 되었다. 그런데 이런 모델은 어디서 온 것일까? 그것은 영국 신문을 본뜬 모델이었다. 그 이유는 노스클리프(Northcliffe)가 미국의 신문들을 소유했었기 때문이 아니다. 첫 무렵의 이유는 영국인 특파원을 고용하기 쉬웠다는 데 있지만, 끝 무렵의 이유는 미국 저널리스트들이 가장 쉽게 읽을 수 있는 신문이 영국 신문이었다는 데 있다. 런던은 해저 통신과 뉴스의 중심지로서, 전쟁 보도의 여러 가지 기술에 있어서 발전을 이룩해낸 곳이다. 같은 현상이 러시아 혁명을 보도할 때에도 일어났다. 이때 러시아에 접근하는 길은 러시아와 연합군 측의 군검열에 의해 막혀 있었다. 그리고 습득하기 어려운 러시아어의 장벽이 접근을 더욱 어렵게 만들었다. 그러나 러시아 혁명을 효과적으로 보도하지 못한 원인은, 혼란 상태(비록 수습될 방향으로 나아가고 있다 하더라도)를 보도하기가 무엇보다 어렵다는 사실에서 찾아야 할 것이다. 그래서 러시아 혁명의 뉴스는 헬싱키, 스톡홀름, 제네바, 파리 그리고 런던의 검열관과 선전가의 손에서 조작됐다. 이들은 오랫동안 아무런 제한을 받지 않고 뉴스를 마음대로 요리했다. 하지만 이들이 조작한 뉴스는 언젠가 터무니없는 것으로 탄로 날 수밖에 없었다. 이들은 러시아 혁명이라는 엄청난 소용돌이 속에서 본 어느 한 현실적 측면에서 독자의 증오와 공포심을 일으킬 수 있는 스테레오타입을 만들어냈다. 그리하여 저널리즘의 보다 훌륭한 본능, 즉 직접 가서 보고 이야기한다는 욕망은 오랜 기간 동안 억압을 당했다.*[25]

---

*25 Cf. *A Test of the News*, by Walter Lippmann and Charles Merz, assisted by Faye Lippmann, *New Republic*, August 4, 1920.

5

독자의 손에 전달된 신문은 모두 여러 종류의 선택 과정을 통과한 기사들을 집약한 결과적인 산물이다. 어떤 항목을 인쇄할 것인가를 결정 짓는 선택이 끝나면 그 기사가 실릴 지면의 위치를 선택하고 할애할 지면의 크기와 강조점을 선택한다. 이러한 선택에는 객관적인 기준이 없다. 다만 관습적인 기준만이 있을 뿐이다. 같은 도시에서 발행되는 두 종류의 조간신문을 예로 들어보자. 제1의 조간은 머리기사를 '프랑스의 침략에 대비하여 영국은 베를린에 원조를 약속. 프랑스는 공공연히 폴란드를 지지'라고 달았고, 제2의 조간은 머리기사를 '스틸먼 부인의 또다른 연인'이라고 달았다. 둘 중 어떤 머리기사를 더 좋아하든, 그것은 여러분의 취향 문제이다. 그러나 편집자에게는 개인의 취향 문제가 될 수 없다. 독자가 신문을 읽는 데 들이는 시간을 30분으로 잡는다면, 이 30분 동안 독자의 주의력을 집중시키는 데 어떤 머리기사가 더 효과적인가를 편집자는 판단해야 하는 것이다. 주의력을 집중시키는 문제는, 종교 교육이나 윤리적인 교양이 정해준 시각의 범위 안에서 뉴스를 전시하는 일과는 전혀 다르다. 독자의 주의력을 집중시키기 위해서는, 기사 내용이 독자의 내면적 감정을 불러일으킬 수 있어야 하고, 읽는 기사에 독자가 개인적인 공명감(共鳴感)을 느낄 수 있게 해야 한다. 보도한 투쟁에 독자를 끌어들일 수 없는 뉴스는 폭넓은 독자를 얻을 수 없다. 연극의 관객이 드라마에 빨려들어가듯, 신문 독자는 개인적 공감에 의해 뉴스 속으로 깊숙이 빠져들어가야 한다. 여주인공이 위험에 처할 때나 베이브 루스가 방망이를 휘두를 때 모든 사람이 손에 땀을 쥐듯이, 독자도 예민하게 뉴스에 반응한다. 독자가 뉴스 속에 빠져들려면, 뉴스라는 집의 현관을 독자가 친근하게 느낄 수 있어야 한다. 그래서 신문은 스테레오타입을 이용하여 독자에게 이 친근감을 준다. 만일 배관공들이 모여 결성한 협회를 신문이 '동업 조합'이라 부른다면, 신문의 이런 스테레오타입적 호칭이 독자의 적개심을 불러일으키는 촉매로 작용할 것이다. 그러나 신문이 이들을 '지도적 사업가 집회'라 불렀다면, 이 호칭은 독자들의 좋은 반응을 불러일으키는 구실을 한다.

여론을 형성하는 힘의 소재는 이러한 요소들을 조합하는 데 있다. 사설이 이를 보강한다. 뉴스가 너무 복잡하여 독자의 공감을 불러일으킬 수 없는 상황에서는 사설이 촉매로 작용하여 독자를 뉴스 속으로 깊숙이 안내한다. 뉴스를 빨리 파악해야 할 때 대부분의 독자는 사설과 같은 요약과 해설을 필요로 한다. 독자는 어떤 암시를 요구한다. 이런 암시를 통해 처음으로 독자(자기가 어떤 인물인지를 인식하고 있는 사람)는 그의 감정과 그가 읽은 뉴스를 어디에서 전체로 통일할 것인지를 배우게 된다.

월터 베젓은 다음과 같이 말하고 있다.*[26] "만일 여러분이 중산층 영국인으로 하여금 '큰개 별자리에 달팽이'가 있는지 없는지를 생각하도록 만드는 데 성공만 한다면, 이들은 이 문제에 대해 곧 자기들 나름대로 의견을 갖게 될 것이다. 이들을 생각하도록 만들기란 어렵다. 그러나 이들이 한번 생각하기 시작하면, 소극적인 상태에 머무르는 데 만족하지 않고 어떤 결론에 이른다. 물론 일상적인 화제에 대해서도 이들은 같은 성향을 갖는다. 식료 잡화상이 외교 정책에 대해 충분한 신념을 갖는가 하면, 젊은 부인은 성찬식과 세례식에 관한 완전한 이론을 갖는다. 이들은 이 문제에 관한 한, 아무런 의문도 가지지 않는다."

하지만 같은 식료 잡화상이 그의 상품에 대해서는 많은 의문을 갖는다. 그리고 성찬식과 세례식에 대해 확고한 자기 이론이 있는 그 부인이 식료상과의 결혼 문제에는 망설일 수가 있다. 소극적인 태도를 가질 수 있다는 것은 결과에 관심이 없거나, 두 가지 중 어느 쪽을 고르든 똑같다는 생각이 강함을 뜻한다. 외교 정책과 성찬식과 세례식의 경우, 결과에 대한 관심은 아주 큰 반면, 이들(외교 정책과 성찬식과 세례식)에 대한 의견을 점검할 수단은 거의 없다. 여기에 일반적인 뉴스의 독자가 마주하는 어려움이 있다. 독자가 뉴스를 읽으려면, 관심을 가져야 한다. 즉 독자는 뉴스가 묘사한 상황 속에 뛰어들어 그 결과를 주목해야만 한다. 그러나 이렇듯 적극적인 참여를 하면서 소극적인 태도의 상태에 머물러 있을 수는 없다. 신문이 독자를 옳게 이끄는지 잘못 이끄는지를 검토할 독자적인 수단이 없는 경우, 독자가 관심을 갖는다는 사실로 인해 가장 진리에 가까운 균형 잡힌 의견에 이르기가 어려워질 수 있다. 독자가 사건에 열중하면 할수록, 그의 의견과 다른 기사는 물론이요, 그의 생각을 방해하는 기사에도 분노하게 된다. 독자가 어떤 의견을 굳게 믿어 버리면, 여러 사실에 의해 정당성이 증명되었다고 편집자가 확신하더라도, 많은 신문은 자기 입장을 쉽게 바꿀 수 없는 이유가 여기에 있다. 신문이 입장을 바꾸어야 할 때, 신문은

---

* 26 On the Emotion of Conviction, *Literary Studies*, Vol. Ⅲ, p.172.

최고의 기술을 써서 신중하게 바꿔야만 한다. 보통 신문은 이러한 모험을 하려 하지 않는다. 그 문제에 대한 뉴스의 양을 점차로 줄여 뉴스의 보도를 완전히 멈춰버리는 방법, 곧 연료 공급을 멈춰서 불을 끄는 방법이 보다 간단하고 보다 안전하다.

제24장 뉴스, 진실, 그리고 결론

우리가 신문에 대해 더욱 자세한 고찰을 거듭하다 보면, 설정한 가설이 많은 부분을 좌우할 것이다. 만일 업턴 싱클레어 씨와 그의 논적들처럼 뉴스와 진실은 똑같은 것을 표현한 다른 말이라고 가정한다면, 이런 가설 아래에서는 아무런 결론에도 이를 수 없다고 나는 생각한다. 우리는 신문의 거짓말을 증명하게 될 것이다. 그리고 싱클레어 씨의 설명 역시 거짓임을 증명하게 될 것이다. 그래서 누군가가 거짓말을 했다고 싱클레어 씨가 말했을 때 싱클레어 씨의 이 말 자체가 거짓이라는 사실과, 반대로 싱클레어 씨가 거짓말을 했다고 누군가가 말했을 때 그 사람의 말 자체가 거짓임을 실증할 수 있을 것이다. 우리도 우리 자신의 감정을 발산한다. 그러나 누군가를 향한 것은 아니다.

가장 생산적인 가설은, 뉴스와 진실은 서로 다른 것으로 양자는 명확히 구별되어야 한다는 가설이다.[27] 뉴스의 기능은 하나의 사건을 기호화(signalize)하는 데 있다. 그러나 진실의 기능은, 숨겨진 여러 사실을 백일하에 드러내어 사실과 사실을 관련짓고 인간이 그것을 바탕으로 행동할 수 있는 현실의 모습을 그려주는 데 있다. 사회적인 여러 조건이 인식 가능하고 측정 가능한 형체를 가질 때 비로소 진실과 뉴스의 실체가 일치한다. 인간이 관심을 두는 모든 분야와 비교한다면, 진실과 뉴스의 실체가 일치하는 부분이란 아주 적다. 그러나 이 부분에 한해서 당파적인 판단은 물론, 뉴스의 곡해와 은폐를 고발할 수 있을 만큼 정밀하게 뉴스의 참과 거짓을 검사할 수 있다. 예를 들면 이제까지 몇 번이고 신뢰할 수 없음이 드러난 뉴스 제공원에게서 정보를 받아 죽지 않은 레닌의 사망 기사를 여섯 번이나 반복해서 보도했다고 하자. 이런 무책임한 보도 행위에 대해서 어떤 변호도 정상 참작도 변명도 허용될 수 없다. 이런 경우, 뉴스는 '레닌 사망'이 아니라 '헬싱키, 레닌 사망이라 보도'라고 전하여 뉴스가 나

＊27 내가 *Liberty and the News*를 썼을 때 이 구별을 뚜렷이 하지 못했다. 그러나 그 책 89페이지 이하를 참조할 것.

온 데를 밝혔어야 한다. 신문은 뉴스 공급원의 신뢰성에 따라 기사를 다룸으로써 허위나 과장 보도에 대한 책임을 스스로 져야 한다. 편집자의 책임이 가장 필요한 경우는 편집자가 뉴스 공급원에 대한 신뢰성을 판단할 때이다. 그러나 러시아 사람들의 바람을 뉴스로 다루게 되면, 뉴스 공급원의 신뢰성을 검토할 수 없다.

뉴스를 정밀하게 검사할 방법이 없다는 점은 신문이라는 직업의 성격을 가장 잘 설명해주고 있다고 생각한다. 꼭 특별한 능력이나 경험이 없어도 처리할 수 있는 정확한 정보의 양은 매우 적다. 그 밖의 정보는 저널리스트의 자유재량에 맡겨진다. 존 스미스 씨의 파산이 군(郡) 사무소에 분명하게 기록되어 있다는 부분을 따로 보면 가설이라 할 만한 것은 모두 사라져 버린다. 존 스미스 씨가 파산한 원인, 인간적인 약점, 그의 파산을 불러온 경제적 조건의 분석은 보도자에 따라 달라질 수 있다. 의학, 공학, 법학의 경우와는 달리 저널리스트가 뉴스에서 막연한 진실의 영역으로 옮길 때 저널리스트의 두뇌에 명령을 내리는 힘을 가지고 있을 응용심리학에서는 훈련이 이루어지지 않는다. 저널리스트의 두뇌에 명령을 내리는 규범도, 독자와 발행인의 판단을 강제할 규범도 없다. 저널리스트가 거기서 보는 진실은 어디까지나 그가 보는 진실이다. 그가 본 진실이 옳음을 어떻게 입증할 것인가? 싱클레어 루이스 씨가 '메인 스트리트'에 대해 모든 진실을 이야기했다고 입증할 수 없는 것처럼, 저널리스트도 입증할 수 없다. 저널리스트가 자신이 약한 존재임을 이해할수록, 뉴스를 검토할 객관적인 방법이 없는 한, 자신의 의견은 그 자신의 스테레오타입과 규범과 관심 정도에 따라 만들어진다는 것을 인정하게 된다. 그는 자기가 주관적인 렌즈를 통해 세계를 보고 있음을 안다. 시인 셸리(Shelley)가 말한 바와 같이, 자신도 '영원이라는 흰 빛을 물들이는 여러 빛깔 유리로 된 둥근 지붕(dome)'에 지나지 않는다는 사실을 저널리스트는 부정할 수 없다.

이것을 알게 된 저널리스트는 자신감이 흔들린다. 저널리스트는 여러 종류의 도덕적인 용기를 모두 가질 수 있다. 그리고 어떤 경우에는 이런 용기를 실제로 갖는다. 그러나 신학의 지배로부터 물리학을 최종적으로 해방시킨 어떤 특별한 방법을 계속 확신할 수 있는 용기가 부족하다. 아무도 이의를 제기할 수 없는 절대적 방법의 점진적 발달은 물리학에 이 세상 모든 권력에 대항할 수 있는 지적 자유를 주었다. 물리학자의 증명은 너무나 분명하고 그의 증언이 전통적 방법을 월등히 넘어섰기 때문에 그는 온갖 지배에서 완전히 벗어날 수 있었다. 하지만 저널리스트의 양심과 그가 다루는 사실 위에는 물리학자가 갖는 확고한 버팀대를 세울 수 없다. 저널리스트를 고용한 사용자나 독자의 의견이 저널리스트에 가하는 제한은, 편견이 진실에 주는 제한이 아니라 가능한 한 진실성을 증명했다고 보는 거의 비슷한 의견을 내세워 다른 (저널리스트의) 의견에 가하는 제한이다. 노동조합이 미국의 여러 제도를 파괴한다는 게리(Gary) 판사의 주장과, 노동조합은 인간의 권리를 대신하는 기관이라는 곰퍼스(Gompers) 씨의 주장 중 어느 쪽을 택할 것인가는, 여러분이 두 사람의 견해 가운데 어느 쪽을 믿는가에 따라 결정되는 경우가 많다.

이처럼 부풀어 오른 논쟁을 가라앉히고 뉴스로 보도할 수 있는 차원까지 되돌리는 일을 보도기자가 감당할 수는 없다. 여론 형성의 기초가 되는 진실의 불확실한 성격을 사람들에게 이해시키는 일과, 비판과 선동으로 사회과학을 자극해서 보다 도움이 되는 사회 현상 체계를 만들게 하는 일, 그리고 정치가들을 자극하여 눈으로 쉽게 볼 수 있는 여러 제도를 만들도록 하는 일은 저널리스트가 할 수 있고, 요구 받고 있는 일이다. 다시 말해서 신문은 보도할 수 있는 진실의 확대를 위해 투쟁할 수 있다. 그러나 오늘날의 사회적 진실은 체계를 가지고 조직되어 있으므로 여론이라는 민주주의 이론이 필요로 하는 정보량을 잇달아 공급할 수 없다. 이는 급진적 신문에서 보는 뉴스의 질을 통해 알 수 있듯이 '구리 수표' 때문이 아니라, 신문이 다루는 사회를 지배하는 여러 요소들에 대한 기록이 불완전하게 이루어진다는 사실에 기인한다. 신문이 이런 여러 요소들을 기록할 수 있다는 이론은 잘못된 것이다. 신문은 여러 기관이 활동하여 신문을 위해 기록한 사항만을 적을 수 있다. 이것 말고 다른 것은 모두 주장이자 의견이며, 외부의 여러 가지 변화, 자의식, 인간의 용기에 의해 바뀐다.

업턴 싱클레어 씨는 우리를 설득하기 위해 신문의 사악함을 강조했지만, 싱클레어 씨가 주장한 만큼 신문이 모두 악의에 차 있는 것도, 그렇다고 흑심만 있는 것도 아니다. 신문은 민주주의 이론이 지금까지 인정한 것보다 훨씬 약하다. 국민주권이라는 무거운 짐을 모두 짊어지기에는 너무나 약한 존재일 뿐 아니라, 민주주의론자들이 자연스레 손에 들어오리라 희망적으로 생각한 진상을 자발적으로 제공하지도 못한다. 신문이 모든 진실을 우리에게 전달해주리라 기대하면, 이 기대감 때문에 우리는 잘못된 판단 기준을 쓰게 된다. 우리는 한계가 있는 뉴스의 본질과 무한히 복잡한 사회를 올바르게 파악하지 못한다. 그래서 자기 인내심과 공공 정신 그리고 재주가 많은 능력을 과대평가한다. 이렇게 되면 우리가 쓸모없는 진실까지도 추구하는 욕망을 갖고 있다고 착각하게 된다. 그러나 우리의 취미를 정직하게 분석해보면, 우리에게는 그런 욕망이 없다.

모든 성인(成人)이 논의할 필요가 있는 모든 문제에 대해 의견을 가질 수 있도록 인간의 공공생활을 전부 번역할 의무를 신문이 지고 있다고 생각한다면, 이런 의무를 짊어진 신문은 실패한다. 출발부터 실패할 운명에 놓여 있다. 이런 신문은 어떤 미래에서든 실패를 계속할 것이다. 분업과 권력의 분산에 의해 움직여 나가는 세계가 국민 전체의 보편적인 의견에 따라 지배된다고 생각할 수 없다. 만일 그렇게 생각한다면, 독자 한 사람 한 사람에게 무의식중에 이론적으로 만능이 존재한다고 믿게 만든다. 그리고 대의정치, 산업 조직, 외교가 이루지 못한 모든 일을 해낸다는 무거운 짐을 신문에 짊어지우게 된다. 하루 24시간 가운데 고작 30분 동안 독자에게 작용하는(독자는 하루에 30분쯤 신문을 읽는다) 신문에게 여론이라 불리는 신비스러운 힘을 창조하여, 여러 공공 기관에 생긴 잘못을 고치도록 요구하고 있다. 때때로 신문은 이런 과업을 해낼 수 있는 척, 잘못된 행세를 한다. 예부터 내려온 전제에 얽매여 있는 민주정치는 신문이 자발적으로 여러 정치기관과 온갖 사회문제를 위해, 늘 준비되지 않은 정보기구의 역할을 다하기를 기대한다. 신문도 스스로 크나큰 도의를 희생시켜 민주정치가 그렇게 기대하도록 만들어 왔다. 스스로 정보수단을 갖추는 데 실패한 여러 제도는 '문제 덩어리'가 되고 말았다. 이러한 문제는 국민이라는 하나의 전체가 신문이라는 하나의 전체를 읽음으로써 해결되리라 보고 있다.

바꾸어 말하자면, 직접 민주주의의 한 기관으로 신문을 생각하게 되었다. 법안 제출권, 국민투표권, 해임권과 연결되는 여러 기능이 매우 큰 규모로 날마다 요구되는 기관이라고 여기는 것이다. 여론이라는 이름의 법정에서는 밤낮 가리지 않고 언제나 온갖 사건에 권위 있는 선고를 내려야 한다. 이 법정이 기능하게 만드는 것은 참으로 어렵다. 뉴스의 본질을 생각해본다면, 이런 법정의 존재 자체를 생각할 수조차 없다. 우리가 보아온 바와 같이, 사건이 기록되는 정확도에 비례해서 뉴스의 정확성이 결정되기 때문이다. 이름을 붙이고, 측정하며, 형태를 주고, 독자성을 가질 수 있는 사건이 아니면 뉴스의 성격을 가질 수 없거나, 우연한 편견적 관찰에 좌우되기 쉽다.

따라서 근대 사회에 관한 뉴스의 질은 일반적으로 그 사회 조직을 나타내는 하나의 색인(지표)이 된다. 사회 제도가 훌륭하면 훌륭할수록 그만큼 그 사회의 이해관계는 쉽게 공식화될 수 있고, 더 많은 문제들이 해결되며, 더 객관적인 기준을 설정할 수 있고, 보다 더 완전한 형태로 뉴스를 제공할 수 있게 될 것이다. 신문은 잘해야 사회제도의 충실한 신하요 파수꾼이다. 반대로, 나빠지면 신문은 소수의 인간들이 자기 목적을 위해 사회의 붕괴를 부추기는 데 쓰는 도구가 되기도 한다. 사회 제도가 제 기능을 다하지 못하면 비양심적인 저널리스트는 혼란을 틈타 이익을 얻는 반면에, 양심적인 저널리스트는 불확실한 희망을 안고 도박을 해야만 한다.

신문은 사회 제도를 대신할 수 없다. 신문은 끊임없이 움직이는 탐조등 불빛과 같은 것으로, 암흑 속에 묻힌 에피소드를 하나하나 찾아내어 우리가 볼 수 있게 해 준다. 그러나 인간이 이러한 빛에만 기대서 세상일을 처리할 수는 없다. 인간이 에피소드, 사건, 울분만으로 사회를 지배할 수는 없다. 사람들이 그들 자신의 안정된 빛에 의지하여 일을 할 때 처음으로, 기회가 있으면 신문도 국민들의 의사 결정에 충분히 도움이 될 만큼 분명하게 상황을 비추어 주는 것이다. 병은 신문보다 깊은 곳에 터를 잡고 있다. 그 치료법도 깊은 곳에 있다. 치료법은 분석과 기록 체계에 기초를 둔 사회 조직과 이에 따라붙는 모든 것에서 찾아볼 수 있다. 그리고 시민은 만능 이론을 포기하고, 의사결정을 분산시키며, 비교 가능한 기록과 분석에 의해 결정을 조정하는 데 있다. 만일 경영의 중추부에서 지도 검사가 이루어지고, 이를 통해 사업에 종사하는 사람과 감독하는 사람이 그들의 일을 이해할 수 있게 된다면, 문제들이 일어난다 하더라도 어리석은 논쟁으로 끝나지는 않을 것이다. 또한 뉴스는 정보 체계에 의해 신문사에 전달된다. 그리고 이 정보 체계가 신문의 활동을 점검하는 역할을 하기도 한다.

그것은 근본적인 치료법이다. 왜냐하면 지역적인 것이건 기능적인 것이건, 대의정치가 품은 여러 문제와, 자본주의적인 것이건 공동체적인 것이건 공산주의적인 것이건, 산업이 품은 여러 문제는 신문이 품은 여러 문제들과 같이 하나의 공통적인 원인에서 출발하기 때문이다. 즉 자치적 인간이 정보 기관의 고

안, 창조, 조직을 통해 그들의 우발적인 경험과 편견을 벗어나려고 하지 않는 데 원인이 있다. 정부, 학교, 신문, 교회는 민주주의가 갖는 뚜렷한 약점들—강한 편견과 무기력함, 중요하지만 재미없는 것에 대한 반발심에서 오는 사소하고 호기심을 부추기는 것으로 치우친 기호나 중요치 않은 것 또는 불완전한 것을 찾는 욕구에 대해, 지나치게 주도성이 부족하다. 왜냐하면 자치적 인간이 믿을 만한 세계상(世界像)도 가지지 못한 상태에서 행동을 할 수밖에 없었기 때문이다. 이것이 민주 정치의 본질적인 결함이자 민주 정치의 전통에 뿌리박힌 결함으로서, 이것 말고 다른 결함들은 모두 이 결함에서 왔다고 생각할 수 있다.

제8부 정보의 조직화

제25장 박혀지는 쐐기

1

만일 효능 좋은 약이 입에 단 것이라면, 찰스 맥카시(Charles McCarthy), 로버트 발렌틴(Robert Valentine), 프레더릭 테일러(Frederick W. Taylor)와 같은 미국 라디오계 개척자들은 더 많은 청취자를 확보하려고 그렇게 열심히 투쟁하지 않아도 좋았으리라. 그러나 그들이 그렇게 할 수밖에 없었던 데에는 그만한 이유가 있었다. 정부 연구, 산업 감찰, 예산 등에 관계하는 여러 기관이 으레 제도 개혁의 미운 오리 새끼가 되는 이유도 그 나름대로 분명한 이유가 있다. 그들은 흥미로운 여론형성 과정에 역행을 하고 있다. 일시적인 사실이나 수많은 스테레오 방식, 극적인 일체감 대신에 이러한 연극과 스테레오 방식을 깨부수고 사람들에게 아직 익숙하지 않은 개인적 관련이 없는 사실의 영상을 제공한다. 이 영상은 고통스럽기까지는 않더라도 지루하다. 이것을 고통으로 느끼는 사람들, 곧 교활한 정치나 비밀주의의 당파들은 그들이 느끼는 고통을 없애기 위해 대중들이 느끼는 지루함을 이용하고는 했다.

2

어떤 복잡한 사회에서라도 점쟁이, 성직자, 장로 등 특별한 사람들의 도움을 바라왔다. '보편적인 능력'이라는 이론에 기초를 둔 우리 민주주의도 정부를 운영하고 그 산업 관리를 돕기 위하여 법률가를 필요로 했다. 특수한 전문 훈련을 받은 사람은 미숙한 사람의 마음에 자발적으로 일어나는 진리의 체계보다 훨씬 더 넓은 진리 체계에 짐작할 수 없는 방법으로 적응할 수 있다고 여겨졌다. 그러나 우리는 경험을 통해 전통적인 법률가의 능력만 가지고는 충분히 도움 받을 수 없음을 알게 되었다. '거대 사회'는 맹렬한 기세로 성장하고, 기술

지식을 응용하여 더 넓은 범위를 차지하기에 이르렀다. 그것을 만들어 낸 것은 정확한 측정과 정량분석을 해낼 수 있는 기술자들이었다. 사람들은 '거대 사회'가 어떠한 일에 대한 옳고 그름을 단순히 추측으로 판단하는 사람들에 의해서 움직이는 것이 아니라는 사실을 점차 깨닫기 시작했다. 이러한 '거대 사회'를 통제할 수 있는 것은 그 사회 자체를 창조해낸 기술자뿐이었다. 따라서 더욱 분별 있는 지도자들은 '거대 사회'를 관리하는 사람들을 위해 훈련이나 독학으로 전문가가 된 사람들에게 '거대 사회' 각 부분마다 해명을 요청하게 되었다. 이러한 전문가는 통계학자, 회계사, 검사원, 산업 카운슬러, 여러 기술자, 과학 전공 경영인, 인사 담당자, 연구원, '과학자', 때로는 개인 비서에 이르기까지 온갖 이름으로 알려져 있다. 그들은 저마다 자기들끼리 통하는 전문용어를 사용한다. 그와 함께 그들과 떼어놓을 수 없는 것은 서류 캐비닛, 카드 목록, 도표, 루스리프(loose-leaf) 같은 새로운 노트 종류이다. 그리고 무엇보다 그들 가운데 상사의 책상으로 작성한 서류를 가지고 가 그 앞에서 상사의 승낙을 기다리기만 하면 되는 형태로 제출된 정책 문제에 결단을 내리는 관리자, 즉 한 치의 빈틈도 없는 완벽한 이상가가 있다.

이러한 전개는 자연스러운 창조적 진화라기보다는 오히려 맹목적인 자연선택으로 이루어졌다. 정치가, 경영자, 정당 지도자, 임의단체 협회장 같은 사람들은 그들이 하루에 열손가락으로는 다 셀 수 없는 여러 가지 다른 주제에 대해서 토의해야만 한다면 누군가가 자기를 코치해줘야만 한다는 것을 깨닫게 된다. 그는 메모를 극성스럽게 요구하며, 편지 읽을 틈도 없음을 알게 된다. 그래서 다른 사람에게 중요한 편지의 중요 대목을 체크하도록 했다. 그는 책상 위에 점점 산더미처럼 높이 쌓여가는 보고서들을 혼자서는 도저히 처리할 수 없음을 깨닫는다. 그래서 요약을 요구하게 된다. 그는 끝없이 계속되는 숫자를 혼자서는 하나하나 모두 읽을 수 없음을 깨닫는다. 그래서 그는 숫자를 잘라 도표로 바꾸는 전문가를 채용했다. 그리고 실제로 여러 기계를 구별해낼 수 없음을 깨닫는다. 그래서 기술자를 고용해서 기계를 선택하게 하고 기계 값과 성능을 보고하도록 했다. 이처럼 그는 성가신 짐을 차례차례 내려놓았다. 이것은 마치 어떤 사람이 다루기 힘든 무거운 짐을 운반하려고 할 때 처음에는 모자를 벗고, 다음에는 외투를 벗어버리며, 나중에는 셔츠를 벗어버리는 사람과 같다.

3

그런데 이상하게도 그들은 도움이 필요한 것을 알면서도 곧바로 사회과학자를 구하려고 하지 않았다. 하지만 화학자, 물리학자, 지질학자는 훨씬 그전부터 크게 환영받았다. 그들을 위한 연구소가 세워지고, 여러 가지 권유를 받게 되었는데 그것은 이들 학자들에 의한 자연 정복의 결과가 빨리 인정받았기 때문이다. 그러나 인간성의 여러 문제를 놓고 다루는 과학자들의 경우는 달랐다. 여기에는 여러 가지 이유가 있다. 그 주된 원인의 하나는 눈에 띄는 학문적 성과가 매우 적다는 것이다. 역사적 과거를 다루지 않는 한, 사람들에게 발표하기에 앞서 자신의 연구 이론이 옳다는 것을 증명할 방법이 없기 때문이다. 자연과학자는 가설을 설정하고, 시험하며, 가설을 몇백 번이고 수정할 수 있다. 그렇게 한 뒤에 설사 그의 연구가 잘못되었더라도 자기 자신 말고는 아무도 그 대가를 치를 필요가 없다. 그러나 사회과학자의 경우, 연구실에서 실험해보자고 제안할 수가 없다. 만일 그의 제안이 받아들여지고 그 결과 그의 가설이 잘못된 것임이 밝혀진다면, 그 결과는 엄청난 것이 될 것이다. 사회과학자는 필연적으로 훨씬 많은 책임을 지면서 훨씬 적은 확신밖에 가지지 못한다.

그뿐만이 아니다. 연구실에서 이루어지는 과학에 있어서 연구자들은 사고와 행동의 딜레마를 극복했다. 그는 실제 행동의 표본을 조용한 장소로 가지고 가서 그것을 몇 번이고 의지대로 되풀이할 수 있으며, 마음껏 시험할 수 있다. 그러나 사회과학자는 늘 딜레마에 부닥치게 된다. 비록 그가 그의 서재에서 생각할 시간적 여유는 가졌다 하더라도 그가 믿을 수 있는 자료는 오로지 공보(公報), 신문, 인터뷰 등을 통해 들어오는, 아주 일시적이고 충분하지 못한 활자 기록뿐이다. 실제로 사건이 일어나고 있는 '세계'로 나아갔다 하더라도, 그의 서재에 들어갈 수 있게 되기까지는 기나긴 때로는 무익한 수습 기간이 필요하다. 그는 자기에게 적당한 때 행동의 연구를 시작하거나 그만둘 수가 없다. 특권을 가진 사람들은 그의 말에 귀를 기울이지 않는다. 정치적으로 중요한 위치를 차지하고 있는 사람은 자신이 적어도 부분적으로 잘 알고 있는 정치의 속사정을 사회과학자는 밖에서 탐색하려고 한다는 것과 사회과학자의 가설이 본디 실험실이 아닌 '현실' 세계에서만 입증된다는 것을 알고 있었다. 따라서 그들은 자기 정책을 지지하지 않는 사회과학자를 몹시 낮게 평가해 왔다.

사회과학자는 그들에 대한 이러한 평가가 옳다는 것을 절실히 느끼고 있다.

사회과학자는 자신의 일에 대해 속으로 그다지 확신을 가지고 있지 않다. 단지 반신반의해서 확신을 가지지 못하고 있기 때문에 그는 자기 사상의 자유를 지키기 위하여 꼭 필요한 이유조차 찾아내지 못한다. 그는 그 대가로서 그의 양심이 허락하는 범위 안에서 자기 현실에 무엇을 요구할 수 있을까?[1] 그가 가지고 있는 자료는 불확실하다. 또 입증할 수단도 불충분하다. 그가 가지고 있는 가장 좋은 자질은 욕구 불만의 원천이 된다. 그가 정말로 비판적이고 과학 정신으로 가득 차 있다면, 그는 공론가가 될 수 없으며, 스스로도 확신할 수 없는 이론을 옹호하기 위해 이사나 학생, 시민연합회나 보수적 신문에 결투를 신청할 수도 없을 것이다. 만일 결전에 나가려고 한다면, 신을 위해 싸울 결의가 필요하다. 그러나 정치학자는 신이 자기를 부르는가에 대하여 언제나 회의를 품고 있다.

따라서 사회과학의 많은 부분이 건설적이라기보다는 변호적인 성격을 띠고 있다면, 그 이유는 '자본주의' 내부에 있는 게 아니라 사회과학의 운명 속에 놓여 있다고 볼 수 있을 것이다. 물리학자는 억압받거나 무시당할 우려가 없는 결론을 이끌어내는 방법을 고안해냄으로써 종교적 절대주의에서 벗어날 자유를 성취할 수 있었다. 그들은 스스로 이해하고, 위엄을 갖추고, 자신들이 무엇을 위해 싸워야 하는지 알고 있었다. 사회과학자들도 사회과학적 방법론이 확립되는 그날 비로소 권위와 힘을 얻게 될 것이다. '거대 사회'의 지도자들은 눈에 보이지 않는, 엄청나게 어려운 환경을 이해할 수 있게 만드는 여러 가지 분석 방법을 필요로 하고 있다. 이러한 그들의 요구를 잘 이용함으로써 비로소 사회과학자들도 권위와 힘을 손에 넣게 될 것이다.

그러나 실제 사회과학자는 자신에게 필요한 자료를 아무런 관련이 없는 많은 재료에서 수집한다. 사회의 움직임은 대부분 행정의 우연한 결과로서 일시적으로 기록될 뿐이다. 의회에 대한 보고, 토론, 심의, 변론 취지서, 국세조사, 관세, 세금 명세서 등 이러한 자료가 화석 인류의 두개골 파편을 수집하듯 교묘한 추리에 의해 모아지고 조립됨으로써 비로소 학자는 그가 연구하는 사건의 영상을 얻을 수 있는 것이다. 이러한 추리는 동료 시민의 의식적인 생활을 대상으로 하지만, 일반 법칙을 이끌어내려고 하는 당사자가 실제로 자신의 자

---

*1 Cf. Charles E. Merriam, *The Present State of the Study of Politics, American Political Science Review*, Vol. XV, No.2, May, 1921.

료 수집 과정을 감독할 수 없으므로 자주 엉뚱한 추리가 생긴다. 예를 들면 병원에 거의 가지 못하고, 동물 실험도 해보지 않고, 오로지 환자의 말과 진단의 기준이 일정하지 않은 간호사들의 보고, 또는 약국의 순이익에 관한 세무서의 통계 자료 같은 것을 기초로 결론을 내릴 수밖에 없는 연구자들의 의학 연구를 상상해보라. 사회과학자는 법률을 부분적으로 시행하고, 정당화, 설득, 주장, 증명을 시도하려는 관리의 마음속에 무비판적으로 간직되어 있는 범주를 기초로 자신이 할 수 있는 일을 해야만 한다. 연구자는 이 사정을 알고, 또 이것을 지키기 위해 정보의 신뢰성을 확인하는 학문 영역을 발달시켜 왔다.

그것은 하나의 성과이다. 그러나 그것이 단순히 사회과학의 불건전한 지위를 교정하는 수단에 그친다면, 모처럼의 공덕도 아주 하찮은 것이 되고 말 것이다. 학자는 확실하게 이해되지 않는 상황에서 왜 이런저런 일들이 일어나는지 날카로운 직감을 힘껏 발휘해야만 하는 운명을 가지고 태어났다. 하지만 의원들의 중개자 또는 정치의 본보기, 판단 기준으로서 고용되는 전문가는 이것과는 전혀 다른 방법으로 사실을 다룬다. 이런 전문가는 이론적 근거가 희박한 활동가로부터 얻은 사실을 바탕으로 일반 법칙을 만들어내는 대신 활동가를 위해 사실을 마련해주는 인간이 된다. 이것은 그의 전술적 지위에 있어서 일어난 가장 커다란 변화이다. 그는 이미 높은 사람들이 먹다 남긴 것을 헛되이 되새김하는 국외자가 아니다. 이제는 판단의 등 뒤에 가려진 존재가 아니라 판단의 표면에 드러나 있다. 그렇지만 오늘날에는 먼저 관직에 있는 자가 자기의 사실을 발견하고, 그 사실에 기초해서 결정을 내린다. 그런 다음 얼마 지나서 사회과학자가 이들의 판단이 좋고 나쁜 이유를 찾아내는 순서이다. 이러한 순서의 뒤바뀜은 학문적이라는 아름다운 말이 가진 나쁜 의미로서의 학문적이라 할 수 있다. 참된 순서는 다음과 같아야 한다. 먼저 이해관계가 없는 전문가가 활동가를 위해 여러 사실을 발견하고 체계화한다. 그다음 그가 자기 자신이 이해하는 의지 결정과 자신이 조직화한 사실을 비교 검토해, 거기에서 자신에게 가능한 지혜를 짜내야 할 것이다.

4

물리학에서는 전술적인 지위 변화가 천천히 시작되었다가 그 뒤 갑자기 빨라졌다. 일찍이 발명가나 기술자가 낭만적이고 굶주린 국외자로서 미친 사람처럼 취급될 때가 있었다. 상인과 기능공은 그들의 특수한 기술의 비밀을 잘 알고 있었다. 그 뒤 이 비밀은 더욱 신비적인 것이 되었고, 마침내 산업 사회는 육안으로는 볼 수 없는 물리 법칙과 화학 현상에 의존하게 되었다. 이러한 것을 파악할 수 있는 것은 훈련을 받은 인간뿐이었다. 과학자는 카르티에라탱(Latin Quarter)*² 의 고상한 다락방에서부터 오피스 빌딩이나 연구실로 옮겨갔다. 산업 사회의 기반으로서 실제로 기능하는 현실 모습을 완성시킬 수 있는 것은 오로지 과학자뿐이었기 때문이다. 이 새로운 관계로부터 과학자는 준 것만큼의 것 또는 그 이상의 것을 얻었는지도 모른다. 순수과학은 응용과학보다 빠르게 앞으로 나아갔다. 다만, 순수과학이 늘 실제적인 결정에 직면함으로써 경제적인 후원, 많은 영감(靈感), 폭넓은 적응성을 획득한 것은 사실이다. 그러나 물리학에도 커다란 제약이 있었다. 결정을 내리는 사람들이 언제나 상식에만 의존했기 때문이다. 그들은 과학자에 의해 복잡해진 세계를 통치함에 있어서 과학의 도움을 받지 못했다. 또다시 그들은 스스로 이해할 수 없는 사실들과 부닥칠 수밖에 없었다. 일찍이 기술자에게 도움을 요청했듯이 이번에는 통계학자, 회계사, 기타 모든 전문가에게 부탁해야만 했다.

이러한 실제 문제를 다루는 학자들은 새로운 사회과학의 참된 선구자였다. 이들은 '달리는 차바퀴와 맞물려*³ 있다. 과학과 행동의 실천적 융합에서 이 둘은 서로 이익을 얻을 것이다. 행동은 그 등 뒤에 있는 신념이 뚜렷해짐에 따라, 또 신념은 행동의 끊임없는 시험에 의해서. 우리는 그러한 시대의 문턱에 이르렀을 뿐이다. 그러나 오직 실제적인 어려움 때문에 모든 대규모 공동 집단에는 특정 환경에 대한 전문적 보고의 필요를 인정하는 사람들이 있기 마련이라면, 상상력은 그 방향과 목적에 대한 하나의 전제를 가지게 된다. 전문가들이 기술과 성과를 주고받는다면, 그 가운데 사회과학의 실험적 방법의 실마리를 볼 수 있다고 나는 생각한다. 통학구역, 예산, 보건소, 공장, 세율표 등이 서로 지식 소재가 될 때, 비슷한 경험이 쌓이고 반복된 경험의 횟수가 많아짐에 따라 진정한 실험에 가까워진다. 48개 주, 2400개의 도시, 27만 7000개의 학교, 27만 개의 공장, 2만 7000개의 광산 및 채석장에는 풍부한 경험이 가득하다.

＊2 학생·예술가가 많이 사는 파리 지역.

＊3 1920년 12월 28일 미국 철학회(the American Philosophical Association) 제20차 연차대회에서 발표한 회장 랄프 바튼 페리(Ralph Barton Perry) 씨 연설을 참조할 것.

다만, 그것이 기록되고 이용할 수 있게 되었을 때의 이야기이다. 그렇게 되면 또 매우 위험율이 낮은 시행착오의 기회가 생기기 때문에 사회의 뿌리를 동요 시킬 위험을 무릅쓰지 않고도 타당하다고 생각되는 가설을 공정하게 시험할 수 있게 된다.

이미 쐐기는 박혔다. 그것은 오직 도움을 필요로 하는 산업 지도자나 정치 가들에 의해서뿐만이 아니다. 시정(市政)조사위원회,[*4] 국회도서관 또는 회사, 노동조합, 사회운동 등을 대표하는 전문 압력 단체, 여성유권자연맹, 소비자조 합, 생산자조합 등의 다양한 자발 단체, 수백의 동업자 조합이나 시민 조합 또 는 '국회 조사·특별위원회 활동보고서' 같은 출판물, 교육위원회 같은 재단에 의하여 쐐기 박혔다. 이 가운데 있는 모든 것이 공정하다고 말하기는 어렵다. 그러나 여기서 중요한 점은, 이러한 집단의 전부가 시민 한 사람 한 사람과 그 들이 둘러싸여 있는 보이지 않는 커다란 환경 사이에 어떤 형태의 전문가 개입 이 필요한지 확실히 나타내기 시작했다는 것이다.

제26장 정보 활동

1

민주주의의 실천은 이론보다 앞서 왔다. 이론적으로는 성년에 이른 유권자 라면 누구나 그들의 의지에 따라 결정을 내린다. 그러나 실제로는 이론에서는 찾을 수 없는 지배적인 계층이 성장해 왔다. 이처럼 민주주의의 이미지로는 설 명되지 않는 적극적인 현실에 널리 적응해 왔다. 보통 시야에 잘 들어오지 않 는 많은 이해와 기능을 대표하는 몇몇 방법이 발견되었던 것이다.

우리는 법정이론에서 이것을 가장 강하게 의식한다. 선출된 의원이 놓쳐버릴 지도 모르는 법률적인 이익을 보호해야 한다는 이론을 세우고 법정의 입법권 과 거부권을 설명한다. 또 예를 들면 국세조사국은 인구, 사건, 여러 변화의 통 계를 내고, 그것들을 분류하고 상관관계를 조사하여 환경 속에 있는 보이지

[*4] 미국에 존재하는 이러한 단체의 수는 매우 많다. 어떤 것은 활동 중이고, 어떤 것은 반쯤 활 동을 멈추고 있다. 단체의 세력 다툼이 심하다. 이들의 명단은 정치연구소 디트로이트 지부 의 L.D. Upson 박사, 뉴욕 시립 참고도서관의 Rebecca B. Rankin 양, 위스콘신 주 교육위원회 의 사무국장인 에드워드 피츠패트릭(Edward A. Fitzpatrick) 씨, 뉴욕 시 산업연구소의 Savel Zimand 씨가 제공한 명단은 수백을 넘는다.

않는 요인들을 설명해준다. 지세 조사는 광물자원을 분명히 밝히고, 농림부는 개인 농가에서는 극히 일부밖에 알고 있지 않은 여러 생산 요인을 의회의 분과위원회에 제출한다. 같은 관점에서 보면 교육위원회, 관세위원회, 외교부, 국세청 등은 인간, 사상, 일, 선거만으로는 절대 대표되지 않는 어떤 것을 보충해왔다. 아동국은 보통 유권자의 눈에는 보이지 않는다. 따라서 자발적으로는 유권자의 여론 속에 들어가지 못하는 복잡한 이해관계와 기능의 전체를 대변한다. 이와 같이 유아의 죽음에 관한 통계를 인쇄하는 것은 결과적으로 유아 사망률 저하로 이어지기도 한다. 통계가 발표됨으로써 비로소 시당국과 유권자는 그들의 환경 속에 유아를 위한 장소가 준비되어 있지 않았음을 확인하게 된다. 이것은 마치 유아가 자신의 불만을 털어놓기 위해 시의회 의원을 선출한 것과 같은 만큼의 효과를 올린 셈이다.

국무성 안에는 극동부(極東部)가 있다. 그곳에서는 무슨 일을 하는가? 일본 및 중국 정부는 둘 다 워싱턴에 대사를 상주시키고 있다. 그들에게는 극동 전체를 대표할 자격이 없는 걸까? 그들은 극동의 대표자이다. 그러나 미국 정부가 일본과 중국의 대사로부터 필요한 모든 정보를 얻을 수 있다고 주장하는 사람은 아무도 없다. 아무리 그들이 성의를 다해도, 그들 대사는 결국 한정된 정보의 통로일 뿐이다. 그렇기 때문에 그것을 보충하는 의미에서 미국도 도쿄와 베이징에 대사관을, 그리고 곳곳에 영사관을 설치했다. 특수정보기관도 어느 정도 파견해 두었을 것이다. 이들 특수기관에 소속된 기관원은 극동부를 통해서 국무장관에게 보고서를 제출한다. 그렇다면 국무장관은 무엇을 기대하고 있을까? 나는 어느 장관의 바람이 극동부가 예산을 다 써버리는 것이었음을 알고 있다. 장관 중에는 전문 분야에 밝지 않아 모든 일을 부하에게만 맡기는 무책임한 사람도 있다. 그들이 미국의 입장을 정당화하는 논리정연한 주장을 가지리라는 것은 도저히 생각할 수 없다.

장관이 바라는 것은 전문가들이 장관 책상 위에 극동 전체—그가 극동에 손을 댈 수 있도록 관련된 모든 자료—를 갖다놓는 것이다. 전문가들은 번역하고, 단순화하고, 일반화해야 한다. 그러나 그 결과에서 얻을 수 있는 추론은 보고의 단순한 요약이 아니라, 극동에 꼭 들어맞는 것이어야 한다. 만일 장관이 받는 급여만큼 재능을 가진 사람이라면, 전문가들이 그들 자신의 '정책'을 갖는 것을 결코 너그러이 받아들이지 않을 것이다. 그가 듣고 싶은 것은 전문가들이 일본의 중국 정책을 좋아하는지 싫어하는지가 아니다. 그가 알고자 하는 것은 일본의 중국 정책에 대하여 다양한 계급의 중국인, 일본인, 영국인, 프랑스인, 독일인, 러시아인이 어떻게 생각하느냐, 또는 이러한 의견에 기초를 두고 어떠한 행동을 하려고 하는가 하는 점이다. 그는 모든 것이 자기의 판단에 따라 제시되기를 바란다. 극동부가 일본과 미국의 대사 또는 태평양 연안의 주에서 선출된 상원의원, 하원의원에게도 제시할 수 없는 의견과 정보를 충실하게 제공해줄수록, 장관은 더욱 유능한 국무장관이 되는 것이다. 그는 정책을 태평양 연안 주 출신 의원의 의견에서 채택하기로 결정할지도 모른다. 그러나 그 근거가 되는 일본에 대한 견해는 일본에서 얻을 것이다.

2

세계에서 가장 우수한 외교 활동에 있어서 정보 수집과 정책 통제가 완전히 분리되어 있는 것은 결코 우연이 아니다. 전시 동안 많은 재외 영국대사관과 외무성에는 일반적으로 널리 퍼져 있던 전쟁 선호 의식에 찬물을 끼얹는 사람들이 정규직이든 임시직이든 끊이지 않고 존재했다. 그들은 사물의 찬성과 반대나 국가의 좋고 나쁨에 관해서 길게 말하지 않았고, 거창한 설명은 마음 속에 넣어 두었다. 그러한 일은 정치 지도자에게 맡겼다. 그러나 나는 어느 미국 대사관에서 한 대사가 자신이 워싱턴에 보낸 모든 보고서로 본국의 국민을 들끓게 했다고 말하는 것을 들은 적이 있다. 그는 자기에게 소개된 사람들의 마음을 모두 사로잡았다. 수척해진 전시노동자를 많이 도와주었으며, 어느 기념비 제막식에 참석했을 때는 빼어나게 멋져 보였다.

하지만 그는, 대사의 능력은 자신과 정책 결정자를 분리하고 전문가 자신도 다른 사람이 내리는 결정에 대해 개의하지 않음으로써 얻어지는 것이라는 점을 이해하지 못했다. 위에 말한 미국 대사처럼 스스로 방침을 가지고 결정에 관여하는 사람은 곧 사회에서 무시당하게 된다. 그런 사람이 있는 곳에는 또다시 그 문제가 발생하기 때문이다. 즉 너무나도 판단에 신경 쓰기 시작하면 자기가 보기를 원하는 것만 보게 되어 봐야만 하는 사실에 대해서 스스로 눈을 감아버리고 말기 때문이다. 그는 눈에 보이지 않는 사실을 대신 보기 위해 파견된 사람이다. 그는 선거권이 없는 사람들, 투표자의 불명확한 역할, 말없는 민중, 앞으로 태어날 미래의 민중 그리고 사물과 민중 사이의 여러 관계를 대변하는 사람이다. 그를 후원하는 사람들은 손으로 만질 수 없는 존재, 실체가 없는 존재이다. 실체가 없기 때문에 정치적 대중 형성에는 쓸모가 없다. 왜냐하면 결국 투표는 힘의 시련이고, 승화된 투쟁이며, 전문가란 그러한 것에 바로 도움이 될 만한 힘을 대표하는 입장이 아니기 때문이다. 그러나 그는 다른 여러 가지 힘을 혼란시킴으로써 자기 힘을 발휘할 수 있는 강점을 가지고 있다. 눈에 보이지 않는 것을 눈에 보이게 할 수 있는 전문가들은 새로운 환경에 물질적인 힘을 행사하는 민중에 직면하며, 민중 내부에 이념이나 감정을 일으키거나 이러한 이념이나 감정을 그들 속에서 쫓아내기도 한다. 전문가들은 이와 같은 방법으로 결정에 크게 영향을 미친다.

인간은 자신이 그린 환경과 모순된다는 것을 인식하게 되면 같은 방식의 행동을 계속할 수 없다. 어떤 방향을 향하여 행동해야만 할 때, 인간은 환경을 재인식하고, 환경 모습을 고치고, 비합리적인 것을 없애야만 한다. 그러나 매우 복잡하고 이해하기 어려운 뚜렷한 사실이 눈앞에 있을 때 사람들은 보통 세 가지 행동 가운데 하나를 선택한다. 첫째, 그 사실이 무엇이든지 완고하게 무시하고 행동하는 방식이다. 다만, 그 과정에서 의욕을 잃거나 자기 역할을 지나치게 과장하여 뒷날 후회하게 되는지도 모른다. 둘째, 사실은 사실로서 받아들이되 그것에 바탕을 둔 행동은 하지 않는 방식도 있다. 그 대가로서 정신적 불쾌감과 욕구 불만이 따라온다. 셋째, 가장 흔한 경우라고 생각하는데, 환경을 확대해석하고, 자신의 모든 행동을 그에 맞추는 방식이다.

전문가가 최종 결정을 다른 사람의 손에 맡긴다고 해서 무력한 인간이라고 생각해서는 안 된다. 판단에 들어가는 여러 요소들이 미묘할수록 전문가는 책임 추궁을 받지 않으면서 점점 힘을 얻게 된다. 더욱이 관련 있는 사실들이 점차 투표자나 정부 관리의 손을 거치지 않는 경향이 증대되므로 전문가들은 미래에 이제까지보다 훨씬 큰 힘을 행사하게 될 것이다. 모든 정부 기관은 연구소나 정보부를 조직하려 하고 있으며, 이러한 조직은 세계 각국의 군사정보 기관이 그렇듯이 촉각을 넓혀 가면서 확대되어 나갈 것이다. 그러나 전문가라고 해도 역시 인간에 지나지 않는다. 전문가들도 권력에 대한 욕망이 있을 것이요, 검열관이 되었으면 하고 생각할는지도 모르는 일이며, 자기도 자기 스스로 행사해보고 싶은 결정권의 참기능을 바랄지도 모른다. 그들의 기능이나 역할이 정확하게 정의되지 않는 한, 그들은 그들이 옳다고 평가하고 승인하는 사실만을 윗사람에게 전달하고, 그들이 승복할 수 있는 결정만을 아랫사람에게 전하게 될 것이다. 요컨대 전문가가 하나의 관료제로 제도화되어 가는 경향이 나타날 것이다.

이를 막기 위한 유일한 제도상의 안전 장치는 행정 직원과 감사 직원을 될 수 있는 대로 엄격히 분리하는 것뿐이다. 이 두 기관은 나란히 존재해야 하지만, 서로 전혀 다른 집단이다. 따라서 이 두 관리들은 별도로 모집하고, 가능하다면 다른 기금으로부터 급여를 지급하며, 다른 상사가 책임을 져야 한다. 또 한쪽의 성공이 다른 한쪽의 성공에 이해관계를 가지는 일이 없어야 한다. 산업에 있어서는 회계검사관, 회계사, 감사원은 운영 이사, 관리자, 감독관으로부터 독립되어야 하며, 마침내 이사회나 주주로부터 독립해야만 하는 날이 올 것이다.

3

그렇지만 산업과 정치에 있어서 정보부를 설치한다는 것은 고른 땅에 말뚝을 박는 것처럼 쉬운 일이 아니다. 기본적인 직능의 분립을 고집하지 않고 원칙적으로 형식 면을 지나치게 정확히 주장하게 되면 곤란해진다. 정보 활동의 필요를 믿고 그것을 이용하려는 사람들도 있다. 정보 활동이 무엇인지 알지 못하면서 정보 없이는 일을 할 수 없다는 사람들도 있다. 반면에 정보 활동에 저항을 느끼거나 반대하는 사람들도 있다. 그러나 모든 사회적 기관 속에 이 정보 활동의 원리가 발판을 마련하게 될 때 정보 활동은 진보한다. 어떻게 착수하면 좋을까? 일단 시작하는 것이 제일이다. 예를 들어 연방 정부는 워싱턴이 반드시 필요로 하는 정보부를 설치하기 위해 1세기나 계속되어 온 행정 분규나 거듭되는 불합리한 사항을 지금 곧 매듭지을 필요는 없다. 선거 전에는 용감하게 돌파구를 열겠다고 공약할 수 있다. 그렇지만 아주 힘겹게 그곳에 이르고 나면 낱낱의 불합리한 사건은 사실 관습, 강한 이해관계, 친한 동료 의원들에 의해 생겨나고 있다는 사실을 발견하게 될 것이다. 이처럼 단단히 얽힌 전선에 공격을 가한다면 모든 반대 세력과 맞서 싸우게 될 것이다. 시인들이 읊었듯이, 전쟁터에 나가면 반드시 패배하고 만다. 여기에서는 낡아서 이미 소용없는 사무실을 없앤다든가, 어떤 곳에서는 한 떼의 사무원을 면직시킨다든가, 또는 두 부서를 하나로 통합할 수도 있을 것이다. 이렇게 하는 동안 관세와 철도 문제로 분주해져 개혁의 시기는 끝나 있을 것이다. 그 위에 모든 입후보자가 공약으로 내걸 만한 참으로 합리적인 정부의 재편성을 이루기 위해서는 마음을 가라앉힐 시간을 갖는 것보다 격렬한 열정을 불러일으켜야 할 것이다. 그리하여 새로운 행정 계획이 준비되었다고 해도 그곳에 배치할 직원이 필요해진다. 공무원의 경우는 어떠한가? 옛 소련에서조차도 제정시대 공무원을 기꺼이 복직시켰을 정도이다. 이러한 옛 관리들은 지나치게 가혹한 대우를 받으면 유토피아 자체를 파괴할 것이다.

어떠한 행정 계획도 기꺼이 하려는 마음 없이는 실행되지 않는다. 그리고 익숙치 않은 것을 기쁘게 하려는 마음은 교육하지 않으면 생기지 않는다. 아주 좋은 방법은 매주 또는 매월 어떤 귀감을 제시할 수 있는 기관을 현존하는 어떤 기구 속에 새로이 설치하는 것이다. 그렇게 하면 책임자들 뿐만 아니라 그 기구를 움직이는 사람들, 외부 사람들에게 그 기구가 하는 일을 보여주고 싶어진다. 공무원이 자신들의 모습을 보기 시작할 때 또는 외부인, 지도자라고 불리는 사람들, 그 부하들이 모두 똑같은 사실 또는 그렇게 불러도 좋다면 저주스러우리만큼 똑같은 사실을 일목요연하게 보게 될 때 새로운 계획을 방해하는 요소는 줄어들 것이다. 어떤 관청이 비능률적이라고 말하는 개혁가 의견은 그의 개인적인 견해에 불과하며, 관청은 자기들 의견이야말로 개혁가보다 옳다고 주장할 것이다. 그런데 그 관청이 하는 일을 분석하고 기록하고, 다시 다른 관청과 사기업이 하는 일과 비교한다면, 논의는 또 다른 국면으로 발전한다.

워싱턴에는 10개의 성이 있고 그 대표가 대통령 고문위원회를 구성하고 있다. 여기서 각 성이 항구적인 보도부를 설치한다고 가정해보자. 이때 보도부가 효과적으로 기능하려면 어떤 조건이 필요할까? 무엇보다도 먼저 정보 요원은 그 성에 관련되는 의회의 온갖 위원회와 그 성을 다스리는 장관으로부터 독립해야만 한다. 그 다음에 그들은 절대로 결정이나 행동에 말려들면 안 된다. 여기에서 말하는 독립성이라는 것은 다음 세 가지, 곧 기금, 재직 연한, 사실에 접근할 권리이다. 왜냐하면 어느 특정 의회 또는 성의 관리자가 정보 요원들로부터 활동자금을 거두어들인다든가 그들을 해임시킨다든가 정보의 제공을 막는다든가 하는 일을 마음대로 할 수 있게 된다면, 정보 요원들은 사실상 의회나 성의 노예가 될 것이 확실하기 때문이다.

정보부 기금 문제는 중요하고도 어렵다. 어떠한 연구 기관이든 의심 많은 인색한 의회의 원조에 의존하는 한, 그들은 진정으로 자유로울 수 없다. 그렇지만 의회로부터 최종적인 기금 관리권을 빼앗는다는 것은 도저히 불가능하다. 자금 조달 방식은 진보적 의원의 음흉한 여러 파괴 공작으로부터 정보부 직원의 안전을 보장하고, 아울러 정보부 발전을 꾀하는 것이어야 한다. 정보부 직원은 제대로 방비를 다지고, 자신들을 위협하는 공격이 공개적으로 이루어질 수 있게 힘써야 한다. 그들은 신탁기금을 이루는 연방 규약의 뒤에 숨어서 일할지도 모른다. 그들의 활동은 그 정보부가 속해 있는 성의 특별 예산에 기초를 두고 종가임금법(슬라이딩 시스템) 속에 숨어서 집행될지도 모른다. 그러나 거기에 소요되는 금액은 대단치 않다. 신탁기금은 최소한의 직원에게 필요한 경비 및 자본금을 제공하고, 종가임금법 예산은 활동 확장에 도움이 될 수 있을지도 모른다. 어쨌든 이러한 예산은 장기 지불 의무처럼 항구적이어야 한다. 이것은 어느 정도 '의회의 자유를 빼앗는 일'일지도 모르지만, 헌법 수정 조항을 통과시키거나 정부 채권을 발행시키는 규모와 비교하면 훨씬 낫다. 의회는 그 규약을 깨뜨릴 수도 있다. 그러나 규약을 파기하려면 완전히 깨뜨려버려야지, 그 속에 임의해석의 여지가 있는 조항을 집어넣어서는 안 된다.

임기는 종신으로 해야 하며, 퇴직 후 충분한 연금, 더 질 높은 연구와 훈련을 위한 정기적인 연가(年暇)제도, 동료나 전문가의 심의에 의해 결정되는 해임 등의 면밀한 배려가 있어야 한다. 이윤을 추구하지 않는 학문적인 직업에 적용되는 여러 조건이 여기에도 적용되어야 한다. 이 활동을 활성화시키려고 한다면 여기에 종사하는 사람들은 권위, 안정, 그리고 적어도 간부는 실제 결정에 거의 관여하지 않는 사람들에게서만 볼 수 있는 정신의 자유를 가지고 있어야만 한다.

정보 소재에 접근할 권리는 기본법에서 설정되어야만 한다. 정보부는 모든 서류를 검사하고, 필요에 따라서 어떠한 공무원이나 외부자에게도 질문할 권리를 가져야 한다. 이런 끊임없는 조사는 지금도 우리 정부의 한 특징이며, 의회에 파장을 불러올 법적인 청문이나 당돌한 법적 심문과는 전혀 다르다. 또 정보부는 회계 명시 방법을 성에 제안할 권리를 가져야 한다. 만일 이러한 제안이 부결되거나 그것이 수락된 뒤에 위반되는 일이 있으면 정보부 규약에 따라

의회에 청원할 권리를 가져야 한다.

모든 성의 정보부는 의회와 각 성을 연결해주는 역할을 하게 되며, 각 성의 장관은 상원, 하원 두 회의장에서보다 훌륭한 연결자가 되어 줄 것이다. 정보부는 의회의 정책 실시에 있어서 의회의 눈이 될 것이며, 또 의회 비판에 대해서는 소속되어 있는 성의 대변자가 될 것이다. 그리하여 의회에서도 각 성 내의 활동을 훤히 들여다볼 수 있게 되므로, 불신과 잘못된 삼권분립설에서 생긴 사소한 입법의 필요성을 느끼지 않게 될 것이다. 사실 이런 입법이 행정의 능률화를 심각하게 방해하고 있다.

5

물론 10개의 정보부 모두가 다른 기관과 인연을 끊고 활동할 수 있는 것은 아니다. 각 정보부 사이의 상호관계에 입에는 자주 오르지만 거의 실현되지 않은 '조정'을 위한 최선의 기회가 있다. 다른 부국에 속하는 직원들은 어떤 경우라도 일정한 측정 표준을 사용할 필요가 생긴다. 그들은 서로 기록을 주고받을 것이다. 만일 국방성과 체신부가 함께 목재를 사들이고 건축가를 고용해서 벽돌 벽을 만들 때 반드시 똑같은 거래처를 이용할 필요는 없다. 왜냐하면 그것은 감당할 수 없는 과정의 집중화를 초래하기 때문이다. 그 대신에 두 곳 모두 똑같은 기준으로 다른 것과 비교하며, 상대방을 경쟁자로서 대우하게 될 것이다. 이런 경쟁은 많을수록 좋다.

경쟁 가치는 그것을 측정하기 위해 쓰이는 기준 가치에 의해 결정된다. 따라서 문제 삼아야 하는 것은 우리 경쟁에 대한 신념이 아니라 경쟁자의 목적과 이유이다. '경쟁 철폐'를 원하는 사람은 아무도 없다. 왜냐하면 경쟁심이 완전히 없어진다면 우리의 사회적인 노력은 선천적인 영감을 가진 극소수의 사람들을 제외하고는 모두 판에 박힌 일상생활에 기계적으로 따르게 될 것이기 때문이다. 이론상, 최후 경쟁은 만인에 대한 살인에 이르는 투쟁이지만 경쟁이 철폐되기를 바라는 사람이 없는 것처럼 죽음으로 몰아넣는 경쟁을 바라는 사람은 없다. 문제는 경쟁의 목적과 그 규칙을 어떻게 선택하느냐에 있다. 경쟁 규칙은 눈에 확실히 들어오는 가장 뚜렷한 측정 기준으로 정해질 것이다. 예를 들면 돈, 권력, 인기나 칭찬 또는 베블런(Veblen)이 말하는 '지나친 낭비' 등이 그 기준이다. 그런데 우리의 문명은 이 밖에 어떤 다른 측정 기준을 가지고 있을까?

또 우리가 늘 요구하는 능률이나 생산성, 유용성 등은 어떻게 측정해야 할까? 이것들을 측정하는 기준은 존재하지 않는다. 그리고 이러한 이상을 이루려고 하는 경쟁도 그렇게 많지 않다. 흔히 동기의 훌륭함의 여부는 이타주의인가 이기주의인가 하는 차이에서 결정된다고 하는데, 그렇지 않다.*5 사실 그것은 실제 행위가 알기 쉬운 목적을 위하여 행해지는가 또는 알기 어렵고 모호한 목적을 위해 행해지는가의 차이에서 결정된다. 시험 삼아 어떤 사람에게 그의 이웃보다 더 많은 이익을 올리라고 권해보라. 그때 그는 자신의 목표가 무엇인지 확실히 알 수 있다. 그런데 같은 사람에게 더 많이 사회에 봉사하도록 권유한다면 그는 무엇이 사회에 대한 봉사인지 어떻게 확인할 수 있을까? 무엇으로 시험하고, 무엇으로 측정할 것인가? 주관적인 감정으로 시험하고, 누군가의 의견으로 측정한다. 평화로울 때 국가에 봉사하는 것이 의무라고 누군가에게 말해보라. 그것은 숭고하기는 하지만 평범한 말이다. 하지만 전쟁 중에 같은 말을 했다고 하면, 봉사라는 말은 하나의 의미를 갖게 된다. 봉사는 많은 구체적인 행위, 곧 징병, 국채 구입, 식량 절약, 연봉 1달러 등의 대명사가 된다. 이러한 봉사 하나하나는 적군보다 웅장하고 우수한 장비를 갖춘 군대를 전선에 보낸다고 하는 구체적인 목적의 한 부분으로 확실히 이해할 수 있다.

그러므로 행정 기구를 더 많이 분석하고 비교 요소를 더 많이 발전해낼수록 추진하려는 사항의 본질을 헤아릴 수 있는 기준을 더 많이 찾을 수 있게 되며, 그 본질을 이상의 목표로 삼을 수도 있게 된다. 만일 올바른 지수(指數)*6를 설정할 수 있다면, 직장에서 노동자를 경쟁시키는 것도 가능하다. 또는 상점끼리, 공장끼리, 학교끼리*7 경쟁시킬 수도 있다. 정부의 각 성, 연대 동료, 사단 동료, 선박 동료, 각 주나 도시, 군 동료끼리 경쟁시키는 것도 가능하다. 또 설정한 지수가 적절할수록 이 경쟁은 더욱 도움이 된다.

---

*5 제12장 참조.

*6 여기서 지수(指數)라는 말은 전문적인 의미로 쓰지 않았다. 사회 현상의 비교와 측정에 도움이 되는 것은 모두 지수라는 말로 나타냈다.

*7 *An Index Number for State School Systems* by Leonard P. Ayres Russell Sage Foundation, 1920을 참조. 할당의 원리는 '자유 차관 운동'에서, 특히 곤란한 사정 아래 '해상운수 연맹평의회'가 사용하여 큰 성공을 거두었다.

정보 자료의 교환으로 여러 가능성이 나오는 것은 분명한 사실이다. 정부의 각 성은 다른 성이 이미 손에 넣은 정보를, 비록 그대로의 형태는 아니라고 할지라도 언제나 알고 싶어 한다. 예컨대 국무성은 멕시코 석유 보유량과 세계 전체의 석유 공급량 관계, 멕시코 석유의 현재 소유자, 현재 건설 중이거나 계획된 군함에 대한 석유의 중요성, 다른 분야에서의 석유의 상대 가치 등을 알아야 한다. 오늘날 국무성은 이러한 정보를 어떻게 얻고 있을까? 아마 그 정보는 내무성, 법무성, 상무성, 노동성, 해군성 등에서 제각각 들어올 것이다. 어쩌면 국무성의 한 사무관이 정확한지 아닌지 알 수 없는 참고 문헌을 펼쳐놓고 멕시코 석유에 대해 조사하고 있는지도 모른다. 또는 어떤 비서가 또 다른 비서에게 전화를 걸어 기록을 요청할 수 있다. 그리고 배달부가 출처를 알 수 없는 보고서를 팔에 가득 가져다줄지도 모른다. 그러나 국무성은 외교 문제의 해결에 적용할 방법으로서 국무성 담당 정보국에 사실의 수집을 요청할 수 있어야 한다. 그리고 외교 정보국은 필요한 모든 사실을 정보 교환소[*8]에서 얻게 될 것이다.

이러한 정보 교환소는 더욱 우수한 정보 센터를 실현하는 기초가 될 것이다. 여기서 일하는 사람들은 정치가 현재 무엇을 문제 삼고 있는지 충분히 교육받을 것이다. 이들은 정의, 전문용어, 통계 기술, 논리의 여러 문제를 탐구하게 된다. 그리하여 사회과학 전반에 걸쳐 구체적인 사례를 고찰하게 될 것이다. 소수의 군사상, 외교상의 기밀을 제외하고 왜 모든 자료는 미국의 학자들에게 공개되어야만 하는가? 정치학자가 다루어야 할 가장 어려운 문제와 그의 학생이 해야만 하는 연구는 바로 이런 자료에 있는 것이다. 이 일은 반드시 워싱턴에서 이루어질 필요는 없다. 그러나 그것은 어디까지나 워싱턴에 관련된 것으로서 행해진다. 중앙기관은 이와 같이 국립대학의 성격을 갖게 될 것이다. 그곳의 직원은 대학 졸업자들 가운데서 뽑을 수 있다. 직원들은 이 국립대학의 평의원과 국내 곳곳에 흩어져 있는 교원들이 합의하여 선택한 몇 개의 졸업 논문을 연구하게 될 것이다. 이 결사에 바람직한 융통성이 있다면, 정규직 직원을 보충하기 위해 여러 대학에서 임시로 전문가를 불러들이거나 워싱턴에서 교환 강

---

*8 각 업계 조직에서는 이러한 서비스가 널리 발달되어 있다. 또 그 악용 가능성들이 1921년 '뉴욕 건설업조합'의 조사에 의해 밝혀졌다.

사를 초빙하는 등 끊임없이 인사 재편성이 이루어질 것이다. 이처럼 직원의 교육과 보충은 같이 진행된다. 조사 연구 그 자체도 한 부분은 학생의 손에서 이루어질 테고, 이리하여 모든 대학에 있어서 정치학은 미국의 정치와 직접 연계된다.

7

이 원리의 중요한 개요는 주정부, 시·군청 등에도 똑같이 적용된다. 비교나 상호 교류 활동은 주, 시, 군의 정보부가 연합하여 행할 수 있다. 또 이러한 연합체 내부에서는 필요에 따라서 지역적인 조직을 만들 수도 있다. 회계 제도를 저마다 비교할 수 있다면, 많은 양의 중복은 피할 수 있게 된다. 지역적인 조정이 특히 바람직하다. 왜냐하면 법률상의 경계선은 때때로 실제 환경과 일치하지 않기 때문이다. 그러나 법률상의 경계는 관습을 바탕으로 성립하므로 그것을 침범하면 희생도 막대하다. 행정을 몇 개로 구분하여 정보를 조정하면 의지 결정의 자주성과 다른 것과의 협력이라는 모순을 해결할 수 있다. 예를 들어 뉴욕 시는 시청에서 통치하기에는 그 행정 단위가 너무 넓다. 그래도 보건이나 교통 등 많은 목적에 있어서 수도권은 틀림없이 행정의 한 단위이다.

하지만 이 지역에는 용커스, 저지시티, 패터슨, 엘리자베스, 호보컨, 베이온 같은 대도시가 포함되어 있다. 이 시들을 모두 하나의 중심지에서 통제하는 것은 도저히 불가능할 것이다. 그러나 많은 기능을 위해서는 통일된 행동을 취해야만 한다. 시드니와 비어트리스 웨브 부부(Sidney and Beatrice Webb)가 이미 시사한 바와 같이, 최종적으로는 유연한 지방 정부를 구상하는 것이 가장 적합한 해결책일지도 모른다.[9] 그러나 그 첫걸음은 조정될 것이다. 다만, 결정 또는 행동 면에 있어서의 조정이 아니라, 정보와 연구 면에 있어서의 조정이어야만 한다. 어느 시에서든 안고 있는 공통적인 여러 문제를 시청 공무원들에게 똑같은 사실에 비추어서 보여주는 것이다.

8

정치나 산업에 있어서 정보망이 매우 복잡해져서 늘 불안의 원인이 되는 것

---

[9] "The Reorganization of Local Government"(Ch. Ⅳ), in *A Constitution for the Socialist Commonwealth of Great Britain*.

은 부인할 수 없다. 손쉬운 일을 구하는 사람, 공론가나 참견하기 좋아하는 사람들에게 이 정보망이 더없이 매력적이라는 것은 쉽게 상상할 수 있다. 산더미같이 쌓인 서류, 구역질 날 정도로 많은 질문표, 모든 서류 1장당 필요한 7장의 사본, 뒷보증, 지연, 서류 분실, 29b호 서식 대신 136호 서식 사용, 빨간 잉크 대신 검은 잉크로 썼다든가 잉크 대신 연필로 썼다고 해서 되돌아온 서류, 이러한 관청 사무가 생겨날지도 모른다. 일의 능률이 전혀 오르지 않을 수도 있다. 요컨대 못난 놈을 완전히 몰아낼 수 있는 제도는 존재하지 않는다.

그러나 정부의 각 성, 공장, 사무실, 대학 사이에서 인재, 자료, 비평 등을 자유로이 주고받는다면, 내부 부패의 위험은 그만큼 줄어들지 않을까. 더욱이 이러한 정보 조직이 생활을 복잡하게 한다는 비난도 반드시 타당하다고 할 수 없다. 반대로 이러한 정보 조직은 현재 인간의 손으로는 처리할 수 없을 정도로 많은 복잡한 현상을 폭로하여 오히려 단순하게 만들고 있다고 말할 수 있다. 현실의 정치 기구는 우리 눈에 보이지 않는 것이 보통이다. 그것은 너무나 복잡해서 사람들은 대부분 그것을 이해하려고 하지 않는다.

그래서 그들은 정치 기구가 비교적 간단하다는 착각에 빠져들게 된다. 그러나 반대로 정치 기구는 언제나 종잡을 수 없으며 숨겨진 부분을 지닌 불투명한 존재이다. 정보 시스템 도입은 직원 수를 줄이는 결과를 낳을 것이다. 왜냐하면 누구든 모든 사람에게 경험을 전달함으로써 시행착오를 줄일 수 있고, 이러한 사회 과정을 통해 직원은 자기 비판을 강화하기 때문이다. 의회의 특별 조사 위원회, 대배심, 지방 검사, 개혁 단체, 공무원 등이 자기 길을 찾아 갈팡질팡하며 헛되이 소비하는 시간을 고려한다면, 정보 시스템 도입에 지금보다 많은 사람이 투입되지는 않을 것으로 보인다.

근대 환경과 관련한 여론 분석과 민주주의 이론의 분석이 원칙적으로 건전하다면, 이와 같은 정보 활동이 개선의 돌파구가 되리라는 결론에 이르게 된다. 이 장에서 서술된 몇 개의 제안만으로 그렇게 말하는 것은 아니다. 이들 제안은 단순한 예에 지나지 않는다. 여러 활동의 기술적인 개발은 그 훈련을 받은 사람들의 손에 달려 있다. 하지만 오늘날 그들조차도 세부는 물론이고 그 형태마저 완전히 예견하지 못하고 있다. 현재 기록된 사회 현상의 수는 적고, 분석 수단도 미숙하며, 그 개념 또한 모호하고 무비판적이다. 그러나 보이지 않는 환경을 효과적으로 보도할 수는 있다는 것, 곧 보이지 않는 환경이 온갖 다른 집단에 보도될 때 집단 편견에 물들지 않고 집단 주관주의를 극복할 수 있는 보도 방식도 있을 수 있음은 충분히 증명되었다.

또 그것이 사실이라면, 정보의 원리를 실현하는 과정에서 사람들은 자치의 가장 큰 문제, 다시 말해 보이지 않는 현실을 다루는 곤란을 극복할 방법을 발견할 수 있을 것이다. 이 어려움 때문에 어떠한 지자체도 고립의 필요와 광범한 접촉의 필요 사이의 조화, 지방에서의 결정의 존엄이나 개성과 안전이나 넓은 조정 사이의 조화를 이루지 못했다. 또 유능한 지도자를 얻기 위해 책임을 희생해야 했으며, 유용한 여론을 형성하려면 반드시 모든 문제에 꼭 들어맞는 일반적인 여론을 받아들여야만 했다. 보이지 않는 사건에 대한 공통 해석, 또는 각각의 행위에 대한 일반 척도를 정하는 방법이 없었던 시기의 유일한 민주주의의 이미지는 하나의 고립된 사회를 바탕으로 묘사되었다. 그리고 이 고립된 사회에서 사람들의 정치 능력은, 아리스토텔레스의 유명한 격언처럼, 그들이 가진 시야의 넓이에 의해 한정되어 있었다.

그러나 오늘날에는 하나의 해결 방법이 있다. 그것은 확실히 긴 시간을 요하는 해결 방법이지만 하나의 방법임에는 틀림없다. 시카고 시민은 옛 아테네 시민과 같은 시력을 가졌는데도 훨씬 멀리 떨어진 사건을 보거나 들을 수 있다. 이 해결책도 근본적으로는 이것과 같은 것이다. 상상의 환경과 실제 환경 사이의 차이를 줄이는 것은 오늘날에도 가능하다. 하지만 지금보다 많은 노력을 쏟는다면 더욱 그 가능성은 커질 것이다. 이것이 실현됨에 따라 연방주의는 점점 동의를 바탕으로 운영되게 되어 강제력을 점점 잃게 될 것이다. 연방주의는 자치 집단을 통일하는 단 하나의 가능한 방법이다.*10 연방의 여러 문제가 올바르게 파악되고 일반적으로 수용되는 이념에 기초를 둔 연합이 아니라면 그 연방주의는 제국주의적인 중앙집권화, 또는 편협한 무정부주의로 반드시 흘러간다. 이러한 이념은 자발적으로 생겨나는 것이 아니다. 이념은 분석에 입각한 일반화에 의해 종합될 필요가 있다. 그것을 위해서 분석 수단은 연구에 의해서 고안되고 시험되어야만 한다.

어떠한 선거 방법도, 어떠한 지역의 조작도, 어떠한 재산 제도의 변혁도 이

---

* 10 Cf. H.J. Laski, *The Foundations of Sovereignty*와 그 밖의 논문들. 특히 Problems of Administrative Areas, The Theory of Popular Sovereignty, and The Pluralistic State와 같은 제목의 논문을 참조할 것.

문제 핵심에는 이르지 못한다. 정치적인 현명함은 사람의 내부에 준비되어 있는 것 이상으로는 끌어낼 수 없다. 개인 경험에는 한도가 있으므로 인간 의견에는 아무래도 주관이 들어가게 된다. 그러나 이 주관성을 극복할 방법을 갖지 않고서는 어떤 놀랄 만한 개혁도 참된 의미로서 본질적인 것이라고는 할 수 없다. 어떤 정치 제도, 투표 제도와 대의제도는 다른 제도보다도 많은 것을 뽑아낸다. 그러나 결국 우리 지식은 양심에서 나오는 것이 아니고, 그 양심과 관계되는 환경에서 나오는 것이다. 정보의 원칙에 따라서 행동할 때 사람들은 밖으로 나가 사실을 찾아내고 지혜를 얻는다. 그러나 이 원칙을 무시할 때 사람들은 자기 안에 틀어박혀 자신의 내부에 있는 것만을 본다. 이런 사람들은 자기 지식을 넓히는 대신에 편견을 길러내고 있는 것이다.

제27장 대중에게 호소

1

자신이 여론을 가지고 있지 못하기 때문에 공공 문제가 존재하지 않는다고 생각하고 있는 경우에는 때때로 은폐되지만, 모든 공공 문제에 대하여 여론을 가져야 한다는 이론에 기초를 두고 행동하는 사람은 실생활에서 한 사람도 없다. 그러나 우리의 정치 이론에서는 "의견의 작용은 계속적이다"*11라는 말을, 비록 "그 작용은…… 개괄적인 원리를 대상으로 하는 데 불과하지만",*12 이렇듯 브라이스(Bryce) 경이 의도한 것 이상으로 문자 그대로 계속해서 생각하고 있다. 그리고 우리는 일반 원칙이 무엇인가에 대하여는 아무것도 모른 채 자기 자신이 끊임없이 의견을 가지고 있다고 생각하려고 많은 정부 보고, 통계, 곡선, 도표의 해석이 포함된 듯이 보이는 논의를 듣고서 괴로운 하품을 참는 것이 고작이다. 왜냐하면 이것들은 모두 혼자만의 수사법(修辭法)처럼 혼란스럽고 재미가 없기 때문이다.

한 나라의 모든 시민이 모든 정보부의 발표에 귀를 기울인다면, 어떠한 개괄적인 원리에도 잘 맞지 않는 수많은 현실 문제에 예민해져서 잘 알게 되고 열정적으로 대처하게 되리라는 가정에서의 계획은 어느 것이나 세상 사람들의 이목을 끌지 못하고 있다. 정보부는 본디 활동가, 결정권을 가진 대표자, 연구

---

*11 Bryce, *Modern Democracies,* Vol. I, p. 159.

*12 *Id.* 각주 p. 158.

활동을 하는 사람의 도구이고, 만일 그것이 이들에게 쓸모가 없다면 결국 아무에게도 쓸모없을 것이다. 그러나 그것은 사람들이 일하고 있는 환경을 이해하는 데에 쓸모가 있는 한, 사람들이 하는 일을 눈으로 볼 수 있는 것으로 만든다. 그리고 눈에 보이게 되는 만큼 대중에 대한 책임을 지게 된다.

그러한 경우에도 목적은 모든 시민에게 모든 문제에 관한 전문 견해를 가지라는 무거운 짐을 지우는 게 아니라, 그 부담을 시민에게서 떨쳐내고 책임 있는 행정관에게 맡기려는 것이다. 정보 시스템은 일반 정보원으로서는 물론 일간신문을 체크하는 기관으로서도 가치가 있다. 그러나 그것은 2차적이다. 이것은 정치나 산업에 있어서 대의제 통치와 관리에 유용하게 쓰인다. 회계관, 통계관, 비서관 등의 형태로 전문적 보고자의 도움을 구하는 목소리는 대중으로부터가 아니라, 공적인 일을 하고 있는 사람들로부터 나오고 있다. 그들은 이제 자신들의 경험에만 의지해서는 임무를 수행할 수 없는 상황이다. 정보 시스템은 그 기원에 있어서도 그 이상에 있어서도 공적인 일의 부정(不正)을 잘 알기 위한 수단이기보다는 공공 사업을 보다 잘 수행하기 위한 수단이다.

2

한 시민으로서, 주권을 가진 한 유권자로서는 전문 정보 문서를 소화하려 해도 불가능할지도 모른다. 그러나 분쟁 중의 한 당파로서, 입법부의 한 위원으로서, 정부와 사업, 노동조합의 한 구성원으로서, 산업협의회의 한 회원으로서는 쟁점이 되고 있는 특정한 문제에 관한 보고를 점차 환영하게 될 것이다. 한낱 시민일지라도 어떤 문제에 관심을 갖게 되면, 현재와 마찬가지로 임의단체에 소속되어 직원을 고용하고 서류를 연구하고 관청 사무를 확인할 수 있는 보고서를 만들 수 있다. 이러한 자료 연구의 일부는 신문 기자도 할 것이고, 전문가나 정치학자는 연구에 더욱더 박차를 가할 것이다. 그러나 국외자는—우리 모두가 현대 생활의 모든 면에서 국외자이지만 특정한 판단을 하기 위한 시간도, 주의력도, 관심도, 재량도 가지고 있지 않다. 나날의 사회 관리는 건전한 상태로 활동하는 당사자에게 의존해야만 한다.

국외자로서의 대중은 사건이 일어난 뒤의 결과와 사건 앞의 절차에 따라서만 건전한 상태인가 아닌가의 판단을 내릴 수 있다. 여론의 작용은 계속적이라는 개괄적 원리는 본질적으로 절차의 원리이다. 국외자는 전문가에게 사실이 적절히 고려되었는지 어떤지를 가르쳐주라고 요구할 수 있다. 국외자는 일반적으로 무엇이 관련 사실이고 무엇이 마땅한 고려인지를 스스로 판단할 수 없다. 국외자가 판단할 수 있는 것은 아마 결정에 이해관계가 있는 여러 집단에게 정당한 발언의 기회가 주어졌는가, 만일 투표가 있었다면 공정하게 행해졌는가, 특히 그 결과가 올바르게 받아들여졌는가에 관해서이다. 국외자는 지켜보아야 할 무엇인가가 있다고 뉴스가 지시할 때에 그 진행 과정을 볼 수 있다. 그 정상적인 결과가 자신의 선한 생활의 이상과 대립한다면, 그는 그 절차 자체가 옳았는지 의문을 제기할 수 있다.*[13] 그러나 모든 경우에 그 자신이 절차를 대신하려고 해서 도박의 위기 속에서 '행운의 아저씨'처럼 여론을 들고 나온다면 그는 더욱 혼란스러워질 것이다. 그는 무엇이든 한결같이 생각을 이어나갈 수 없게 된다.

왜냐하면 모든 종류의 복잡한 내용을 대중에게 호소하는 행위는 알 기회를 얻지 못한 대부분의 사람들을 끌어들임으로써 사정에 정통한 사람들의 비판을 주고받고 싶다는 욕구에서 나오기 때문이다. 이러한 상황에서 내려지는 판단은 누가 가장 큰 또는 가장 황홀한 목소리를 가졌는가, 누가 가장 교묘한 또는 가장 뻔뻔한 선전자인가, 또 누가 신문을 가장 잘 이용할 수 있는가에 따라 결정된다. 편집자가 '대립하는 입장'에 신중하고 공정했어도 이 공정함은 불충분하다. 조직되고 재정적인 기초를 갖춘 활동적인 당파의 어느 쪽에서도 언급하지 않은 몇 가지 다른 '입장'이 있는지도 모르기 때문이다.

여론이라고 하는 대출(융자)에 대한 당파적 권유에 시달린 한 시민은 아마이들 권유가 그의 지성에 대한 경의가 아니라 그의 선량한 성질을 틈타서 그의 진위를 가리는 감각을 모욕하려는 것임을 곧 알게 된다. 시민 교육을 받고 자신을 둘러싼 환경의 복잡함에 눈뜨게 되면, 그는 절차의 공정성과 건전함에 유의하게 될 것이다. 그러나 대부분 자신이 선출한 대표가 대신 감시해주기를 기대한다. 그는 이러한 결정권의 무거운 짐을 거부할 뿐 아니라, 기자들에게 최초의 정보를 갖다주려고 앞다투어 회의석상에서 뛰어나오는 사람들에게 불만을 드러낼 것이다.

현대 국가의 바쁜 시민이 이해하기 쉬운 형태로 문제를 처리하기를 바란다

---

*13 제20장 참조.

면, 절차가 끝날 때까지는 문제가 자기 앞에 나타나지 않도록 하는 수밖에 없다. 왜냐하면 당파적인 인간이 주장하는 문제는 거의 늘 그렇다고 할 수 있을 만큼 사실이 복잡하게 얽혀 있고, 이야기가 진행됨에 따라 화자의 감정이 깃든 판에 박은 어구(語句)가 커다란 기름 덩어리처럼 뭉쳐져 그 주위에 들러붙기 때문이다. 회의장에서 나온 그는 자신이 원하는 것은 그때의 유행에 따라 정의나 복지나 미국주의나 사회주의 같은 어떤 숭고한 이상이라고 강조할 것이다. 국외자인 시민은 이와 같은 논의에 때로는 공포를 느낀다든가 존경하는 마음을 일으킬지도 모른다. 하지만, 결코 판단에 다다를 수는 없다. 시민이 그 논의를 다루기 위해서는 먼저 그 논의 주변을 둘러싸고 있는 지방(脂肪)을 녹여 없애버려야만 한다.

3

그것은 전문가가 공급한 분석을 다루라고 강요하는 의장이나 조정자 같은 사람의 눈앞에서 당사자인 대표에게 토론을 하도록 함으로써 이루어진다. 이 것이 손이 미치지 못하는 사건을 처리하는 대의체(代議體)의 본질적인 구성이다. 그래도 당파적인 의견은 들려오겠지만, 이러한 당파적인 사람도 개인적인 견해에서 벗어나 충분한 사실을 파악하고 참된 인식과 스테레오타입, 정형(定型), 꾸밈과의 차이를 식별하는 변증적인 기술을 가진 사람들과 대결해야만 한다. 그것은 소크라테스식 대화법이다. 거기에는 여러 단어를 꿰뚫고 의미에 도달하기 위한 소크라테스의 에너지가 흘러 넘친다. 또 그 이상의 무엇이기도 하다. 왜냐하면 현대 생활에 있어서의 대화술은 인간의 정신뿐만 아니라 환경을 탐구하는 사람에 의해서 이루어지기 때문이다.

예컨대 철강 산업에 중대한 다툼이 있다고 하자. 어느 쪽에서든 가장 높은 이상에 충만된 요구 조건 또는 선언을 낸다. 이 단계에서 유일하게 존중받을 가치가 있는 여론이란 회의를 가져야 한다고 주장하는 의견뿐이다. 자기 쪽의 이유가 너무 정당하므로 회의에 의해서 더럽혀서는 안 된다고 주장하는 쪽에는 거의 동정의 여지가 없다. 왜냐하면 인간 속에는 전적으로 정당한 이유라고는 있을 수 없기 때문이다. 아마 회의 개최를 반대하는 사람들은 그런 것을 주장하지 않을 것이다. 그들은 대체로 상대방이 너무나도 부정하고, 배신자와는 악수할 수 없다고 말한다. 이때 여론이 할 수 있는 일이란 공무원에 의한 청문회를 열어 그러한 부정이 증거를 들어주는 것뿐이다. 청문회에서는 당파적인 사람의 말을 그대로 채택해서는 안 된다. 그러나 회의를 열기로 동의하고 회사나 조합, 나아가서는 노동청에서 상담을 맡고 있는 전문가를 철저히 이용하는 중립적인 의장이 있다고 상상해보자.

게리 판사는 노동자 임금은 양호하고 시간 외 노동도 실시되지 않는다고 말하면서, 계속해서 러시아의 역사를 표트르 1세 시대에서부터 차르(Czar)의 살해에 이르기까지 아주 성실하게 그려낸다. 포스터 씨는 자리에서 일어나 노동자들은 착취당하고 있다고 게리 판사 못지않게 성실하게 말했다. 그리고 계속해서 나사렛의 예수에서부터 에이브러햄 링컨까지의 인류 해방 역사를 개관한다.

이때 의장은 '임금이 좋다'든가 '착취당하고 있다'는 말을 각 계급에게 지급되는 임금표로 밝히기 위해서 정보관에게 임금명세서를 요구한다. 게리 판사는 묻는다. 노동자 전부가 임금이 좋다고 생각하는가? 그렇다. 포스터 씨는 모든 노동자가 착취되고 있다고 생각하는가? 아니다. 그는 C와 M과 X의 그룹이 착취당하고 있다고 생각한다. '착취당한다'고 하는 말을 어떻게 해석하고 있는가? 노동자가 생활하기에는 충분한 임금을 받고 있지 않다는 뜻이다. 게리 판사는 충분히 지급되고 있다고 말한다. 의장은 그 임금으로 무엇을 살 수 있는가를 묻는다. 아무것도 살 수 없다고 포스터 씨는 말한다. 게리 판사는 필요한 것은 모두 살 수 있다고 말한다. 의장은 생활비와 물가에 대한 정부 통계를 조사한다.[14] 그는 X는 평균 생활비에 달하고 있지만, C와 M은 미치지 못하고 있다고 판정한다. 게리 판사는 관청의 통계는 타당성이 없다고 경고한다. 생활비는 너무 많고 물가는 이미 떨어지고 있다. 포스터 씨도 이의를 제기한다. 생활비는 너무 적고 물가는 이미 오르고 있다고. 의장은 이 점은 회의의 심의 사항 밖이며, 공식 발표 숫자는 그렇게 적혀 있는 점, 그들의 호소에 대해서는 게리 판사와 포스터 씨의 각 정보담당자가 연방 정보국 상임위원회에 그들의 생각을 청원해야 한다고 판결한다.

그럼에도 이 임금률을 바꾼다면 우리는 파산하게 된다고 게리 판사는 말한

---

*14 이와 같은 도표의 거리낌 없는 이용과 '의사원리(pseudo-principles)'에 관한 훌륭한 논의로서 레오 올만(Leo Wolman) 박사의 "The Cost of Living and Wage Cuts," in the *New Republic*, July 27, 1921을 보라. 그는 산업 쟁의의 기술 개량에 많은 공헌을 한 통계학자, 경제학자로서 그의 경고는 특히 중요성을 갖는다.

다. 의장은 파산한다는 것은 무엇을 의미하는 것인지를 묻고 장부를 제출할 것을 명한다. 장부는 사적 소유물이라서 그럴 수 없다고 게리 판사는 답변한다. 의장은 사적인 것은 우리와 관계가 없다고 말한다. 그리고 C와 M 그룹의 노동 임금은 얼마 얼마로 관청의 최저 임금보다 어느 정도 밑돌고 있으며, 게리 판사는 임금 증액을 반대하고 있는데 그 이유 발표는 거부하고 있다는 것을 의장은 대중에게 알리는 성명을 발표한다. 이러한 진행 절차를 거친 뒤에야 비로소 진정한 의미[*15]의 여론이 성립된다.

전문가의 중재(仲裁) 가치는 의견을 제시하는 당파적 인물을 억압하는 것이 아니라, 편파심을 무너뜨리는 것에 있다. 게리 판사와 포스터 씨는 다른 것을 역설해야 했지만, 두 사람 다 말을 시작할 때와 마찬가지로 거의 설득되지 않은 채로 남아 있다. 그러나 직접적인 관계가 없는 다른 사람은 아무도 문제에 말려들지 않았다. 그러한 사람들의 반사 신경이 재빠르게 반응하는, 복잡하게 얽힌 스테레오 타입이나 슬로건은 이러한 문답에 의해 누그러지기 때문이다.

4

대부분의 중요한 공공 문제에는, 그리고 여러 사람들 사이에는 어느 정도 차이가 있지만, 가장 개인적인 문제에도 기억과 감정이 얽혀 있는 법이다. 똑같은 말이 무수한 다른 관념을 의미한다. 곧 감정은 그것이 속해 있는 이미지로부터 그 이미지의 이름과 유사한 명칭으로 바뀐다. 비판이 닿지 않는 정신적 영역에서 단순한 음(音)이나 접촉이나 계속성에 의해서 막대한 연상작용이 일어난다. 그 과정에서 감정적인 것들이 떠돌아다니게 되고, 지난날에는 명칭이었지만 오늘날에는 그 의미가 숨어버린 말이 있다. 우리는 꿈이나 공상이나 공포 속에서 그 혼란의 일부를 드러낸다. 스스로 깨달으려는 노력과 외계의 저항이 없을 때에는 있는 그대로의 마음과 행동을 파악하는 데 충분한 무질서를 발견한다. 그것은 더럽고 낡은 다락방과 다르지 않다는 것을 안다. 모든 의상이 내던져져 산더미처럼 쌓이고 악보가 전부 뒤섞여서 나비 부인이 발키리의 의상을 입고서 파우스트가 돌아오기를 서정적으로 기다리는 풍경. 사실과 관념과 감정이 뒤섞인 부조화는 흔히 오페라 하우스에서 일어날지도 모르는 이런 풍경을 떠

---

[*] 15 로웰(Lowell) 씨의 *Public Opinion and Popular Government*에서 쓰인 것과 같은 의미이다.

오르게 한다.

어느 사설에서 말하기를, "크리스마스 계절에는 오랜 기억이 마음을 따뜻하게 한다. 신의 가르침이 어린 시절을 추억하도록 새롭게 마음에 되살아난다. 지금 신과 함께 있는 사랑하는 사람을 반은 즐겁게, 반은 슬프게 빛바랜 추억을 통해서 보면 세계는 그렇게 나쁘게 보이지 않는다. 어떤 사람이라도 신비한 영감으로 마음이 움직인다. ……국가는 빨갱이 선전으로 벌집같이 구멍투성이가 됐다. 그러나 탈출용 밧줄도 근육도 가로등 기둥도 충분히 마련되어 있다. ……세계가 계속 변하는 한, 자유 정신은 인간의 가슴속에서 영원히 타오를 것이다" 했다.

이와 같은 문구를 자기 마음속에서 보기 시작하는 사람에게는 도움이 필요하다. 단어를 분리하고 자신 안의 관념을 철저히 음미한 뒤 그 단어를 정의하며, 단어를 관념의 명칭으로 보는 소크라테스 같은 사람이 필요한 것이다. 한 단어는 특정 대상을 의미하고 그 밖의 어떤 것도 의미하지 말도록 하라. 왜냐하면 이와 같은 긴장된 음절은 그의 마음속에서 원시적인 연상 작용으로 인해 서로 결합하여 그의 크리스마스에 대한 기억이나 보수파로서의 분개, 그리고 혁명적 전통의 후계자로서의 전율을 하나로 묶어버리기 때문이다. 때때로 끈의 매듭이 너무 크거나 낡아서 쉽게 해결될 수 없을 때도 있다. 때로는 현대 심리 요법에 있는 것처럼, 구별해서 이름 붙여야 하는 유아기까지 소급되는 여러 층의 기억이 존재한다.

이름 붙이기 효과, 곧 노동자는 착취 당하고 있다고 하는 대신에 C와 M이라는 노동자 그룹은 임금이 낮고 X 그룹은 그렇지 않다고 하는 것의 효과는 매우 다르다. 여러 가지 인식은 자기 동일성을 회복하지만, 그것이 일으키는 감정은 특별하게 정해져 있다. 감정은 크리스마스로부터 모스크바에 이르는 모든 일들과의 광대하고 우연적인 연관에 의해서 보강되지 않기 때문이다. 그 자체 명칭을 가진 명확한 관념이나 면밀히 검사된 감정은 문제에 관한 새로운 자료를 이용해 바로잡기 훨씬 쉽다. 이제까지 관념은 모든 인격 안에 자리잡아 자아 전체와 어떤 밀접한 관계를 맺어 왔다. 이에 대한 도전은 정신 전체에 영향을 미칠 것이다. 철저하게 비판하고 분석한 뒤에 그 관념은 더 이상 '나 자신'이 아니라 '나와는 분리된 하나의 관념'이다. 그것은 객관화되고 나와는 동떨어진 존재가 된다. 그 운명은 나의 운명과 묶이지 않고 내 행동의 기반이 되는 바깥

세상의 운명과 함께한다.

5

관념을 나와 분리시키는 재교육은 우리 여론을 세상과 씨름하는 방향으로 이끄는 데 도움이 된다. 이 방법은 우리 생각을 검열하고, 고정관념(스테레오 타입)을 만들며, 극화하는 거대기관을 폐지시킬 수도 있다. 관련되는 환경이 무엇인지 쉽게 알 수 있는가 하면, 평론가든 교사든, 의사든 누구나 뒤엉킨 정신을 풀 수 있다. 그러나 환경이 분석가에게도 그 제자에게도 막대한 영향을 미칠 때는 어떤 분석 기술도 충분하지 않다. 따라서 정보 활동이 필요해진다. 정치 또는 산업 문제에서는 이와 같은 평론가도 무엇인가 할 수 있지만, 환경의 정확한 영상을 전문적인 보고자에게서 받지 못하는 한, 그의 논법도 큰 성과를 얻지 못한다.

그렇기 때문에 다른 경우처럼 여기에서도 '교육'이 최상 요법이다. 그러나 이 교육 가치는 지식 발전 수준에 달려 있다. 인간의 여러 제도에 관한 우리의 지식은 아직도 지나치게 빈약하고 한쪽으로 치우쳐 있다. 사회적 지식 수집은 여전히 조직화되지 않았다. 어떤 행동의 정상적인 부수물이 되어야 하는 데도 아직 그렇게 되어 있지 않다. 더군다나 정보는 근본적으로 그것을 이용하기 위해 수집하지 않아도 된다. 정보는 현대에서 어떤 결정을 내릴 때 필요하기 때문에 수집되는 것이다. 그러나 정보 수집이 이루어짐에 따라서 자료가 쌓이게 될 터이며, 정치학은 그 자료를 일반론으로 바꾸고 학교에서 가르치는 개념으로서의 세계상을 형성할 수 있을 것이다. 그 세계상이 형태를 취할 때에 시민 교육은 눈에 보이지 않는 환경에 대처하기 위한 준비과정이 될 수 있다.

사회 체계의 실용적 모델을 이용하여 교사는 학생들에게 우리가 낯선 사실과 마주할 때 우리 판단력이 어떻게 작용하는가를 날카롭게 깨닫게 할 수 있다. 이러한 모델을 가지지 못하면, 교사는 미래에 만나게 될 세계에 충분히 준비되어 있는 사람을 양성할 수 없다. 교사로서 할 수 있는 일은, 그들이 더 많은 지혜를 쌓은 뒤 세계와 마주할 수 있도록 교육하는 것이다. 그는 사례 연구법을 이용해 학생에게 정보의 근원을 조사하는 습관을 길러줄 수 있다. 이를테면 신문 특파원 통신란을 읽도록 가르칠 수 있다. 즉 통신원 이름, 통신사 이름, 기사 근거, 기사가 취재된 상황을 파악할 수 있도록 가르치는 것이다. 교사는 학생에게 기자가 직접 두 눈으로 보고 쓴 글인가 아닌가를 자문하도록, 또 기자가 과거에 다른 사건을 어떻게 기술했는가를 생각해내도록 가르칠 수 있다. 그는 검열의 성격이나 사생활 보장 관념을 가르치고, 과거 선전에 관한 지식을 줄 수 있다. 역사를 적당히 이용함으로써 고정관념을 깨닫게 하고, 또 인쇄된 글을 읽고 일어나는 이미지를 돌이켜 살펴보고 반성하는 습관을 심어줄 수 있다. 비교 역사와 비교인류학에서는 규범이 상상력을 특수한 형태로 만들 수 있음을 평생 잊지 않게 할 수 있다. 그는 사람들이 우화를 만들고, 관계를 극화하며, 추상적인 것을 인격화한다는 것을 깨닫게 한다. 그리고 학생에게 그 자신이 어떻게 이러한 우화와 일체화되며, 어떻게 흥미를 갖게 되고, 그가 확신하고 있는 특정 의견 때문에 어떻게 영웅적, 낭만적 또는 경제적 태도를 선택하게 되는가를 제시할 수 있다.

오류 연구는 가장 좋은 예방법일 뿐만 아니라, 진리 연구로 이끄는 자극으로서도 쓰인다. 우리의 마음이 자기 자신의 주관주의를 깊이 깨닫게 될수록 그 자각 없이는 발전할 수 없는 객관적 방법에 강한 흥미를 느끼게 된다. 일반적으로는 깨닫지 못하지만, 우리는 우리 편견의 막대한 위해와 잔인성을 아주 분명하게 알 수 있다. 편견을 없애버린다는 것은 우리의 자존심과 관련된 일이므로 처음에는 고통스럽지만 일단 성공하면 큰 안도감과 훌륭한 자부심을 준다. 주의를 기울일 수 있는 범위가 확대된다. 지금까지의 범주가 해체되면, 완고하고 단순한 세계관이 없어지고 생동감 넘치고 풍요로운 세계로 바뀐다. 과학적 방법을 진심으로 존중하는 감정적 자극이 여기에 뒤따른다. 그것은 다른 방법으로는 쉽게 일어나지 않으며 유지도 불가능하다. 편견은 그것보다 쉽게 일어나며 더 흥미롭다. 왜냐하면 만일 과학의 여러 원리를 이제까지 늘 받아들여 온 것처럼 가르친다면, 학문으로서의 특징적 장점 곧 객관성으로 인해 무미건조해지기 때문이다. 그러나 처음에 그것을 미신을 이겨내는 방법으로서 가르친다면, 학생은 추적과 정복의 통쾌함에 이끌려 독선적이고 편협한 경험으로부터 벗어나 호기심이 성숙해지고, 자신의 이성이 열정을 얻게 되는, 그 도달하기 어려운 경지에 이를지도 모른다.

제28장 이성에의 호소

1

나는 이 책의 결말을 몇 번 쓰다가 내버렸다. 마지막 장의 운명이 이들 결말에 달려 있었기 때문이다. 마지막 장에서는 모든 관념이 자신의 자리를 찾아내고 저자가 마음속에 쌓아온 모든 신비를 해명하는 역할을 맡고 있다. 정치에서 영웅은 뒷날에도 행복하게 생활하거나, 그의 삶을 온전히 완수할 수 없다. 정치론의 주인공 앞에는 과거에 기록된 역사보다도 미래가 열려 있기 때문에 결론의 장은 존재하지 않는다. 마지막 장은 예의 바른 독자라고 해도 몰래 시계를 보기 시작하는 지점, 저자가 보기에는 그저 그런 곳에 지나지 않는다.

2

플라톤은《국가론》을 요약하기에 알맞은 곳에 왔을 때 정치에서의 이성 위치에 대하여 자기 생각을 말한다는 것이 얼마나 어리석은 짓인가 생각하게 되었고, 그의 확신은 흔들리고 말았다.《국가론》제5권에 있는 문장은 플라톤에게 있어서도 설명이 곤란했다. 그 문장이 하도 순수하고 가차 없는 것이어서 사람들은 그것을 잊을 수도 없었거니와 거기에 따르며 생활할 수도 없었다. 그 때문에 소크라테스가 글라우콘(Glaucon)에게 한 말을 빌렸다. "국가를 보다 옳은 형태로 바꿀 수 있는 최소한의 혁명은 무엇인가?"[16] 그러나 그 질문을 하면 비웃음 받으며 무시당하게 될 것이다. 왜냐하면 플라톤이 '지나치다고 생각하지 않았더라면 기꺼이 말했을지도 모르는' 생각이란 "철학자가 왕이든가, 세계의 모든 왕이 철학적 정신과 힘을 가지고 있다고 해도 정치적 위대함과 현명함이 하나가 되지 않는 한, 나라는 결코 행복해지지 못할 것이다. ……또한 인류도……"라는 것이다.

이 말을 하자마자 플라톤은 그것이 실현하지 못할 이상적인 생각임을 깨닫고, 자기 사상이 가까이 하기 어려운 웅대한 것임에 당황했다. 그래서 그는 서둘러서 '참다운 지도자'는 '말 많은 사람, 몽상가, 쓸모없는 선인[17]이라고 일컬어지리라고 덧붙였다. 그러나 이런 슬픈 타협은 그리스어로 봤을 때 어떤지는 모르나 그리스 철학자에게는 유머 감각이 부족하다는 비난으로부터 그를 지

---

* 16 *Republic*, Bk. V, 473. Jowett transl.
* 17 Bk. VI, 488~489.

킬 수는 있었어도, 장엄한 사상에 굴욕적인 흠을 줬다. 그는 반항적이 되어서 아데이만투스(Adeimantus)에게 "철학자가 쓸모없는 것은 철학자를 등용하지 않는 사람들의 잘못이지, 결코 철학자 자신 때문은 아니다. 지도자는 선원에게 자신의 명령에 따라와주기를 비굴하게 애걸하지 않는다―그것은 자연 질서를 거스른다"고 경고하고 있다. 이렇게 허세를 부린 그는 황급히 이성의 도구인 말을 정리하고 세계를 마키아벨리에게 맡기고는 아카데미로 자취를 감춘다.

이렇게 해서 이성과 정치의 맨 처음 대전투에서 이성의 전략은 화내면서도 뒤로 물러나는 것이었다. 그러나 플라톤이 말한 바와 같이, 그동안에도 배는 바다 위에 있다. 플라톤이 이 글을 쓴 뒤 많은 배가 바다 위를 떠 다녔다. 그리고 오늘날 우리 신념이 현명하든 어리석든 간에 우리는 이미 한 인간을 "해(年), 계절, 하늘, 별, 바람이나 그 밖에 전문 기술과 관련된 모든 것에 대해 어떻게 주의"[*18]를 기울여야 하는가를 알고 있다는 이유만으로 참된 지도자라고 부를 수 없게 되었다. 그는 그 배를 순조로이 항해시키는 데 필요한 것이라면 무엇 하나 빠트릴 수 없다. 왜냐하면 바다 위에 반란자가 있다고 해서 이런 말을 할 수는 없는 것이다

"우리 모두에게 있어서 지독히 나쁜 일이다. ……내가 반역자를 상대한다는 것은 자연 질서에 반한다. ……내가 반란을 생각하는 것은 철학의 도리에 어긋난다. ……내 지식이 곧 항해법이다. 나는 이 배에 탄 모든 선원을 다루는 방법은 모른다. ……만일 그들이 나를 지도자로 인정하지 않는다 해도 나에게는 어찌할 도리도 없다. 우리는 모두 바위에 부딪칠 것이다. 그들은 그 죗값을 받고, 나는 한층 좋은 방법을 알고 있었다고 확신한 채 좌초하는 것이다……."

3

우리가 정치적인 일로 이성에 호소하려고 할 때는 언제나 이와 같은 곤란에 부딪친다. 왜냐하면 비이성적 세계를 다루는 데 이성적인 방법을 사용하는 것은 본디 무리한 일이기 때문이다. 예컨대 플라톤처럼 참다운 지도자라면 배에 있어서 무엇이 최선인가를 알고 있다고 가정한다고 해도 그가 정말 참된 지도자인지 식별하는 것은 쉽지 않으며, 그 불확실함 때문에 뱃사람들의 대부분

[*18] Bk. Ⅵ, pp.488~489.

이 진심으로 그를 따르지 못한다는 사실을 생각해야 한다. 뱃사람들은 지도자가 알고 있는 지식을 모두 알지 못하고, 별 위치나 바람 방향을 확인하는 일에만 얽매여 있는 지도자는 그가 알고 있는 지식이 얼마나 중요한지를 뱃사람들이 깨닫게 할 방법을 알지 못한다. 바다 위에서 반란이 일어났을 때 각 선원에게 전문가를 판별하는 방법을 가르칠 시간은 없다. 지도자에 있어서도 뱃사람들과 상담하고 자기가 실제로 자신이 생각하는 만큼 현명한가 그렇지 못한가를 분명하게 할 시간이 없다. 왜냐하면 교육은 긴 기간의 문제이며, 비상사태는 1분 1초를 다투는 시간 문제이기 때문이다. 따라서 지도자에게 참다운 치료법은 선원들에게 진실과 거짓을 가려내는 증거를 잡아내는 예리한 감을 심어주는 교육이라고 말하는 것은 너무 학문적이다. 그 따위 말은 육지에 있는 선장들에게나 말할 수 있을 것이다. 위기에 처했을 때 유일한 충고는 증거에 대한 태도는커녕 먼저 총을 뽑으라는 것이다. 연설을 하거나 자극적인 슬로건을 외치거나 타협을 제안하거나 반란을 진압하는 응급책을 쓰는 방법뿐이다. 제거하는 데 오랜 시간을 필요로 하는 이와 같은 근본적인 원인을 자기들의 구제를 위해서 다룰 여유가 있고 또 다루어야 할 것은 많은 항해를 계획할 수 있는 육지에서뿐이다. 이러한 원인들은 위급할 때뿐만 아니라 몇 년 간, 몇 세대에 걸쳐서 다루어질 것이다. 가짜 위기와 참된 위기를 분별할 때보다 그들의 지혜를 더 긴장시키는 일은 없을 것이다. 왜냐하면 하나의 위기에 다른 위기가 뒤따르고 현실 위기와 상상 속 공포가 뒤섞인 두려움이 뒤섞여 혼란이 퍼질 때, 이성을 건설적으로 이용하리라는 기대는 완전히 없어질 테고 어떤 질서라도 무질서보다는 바람직하다고 생각되는 까닭이다.

사람이 이성적인 방법에 따를 거라는 희망은 오랜 시간에 걸친 확실한 안정을 전제로 할 때뿐이다. 이것은 인류가 무기력하거나 이성에 호소하는 일이 헛된 망상이기 때문이 아니라, 정치적 주제에 있어서 이성의 발달 진보가 아직 시작 단계에 있기 때문이다. 정치에 관한 우리의 합리적인 사상은 그 집합체가 하나하나의 특수성을 없애버리고 하나의 커다란 단체로서의 성질을 나타내는 데 충분할 정도로 큰 경우를 제외하면 그것은 희박한 일반론일 뿐이며, 실제로 도움이 되기에는 추상적이고 지나치게 미숙하다. 정치에 있어서 이성은 하나하나의 행동을 예측하는 데 특히 서투르다. 왜냐하면 인간 행동에 있어서 처음의 아주 사소한 변화가 때때로 더없이 복잡한 차이를 만들어내기 때문이다. 아마

이것이 우리가 급변하는 상황을 처리할 때 이성에만 호소하려고 하면 비웃음을 사는 이유이리라.

4

우리가 현재 소유하고 있는 이성 자체가 진보하는 속도는 행동이 취해져야 할 속도보다 뒤떨어진다. 따라서 현재 정치학 상황에서 맨 처음 상황이 확실하게 이해되지 않는 가운데 그것은 다른 상황으로 변화되고 그 결과 정치적 비판은 거의 뒤늦은 비판이거나 그 비슷한 것이 되기 쉽다. 미지의 것을 발견할 때에도, 입증된 것을 전달할 때에도 이제까지보다 훨씬 더 큰 시간의 차가 존재한다. 정치학자들은 그것을 더 소중하게 명심해두어야 한다. 주로 그레이엄 월러스 씨의 착상 아래 우리는 눈으로 볼 수 없는 환경이 우리의 의견에 미치는 영향을 검토하기 시작했다.

그러나 우리는 정치에 있어서 시간 요소가 건설적 제안의 실현 가능성에 가장 직접적인 영향이 있는데도 그것에 흥미도 없으며 조금밖에 알지 못한다.[19] 예컨대 우리는 계획의 적절함이 그것을 실행하는 데에 필요한 시간 길이에 따라 결정된다는 것을 알 수 있다. 왜냐하면 계획 전제가 되는 자료가 실제로 현재에도 그대로 적용되는지는 시간 길이에 달려 있기 때문이다.[20] 현실적이고 경험 많은 사람들이 시간 요소를 고려하는 데에는 이유가 있다. 그것은 그들을 낙관주의자나 몽상가, 실리주의자나 학자인 체하는 현학자와 구별하게 한다.[21] 하지만 시간 계산이 정치에 어떻게 끼어들고 있는가에 대해서 우리는 현재 어떠한 조직적 방법으로도 알 수 없다.

우리가 이 문제들을 보다 뚜렷하게 이해하기까지는, 적어도 이론적으로는 어렵지만 실제적으로 중요한 문제가 있음을 생각할 수 있다. 그리하면 이성에 귀를 기울이지 않는 사람들의 완고함에 관한 플라톤의 성급한 결론에 동조하지 않으면서도, 그의 이상을 소중히 여기는 데 도움이 될 것이다. 정치에 있어서

---

[19] H.G.Wells의 *Mankind in the Making*의 첫 장을 참조할 것.

[20] 어떤 제도의 정보 활동에서도 현재의 정보 분석이 좋으면 좋을수록 물론 내일 문제를 어제 사실에 비추어보아서 다루는 일은 적지 않다.

[21] 전부는 아니지만 반동주의자, 보수주의자, 자유주의자 그리고 급진주의자 사이의 차이의 일부는 사회적 사건에 있어서 변화 정도에 대한 직관적 평가 차이라고 나는 생각한다.

이성을 따르기는 어렵다. 왜냐하면 그것은 보폭도 걷는 속도도 다른 두 사람을 함께 걷게 하는 것과 다름없기 때문이다. 이성이 예민해지고 특수한 힘을 가질 때까지, 현재의 정치적 투쟁은 본능적 지혜나 힘, 또는 증명할 수 없는 신앙을 대량으로 계속 요청할 것이다. 인생의 사실들은 이성이 이해하기에는 너무 미분화되었기 때문에 이성은 그것들을 규정하거나 통제할 수 없다. 사회과학적인 방법은 미완성된 것이므로 중요한 결정이나 일상적인 결정의 대부분을 직관이 시키는 대로 운명에 거는 수밖에 없다.

그러나 우리는 이성에 대한 신념을 이러한 직관 가운데 하나로 만들 수 있다. 우리는 이성의 발판으로서 지혜와 힘을 쓸 수 있다. 우리가 보는 세계상 뒤에서, 보다 더 오랜 기간 사건의 경과를 내다보려고 애쓰고 있다. 그리고 닥쳐온 현재로부터 도피할 수 있을 때에는 언제나 이 긴 시간으로 하여금 우리가 결정을 통제하도록 한다. 그러나 미래를 예측할 의사가 있을 때에도 우리는 이성의 지시에 따라 행동하는 방법을 확실히는 모르고 있다는 것을 되풀이해서 발견한다. 이성이 지시할 준비가 되어 있는 인간의 문제는 몇 개 안 되는 것이다.

5

그러나 우리 군거 종족의 누구도 예외 없이 더욱 우호적인 세계를 간절히 바란다는 자기인식과 논의의 여지없는 신념으로부터 생기는 박애 정신 안에는 이성의 모조품이 있다. 얼굴을 찌푸린 사람들의 대부분은 긴장한 채 서로를 보고 있기에 그 모든 것들이 중요하다고는 말할 수 없다. 그리고 매우 많은 일이 불명확하고 수많은 행동이 추측을 바탕으로 이루어지고 있는 경우에, 단지 체면을 지킨다는 요구가 커지며 이로써 선의가 작용하고 있는 것같이 생활해야 할 필요가 있다. 우리는 어떤 경우에도 선의가 작용하고 있다고는 입증할 수 없으며 왜 증오, 불관용, 의심, 고집, 비밀, 공포, 거짓이 여론에 대한 일곱 가지 대죄인가도 증명할 수 없다. 우리는 오직 그런 것이 이성에 호소할 여지가 없다는 점, 오랜 기간 독이 된다는 점만을 알 수 있다. 또 나 자신이 처한 상황이나, 나 자신의 생명보다도 영속하는 세계관에 서게 되면, 우리는 일곱 가지 대죄에 대하여 진심으로 혐오스러운 마음을 품게 되는 것이다.

만일 우리가 공포와 광신적인 마음이 이끄는 대로 상처입고 분노하여 모든 것을 내던져버린다든가, 인간의 미래에 대한 신념을 가지지 못한 나머지 눈앞의 것에만 관심을 가지게 되지만 않는다면, 우리는 그 마음을 더욱 소중히 할 수 있다. 이 절망에는 근거가 없다. 왜냐하면 제임스가 말했듯이 우리 운명이 걸려 있는 모든 '가정'은 과거에도 그랬듯이 현재도 가능성으로 가득 차 있기 때문이다. 우리가 보아온 야만성은 우리 눈에 들어오는 범위 안의 것들뿐이었으며 그것은 기묘한 것이었으므로 명확한 결론을 낼 수 없었다. 수사적으로 말하면 그것은 1914년부터 1919년까지의 베를린, 모스크바, 베르사유뿐이었지 아마겟돈은 아니었다. 사람들은 잔인성이나 히스테리에 현실적으로 직면하면 할수록 다른 큰 전쟁도 일어났었기 때문에 지성이나 용기나 노력이 모든 인간을 위해서 바람직한 생활을 실현시켜 줄 수 없다고 믿어도 바보는 아니라고 주장할 권리를 갖게 되었다.

공포는 컸지만, 보편적인 것은 아니었다. 부패가 있었지만, 부패시킬 수 없는 것도 있었다. 혼란이 있었고 또 기적도 있었다. 커다란 기만도 있었다. 그것을 폭로하려고 한 사람들이 있었다. 일부 사람들 모습, 더욱 많은 사람들, 그리고 궁극적으로는 충분한 사람들 모습을 부정하는 것은 판단에 의한 게 아니라, 오직 기분에 따른 것이다. 과거에 한 번도 존재하지 않은 것이라면 포기해도 된다. 쇼(Shaw) 씨는 3개의 머리를 가지고 싶다는 소망을 포기하려고 하지 않았지만, 보통 사람들은 3개의 머리를 가지지 않아도 된다. 그러나 지금까지 인간들이 보여준 인간 특성에 의해 존재할 수 있는 가능성을 포기할 수는 없다. 이 불행한 10년 안에 이런 사람들이 더 많았으면 좋겠다는 생각이 들만큼 훌륭한 사람과 만났을 것이다. 이런 순간을 더 많이 경험하고 싶다고 생각한 순간들이 있었을 것이다. 만약 그런 순간들을 겪지 못했다면 신(神)이라 해도 여러분을 구하지 못하리라.

The phantom public
환상의 대중

제1부

제1장 흥이 깨진 사람

1

그 자리를 잊고 추리에 몰두해야 할 판인데, 졸음이 오는 것을 도저히 이겨낼 수 없다. 일반 시민은 오늘날, 뒤꽁무니에서 아무것도 듣지 못하는 관중처럼 여겨지게 되었다. 그는 지금 일어나고 있는 일에, 무슨 이유에선지 자신이 영향을 받는 것을 안다. 규칙과 규정은 끝이 없고, 세금은 해마다, 전쟁은 가끔 그를 일깨워준다. 주위의 상황이라는 큰 흐름에 떠밀려가고 있다는 것을.

그런데도 이런 공적인 문제는 이해하지 못한 채로 그의 문제이다. 그 대부분은 눈에 보이지 않는다. 조금이나마 그런 것이 다루어지더라도, 그것은 멀리 무대 뒤쪽에서, 누군지도 모르는 권력에 의해 처리된다. 한 개인으로서 그는 무슨 일이 일어나는지, 누가 그것을 하는지, 어디로 데려가는지, 확실한 것을 모른다. 주위 사정을 전해주는 신문도 없고, 어떻게 생각하면 좋은지 학교도 가르쳐주지 않는다. 대부분의 경우 그의 이상(理想)은 현실과 동떨어져 있어, 연설을 듣고 의견을 말하고, 투표를 해도 정세를 바꿀 수 없다는 사실을 알게 된다. 그는 보고, 이해하고, 지시할 수 없는 세계에 살고 있다.

경험상 주권이 허구라는 것은 알고 있다. 이론상으로 군림해도 실제로 통치하는 일은 없다. 공적인 문제에 대해, 자신이 실제로 이룬 일을 회상하며 자신이 끼친 영향과, 민주주의의 이론상 끼치게 될 영향을 비교해 보고, 그는 자신의 주권에 대해 다음과 같이 말할 수밖에 없다. 비스마르크가 나폴레옹 3세에 대해 말했듯이 '좀 떨어져서 보면 뛰어난 인물인데, 가까이서 보면 아주 평범한 사람'이라고. 어떤 형태의 선동, 이른바 정치 캠페인 기간 중 그는 지혜와 힘, 정의의 원천으로서, 주장하는 사람에게 궁극의 목표와 주장의 건전성의 마지막 보루로서, 그 자신 외에 3천만 국민이 그려내는 것을 귀로 들었다. 그가 1년 내내 스스로 태양을 띄워놓고 눈이 부셔 기쁜 듯한 샹트클레르*¹ 노릇을 할 수도 없다.

왜냐하면 정치적 낭만주의 시대에 살아온 서민은 이제 열심히 외쳐대는 진부한 재탕에는 마음이 움직이지 않고, 냉정하게 감명받지 않을 때, 공적인 일에서의 그의 역할은 거드름이나 피우는, 평범하고 하찮은 것으로 보이기 때문이다. 시민의 봉사와 의무에 대해 솔직히 말해도, 눈앞에서 깃발을 흔들며 투표를 하게 하려고 보이스카우트를 보내도 그를 움직일 수는 없다. 그는 무엇인가 세계를 바꾸려고 하는 운동에서 집으로 돌아간 사람이다. 덧없는 일에 놀아나다, 짓궂게 비웃으면서도 그 실없는 소리에 귀를 기울여 왔다. 그는 《트리비아》의 저자로서 말한다.

> "셀프 디터미네이션(자결(自決)이다)." 그들 가운데 한 사람이 주장했다.
> "아비트레이션(중재를)." 또 한 사람이 외쳤다.
> 당의 온건파는 '코퍼레이션(협조)'을 제안했다.
> 타협을 허락하지 않은 여성이 "컨피스케이션(압수)" 하고 되받아쳤다.
> 나 또한, 이런 말에 몹시 들떴다.
> 모든 재앙을 구제해주지 않는가.
> "이노큘레이션(예방접종)!" 내가 끼어들었다. "트랜서브스탠시에이션(성변화(聖變化)), 얼리터레이션(두운법(頭韻法)), 이넌데이션(홍수), 플라그레이션(채찍질), 어포리스테이션(숲 가꾸기)이다!"

2

모든 사람이 다 공적인 일에 참가하지는 않는다는 것은 잘 알려져 있다. 대통령 선거가 치러진 해에도 미국의 유권자는 투표하러 절반도 가지 않는다. 1924년의 캠페인*²에는 투표자를 늘리기 위한 특별한 노력이 있었다. 그들은 나가지 않았다. 헌법과 국민, 의회 제도, 대통령의 교체, 개인 재산 등 모든 것이 위기에 맞닥뜨리게 되었다. 투표에 많이 참가하지 않으면 붉은 파멸, 검은 부패, 제3의 전제나 제국주의를 불러들인다고 어느 정당은 예언했다. 시민권의

---

*1 프랑스 우화 《여우이야기》에 등장하는 수탉.
*2 캘빈 쿨리지의 웃는 얼굴을 강조한 에드워드 버네이즈의 선거 전술.

절반은 행사되지 않았다.

연구자는 이제까지 투표에 대해 책을 써 왔다. 그들은 지금 '기권'에 대해 책을 쓰기 시작했다. 1923년의 전형적인 시카고 시장 선거는, 유권자 140만 명 가운데 투표하겠다고 등록한 사람은 90만 명뿐이고, 그중에서 정말 투표한 사람은 72만 3천 명밖에 되지 않았다. 시카고 대학의 메리엄(Merriam) 교수와 고스넬(Gosnell) 씨는 몇천 명이나 되는 사람들과 인터뷰를 하는 정성을 들여 그 이유를 밝혀냈다. 기권자의 약 30%는 투표장에 갈 수 없는 부득의한 사정이 있었거나, 적어도 그렇게 주장했다. 그들은 환자이거나, 도심에서 멀리 떨어져 있고, 아이나 환자가 있는 집을 비울 수 없는 여성이거나, 법으로 정해진 주소가 없었다. 나머지 70%는 이 공화 정체의 주권을 가진 자유 시민 50만여 명에 해당되며, 투표하지 않을 이유가 있다는 내색도 하지 않고, 요컨대 투표에 주의를 기울이지 않는다는 자각이 없었다. 일이 바쁘다, 투표소가 붐빈다, 불편한 장소에 있다, 나이가 알려지는 것이 두렵다, 여성에게 참정권이 있다고 생각하지 않는다, 남편이 반대한다, 정치와 선거 모두 부패했다, 투표가 귀찮다, 선거가 있다는 것도 모른다 등이다. 인터뷰에 응한 약 4분의 1은 투표에 전혀 흥미가 없다고 솔직히 말했다.

그래도 아직 "미국에서는, 다른 나라와 마찬가지로 유권자의 대부분이 주권자로서 의사를 표명한다"고 말한 제임스 브라이스[*3]에게 권위가 있다. 확실히 '스위스에서의 발의권과 국민투표의 행사'에 대한 로렌스 로웰[*4]의 연구는 미국 투표자의 무관심이 예외는 아니라는 견해를 뒷받침한다. 사실 유럽의 현실적인 정치 사상가는, 집단으로서의 민중이 공적인 일의 방침을 좌우할 수 있다는 생각을 버린 지 오래다. 그 자신이 사회주의자인 로버트 미헬스[*5]는 "다수자가 자치를 하는 일은 영원히 없다"고 딱 잘라 말했고, 스웨덴 사회당 부대표인 구스타프 F. 스테판이 "승리한 다음에도 정계에는 늘 지도하는 자가 존재할 것이다"라고 한 발언을 자기 뜻과 같다는 듯이 인용했다. 위대한 통찰력을 가진 정치 사상가인 미헬스는, 야당의 승리는 '질투에서 탐욕의 영역으로 옮기는

*3 1838~1922. 영국 정치가, 역사가.
*4 1856~1943. 하버드 대학 학장.
*5 1876~1936. 독일 출신의 사회학자.

것'이라고 한 알렉산드르 게르첸[6]의 말을 인용함으로써, 마지막에 그 주제에 대한 속마음을 밝혔다.

전혀 투표하지 않는다, 언제나 명부의 맨 앞에 기재된 사람에게 표를 던진다, 예비 선거를 기권한다, 연설을 듣지 않는다, 문서도 읽지 않는다는 비난을 받아 마땅한 수많은 부작위(不作爲)[7]의 죄를 통해 일반 시민이 드러낸 환멸은 이제 더 새로울 것도 없다. 더 이상 그를 규탄할 생각은 없다. 나는 그의 마음속을 헤아린다. 불가능한 임무를 맡아, 이룰 수 없는 이상을 이루도록 요구받기 때문이다. 그것은 나 자신도 마찬가지다. 공적인 일은 나의 중요한 관심사이고, 그것을 관찰하기 위해 많은 시간을 내고 있으나, 민주주의 이론이 나에게 기대하는 일을 할 만한 시간이 없어, 달리 말하면 무엇이 일어났는가를 알고, 실제로 통치하는 지역에서 제기되는 모든 문제에 대해 말할 만한 의견을 가질 수 없다. 미국 대통령부터 정치학 교수까지 주권자이며 전권을 가진 시민으로서, 모두가 수용하는 이상을 실체화할 것 같은 인물을 나는 만난 적이 없다.

제2장 이룰 수 없는 이상

완벽한 시민이 어떻게 탄생할 수 있을지 상상해 보았다. 어떤 사람은 올바른 세포의 결합에서 나올 수 있다고 한다. 매디슨 그랜트,[8] 로스롭 스토다드[9] 등 민족 재생론자가 쓴 책에서, 위대한 시민을 낳을 사람과 결혼해야 한다는 처방전을 본 적이 있다. 나는 생물학자가 아니므로 이 점에 대한 선입견이 없는 희망을 안고 있는데, 인류의 재능을 곱하는 방법의 확실성이 대체로 저자의 과학적 명성과는 반비례한다는 것도 알고 있다.

그래서 논리적으로 다음에 관심이 향하는 것은 교육이다. 왜냐하면 150년에 걸쳐 쓰여진 민주주의에 대한 낙천적인 책은 모두 '교육'을 마지막 장의 논제로 삼고 있기 때문이다. 단호하고 고집스러운 반감상주의자인 로버트 미헬스까지도 마지막 고찰에서 다음과 같이 말했다.

"모든 집단 행동의 소수 독재 경향에 가능한 한 저항하게 하기 위해서는, 대

---

*6 1812~1870. 러시아의 사상가, 작가.
*7 마땅히 해야 할 일을 일부러 안 함.
*8 1865~1937. 이민제한을 주장한 우생학 신봉자.
*9 1883~1950. 산아제한을 주장한 우생학 신봉자.

중의 지적 수준을 향상시키는 것이 사회 교육의 중대한 과업이다."

그래서 나는, 고등학교와 대학교에서 시민권을 가르치는 데 쓰이는 최근의 표준적인 교과서를 읽어보았다. 다 읽고 나서는 백과사전 편찬자의 탐욕과 그에 앞서는 무한한 시간을 가져야만 한다는 결말로부터 어떻게 해야 벗어날 수 있는지 이해할 수 없었다. 확실히 지방 공무원의 정확한 급료나, 검시관의 임기를 기억하도록 기대하는 일은 이제 없어졌다. 새로운 공민 과목에서는 조직의 세부가 아닌 정치 문제를 공부한다. 내가 읽은 간결하고 논쟁적인 500쪽의 교과서가 알려준 것은 시의 문제, 주의 문제, 국가의 문제, 국제 문제, 신용 문제, 노동 문제, 수송 문제, 금융 문제, 농촌 문제 등 수없이 많은 문제였다. 시의 문제에 할애된 11쪽에는 열두 가지의 부수되는 문제가 설명되어 있었다.

그러나 더 나아지기 위해 씌어진 이 책에는 미래의 주권 시민이 어떻게 해야 하는가 하는 암시는 어디에도 없고, 생계를 꾸리고 아이들을 기르는 생활을 즐기는 한편, 문제가 이렇게 넘쳐나는 혼란에 대해 그 결과만 계속 주입받도록 되어 있다. 나라의 자원은 양적으로 한정되어 있기 때문에 절약을 강력히 요구한다. 납세자가 한없이 돈을 내지는 않을 것이므로 재정 지출을 감시하도록 조언해야 한다. 그러나 투표자이고 시민이며 주권자인 그가 무한한 공공 정신, 관심과 흥미, 노력을 쏟도록 기대하고 있는 것 같다. 도시의 하수도에서 인도의 아편까지, 생각할 수 있는 거의 모든 것에 손을 대는 교과서의 저자는 결정적인 사실을 놓치고 있다. 곧 시민이 공적인 문제에 할애할 시간은 불과 얼마 되지 않아서, 이론은 어찌 됐던 별 관심도 없고 빈약한 욕망밖에 갖고 있지 않다는 사실을 모른다.

브루클린의 지하철과 만주(滿洲) 철도에 대해 목요일에 생각할 의무가 있는지, 지하철 문제에 대해 목요일에 주권을 행사하기로 정했다면, 몬태나의 지방 융자와 수단에서 영국의 권리에 대한 주권을 행사하기 전날에는 머리에 들어 있어야 할 문제에 대해 그는 어떻게 지식의 공백을 보충할 것인가. 시민의 의무를 가르치는 교사가 이런 것을 학생에게 알려주려고 생각하는 일은 결코 없다. 아직도 그는 모든 때에 모든 것을 알지 못하는 것이다. 하나를 보는 동안 다른 천 가지의 사물이 크게 변화한다. 그가 터득하고 있는 초심자의 방법으로라도 최선을 다할 수 있는 문제에만 주의를 끌어오는 것이 뭔가 합리적인 이유가 되지 않는다면, 동시에 뼈 세 개를 핥으려는 강아지처럼 당황하게 될 것이다.

세계의 문제라는 관광 여행에 학생들을 데리고 가는 것이 좋지 않다고 말하는 것은 아니다. 예컨대 "그가 입을 벌리면 언제나 병원균에 시달리고, 살아 있는 교리를 등에 지고 유죄 판결을 받아야 하는" 모험을 하지 않고도 세계가 복잡하다는 사실은 배우게 될 것이다. 그는 겸손을 배울지도 모른다. 그러나 고매한 저자가 그에게 제공하는 지식은 1925년의 미국 문제이지 10년 뒤의 문제를 안겨주는 것은 아니다. 잠깐의 쟁점에서 그가 지적인 태도를 터득하지 않는 한, 교육은 전혀 존재하지 않는다.

그러므로 민주주의의 무능력에 대한 구제를 평소의 교육에 호소하는 것은 성과가 없다. 그것은 입법자나 시민적 이상의 설교사에게 설명서를 쓸 자유를 주고 나서, 학교 교사가 독자적인 마법으로 사람들을 통치자로서 적합하게 길러내려는 제안이다. 개혁자는 사람이 무엇을 이해할 수 있는가를 묻지 않고, 현대 세계의 통치에 필요한 것이면 무엇이든지 가르쳐야 한다고 말한다.

교육에 대한 진부한 호소는 실망밖에 안겨주지 않는다. 현대 세계의 모든 문제는 교사들이 파악해 그 실질을 아이들에게 전달하는 것보다 빨리 나타나고 변화하기 때문이다. 그날의 문제를 어떻게 해결할지 아이들에게 가르치려고 해도 학교는 언제나 늦어버린다. 가장 가능성 있는 시도는, 시민이 능숙하게 새로운 문제를 다룰 수 있도록 생각과 감정의 모범을 보이는 것이다. 그러나 교육자는 그 모범을 창출하지 못한다. 모범을 그리는 것은 정치 사상가의 역할이다. 그래서 대중을 정치적 천재로 보아서는 안 되지만, 설사 천재라 하더라도 그들은 공적인 문제에는 시간과 주의를 조금밖에 돌리지 않을 것이다.

사회 교육은 그때그때의 문제에서 저마다의 원인과 해결을 첫째로 삼는 것이 아니라 모든 문제에 대해 태도를 정하는 원칙을 다루어야 한다는 이상에, 유감스럽게도 도덕가들은 너무나 쉽게 동의할 것이다. 그들에게 접근하지 않도록 경고한다. 양심에 다다르기가 어려울 때 양심은 지도하지 못하고, 현대 사회의 통치에 양심 이상의 것을 요구할 것이다.

단지 도덕이나 예의, 애국심을 가르침으로써 현대 세계를 다루게 된다고 생각하고 싶을 때, 나는 석양 아래 상념에 잠긴 듯한 교수가 산책하는 우화를 떠올려본다. 그는 나무에 걸려 넘어진다. 이 경험이 무리한 행동을 재촉한다. 좋은 가문과 명예를 지닌 남자는 모자를 벗어 나무에 큰절을 하고, 진심으로 유감의 뜻을 전할 것이다. "죄송합니다. 당신이 나무라고 생각했습니다."

품행의 문제로서 그의 행위를 나무라는 것은 공평한가. 부딪친 것에 대해 그가 예의 바르게 행동한 것을 누가 부정하겠는가. 그의 사과는 충분하지 않은가. 여기에는 완벽하게 기능하는 도덕률이 있다. 그 행동에 오직 한 가지 의심스러운 측면은 그의 친절한 마음과 원칙의 견실성이 아니라 사실에 있다. 당신은 사람과 나무의 차이를 이해할 도덕적 의무가 있다고 반론할지도 모른다. 아마 그럴 것이다. 그러나 숲 속을 산책하는 대신 투표를 했다면, 나무 대신 포드니 매컴버 관세법*¹⁰에 부딪쳤다면 어떨까. 그때 당신은 진실을 이해하기 위해 그에게 얼마나 많은 의무를 부담시키려고 할까. 결국 다른 생각을 하면서 황혼이 깃든 숲 속을 산책하는 이 사람은, 우리 모두가 그러하듯, 거기서 그가 떠올리고 있는 사실에 맞닥뜨려 배운 대로 의무를 수행했던 것이다.

온갖 것이 살고 있는 세계는 생각에 잠긴 교수의 서투른 면을 어느 정도 나누어 가진 것 같다. 파블로프는 개 실험을 통해 비정상적인 위를 가진 동물은 먹는 즐거움을 다 경험할 수 있다고 보여주었고, 실험실에서 속고 있는 것을 알고 있는 쥐와 원숭이의 수를 능가하는 것은 민주주의의 전도유망한 시민뿐이다. 심리학자가 말하듯이 사람의 반응은 조건이 붙는다. 따라서 유리 달걀, 후림용 오리,*¹¹ 유력자나 정치 방침에 아주 쉽게 반응한다. 그렇다면 현실의 중대한 사건에 도덕력을 발휘하고 있는지 어떤지 그들에게 알릴 도덕률은 전혀 없다. 왜냐하면 소크라테스가 지적했듯이, 효과가 있는 덕목은 지식이고, 옳고 그른 규율은 참과 거짓의 지각에 기대야 하기 때문이다.

그러나 잘되고 있는 도덕률 습관마저 민주주의를 해방하지 못할 것이다. 너무나 많은 도덕률이 우리 사회의 실생활에서 표준으로 널리 받아들여지고 있다. 하지만 지역적인 표준이 널리 적용되기를 바라는 정치 사상가는, 해결을 꾀해야 할 문제의 하나를 당연하다고 생각하고 있을 뿐이다. 정치가 생기고, 정치 조직을 필요하게 하는 조건의 하나가 표준의 대립인데, 판단에 대해 공통의 표준에 이르는 것을 아마 정치 조직의 목표로 삼기 때문이리라.

선악의 판단은 모든 사람에게 공통적이라는 믿음으로부터 자유로워지기가 어렵다는 것을 깨닫게 하기 위해, 다윈의 '고양이와 클로버(토끼풀) 이야기'를 권하고 싶다. 클로버는 호박벌에 의해 교배되고, 따라서 더 많은 호박벌은 이듬

---

*10 미국 내 산업 보호를 목적으로 하는 고율의 관세법.
*11 미끼 구실을 하는 사람.

해 클로버 작황이 더 좋아진다는 것을 의미한다. 그러나 호박벌의 집은 애벌레를 좋아하는 들쥐에게 빼앗긴다. 따라서 들쥐가 많아지면 호박벌이 줄어들고 클로버 작황이 나빠진다. 그런데 마을 가까이에서는 고양이가 들쥐를 잡아먹는다. 고양이가 많아져서 들쥐가 줄어들면, 호박벌이 늘어나 작황이 좋아진다. 다정한 노부인이 많은 마을에는 고양이가 많을 것이다.

만약 당신이 힌두교도나 채식주의자가 아니고 쇠고기를 먹는 서양인이라면, 소를 위해 클로버 목초지를 만들고 있는 호박벌을 망치는 들쥐를 잡아먹는 고양이를 기르는 노부인을 칭찬할 것이다. 혹시 당신이 고양이라도 노부인을 지지하리라. 그러나 당신이 들쥐라면 옳고 그른 차이가 얼마나 달라지겠는가! 고양이를 기르는 노부인은 호랑이를 애완용으로 키우는 마녀와 마찬가지로 여겨지고 들쥐 안전연맹은 노부인 페릴에 대해 히스테릭하게 토론할 것이다. 어떻게 애국심이 있는 쥐가, 호박벌이 들쥐를 위해 애벌레를 생산하는 일 말고 다른 목적으로 존재한다는 식으로 세계를 생각하겠는가. 그런 세계에는 법도 질서도 없으며, 매우 철학적인 쥐만이 "무질서라는 생각은 편의상의 말로 나타나는 것이고, 바라는 바와 다른 질서를 발견했을 때 마음에 품는 실망을 가리킨다"고 한 베르그송의 말을 받아들이리라. 우리가 좋다고 인정하는 질서는, 우리의 필요성과 기대와 습관에 꼭 알맞은 질서이다.

우리의 기대가 전 세계에 통하는 영원불변한 것은 아니다. 우리는 수사로서 자주 그 말을 쓴다. 그러나 구체적으로 예를 들어, 어째서 우리가 바라는 것이 정의인가를 설명하는 일은 쉽지 않다. 농가에서 언제나처럼 가공식품을 살 수 없게 된다면 무질서해지고 문제가 생긴다. 하지만 1925년에 생산한 밀 1부셸(약 36리터)이 1913년에 비하면 좀 많은가 또는 같은 정도, 또는 좀 적은 제품과 교환이 가능한지 불가능한지를 결정할 표준은 있는 것인가. 얼마나 신속히 어느 정도의 양으로, 농가나 다른 계급의 생활수준을 높여야 하는지 또는 낮춰야 하는지를 알리는 원칙을 누가 결정할 수 있는가. 제시된 임금으로 일하는 노동자보다 작업량이 더 많을지도 모른다. 고용자는 불만을 말하며 문제로 삼겠지만, 임금은 얼마이고 노동력의 과잉은 어느 정도라야 하는지를 알리는 규칙을 누가 알고 있는가. 그들이 취할 수 있는 입장과 임금, 직종보다 많은 노동자가 있을지도 모른다. 문제는 심각하나, 기계공·점원·광부·은행원·판매원에게 일자리를 제공할 의무가 사회에 얼마만큼 있는지 결정할 원칙은 없다.

제조업보다 농가의, 임금노동자보다 고용주의, 채무자보다 채권자의, 또는 그 반대의 주장에 독자적인 정당성을 고수하자면 극단적인 당파심과 자기기만이 필요하다. 이런 이해의 충돌이 문제인 것이다. 그런 문제를 해결해야 한다. 그러나 해결을 정확히 연역할 수 있는 도덕의 본보기가 없다.

생물학은 정치적 우수성을 교배하는 방법도 무엇이 우수한지 모르기 때문에, 우생학이 이상적인 민주 시민, 전권을 가진 주권자를 탄생시키지 못한다면, 또 학교 교사가 미래의 문제를 앞지르지 못하고 교육은 시민을 양성하지 못한다면, 그리고 첫째로 구체적인 장면에서 선악은 참과 거짓의 인식에 의존하고, 둘째로 보편적인 도덕률이 있다는 가정에 의거하고 있기 때문에 도덕이 그를 좌우하지 못한다면 우리는 어디서 유능한 시민을 길러낼 방법을 찾아내겠는가. 19세기 민주주의 이론가는 장래성 있는 많은 다수자라는 생각에 아직도 영향을 끼치는 처방전을 몇 가지 가지고 있었다.

어떤 학파는 민주주의의 나쁜 폐단에 대한 치료법은 더 높은 민주주의라고 하는 격언에, 개량의 기초를 둔다. 그것을 장악하기만 하면, 대중은 현명하고 선량해질 거라고 믿었다. 발언권, 국민투표, 소환, 상원의원의 직접 선거, 직접 예비 선거, 재판관의 선정 등에 의해 되도록 투표권을 확대하자고 제안했다. 마음대로 여론의 존재를 확인할 수 없었으므로 그들은 문제를 얼버무려 넘겼다. 1896년 브라이언의 선거 캠페인*¹² 으로 이 학파는 많은 주에서 큰 승리를 거두어 연방 정부에 영향을 끼쳤다. 유권자는 1896년부터 세 배가 되고, 투표자의 직접 행동은 엄청나게 확대되었다. 그러나 대통령 선거에서 일반 투표의 비율은 1896년의 80.75%에서 1920년의 52.36%로 줄었다. 아무래도 '모든 시민'이 적극적으로 정치에 참가하기를 바란다는 이 학파의 최초 전제에 잘못이 있었던 것 같다. 사태의 진전을 좌우한다는 실감이 참가자에게 있다는 증거도 없다. 당의 조직은 모든 공격을 견뎌냈다. 그러면, 도대체 왜 그들은 투표하지 않는가. 투표자가 시간도 관심도 지식도 없어서 나날의 문제에 대해 자세히 파악을 못한 것이라면, 잇따라 의견의 표명을 요구받고, 더 좋은 여론을 유지할 리 없다. 그들은 당황하고 넌더리가 나서, 말이나 맞추려고 할 따름이다.

스스로 혁명가라고 자부하는 다른 학파는 민주주의의 퇴색을 자본주의 탓

---

*12 민주당의 윌리엄 브라이언은 투표권 확대를 호소했다.

으로 돌렸다. 재산은 권력이고, 투표권과 마찬가지로 경제력이 널리 분배될 때까지 참정권에 효과가 없다고 주장했다. 개인이 행사하는 사회영향력의 무게가, 추상적인 법적 시민권보다 재산에 의한 명성과 깊은 관련이 있다고 하는 사회주의자의 전제를 본격적으로 다룰 학자는 없을 것이다. 그러나 공공시설 소유권을 집약함으로써 경제력을 분배할 수 있고, 또 선거와 국민투표에 의한 산업생활의 침투가 적절한 대중의 판단을 낳는다는 사회주의자의 결론은 다시 논점을 얼버무린 듯하다. 더 많은 사건을 투표에 부치는 것이, 이제껏 사람들이 숨겨 왔던 분별과 기술적 능력, 공적인 관심을 드러낸다는 어떠한 근거가 있는가. 사회주의자의 도식은, 모든 사람에게 능력이 있다는 민주주의에 대한 신비적인 잘못에서 유래하며, 그 정점에서 홀가분하게 탄생한 시민권이 지금도 감당할 수 없는 무거운 짐에 새로운 부담을 안겨주게 된다고 하는 잘못된 동종요법(同種療法)*13으로 고통을 받는다. 사회주의 이론은 끊임없이 만족할 줄 모르는 시민의 의무, 그렇지 않아도 복잡한 정치적 이해의 터무니없는 복잡성을 전제로 한다.

이런 온갖 구제책, 우생학·교육·윤리·인민주의자·사회주의자 모두가, 유권자에게 문제를 좌우할 타고난 능력이 있으며, 이상을 향해 매진할 거라고 믿고 있다. 나는 그것을 잘못된 이상이라고 생각한다. 바람직한 것이 아니라는 뜻은 아니다. 살찐 사람이 발레 무용수가 되려고 하는 것처럼 이룰 수 없다는 것이다. 이상은 그 본디의 가능성을 표현해야 한다. 그렇지 않을 때, 그것은 본디의 가능성을 왜곡한다. 내 생각으로는 전권을 가진 주권자로서의 시민이라는 이상은 이와 같은 의미에서 잘못된 이상이다. 그 추구는 오해를 부른다. 그것을 이루지 못한 실패가 오늘의 환멸을 낳았다.

개인은 모든 공적인 사항에 의견을 갖지는 않는다. 공적인 일을 지시하는 방식도 모른다. 무슨 일이 일어나고 있는지, 왜 일어나는지, 무슨 일이 일어나야 하는지 모른다. 그가 얼마나 알게 되었는지 나는 상상할 수도 없으며, 민중의 무지를 한데 모으면 공적인 일에 지속적인 지도력이 생긴다는 신비적인 민주주의자의 생각에는 전혀 근거가 없다.

---

*13 모든 병의 증세를, 그것과 비슷한 증상을 유발시켜 치료하는 방법.

제3장 대리인과 방관자

1

투표자라는 자격을 얻었을 때, 시민은 여전히 자기가 이론상의 통치자라는 것을 알게 된다. 그는 50만 명의 연방 공무원과 수많은 지방 공무원을 거느리는 복잡한 조직을 만든 기억이 없다. 거의 본 일도 없다. 모르는 사이에 계약과 부채, 조약과 법률에 묶여 있다. 정부가 하는 일에 대해 누가 무엇을 할지, 날마다 정하고 있는 것은 아니다. 단속적으로 그 일부를 아는 것에 지나지 않다. 가끔 투표소에 갈 때, 그는 현실적인 선택지(選擇肢)를 분간하고, 이해할 수 있는 무엇인가를 약속하는 정당을 지지하는 아주 지적이고 공공심이 있는 선거인이 된다.

실제 통치는 특정한 개인에 의한 특별한 문제에 대해 많은 타협을 성립시킨다. 이는 일반 시민의 눈에는 드물게 띌 뿐이다. 정부는 다음 선거 때까지 오랫동안, 정치가와 공무원, 그들과 합의를 본 유력자에 의해 운영된다. 민중은 이런 타협을 눈으로 보고 판단하며 가끔 영향을 준다. 계속적인 여론의 작용이라고 하기에는, 대상이 너무나 방대하고 복잡하며 애매하다.

엄밀히 말해서 정부의 일상적인 업무를 맡은 사람들에게 유권자라는 거대한 집단에 대해 설명할 책임은 없다. 특별한 경우를 제외하고는 직접 이해관계를 가진 정치가나 공무원, 유력자만이 책임을 진다. 현대 사회는 누구에게나 잘 보이지 않아 끊임없이 전체 모습을 파악하기 어렵다. 어떤 부문은 다른 부문에서 볼 수 있고, 어떤 행위는 어디어디의 그룹에서만 알기 쉽다.

이 정도의 책임 있는 이해도, 광범위하고 복잡한 것을 조사하는 기관의 발달을 기다려야만 한다. 이와 같은 기관은 일반 사회에 간접적으로 부수적인 지원밖에 주지 못한다. 그 성과는 고만고만한 독자가 이해하기에는 너무나 어렵다. 또 대부분 그다지 재미가 없다. 스스로의 내부적 관리의 필요성에서, 또 다른 기업의 강한 요구에 의해 정부의 부문, 기업, 노동조합, 사업자 단체가 자신의 행위를 기록, 측정, 공표하고 그것에 책임을 지도록 강요되지 않는다면, 실제로 전문가나 통계적 측정에 대한 세상 사람들의 싫증과 경시는, 아마도 현대의 사건을 관리하는 정보기관을 곁눈질조차 하지 않을 것이다.

단순한 홍보가 아니라 끊임없는 홍보가 방대한 사회에 필요하다는 것은 이루 말할 나위가 없다. 그러나 공표의 목적을 모든 투표자에게 되도록 정보를 많이 주기 위한 것으로 믿는다면, 그 필요를 몹시 오해하는 것이다. 우리는 공표하는 설명의 요점만 알고 생활한다. 하지만 사실은 호기심을 훨씬 넘어서는 것이다. 예를 들면 철도회사가 결산을 보고한다. 우리는 그 성과를 읽을까. 거의 읽지 않는다. 그 방면의 관리직이나 은행원, 관할공무원, 운송회사의 대표 등이 읽는 정도이다. 나머지 우리는 따로 할 일이 있다는 가장 충분한 이유로 그것을 무시한다.

사람은 모르는 사이에 문 앞을 지나간 보고서나, 신문에 실린 모든 특보를 읽으면서 생활하지는 않는다. 라디오의 발달로 누구나 여기저기서 일어나는 온갖 것을 보고 듣게 되었다고 해서, 달리 말해 홍보가 완벽하게 되었다 하여 감채(減債)기금위원회나 지질 조사를 보고 넘긴 시간이 얼마나 되겠는가. 아마 영국 왕세자에게 채널을 맞추게 하거나 또는 절망해 스위치를 끄고 모기장 밖에서 평화를 구할 것이다. 여러 방면으로부터 정보의 집중포화를 맞고, 마음속에 떠들썩한 연설이나 토론, 맥락이 없는 삽화를 어쩔 수 없이 받아들일 준비를 해야 하는 생활은, 해질 녘에 인쇄된 조간과 새벽의 석간, 9월에 찍은 10월호, 영화, 라디오와 함께 하는 오늘, 충분히 나빠지고 있다. 여론을 계발하기 위한 일반 정보는 착실한 지성에는 너무 막연하다. 나뭇잎을 하나하나 신경질적으로 헤아리면서 모든 것을 다 알려고 하기에는 인생은 너무나 짧다.

2

언제나 모든 사람이 정부의 모든 과정을 이해해야 한다면, 아무리 생각해도 세상은 제대로 돌아가지 않을 것이다. 사람은 사회의 모든 것을 배려하지는 않는다. 농부는 밀과 옥수수 가운데 어느 것을 심을까 결정하고, 기계공은 펜실베이니아와 에이레, 어느 쪽에서 직장을 구할까, 포드를 살까 피아노를 살까, 엘름가(街)의 차고를 살까, 광고지를 보내온 판매원에게서 살까를 결단한다. 이런 결정은 그에게 주어진 상당히 좁은 선택 가운데 하나이다. 온 세계의 모든 여성과 결혼을 생각할 수 없듯이, 일거리를 세계 곳곳에서 선택할 수는 없다. 이런 사소한 선택을 쌓은 것이 사회에서의 정치이다. 그런 것은 무지하거나 현명한 의견에 근거하겠지만, 우연 또는 과학의 안내로 거기에 이른다 해도 잘해야 몇몇 구체적인 선택지 사이에 있는 특별하고 특수한 것이며, 눈에 보이는 일정한 결과로 나타나는 것이다.

그러나 사람은 사회의 일반적인 행위에 대해 공적인 의견을 갖게 마련이다. 기계공은 펜실베이니아와 에이레의 어느 쪽에서 일하는가를 선택할 뿐만 아니라, 국민의 관심사로서 나라의 철도를 얼마나 통제해야 되는가를 결정하게 되어 있다. 두 의견은 조금 다른 쪽과 하나로 합해지고, 사람은 개인의 결단에 영향을 끼치는 일반적인 생각과 그 일반적인 생각을 무의식적으로 좌우하는 직접 경험을 갖는다. 그래도 아직 특수와 일반, 직접과 간접으로 두 가지 의견을 갖는 것은 유익하다.

특수한 의견은 취직을 할까, 특정한 업무를 맡을까, 채용할까 파면할까, 살까 팔까, 여기서 멈출까 저기로 갈까, 받아들일까 거절할까, 명령할까 복종할까 등 바로 자기가 취할 행위로 이끈다. 일반적인 의견은 투표·결의·박수·비판·칭찬·비난·시청자·신문 발행 부수·지지자·만족과 불만족 같은 간접적이고 상징적이며 실체를 수반하지 않는, 결과를 낳는다. 특수한 의견은 사람이 가진 개인적인 권한의 범위 안에서, 바꾸어 말하면 법과 관습, 개인적인 힘과 욕망에 의해 정해진 한계 안에서 행위를 결정하도록 이끌 것이다. 그러나 일반적인 의견은 투표처럼 어떤 표현에 다다를 뿐이며, 숱한 다른 사람과 일반적인 의견을 공유하는 것을 제외하면 실행적인 행위를 가져다주지 않는다.

수많은 일반적인 의견이 막연하고 혼동하기 쉬운 것을 이것저것 그러모은 것임은 거의 확실하고, 이런 의견이 인수분해되어 사리에 맞게 요약된 형태를 갖출 때까지 행동을 취할 수는 없다. 수많은 잡다한 희망에서 일반 의견을 만드는 것은, 사회철학자가 흔히 생각하듯이 헤겔 철학의 추리가 아니라 지도자와 정치가, 운영위원회에 잘 알려진 기술이다. 그것은 본질적으로 사상에서 분리된 감정을 집합시키는 상징의 이용에 있다. 감각은 사상만큼 특수하지 않지만 더욱 통렬하므로 지도자는 이질적 대중의 욕망에서 동질의 것을 만들어낼 수 있다. 따라서 일반적인 의견에 협력을 가져오는 과정은, 감각의 강화와 의미의 박탈에서 성립한다. 대중의 일반적인 의견이 실제의 행위에 이르기 전에 선택지는 소수의 대안으로까지 압축된다. 승리를 거둔 대안은 대중이 아니라 그 에너지를 통제하는 개인에 의해 집행된다.

집을 짓기로 결정한 뒤에는 어떻게 지을까 고민하며 많은 판단을 내리듯이, 보충하는 의견이 연달아 나오면 사적인 의견이 복잡하게 얽히게 되고, 그 결과 매우 복잡한 행동을 취하게 될 것이다. 그러나 여론은 이와 같은 직접적인 책임이나 끊임없는 결과를 수반하지 않는다. 종잇조각에 연필로 표시해놓고, 그로부터 1, 2년 뒤에 같은 칸이나 그 옆 칸에 표시할지 말지, 그때까지 정치를 지켜보도록 이끈다. 표시를 한다는 결단에는 a^1, a^2, a^4……a^n이라고 하는 이유가 있을지도 모른다. 그렇지만 바보가 투표를 하든 천재가 하든 결과는 A가 된다.

많든 적든 서로 견해를 달리함에도, 대부분의 사람들은 행동하기 위해 완전히 같은 결과를 수렴해야만 한다. 더 많은 복잡성, 사람들의 집합, 희망이 하나의 단순한 공통 이념이 되어야 한다.

3

19세기 영어권 나라들은 사람의 개인적인 행동과 대중의 행동의 차이를 크게 강조해 왔다. 그래도 아직 상당한 오해가 남아 있다. 예컨대 1832년의 선거법 개정 법안*14에 대해, 토머스 매콜리*15는 사적인 사업과 공적 활동에 전통적인 구별을 설정했다.

"개인의 지성·지식·산업·세력에 의존하는 모든 것에 있어, 이 나라는 예나 지금이나 온 세계의 국가 가운데 가장 뛰어나다. 그러나 국가에 속한 것 가운데 우리가 이런 우월성을 주장할 수 있는 것은 아무것도 없다. 아름다움, 완전성, 신속성, 정확성과 같이 우리의 공장에서 볼 수 있는 모든 과정과, 위반하면 벌주는 권리를 지키는 정치 조직의 딱딱함, 미숙성, 더딤, 불확실성 사이에 있는 차이보다 더 큰 것이 있을까……. 확실히 우리는 13세기의 야만성에 19세기의 발전한 문명을 나란히 놓고, 야만성을 정부에, 문명을 인민에게 속하는 것으로 보고 있다."

물론 매콜리는 빅토리아 여왕의 숙부나 술을 좋아하고 승마를 즐기는 지주 계급이 통치하는 잉글랜드에서, 공장 생산과 정부의 대조를 생각했다. 그러나 프로이센의 관료제는 정부와 개인의 행동에 차이를 인정할 필요성이 없다는 것을 충분히 보여주었다. 차이는 대부분의 민중에 의한 행동과 그들 없이 흘러가는 행동 사이에 있다.

기본적인 차이는 공공 사업과 개인 사업, '군중' 심리와 개인에 있는 것이 아니라, 특수한 일을 하는 사람들과 일반적인 결과를 내다보려고 하는 사람들

---

*14 중산계급에 선거권을 주는 법안.
*15 1800~1859. 영국의 역사가, 정치가.

사이에 있다. 세계는 갈아서 심고 거두며, 짓고 나서는 헐고, 이것을 저것에 합치고, 여기서 저기로 가고, A를 B로 바꾸고, B를 X에서 Y로 옮기는 실행력을 가진 사람들의 헤아릴 수 없는 구체적 행위에 의해 운영되고 있다. 특수한 일을 하는 개인끼리의 관계는 교환·계약·관습·암묵적 양해와 같은 매우 복잡한 구조에 의해 균형을 이루고 있다. 적어도 사람이 일을 수행할 때는 그 과정과 책무의 본질을 이해하도록 배워야 한다. 그러나 투표나 의견 표명에 의해 다른 사람의 작용을 좌우하는 경우에는, 그들은 결과에 대가를 지불하든가 벌하든가, 아니면 주어진 대안을 받아들이든가 거절하든가 할 수밖에 없다. 수행한 일과 제안된 무엇인가에 '예'나 '아니오'를 말할 수는 있으나 창조하거나 집행하고 생각한 것을 실행에 옮길 수는 없다. 여론을 말하는 사람들은 가끔 남의 행위를 한정할 수는 있겠지만 그들의 의견이 그런 행위를 수행하는 일은 없다.

4

대중의 한 구성원으로서 우리 한 사람 한 사람이 실제의 행위라는 영역에 대해 관계가 없다는 것에는 변함이 없다. 우리의 여론은 바로 그 특성에 의해 언제나 외부에서 다른 사람의 행동을 통제하려는 시도이다. 내가 생각하기에 결론으로서 우리가 파악한 가장 큰 의의는, 올바른 관점에서 여론의 역할을 하는 특정한 방법을 찾아낸 것이다. 우리는 민주주의의 독선을 받아들이는 게 아니라, 그 환멸을 설명하는 방법을 터득해, 실제로 다다를 수 있는 여론이라는 이상을 대체적으로 이해하기 시작한 것이다.

제4장 대중이 하는 일

1

여론에 대해 달리 이룰 수 있는 이상이 전혀 없다고 말할 생각은 없다. 이 글이 분명히 밝히는, 철저하게 실천적인 것이 있다. 어떤 자는 매혹적인 환상, 자연계, 정신 세계에서 사람의 마음을 풍요롭게 하려고 힘쓰며, 하늘에는 올림포스, 세계의 끝에는 아틀란티스를 준비할 것이다. 그 생각의 질이 높아서 평화를 가져오기만 한다면, 사태가 정부를 움직일지 못 움직일지, 그것이 어느 정도일지는 문제가 되지 않는다고 주장할 것이다.

유토피아와 안식의 경지를 정의하는 데 있어 그 나름으로 충분한 동기가 있고, 그것을 생각하는 것은 그 작용을 제어하는 작은 시도를 포기할 만한 가치를 가져다줄지도 모른다. 그렇지만 포기가 모든 사람에게 허용된 사치는 아니다. 실정법이 아니라 적어도 설득에 의한다고 하면, 어떻게 해서든 다른 사람의 행동을 통제하려고 할 것이다. 사람이 무언가를 하려는 자세를 가질 때, 나는 그들을 '대중'이라고 정의한다. 다른 사람이 어떻게 행동해야 하는가에 대한 의견이 여론이다. 대중이 할 수 있는 일과 할 수 없는 일을 명확히 이해한다면, 그 내부의 힘을 효과적으로 이용할 수 있고 남의 자유를 방해하는 일도 적어질 것이다.

여론의 역할은 문제와의 관계가 외재적(外在的)이라는 사실에 의해 결정된다. 의견은 의견에 영향을 주지만, 그 자체는 실행적인 행위를 통제하지 않는다. 여론은 투표, 찬성인지 반대인지의 표명, 지지 또는 배척에 의해 표현된다. 그러나 이런 시위 행위 자체는 아무것도 아니다. 일의 결과를 좌우할 때만 무게를 갖는다. 다만 그 당사자에게 영향을 주는 경우에 한해 영향력을 지닌다. 여론의 한계와 가능성에 대해 우리가 갖는 실마리는, 내가 믿기에는 여론과 공적인 일의 이 제2의 간접적인 관계에 있다.

2

공직에 있는 사람들을 다른 사람과 교체시키는 선거가 제1의 직접적인 여론 표명이라는 말은 그 자리에서 반론당할 것이다. 그러나 실제로 선거란 무엇인가. 우리는 그것을 민의의 표명이라고 말한다. 하지만 과연 그럴까. 우리는 투표소로 가서 두 사람 또는 서너 사람 가운데 한 사람의 이름에 표시를 한다. 과연 미국의 공공 정책에 대한 자신의 생각을 드러낸 것일까. 우리는 이러니저러니 말하면서 수많은 생각을 품고 있다. 분명히 종잇조각에 표시를 하는 것은 그러한 생각의 표명이 아니다. 생각을 드러내는 데는 시간이 걸린다. 투표를 두고 마음속을 드러낸 거라 하는 것은 실속 없는 허구이다.

투표는 지지한다는 약속이다. 나는 이런 쪽에서 이런 사람들에게 붙는다, 그들에게 협력한다, 따른다, 인정한다, 거부한다, 박수를 보낸다, 야유한다, 내가 행사할 수 있는 힘은 여기에 있고, 거기에는 없다는 표명이다.

대중이 후보자를 골라 정강을 쓰고 정책을 정리하지 않는 것은, 자동차를 만들거나 속임수를 쓰지 않는 것과 같다. 자기를 팔고, 약속을 하고, 연극을 제작하고, 자동차를 팔고 있는 누군가에게 자기를 맞추든가 거부하는 것이다. 집단 행동은 가지고 있는 힘의 동원이다.

그 시도는 타고나는 도덕과 지적 미덕을 다수결에 의한 것으로 보아 왔다. 19세기, 신의 목소리인 다수결에는 헤아릴 수 없는 현명함이 있다고 했다. 이 달콤한 말은 때로는 성실한 신비주의이고, 권력의 이상화에 따른 자기기만이었다. 실질적으로, 왕의 신성(神性)이 새로운 주권으로 전환한 것에 다름없었다. 그런데도 집단의 51%가 덕과 지혜에 의존한다고 하는 타고난 어리석음은 언제나 명백했다. 어이없는 주장의 실용화는, 다수결의 운용과는 관계없이 소수파를 보호하기 위한 공민권의 모든 규약, 학예의 조성과 인도적 관심을 자아내는 갖가지 세련된 수단을 가져왔다.

정치에서 다수결의 정당성은 그 윤리적 탁월함에서는 찾아낼 수 없다. 그것은 수의 힘에 문명사회를 맡기는 순전한 필요성에서 발견된다. 나는 투표를 병역과 단결, 동원이라고 불러 왔다. 이런 것은 군사적 은유이고, 마땅히 그래도 무방하다. 다수결에 근거한 선거는 역사적, 실천적으로 승화되어 변성한 내전, 육체적 폭력이 따르지 않은 책상 위의 동원이기 때문이다.

다수자를 이상화하지 않는 입헌 민주당은 투표지를 탄환의 문명화된 대용품이라고 인정했다. 버나드 쇼는 말한다.

"프랑스 혁명은 지배자를 폭력으로 타도하고, 다른 이해와 다른 견해를 가진 자로 바꾸었다. 인민이 바란다면 잉글랜드에서는 7년마다 총선거가 가능하다. 따라서 잉글랜드에서는 혁명이 국가의 제도이며, 영국인은 그것을 거절할 필요가 없다."

인민이 싸우는 것과 투표하는 것에는 물론 엄청난 거리가 있다. 그러나 전투를 대신한다고 생각한다면, 우리는 투표의 성질을 더 좋은 것으로 이해할 것이다. 모스 교수[16]의 책 머리말에서 드와이트 모로[17]는 이렇게 말했다.

"17, 18세기에 잉글랜드에서 일어나 혁명을 대신하게 된 정당 정치라는 절차는, 잉글랜드로부터 전 세계의 문명화된 정부에 도입되었다."

한스 델브뤼크[18]는 간결하게 말했다.

---

*16 1846~1916. 미국의 역사학자.
*17 1873~1931. 미국의 정치가, 외교관.
*18 1848~1929. 독일의 역사학자.

"다수결의 원칙은 순수하게 실천적인 원칙이다. 내전을 피하려고 한다면, 어쨌든 경쟁하면 우세해져서 다수를 차지하게 될 자들에게 그런 규칙을 채택하게 한다."

그렇지만 본질적으로 선거는 승화된 전쟁이라고는 해도, 승화의 중요성을 놓치지 않도록 주의해야 한다. 병역에 복무할 수 없는 사람들의 자격을 빼앗고 싶어서 아는 체하는 이론가가 있어, 공동체에서의 군사력의 단결을 나타내는 선거의 가치를 왜곡함으로써 여성의 참정권을 유감으로 여겨 왔다. 이와 같은 이론화는 문제없이 무시할 수 있다. 왜냐하면 역사적 유래가 무력의 단결에 있다 해도 선거제도는 모든 힘의 단결이 되어 왔기 때문이다. 군대와의 소박한 연상이 거의 사라진 선진적인 민주주의에서도 단결인 것에는 변함이 없다. 흑인이 힘에 의해 공민권을 빼앗기고, 선거에서 영향력을 발휘할 수 없는 남부에서도 그것은 잃지 않았다. 모든 선거가 아직 폭력혁명에 있는 불안정한 라틴아메리카 제국에서도 그것은 잃지 않고 있다. 중앙아메리카에서 혁명으로부터 선거로 이행하는 것은 정치적 진보의 시험이라고 선언함으로써 미국은 공식적으로 이 사실을 인정해 왔다.

대중이 하는 것은 의견 표명이 아니라, 제안에 협력하는가 반대하는가일 따름이다. 나는 이 이론을 입증하는 필요 이상으로, 토론을 길게 끌어 갈 생각은 없다. 이 이론을 받아들인다면 민주정치는 인민의 직접적인 의사 표명이 될 수 있다는 생각을 포기해야 한다. 인민이 통치하고 있다는 생각을 버려야 한다. 그 대신 다수자로서 가끔 동원에 의해, 인민이 실제로 통치하는 개인에게 지지 또는 반대를 한다는 이론을 채택해야 한다. 인민은 끊임없이 지시하는 게 아니고, 가끔 개입한다고 말해야 한다.

제5장 제멋대로인 힘의 조정

1

앞장에서 말한 것이 공적 활동의 성질이라면, 거기에 일치하는 어떤 이상을 정형화할 수 있을까?

그 이상을 최소한의 형태로 나타내어, 경우에 따라서는 언젠가 먼 앞날에 비범한 집단에 의해 현실의 것이 되는 이상이 아니라, 평범하게 배워 다다를 수 있는 이상으로서 말할 의무가 있다고 나는 생각한다. 대중이 할 수 있는 일을 예측함에 있어, 딱딱한 정치 이론은 안전이라는 최대 요인을 강조해야만 한다. 공적 활동의 가능성은 조심스럽게 말해야 한다.

공적 활동은 원칙으로서, 대중의 지배 아래 있는 힘을 합침으로써 가끔 사태에 끼어드는 데 한정된다고 우리는 결론지었다. 다음으로, 우리는 대중의 한 구성원이 내부 사정을 모르고 관계자의 관점을 공유하지 않는다고 상정해야 한다. 그러므로 그들은 의도를 이해하지 못하고, 정확하게 상황을 확인, 행위자의 의향에 가까이 다가가지 못해, 논의의 세부에 끼어들 수도 없다. 공감을 보여야 할 자리를 나타내는 조잡한 신호밖에 볼 수 없다.

대중의 한 구성원은 위기가 분명해지기 전부터 문제에 대처한 적이 없고, 위기가 지나간 뒷날까지 문제를 질질 끄는 일도 없다는 것을 우리는 전제해야 한다. 앞선 사건을 이해하지 않고 그 진전을 지켜본 것도 아니며, 문제를 깊이 생각할 뜻도 없는 것이다. 계획을 실행하고 결과를 예측할 수도 없을 것이다. 대중의 한 구성원으로서 사람은 흔한 일에 정통하지 않고, 관심도 오래가지 않으며, 당파적이고 비생산적이며, 남에게 맡기는 민중정치의 확고한 이론적 전제를 상기해야만 한다. 대중은 관심이 미숙하고 단속적이며, 격심한 차이만 판별하고, 깨닫는 것이 더디며, 주의를 딴 데로 돌리는 것은 빠르다. 행위하기 위해 단결하고, 고려할 가치가 있는 것은 무엇이든지 개인적으로 해석하며, 사건이 대립해 멜로드라마처럼 꾸며졌을 때에만 관심을 갖는다는 것을 우리는 마땅하게 생각해야 한다.

대중은 제3막 공연 중에 도착해 막이 다 끝나기도 전에 사라진다. 아마 누가 주연이고 누가 악역인지 판단하는 데 필요한 동안만 머무를 것이다. 게다가 행동의 일부, 상황의 일면만 보고 적당히 추리한 증거에 근거해 어쩔 수 없이 진실과는 동떨어진 판단을 내리게 된다.

그래서 우리는 사회를 뚜렷한 목표로 이끌 안정적이고 창조적인 힘으로서, 또 착실하게 사회주의를 지향하거나 그것을 멀리하는 민족주의나 제국, 국제연맹, 그 밖의 교리상의 목표를 향하게 하는 힘으로서 여론을 생각할 수는 없다. 사람들이 그런 문제에 찬성하지 않기 때문이며, 정확히는 대중의 주의를 환기한다는 것은 문제의 발생, 곧 동의의 결여를 의미하기 때문이다. 더욱이 사람들이 서로 용납하지 않는 목적을 가졌음에도, 당신이나 내가 우연히 권위 있는 대변자가 되어 인류는 포괄적인 목적을 갖는다고 주장할 근거는 없다. 그 주장은 뭔가 깊은 의미에서 대중을 구세주적인 힘이라고 결론짓는 틀 속으로 들어가야 한다고 말하는 것에 지나지 않는다.

2

세상은 여론의 의식적인 지시 없이도 계속 앞으로 나아가고 있다. 여론은 어떤 국면에서 발생한 문제가 위기에 빠졌을 때만 관여한다. 그 목적은 위기의 진정을 돕는 데 있다.

나는 이 결론을 피할 수 없다고 생각한다. 민중의 활동 목표가 진선미의 판단과 촉진에 있다고 믿고 싶겠지만, 평소의 경험으로 보아 그 신념을 유지할 수는 없다. 위기에 맞닥뜨린 대중의 대부분은, 무엇이 그 경우의 특수한 진실이며 정의인가를 이해하지 못해 무엇이 아름답고 좋은 것인가 합의에 이르지 못한다. 대중이 나쁜 폐단의 존재에 궐기하는 일은 없다. 평소의 생활을 방해 받음으로써 분명해진 해악에 의해 눈을 뜨게 된다. 그리고 결국 문제는, 우리가 우연히 결정한 정의가 이루어졌을 때가 아니라 위험을 극복하는 실제적인 조정이 마무리될 때 더 이상 주의를 끌지 않게 된다. 이런 모든 것이 여론에 필요한 관례가 아니라면, 또 관계가 있는 모든 문제에 정의의 진지한 십자군이어야 한다면, 여론은 늘 모든 상황에 대처해야만 한다. 그것은 불가능하다. 바람직하지도 않다. 정의와 진선미의 판단을, 세상에서 조금도 기대하지 않는 여론의, 발작적이고 공공연한 개입에 맡기게 되기 때문이다.

그러므로 우리는 문제의 진실을 다루고, 실용적 결정을 내리며, 정의를 꾀하고, 도덕적 훈계를 들이대는 암묵적 의무에서 여론을 해방한다. 그 대신 다음과 같이 말한다. 여론의 이상은 위기를 수습할 수 있는 개인의 행동에 찬성을 나타내듯이, 문제가 위기에 처할 때 사람들을 단결시키는 것이라고. 이런 개인을 판별하는 힘이 여론을 기르는 노력의 목표이다. 공적 활동을 쉽게 하기 위해 기획된 조사의 목적은, 이와 같은 개인을 판별하는 뚜렷한 신호의 발견에 있다.

논쟁이 실용적인 사회적 규칙을 지지하는 쪽에 있는지, 실시하기 어려운 규칙을 공격하는 데 있는지, 또는 유망한 새 규칙을 제안하고 있는지 여부를 대략적이고 단순하며 객관적인 시험에 의해 밝힐 때, 그 신호에는 의미가 있다. 이런 신호가 이어짐으로써 대중은 어디에서 제휴해야 하는가를 이해한다. 이와 같은 제휴에서, 그것이 참된 가치를 판단하는 것이 아님을 상기하자. 어쩌다 나온 의견에 따라 해결에 지지를 표명하는 쪽이 아니라, 뚜렷한 행동의 규칙에 따라 조정을 지지하는 객관적인 신호에 준하는 쪽의 조치에 그 힘을 실어줄 따름이다.

이 이론에서 여론은 위기에 처할 때 공적인 사항에 행동을 일으키는 예비의 힘이다. 그 자체는 이성이 없는 힘이지만, 유망한 조직과 확고한 지도력, 제대로 된 훈련 아래, 여론의 힘은 야만적인 단언에 대해 실용적인 법 쪽에 선 사람들의 조치에 맡겨질 것이다. 이 이론에 있어 여론은 법을 만들지 않는다. 그러나 불법적인 힘을 조정함으로써 입법 가능한 조건을 갖출 것이다. 그것은 판단과 조사, 발명, 설득과 거래, 해결을 이루는 것은 아니다. 하지만 공격적인 당파를 억누름으로써 지성을 자유롭게 할 것이다. 가장 이성적인 여론은, 자기 의견을 주장할 뿐인 사람들의 방해하는 힘에 대해 이성에 따라 행위할 준비가 된 사람들을 옹호한다.

여론의 최고 활동이 이성을 대신하는 끊임없는 십자군이 아니라는 점을 조심하자. 설명을 필요로 하지 않는 순전한 권력이 위기를 부르지 않고 군림할 때, 여론은 거기에 도전하지 않는다. 누군가가 최초로 전제 권력에 도전해야만 한다. 대중은 그의 지원자가 될 수 있을 뿐이다.

3

생각건대 불법적인 힘의 조정은 여론이 유효하게 이룰 수 있는 최대한의 것이다. 여론은 일반적으로 문제의 본질에 대해 아무것도 하지 못한다. 영문도 모르고 폭력적으로 간섭하는 것에 지나지 않는 것이다. 간섭할 필요가 없다. 사태에 실제로 관계하고 있는 사람들은 실질을 다뤄야 하지만, 간접적인 관계에서 찬성인지 반대인지를 입으로 말하고 지면에 표시할 수밖에 없을 때, 다른 사람이 자신을 주장할 수 있도록 돕는다면 그들은 충분히 가능한 일을 한 것이다.

여론이 직접적으로 통치하려고 할 때, 그것은 실패나 전제가 된다. 대규모의 충격이 아닌 한, 지적으로 문제를 통찰할 수도 대처할 수도 없다. 인민의 의견과 정부의 기능을 동일시하는 민주주의 이론은 이 진실을 인정하지 않았다. 이 것은 허구이다. 몇십 만 명의 관료를 통해 법률을 만들고 집행하는 복잡한 일은 결코 유권자의 행위도 의견의 번역도 아니다.

정부의 행위가 여론의 번역은 아니지만, 정부의 첫 번째 기능을 여론이 아무렇게나 발작적으로 행동하는 것을 구체적으로 더욱 정교하게 계속하는 데에 있다. 사회에 실용 규칙을 적용하고 그것을 해석하고 어떤 위반을 발견해 처벌하고 새로운 규칙의 틀을 책임지고 관리하는 것은 불법의 힘을 없애는 힘을 조직화해 왔다. 여론과 마찬가지인 부패에 타격을 입는 일도 있다. 직접 이해관계를 가진 당파끼리 동의로 조정이 안정을 찾도록 개입하는 것에 대신해 정부가 관료의 의견을 억지로 관철하려고 할 때, 그것은 고압적이고 어리석든가 거만하고 약탈적이 되기도 한다. 공무원은 신문 독자보다 문제를 이해하기 쉬운 입장에 있어서 훨씬 행동하기 쉽다고는 하지만, 개입하는 현실 문제에 대해 기본적으로는 아직 바깥쪽에 있기 때문이다. 바깥쪽에 있으므로 그의 관점은 간접적이고, 따라서 행동은 직접 책임 있는 사람들을 간접적으로 지원할 때에 한해 가장 적절한 것이 된다.

따라서 인민의 의사를 표명하는 것으로서 정부를 생각하는 대신, 상소에서는 발작적인 여론이 되는 문제를 1심에서 전문적으로 처리하는 어떤 자는 뽑히고, 어떤 자는 임명된 수많은 공무원으로 구성되었다고 보는 게 좋을 성싶다. 직접 책임을 지는 당파가 조정 역할을 하지 못하는 데서는 공무원이 개입한다. 관료가 실패하면 여론이 문제에 관여한다.

4

또 간접적인 지원은 우리의 질문이 나타내는 공적 활동의 이상이다. 어떤 문제에서 우연히 대중의 입장에 놓인 사람들은, 동의에 의해 직접 다다를 수 있는 해결에 균형을 가져올 일만 시도해야 한다. 개입·창조·실행·정의를 꾀하고, 법률과 도덕률을 제정하고, 기술이나 실질을 다루는 일을 맡은 무거운 짐은 여론에 있는 게 아니고, 정부에 있는 것도 아니며, 대리로서 책임지고 일하는 사람들에게 놓인다. 문제가 생기는 데에서는, 관계되는 특수한 이해에 의한 해결이 이상적이다. 그들만이 무엇이 진짜 문제인지 이해하고 있다. 공무원이나 전차에서 신문의 표제를 읽는 통근자의 결단이, 일반적으로 긴 안목으로 보아 이해를 지닌 당파 간에 동의에 의해 해결되는 것 이상으로 훌륭한 것은 아니다. 도덕률과 정치 이론은 일반적으로 긴 안목으로 보아, 여론의 높은 곳에서 주어지는 일은 결코 없고, 자의적인 힘을 무력하게 하는 직접 합의만큼 실정에 맞는 것도 아니다.

타협할 수밖에 없는 사람들이 서로 너그러워지도록, 위기 때 힘을 사용하는지 감시하는 것이 여론의 기능이다.

제2부

제6장 아리스토텔레스가 제기한 의문

이런 결론은, 인민의 정부라는 널리 받아들여진 이론과 뚜렷한 차이가 있다. 그 이론은, 일의 흐름을 좌우하는 대중이 있다는 신념에 근거한다. 이와 같은 대중은 환상에 지나지 않는다고 나는 생각한다. 이것은 추상적인 것이다. 예컨대 철도 파업에 대해, 대중은 철도에서 편의를 얻는 농민일지도 모르고, 농산물의 관세에 대해 파업 중인 철도원이 대중으로 포함될지도 모른다. 내가 보기에는, 대중은 개개인의 안정된 집단이 아니다. 사태에 관심을 두고, 행위자에게 찬성인지 반대인지를 표시해야만 영향을 끼칠 수 있는 사람들일 뿐이다.

이런 종잡을 수 없는 대중이 논쟁의 이점을 살리지는 못한다. 따를 수 있고, 간단히 판별이 되는 데다, 적절하기도 한 신호가 있는 경우에 한하여, 그들은 바람직하게 여겨지는 확신을 지지할 수 있다. 과연 그런 신호는 있을까. 찾아낼 수 있을까. 배워서 쓸 수 있도록 나타낼 수 있을까. 제2부의 장은 저마다 이런 물음에 대답하는 시도이다.

이 신호는 문제의 본질을 꿰뚫어보는 힘은 없어도 인식할 수 있는 특징이 있는 게 틀림없다. 게다가 문제 해결에 관련이 있어야 한다. 해결을 재촉함에 있어, 가장 잘 협조할 수 있도록 대중의 구성원에게 알릴 수 있는 신호가 되어야 하는 것이다. 요컨대 무지한 사람들을 위한 행동 지침인 것이 틀림없다.

환경은 복잡하고 사람의 정치 능력은 단순하다. 이 둘을 이어줄 수 있을까. 위대한 일곱 번째 저서 《정치학》에서 아리스토텔레스가 제기한 이래, 그 물음은 늘 정치학을 따라다녔다. 그는 다음과 같이 대답했다. 시민의 재능에 알맞도록 공동체는 단순하고 작게 유지되어야 한다. 큰 사회에 사는 우리가 그의 조언을 따르는 것은 불가능하다. 정통파 민주주의자는 여론에 한없는 정치 능력이 있다고 믿어 의심치 않음으로써 아리스토텔레스의 의문에 답했다. 한 세기에 걸친 경험은 우리에게 이 전제를 부정하게 한다. 그 오래된 의문에 우리는 대답하지 못한다. 아리스토텔레스처럼 큰 사회를 거부할 수도, 민주주의자처럼 시민의 정치 능력을 지나치게 크게 볼 수도 없다. 아주 단순한 수단으로 매우 복잡한 일에 효과적으로 작용하는 방법을 사람은 찾아낼 수 있을지 묻지 않을 수 없다.

나는 이 문제가 해결될 수 있는 쪽에 걸겠다. 복잡한 환경과 단순한 인간의 작용을 순조롭게 연결할 수 있는 원칙이 밝혀질 거라고 생각하는 것이다. 여기서 말하려고 하는 것이 이런 원칙의 최종적인 선언이 아님은 말할 것도 없다. 연구에 따라 발전 가능한, 잘해야 몇 가지 예증이 생기는 실마리에 지나지 않는다. 그러나 어지간한 확신마저도, 문제는 언제나 존재한다는 어려움을 생각하면 무모한 듯 보인다. 그래서 나는 데카르트를 인용해 "결국 나는 잘못 생각하고 있는지도 모른다. 금이나 다이아몬드라고 믿는 그것이 어쩌면 구리나 유리조각에 지나지 않을 수 있다"고 덧붙여둔다.

제7장 문제의 본성

1

당신의 모든 경험은 세계의 일부를 틈새로 살짝 엿본 것에 지나지 않다는, 데카르트의 정신으로 가정하는 데서 시작하려 한다. 당신의 시야에는 좋은 것도 나쁜 것도, 선인도 악당도, 애국자도 모리배도, 보수도 혁신도 없다고 생각한다. 당신은 완전히 중립이다. 그렇게 사물을 느낌으로써 당신은 산줄기가 물마루보다 오래 가고, 사람들은 움직이고 돌아다니지만 나무들은 그렇지 않으며, 웅변가의 부르짖음은 나이아가라 폭포 소리보다 빨리 사라지는 것은 생각도 하지 않는다.

당신은 경험의 길 위에서 사물의 불변성에 차이를 인정하기 시작할 것이다. 낮과 밤은 알지만 아마도 겨울과 여름, 공간의 변화와 시간의 흐름은 모를 것이다. 그때 당신이 사회철학을 정식화(定式化)했다고 하면 틀림없이 당신은 거기서 본 사람들의 행동에 대해, 그들은 언제나 그래야 한다고, 또 그날 당신이 본 특징은 영원히 변하지 않는다고 결론짓지 않을까. 그 결과로 얻게 된 논문은 국민·인종·계급·성별에 대한 같은 시대의 어떤 논고 속에서도 거의 아무런 성찰도 없이 두루 쓰이지 않을까.

그러나 마침내 헤라클레이토스가 만물은 유전(流轉)한다고 고할 때까지, 인상의 범위가 넓어지면 넓어질수록 당신은 더욱 변화를 깨달을 것이다. 별이나 바위까지 역사가 있는 것처럼 보인다면 사람과 제도, 관습과 습관, 이상과 이론, 정치는 상대적으로밖에 영원하지 않다고 생각되기 때문이다. 당신이 처음에 불변이라고 말한 것은, 다른 것보다 조금 천천히 변화하기 위해 시간이 걸리는 듯이 보일 뿐이라고 결론지을 수밖에 없을 것이다.

실제로 성격을 비롯하여 사람의 일생과 관련된 다채로운 요소는 변화하며 더욱이 똑같은 속도로 변화하는 것은 아니라고 당신은 결론 내려야만 할 것이다. 생물은 다른 속도로 번식하고 성장하며, 배우고 나이를 먹고 늙어서 죽는다. 개인·동료·대리인·조직·신조·필요성·충족 수단은 들쑥날쑥 진전하면서 유지된다. 때가 오면 일어나는 일이 사이좋게 일치하는 일은 없다. 어떤 자는 서두르고, 어떤 자는 떨어지며, 어떤 자는 헤치고 나아가는가 하면, 어떤 자는 발목을 잡아당긴다. 차례는 늘 새롭게 바뀌어야 한다.

19세기가 안도를 느낀 혁명과 진보라는 하나의 장대한 시스템을 대신해, 서로 영향을 끼치고, 어느 정도는 연대하며, 어느 정도는 충돌하고, 기본적으로는 자기 속도로 저마다의 조건에 따라 움직이는 엄청난 혁명 시스템이 나타났다.

이 고르지 않은 혁명의 부조화가 인류의 문제이다.

2

19세기 역사를 모르는 자가 1800년부터 1918년의 《현대 미국 자료 총람》에 실린 표를 보면, 세계 인구가 2.5배로 늘고, 상업은 42배, 화물은 7배 이상, 철도 노선은 3664배, 전신은 317배, 면화 생산은 17배, 석탄은 113배, 선철은 77배로 늘었다는 사실을 알게 될 것이다.

이렇게 고르지 않은 변화 속에서 사람들이 극적인 사회 문제에 맞닥뜨렸음을 그는 의심할 것인가. 사람들의 작업, 노동의 성질, 희망과 생활수준, 야심의 중대한 변화를 이와 같은 숫자만으로 추측할 수는 없을까. 1800년에 존재한 정치 체제가 이런 새로운 관계, 관습, 관례와 함께 변화해, 많든 적든 자족적으로 안정된 작은 공동체는 새로운 긴장에 노출되어 아마 철저하게 재검토된다는 것을 옳게 추측할 것인가. 사람들은 이처럼 차가운 숫자로 요약된 변화 속에 살며, 낡은 습관이나 이상과 충돌하고, 물질적인 진보에 희망을 품으면서, 그렇지만 숱한 무질서와 정신적 혼란과 함께 시행착오를 겪으며 나아간 게 틀림없다는 것을, 표의 이면에 있는 실태로서 상상하게 될까.

3

문제의 본성에 대한 구체적인 예로서 간결하게 인구 문제를 검증해도 좋다. 맬서스가 최초로 언급했을 때, 그는 다른 비율로 진전하는 두 가지 요소를 논의해야 한다고 생각했다. 인구는 25년마다 2배가 되고, 토지 생산은 같은 기간에 '현시점의 생산과 같은' 분량만큼 늘릴 수 있다는 것이다. 그는 1800년에 대해 이렇게 썼다. 700만 명으로 어림잡은 잉글랜드의 인구는, 그 수를 채우는 데 충분한 식량을 할당받고 있다. 1800년에는 문제가 없다. 그가 어림잡은 증가율에 따라 1825년까지 인구는 2배로 늘었는데, 식량 역시 갑절이 되었다. 인구에 문제는 없었다. 그러나 1850년까지 인구는 2800만 명으로 늘고, 식량 공급은 새로 700만 명을 만족시킬 정도밖에 늘지 않을 것이다. 과잉 인구, 이렇게 말해도 될 만큼 인구가 늘어난다면 당연히 식량 문제가 생겨날 것이다. 왜냐하면 1800년과 1825년 사이에 공급되는 식량은 같은데, 불균형한 인구 증가로 말미암아 1850년에는 한 사람당 1825년의 4분의 3에 해당하는 식량밖에 얻지 못하기 때문이다. 맬서스가 올바르게 '문제'라고 했던 관계로 바뀌었다.

그런데 1850년에 사람들은 식사를 거를 줄 알고, 4분의 3이면 됐다고 생각한 것으로 가정하면 맬서스의 이론은 좀 복잡하게 될 성싶다. 두 가지 변수, 식량과 사람들의 조절은 만족할 만한 것이 없고 1850년에는 문제가 없었다. 또는 반대로, 필요한 식량이 생산되지 않았음에도 1800년 뒤로 얼마 안 되어 사람들이 더 수준 높은 생활을 요구하고, 더 많은 식량을 기대했다면 어떻게 되었을까. 새로운 수요는 문제를 낳았을 것이다. 또는 현실과 같이, 맬서스가 상정한 것보다 더 빠르게 식량 공급이 늘어나고, 인구는 그렇지 않았다면 어떻게 되었을까. 그가 예언한 날에 인구 문제가 생기는 것은 아니다. 또 인구 증가가 산아제한에 의해 감소했다면, 맬서스가 처음에 말한 문제는 생기지 않았다. 인구가 소비하는 것보다 식량 공급이 더 빨리 늘어났다면 어떻게 될까. 인구 증가가 아니라 농산물 과잉이 문제가 되었을지 모른다.

완전히 정적인 사회에는 문제가 없을 것이다. 문제는 변화의 결과이다. 그러나 자족적 환경에 변화는 없다. 다른 속도로 변화하는 다른 환경과 비교하지 않는다면 변화를 의식하는 일은 없다. 우주의 모든 것이 분속(分速) 1마일로 확대 또는 축소되면, 우리는 결코 그것을 알지 못할 것이다. 어느 순간에는 모기 크기, 또 어느 순간에는 코끼리 크기라고 신의 눈으로 말할 수는 있지만, 모기나 코끼리나 의자나 행성이 같은 비율로 변화한다면 그것을 알아차릴 수는 없다. 변화는 다른 것과 관련해서만 의미를 갖는다.

문제를 구성하는 변화는 두 가지 종속 변수의 관계에 있다. 자동차가 도시 문제인 이유는 단지 자동차가 너무 많아서가 아니라 좁은 길에 비해 유능한 기사에 비해 너무 많기 때문이고, 경찰의 단속 능력에 비해 많은 무모한 운전자가 좁은 길을 메우고 있기 때문이다. 도시의 낡은 길을 넓히는 것보다 빠르게 자동차가 만들어지고, 분별이나 매너를 갖추는 것보다 빠르게 자동차를 사들이며, 경찰을 고용 훈련하는 비용을 납세자가 부담하는 것보다 빨리 자동차가 도시로 모이기 때문에 자동차 문제는 정체와 불쾌한 배기가스, 충돌 사고에 의해 눈에 띄게 되는 것이다.

이런 폐단은 자동차에서 생기는 것처럼 보이지만, 결함은 자동차가 아니라 자동차와 도시의 관계에 있다. 사소한 일에 매달리는 듯하나, 그것을 고집하지 않는 한 우리가 정확하게 문제를 정의하고 그것을 잘 해결하는 방향으로 나아가는 일은 결코 없을 것이다.

예컨대 필요한 힘의 평가를 인상에 의존하는 참모는 국방 문제를 언급하는 일이 절대 없다. 필요한 힘은 가상 적과의 관계에서만 예측하고, 평화냐 전쟁이냐 하는 군사 문제는 언제나 그 비율에 있다. 군사력은 순수하게 상대적인 개념이다. 영국 해군은 티베트의 비무장 산악민에 대해 갓난아기나 마찬가지로 어찌할 방법이 없다. 프랑스 육군은 태평양의 작은 낚싯배에 대해 무력하다. 호랑이와 상어를 비교할 수 없듯이, 힘은 대상에 따라 헤아려야 한다.

그런데 군사적 평화의 상태란, 상반된 힘의 안정되고 용인된 비율이다. 따라서 서로 겨루며 늘 불균형한 비율은 전쟁의 서곡이 된다. 캐나다군과 우리는 마찬가지라고 하기보다, 다행히도 비교하지 않기 때문에 캐나다와의 국경에 군사 문제는 없다. 서로 관련이 없는 독립 변수로, 한쪽의 변화가 다른 한쪽에 영향을 끼치는 일이 없다. 주력함에 대해, 우리는 영국과 일본, 비교 가능한 두 세력과 조약에 의해 비율을 정하고 있으므로 대서양과 태평양에서 현재 직면해 있는 해군의 문제는 없다.

그러나 모든 함선을 비율의 전제로 삼지 않았으므로, 아직 해군 문제가 두

대양에 남아 있어, 혹시 워싱턴 조약*¹이 효력을 잃는다면 해결된 문제가 재발할 것이다. 세 나라 해군의 동조적 발전이 다른 것에 비해 상대적으로 불균등한 발전을 대신하기 때문에 재발하는 것이다.

4

경제활동 영역은 많은 문제의 원천이다. 카셀*²은 "보통 한정된 양에 있어서만 충족될 수 있다"고 말했는데, 우리가 경제라는 말에 사람의 욕망을 채우는 수단이라는 의미를 포함시키기 때문이다. '문명화된 인간의 욕구는 대체로' 실제적인 모든 목적에 대해 '한정이 없'으므로, 모든 경제생활에서 '욕구와 욕구를 채우는 수단 간의 절충'을 이루도록 꾸준히 노력해야 한다. 수요와 공급의 이 부조화는 끝없는 문제의 원천이다.

경제학자가 사람의 욕망과 그것을 채우는 수단의 절충에 대해 모든 것을 전문으로 하고 있지 않음을, 우리는 그 자리에서 곧 알게 된다. 예를 들면 인간은 숨 쉴 필요가 있다는 것을 흔히 잊고 지낸다. 필요한 공기의 양은 무한하므로 불만을 갖지 않는다. 또 필요하지 않은 남은 공기가 사람들의 생활을 위협하는 일은 결코 없기 때문이다. 그렇지만 주택 밀집 지역이라면 공기가 모자랄지도 모른다. 이런 경우에는 한 사람당 몇 세제곱피트의 공기를 요구하는 법률을 만드는 데 대응해야 하는 경제 문제가 생긴다.

결국 경제학자는 사람의 욕구와, 이용이 가능하지만 양적으로 한정된 것을 채우는 수단이 서로 적응하지 못하는 데에 관심을 가진다. 모든 욕구가 모두 채워지거나 사람이 욕망을 갖지 않고 마음을 바꿈으로써 채워질 정도의 세계에서는 문제가 존재하지 않는다. 문제를 일으키는 데는 욕망과 그것을 채우는 수단, 적어도 별개의 두 가지 종속 변수가 있어야 한다. 이 두 변수는 본디의 균형이 무너지도록 변화하는 성질이 필요하다.

카셀은 말한다. 경제 제도가 욕망과 그것을 채우는 수단의 조정에 성공하는 정도를 우리는 경제적이라고 부른다. '이 작업은 세 가지의 다른 방법으로 수행될지도 모른다. 첫째는 덜 중요한 욕망을 없애 전체를 제한하는 것이고, 둘째는 문제 중에서 목적에 들어맞는 가장 좋은 수단을 쓰는 것이며, 셋째는 개인적인

---

*1 주력함의 보유 비율을 정한 군축 조약.
*2 1866~1945. 스웨덴의 경제학자.

노력을 늘리는 것'이라고.

문제가 수요와 공급의 불일치에서 일어난다면, 그 해결은 수요의 제한 또는 공급의 증대에서 볼 수 있다. 방법의 선택은 첫째 특수한 실정에 맞추는 것, 둘째 쉽고 바람직한 가능성을 고려하는 것에 달려 있다. 어느 방법이나 우리가 해결로 인정할 수 있는 것을 보여 줄 것이다. 두 변수가 어느 쪽의 기대도 배반하지 않고 일치할 때 문제는 존재하지 않고, 아무도 문제가 있다고 느끼지 않을 것이다.

제8장 사회 계약

1

서로 모든 것이 조화를 이루는 세계란 상상조차 불가능하다. 우리가 이해하고 지각할 수 있는 유일한 조화는 조지 산타야나*³가 '본질의 영역'이라고 말한 것을 제외하면, 충돌하는 궁극의 목적을 희생하는 부분적인 조정이다. 나무는 열매를 맺고, 우리는 그것을 먹는 벌레를 망설임 없이 죽인다. 과일은 우리를 위해 익는 것이고, 수많은 파리에 대해 우리가 만들어낸 부조화 따위는 마음에도 두지 않는다.

영원한 존재를 생각하면, 이 지상에서의 조화가 사람에게 좋은가 혹은 벌레에게 좋은가는 전혀 중요하지 않다. 영원한 존재와 우주의 관점에서 본다면 우리가 선악, 좋고 나쁘다고 부를 것이 없기 때문이다. 모든 가치관은 다른 것에 대해 우주의 어떤 부분을 재는 것이고, 전체로서 우주를 평가할 수 없는 것은 그 전체 질량을 잴 수 없는 것과 같다. 모든 가치와 무게의 척도는 그 자체 속에 들어 있기 때문이다. 전 우주를 내다보려면, 당신은 신처럼 외계에 서서 이 세상의 것이 아닌 관점을 취해야만 한다.

그러므로 파리에게는 불행하지만, 우리는 반드시 인간의 가치로 판단한다. 우리가 그를 지배하는 한, 우리가 확립하려고 하는 조화에 그는 복종해야만 한다. 혹시 파리가 우리에게 반대해 자신의 조화를 확립할 수 있다면, 그리고 자신들이 더 좋게 보이기를 파리가 바란다면 우리는 그 이론상의 권리를 지당한 것으로 인정할지도 모른다. 하지만 우리로서는 사람에게 좋은 것만이 오직

---

*3 1863~1952. 미국의 철학자.

좋은 것이다. 우리의 우주는 있는 그대로가 아니고, 파리가 이해하는 그런 것도 아니며, 우리와 관계가 있는 모든 것으로 구성된다. 사람이 아닌 것의 눈으로 보면 그 우주의 개념은 비뚤어져 있다. 그것은 강조와 관점을 가진, 완전히 인간적인 디자인으로 이루어진다. 사물의 모양, 색깔, 냄새, 소리까지도 우리의 감각기관에 그 질을 맡기고 있다. 필요성이라는 배경에 비춰 보면 그 관계가 보이고 이해된다.

사람의 이해나 목적, 소망의 영역에서 시야는 더욱 좁아진다. 거기에는 인간적으로 사물을 보는 것은 일체 없고, 사람들의 관점만이 존재한다. 모든 인간, 모든 역사, 지구 구석구석까지 적용되는 가치는 없다. 옳고 그름, 선과 악, 유쾌함과 불쾌함에 대한 의견은 때와 장소에 제약을 받으며 상대적이다. 그것은 어떤 상황 아래, 어떤 장소, 어느 시대, 어떤 사람들에게만 적용된다.

<h2 style="text-align:center">2</h2>

이 폭넓은 다원주의에 대해 사상가는 쓸데없이 토론만 거듭해 왔다. 그들은 사회 유기체, 국민 정신, 대령(大靈 : 인류의 정신적 근본이 되는 것), 집단 정신을 발명하여, 벌집이나 개밋둑, 태양계, 인체에 유력한 유추(類推)를 얻으려고 했다. 더욱 수준 높은 통일을 추구해 헤겔을, 또 단결의 기초를 찾으려는 노력 속에 일반 의사를 추구하며 루소를 향해 나아갔다. 사람은 똑같은 것을 생각하고, 똑같은 것을 바라는 것은 아니다. 개인적인 이해는 어떠한 공통의 이해와도 쉽게 조화를 이루지 않는다. 그럼에도 사람은 혼자 살아갈 수는 없어서 개인적인 목적까지 다른 사람의 행동을 고려하지 않으면 이룰 수 없다. 하지만 우리는 이미 다양성을 흡수하는 통일을 기대하지 않는다. 우리에게 대립과 다름은 부정할 수 없는 현실이고, 목적의 일치를 찾는 대신 다만 목적의 화해를 찾을 뿐이다.

그래서 큰 사회에서 문제의 해결을 말할 때, 충돌하는 두 가지 이해가 일시적 타협을 찾아내는 것 이상의 의미를 부여하지 않는다. 물론 진정으로 모든 차이를 걷어치우고, 다른 사람이나 제삼자에게 이익을 양보하는 경우도 있을 것이다. 그러나 사회 문제 대부분이 이처럼 솜씨 좋게 해결되지는 않으며, 수수께끼를 풀듯이 완벽하게 일치하는 것도 아니다. 대립하는 이해는 많은 피를 흘리지 않고, 조금씩 주고받으며 서로 존속하는 방법을 찾아내는 데 지나지 않는다.

그것이 별개의 이해라는 것에는 변함이 없다. 관계자는 또 다른 것을 생각한다. 그들이 마음과 목적이 하나로 일치하는 일은 없다. 그러나 대립하지 않고, 때로는 다른 자에게 신뢰감마저 품으면서 그들은 자기의 길을 간다. 미리 기대할 수 있는 권리와 의무를 알고 있다. 언제나 권리는 원하는 것보다 적고, 의무는 생각보다 무겁지만, 그래도 어느 정도 강제에 의해 행동은 이해할 수 있고 예측 가능한 것이 되며, 서로 양립할 수 없는 이해임에도 협력은 존재한다.

어느 시대의 일시적 타협인 권리와 의무의 시스템은 일반적으로 고도로 종교적 관념상의 제재를 설정해 왔다. 그 시대에 고명한 사상가들은 일반적으로 그 시대의 제도와 법률, 도덕과 관습이 신의 은총을 받고 있다고 그럴듯하게 내보일 것이다. 수없이 논파되어 온 따분한 환상이다. 어느 시점에서나 널리 퍼져 있는 권리와 의무의 시스템은, 실제로 공동체에 일어나고 있는 이해의 역학 관계에 대한 좀 낡아빠진 처방이다. 사람이 배우는 권리와 의무의 체계는, 일반적으로 가장 편리하다고 생각하는 것보다 얼마간 시대에 뒤떨어지기 때문에, 거기에는 윌리엄 오그번[4]이 말한 시간의 차이가 있다. 그러나 체계가 쇠퇴하든 그렇지 않든, 있는 그대로의 기원에 비추어 권리는 누군가가 주장할 수 있는 요구이고, 의무는 누군가에게 주어지는 책임이다.

3

널리 퍼져 있는 권리와 의무의 체계는, 사람들의 대립하는 목적을 통제하도록 기획되어 있다. 확립된 권리는 어떤 행동이 국가라는 조직화된 힘이나, 적어도 공동체의 정서에 의해 뒷받침된다는 약속이고, 의무는 어떤 점에서 다른 사람의 권리를 존중하며 손상했을 때는 벌을 받게 된다는 약속이다. 벌은 사형·투옥·재산 몰수·권리 파기·비난 표명이 될 것이다. 요컨대 권리와 의무의 체계는 법정과 여론이 떠받치는 모든 약속의 체계이다. 그것은 고정된 체계는 아니다. 때와 장소에 따라 법정과 공동체의 성격과 더불어 변화한다. 그렇지만 그것은 사람의 행동을 좀 이성적이 되게 하고, 대립하는 목적을 추구하는 자유를 제한해 경계를 정함으로써 다양성에 어떤 통일을 확립한다. 때때로 약속은 강제적인 법으로 통합된다. 피고는 이 벌로 그것을 다스린다. 이런이런 행위는 안

---

*4 1886~1959. 미국의 사회학자.

된다. 때때로 약속은 두 당파의 계약에 근거한다. 계약을 맺을 책무는 없으나, 일단 주고받고 나면 이행하거나 벌금을 내야 한다. 때때로 약속은 교회 규율에 근거한다. 그것은 지켜질 게 틀림없지만, 죄의 대가를 실제로 또는 죄 지은 자를 예측하며 속죄하도록 할 것이다. 때때로 약속은 관습에 근거한다. 그것은 존중될 테지만, 무슨 일이 일어나든 동조하지 않는 것에 대한 대가를 지불해야 한다. 때때로 약속은 습관에 근거한다. 그것은 지켜질 것이 틀림없다. 또는 습관을 고칠 때 사람들이 품는 감정에 직면한다.

어떤 권리나 의무가 강제되어야 하는가 아닌가, 경찰·세평·각자의 양심, 어떤 것에 의해 어떻게 강제되어야 하는가 하는 문제는 논리에 의한 연역(演繹)으로는 대답할 수 없다. 편리하고 바람직하며 어떤 사회적 조화에 한없이 가까워지는 권리와 의무의 체계를 힘의 한계로 정하고 있는 사회에서는, 그것을 가장 유력한 이해에 따라 대답을 얻게 될 것이다. 체계는 서로의 이해가 미치는 힘의 반영이다. 규칙에서 좋은 것을 보는 이해는 그것을 지키고, 나쁜 것을 보는 이해는 그것을 공격한다. 그런 논거는 공격과 수비의 무기가 되어, 이성에 대한 가장 객관적인 호소야말로 어떤 근거를 버리고 다른 것을 채택하는 호소가 될 것이다.

<h2 style="text-align:center">4</h2>

이해를 둘러싼 논쟁으로, 어떤 특정 규칙의 가치에서 문제가 생긴다. 그 규칙으로 좋은가, 이 벌을 실시해야 하는가, 저 벌을 실시해야 하는가 하는 논의는 관심을 자극할 것이다. 그런 논의에서 설득과 위압에 의해 사회의 특별한 규칙이 만들어져 시행되고 개정된다.

행동의 방관자인 일반인의 한 구성원은 그 가치에 대한 논쟁에 잘 끼어들지 못한다는 것이 이 책의 명제이다. 그들은 밖에서 판단해야 하고, 직접 관계가 있는 이해를 지원하는 행위밖에 할 수 없다. 논쟁에서 공익을 한 사람의 문제로 돌릴 수 없다는 것이다. 그럼 그것을 무엇에 돌린다는 걸까. 논쟁의 어떤 측면에서 대중은 잘 관여할 수 있는 것인가.

누군가 반대할 때에 한해 대중은 문제가 있다는 것을 알고, 더 이상 아무도 반대하지 않을 때 비로소 해결이 난다. 그때 일반인에게 규칙은 관계자 전원이 동의할 수 있는 정당한 것이 된다. 문제가 되었던 공익은 여기에 한정된다. 즉 잘 나가고 있는 규칙은 실시되고, 지켜지지 않는 규칙은 미리 정한 규칙에 따라 개정되어야 한다. 존 스미스*⁵가 이것저것을 해야 할까, 하지 말아야 할까 하는 일반인의 의견은 중요하지 않다. 일반인은 존 스미스의 동기도 필요성도 모르고 관계도 없다. 그러나 존 스미스가 하겠다고 약속한 것을 해야 한다는 것은 공적 관심사이다. 왜냐하면 사람들에게 사회 계약이 교환되어 시행되고 규정에 따라 변경되지 않는 한 사회 조직은 제대로 성립되지 않기 때문이다. 대립하는 목적은 권리와 의무의 체계에 의해 통제되지 않는 한 영원히 문제를 탄생시킬 것이다.

일반인의 이해는 규칙과 계약, 관습 자체에 있는 것이 아니라, 규칙과 계약, 관습이라고 하는 체제의 유지에 있다. 일반인은 법률이 아니라 법칙에, 내용이 아니라 방법에, 특정 계약이 아니라 계약이라는 의무에, 이런저런 관습이 아니라 관습에 근거하는 양해에 관여한다. 당사자는 일시적인 타협을 찾아내야 한다는 목표에 이들은 관계한다. 그 이해는 서로 조정할 수 있도록 사람들의 행동을 정의하고 예측하는 실행 가능한 규칙에 있다. 일반인이 칭찬하든가 폄하하고, 투표와 파업, 보이콧과 지원을 통해 적용할 수 있는 압력은, 낡은 규칙을 실시하는 사람들 또는 필요한 새 규칙을 주창하는 사람들을 보완하는 경우에 한해 결과를 낼 수 있다.

이 이론에서 일반인은 법과 도덕을 가져오는 자는 아니다. 기껏해야 법과 도덕의 정신, 방법을 대표해 동원되는 예비군에 지나지 않는다. 일반인은 규칙을 정할 수 있다고 하는 것을 부정하는 것은 일반인이 현재 작용시키고 있는 기능을 버려야 한다는 의미는 아니다. 단지 겉치레를 그만두어야 한다는 것이다. 일반인은 실질을 다루려고 할 때, 특정 이해의 먹이가 되거나 무의식적으로 펀드는 것에 지나지 않다. 모든 특수한 이해는 이미 정한 규칙에 따라 행위해야 하는 공통의 이해뿐이다. 무엇이 규칙인가를 묻는 순간, 당신은 개인과 계급·파벌·국민의 편견 같은 특정한 입장에서 이해가 경쟁하는 영역을 침범한다. 문제에 답하지 못한다면 일반인은 무엇이 규칙인가를 물어서는 안 된다. 권리와 의무의 체계가 필요하고 특정 체계에 각별히 신성한 데가 없다면 그 일부는 사회 문제 해결에 기여할 수 있으리라.

---

*5 영어권에서 흔한 이름.

제9장 대중에게 준비된 두 가지 질문

생활하는 데 문제가 없는 규칙의 대부분은 대중과 관계가 없다. 그것은 실패만 다루어야 한다. 전원이 따르기를 바라는 관습, 평온하게 이행되는 계약, 지켜지는 약속, 충족되는 기대는 결코 문제를 일으키지 않는다. 규칙 위반이 있을 때도 위반이 뚜렷하게 입증되고 침해가 뚜렷이 판명되어, 벌을 정하고 그것을 부과한다면, 거기에는 공적인 문제가 전혀 없다. 죄를 인정해 침범자가 특정될지도 모른다. 죄를 인정하지 않더라도 적정한 절차에 따라 특정될지도 모른다. 영장은 물론이고, 발각·해명·집행 등의 방법을 포함하는 용어로서, 규칙은 어느 경우에도 손상되지 않는다. 대중의 힘은 규칙을 관할하는 당국을 대신하여 서슴없이 단결할 수 있다.

규칙의 타당성—그 의미와 건전성, 적용 방식에 대해 의문이 없는 한 대중에게는 문제가 없다. 의문이 있을 때, 대중은 적합한 위치를 정하도록 단순하고 객관적인 시험을 요구한다. 따라서 시험은 다음의 두 가지 질문에 답해야 한다.

첫째, 규칙에 결함이 있는가.

둘째, 그것을 바로잡아줄 만한 대리를 어떻게 구별하는가.

내가 주장하는 것은, 공공 문제 해결을 향해 가능한 한 영향을 미치기 위해, 대중이 답할 수 있는 질문은 둘밖에 없다는 것이다. 문제 해결을 위해 이름난 인사만이 대답해야 하는 질문이 아니라는 것에 주의하기 바란다. 무지몽매한 간섭을 피하고 싶은 대중의 한 구성원이 실제로 관심을 가질 만한 질문이다.

거기서 규칙에 결함이 있다는 것을 어떻게 알 수 있을까. 개혁자를 어떻게 판별할 수 있는가. 이와 같은 질문에 조금이라도 대답하려면 문제의 현실적으로 이해하지 못한 채 곧바로 말할 수 있어야 한다. 그런 것이 그에게 가능할까. 무지하지만 지적으로 행동할 수 있을까.

이 분명한 모순을 이어지는 네 장에서 그려보기로 한다.

제10장 공적인 토론의 가치

규칙에 의해 행동을 지배당하는 개인은 그 내용에 관심이 있다. 그러나 그 자신의 행동을 좌우하지 않은 규칙에 대해서는, 주요 관심은 실행 가능한 규칙이라야 한다는 점에 있다.

대중의 자격은 일정하지 않다. 그것은 쟁점에 따라 변한다. 어떤 사건의 당사자는 다른 사건의 방관자이며, 사람들은 집행자의 영역과 대중의 한 구성원의 영역을 끊임없이 넘나든다. 제3장에서 설명했듯이, 둘의 차이는 절대적인 것이 아니다. 자기 의견을 실행하고 있는지, 실행하고 있는 다른 사람의 의견에 오로지 영향을 끼치고 있을 뿐인지, 잘 모르는 중간 지대가 있다. 행동에는 흔히 두 가지 혼합이 따르기 마련이다. 차이에 뚜렷하게 선을 그을 수 있는 장면만이 아니다. 이 혼합은 공사(公私)의 구별에 매우 큰 혼란을 허용한다. 질문에 대한 공적인 관점은 거짓 대중의 존재에 의해 흐려진다. 널리 받아들여진 규칙이 있어야 한다는 공공의 필요성에 따라서만 움직이면, 그들은 허위로 상상하게 하면서 실제로는 자기들에게 유리하도록 규칙을 왜곡하는 사람들이다.

따라서 처음에 이기적인 집단을 찾아내서 무시하는 것이 중요하다. 이렇게 말하며 사람들이 사욕을 추구하기 위해 단결하는 것을 비난할 생각은 조금도 없다. 유리하다고 생각할 때 사람들은 자기들에게 이롭도록 행동하는 것이 확실하므로 우리가 비난해도 무의미하다. 일반적인 공동체에 금욕이나 희생을 기대하는 정치 이론은 생각할 가치가 없다. 사람들이 개인적인 이해에 따라, 그렇게 해서 얻은 내부 정보가 작용하는 사건을 일으키지 않는 한 세상의 움직임은 전혀 보이지 않는다. 아울러 특수한 견해를 철저히 조사해 스스로 충분히 깨닫고 조정한다면, 그 조정은 더욱 현실적인 것이 될 성싶다.

그러므로 계발적인 공개 토론의 천재는, 사적인 이해를 은폐해 검열하고 삭제하는 게 아니라, 자기 색깔을 가지고 행동하도록 촉구하고 행동하게 한다. 내가 정의하는 진정한 대중은 개인적 이해를 가진 갈피를 잡을 수 없는 집단이라는 혐의에서 깨끗이 벗어나야 한다. 개인적인 이해가 나쁘다는 것이 아니라, 한 사람이 허위로 짙게 무장하고 있으면 서로 잘 조정할 수 없기 때문에 자신의 결백을 증명할 필요가 있다. 조정이라는 점만 신경을 쓰는 진정한 대중이 승리를 구하는 개인적 이해 아래 동원되면, 조정은 실패하고, 사태에 실제 힘의 균형을 보여주지 못해 해결은 파탄나게 된다. 진정한 대중은 결코 오래 동원되지 못하기 때문에 무너진다. 그들이 제자리로 되돌아간 뒤에, 칭찬받은 개인적 이해는 감당할 수 없는 특전을 발견할 것이다. 독일이 연합국에 패전한 뒤연합국이 유럽에서 물러날 때까지 독일에 주둔할 수밖에 없었던 프랑스의 처지나 같은 것이다.

이기적 집단으로부터 대중을 구분하는 것은 이기적 집단의 지지를 받지 못할 것이다. 가능하다면 농가나 실업가, 조합원은 자기들을 언제나 대중이라고 부를 것이 틀림없다. 그들의 사욕을 어떻게 간파할 것인가. 사심이 없는 대중에게 자신을 결부하고 싶은 개인적인 이해에 의한 선전을, 일반 방관자가 분석하려고 대비하는 일은 결코 없다. 그것은 괴로운 문제이며, 아마 대중 정치의 가장 성가신 문제로서, 방관자가 믿고 의지하는 것은 토론을 요구하는 일이다. 우리도 잘 알고 있듯이, 그는 토론의 가치를 판단하지 못할 것이다. 그러나 토론의 완전한 자유를 강력히 주장하면 제창자는 서로를 속속들이 드러낼 게 뻔하다. 공개 토론은 어떠한 문제에도 결론으로 이끄는 빛을 던지는 것은 아니지만, 당파나 제창자의 본마음을 드러내는 경향을 갖는다. 그리고 진정한 대중에 대해 그들을 명백하게 밝힐 수 있었다면, 토론은 그 중요한 목적을 이루었다고 할 수 있다.

그래도 직접 관계가 없는 개인이 이기적 집단에 참가해 그 주장을 지지하는 쪽을 선택할지도 모른다. 그러나 적어도 그는 자기가 당파에 참여하고 있음을 알고 있고, 따라서 아마 인류의 목표와 파벌의 목적을 잘못 보게 될 가능성도 어느 정도 줄어들 것이다.

제11장 잘못된 규칙

1

사람은 규칙을 깨고 공공연하게 행동을 정당화한다. 여기에 가장 단순한 형태로, 규칙의 타당성에 대한 공격이 있다. 공적 판단에 대한 호소인 것이다.

낡은 것보다 훌륭하고 새로운 규칙 아래 행동했다고 주장하는 그에 대해 대중은 새로운 것과 낡은 것 가운데 어느 쪽을 선택하고 어떻게 판단하면 좋을까. 그 물음은 우리가 생각하는 정도로 본질을 파고든 것은 아니다. 대중은 침범자에게, 왜 규칙을 깨기 전에 먼저 관계자에게 동의를 구하지 않았는지 문제된다. 시간이 없었고 위기에 맞닥뜨려 행동했다고 할지도 모른다. 그런 경우 대중에게는 중대한 문제가 없고, 동료는 그에게 감사하거나, 바보로 취급하거나 둘 중 하나일 것이다. 상황이 분명히 예외적이므로 새 규칙을 실제로 만들지 않고, 이해와 관련된 당파가 평화적으로 잘 처리한다면 대중은 그것으로 만족할 것이다. 하지만 긴급하지 않거나 혁신자가 동의를 구할 만큼의 시간을 가지고 있고 무엇이 최선인지 알고 있다는 근거가 없다면 어떻게 되겠는가. 그는 틀림없이 유죄이고, 다른 당파의 반론이 공평하게 지지를 얻을 것이다.

왜냐하면 독선적인 포고에 의한 혁신의 정당성은 기본 원칙으로 옹호받지 못하고, 아무리 의도가 좋더라도 거기에 따라 생활해야 하는 모든 사람이 먼저 어느 정도 이해하고 인정해주지 않으면 원활하게 기능할 수 없을 것이기 때문이다. 물론 개혁자는 완전히는 입증하지 못하는 도그마에 규탄당하고 있다고 대답할 것이다. 그것이 사실일지도 모른다. 새 규칙이 동의를 요구하는 원칙에 대해 역사적 경험을 인용할 수 있다. 바라지 않는 체제를 강요당한 사람들이 훗날 그 결과를 칭찬하는 사례가 수없이 많다. 동의의 필요성이라는 도그마는 많은 원칙과 마찬가지로 불완전하다. 하지만 그럼에도 그것은 사회에 필요한 전제이다. 새 규칙에 대해 전연 동의를 구하지 않는다면, 전원이 자기 규칙을 만들어 결국 규칙이 전혀 없는 상태가 되기 때문이다. 그러므로 예외적으로 힘이 돌출한 시기나 사람들이 무엇인가 도그마를 전진시킨다는 것을 알고 나서, 동의의 필요성이라는 도그마는 유지되어야 한다. 사회의 규칙은 예외에 근거할 수 없으므로, 예외는 스스로를 정당화해야 한다.

따라서 규칙이 올바르게 파기되었는가 아닌가의 시험은 동의 시험이다. 그래서 문제는, 동의 시험을 치를 때 충분한 동의를 얻을 수 있는가 없는가, 대중의 한 구성원은 어떻게 하여 판단하는가에 있다. 체제는 자의적인 힘에 의해 강요당했는지, 실질적인 찬성을 얻었는지, 그가 어떻게 알 것인가.

2

만일 동의가 빠져 있다면 우리는 알기를 원한다. 공공연한 저항이 있다면, 그것이 결여되어 있음을 알 수 있다. 또는 동조가 널리 거절되고 있다면, 그것을 알 수 있다. 동의를 받은 유효한 규칙은 저항이나 위반을 불러들이지 않을 것이다. 대중의 한 구성원으로서 저항의 중대성이나 위반의 확산을 어떻게 평가하면 좋은가.

3

대중은 겨우 몇몇 사람만이 관여하는 직접 논쟁에 개입하지 않는 것이 좋다. 어느 당파는 저항할지도 모르지만, 분쟁에 결말을 짓는 공적인 법정에 항의하지 않는 한 저항은 무시될 것이다. 관계자 개인에게는 아무리 비극적이고 중대한 일이라도, 대중이 세세한 조정에 관여하지는 않을 것이다. 다른 사람에 대한 개인의 저항은 공적인 일로 다루어질 수 없다. 공적인 법정에 이의를 제기하는 경우에 한해, 또 법정에 조사를 요구한다는 이유가 있어야만 공적인 문제가 된다. 이런 분쟁에서, 대중은 서로를 점검하는 조정 기관을 믿어야 한다. 대중이 하루에 30분 정도밖에 신문을 읽지 않는 바쁜 사람들로 구성된다는 점을 생각하면, 세세한 판단까지 내릴 수 없는 것은 박정해서가 아니라 그저 신중하기 때문이다.

하지만 많은 사람들이 논쟁에 관여하는 경우에는 필연적으로 공적인 일이 존재한다. 왜냐하면 많은 사람들이 거기에 휘말릴 때, 그 영향이 단순히 확산을 보여주기만 하는 것이 아니라, 평화적 조정을 강제하기 위한 대중의 힘이 모두에게 필요하기 때문이다.

대중은 비교적 많은 사람들을 대표하는 저항에 조심해야 한다. 그러나 그와 같은 저항이 이루어졌다는 사실을 대중은 어떻게 알 수 있을까. 대변자가 공인된 사람인지 아닌지를 확인할 필요가 있다. 그가 공인된 자라면 그것을 어떻게 알릴 것인가. 달리 말하면 지원자에 대한 약속에 따라 일련의 행동에 동의를 할 수 있는지 없는지, 어떻게 하면 전달할 수 있는지, 그럴듯한 지도자가 진짜 지도자인지 아닌지는, 보통 대중의 한 구성원으로서는 금방 대답할 수 없는 질문이다. 그렇지만 그들은 경험에 근거한 어떤 방법으로 나름대로 자신을 가지고 대답할 것이 틀림없다.

관직이라는 외견상의 인가를 받은 그럴듯한 지도자를 진정한 지도자가 아니라고 부정하는 사람들에게, 경험은 입증의 책임을 요구한다. 한 국가와 다른 국가 사이에서, 다른 나라의 정부가 아무리 마음에 거슬려도 공공연한 반란이 없다면 여론은 공식 발표의 이면을 뒤질 수 없다. 다른 나라의 영역 안에서 무모한 술책을 부리지 않는 한, 다른 나라는 해임에 실패한 관료에 의해 위태로울 수밖에 없기 때문이다. 공공연한 반란이나, 더욱 온건한 대용이 되는 선거가 가까이 다가온다면, 안정된 정부가 들어설 때까지 장기적인 결말은 늦추는 편이 현명할 것이다. 그러나 조금이나마 안정된 정부가 들어선다면, 다른 나라의 수도에 정권을 구축한 정부와 타협할 필요가 있다.

같은 이론을 수정해 국내의 큰 집단에도 적용할 수 있다. 예를 들면 광산 조합원을 대표하는 임원을 부정하는 것은 고용자에게는 전혀 쓸데없는 짓이다.

비조합원을 그들이 대표하는 것은 부정해야 하나, 쟁의 중인 문제에서 조합의 동의가 필요하다면, 동시에 조합 자체가 자신의 간부를 의문시하지 않는 한 대중은 그 간부를 공인된 자로 받아들여야 한다.

그러나 조합 내부에서 간부가 도전을 받는다면 어떻게 될까. 도전의 중대성은 대중에 의해 어떻게 평가될 것인가. 이의를 제기한 자가 옳은가 그른가가 아니라, 대변자가 사실상 그 구성원에게 책임을 질 수 있는지 확인하는 데 목적이 있다는 것을 떠올려보자. 도전을 검토함에 있어, 대중의 관심은 수나 그 전략적 중요성, 결의에 근거해, 반대가 동의의 가치를 어디까지 손상하는가를 아는 데에 있다. 그러나 이런 판단을 대중에게 기대하는 것은 지나친 바람이다. 반대의 중대성을 헤아릴 수는 있어도, 대략적인 외면적인 기준에 따르는 수밖에 없다. 대중은 대변자의 자격에 도전하지 않는 반대나, 반란 없는 비평에 관심을 갖지 않는다. 그것은 내면적인 일이다. 숙고할 가치가 없을지 모르는 반대이다.

이런 경우 만일 대변자가 선발된다면, 새로운 선거가 열릴 때까지 확실한 동의를 받은 자격을 갖는다. 대변자가 선거에 의하지 않고, 감당할 수 없는 반대가 눈에 보인다면 동의는 잠정적으로만 채택된다. 확실히 이런 기준은 반대의 중요성을 헤아릴 수 없는 것이다. 그러나 반대를 앞에 두고 적당히 맺어진 어떤 타협에 한한다면, 그 효과는 생각해 볼 가치가 있다.

대규모 집단에서 동의의 시험은 정해진 대변자의 유무에 있다고 하는, 실용적인 일반 원칙을 가져오기 위해 그들은 필요한 수정을 제안한다.

4

동조 시험은 동의 시험과 밀접한 관계가 있다. 규칙·관습·법·조직에 대한 공공연한 비판이 이미 규칙에서 벗어났든가, 앞으로 벗어날 것임을 상정하게 하기 때문이다. 보통 사람은 동조를 바라고, 어떤 집단이 공공연하게 이의를 제기해야 할 만큼 적의를 갖는 것은 논의의 여지가 있는 상태이며, 그 집단의 꽤 많은 사람들이 비평이라는 선을 넘은 동조를 거부하는 것은 확실하다. 이것은 그 나름으로 무난한 가설이다. 논의는 잘못되었고 구제책은 어리석은 것인지도 모르지만, 개인의 위험요인으로 그들이 공공연하게 비판했다는 사실은 규칙이 잘 기능되지 않다는 신호이다. 따라서 광범위에 걸친 비판은 그 관념적 가치를 넘어선 의미를 갖는다. 그것은 대부분 규칙이 불안정하다는 사실을 겉으로 드러낸 것이다.

규칙이 가끔이 아니라 자주 깨질 때 그 규칙에는 결함이 있다. 그 아래서 생활하는 사람들에게 흔히 기대되는 행동을 알기 쉽게 정의한 것이 없다. 그것은 숭고하게 들릴지도 모른다. 그러나 기능하지 않고 있다. 그것은 관계를 조정하지 않는다. 그것은 사회를 실제로 조직하지 않는다.

대중이 구체적으로 정해지지 않는다는 것은 그 규칙이 얼마나 불완전한가를 말해 준다. 내가 제안한 동의와 동조, 이 두 가지 시험에 의해 대중은 규칙에 결함이 있음을 확인할 수 있다. 그러나 대중은 그 결함이, 관여하는 힘의 균형이 변화한 것을 잘못 측정했기 때문인지 또는 중대한 이해나 관련된 사정을 무시했기 때문인지, 조정의 기술과 규칙이 모순되고 불명료했기 때문인지, 일반적인 규칙에서 구체적인 것을 해석하고 추론하는 장치가 없었기 때문인지 판단할 수 없다.

규칙에 결함이 있다고 판단해 그것을 바로잡을 만한 대리를 찾아내려는 방향을 취한다면, 내가 믿기로는 그것은 평소의 힘의 한계를 넘어설 것이다.

제12장 개혁의 기준

1

대중을 구성하는 고르지 않은 방관자의 모임은, 설사 그런 마음이 있다 해도 날마다 모든 문제에 끼어들 수는 없다. 가끔 그들은 역할을 수행할 수 있고 그렇게 해야 하지만, 내가 믿기에는 복잡하고 변화가 심한 사회에서 날마다 일어나는 모든 문제에 관심을 가질 수 없고, 조잡한 판단도 내리지 못하고, 가장 형편없는 당파만큼도 행동하지 못할 것이다. 그들은 평소에 나름대로 저명한 사람들로 이루어진 어떤 전문적 대중에게 대리를 맡긴다. 많은 쟁점은 이 유력한 집단을 넘어서 제기되는 일이 없고, 문외한인 대중은 그 토론의 반향을 받아들일 따름이다.

이해관계를 가진 당파나 정부의 요인에 의한 거래에서 나름대로 안정이 꾸준히 유지된다면, 정권당은 그 나라의 신임을 얻는다. 사실상 외부자는 유력한 관계자의 등 뒤에 늘어선다. 그러나 이해관계를 가진 당파의 찬동을 얻지 못해 결과적으로 방해와 끊임없는 위험이 존재한다면, 이번에는 관계자 사이의 대립이 국민의 기대를 배려할지도 모르므로 그쪽으로 방관자를 끌어들일 수 있다.

순조로울 때는 여당을 지지하고 순조롭지 않다고 생각할 때는 야당을 지지한다. 비슷비슷하다고 말하지만 이것이 대중 정치의 진수이다. 우리가 경험하는 가장 지적이고 대규모인 대중마저, 군과 경찰이라는 조직화된 국가 권력을 휘두르는 것은 누구인지 여야당의 선택에 의해 최종적으로 결정해야 한다. 선택지가 없는 공동체에 대중 정치는 있을 수 없다. 그것은 독재 형태가 되기 쉽고, 압력 단체와 정치가의 음모에 좌우된다.

여야당에 극단적인 차이가 있는 것처럼 말하는 것은 당파의 관습이지만, 안정되고 성숙한 사회에서 그 차이는 반드시 깊지 않다고 논증할 수 있을 것이라고 나는 생각한다. 그것이 깊다면, 패한 소수자는 늘 반란의 갈림길에 있을 것이다. 모든 선거의 전제는, 승자는 패자의 생활을 힘들게 하지 않고, 패자는 자기가 인정하지 않는 정책을 흔쾌히 견디는 데 있지만, 어쨌든 선거는 갑작스러운 대변동일 것이다.

미국·영국·캐나다·호주, 일부의 유럽 대륙 국가들에서 선거가 운동가의 말 그대로인 일은 거의 없다. 그것은 그 일을 운영하는 새로운 인물들과, 아마 조금 다른 정책의 전반적인 경향을 의미하는 것이다. 여당은 집산(集散)주의에 치우치고, 야당은 개인주의에 기울어질지도 모른다. 여당은 외교 문제에서 의심이 많고 비협조적이며, 야당은 아마 그 의심을 모르든가 다른 의심을 품고 있을지도 모른다. 여당은 제조업의 이해에 찬성하고, 야당은 농업의 이해에 찬성할지도 모른다. 그러나 이런 경향의 차이까지, 합의를 얻은 수많은 영역과 정해진 습관, 어쩔 수 없는 필요성에 비하면 몹시 작은 것이다. 실제로 선거가 극단의 결과를 불러오지 않는 경우, 국가는 정치적으로 안정되었다고 누군가는 말할 것이다.

따라서 안정된 공동체에는 투표 홍보에 거짓된 진지성이 있다. 대부분 흥분은 국민의 명운이 아니라 단지 게임의 결과이다. 술에 취한 기운과 같이 흥분의 어느 정도는 성실하다. 수많은 유권자의 게으름을 극복하기 위해 그 대부분은 금전의 지출을 통해 자금의 지출에 의해 고의로 불을 지피게 되어 있다. 세상 사람들에게 여야당의 실제 차이는 다음과 같은 것에 지나지 않는다. 여당은 정권을 잡은 뒤 정책에 묶여 특정한 이해에 지나치게 얽힌 나머지 결정이 중립적인 자유를 잃는다. 이어서 그들은 제휴하게 된 이해에 대해 자의적인 움직임을 감시하는 데 개입할 수 없게 되는 것이다. 야당이 권력을 장악해 균형을 원점으로 돌릴 때 말이다. 이 거래에서 야당의 장점은, 지나치게 중시되고 있는 이런 특정한 정책과 이해에 얽혀 있지 않다는 점이다.

여당이 사태를 유효하게 도맡아 처리하고 있는가 아닌가 하는 시험은 불온한 문제의 유무로 판단된다. 앞장에서 지적했듯이, 개혁의 필요성은 동의와 동조 시험으로 판별할 수 있다. 그러나 내 의견은, 일반적인 대중은 대부분 저마다의 논점에 저마다의 개혁자를 할당할 수 없다는 것이다. 문제를 해결할 것인지 악화시킬 것인지, 축적된 판단을 근거로 여당이나 야당을 선택해야 한다. 특정한 개혁자는 보통 유력한 관계자에게 지원을 구해야만 한다.

그렇지만 세련된 여론이 있다면, 그것은 사람의 이목을 끄는 그때그때의 주요 문제에 대해 이런 도매식 판단을 소매식 판단으로 나눔으로써 이루어지는 것이 틀림없다. 대중과 관련되는 모든 쟁점이 정치의 범위 안에 있으며, 정당제를 통해 다다를 수 있는 것은 아니다. 따라서 방관자를 특정한 토론으로 이끌 수 있는 정식(定式)인가 아닌가, 판단의 원칙을 확인할 가치가 있는 것 같다.

문제는, 뚜렷하고 너무 세세하지 않은 객관적 시험에 의해, 공적인 지원에 알맞은 인물을 논쟁 속에서 특별히 지정하는 것이다.

2

규칙이 명백할 때 그 타당성은 문제가 되지 않는다. 뚜렷한 위반이나 침범자는 일목요연하게 드러나서 의문은 생기지 않는다. 대중은 집행자를 지원하지만, 법이 잘 작동하고 있을 때 대중은 우량한 은행의 준비금 같은 것으로, 거기에 있다는 걸 알고 있지만 꺼낼 필요가 없다. 그러나 논쟁적인 분야의 대부분은 규칙이 뚜렷하지 않고 그 타당성도 도전을 받는다. 당파는 저마다 다른 파를 침범자라 부르고, 각각 인류 최고의 이상을 가지고 행동하고 있다고 주장한다. 국가, 파벌의 이해, 계급, 도시와 농촌, 교회의 분쟁에서 조정의 규칙은 결여되어 있고, 그에 대한 논의는 프로파간다(propaganda, 선전)의 안개 속에 사라져 버리고 없다.

그래도 대중에게 판단이 요구되는 것은 이런 논쟁, 심하게 뒤엉킨 논쟁이다. 사실이 거의 불투명하고, 전례가 없으며, 색다름과 혼란이 만연해 있는 곳에서는, 모든 점에서 부적격한 대중이 가장 중요한 결단을 내리도록 강요받는다.

가장 어려운 문제는 제도적으로 처리할 수 없는 문제이다. 그것은 대중의 문제이다.

이와 같은 상황에서 대중의 한 구성원이 쓸 수 있는 시험은, 분쟁에 대한 모든 주장을 조사에 맡기고, 그 결과를 받아들이려고 하지 않는 것이 어느 당파인지 주목하는 일이다. 전문가는 언제나 전문가이고, 공평한 법정이 정말 공평하다고 하는 의미는 아니다. 그것은 단순히 대중이 익숙하지 않은 복잡한 사태에 끼어들지 않을 수 있는지 없는지, 그리고 공적 조사라는 시험이 주장자의 성실성, 심사라는 시련을 견딜 수 있는 역량에 대한 신뢰, 또 인간의 이성적인 조정이라는 가능성을 믿고 기꺼이 위험요소를 받아들이는 것에 대해 확실한 단서가 되는가 아닌가라는 의미이다. 그는 특정한 법정에 이의를 신청할지도 모른다. 그러나 그는 적어도 대안을 제시해야만 한다. 확립된 규칙이 없는 가운데, 시험은 기꺼이 법이라는 형식과 법이 제정되는 과정에 따라 행동하는가 아닌가에 있다.

여론이 쓸 수 있는 시험 가운데 가장 일반적이고 편리한 시험은 바로 조사이다. 당파가 스스로 나서서 그것을 받아들인다면, 동시에 이성적인 분위기가 되어 화해의 전망이 보인다. 적어도 그 자리에서 행동이 필요하고, 문제점을 설명할 겨를이 없는 경우와, 논쟁자의 독단을 없애고 특정하는 전망이 없는 경우, 또는 국제연맹 규약이나 국제분쟁의 평화적 처리에 대한 의정서 아래 이루어진 최근의 모든 시도에서 결말을 내지 못한 문제에 대해, 조사가 증거로 제시되는 원칙인 것에는 이상할 것이 없다. 이 조사라는 시험을 적용하는 데 있어, 우리가 단언할 수 있는 것은 다음과 같다. 즉 분쟁이 있고, 가치가 뚜렷하지 않으며, 적용해야 할 정책이 확립되어 있지 않아도 외부자인 대중으로서 우리는 언쟁을 벌이는 사람들에게 거기에 해당하는 법이 있는 것처럼 행동해야 한다고 알리고, 받아들일 수 있는 결론을 위한 재료가 없어도 이성적인 방법과 정신을 찾아 필요한 희생, 필요한 만족을 뒤로 미룸으로써, 그중 하나는 부결되어 부정이 행해질 위험요소를 구한다는 것이다. 모든 대립은 평화적 동의에 의해 해결된다는 원칙에 근거하는 사회를 유지하기 위해, 우리는 이런 것을 긍정한다.

현실은 그렇지 않을지도 모른다. 그러나 우리 사회는 그 도그마에서 찾아낼 수 있다. 우리가 지키지 않을 수 없는 독단이다. 직접적인 결과가 아무리 당황스러운 것이더라도, 우리는 양심을 가지고 그것을 지킬 수 있다. 모든 분쟁을 이성의 정신에 맡김으로써, 우리는 긴 안목으로 보고 이성이라는 습관을 확립할 것이다. 관점이 그것을 품는 자에게는 절대가 아니라는, 그 습관이 만연한 곳에서는 일시적 타협이 전혀 없다고 하는 어려움은 없다.

조사는, 대중이 이성을 확대하기 위해 그 힘을 발휘할 수 있는 훌륭한 시험이다.

3

하지만 시험은 최초에 지원이 주어지는 당파를 판별하는 한편, 어느 당파가 조사를 거부할 경우에만 가치를 갖는다. 모두가 조사에 넘겨진다면 아무것도 밝혀지지 않는다. 어쨌든 제안된 해결의 전망은 밝지 않다. 모두가 알기를 바라는 당파는 그다지 숨길 것도 없고 잘되라고 생각해서 하는 일이겠지만, 불행하게도 성실성이 지성의 기준인 것은 결코 아니다.

대중은 새로운 규칙이 실제로 기능을 하는지 아닌지를 대답하지 못한다. 그렇지만 변화가 심한 세계에서 계속 기능하는 규칙은 없을 것이다. 따라서 규칙은 경험이 그 결함을 뚜렷이 밝힐 수 있도록 편성되어야 한다. 규칙은 위반을 확실하게 하도록 가급적 뚜렷해야 한다. 그렇지만 일반 법칙은 모든 사례를 다룰 수 없으므로, 이것은 다만 규칙이 판단할 수 있는 안정된 절차를 포함해야 한다는 것을 의미하는 데 지나지 않는다. 따라서 무엇이 그런 조건으로, 언제 그것이 충족되었는지 정확히 정의하는 방법이 제공되어 있지 않다면, 조건이 충족되면 영토에서 철수한다는 조약은 전혀 불완전해 비난받아야 한다. 바꾸어 말하면 위반을 틀림없고 명백하게 하기 위해, 스스로 해명의 수단을 가져야 한다. 인지는 예견할 수 없는 경험에 주의를 기울일 뿐이다.

이래서 규칙은 혁명 없이 개정할 수 있도록 편성해야만 한다. 수정은 동의에 의해 가능해야 한다. 그러나 변화에 찬성하는 의견이 압도적일 때도 늘 동의가 주어지는 것은 아니다. 사람들은 자신의 권리에 따라 설 것이다. 그러므로 궁지를 해결하기 위해, 규칙의 수정에 대한 논쟁을 공개한다는 정규 절차를 준비해야 한다. 이것은 장애를 자주 해결할 것이다. 그렇지 않으면 틀림없이 그 공동체가 당파를 대신해 논쟁에 매달리게 된다. 이것은 관계자 전원에게 불편하고 거칠고 폭력적이며 부정확한 여론에 의해 논쟁의 실질에 개입하는 불편함이, 적어도 직접 관계하는 사람들에게 다음에는 간섭하지 않는 것을 깨닫게 할 것이다.

그러나 수정은 가능해야 된다고는 해도, 끊임없이 예정 외에 이루어져서는 안 된다. 습관과 관습을 만드는 시간을 가지는 편이 낫다. 웅변가가 관록을 붙일 기회라 해도, 커피포트는 계속 끓게 하면 안 되고, 비교적 사소한 이유로 휘저어도 안 된다. 많은 다른 사람들의 습관과 기대가 관례에 포함되므로, 안정을 도모하면서도 현상에 머무르지 않을 방법을 찾아내야 한다. 수정은 합당하게 널리 알린 다음에만 수행할 수 있다.

무엇이 합당한 홍보인지는 경우에 따라 다르므로 대중은 대답할 수 없다. 이해관계를 가진 당파만이 일의 흐름을 적절하게 방해할 수 있는 경우를 알고 있을 것이다. 합당한 홍보는 오랫동안 관련을 가지는 사람들과 그것이 짧은 사람들에게는 서로 다른 기간이 될 것이다. 하지만 합당한 홍보의 원칙이 화해안에 담겨 있는지 아닌지는 대중이 확인할 수 있다.

그래서 새로운 규칙을 판단하기 위해 여기에 제안하는 시험은 세 가지가 있다. 스스로 해명할 준비가 되어 있는가. 동의에 의해 수정할 준비가 되어 있는가. 수정안이 제출된다고 합당하게 알릴 준비가 되어 있는가. 시험은 그 실질이 아니라 절차에 의해 화해의 전망을 판단할 수 있도록 기획되어 있다.

4

이것이 내가 아는 한 우리가 아리스토텔레스로부터 이어져 온 문제, 곧 복잡한 사건의 어디에서 제휴할지를 방관자에게 보여줄 단순한 기준을 정식화할 수 있는가 라는 문제를 어떻게든 해결하는 방법이다.

토론의 주요한 가치는 대립에 대해 청중에게 진실을 밝히는 것이 아니라, 당파를 특정하는 것에 있다고 나는 제안해 왔다. 또 나는, 행동의 규칙에 결함이 있는 점에 문제가 있으며, 그 결함은 동의와 동조의 시험을 통해 대중에게 가장 잘 확인시켜 줄 수 있다고 제안했다. 구제책에 대해 나는 보통 대중이 관계자를 거부하고 외부자에게 의존해야 한다고 상정하지만, 이런 도매식 판단은 특정한 쟁점을 분석하는 시험에 의해 정교해질 것이다. 그런 분석의 한 예로서 나는, 혼란한 대립에 대한 조사와, 개혁에 대한 설명·수정·합당한 홍보에 대한 시험을 제안해 왔다.

이런 기준은 총체적인 것도 한정적인 것도 아니다. 게다가 이런 특징을 가진 시험의 대부분이 실시와 반성에 의해 아무리 개선되어도, 다룰 수 없는 많은 공적인 일들은 그대로 남아 있는 것처럼 보인다. 나는 모든 공적인 문제에 대중이 순조롭게 개입할 수 있다고는 믿지 않는다. 대부분의 문제는 기본적으로 대중이 영향을 끼칠 수 있는 모든 것에서 무딘 당파심으로 전진하는 일은 없다. 따라서 내가 그려낸 시험, 또는 그것을 널리 개량한 다른 시험이 나날의 토론에서 생기는 모든 문제에 쉽사리 응용될 수 없다 해도 놀랄 필요는 없다.

대중의 한 구성원이 행동의 지침으로서 이런 시험을 쓸 수 없는 데서 가장 현명한 방침은 행동하지 않는 것임을 솔직히 주장하는 편이 낫다고 생각한다. 말을 삼간다면, 그들은 어중간한 당파보다 오히려 뛰어난 중립이다. 내가 여기에서 그려낸 판단을 따르지 않고, 사건이 몹시 혼란스럽거나, 교묘하게 균형을 유지하거나, 매우 곤란한 대목에서 대중이 간섭한다면 혼란만 불러올 가능성이 매우 높다. 지금 있는 모든 사람의 지혜로 문제가 해결되는 것은 아니다. 해결 가능한 많은 일은 대중이 미치는 힘으로는 해결될 수 없다. 때로는 저절로 수습될 것이다. 어느 정도는 사람의 운명이다. 그러므로 언제든지 어떻게든 된다는 것은 절대적인 것이 아니다.

어떤 상황에서 대중에 의한 개입의 적절한 한계는 판단력에 의해 정해진다. 새롭고 더 나은 기준이 정식화되고 또는 사람들이 실천을 통해 더욱 숙련되듯이, 이런 한계도 확장될 것이다. 그렇지만 시험이 전혀 존재하지 않거나 그런 시험을 할 수 없는 경우에는, 바꾸어 말하면 의견이 분쟁 자체의 실제적인 가치에서만 쓸모가 있는 경우에는 방관자가 취하는 적극적인 행동이 은혜보다도 골칫거리가 되는 것은 거의 확실하다. 그들의 의무는 편견을 갖지 않고 지켜보는 것이다. 쓸 수 있는 시험의 존재가 대중이 개입해야 하는가의 시험 그 자체이다.

제13장 여론의 원칙

1

지금까지 얘기한 시험은 공통의 특징을 지닌다. 이것은 모두 몇몇 행동의 단편이나 제안의 한 측면을 가려낸다. 이와 같은 본보기들은 조잡하긴 하지만 객관적이고 고도로 일반화되어 있기는 하지만 확실한 표준에 따라 측정한다. 그리고 논쟁이 되고 있는 문제에 있어 당사자와 제휴하던가, 대항하던가, 대중에게 충분한 근거를 제시하게 될 판단을 내린다.

물론 나는 이런 시험의 정식(定式)을 지나치게 크게 생각지 않는다. 전적으로 시험적이며, 단순히 토론의 시안으로 준비해 여론의 성질에 적합한 시험의 정식화가 불가능하지 않다는 사실을 논증하는 데 지나지 않는다. 그렇지만 이런 시험의 특징에 큰 중요성을 부여하고 싶다.

기초를 이루는 원칙은 다음과 같다.

1. 집행상의 행동은 대중이 할 바가 아니다. 대중은 집행상 행동하는 자를 지원하는 자로서, 제휴에 의해서만 행동한다.

2. 문제 고유의 이익에 대중은 관여하지 않는다. 대중은 외부에서 관계자 일에 간섭한다.

3. 문제의 예상·분석·해결은 대중이 해야 하는 일이 아니다. 대중의 판단은 문제가 되는 사실의 작은 단편에 근거한다.

4. 문제를 취급하는 데 요구되는 전문적, 직접적 기준은 대중의 것이 아니다. 대중의 기준은 많은 문제에 일반화되어 있어, 본디 절차나 공공연한 행동의 외면적인 형식이 적용된다.

5. 대중에게 남겨진 것은 행동의 확정된 규칙이나 자신의 자의적인 욕망, 또는 논쟁하는 당사자가 어느 쪽을 따르고 있는가에 대한 판단이다. 이 판단은 관계자의 행동이라는 외면에서 얻은 단편에 의해 내려져야 한다.

6. 이 단편이 적절한 것이 되기 위해, 여론의 성질에 어울리는 합당한 행동과 자의인 행동을 구별하는 미더운 기준을 찾아낼 필요가 있다.

7. 사회적 행동, 합당한 행동의 목적은 규칙을 만드는 것이든, 지키게 하는 것이든, 고치는 것이든 확립한 도리를 따르는 행동에 있다.

단서를 얻는 방법을 연구하고 판단 기준을 정하는 것은 정치학자가 하는 일이다. 이런 방법을 대중에게 가르치는 것은 민주주의에 있어 시민 교육의 역할이고 그것을 배려하는 것은 제도를 만드는 사람들이 할 일이다.

2

이런 원칙은 민주주의 개혁자가 추진해 온 것과 근본적으로 다르다. 내가 믿기로는 인민에게 자치를 가르치는 노력의 밑바탕에는 언제나, 유권자는 책임 있는 인물의 지식과 관점에 되도록 가까워져야 한다는 전제가 깔려 있다. 물론 대중은 지금까지 조금이라도 거기에 가까워지려고 하지 않았다. 그런데 유권자는 그렇게 여겨진 것이다. 많은 사실을 배우고, 더욱 관심이 깊어지고, 더 좋은 신문을 읽고, 강연을 듣고 보고서를 대충 훑어보기만 하면, 유권자는 서서히 공적인 문제를 지휘할 수 있도록 훈련된다고 믿게 되었다. 이런 전제는 모두가 잘못된 것이다. 여론에 대해, 또 대중의 방식에 대해 그것은 잘못된 개념에서 비롯된 것이다. 시민 교육의 계획이 성취될 가능성은 없다. 다다를 수 없는 이상을 향해 전진할 자는 아무도 없다.

관계자와 외부자의 본디 다른 경험에 착안하지 않았으므로 이 민주주의 개념은 잘못된 것이다. 관계자와 마찬가지로 문제의 실질을 솜씨 있게 다루도록 외부자에게 요구하므로 그것은 기본적으로 왜곡되어 있다. 유권자는 그렇게 하지 못한다. 교육이라는 계획은 인류의 모든 문제에 대해 유권자에게 미리 준비시킬 수 있는 것은 아니다. 위기를 맞아 선전 장치나 계발 기관이, 집행상의 행동에 요구되는 상세한 전문 지식을 유권자에게 제공하는 일은 절대 없다.

민주주의의 이상은 결코 대중의 기능을 정의하는 것이 아니다. 그것은 하필이면 대중은 미숙하고 막연한 집행자로 다뤄 왔다. 그 혼동은 사회에 대한 신비적인 관념에 깊이 뿌리내리고 있다. '사람들'은 한 사람으로, 그들의 욕망은 그의 욕망으로, 생각은 하나의 마음으로, 그 집단은 개인이 세포가 되는 유기적인 단일 조직으로 여겨진다. 다음으로 투표자는 당국과 자신을 동일시한다. 그들의 생각은 그의 생각이고, 그들의 행위는 그의 행위이며, 이상하게도 그들을 자기의 일부라고까지 생각하려고 했다. 이와 같은 정체성(아이덴티티)의 모든 혼란은 누구나 모든 것을 할 수 있다는 이론으로 자연스럽게 이끌린다. 스스로의 한계와 달성 가능한 목표라는 뚜렷한 사고에 다다르는 것에서부터 민주주의를 방해한다. 인간 활동의 대부분에 천천히 확립된 기능의 구별과 특수화는 정부의 목적과 사회 교육에 대한 시야를 흐리게 한다.

따라서 민주주의는 대중의 교육을 발전시키지 못했다. 중책을 맡은 자에게 요구되는 지식의 단편을 제공했을 뿐이다. 사실 좋은 시민이 아니라 다수의 아마추어 행정관의 육성을 지향했다. 대중의 한 구성원으로서 어떻게 행동해야 하는지 아이들은 배우지 못했다. 모든 것을 간섭하려면 알아야 하는 것을 속성으로 어중간하게 맛보인 것에 지나지 않다. 어찌할 바를 모르는 대중과 충분한 훈련을 받지 못한 수많은 공무원들이 그 결과이다. 중책을 짊어진 사람들은 '공민과(公民科)'가 아니라 법과대학원이나 법률사무소, 또는 현장에서 훈련받고 있다. 자기가 책임질 수 있는 범위 밖에 있는 모든 사람으로서, 대중은 대체로 일관된 정치적 훈련을 전혀 받지 않았다. 우리의 시민 교육은 투표자에게 공적 문제의 분규를 어느 정도 억제할 수 있는지 알기 쉽게 가르쳐주지 않는다.

물론 어중이떠중이의 민주주의가 정부에 말도 안 되는 억지를 부린다고 지적하는 비평가는 많다. 이런 비평가는 중요한 결단은 개인에 의해 내려지고, 여론은 무지하여 빗나가며 공연한 참견이라고 생각해 왔다. 대체로 훌륭한 기량을 지닌 소수와 무지한 다수에 선천적인 차이가 있다고 결론짓는다. 차이가 자명하다고 생각해 온 그들은 피상적인 분석의 희생자이다. 양자의 문제에 대한 관여는 근본적으로 다르다. 관계자만이 결단을 내릴 수 있다. 그것은 뛰어나게 타고났기 때문이 아니라, 이해하고 행동할 수 있는 입장에 있기 때문이다. 외부자는 필연적으로 무지해 대개 엉뚱하고 공연한 참견을 한다. 그것은 뭍에서 배를 끌려고 하는 것과 같다. 자동차 제조업체의 뛰어난 경영자나 문예평론가, 과학자가 정치에 대해 몇 번이나 어이없는 말을 하는 이유는 바로 이 때문이다. 만일 우수성을 타고났다면 자신의 활동 속에서만 그것을 발휘한다. 거만한 이론가는 충분히 우수하면 적재적소도 무시할 수 있다는 잘못된 생각으로 일을 한다. 결국 민주주의 이론가와 마찬가지로 그들은 능력은 기능에만 존재하고, 사람들은 무언가에 대해 유력하고, 무언가에 대해서만 교육을 받는다는 사물의 본질을 보지 못한다.

따라서 대중의 시민 교육은 공직의 교육에서 분담해야 한다. 시민은 사태에 대해 근본적으로 다른 관계를 가지고, 다른 지적 습관과 행동 방식이 요구된다. 여론의 힘은 당파적이고 발작적이며, 순수하고 외면적이다. 내가 여러 장에서 제시하려고 했던 것처럼, 자신이 사용하기에 적합한 판단의 기준을 제공하는 새로운 지적인 방법이 필요하다.

제3부

제14장 있어야 할 곳에 있는 사회

1

민주주의의 잘못된 이상은 환멸과 무분별한 폭정에 지나지 않는다. 민주주의가 사태를 좌우할 수 없다면, 그렇게 할 수 있다고 기대하는 철학은 인민에게 불가능한 시험을 장려하는 셈이다. 실패하더라도, 그것은 소중한 개인의 자유에 난잡하게 끼어들게 된다. 자신의 힘을 행사하기 위해, 그러나 틀림없이, 그리고 아마 더욱더, 학대받는 것, 방향을 잃은 군중의 외침에서 서로 자유롭게 살기 위해 대중은 있어야 할 자리에 있어야 한다.

2

내 생각에 머뭇거리는 근원은 유기적인 결속과 목적을 사회에 돌리려는 시도에 있다. 우리는 정신과 혼, 목적이 갖가지 타협을 가진 남자들·여자들·아이들의 모임이 아니라, 하나의 정신·혼·목적을 가진 몸으로서 사회를 생각하도록 배워 왔다. 사회 관계의 복잡성을 현실에 맞게 생각하도록 허락하지 않고, 우리는 사회·국가·공동체라고 부르는 가공의 통일체라는 개념을 대대적인 선전활동에 의해 스스로에게 강요해 왔다.

19세기에 사회는 주로 국가주의자와 사회주의자의 운동의 영향 아래 의인화되었다. 교의의 유력자들은 대중을 지배적인 사회 목표의 대리인으로 다루도록 역설했다. 실제로는 국가주의자나 사회개량가인 지도자와 보좌역이 대리인이다. 그러나 그들은 이미지 뒤에 숨는다. 그리고 대중은 국가주의와 사회 복지 고정관념에 동조하는 자면 누구나 지지받을 자격이 있다고 여기는 데 익숙해졌다. 국가주의의 지배자가 생각하고 행동하는 것은 국민의 목적이고, 모든 애국자에게 시금석이다. 사회개량가가 주장하는 것은 완전무결을 향해 신비적이지만 진보적으로 나아가는 인류의 자애에 넘치는 자각이다.

그 위선자는 진지하게 해야 하는 것을 자주 대충 해버렸다. 그러나 그 목적이 인류의 정신이라는 허구를 유지하기 위해, 공인은 알게 된 모든 것을 대중에게 말할 수 없다는 것에 익숙해져야 한다. 그에 따라 그들은 행위의 부분적인 진실만을 고백한다. 공적 생활에서 솔직성은 정치 문제는 되나 처세술은 되지 않는다.

케인즈*¹는 로이드 조지*²에 대해 "그는 적절히 판단할 것이다"라고 말했다. "올바른 길을 따라 잘 다루고, 감쪽같이 속이고, 교묘하게 설복하는 것이 민주주의가 할 수 있는 최고의 방식이다. 수단으로서의 진실이나 성실성에 대한 편견은 정치적인 실익이 따르지 않는 미학이나 준칙에 근거한 편견일 것이다. 우리에게는 아직 말할 수 없는."

우리는 경험상 모든 카드가 앞면이 보이도록 테이블 위에 놓여 있는 일은 없다는 것을 알고 있다. 수단으로서의 진실에 정치가의 개인적인 취향이 어느 정도로 치우치든, 그는 틀림없이 정책의 일환으로서 진실을 다루도록 강요되기 때문이다. 그 점에 대한 증거는 매우 많다. 진실에 대한 순수한 정열 때문에 군대의 안전을 위험에 빠뜨릴 정치가는 없다. 그가 모두에게 누설함으로써 외교상의 교섭을 위험에 빠뜨리는 일은 없다. 선거에서 우세를 내어주면서까지 솔직하게 말하는 일은 없다. 고백이 정신적으로 좋다고 해서 그가 자신의 과오를 인정하는 일은 없다. 진실의 공표를 통제하는 힘이 있는 한, 그는 행동·거래·사기·명성의 필요성을 감안해 그것을 조절한다. 필요성에 대한 판단을 그르칠지도 모른다. 의도의 선량함을 과장할지도 모른다. 그러나 목적이 공적인 사항에 있다면, 신념의 경솔한 표명을 거부하는 배려의 필요성도 분명히 있다. 그의 마음이 곧 민중의 마음이라는 허구에 따른다면, 공인은 행위하지 않고 행위할 수 없다.

분노한 민주주의자가 모든 공인을 불성실하다고 물리치도록, 당신은 이를 설명할 수는 없다. 개인적인 도덕의 문제가 아니다. 실업가·조합 지도자·대학 학장·목사·편집자·평론가·예언자 모두가 "우리는 종종 빨리 가기를 바라지만, 별로 열의가 없는 친구에게 맞추어 속도를 늦추고…… 대담성은 조심성과 뒤섞이고, 분간하기 힘든 대중 속에서 유권자와 함께 걸어가는 것"이라고 쓴 토머

---

*1 1883~1946. 영국의 경제학자.
*2 1863~1945. 영국의 정치가, 총리.

스 제퍼슨*³처럼 느끼는 것이다.

'분간하기 힘든 대중'의 필요성은 사실을 뒤로 제친다. 필요성이 가끔 진실이 아니라고 논하고 싶지는 않다. 정치가가 나에게, 사실의 전모를 밝히는 것이 그에게 안전하지 않다고 말할 때, 그를 전적으로 믿고 있다면 나는 믿는 것으로 이것에 대해 만족한다. 말하는 것을 솔직히 거부한다고 해서 오해를 사는 일은 없다. 재앙은 모든 것을 말하고 있는 것처럼 하는 것, 대중이 공적인 인간으로서 완전히 자신감을 갖는 것에서 온다. 그 재앙은 대중, 그리고 그것을 구성하는 개인이 하나의 정신·혼·목적을 갖는다는 억지 이론에서 시작된다. 얼굴을 맞대고 솔직하게 보기만 해도 터무니없는 억지라는 것을 알 수 있다. 필요 없는 억지 이론이다. 약을 무시하면서도 의사로서 능숙하게 치료하고, 기관차를 움직이지 못하면서 철도기사가 되기 때문이다. 게다가 농업 어음의 가치에 대한 시험에 합격하지 못해도, 우리는 상원의원으로서 역할을 다하지 않는가.

세상에는 정도의 차이는 있어도 저마다 다른 개별의 목적이 있다는 여지를 전혀 인정할 마음이 없는 동일성에 근거한 일치단결이라는 생각을 우리는 아직도 철저히 교육받고 있다. 일원적인 이론은 뛰어난 안정성을 갖는다. 우리는 단결하지 않으면 사방으로 흩어져 방황하게 된다고 두려워하고 있다. 주로 해럴드 래스키*⁴가 주장한 다원주의 이론은 '무질서'로 이끄는 것처럼 여겨진다. 그러나 그 생각은 매우 과장된 것이다. 정확하게는 개별 기능이 가장 뚜렷하게 정의되고 정연하게 조정되고 있는 점에서, 사회의 그런 영역에서의 무질서가 가장 적다. 뚜렷한 정의가 없고 목적의 구분이 감춰져 혼동하고 있는 곳이나, 잘못된 통일체를 숭배하고, 저마다 특수한 이해가 스스로 인민의 소리라고 끊임없이 선고해, 그 목적을 전인류의 것으로서 모두에게 적용시키려 하는 곳에서는 국민과 고용자, 피고용자 사이에, 그리고 구역 간·계급 간·인종 간 등 불명료한 중간 지대에 가장 많은 무질서가 존재한다.

3

이 혼란에 대해 자유주의는 온건한 주장으로 크게 이바지해 왔다. 그 통찰은 주로 개인의 편견에 대한 것이었다. 자유주의자는 사람에게 한계가 있고,

---

*3 1743~1826. 미국의 정치가, 대통령.
*4 1893~1950. 영국의 정치학자.

그 육체에서 벗어나지 못하는 것을 확인하는 방법을 찾아냈다. 정신적 욕구에 비친 사물의 그림자라고 베이컨*5이 말했듯이, 계몽사상의 시대에서 오늘날까지 비평이라는 대포는 그들이 제기한 것을 사람들에게 실현시키기 위해 쓰여져 왔다.

사람은 태어난 세계에 속한다는 사실에 의해, 일원적인 시각에서 벗어난다면, 절대적인 확실성이라는 그의 위장은 사방에서 공격을 받는다. 이념과 관습의 역사를 들이대어 때와 장소, 상황에 따라 사람들은 구속당한다는 사실을 인정할 수밖에 없다. 모든 의견에는 편견이 있고, 욕망을 제거한 의견마저 그러하다. 왜냐하면 의견이 있는 자는 특정한 때와 장소에 서야 하고, 모든 세계가 아니라 그 지점에서 보이는 세계만을 이해할 수 있기 때문이다. 그래서 사람은 자기 눈으로는 아주 적은 것을 보고, 대부분은 다른 사람이 생각한 보고서를 통해 안다는 것을 배운다. 그들은, 인간의 눈이 모든 사물을 보고 판단하는 습관을 가지며, 그것은 가끔씩 고정관념이 되어 늘 어떤 사고방식 속에 사실을 밀어넣는다는 것, 모든 경험은 우직한 정신이 어렴풋이 느끼는 것보다 더욱 복잡하다는 것을 이해하게 되었다. 세계라는 그림은 부분적으로 보거나 들은 것으로 그려지고, 미덥지 않은 손놀림으로 사물의 그림자를 다루며 무의식적으로 마음의 욕망에 복종하기 때문이다.

그것은 마음을 어지럽히고 놀라게 하는 뜻밖의 사실이었고, 리버럴리즘 (liberalism, 자유주의)은 어떻게 관계를 갖는 것이 좋은지 몰랐다. 모스크바의 극장에서, 예브레이노프*6는 그 뜻밖의 새로운 사실을 논리적인 결말로 이끌었다. 그는 일인극을 상연했다. 이것은 주인공의 눈으로 보는 것처럼, 관중이 한 등장인물의 눈을 통해 행동, 설정, 모든 등장인물을 본다는 극으로, 거기에 구비된 것을 상상하는 특징이 있다. 그러므로 낡은 극장에서 혹시 주인공이 과음했다면 그는 말짱한 얼굴로 갈지자걸음을 걷는다. 그러나 예브레이노프의 가장 자유로운 극장에서는, 내가 맥고완*7의 설명을 올바로 이해했다 해서, 주정꾼이 가로등 옆에서 갈지자걸음을 걷는 것은 아니다. 가로등은 그의 주위에서 근들근들 흔들리고 그는 나폴레옹 보나파르트처럼 몸치장을 할 것이다. 그

---

*5 1561~1626. 영국의 철학자.
*6 1879~1953. 러시아의 전위적인 극작가, 연출가.
*7 케네스 맥고완, 1888~1963. 미국의 극평가, 영화감독.

것은 그가 그렇게 느꼈기 때문이다.

예브레이노프가 익살꾼 모자를 쓰고, 남에게 괴사스런 모습을 보이는 광기 어린 세계를 닫고 자유로운 연극을 마쳤을 때, 나는 무척 당황했다. 그러나 이어서 나는 예브레이노프의 논리가 불완전한 겉치레라는 것을 떠올렸다. 그는 처음부터 주정꾼인 주인공 밖에서 술에 취하지 않은 채 서 있었다. 요컨대 그는 자신의 관중이다. 결국 세계는 환상이라는 안개로는 성취될 수 없고, 주정꾼인 주인공은 자신의 관점을 가지고는 있으나, 결국 자신이 인생길에서 마주치는 것과 마찬가지로, 다른 것도 실물처럼 존재한다. 우리가 사물 자체는 아니고, 마음의 욕망에 비춰진 사물의 그림자를 따르는 것을 확인하려고 할 때, 거기에는 일인극과 그 주인공, 그리고 우리의 환상을 방해하려고 하는 경관, 곧 그 자신이 있는지도 모른다.

자유로운 비평의 온건함을 옹호할 수 있어도, 개인의 편견을 깨닫는 것만으로는 다음의 물음에 대답할 수 없다. 모든 행동은 누군가에 의해 취해져야 하고, 누구나 어느 정도 근들근들 흔들리는 가로등 옆에 있는 주정꾼 주인공이라면, 특수한 목적을 가진 상상의 인물에 의해 얼마나 공익을 늘릴 수 있을까. 그 대답은, 관현악에서 바이올린과 드럼이 조화를 이루듯이 목적을 길들여 계발하고 서로 잘 어울리도록 촉진하는 것이다. 인습을 타파하는 대신 아직도 동일성이라는 환상에 젖어 있는 19세기에는, 그 해답이 받아들여지지 않았다. 그래서 자유주의자는 조화를 그리는 것을 거부하고, 바이올린과 드럼을 분리했다. 대신 그들은 본능을 향해 고상하게 호소했다. 사람들의 중간 머리 너머로 직접 말을 건 것이다.

이런 일반적인 호소는 폭넓고도 막연했다. 그것은 성의를 가지고 행동하려면 어떻게 해야 하는지 사람들에게 전혀 단서를 주지 않고, 멋대로 행동할 수 있는 훌륭한 가면무도회를 그들에게 제공했다. 자유주의의 장식은 돈벌이 제일주의의 착취자, 이득을 좇는 자, 금주법 지지자와 맹목적인 애국자, 아는 체하는 자, 인기를 얻으려는 자에게 쓰이게 된다.

왜냐하면 자유주의가 돼지구이를 한다면서 오두막을 통째로 불태워 버렸기 때문이다. 한 사람 한 사람 모두에게 선입관을 발견하는 것은, 자유주의자에게 회복할 수 없는 충격을 주었다. 일반론으로 도망쳐 들어간다는, 필요하고도 지극히 명백한 진실의 발견은 그에게서 냉정을 완전히 빼앗아갔다. 모든 사람의 양심에 호소하는 것은 누구에게도 행위의 방식을 가르치지 않는 것이고, 투표자·정치가·노동자·자본가는 자유주의 사상으로부터 지적으로 인도된 것은 아닌 지나친 자유주의 의견과 함께, 그 자리에 한정된 규범을 세워야만 한다. 이윽고 자유주의는 자유무역과 자유방임주의의 우연한 결속을 잃고 실제로 그것을 포기함으로써, 슬프게도 필요하고 유용한 자기의 존재 이유를, 모든 곳에서 가치를 가진 어떤 종류의 친절한 말로 발뺌하는 구실로서 찾아냈다. 철학이 아니라 그때그때 이유를 가진 한 사람 한 사람이 서로 반목할 때, 그 발뺌의 구실이 모습을 드러내 마지막에는 그들이 보인 자의적인 편견을 처리하기 때문이다.

하지만 이런 실체를 떠난 상태에서도 자유주의는 중요하다. 그것은 온건한 정신을 눈뜨게 하는 경향을 가지고 격렬한 행동을 누그러뜨린다. 그것은 사태에서 관계자를 배제하기 위해 행동을 지배하지는 않는다. 모든 중요한 철학과 달리, 당신은 이것을 해야 한다, 저것을 해야 한다고 말할 수는 없다. 공평하지 않다, 이기적이다, 전제적이라고만 말할 수 있다. 그러므로 자유주의는 패자의 옹호자이고 해방자이지만, 자유로우므로 지도자는 아니다. 승자는 스스로 쉽게 자유주의에서 떠나, 해방의 무기이기는 하지만 삶의 방식은 아니라는 사실을 잊은 자유주의자에게 신경질적인 반응을 보인다.

자유주의자는 그들에게 호소하는 대중의 특성을 오해해 왔다. 사실 어떤 상황에서 대중은 당사자 한 사람을 지원해 보조를 맞추지만 직접적으로는 관계가 없다. 그러나 자유주의자는 대중을 이렇게 겸손한 시선으로 바라보지는 않는다. 인류의 혼은 하나이고, 서로 들리는 범위 안에 있으므로 무슨 소리를 들으면 균일하게 반응할 것이라고 생각해 왔다. 세계주의적이고 보편적인 사심이 없는 직감에 호소하는 것은, 누구에 대한 호소도 아니라는 말과 같다.

실제로 생활하는 사람들의 정치철학에서는 이런 오류가 보이지 않는다. 폐해와 맞서려면 특별한 대리인을 부를 필요가 있다는 것을 당연히 생각하고 있다. 사상가는 인류에게 불만이 있을 때도, 이제까지 언제나 자기 홍보의 영웅을 누군가에게 맡겨 왔다. 세계에서 큰 역할을 한 이론 중에서도 영웅을 완전히 배제하려는 것은 자유주의의 독자성이다.

플라톤은 확실히 이런 기묘한 영웅을 생각했다. 《국가》는 지배계급에게 꼭 알맞은 교육을 하는 작은 책자이다. 13세기 피렌체가 혼란에 빠졌을 때, 질서와 안녕을 구한 단테는 그리스도교 세계의 양심이 아니라 황제파에게 말했다. 근대의 위대한 국가 창립자 알렉산더 해밀턴*8·카밀로 카부르*9·비스마르크· 레닌은 계획을 실현하게 되는 실재 인물들의 누군가, 또는 집단을 염두에 두었 다. 확실히 지주·소작인·조합·군인·제조업자 등 이론의 대행자는 다양했다. 교 회, 각국의 지배계급, 어느 국민, 어느 인종에게 말하는 이론이 있다. 자유주의 철학을 제외하면 이론은 언제나 누군가에게 말을 건다.

그에 비해 자유주의 철학은 모호하고 현실세계를 벗어난 느낌이 있다. 그래 도 그것에 대한 사람들의 관심은 뿌리 깊어, 그것은 우연한 논리의 오류, 실천 상의 약점에 그런대로 사람의 필요를 느끼게 한다. 사람에 대한 사람들의 이런 호소는, 사람들은 평화를 원하며, 모든 사람이 그 속에 살고, 살려고 하는 도 달 가능한 조화가 있다고 말하고 싶어하는 것은 아닐까. 나도 그렇게 생각한다. 특수한 목적에서 보편적인 목적으로 달아나려는 것은 확실히 인간의 문제에서 도피하는 일이지만, 동시에 우리가 얼마나 문제를 해결하고 싶어 하는가 하는 표현이기도 하다. 우리는 가능한 한 태어나기 전의 안온한 조화를 바란다. 설 사 인간은 호전적인 동물이라고 말하는 사람이 있어도, 재빨리 손을 뻗어 그 를 달아나지 못하게 하는 적과 유감없이 싸울 수 있는 세계를 그는 바랄 것이 다. 모든 사람은 완벽한 조화를 원하지만, 한계가 있는 인간으로서 자기 나름 의 조건 속에서만 그것을 바라는 것이다.

자유주의는 변하지 않는 것에 대한 보편적인 조정의 필요와, 개인의 목적이 라는 현실을 조화시킬 수 없으므로, 불완전하고 실체가 없는 철학에 머물렀다. 그리고 '일(1)과 다(多)'라는 고대의 문제 앞에 좌절했다. 그러나 우리가 사회를 의인화하는 것을 그만둔다면, 문제의 해결은 그다지 어렵지 않다. 사회를 의인 화해야 할 때에만, 각각의 개인을 얼마만큼 균질(均質)한 하나의 개인으로 통일 할 수 있는가에 대해 우리는 고민한다. 사물의 이름이라기보다 사람과 사물의 조정으로서 사회라는 말을 생각한다면, 이런 논리의 잡초는 베어서 제거된다. 이어서 우리는 논리적인 가책 없이 말할 수 있다. 상식이 솔직하게 말해 주는 것, 곧 행위하는 개인은 사회가 아니고, 생각하는 개인도 집합심이라고 할 수 없으며, 그림을 그리는 화가가 시대의 미적 정신은 아니고, 싸우다 죽는 병사

*8 1755(1757)~1804. 미국의 정치가.
*9 1810~1861. 이탈리아의 정치가.

는 국가가 아니며, 수출을 하는 상인도 나라와는 관계가 없다는 것을. 사회를 구성하는 것은 서로의 관계이다. 그 관계의 조정이란, 특별한 소동에 집행상 관여하지 않는 개인이 여론을 품고 대중으로서 간섭하는 것이다.

제15장 통치자의 부재

1

일원적인 사회 이론의 실제적 효과는 생활의 중심에서 정치·경제의 폭넓은 집중을 합리화해 왔다. 사회는 그 자체가 유기적인 목적을 갖는다고 생각했으므로, 그 목적이 중앙에서의 법률과 결정에 의해 사람들에게 밝혀져야 한다는 것은 매우 지당한 말로 들리게 되었다. 명령에 의한 강제를 받아들이게 하려면, 실제로 국민의 목적인 것처럼 보이게 하려면, 모두를 결속하는 규칙으로서 선고되어야 한다면, 누군가가 그에게 공통 목적으로 취급할 수 있는 것을 제시해야만 한다. 따라서 사람들은 괴테와 함께 이렇게 말한다.

"그리고 드디어 강력한 일이 시작되었다. 하나가 된 마음은 천 개의 손을 충족시킬 수 있다."

이런 식으로 대사회는 온갖 말로 칭찬을 받았다. 2천 년 전 중국이나 그리스·로마처럼 성숙한 모든 문명은 다른 문명을 완전히 무시하고 공존이 가능했다. 오늘날 식량의 공급과 원자재·제조·의사소통·세계 평화는 하나의 거대한 시스템을 구성한다. 전체를 방해하지 않고는 부분적인 균형을 포기할 수 없다.

위에서 보면 광대하고 복잡한 조정 기능을 가진 시스템은 장관을 이룬다. 진보한 공동체에서 사는 전원은 명백하게 다른 것에 의존하고 있으며, 낙관적인 사람이 생각하듯이 궁극적으로는 인류의 우호까지 의미할지도 모른다. 그러나 개인은 언제나 위에서 시스템을 보고 있는 게 아니라, 궁극적인 순이론적 가능성에 있어서 그것을 이해하고 있다. 실제로는 그에게 있어 생활의 물질적 수준이 확실히 상승하고, 신경을 소모시키는 가운데 운명을 좌우하는 돌발적인 힘이 늘어나는 것을 의미한다. 현금으로 팔 수 없는 감자를 재배하기 위해 투자하는 그 나라의 이웃 사람이, 직접 현금으로 지불하는 마을의 가게에서 보낸 청구서를 보고 세계의 상호 의존이라는 철학적이고 낙관적인 견해를 공유하는 일은 없다. 뉴욕 시의 모르는 위탁업자가 그의 감자를 거절했을 때, 그 불행은 가뭄이나 메뚜기의 발생만큼 그를 놀라게 했다.

아득한 옛날부터 종교가 옳다고 규정한 바람과 날씨뿐 아니라, 5월에 심어 9월에 거두는 일이 주변에서는 순조롭게 해결되는데, 먼 데서는 뒤얽혀 있는 인위적인 합의를 보아야 해결된다. 그는 조상보다 풍요롭고, 더 유복하고 건강하여 아마 행복할 것이다. 그러나 그는 영문도 모른 채 모르는 사람들의 행위에 도박을 걸고 있다. 그에게는 눈에 보이지 않은 곳에서 운영되는 시장과의 관계가 결정적으로 중요하다. 그 자신의 예측은 미덥지가 않다. 그는 시야 저편에 있는 쇠사슬과 이어져 있다.

판매술과 투기가 일하는 사람이 이룬 것과 그 결과를 어느 정도 확신시킨다. 랭커셔에서 만든 것을 사고판다는 것은, 디블리*¹⁰의 말을 빌리면 "랭커셔의 다른 도시에 있는 판매 조직은 말할 것도 없고 맨체스터나 리버풀의 상인, 도매상까지, 면 거래의 제조업 모두가 필요로 하는 것보다 더 많은 자본을 쓰고 있다"는 것이다. 앤더슨*¹¹의 계산으로는, 1915년에 시카고에 들어온 곡물은 그 뒤 62배나 팔렸다. 현금 거래로는 헤아릴 수조차 없다. 보이지 않는 불확실한 시장을 향해 생산하는 곳에서는 '사업의 초기 계획'이 적절하게 이루어질 수 없다. 조정은 이따금 조잡하고 비싸게 치이며, 판매술과 투기의 영향을 받는다.

이런 상황에서는 처음부터 끝까지 과정을 좌우하는 장인(匠人)의 원칙과 검약·절약·노동의 미덕은 성공한 경력의 완전한 길잡이는 되지 않는다. 디포*¹²는 《완전한 영국 상인》에서 "거래는 사람들이 가면을 쓰고 나타나 장난치는 무도회가 아니다…… 그것은 솔직하고 성실한 생활이며…… 검소와 절약으로 지탱된다", 그러므로 "신중한 경영과 절약이 운을 지위로 이끈다"고 말할 수 있었다. 벤저민 프랭클린*¹³은 "성실한 노력에 축복을 구하는 모든 것에 대해, 세계를 다스리는 신이 현명한 섭리가 아니라 다른 결심으로 하늘의 은혜를 베푼다면, 모든 것을 성실하게 얻을 수 있는 그는(필요 경비를 제외하고) 획득한 모든 것을 모아 틀림없이 부자가 될 것"이라고 생각해도 되었다. 프랭클린의 신의 변덕에 대한 약간 재치 있는 에누리가 반드시 들어 있지는 않지만, 얼마 전까지 디포와 프랭클린의 바로 그 말이 젊은이들에게 흔히 권유되어 왔다. 그러나 성

＊10 조지 비니 디블리, 1868~1952. 〈맨체스터 가디언〉 지 경영자.
＊11 벤저민 마카리스타 앤더슨, 1886~1949. 미국의 경제학자.
＊12 대니얼 디포, 1660~1731. 영국의 작가, 언론인.
＊13 1706~1790. 미국의 정치가, 과학자.

공에 대해, 요즘의 복음서에는 검약보다 꿈, 상업의 메시지가 많이 들어 있다. 모두 과장되게 점잔빼고 있어도 이 새로운 복음서는 "상업으로 성공하려면 낯선 환경을 넘어서 상상력을 발휘해야 한다"는 진실을 어렴풋이나마 흥분된 기색으로 지적한다.

이와 같은 필요가 대규모 조직을 향하는 피하기 어려운 경향을 낳았다. 경제의 악마, 거대한 독점과 파멸적인 경쟁으로부터 자신을 지키기 위해, 농민은 중앙집권화된 거대한 판매 기관을 설치한다. 사업가는 거대한 사업자 단체를 형성한다. 위원회와 그 전속 비서의 수를 헤아릴 수 없을 만큼 누구나 조직을 만들었다. 그 경향은 퍼져 갔다. 내 기억이 확실하다면 우리에게는 전국 스마일 위크가 있다. 어쨌든 우리에게는 그곳에서 금주(禁酒)를 원한다면 모든 곳에서 술을 마시지 말아야 하는 네브래스카 주가 있다. 네브래스카는 세계적인 물류를 지배하기에는 너무나 취약해서 독립해 생활할 수가 없다. 우리에게는, 사회주의는 그들의 행성에서만 키울 수 있다고 확신한 사회주의자가 있다. 우리에게는, 자본주의는 그들의 행성에서만 존속한다고 확신한 휴즈 장관*[14]이 있다. 우리에게는, 후진적인 인종을 진보시키지 않을 수 없는 제국주의자가 있다. 그리고 우리에게는, 전국적인 규모로 증오를 조직해 판다면 전보다 더 많은 증오를 가져올 수 있다고 주장하는 KKK(큐 클럭스 클랜)단이 있다. 우리에게는, 1914년보다 앞서 '세계적인 힘이냐 몰락이냐'를 선택해야만 한다고 말한 독일인과 1919년부터 몇 년 동안 다른 모든 것을 불안에 빠뜨리지 않는 유럽의 '안전'은 없다고 말한 프랑스인이 있다. 우리에게는 예측할 수 없는 환경에서 자신에게 유리한 표준에 따라 관계를 갖는 모든 사람들에게 인정을 요구하는 충동적인 감정의 모든 발로가 있다.

그것은 같은 법과 관습 아래로 더 많은 사람들을 데리고 들어가는 노력이 끊임없이 필요하고, 게다가 물론 이보다 큰 영역의 입법 기관과 집행 기관의 지배를 당연하다고 여긴다. 효력은 중앙 정부와 멀리 떨어진 집행부, 간부회, 운영위원회에 집중하게 된다. 좋은가 나쁜가, 영구적인가 일시적인가는 어쨌든 적어도 이 힘의 집중은 확실하다. 그 중앙에서 결단을 내리는 사람들은 그들이 통치하는 사람과 취급하는 사실로부터 멀리 떨어져 있다. 설사 그들이 충실하게

---

*14 찰스 에번스 휴즈, 1862~1948. 미국의 법조인, 정치가.

대리인 또는 수탁자로 자처하더라도, 인민의 의사를 실행한다는 것은 순수한 허구이다. 그들은 인민을 잘 통치할지도 모른다. 인민과의 적극적인 협의로 통치하는 것은 아니다. 결말의 세세한 것만 판단하고 행위하는 유권자에 응하며 그들은 기껏해야 대충 정책을 결정할 수 있을 따름이다. 통치자는 특별한 이해의 수많은 배합을 덮어 감추는 어떤 전체를 보기 때문이며, 그 악폐는 형식주의와 관료주의로서 정책에 나타나는 추상화와 일반화이다. 반대로 통치당하는 자는, 거의 상상할 수 없는 전체의 또렷한 측면을 본다. 그들에게 익숙한 악폐는 좁은 편견을 보편적인 진실로 잘못 아는 것이다.

결정이 내려지는 중앙과 세상의 중요한 일이 이루어지는 곳 사이에 펼쳐진 간격은, 이제까지 모든 이론가가 기대했던 여론이라는 원칙을 침식하고 있다. 1세기 전에 대중 정치의 모델은, 유권자의 의견이 형성되고 이웃과의 대화에 의해 집약되는 자급자족의 지역에 있었다. 그들은 마녀나 신령, 외국인, 그 밖의 세계에 대한 색다른 의견을 환영했을지도 모른다. 그러나 자기 마을에 대한 사실들은 근본적으로 분쟁이 일어나지 않고, 관습법이라는 잘 알려진 선례에 따라 연장자가 교묘하게 견제하지 못하는 일이 일어날 것 같지도 않았다.

그러나 유권자가 없는 정부 아래서 이와 같은 의견의 점검은 빠져 있다. 결론은 가끔씩 너무나 동떨어지고, 어지간한 일이 아니면 잘못이 빨리 드러나지 않는다. 사실을 조정하기에는 거리가 너무 멀고, 뚜렷이 우리의 판단이라고 인정되는 일은 없다. 현실은 접근하기 어렵고, 주관적인 의견의 범위는 광대하다. 서로 의존하는 세계에서, 관습이나 객관적인 법보다 욕망이 사람의 행동 기준이 되는 경향이 있다. 다른 사람의 안전을 희생해서라도 그들은 '위험'에 대해 폭넓은 요구를 표명하고, 바라는 것을 바랄 때에 채택되는 국가의 명운을 충족시키기 위해 다른 사람들의 취향과 즐거움을 희생시켜서라도 '도덕'을 널리 정식화한다. 행위와 경험, 주장과 효과 사이의 간격이 모든 사상가에게 저마다 자신에 대해 생각하고, 자신의 감성에 대해 섬세한 감각을 가지는 자기 표현을 숭배하게 했다. 그 결과, 그가 문제의 과정에 깊은 영향을 미치지 못하는 것도 놀라운 일이 아니다.

2

큰사회라는 중앙집권화의 경향은 아무런 저항 없이 받아들여진 것은 아니다. 거기에 맞서는 사례가 여러 번 거론되어 왔다. 토크빌*15은 그렇게 말했다. 지방에 조직이 없어도, 국민은 자유로운 정부를 가질지도 모른다. 그러나 그것은 자유 정신을 손에 넣는 것은 아니다. 한 곳에 힘을 집중하면 점유하기 쉬워진다. 프랑스 혁명 때 아서 영*16은 "무엇을 할 작정인가" 농민들에게 물었다. 그들은 "모르겠다"고 대답했다. "파리에서 하는 것을 보러 가야한다" 멀리 떨어진 중앙에서 조작되는 지방의 이해는, 바빠서 무관심한 사람들에 의해 소홀히 다루어진다. 머지않아 일을 너무 많이 떠안은 중앙 당국은 쌓이고 쌓인 방대한 문서를 잘 처리하고, 늘 종이 위에서 기호를 다루며 물건이나 사람은 좀처럼 접촉하지 않는 관료와 사무관의 광대한 서열로 확대된다. 중앙집권화의 천재들은 프랑스 교육장관의 유명한 자랑으로 정점에 이른다. 그는 이렇게 말했다. "3시다. 바로 지금 3학년 학생들 전원이 프랑스 방방곡곡에서 라틴어 시를 짓고 있다."

길게 설명할 것도 없다. 중앙집권화하면 할수록 관여하는 인민이 조언을 요청받거나 동의하는 일은 적어진다. 정해진 규칙이 확대되면 될수록 사실과 특별한 사정에 대한 배려가 적어진다. 국소적인 경험과 대립하고 원인에서 멀어져, 그 성질을 대충대충 할수록 그것을 지키게 하기 어렵게 된다. 일반화된 규칙은 특수한 요구를 방해하는 경향을 가질 것이다. 멀리 떨어져서 적용되는 규칙은 대부분 동의의 구속력이 약하다. 사람들의 요구에 별로 합치하지 못하고, 그들의 마음에서 더욱 멀어진 관습이나 이성보다 물리적인 힘에 의지하고 있다.

통치자는 서민의 대변자라는 허구에 의해 중앙집권화된 사회는, 개인의 주도권을 차츰 잃게 할 뿐만 아니라 여론의 역할을 하찮은 것으로 깎아내리는 경향을 가질 것이다. 모든 인민의 행동이 집약될 때 대중은 너무나 막연해지고, 특수한 쟁점에서 이루어진, 있는 그대로의 객관적인 판단마저 실제적이지 않게 되기 때문이다. 대중이 몇백만이나 되어 쟁점이 서로 돌이킬 수 없이 뒤얽혀서 시끄러울 때, 앞 장에서 지적한 규칙의 실행 가능성 또는 새로운 제안의 건전성을 판단하는 시험은 거의 가치가 없다. 이와 같은 상황에서 민주주의와 여론의 개선에 대해 말하는 것은 소용없는 일이다. 이 터무니없는 복잡성 때문에, 대중은 주기적으로 정권에 열렬하게 동조하는 이상의 일은 하지 않는다. 그

---

*15 알렉시스 드 토크빌, 1805~1859. 프랑스의 정치학자, 역사가.
*16 1741~1820. 영국의 농학자.

뒤에는 가장 적절하게, 그 일을 참고 시키는 대로 따르든가 달아나든가 하는 것이다. 실제로 유기적인 사회 이론은 힘의 집중, 곧 하나의 목적이라는 생각을 상황에 처해 실제로 구현화하는 방법이기 때문이다. 말을 바꾸면 이것은 자신의 목적에 대해 좌절을 받아들이든가, 모든 사람의 목적인 척 가장하는 중앙 권력이 공표한 목적을 어떻게든 때려 부수든가, 둘 가운데 하나를 의미한다.

제16장 무질서의 영역

1

아직도 중앙집권의 습관과 사회를 의인화하는 철학이 사람을 붙잡고 놓아 주지 않는다. 그 위험에 대해서는 잘 알려져 있다. 그럼에도 그 습관과 철학이 지속된다면, 잘못된 교의로 사람을 현혹해 왔다는 것만으로는 끝나지 않는다.

금주법, 어린이 노동에 대한 수정 조항, 연방 정부의 교육 통제, 철도의 국유화 등, 고도로 중앙집권화된 수단의 지지자들이 늘어놓는 어려움을 조사해 보면, 하나의 지배적인 생각으로 집약할 수 있을 것 같다. 곧 모든 문제의 요인으로 통제 범위를 확대할 필요가 있는가, 문제가 무엇이든 해결할 수 없든가이다.

로이드 조지가 정권 끝 무렵, 비판자들 앞에서 호소한 것이 이 생각이었다. 노련한 논객의 말이기는 하지만, 숨겨진 생각은 모든 큰사회의 제국적, 중앙집권적 경향의 더없는 의도라고 부를 만하다.

"그레이 경*¹⁷은 발칸제국에 평화를 가져오고 싶어했다. 그리고 그는 평화를 가져왔다. 그 평화는 런던에서 발칸제국으로 그것을 나르는 열차의 동요를 견디지 못했다. 그것은 언제나 소피아에 도착하기 전에 산산조각이 났다. 그의 책임은 아니다. 계획은 좋았다. 의도도 훌륭했다. 하지만 그가 통제할 수 없는 곳에 원인이 도사리고 있었다. 가장 중요한 문제로서, 그는 우리와 맞선 전쟁에 터키인이 참전하는 것을 방해하려고 시도했다. 독일의 외교는 그에게 너무나 버거웠다. 그는 불가리아의 참전을 방해하려고 애썼다. 다시 독일의 외교는 우리를 완패로 내몰았다. 지금 나는 그 일로 결코 그레이 경을 나무랄 생각은 없다. 따질 마음은 없으나 내가 말하고자 하는 것은, 경이 외교 문제 영역에 발을 들여놓을 때, 내가 경에게 말하지 않는 눈에 보이지 않는 사태가 있고, 무엇을

---

*17 에드워드 그레이, 1862~1933. 영국의 정치가.

해도 영향을 줄 수 없는 요인이 있다는 것이다."

로이드 조지는 국내 문제에 대해 같은 말을 했을지도 모른다. 거기에서도 경이 영향을 미칠 수 없는 원인은 수없이 많다. 그리고 대영제국이 전선을 지키기 위해 확대하고, 이어서 그 전선을 지키기 위해 더욱 확대하듯이, 중앙 정부는 통제 아래 차례차례 착실하게 관심을 넓히도록 이끌어 왔다.

2

이 딜레마에 민주주의가 늘 붙어다니기 때문이다. 곧 규칙을 규정할 때, 많은 동의가 없으면 그것은 좌절한다. 그럼에도 동의의 원칙을 필연적으로 무시하는 광범위한 규칙을 써서 중앙집권적으로 통치하는 것 말고는, 큰 문제를 해결할 수 없다. 민주주의를 괴롭히는 문제는 민주적 방법으로는 다루기 힘들 성싶다.

최대의 위기에서는 반드시 딜레마가 생긴다. 아마 민주주의를 위해 전쟁을 할 수는 있어도, 민주적으로 싸울 수는 없다. 경우에 따라서는 갑작스러운 혁명이 민주주의를 진전시킬지도 모른다. 그러나 혁명 자체는 독재적으로 이루어질 것이다. 민주주의는 그 적에 대해 지켜지지만, 그것은 안전위원회에 의해 지켜지는 것이다. 1914년 뒤로 전쟁과 혁명의 역사는 이 점에서 너무나 많은 증거가 있다. 위험이 존재하고, 신속하고 비상한 행동이 요구되는 곳에서는 민주주의의 방법을 쓸 수 없다.

이는 충분히 이해할 수 있다. 그러나 긴급하지도 그다지 파멸적이지도 않을 때에 민주적인 방법을 단념해도 되는 걸까. 왜 평시에 사람들에게서 권력 행사의 조절을 빼앗아 중앙집권화를 일으켜야 하는가. 쟁점이 있는 곳은 평시에도 위험은 수단을 가리지 않고 가깝고 가장 간결한 방식으로서, 사람들에게 구원을 요청하게 하는 데 충분한 협박이라는 것이 대답이 아닐까.

내 생각으로는 매우 저항하기 어려운 그 쟁점은 두 종류가 있다. 국방과 공안에 대한 것과, 근대 자본주의의 힘에 대한 것이다. 무장한 적과의 관계가 문제가 되는 곳 또는 종업원과 손님, 농민과 거대산업의 관계가 문제가 되는 곳에서는, 해결의 필요성이 민주적인 방법에 대한 관심보다 우세했다.

국민 국가의 대두와 대규모 산업의 발달에 따라 생긴 쟁점에서, 현대 세계의 본질적으로 새로운 문제를 찾아내야 한다. 이런 문제의 해결 선례는 아주 조금밖에 안 된다. 확립된 관습이나 법도 없다. 국제 문제와 산업 관계의 영역은 사회 무질서의 2대 중심지이다. 그것은 모든 곳에 널리 퍼진 무질서이다. 무서운 군사력을 가진 국민 국가와, 세련된 경제의 강박을 수반하는 대규모 산업으로부터 몸의 안전에 대한 협박은 언제나 일어나고 있다. 그것을 어떻게든 상쇄하고 억제하는 것은 동의의 원칙에 대한 섬세한 배려보다 중요한 것으로 생각된다.

국민 국가의 협박 앞에서, 그 이웃은 더 강력한 국민 국가로 스스로를 변모시키고, 자본주의의 힘을 키우기 위해 거대한 관료제도의 발달을 지원했다. 그들은 위험하고 통제할 수 없는 힘에 맞서 자기 것이라고는 이름뿐인, 마찬가지로 광대하고 통제할 수 없는 힘을 설치했다.

3

그러나 이런 힘의 커다란 균형에 의해 얻은 안전은 위태로운 잠깐밖에 되지 못한다. 1870년부터 1914년까지 세계는 균형을 유지했다. 그것이 뒤집히고 나서는 아직 새로운 질서를 찾아내지 못하고 있다. 국가 간의 힘의 균형은 실로 불안정하다. 왜냐하면 산업이나 국제 문제나 아직 규칙에 의해 고정된 조직 형태가 이루어졌다고 할 만큼 충분히 긴 균형이 유지되고 있지 않기 때문이다. 가끔 여기저기에서 힘은 힘에 의해 저지되어 왔는데, 힘은 힘에 대해 용인된 안정적인 조건으로 조정되지 않았다.

힘으로 힘을 상쇄해 그것을 제어한다는 것은 의도에 들어맞는다. 제멋대로인 모든 힘이 다른 힘에 저지되지 않는 한, 사람들이 서로 받아들이지 않는 목적은 평화롭게 존재할 수 없다. 교섭하는 사람의 힘이 다른 것에 대해 중립인 곳에서만 모든 회의, 평화적 교섭, 법의 구조와 합리의 원칙은 큰 일에 대해 기능한다. 사실 당파가 똑같이 강력하다면 균형이 잡힐지도 모른다. 세계의 다른 힘과 국내 문제로 약자가 다른 이해와 손잡는다면, 그것은 중화될 것이다. 그러나 법의 존재는 질서를 전제로 한다. 질서는 힘의 배치이다.

국가주의자와 집산주의자에 대해 말할 수 있는 최악의 것은 오래 버틸 수 없는 힘의 균형을 확립하려고 한 것이다. 다원주의자라면 적어도 추구하는 목표는 따로따로 이루어야 하고, 광대하고 대대적인 힘의 균형 대신 많은 정밀한 균형을 찾아야 할 필요가 있다고 할 것이다. 중앙집권화된 정부를 지지하는 인민은, 대체로 자본주의를 길들일 수 없다. 자본주의라는 말로 요약되는 힘이 많기 때문이다. 그것은 사람들의 다른 집단을 따로따로 압박한다. 단위로서의 국민은 그 모든 것과 만나지도 않으며, 그 모든 것을 다루는 일도 없다. 우리는 그들을 압박하는 자의적인 힘을 상쇄할 힘을 찾아야만 한다고 다른 집단들을 걱정시킨다. 자본주의의 법제화는, 일반적인 제정법에 의해 대대적으로 자본주의를 때린다는 문제가 아니다. 모든 공장에서, 모든 사무실에서, 모든 시장에서 세부에 걸쳐 자의적인 힘을 꺾고, 산업이 자의적이고 폭력적인 지배로부터 안정된 규칙의 지배로, 관계의 모든 연결조직을 돌린다는 문제이다.

그래서 국가는 무질서 속에 있다. 시민의 모든 행위를 유기적인 국가 행동으로서 다룬다면, 힘의 안정된 균형은 불가능하다. 어느 사업가의 언쟁은 그들의 언쟁이며, 국가의 것은 아니다. 명분인 애국적 주장이 아니라, 공평한 심판에 대해 변명의 기회가 주어지는 언쟁이다. 여기서도 동일성이라는 허구를 깰 필요가 있다. 질서가 선 과정 속에서 경계를 넘는 수많은 분쟁을 점진적으로 일으키려면 개인적인 이해를 분리할 수밖에 없다. 국가 간 분쟁의 대부분, 아마 그 최대 부분은 국민 사이에 결말이 나지 않은 분쟁이 쌓이고 쌓이기 때문이다. 의뢰인의 대변자로서가 아니라 법정의 조언자로서 행위하는 정부가 모든 국민과 사기꾼을 혼동하지 않고 이런 본디 개인적인 분쟁을 다룰 수 있다면, 정부 간 힘의 균형은 쉽게 유지될 것이다. 한없이 의심스러운 선전, 국민의 지지를 얻으려는 개인적인 이해에 의해, 각각의 국민 속에서 끊임없이 비난을 받는 일도 없으리라. 그리고 정부 간 힘의 균형이 국제 회의에 대한 관례의 실마리를 잡는 데 충분한 시간을 갖고 안정될 수만 있다면, 더욱 긴 평화가 찾아올지도 모른다.

4

여론의 성질과 민주주의 이론을 그 나름으로 연결하는 시도로서, 조잡하긴 하지만 대략 이와 같은 것이 결론처럼 보인다. 나는 여론은 신의 목소리가 아니며 사회의 목소리도 아니라 행동을 방관하는 사심을 가진 자의 목소리로 생각해 왔다. 따라서 방관자의 의견은 본질적으로 행위자의 의견과 달라야만 한다. 그들이 취할 수 있는 행동도 본질적으로 다르다. 논쟁에서 대중은 집행자와는 질적으로 다른 독자적인 기능과 방법을 가져야 한다. 개인적인 목적이 공동목적의 단순한 표출이라고 믿는 것은 위험한 혼동으로 여겨진다.

이 사회 개념은 여론에 범신론의 힘을 실어주는 것보다도 진실하고 실제적이다. 행동하고 있는 사람에게 보편적 목적이 있다고 가정하지 않고, 공동 목적의 대리인이라는 허구에도 기만적인 지지를 보내지 않는다. 핑계나 겸연쩍음에도 불구하고 그들은 특수한 목적의 대리인으로 생각된다. 그들은 다른 특수한 목적을 가진 사람들과 함께 세계에서 살아야 한다. 해야만 하는 조정이 사회이고, 최고의 사회란 사람들의 불만을 최소한으로 해 목적을 이룰 수 있는 곳이다. 다른 사람의 목적이라는 입장을 취할 때, 사람은 대중으로서 행위하는 것이 된다. 이 역할의 목표는, 특수한 목적이 성립되도록 상태를 진전시키는 데에 있다.

그것은 직접 관여하는 개인에게 신뢰를 위임하는 이론이다. 그들이 제기하고 집행하며 안정시키는 것이다. 무지하고 참견하기를 좋아하는 외부자의 간섭은 최소한으로 억제될 것이다. 이 이론에서 대중은 조정할 수 없는 위기가 있을 때만 개입하고, 문제의 실제에는 관여하지 않으며, 조정을 방해하는 자의적인 힘을 중화한다. 그것은 대중의 한 구성원으로서 사람들에게 주의력을 절약시키고, 전혀 방법이 없는 데에서는 되도록 아무것도 하지 않도록 요구하는 이론이다. 그것은, 사람들이 대중일 때 수행할 수 있는 부분, 사회적 혼란으로 자신의 이해가 최대한 일치하는 부분, 곧 혼란을 가라앉히는 데 도움이 되는 개입으로 노력을 한정해, 자신의 문제로 되돌아가는 것을 허용한다.

그것은 그들이 가장 관심을 기울이는 그들의 특별한 문제의 추구이기 때문이다. 생활을 개선하는 것은 한 사람의 개인적인 노동이다. 나는 여론과 대중의 행동에 따라 이루어지는 것에는 무게를 두지 않는다.

5

내가 제안할 수 있는 입법 계획이나 새로운 조직은 없다. 오늘날 민주주의 이론에는 행동을 좌절시키고 왜곡시키는 헤아릴 수 없는 혼란이 있다. 그릇된 철학은 경험이라는 교훈에 거스르는 생각을 틀에 맞추려는 경향이 있다. 그밖에는 전혀 확신이 없는 채, 나는 몇몇 혼란을 비난해 왔다. 우리가 가정하는 상상의 힘으로서가 아니라 있는 그대로의 여론을 배운다면, 그 교훈이 어떻게 될지 나는 알 수 없다. "모호한 담화의 당혹스러움은…… 우려를 얼버무리고, 물리치고, 정념을 자극해 불태운다" 말한 벤담을 이해한다면 그것으로 충분하리라.

언론 철학자 리프먼

월터 리프먼의 《여론이란 무엇인가》《환상의 대중》

언론 철학자 월터 리프먼

월터 리프먼(Walter Lippmann, 1889~1974)은 미국 언론계의 권위자로 불리면서 20세기 최고의 언론인으로서 미국을 뛰어넘어 온 세계에 이름을 떨쳤다. 그는 60년간 언론계에서 활동하면서 세계적으로 널리 존경받는 정치 칼럼니스트가 되었다. 분명 리프먼은 20세기 최고의 언론인이라고 평가받기에 부족함이 없는 인물이다. 그러나 무엇보다도 그의 저서가 뚜렷이 보여주듯이, 그는 위대한 언론인이었을 뿐만 아니라 뛰어난 정치학자요, 사상가요, 철학자요, 작가이기도 했다.

오늘날 미국에서는 리프먼이 새로운 시각으로 재조명되고 있다. 그러나 우리에게 리프먼은 그리 친숙한 작가가 아니다. 그래서 이 글을 읽는 독자들의 편의를 돕기 위해 먼저 리프먼의 생애를 간단히 살펴볼까 한다.

> 리프먼—부드럽고 헤아릴 수 없이 속 깊은 사람.
> 명석하고 견실하며 건전한, 사색과 글로 이루어진 사람.
> 그 날카로운 두뇌는 뒤엉킨 온갖 오류를 빠르게 꿰뚫어 보고
> 번갯불처럼 진실을 움켜쥔다.
> 온화해 보이는 그 얼굴, 그러나 그 눈은—
> 타고난 예언자의 모습이 그곳에 있도다.
> 그는 침묵한 채 조용히 앉아 있다. "나는 살아 있는 말을 죽은 자들 사이에서 낭비하고 싶지 않다." 그렇게 말하듯이.
> 아아, 흔들림 없는 우리의 우두머리여. 그러나—
> 하나의 세계를 세우면서 모든 즐거움을 없애는 자가 있다면,
> 끝없이 펼쳐지는 현란한 야외극을 꿈꾸면서 모든 색채를 지우는 자가 있

다면,

인류를, 나를, 기하학의 증명을 마치는 기호를 향해 행진하게 만드는 자가 있다면,

만약 그런 자가 있다면 그 누가 웃지 않을 수 있겠는가.

그 누가 울지 않을 수 있겠는가.

만약 그자가 월터 리프먼이라면.

(존 리드, 1913년 작품)

리프먼은 1889년 9월 23일에 뉴욕 시 맨해튼에서 독일·유대계 교포3세로 태어났다. 그는 고전과 인문주의 교양을 가까이 접할 수 있었던 넉넉한 가정에서 외아들로 자랐다. 할아버지는 봉제업을 했으며 아버지의 생활도 검소했으나, 부동산 투자에 성공한 외할아버지가 많은 유산을 남겼다. 어릴 때부터 신동이라고 소문이 자자했던 그는 초등학교 시절부터 남다른 두뇌와 자제심을 보였다.

1896년 9월에 그는 상류층 유대인 자녀들이 다니는 센트럴파크 남쪽의 삭스 남자학교(Sachs School for Boys)에 입학했다. 그리고 1906년 가을, 그의 강인한 정신과 지성의 중요한 뼈대를 이뤄 준 하버드대학에 입학했다. 사교클럽에는 들어가지 못했지만 윌리엄 제임스가 리프먼이 쓴 글을 읽고 그를 찾아온 뒤로 교류의 기회를 가졌다. 그는 4년 학사과정을 3년 만에 마쳤고, 마지막 1년 동안은 하버드대학 교수이자 철학자인 G. 산타야나의 조교로 일했으며, 1910년에 최우수상을 받고 졸업했다.

그 무렵 하버드에서는 훌륭한 총장 찰스 엘리엇의 지도 아래 근대적인 대학을 목표로 한 진보적인 개혁이 대담하게 진행되고 있었다. 리프먼이 입학한 해에 엘리엇 총장은 학생들에게 "저마다 자유롭게 생각하고 마음에 드는 것을 할 자유"를 가지라고 강하게 호소했다. 이는 대학 교과과정에도 반영되어 필수과목이 폐지되었으며 '자유선택과목' 제도가 채택되었다.

다시 말해 1학년 때 프랑스어와 독일어 과정을 통과하면 졸업할 때까지 무슨 과목을 선택하든 상관없고, 1년 동안 취득할 수 있는 학점 수에도 제한이 없었다. 그러므로 원한다면 교과과정을 빨리 마칠 수도 있었다. 리프먼은 이 제도를 최대한 활용했다.

1910년에 졸업한 학생들은 역대 하버드 졸업생들 중에서도 특히 우수했다. 리프먼의 동기생으로는 T.S. 엘리엇, J. 리드, S. 체이스, H.V. 칼텐본 등이 있었다. 동기생 존 리드는 뒷날 회고하기를, 하버드 시절에 그의 정신 형성에 결정적으로 영향을 미친 두 가지 요소 가운데 하나가 바로 '월터 리프먼으로 상징되는 근대적 정신'이었다고 한다.

하버드의 르네상스라고도 불리는, 자유로운 정신으로 가득 차 있던 그 시절에는 학생들이 전통적인 클럽에 맞서 새로운 클럽을 잇달아 조직했는데, 그중에는 사회주의자 클럽도 있었다. 점진적

월터 리프먼(1889~1974)

인 사회주의화를 목표로 하는 페이비언협회에 흥미가 있던 리프먼이 회장을 맡은 사회주의자 클럽은 학교 전체에 폭넓은 영향을 끼쳤다. 그들은 시장 선거 때 사회주의적인 강령을 작성하고, 매사추세츠 주 의회에도 사회입법 조치를 요구했다. 또 대학 측에 사무원 급여 개선을 촉구했으며, 나아가 사회주의 관련 강좌 개설도 요구했다. 리드가 말한 '월터 리프먼으로 상징되는 근대적 정신'이란 이런 흐름을 뜻한다.

서부 사람들끼리 모여서 새로 결성한 웨스턴 클럽의 회원이었던 리드는 어느 날 리프먼을 클럽 모임에 초대했다. 리프먼이 나타나자 리드는 "여러분, 미래의 미국 대통령이 오셨습니다" 하고 회원들에게 그를 소개했다. 리드는 그를 놀리거나 농담을 한 게 아니었다. 실제로 리프먼을 아는 사람들 사이에서는 진지하게 그런 이야기가 오가고 있었다. 리프먼은 마흔 살이 되기 전에 뉴욕 주지사나 국무장관 자리에 오를 거라고.

그럼 교수들은 어땠을까. 리프먼은 W. 제임스와 G. 산타야나 교수에게 특히

강한 영향을 받았다고 스스로 말했는데, 그 밖에도 하버드에서 객원교수로 정치학 토론 과정을 맡았던 G. 월러스와의 만남은 리프먼의 온 생애에 걸친 라이트모티프(문화적 이상·가치) 형성에 결정적인 영향을 미쳤다.

졸업한 뒤 리프먼은 연구자나 외교관이나 정치가가 될 것이라는 주변의 예상을 뒤엎고, 앞으로 자신이 해나갈 창조적인 일의 핵심을 언론계에서 발견했다. 그가 졸업한 해인 1910년에 '부정 폭로 운동'의 중심인물이었던 저명한 언론인 링컨 스테펀스가 잡지편집 조수를 찾으러 하버드에 왔다. 그리고 스테펀스가 제시한 "가장 뛰어난 정신을 글로 표현할 수 있는 가장 우수한 사람"이라는 조건에 걸맞은 인물로서 리프먼이 뽑혔고, 그는 스테펀스의 제의를 받아들였다.

학생 때 잠깐 〈보스턴 코먼(Boston Common)〉지에서 일한 적이 있었던 리프먼은 스테펀스 아래에서 〈에브리바디스 매거진(Everybody's Magazine)〉지의 편집을 맡게 되었다. 세인트루이스에서부터 미니애폴리스, 피츠버그, 필라델피아, 시카고, 뉴욕에 이르기까지 수많은 도시의 시정(市政) 부패를 폭로해 나가는 스테펀스에게서 리프먼은 독특한 작업 방식을 전수받았다. 이는 리프먼이 신문기자에게 필요한 지식과 기법을 익히는 데 많은 도움이 되었을 것이다.

더욱이 스테펀스는 "저널리즘은 대중을 철학으로 이끄는 가장 좋은 수단"이라고 리프먼을 격려했다. 1912년에 그는 시정개혁을 꿈꾸면서 뉴욕 주 중부에 있는 도시 스케넥터디의 새로운 시장이자 사회주의자인 G.R. 렌의 보좌관이 되었으나, 실제 정치에는 도무지 적성에 맞지 않는다는 것을 깨닫고 넉 달 만에 물러났다.

리프먼은 사회주의자가 사회주의에 대해 아무것도 모른다는 사실을 깨닫고 자신에 대해 깊은 환멸을 느꼈으며, 이제는 글과 사색에 집중하기로 결심했다. 그 결과가 1913년, 그의 나이 스물다섯에 출판한 처녀작 《정치 서설 *A Preface to Politics*》이다. 그 뒤로 그는 미국의 문화적 실험운동의 중심인물이었던 메이블 도지의 살롱에 드나들면서, 부자와 서민·노동자·언론인 등 다양한 사람들과 교류하게 된다. 동료 가운데는 노동쟁의에 참여하는 이도 있었으나 리프먼은 발을 들이지 않았다.

같은 해 가을에는 중앙집권화가 더욱 강화된 정부가 공익을 확보한다는 사상을 지니고 있던 허버트 크롤리의 초청을 받아 이듬해 창간될 〈뉴 리퍼블릭

하버드 대학교 하버드 시절 리프먼은 '사회주의자 클럽' 회장을 맡아 대학측에 사회주의 관련 강좌개설을 요청하는 등 적극적인 활동을 했다.

《New Republic》 편집국에 합류했다. 리프먼은 잡지 일에 정력적으로 힘을 쏟고, 시어도어 루스벨트를 지지하면서, 두 번째 책인《흐름과 통제 *Drift and Mastery*》를 쓰기 시작한다.

제1차 세계대전이 일어나기 전날 밤 리프먼은 영국에 있었다. 그곳에 머물며 월러스에게서 허버트 조지 웰스를 소개받고, 그를 통해 인맥을 넓힐 기회를 얻었다. 1914년, 갑작스러운 사태에 그는 당황했다. 전쟁이 시작되어 귀국한 뒤로는 사회주의 운동과 결별하고 중앙집권과 과학에 의한 개혁으로 방향을 돌렸다.

미국이 아직 세계대전에 끼어들기 전인 1916년, 리프먼은 대통령 선거에서 우드로 윌슨의 재선을 지지하여, 대통령에게 여러 번 초대받았다. 리프먼은 미국의 참전을 바라고 있었다. 1917년 4월, 미국은 제1차 세계대전에 참전했다. 이를 계기로 스물여덟 살이었던 리프먼은 현실 정치세계에 발을 들여놓았고, 그의 사색은 중요한 전기를 맞이했다. 그해 10월 화평준비전문위원회 설립과 동시에 그는 위원회의 중심인물로서 위원회와 대통령 사이의 연락 담당자가 되었고, 이듬해에는 정보장교로서 미국–독일 전쟁의 심리작전을 위해 프랑스로 건너갔다. 이때 그는 선전 문구를 쓰면서 선전 싸움의 전문기술을 익혔다. 또한 평화에 관한 '14개조' 원안을 작성하는 비밀그룹에 참여해서 14개조 중 8개조를 썼으며, 미국 정부의 공식 견해 초안도 잡았다.

사전공작 없이 일방적으로 통고한 미국의 14개조 평화원칙을 연합국에 이해시키기 위해 리프먼은 정보담당 미군 육군대위로서 영국으로 향했다. 그러나 헌신적인 노력에도 항복조건을 둘러싼 교섭에 실패하자, 그는 1919년 관직에서 물러나 〈뉴 리퍼블릭〉지로 돌아왔다. 이 괴로운 경험은 오래도록 그의 가슴속에 남았으며, 그는 그 의미를 끊임없이 탐구했다.

제1차 세계대전 이전의 기나긴 평화 시대에 이루어진 리프먼의 정신으로서는 대전 자체도, 그 뒤에 전개된 상황도 도저히 이해할 수 없는 이상한 것이었다. 제1차 세계대전 시대의 생산력 확대를 배경삼아 미국 사회가 전쟁 뒤에 이른바 대중사회·대중민주주의를 향해 크게 변모해 가는 가운데, 리프먼도 T.S. 엘리엇이나 J. 리드처럼 그들의 시대가 끝났음을 깨달았다.

1917년 6월에 리프먼은 옛 동창과 뉴욕 시 5번가를 걸으면서 이렇게 말했다. "우리가 알던 세계는 이제 없어. 같은 세계는 두 번 다시 돌아오지 않을 거야."

1914년에 간행된 저서 《흐름과 통제》에서 이미 리프먼은 빠르게 변해 가는 사회와 인간관계를 '커다란 세계와 작은 인간'으로 보면서, 시대 변화는 "환상이 아닌 하나의 사실이며 실제로 우리는 새로운 시대로 나아가고 있다"고 말했다. 이어 그는 "우리 존재는 근본부터 뒤흔들리고 있다"면서, 뿌리를 잃고 관계를 잃어버린 인간의 모습을 그려냈다.

······이 기묘한 상황에 대처할 수 있는 인간관계는 이제 어디에도 없다. 부모와 자식, 남편과 아내, 고용자와 노동자 등 모든 관계가 다 마찬가지다. 우리는 마구 뒤얽힌 복잡한 문명에는 익숙지 않다. 인간적인 인연과 영원한 권위가 사라져 버린 지금, 사람들은 어쩔 줄을 모르고 있다. 우리를 이끌어 줄 선례는 없다. 우리는 우리 환경을 너무 빨리 바꿔 버렸다. 자기 자신을 어떻게 바꾸면 좋을지 알 수 없는 미래로 말이다. 우리는 그야말로 괴상한 인간이다. (중략)

우리는 이웃이 누구인지 모르는 채 대도시에 살고 있다. (중략)

우리는 이 비개인적(非個人的)인 성질 때문에 괴로워한다. 사람들은 이 추상성을 버거워한다. 그래서 사람들은 인간관계에 관한 소문을 자꾸만 신문

에서 찾으려 한다. 그리
하여 가십이 생긴다. 전
에는 동네 구멍가게에
서 귀에 들어오던 소문
이 이제는 신문에서 전
신(電信)을 통해 들려오
고 있다.

새 시대로의 전환을 인
간 조건의 변질로 파악
한 리프먼은, 베르사유 조
약의 쓰디쓴 경험을 뉴스
보도 문제와 관련지어 소
논문 두 편을 써서 1919
년 미국의 종합월간지 〈애
틀랜틱 먼슬리(Atlantic
Monthly)〉에 발표했다.

〈자유와 뉴스 *Liberty
and News*〉라는 제목의 이
논문은 리프먼의 삶에서

사회주의 운동과 결별 1914년. 제1차 세계대전이 일어나자 리
프먼은 사회주의 운동과 결별하고 중앙집권과 과학에 의한
개혁으로 방향을 돌린다.

평생 되풀이되는 주제를 확실히 드러내고 있다. 왜 '베르사유 조약'은 실패했는
가. 그는 사람들이 사실을 몰랐기 때문이라고 말한다. 사람들은 주어진 이차적
인 뉴스와 소문과 억측으로 이루어진 '의사환경(pseudo-environment)'에 반응했
을 뿐, 진짜 환경에 대응되는 사실을 몰랐다. 그래서 선동과 선전에 속아 넘어
갔다는 것이다.

이 무렵 리프먼은 인간이 스스로 자기 환경을 제어할 힘을 가지는 것이야말
로 민주주의의 대전제라고 생각했으며, 또 객관적인 사실 보도를 통해 사람들
의 능력을 회복시킬 수 있을 것이라고 믿었다. 그리하여 민주주의의 위기가 언
론의 결함 속에서 발견되고, 사실 문제에 초점이 맞춰지게 된다.

그러나 문제는 문명의 성격이 사실에 대응하는 것을 복잡하게 만들어, 인간의 일반적인 이해력을 뛰어넘는 것으로 바꿔 버렸다는 점이다. 따라서 그는 이렇게 말한다. "차원이 다층화(多層化)된 데다 서로 질이 다른 문제들이 복합적으로 나타나고 있는 이 상황에 대응할 수 있는 만능 해결책은 없다." 리프먼의 이 기본적인 인식은 평생 변하지 않았다.

민주주의의 기본 전제인 '자기 지배력' 문제와 관련지어 뉴스 본질에 다가가려고 한 리프먼의 생각은 1922년에 간행된 《여론이란 무엇인가 *Public Opinion*》에서 크게 비약하여 인간과 환경의 기본적인 관계를 이미지 개념으로써 명확하게 밝혀냈다.

현실 환경과 인간 행동 사이에는 인간의 머릿속에 비친 환경 이미지가 끼어 있다. 그러므로 인간 행동은 이 환경 이미지—리프먼은 이에 '의사환경'이라고 이름 붙였다—에 대한 반응이다.

게다가 이 행동 결과는 현실 환경 속에서 일어난다. 환경과 이미지와 행동의 이러한 삼각관계의 기본 개념은 리프먼이 직관적으로 찾아낸 독창적인 개념이다. 또한 그는 이미지를 만들 때 인간이 어떤 고정관념을 가지느냐에 따라 이미지가 좌우된다고 했으며, 이를 '스테레오타입(stereotype)'이라 불렀다. 곧 스테레오타입이 확고한 경우, 사람들의 관심은 스테레오타입을 지지하는 사실만 받아들이고 그것과 모순되는 사실은 멀리하기 쉽다.

이리하여 합리적인 의견 형성의 필수조건이라 여겨지던 '객관적 사실'은 더이상 당연한 것이 아니다. 고로 여기서는 '객관적 사실'이 '진실'과의 관련성에 따라 재조명됨과 동시에 둘 사이의 질적인 차이가 설명된다.

리프먼의 말에 따르면 뉴스가 '하나의 사건이 일어났음을 알리는 신호'에 지나지 않는 데 비해, 진실의 기능은 '숨겨진 사실들을 겉으로 끄집어 내고 서로 관련지어서, 이를 바탕으로 인간이 행동할 수 있도록 현실 환경을 만드는 것'이다. 말하자면 인간이 우발적인 체험이나 편견을 초월해서 자기 행동을 결정할 수 있도록, 상황을 인식하고 측정 가능한 형태로 재구성하는 과정에서, 진실의 기능과 뉴스의 기능이 비로소 합치된다는 것을 리프먼은 강조했다.

'사실에 대한 진실의 기능'이라는 그의 가설은 이런 식으로 명확히 제시되었고, 그 뒤로 그의 언론 활동의 굳건한 표준이 되었다.

민주주의를 '자기 지배적'으로 만드는 데 기초가 되는 사람들의 의견은 과연 어떻게 해야 합리적으로 이루어질 수 있을까. 리프먼은 학창 시절부터 품어 왔던 이러한 라이트모티프에 이끌려서, 20세기 인간 조건의 구조적 변화에 대해 새로운 인식 틀을 제공하기에 이른 것이다.

1921년에 그는 《여론이란 무엇인가》를 집필하기 위해 〈뉴 리퍼블릭〉지를 그만뒀는데, 1922년 1월 퓰리처 계열의 〈뉴욕 월드(New York World)〉가 그를 논설위원으로 맞이했다. 그해 리프먼은 자신의 대표작이 된 《여론이란 무엇인가》를 완성했으며, 그 이듬해 여름휴가 중에 집필한 것이 《환상의 대중 The Phantom Public》이다. 이때 그는 이미 윌러스와 같은 정치가가 조언을 구하기 위해 찾아오는 존재가 되어 있었다. 멕시코 침공을 막기 위해 스스로

왜 베르사유조약은 실패했는가 리프먼은 논문 〈자유와 뉴스〉에서 '사람들이 사실을 몰랐기 때문에 선동과 선전에 속아넘어간 것이다'라고 했다. 그즈음 리프먼은 인간이 스스로 자기 환경을 제어할 힘을 가지는 것이야말로 민주주의의 대전제라고 생각했다.

교섭을 떠맡고, 이탈리아에서 무솔리니와 회견을 갖는 등, 미디어와 정계를 오가며 평론가로서의 실력을 키웠다.

1924년 〈뉴욕 월드〉지의 논설주간이 된 리프먼이 늘 마음속에 두고 있었던 것은, 스테레오타입형 생각에 의한 조잡한 일반화를 논설문에서 철저히 배제하고 그 대신 '차라리', '아마도', '만약', '일부는' 같은 상대적인 말을 쓰는 것이었다. 그는 사설에 대한 반대 의견을 중심으로 폭넓은 견해를 발표하는 공개토론장으로 '논평기사면(Op-Ed page)'을 만들어 독자에게 개방했다.

1931년 〈뉴욕 월드〉지가 허스트 계열 신문과 치열한 경쟁을 벌이다가 결국 폐간되자, 리프먼은 경쟁 상대였던 〈뉴욕 헤럴드 트리뷴(New York Herald-Tribune)〉지의 칼럼니스트로 자리를 옮겼다. 이때 하버드대학, 시카고대학, 〈뉴욕 타임스〉지 등이 그를 앞다퉈 데려가려고 했지만 그는 결국 시사평론가의 길을 선택했다. 한편 민주당파인 〈뉴욕 월드〉지에서 공화당파인 〈뉴욕 헤럴드 트리뷴〉지로 옮긴 그를 가리켜 사상적으로 변절했다고 보는 사람들도 적지 않았다.

1931년 9월 8일, 뒷날 그를 대표하게 된 '오늘과 내일(Today and Tomorrow)' 난이 〈뉴욕 헤럴드 트리뷴〉지에 개설되었다.

일주일에 세 번씩 정기적으로 이 평론이 미국 전체의 주요 신문에 실리자, 횟수가 거듭될수록 리프먼에 대한 의혹은 점점 사라졌다. 그리고 대통령을 비롯한 정책 결정자들부터 지식인·은행경영자·실업가·상인·전문기술자, 그 밖의 중산계급 주부들에 이르기까지 국민적인 독자층을 확보하게 되었다.

더 나아가 유럽·아시아·중남미 주요 신문들에 공동 게재된 그의 평론은 세계적인 주목을 받아 공공적인 쟁점, 특히 외교문제·대외정책에 대한 토론을 불러일으키는 역할을 하게 되었다. 시간이 지남에 따라 그의 평론은 설득력과 지혜로움과 신선한 시점을 통해 세계적인 정책결정 과정에도 커다란 영향을 미치기에 이르렀고, 그 명성은 미국을 뛰어넘어 온 세계에 널리 퍼졌다. 일흔여덟 살까지 글을 계속 쓴 그는, 전제(前提)보다는 현실로 눈을 돌려 그때그때의 문제를 실상에 맞게 논의해 왔다.

그가 생각하기에 평론이란, 혼란한 상황에 질서를 잡아주고 이를 분명하게 비춰서 공공적 상황에 대해 생각하고 판단할 수 있는 기초를 독자에게 제공해야 한다. 기존 시사평론가들은 이미 찬성의 뜻을 나타내고 있는 사람들에게 설교하는 것이나 다름없는 논의 또는 변명에 치중해 왔다. 그러나 리프먼은 사람들이 편견을 버리고 태도를 바꿀 수 있도록 뉴스의 배경을 빈틈없이 설명하고 분석하는 것이 더 중요하다고 믿었다.

그것은 그의 가설에 따라 뉴스와 진실의 기능을 합치시킬 때 비로소 가능한 일이었다. 그런 의미에서 그의 평론은 그 둘을 합치시킬 수 있는 공개토론을 탐구하는 과정이었다고도 할 수 있다. 그래서 리프먼은 대상에 접근하는 방식과 문체를 엄격히 선택하고 이룩해야 했다. 이해관계에서 벗어나 일정한 거리를 두고 대상을 관찰하면서 가능한 한 공평하게 객관적으로 기술함으로써 독자를 재교육하는 것, 이 점을 그는 언제나 마음속에 두고 있었다.

그의 문체에 대해 한 언론인은 "부드럽고 덧없는 신문지에 인쇄되기보다는 돌에 새겨지기 위해 선택된" 것이라고 의미심장하게 비평했다. 절제된 표현법과 엄밀한 언어가 쓰인, 균형잡히고 논리적이면서 아름답기까지 한 리프먼의 문체는 그의 방식과 매우 밀접하게 관련되어 있었다.

'오늘과 내일'이라는 그의 평론 제목이 상징하듯

평론 '오늘과 내일'   1931년 〈뉴욕 헤럴드 트리뷴〉지에 개설된 이 칼럼은 세계적인 정책 결정 과정에도 커다란 영향을 미쳤다.

이, 그는 그날그날 일어난 사건을 '인류의 진보 및 사상의 역사'라는 넓은 문맥에 따라 평가하고, 본질적인 것과 파생적인 것을 끊임없이 구별하며 글을 씀으로써 사람들이 스스로 미래를 예견할 수 있게끔 했다. 시기적절하면서도 시간을 넘어선 이 평론에 대해서 리프먼 본인은 "무언가 중대한 일이 일어나도 독자가 크게 놀라지 않을 수 있는 '시야' 속에 그날그날의 사건을 집어넣으려는 끝없는 노력"이라고 표현했다.

1938년에 워싱턴으로 이사한 그는 역대 대통령 및 정부 고위관리들과 가끔씩 이야기를 나누면서 놀랍도록 많은 정보를 얻게 된다. 그러나 특정한 공인(公人)과 친해지는 일은 신중하게 삼갔다. 또한 그는 어떤 대통령도 일관되게 지지한 적이 없었다. 정책에 따라서 때로는 지지하고 때로는 반대했다. 그의 '너무나 공평한' 태도는 '상대적인 표현법을 가장 많이 사용하는 필자'라며 놀림당하거나 때로는 '태도가 지나치게 모호하다'고 비판받기도 했다.

1930, 40, 50, 60년대에 걸쳐 제일선에서 일인자로 군림했던 리프먼은 자유민주주의의 근본 원칙에 어긋나는 것에 대해 가장 격렬하고 날카롭게 반격하면서 철저하게 싸움을 계속해 나갔다.

그는 매카시즘*¹과 베트남 전쟁에 줄기차게 이의를 제기했다. 그런 주제를 다룬 그의 평론은 일일이 헤아릴 수 없을 정도이다. 그는 스탈린주의를 끊임없이 경계했듯이 매카시즘의 본질적인 문제점에도 정면으로 맞서면서, 매카시즘과 그의 지지 세력을 날카롭게 비판했을 뿐만 아니라 미국 대통령이 해야 할 일을 지적하기도 했다.

1963년 1월 〈뉴욕 헤럴드 트리뷴〉지가 쇠퇴하자 그는 〈워싱턴 포스트〉지로 옮겨 가서, '오늘과 내일' 말고도 〈뉴스위크〉지에서 평론을 연재하기 시작했다. 사람들의 인격을 빼앗아 그 내적인 확신을 파괴하는 매카시즘의 '인간성 모독 행위'를 리프먼은 받아들이지 않았다. 그래서 베트남 정책에 반대하는 사람을 '국민적 합의의 파괴자'처럼 취급하는 존슨 정권에 맞서 철저히 투쟁했다. '리프먼 전쟁'이라고 불릴 만큼 격렬한 싸움이었다.

리프먼이 존슨 정권에 퍼부은 집요하고도 효과적인 공격에 대해 백악관 측도 '한물간 시사평론가', '늙어서 필력도 쇠퇴했다'는 식으로 맞서면서 리프먼을 계속 비난하고 중상했다. 국방부는 그동안 리프먼이 저질렀던 외교 정책상의 판단 오류 사례들만을 모아서 연도별로 정리해 널리 퍼뜨렸다. 그러나 이것들은 하찮은 오류에 지나지 않았다. 그즈음 〈워싱턴 포스트〉지의 정치만화가 허블록(본명은 허버트 블록)은 "만일 두 사람이 토머스 모어와 헨리 8세 시대에 살고 있었더라면 리프먼은 벌써 목이 달아났을 것이다"라고 말했다(1967년 5월 14일자 신문).

1967년 5월, 갈등은 극에 달했다. 마침내 리프먼은 36년간 계속 써 오던 평론을 단념하고, 워싱턴을 떠나 뉴욕으로 돌아왔다. 그가 평론 집필을 중단하자, 많은 사람들은 캄캄한 어둠 속에서 길을 잃어버린 것처럼 충격을 받았다고 한다. 리프먼이 그런 결심을 한 까닭은 '개인적인 비평을 배제하고 오로지 원칙에

---

*1 극단적이고 초보수적인 반공주의 선풍. 또는 정적이나 체제에 반대하는 사람을 공산주의자로 몰아 처벌하려는 경향이나 태도.

따라서만 언론 활동을 한다'는, 자신의 확고한 기준이 더 이상 성립될 수 없음을 깨달았기 때문이리라.

리프먼은 말년에도 〈뉴스위크〉지에 꾸준히 원고를 써 보냈다. 여기서 그는 끝까지 타협을 거부하고 승리만을 고집하는 존슨 대통령을 "최대·최선만을 꿈꾸며 언제나 일인자이기를 바라는 원시적인 개척자"라 평가하고, 미국인이 은혜를 베풀 줄 모르는 "성공의 여신의 노예"가 되어서는 안 된다고 주장했다. 최악의 상황에서도 그의 사색은 끊이지 않았으며, 날카롭고 명석한 필치는 마지막까지 변치 않았다.

현대를 '준(準)암흑시대'로 정의하고, 영국 정치학자이자 사회심리학자인 G. 월러스에게서 "끊임없이 밭을 일구며 진리를 탐구하는 자"라는 평가를 받았던 리프먼. 그는 1974년 12월 14일에 여든다섯 살의 나이로 세상을 떠났다. 그의 스물일곱 번째 저서 《통치 불능 Ungovernability》은 결국 완성되지 못했다.

《여론이란 무엇인가》

1922년 간행된 《여론이란 무엇인가》는, 리프먼의 저서 가운데 가장 긴 생명력을 지닌 책이다. 책을 처음부터 끝까지 읽어보면, 그 문장과 내용은 80여 년 전에 집필된 것이라고는 도저히 믿기지 않을 정도로 신선함을 띠고 있다.

역사학자인 아서 슐레진저 2세가 지난날 이 책을 비평하면서 지적한 대로, "지난 25년 동안 쓰인 여론에 관한 수많은 문헌이 리프먼의 분석에 덧붙일 내용이 거의 없다는 점은 놀랄 만한" 사실일 것이다. 게다가 리프먼의 "풍부한 통찰력과 우아한 표현에 따라올 만한 글이 없다"는 말은 오늘날에도 유효하다.

이 책이 지니고 있는 뚜렷한 특색은 저자의 독특한 직관적 통찰력이다.

이를테면 제1장에서 인간과 환경의 기본 관계를 이미지 개념에서 명확하게 해명하고 있는 점은, 스테레오타입에 대해 논한 제3부와 함께 이 책에서 가장 뛰어난 부분이며, 리프먼 고유의 키워드가 제시된다.

현실 환경과 인간 행동 사이에는 머릿속에 그려진 환경 이미지가 들어 있고, 인간 행동은 이 환경 이미지—리프먼은 그것을 '의사환경'이라고 부른다—에 대한 반응이다. 게다가 이 행동의 결과는 현실 환경 속에서 비롯된다는 독창적인 의미가 분명히 나타난다.

리프먼은 사람들이 이미지를 만들 때 먼저 보고 나서 정의를 내리는 게 아니라 정의를 내리고 난 뒤에 보듯이, 어떤 고정관념을 가짐으로써 이미지가 좌우된다고 설명하고, 그것을 '스테레오타입'이라고 불렀다. 그렇게 스테레오타입이 확고해진 경우, 사람의 관심은 스테레오타입을 지지하는 사실로 향하게 되고, 그 사실에서 벗어나는 것에 대해서는 스테레오타입이라는 중요한 개념을 거침없이 구사하여 역동적으로 검증한다.

리프먼은 여론 개념을 근본부터 고치는 새로운 접근방법을 풀어서 이야기하는데, 스테레오타입에 대해서는 다음과 같이 설명한다.

'의사환경'과 '머릿속에 그린 이미지'라는 말을 서로 바꿔가며 쓰고 있다. 둘 다 사람이 그것에 근거를 두고 행동하게 되는 본보기 세계를 보여주고 있다. 거기에 비해 '스테레오타입'은 사람의 깨달음에 필연적으로 뒤따르는 고정된 습성을 의미한다. 저마다 달리 느껴 알게 되는 것이 '스테레오타입'에 의해 하나로 모아지는 깨달음의 과정임을 강조하고 싶었던 것이다.(1925년 1월 13일자 편지)

여론에 대한 리프먼의 정의는 "사람들의 머릿속에 있는 많은 이미지, 머릿속에 그려지는 자기 자신, 다른 사람, 자기 자신의 요구, 목적, 관계 이미지"이며, 사회적으로는 "집단이라는 이름 아래에서 활동하는 개인이 머릿속에 그린 이미지"이다. 그 결과 사건은 '진짜 공간, 진짜 시간, 진짜 관계, 진짜 무게'를 잃고 '스테레오 습관 속에서 중단'된다. 곧 여론은 '스테레오타입'으로 처음부터 '오염되고 있다.'

여론을 둘러싸고 이루어지는 이러한 리프먼의 예견적인 탐구는 자유민주주의의 위기에 대한 인식과 그 극복에 대한 희망과 열망에 요구된 것이다.(1915년 5월 20일 일기에는 '정치학의 중대한 변수'라고 적혀 있다.)

그런데도 인식론 관점에서 보면, 리프먼이 이끌어 낸 결론은 민주주의의 기본적인 통치이론인 '합의에 의한 통치'—사람들의 의견은 합리적인 형식을 전제로만 성립한다—에 대한 강한 회의와 비관주의였다. 이 책이 간행되자마자 존 듀이가 "사람들이 가지고 있는 민주주의의 개념에 대한 가장 효과적인 고발서"(1922년 5월 3일자 〈뉴 리퍼블릭〉)라고 평가한 것도 어떤 의미에서는 옳다.

그러나 이 책에서 일관되게 묻고 있는 주제는 제1차 세계대전과 인간 조건의 구조적인 변화를 가져온 대중 사회에서 어떻게 하면 자기통치적인 민주주의가 계속 존속할 수 있을까 하는 점이며, 그 대책이 제안된다.

그런 의미에서 《여론이란 무엇인가》는 여론 연구의 획기적인 책으로 그치지 않으며, 현대 민주주의를 성찰하는 폭과 깊이에 있어서 오늘날까지 훌륭한 본보기가 되고 있다. 그리고 합리─비합리라는, 원리적으로 대립하는 양극을 둘러싼 리프먼의 강인한 사고력이 열어 보이는 새로운 전망은 독자에게 다양한 지적 자극을 준다. 더불어 풍부한 암시로 가득 차 있으며, 현대사회에서 여론

《여론이란 무엇인가》(초판, 1922) 표지

현상의 양상을 날카롭게 비추고 있다. 이 책은 어떤 예비지식 없이도 누구나 편안하게 읽을 수 있는 저작이다. 중요한 주제나 암시적으로 보이는 데 그친 다양한 문제에 대한 시사를, 행과 행 사이에서 읽어내는 것이 무엇보다 중요하다. 《여론이란 무엇인가》에 대해 해설하면서 간단하게 내용을 요약하지 않은 것도 그 때문이다. 마지막 장인 '이성에의 호소'에서 말하는 바는 감동적이기까지 하다. 미국 민주주의의 가장 좋은 전통을 이어받고 지켜가려는 휴머니즘 정신이란 무엇인지를 밝히고 있기 때문이다. 바로 이 점이 《여론이란 무엇인가》를 '20세기의 고전'이라고 부르는 이유일 것이다.

《환상의 대중》

《환상의 대중》에 직접적인 영향을 받은 정치학 계보에는 존 듀이의 《현대정치의 기초─대중과 그 문제》가 있다. "월터 리프먼의 《환상의 대중》을 보라. 나는 그의 《여론이란 무엇인가》와 이 저서에 많은 영향을 받은 것에 감사한다. 여

기서의 특수한 논점뿐 아니라, 내 논문 전체에 흐르는 사상에 대해서도 그러하며, 리프먼과는 다른 결론에 이른 경우에도 마찬가지이다." 다른 결론이란, 이 책 제6장에서 언급한 아리스토텔레스의 해결책에 대한 것이다. "시민의 재능에 걸맞도록 공동체는 단순하고 작게 유지되어야 한다." 이것을 리프먼은 '과거의 유물'로 일축했으나, 듀이는 '기대의 차원'으로 남기를 바랐다. 커다란 사회에서의 커뮤니티가 다시 살아나기를 고집한 듀이의 의견은 오늘날 볼 때는 뛰어난 의견이지만, 뒤이은 위기를 앞둔 1927년에는 낙관론에 지나지 않았다.

어쨌든 두 사람의 공통 요소는 '대사회'이다. 1914년 월러스가 쓴 《대사회 *The Great Society : A Psychological Analysis*》는 리프먼에게 바친 것이다. 인간이 언제나 이성적이라고 생각하면 그 복잡함을 못 보고 지나치게 되어 정치를 올바로 파악할 수 없다. 그러나 대사회라는 새로운 환경에서 본능과 충동에 기대는 것도 위험하다. 마주한 논의와 집안일은, 복잡한 세계적 관계로 맺어진 대사회에서는 조직화된다.

1938년 8월에 파리에서 열린 '월터 리프먼 심포지엄'은 파시즘과 사회주의 양쪽에서 공격당한 자유주의자들의 모임이었다. 시장경제를 유지하려면 국가가 개입해야 한다고 주장한 리프먼의 '신자유주의'는 6항목의 아젠다(의제)로 채택되었다. 그 뒤 리프먼은 지나친 뉴딜 정책을 비판했지만, 국가 개입에 회의적인 하이에크의 신자유주의에는 동의하지 않았다.

리프먼의 대표작 《여론이란 무엇인가》은, 윌버 슈럼이 엮은 《매스커뮤니케이션》에도 실려 있다. '바깥세계와 인간 머릿속의 이미지'가 그것인데, '5부, 매스커뮤니케이션 효과'로 분류되어 있다. 리프먼은 정치학뿐만 아니라 심리학, 특히 미디어 효과 연구의 고전으로 주목받아 왔다. 엘리자베스 노엘 노이먼은 《침묵의 나선이론─여론 형성과정의 사회심리학》에서, "커뮤니케이션 기능에 관한 그의 착상 가운데 뒷날 실험실이나 현장에서의 세심한 연구로 거듭 실증되지 않은 것이 없을 정도"라고 했다.

리프먼은 여론을 스테레오타입의 하나로 파악하고, 동조를 촉구하는 요소로 생각했다. 곧 '여론'에는 사회 공통의 고정관념인 스테레오타입과, 한 사람한 사람이 머릿속에 그리는 이미지인 의사환경이라는 사회심리학적인 재미가 포함된다. 그러나 그 연장선상에서 《환상의 대중》을 읽으면 어쩌면 다른 뜻에서 환상을 보게 될지도 모른다.

리프먼은 학자가 아니라 정치
평론가이므로 그 영향력은 언론
계에 두루 미쳐왔다. '스테레오타
입'도 이미 세상에 널리 알려진 익
숙한 말이다. '냉전'이라는 낱말도
마찬가지로, 1947년에 출판된《냉
전 *The Cold War : A Study in U.S.
Foreign Policy*》에서 일반대중에게
퍼진 말이다.《냉전》은 소련을 봉
쇄하는 조지 케넌의 정책을 반론
한 평론 '오늘과 내일'을 정리한 책
이다. 이처럼 리프먼의 저서는 정
치학·심리학·저널리즘의 영역에
두루 미쳐 있었다.

"이상은 그 본연의 가능성을 표
현해야 한다"고 리프먼은 말했다.
민주주의 이론은 실제적인 행위

《환상의 대중》(초판, 1925) 표지

를 했느냐 안 했느냐를 살펴볼 때 현실과 거리가 멀다. 일이 있어서 투표하러
가지 않는 것은 할 일이 있어도 투표하러 가는 것보다 현실적이다. 바람직하지
는 않지만 더욱 현실적인 관점으로 대중을 생각해 보자는 것이 이 책의 취지
이다.

《냉전》에서 리프먼은 행동과 관련된 의미를 중시하고,《여론이란 무엇인가》
에 나타난 심리적인 면에서 기인한 의미를 대수롭지 않게 여기고자 했다.《환
상의 대중》에서는 대중이 실제로 할 수 있는 일과 할 수 없는 일을 다룬다. 행
동하는 사람을 지지하는가, 지지하지 않는가의 문제이므로 언제나 외부에서
관여한다고 주장했다.

주요 개념은 insider와 outsider이다. 이것은 결코 정통한 사람과 문외한, 전문가
와 일반인이라는 의미가 아니다. 이 책에서는 전자를 관계자, 후자를 외부인이
라고 번역했다. '관계자 외 출입금지', '외부인 출입금지'라고 쓰인 경고문은 전문
가와 비전문가를 가리키는 말이 아니다. 만약 이 말이 '전문가 외 출입금지' '비

전문가 출입금지'라는 뜻이라면 들어가기를 망설이는 관계자도 있을 것이다.

주식의 '인사이더 거래'를 생각해 보라. 인사이더의 지식은 전문적인 지식이 아니다. 관계자의 지식, 곧 내부 사람만이 얻을 수 있는 지식이다. 화학제품 구조식은 몰라도 발매일은 알 수 있는 것이 관계자의 지식이다.

제1장에서 리프먼은 자신도 환상의 대중의 한 사람이라고 말했다. 전문가인 자신조차 이제까지의 민주주의 교과서에 나타난 대중처럼 행동할 수는 없다는 것이다.

전문가도 하지 못하는 일이 있다는 이 고백은, 비록 스테레오타입에 좌우되지 않고 의사환경을 극복하더라도 문제는 여전히 남아 있다는 뜻이나 다름없다. 《환상의 대중》이 《여론이란 무엇인가》의 속편으로 여겨지는 까닭이 바로 이 때문이다.

1922년에 쓰인 《여론이란 무엇인가》는 제1차 세계대전에서 육군정보국 장교로 활약한 리프먼이, 보이지 않는 세계를 인지심리학적으로 설명한 뒤 중앙집권화된 정보조직의 필요성을 호소한 책이다. 보이지 않는 세계는, 인간의 합리성에 입각한 낙관적인 세계관을 포기한 월러스가 리프먼에게 바친 《대사회》를 전제로 한 생각이며, 무너진 사회를 어떻게 조직화할 것인가에 대한 사상을 이어받고 있다. 그러나 통계를 비롯한 사회과학에 의한 분석이 인지적인 뒤틀림을 보완한다는 기대 속에서, 리프먼은 대중을 정적인 존재로 여기고 있다. 대중의 움직임을 통제한 뒤, 다른 부분이 어떻게 변화하는가를 확인하는 것 같다.

그런데 실제로 대중이 아무 영향도 끼치지 않고, 그저 얌전히 존재하기만 하는 경우는 없다. 대중이 부여된 바가 아니라 변수로서 기능할 경우 '여론'은 어떻게 전개되는가. 민주주의를 거친 제2차 세계대전을 아는 우리로서는 전율을 금할 수 없는 이 문제를 리프먼은 이 《환상의 대중》에서 풀어냈다.

그 목표는 여론의 동조 작용을 언제나 직접 일으키는 일이 없도록 대중의 분수를 정하는 것이다. 다시 말해 "여론을 입에 올리는 사람들은 때때로 사람의 행위를 한정할 수는 있지만, 그들의 의견이 그 행위를 수행하지는 않는다"는 제한이다.

행위를 첫째, 의견을 둘째로 놓는 이 방향성은, 심정에 기댄 여론이 이따금 의견에서 행위로의 월권을 노리고 있는 오늘날에도 그 중요성을 잃지 않았다. 조나단 로쉬는 "관념과 말로 남에게 고통을 주면 안 되는 것은, 몽둥이와 칼로 고통을 주면 안 되는 것과 똑같다. 그러한 원칙은 급속히 퍼져 나가면서 법률의 형태마저 띠기 시작했다"고 말했다. 재판에 외부인이 들어설 여지가 확대되고, 미디어는 가해자 행위보다 주위 의견에 초점을 맞춘다. 그러나 무엇을 했느냐와 어떻게 느꼈느냐는 완전히 다른 문제이다. 그 타협점을 어디서 찾을 것인가.

《환상의 대중》에는 있고 《여론이란 무엇인가》에는 없는 것, 그것은 바로 모두스 비벤디(modus vivendi)이다. 라틴어 modus는 '방법'을, vivendi는 '생활'을 뜻한다. 곧 '생활방식'이다. 싸움에 결말이 나지 않더라도 서로의 주장을 존중하면서 공존의 길을 찾는 것이다. 말로는 상처 입혀도 몽둥이나 칼로는 상처 입히지 않도록, 대중은 외부인임을 스스로 깨닫고 일시적이고 잠정적인 타협을 허용하는 환경 정비에 힘써야 한다.

이 책 뒤에 편집자가 덧붙이는 두 가지 기록은 오늘날 '미국 CIA를 비롯 세계 정보 및 언론 기관들이 어떻게 여론을 이끌어 가는지' 그 속내를 엿볼 수 있는 글이다. 우리나라 국정원 또는 드루킹 사건을 올바로 알 수 있는 보고서라고도 할 수 있지 않을까? 요즘 혼란스러운 우리 국민들에게 나날이 파도처럼 일렁이는 여론의 진실을 꿰뚫어 보는 데 많은 도움이 되어주리라 생각한다.

리프먼 연보

1889년   미국 뉴욕 시 맨해튼에서 아버지 제이콥과 어머니 데이지 사이
             에서 태어남.

1896년(7세)   5월, 부모와 처음으로 유럽여행을 함. 9월, 뉴욕 시 삭스남자학교
             에 입학. 학교에서의 성적 및 품행이 우수했음.

1903년(14세) 2월, 학교신문에 편집장으로서 최초의 논설을 기고함.

1906년(17세) 6월, A.B. 호로비츠상을 받으며 삭스남자학교를 졸업함. 재학 중
             토론부·축구부·테니스부 회원이었음. 9월, 하버드대학에 입학함.

1907년(18세) 12월, 하버드대학에서 우등상을 수상함.

1909년(20세) 하버드대학 토론·철학·정치 등의 학생클럽 회장으로 뽑힘. 같은
             대학 사회주의자 클럽에 들어간 뒤 회장이 됨. 사회주의자 협력
             회 대학연합 하버드대학 지부에서 활동함. 다른 대학에서의 지
             부결성을 추진함. 졸업에 필요한 모든 학점을 취득함.

1910년(21세) 하버드대학 철학과 G. 산타야나 교수의 조교가 됨. 철학사를 가
             르침. 석사학위를 받기 위해 연구를 시작함. 4월, 〈하버드 먼슬리
             (Harvard Monthly)〉 편집부원이 됨. 5월, 석사학위 수여식 3주를
             남겨놓고 〈보스턴 코먼(Boston Common)〉의 기자가 됨. 6월, 최우
             수상을 받으며 하버드대학을 졸업함. 링컨 스테펀스의 〈에브리
             바디스 매거진(Everybody's Magazine)〉에서 편집을 맡음.

1911년(22세) 4월, 사회주의자협회 대학연합의 집행요원으로 뽑힘.

1912년(23세) 1월, 뉴욕 주 스케넥터디 시장인 사회주의자 G.R. 렌의 보좌관이
             되었으나 넉 달 뒤에 사임함.

1913년(24세) 뉴욕 시 사회당에 입당하고 뉴욕 시 사회주의 프레스클럽 회원
             이 됨. 창간 준비 중인 〈뉴 리퍼블릭(New Republic)〉지 편집부원
             이 됨. 첫 번째 저서 《정치 서설 *A Preface to Politics*》 출간. 그는 이

책에서 온건한 사회주의를 내세움.

1914년(25세)	11월 7일, 〈뉴 리퍼블릭〉지 창간에 힘쓰고. 저서 《흐름과 통제 *Drift and Mastery*》 출간. 이 책에선 반(反)마르크스주의를 표방함.
1915년(26세)	〈메트로폴리탄(Metropolitan)〉지에 '오늘과 내일' 연재. 저서 《외교의 이해관계 *The Stakes of Diplomacy*》 출간.
1917년(28세)	4월, 윌슨 대통령이 독일에 선전포고함. 5월, 페이 앨버트슨(Faye Albertson)과 결혼함. 7월, N.D. 베이커 육군장관의 보좌관으로 워싱턴에 감. 10월, E.M. 하우스 대사의 부름을 받아, 강화를 위한 조사연구에 참여하기 위해 뉴욕 시로 돌아옴. 12월, 아메리카 평화협정을 위한 14개 조항의 평화원칙 원안을 집필함.
1918년(29세)	6월, 정보담당 육군대위가 되어 프랑스에 파견됨. 독일군의 전선을 중심으로 투하하는 선전문을 작성함. 10월, 파리강화회의 미국 대표단을 따름. 4개조의 정부 견해를 집필함.
1919년(30세)	1월, 군복무를 마치고 뉴욕에 돌아옴. 2월, 미국 육군을 제대함. 12월, 논문 〈자유와 뉴스 *Liberty and News*〉를 〈애틀랜틱 먼슬리(Atlantic Monthly)〉지에 실음. 저서 《정치 무대 *The Political Scene*》 출간.
1920년(31세)	〈베니티 페어(Vanity Fair)〉지에 정기적으로 글을 쓰기 시작함. 저서 《자유와 뉴스 *Liberty and the News*》 출간.
1922년(33세)	1월, 〈뉴욕 월드(New York World)〉지의 논설위원이 됨. 저서 《여론이란 무엇인가 *Public Opinion*》 출간. 이 책은 리프만의 저서 가운데 가장 큰 반향을 불러일으켰다. 그는 여기서 대중매체는 많은 정보를 압축하여 빠르게 전달해야 하기 때문에 해석보다는 구호를 만들어내는 경향이 있고, 따라서 평범한 시민들이 공공 문제를 더 이상 합리적으로 판단할 수 없게 한다고 암시하고 있음.
1924년(35세)	3월, 〈뉴욕 월드〉지의 논설주간으로 승진함.
1925년(36세)	1월, 예일대학에서 블록재단 기념강연을 함. 저서 《환상의 대중 *The Phantom public*》 출간. 이 책에서 리프만은 정치의 의사소통 문제를 다루고 있는데, 참된 민주주의의 가능성을 의심하면서도

소수 엘리트에 의한 지배는 단호하게 거부함.

1927년(38세) 8월, 아버지가 죽음. 저서 《운명의 사람들 Men of Destiny》 출간.

1929년(40세) 〈뉴욕 월드〉지 편집장. 하버드대학 정치학부 시찰위원회 위원에 임명되어 1961년까지 재임함. 저서 《도덕 서설 A Preface to Morals》 출간.

1930년(41세) 하버드대학 시찰위원회 위원으로 임명되어 1936년까지 재임함.

1931년(42세) 2월 25일, 〈뉴욕 월드〉지 마지막 호가 발행됨. 그 후 〈뉴욕 헤럴드 트리뷴(New York Herald Tribune)〉 신문으로 자리를 옮김. 9월 8일, 리프먼의 트레이드마크가 된 평론 '오늘과 내일 Today and Tomorrow'이 이 신문에 첫 선을 보임.

1932년(43세) 저서 《세계정세 속의 미국, 1931년 U.S. in World Affairs, 1931》 출간. 《해석, 1931~32 Interpretations, 1931~32》(먼저 연재한 '오늘과 내일'을 주제별로 A. 네빈이 편집) 출간. 이해부터 1935년까지 〈아메리칸 매거진(America magazine)〉에 정기적으로 글을 쓰게 됨.

1933년(44세) 6월, 하버드대학 평의원으로 임명됨. 하버드대학 경제학부 시찰위원회 위원이 되어 1937년까지 재임함. 저서 《세계정세 속의 미국, 1932년 U.S. in World Affairs, 1932》 출간.

1936년(47세) 〈애틀랜틱〉지에 정기적으로 글이 실리기 시작함. 저서 《해석, 1933~35년 Interpretations, 1933~35》(A. 네빈이 편집) 출간.

1937년(48세) 12월, 아내 페이와 이혼함. 저서 《위대한 사회 The Good Society》 (먼저 연재한 '오늘과 내일'을 편집한 것), 《연방최고재판소 The Supreme Court》 출간. 리프먼은 《위대한 사회》에선 사회주의를 완전히 부인함.

1938년(49세) 2월, 시카고대학에서 연속강연함. 3월, 헬렌. B. 암스트롱(Helen B. Armstrong)과 결혼함. 워싱턴 D.C.로 이주함. 9월, 레지옹도뇌르 4등훈장 받음.

1943년(54세) 저서 《미국의 외교정책 : 공화당의 방패 U.S. Foreign Policy : Shield of the Republic》 출간.

1944년(55세) 가을, 종군기자로서 유럽 전쟁 장소를 시찰함. 저서 《미국 전쟁 목적 U.S. War Aims》 출간.

1945년(56세) 1월, 예일대학에서 베르간 기념강연을 함.

1946년(57세) 4월, 뉘른베르크 재판을 방청함. 하버드대학 대학원 시찰위원회 위원으로 임명됨.

1947년(58세) 2월, 미국국제법학회 회원으로 뽑힘. 4월, 미국철학회 회원으로 선정됨. 9월, 〈포린 어페어스(Foreign Affairs)〉에 실린, 소련봉쇄정책을 주장하는 조지 케넌의 'X 논문'에 반론하는 '냉전' 시리즈를 발표함. 안팎으로 크게 반향을 일으킴. 저서 《냉전 *The Cold War*》(전에 〈뉴욕 헤럴드 트리뷴〉지에 연재했던 것) 출간.

1949년(60세) 5월, 미국학사원 회원으로 뽑힘. 7월, 어머니가 죽음.

1950년(61세) 2월, 오하이오 주, 클리블랜드에서 N.D. 베이커 기념강연을 함. 3월, 노르웨이 국왕 1등훈장 받음.

1951년(62세) 1월, 미국의 권위 있는 언론단체인 시그마 델타 치(Sigma Delta Chi)의 회원으로 선정됨. 11월, 미국지리학회 회원으로 뽑힘.

1952년(63세) 3월, 네덜란드 왕국 커맨더 작위와 오렌지—나소 훈장 받음. 5월, 영국 설그레이브 매너(Sulgrave Manor)협회에서 강연함. 저서 《독립과 동맹 *Isolation and Alliances*》 출간.

1955년(66세) 저서 《대중철학론 *Essay in the Public Philosophy*》 출간. 이 책은 자연법 이론에 대한 주장 때문에 많은 비판을 불러일으켰음.

1958년(69세) 3월, 벨기에 왕국 국립학사원 외국회원으로 뽑힘. 5월, 탁월한 논설과 비평에 대해 첫 번째 퓰리처상 수상. 10월, 처음으로 소련을 방문함. 하버드 동기생 존 리드의 묘지에 참배함. 흐루시초프와 인터뷰함. 소련 힘의 근원은 '비밀활동'이 아닌 아시아·아프리카·라틴아메리카에 "공부해야 할 책을 나타내는 것에 있다", 서쪽은 "민주주의를 희생하지 않고 사회의 뒤떨어진 부분을 향상시키는 것을 실제로 증명함으로써만 힘에 대항할 수 있다"고, '오늘과 내일'에서 논하여 안팎으로 크게 반향을 일으킴. 9월 23일, 생일에 내셔널 프레스 클럽(National Press Club)으로부터 그동안의 공헌에 대해 상장을 받음. 저서 《공산주의 세계와 우리의 세계 *The Communist World and Ours*》(1958년 소련을 방문한 뒤 연재한 '오늘과 내일'의 재판) 출간.

1960년(71세) 7월, 첫 번째 텔레비전 프로 〈월터 리프먼 리더십에 대해 말한다〉(CBS 리포터)에 출연. 평소 텔레비전에 출연하지 않겠다는 뜻이 확고했던 리프먼은 녹화 뒤에 자신의 생각에 따라 방송해 준다는 조건으로 출연을 승낙함. 그의 방송출연 소식이 신문 1면에 톱기사가 됨. 훌륭한 말솜씨로 시청자를 매료시킴.

1961년(72세) 6월, 두 번째 텔레비전 프로 〈월터 리프먼, 1961년〉(CBS 리포터) 출연. 11월, J.F. 케네디 대통령으로부터 예술·국민문화센터 설치에 관한 자문위원회 위원으로 임명됨. 12월, 세 번째 텔레비전 프로 〈월터 리프먼, 연말〉(CBS 리포터) 출연. 저서 《다가올 러시아와의 시련 The Coming Tests with Russia》(1961년 소련을 방문한 뒤 연재된 '오늘과 내일'의 재판) 출간.

1962년(73세) 4월, 지난해 텔레비전 출연이 국제적 이해를 촉진했다고 하여, 리프먼과 CBS 리포터가 G.F. 피디 방송상을 받음. 5월, 국제문제에 관한 탁월한 보도에 대한 두 번째 퓰리처상을 수상함. 6월, 네 번째 텔레비전 프로 〈월터 리프먼, 1962년〉(CBS 리포터) 출연.

1963년(74세) 1월, 〈뉴욕 헤럴드 트리뷴〉지에서 〈워싱턴 포스트(The Washington Post)〉지로 신디케이트를 옮김. 〈뉴스위크(Newsweek)〉지 평론 연재를 시작함. 5월, 다섯 번째 텔레비전 프로 〈월터 리프먼, 1963년〉(CBS 리포터) 출연.

1964년(75세) 4월, 여섯 번째 텔레비전 프로 〈월터 리프먼, 1964년(CBS 리포터) 출연. 9월, 존슨 대통령에게서 자유훈장을 받음.

1965년(76세) 2월, 마지막 텔레비전 프로 〈월터 리프먼, 1965년〉(CBS 리포터) 출연. 3월, 국제연합에서 강연함. 4월, 지난해 4월 출연한 방송에 대해 CBS 리포터가 G.F. 피디 방송상을 받음. 5월, 국제신문협회(런던)에서 강연함. 언론인의 유일한 약속은 "진실을 연구하고 본 것을 보도하며 설명하는 것에 있다"고 말함. 2월에 북쪽을 폭격하기 시작한 존슨 정책의 베트남 정책에 대해 날카롭게 비판함.

1967년(78세) 베트남 전쟁에 이의를 제기하고, 존슨 정책에 철저하게 저항해서 이를 '리프먼 전쟁'이라고 부름. 양측의 다툼이 최고조에 달한 이 해에 평론집필을 단념함. 5월 25일, 마지막 '오늘과 내일'이 실림. 워싱턴에서 뉴욕으로 이주함.

1971년(82세) 1월 11일, 마지막으로 〈뉴스위크〉지에 평론이 실림. 6월, 시그마 델타 치에서 워싱턴 D.C.의 '명예의 전당' 창립위원으로 뽑힘.

1974년(85세) 2월, 아내 헬렌이 세상을 떠나자 그해 12월 14일, 뉴욕 시에서 리프먼 또한 숨을 거두었다.

SUPPLEMENT
Nicholas Schou/Fukuda Naoko

21세기 여론조작 어떻게 하나

Nicholas Schou

오늘날 한국에서 드루킹 여론조작사건이 큰 문제가 되어 세상의 화제가 되고 있다. 이는 나라를 뒤흔들 뿐만 아니라 정부 정통성에 따른 문제이다. 한 정치세력이 국민들의 주권행사의 정의를 뒤바꾸어 놓을 수 있다면 나라가 어찌될 것인가. 미국 Nicholas Schou의 한 예로 CIA 여론조작 사건을 살펴본다.

재집권에 성공하며 8년 동안 정권을 이끈 버락 오바마 대통령에게 있어, 최고 사령관으로서의 가장 큰 성과는 오사마 빈라덴의 처형일 것이다. 동시에, 이는 미국의 '테러에 맞선 전쟁'과 관련된 거대한 '신화'를 이룩해낸 것이라 할 수 있다. 사실 이 전쟁은 처음부터 그 신화의 힘에 이끌려 왔지만 말이다. 그 신화 같은 계획에 의하면, 세계에서 가장 유명한 테러 용의자였던 빈라덴의 추적과 살해는 교묘한 음모활동 덕분이었다고 여겨진다. 이는 〈제로 다크 서티(2012년)〉 같은 영화나 무수히 많은 보도, 책 등에서 다루어져 왔다. 그러나 사실 그렇게 영웅적인 이야기는 아니다.

빈라덴 습격작전 뒷이야기

빈라덴을 살해한 습격작전 그 자체에 대해서는 기본적인 사실이 거의 뚜렷하게 드러나 있다. 때는 2011년 5월 2일 밤 12시 반, 장소는 파키스탄 도시 아보타바드였다. 최신 스텔스 기술(레이더에 의한 항공기, 미사일의 조기 발견을 곤란케 하는 기술)을 장비한 미군 헬리콥터, 개조형 블랙호크 두 대가 벽으로 둘러싸인 저택 부지에 내려앉았다. 아보타바드는 파키스탄의 군산(軍産)복합지대 한가운데에 있으며 파키스탄군의 주택지로 알려진 도시이다. 저택은 육군사관학교에서 거의 1km 반쯤 떨어진 곳이며 미국 중앙정보국(CIA)의 무인기는 이곳 상공에서 수개월에 걸쳐 24시간 감시를 계속했다.

빈라덴과 그 가족이 지내는 저택을 바라보고 블랙호크가 찬찬히 내려앉는 사이, 오바마 대통령은 백악관 위기관리실에서 숨을 죽인 채 작전의 행방을 실시간으로 확인하고 있었다. 조셉 바이덴 부통령과 여러 부서의 최고 간부들도 함께였다. 헬리콥터 한 대가 마침 착륙할 즈음 회전날개가 일으킨 기류가 높이 5미터에 이르는 벽에 막혀, 갈 곳을 잃었고 기체를 급히 몰 수밖에 없었다. 헬리콥터는 속도를 잃었고 기체 뒷부분은 부딪히고 부러져 안뜰 옆으로 쓰러졌다. 그러나 조종사도, 중무장한 해군 엘리트 특수부대, 네이비실에 소속되어 있는 팀 식스의 대원들도 무사했다. 이 추락사고의 중대한 의미가 분명해진 것은 몇 년이 지나고 나서였다.

다음으로 일어난 일은 벌써 몇 번이나 되풀이되어 전해져 왔다. 그러나 그것은 구체적이면서도 서로 모순되며 총격전이 일어났는지 일방적인 학살이었는지에 대한 견해 또한 나뉘어져 있다. 요컨대 누가 몇 발을 쏘았는지 등의 온갖 억측들이 난무하고 있는 것이다. 그러나 크게 일치하고 있는 의견은, 20명의 네이비실 대원이 집안에까지 강제로 돌입, 5명의 사람을 죽였는데 그 다섯 사람 가운데 빈라덴과 그의 아들도 포함되어 있었다는 것이다. 다른 시신을 그대로 방치되었고 대원들은 문서나 디지털 파일의 중요한 내용들과 함께 빈라덴의 시신을 그의 집에서 끌어냈다.

사용할 수 없게 된 헬리콥터를 폭파시킨 뒤 대원들은 이제 또 다른 블랙호크로, 남은 대원들은 지원용 헬리콥터, 치누크(수송용 헬리콥터) 두 대에 타고는 오사마 빈라덴의 시신과 함께 아프가니스탄 미군기지로 돌아갔다. DNA 감정으로 그 시신의 정체가 빈라덴임이 확인되자, 시신은 미군의 항공모함 칼 빈슨으로 옮겨져 두 시간도 채 지나지 않아 아라비아 해로 던져졌다. 매장을 서둘러야 하는 이슬람교 전통을 존중한 것인지, 그의 무덤이 관광객이나 신봉자들의 명소가 될까봐 우려한 것인지는 분명하게 알려지지 않았다. 오바마 대통령이 백악관에서 빈라덴의 죽음을 공식적으로 발표하자, 온 세계 뉴스들이 그 소식을 앞다투어 보도했다. 미국의 젊은이들은 백악관 주위로 우르르 몰려들어 'USA, USA, USA'를 크게 합창하기도 했다.

백악관식 이야기의 거짓
오사마 빈라덴의 죽음은(적어도 선전공작에 따르면) 10년에 걸친 미국 '테러전쟁' 최대의 승리라고 할 수 있었다. 그러나 얼마 지나지 않아 이 기습작전에 대한 미국 정부의 공식발표에 커다란 의문이 생기게 된다. 어째서 파키스탄 당국은 빈라덴이 그토록 오래 잠복해 있었음에도 이를 모르고 있었던 걸까? 그 것도 파키스탄에서 가장 치안체제가 엄격한 도시 가운데 하나이며 파키스탄 군 기지와 몇 블록 떨어져 있지 않은 곳에서 지내고 있었는데 말이다. 또한 테 러활동 총 지휘관인 빈라덴을 포로로 하여 세계 사람들을 앞에 두고 재판을 하지 않은 것은 무슨 까닭일까? 어떤 사실을 숨긴 게 아닐까? 미국 정부의 공 식발표에 어느 정도의 신빙성이 있을까? 온갖 의문들이 분출되기 시작했다.

백악관식 발표를 뒷받침할 뚜렷한 증거는 없었다. 그러나 빈라덴 습격작전과 관련된 기본적인 사실관계는 반증될 것도 없다. 2015년 5월 10일에는 이 암살 작전에 대한 기사 하나가 서평, 평론잡지 〈런던 리뷰 오브 북스〉의 첫머리를 장식했다. 알 만한 사람은 다 아는 조사보도기자 시모어 허시에 의한 것이었 다. 그의 기사는 '미군 네이비실의 한 부대가 파키스탄 아보타바드의 높은 벽 으로 둘러싸인 저택을 깊은 밤 습격해 오사마 빈라덴을 암살한 지 4년이 흘렀 다' 이렇게 시작한다.

'빈라덴 살해는 오바마 정권의 중요한 사건으로, 재선을 가져다줄 중요한 요 인들 가운데 하나가 되었다. 백악관은 오늘날까지, 작전은 미국의 단독 계획이 었다는 주장을 계속하고 있으며 파키스탄군의 정보기관인 군 총합정보국(ISI) 수뇌 장군들에게는 기습작전에 대해 미리 알리지 않았다고 말한다. 그러나 그 것은 거짓말이며 오바마 정권의 설명 속에서도 그 증거를 발견할 수 있다. 백 악관식 발표는 《신기한 나라의 앨리스》 저자 루이스 캐럴이 쓴 게 아닐까 의구 심이 들 만큼 난센스이다.'

오바마 정권의 미궁과 같은 이야기에 의하면, CIA가 겨우겨우 빈라덴을 추 적, 마침내 그가 잠복하고 있던 아보타바드의 저택을 발견하고 습격했다는 것 이다. 하지만 그건 공을 들여 만든 이야기일 뿐이라고 허시는 쓰고 있다. 사실 파키스탄의 치안당국인 ISI가 2006년 이래 빈라덴을 확보하고 있었으며 첩보 활동의 귀중한 재산으로 뒷날의 목적을 위해 그를 부지 안에 연금해두고 있었 으리라는 게 그의 주장이다.

2500만 달러의 현상금을 받기 위해, ISI 장교는 빈라덴의 거처를 알고 있다 면서 CIA와 접촉했다. 그리고 의논 끝에 오바마 정권은 ISI계획을 세운다. 현지 군부가 개입하지 않을 것을 보증하고 미국이 빈라덴을 잡는다면, 무법지대가 된 국경을 넘어가 아프가니스탄에서 빈라덴을 처형한다는 계획이었다. 파키스탄의 체면이 깎이지 않도록 파키스탄 제일의 군사도시 중앙에서가 아니라 사람이 사는 마을과는 멀리 떨어진 벽지에서 총격전에 의해 죽임을 당했다는 게 온 세계에 퍼진 이야기이다. 아마 헬리콥터의 추락이 그런 거짓 시나리오를 망쳐버린 것이리라. 그리고 오바마는 습격작전에 대한 뉴스를 공표했을 때, 파키스탄 정부를 배신했을 뿐만 아니라 '테러에 맞선 전쟁'의 승리 이야기를 거대한 거짓말로 바꾸어버렸다고 허시는 주장했다.

미국 정부와 보도기관으로부터의 반격

이 기사는 오바마 정권과 CIA에 큰 타격을 입혔다. 그래서 워싱턴 당국이 허시에 대해 맹렬한 비난을 하기까지 그렇게 긴 시간이 걸리지 않았다. CIA의 충실한 벗인 〈워싱턴 포스트〉가 정권의 반론을 최초로 게재한 것도 놀랄 일은 아니다. 허시의 기사가 나온 다음날 같은 잡지 기사에 의하면, 허시가 쓴 내용을 '말도 안 되는 이야기'라며 익명의 CIA 직원은 말하고 있다. 또 백악관의 넷 프라이스 보도관은 허시의 기사에 대해, '정확하지도 않고 근거 없는 주장이 많다'고 말했다. 그에 이어 CNN의 분석가인 피터 베르겐의 발언도 인용되었다. 베르겐은 빈라덴을 인터뷰해본 적이 있는, 유럽과 미국의 많지 않은 저널리스트 가운데 한 사람이다. 그는 허시의 기사에 대해, '방대한 목격증언이나 온갖 사실과는 맞지 않는, 단순히 상식적으로만 보아도 모순된, 난센스를 모아둔 글이다.' 이렇게 말했다.

더 나아가서는 〈워싱턴 포스트〉의 미디어 평론가 에릭 윔플은 허시가 그저 두 인물만 취재한 것을 바탕으로 기사를 썼다면서 격렬히 비판했다. 그 두 인물 가운데 한 사람은 아사드 두라니라는 파키스탄의 퇴역군인으로, 습격에 대해 '알고 있었다' 주장하는(그 내용은 구체적으로 드러나 있지 않다) 익명의 미국 정부 고위관리이다. 허시의 기사 속 몇 가지 '사실'은 익명의 고위관리 증언에만 바탕을 두고 있다고 윔플은 지적한다. 이에 대해 허시는 '언제든 비밀을 밝혀주는 유일한 사람이 있는 법이다.' 이렇게 윔플에게 반론했다.

정부 당국이 허시에 대한 비판의 글을 싣고 나서 2일 뒤, 〈워싱턴 포스트〉는 집중공격을 계속한다. 몇몇의 베테랑 저널리스트가 허시의 기사를 비판하고 있음을 알린 것이다. 특히 총탄으로 벌집이 되어버린 빈라덴의 시신은 바다에 수장된 게 아니라 마치 물고기들에게 먹이를 주듯, 힌두쿠시 산맥 상공을 날아가는 헬리콥터의 창문 밖으로 내던져졌다고 허시는 주장했지만 저널리스트들은 이 무시무시한 주장을 거짓이라 비난했다. 〈워싱턴 포스트〉는 또, 익명의 조사보도기자의 발언을 전했다. 여러 주장들을 보강하는 효과가 그렇게 크지는 않았지만 허시의 기사에 대한 격렬한 반감을 잘 표현하고 있다. '그 기사는 구제할 수 없을 만큼 형편없으며 제대로 다룰 수 있을 만한 글조차도 아니다. 누구든 그 글을 읽으면 화가 날 것이다.'

남들을 대하는 태도가 좋지 않다고 알려져 있는 허시에게, 〈워싱턴 포스트〉의 기자가 대답을 요구하자 그는 거친 말로 반격했다. '다른 기자들에게 없는 정보원을 나만 갖고 있다는 이유로 왜 쓰레기 취급을 당해야만 합니까!' 이렇듯 허시는 화를 냈다. '다른 녀석들이 나에 대해 떠들어대는 말은 얼토당토않은 헛소리입니다.' 〈워싱턴 포스트〉 기자는 허시에게, 저널리스트로서 긴 세월 주로 〈뉴요커〉 잡지에 글을 써 왔는데 왜 이 기사는 〈뉴요커〉에 싣지 않았는지를 힐문했다. 그러자 허시는 설명했다. 편집장 데이비드 렘닉이 특집 기사로 실을 것을 거부하고 왜인지 〈뉴요커〉 블로그에는 올려줄 수 있다는 말을 했다는 것이다. 렘닉의 신중한 성격은 이미 유명하며, 그에 대해 겁이 많다고 하는 사람도 있지만 아마 그런 점 덕분에 〈뉴요커〉 편집장 자리에 오랜 세월 앉아 있을 수 있었던 것이리라. 그리고 〈뉴요커〉가 지적했듯이, 아보타바드에서 일어난 일에 대해서 〈뉴요커〉가 일찍이 보도한 기사와 허시의 기사는 완전히 모순된다. 앞서 〈뉴요커〉가 실은 글은 우리도 예상할 수 있듯이 렘닉이 편집한 것이었다.

빈라덴의 은신처를 알린 파키스탄의 정보제공자

계속되는 비판 속에서, 허시는 더욱 더 고립되어 가고 있었다. 그러나 9·11 테러 이후 파키스탄 취재를 계속해오던 일부 기자들에게는, 허시의 기사 곳곳에서 진실 같은 측면들이 보였다. 그렇게 느낀 한 사람이 바로 〈뉴욕 타임스〉의 카를로타 갈 기자이다. 미국 정부가 빈라덴의 은신처를 알게 된 때는 습격 며칠 전으로, 파키스탄인 정보제공자로부터 정보를 제공받았다는 이야기는 그녀도 들어 알고 있었다. 그러나 '그 주장을 누구도 뒷받침할 수 없었으며 누구도 하려 들지 않았다.' 이렇게 그녀는 쓰고 있다. 2년 뒤 저서집필을 위해 취재를 계속해 나가던 중, 파키스탄 정보기관의 어느 고위 관리는 'ISI는 빈라덴을 숨겨두고 있었으며 첩보활동을 함에 있어 가치가 있는 인물이라 보고 그를 관리하기 위한 전용부서까지 있었다'는 사실을 그녀에게 인정했다고 한다. 갈은 더 나아가 빈라덴의 은신처를 CIA에 알린 정보제공자가, 사실은 ISI의 간부장교이기도 한 파키스탄군의 준장이었음을 알아냈다. 그리고 그 인물이, ISI 관리 아래에 빈라덴이 있음을 CIA에 알렸다는 사실을 알게 된다.

'나는 이 사실을 알려준 정보원을 믿고 있다.' 갈은 이렇게 쓰고 있다. '그 남성과 직접 대화를 나눈 것은 아니고 그의 지인이 내게 그 정보를 전해 왔다. 그러나 정보원인 그 남성은 ISI에서 꽤나 높은 자리에 있는 인물이며 엉터리 발언을 할 인물이라고는 생각할 수 없다. 나는 그 정보를 진실이라 확신했지만 기사로 싣지는 않았다. 미국에서 그 정보를 뒷받침할 무언가를 찾기에는 어려우리라고 생각했기 때문이다. 특히, (CIA에게 빈라덴의 은신처를 알렸다는) 정보제공자는 미국 정부의 증인보호제도로 보호를 받고 있으리라 추측했기 때문이다.'

허시의 기사가 미국 정부에 폭탄을 던지고 나서 1년 이상의 세월이 흘렀다. 그러나 그의 주장에 대한 지지, 반론 어느 쪽으로나 새로운 사실은 나오고 있지 않다. 이 일 자체가 국가안전보장문제와 관련된 보도 미디어의 한계를 말한다고 할 수 있다. 갈 기자가 썼듯이, 파키스탄의 정보기관 고위관리라는 정보원은 허시의 기사를 대략적으로 인정했다. 그럼에도 미국의 수많은 거대 미디어는 왜 허시의 주장을 파고들지도, 반대로 설득력 있는 반론을 하지도 않는 걸까? 그 대신, 국가안전보장문제를 전문적으로 삼는 기자들은 백악관 당국자들이나 CIA 보도관들로부터의 애매한 부인을 그저 내세우기만 할 뿐이다.

이 글을 써내기 위해 CIA 본부에서 보도관을 취재했을 때, 나는 허시의 기사에 대한 의견을 요구해 보았다. 집요하게 요구했지만 보도관은 CIA의 공식 견해만 되풀이할 뿐, 기사 내용은 '완전히 난센스'라며 못을 박았다. 그리고 갈이 나중에 쓴 기사도 '말도 안 된다'고 주장했지만 사실관계는 전혀 밝히지 않았다. 그 뒤에도 보도 미디어는 빈라덴 습격작전을 더 파고들어 취재하기보다 허시의 쉽게 화를 내는 까다로운 인격을 제멋대로 공격할 뿐이었다.

그럼에도 남아 있는 공식발표에 대한 의문

전 CIA 스파이 보브 바엘은 허시의 기사를 그저 무시할 수는 없다고 했다.

'담당 편집자가 대단찮은 멍텅구리였겠죠' 동정을 하며 기사의 세세한 부분에서는 신빙성도 느끼는 듯했다. 아보타바드처럼 보안이 엄격한 도시에서, 헬리콥터 몇 대로 몇 십 명의 대원을 보내는 작전이었는데 그의 경험상, 사전에 파키스탄의 양해도 없이 네이비실이 그런 일을 할 수 있을 리가 없다는 것이다. '네이비실 팀은 선두로 나서거나 하지 않는다. 사전에 근처에서 여러 형태로 보조 태세를 준비해둔다. 그래서 파키스탄 측의 누군가는 습격을 미리 알고 있었을 게 틀림없다. 게다가 나는 파키스탄을 잘 알고 있는데, 아보타바드 같은 군사도시에 외국인이 들어오면 누구든 그것을 모를 리가 없다.' 이렇게 바엘은 말한다. 게다가 상대는 빈라덴이라는, 세계 유일한 테러 용의자이다. '나 또한 그게 (미국 정부의 발표로는) 당혹스러웠습니다. 네이비실의 멤버와도 대화를 나누어보았지만 그 이야기에는 온통 허점이 가득합니다.'

안전보장문제를 취재하는 기자들 가운데 〈바이스 뉴스〉의 제이슨 레오폴드 등 독립심이 왕성한 이들도, 아보타바드에서 일어난 일에 대한 백악관식 이야기에는 처음부터 의문을 품고 있었다. 오바마가 빈라덴의 죽음을 공표한 날 밤, 백악관은 전화회의 시스템을 이용한 기자회견을 열었고 레오폴드도 많은 기자들과 함께 그 회견에 참가했다. 레오폴드는 당시를 이렇게 회상한다.

'정부는 이치에 맞지 않는 말들을 늘어놓았다. 그들의 이야기에는 허점들이 몇 개씩이나 있었다. 그래서 회의가 끝나고 나는 편집장에게 전화를 걸어 말했다. "저는 이 일을 기사화하지 않을 것입니다. 정정기사를 낼 수밖에 없을 테니까요. 이건 잘못된 기삿거리입니다." 9·11 테러 직후 기자들이 심하게 흥분해 있던 모습을 떠올렸다. 무슨 일이 일어났는가에 대해, 그때는 누구든 정부의 말을 무조건 받아들여 기사를 냈으니 말이다.'

레오폴드에 의하면 안전보장문제를 담당하는 저명한 기자들이 쓴 빈라덴 습격에 대한 기사는 모두, 그날 밤 미국 정부가 발표한 시나리오를 그대로 따른 것이었다고 한다. "모두들 당국 사람들의 말을 사실이라 보도했다." 이렇게 레오폴드는 말한다. "아니나 다를까, 이윽고 정부의 시나리오는 완전히 공중 분해되었다. 예를 들어 요 몇 년 사이 내가 알게 된 것을 바탕으로 말해 보자면 CIA에 정보를 흘린 정보제공자는 분명 있었을 것이다." 즉 사실상, 파키스탄의 정보기관이 빈라덴을 미국에 넘겨주었다는 것이다. CIA가 교묘한 첩보활동으로 은신처를 알아낸 게 아니라는 뜻이다.

허시의 기사에 결함도 있겠지만 이제는 그의 기본적인 견해가 옳다고 생각된다. 즉 미국의 '테러에 맞선 전쟁' 승리 이야기는 정부에서 꾸며낸 시나리오에 지나지 않는다는 것이다. 〈워싱턴 포스트〉의 보도 기자들이나 할리우드 영화인들은 그 이야기를 널리 퍼뜨렸다. 수도 워싱턴의 자택 겸 사무실에 전화취재를 요청해보자, 허시는 그 기사를 둘러싼 논쟁에 덧붙여야 할 새로운 정보가 전혀 없다고 단호하게 말했다. 기사에 쓴 경위를 화제로 삼는 것도 거부하고 어째서 그토록 심한 논쟁을 일으키게 되었는지 추측마저 하지 않겠다는 태도였다. 허시는 말했다.

"나도 모르겠다. 내가 어떤 생각을 갖든, 녀석들은 상관이 없는 것이다. 게다가 기자들 모두에게 '…라 저는 생각합니다.' 말하기를 금지시킨다면 케이블TV 뉴스 방송 따위는 성립될 수가 없다. 나는 그런 방송에는 나가지 않지만."

만일 빈라덴 습격과 관련된 정부의 공식 이야기가 정말 거짓이라면 실제 사건을 알고 있는 사람이 너무 많아서 진실을 숨길 수 없지 않을까… 이 점에 대해 묻자, 허시는 강하게 반론했다. 정보기관 같은 곳은 뭐든 비밀로 하는 기술을 알고 있다는 것이다. 그것이 그들의 일이라고. 허시는 국방부의 국가안전보장국(NSA)이 광범위한 도청을 하고 있다는 스캔들을 그 예시로 들었다. NSA는 미국 정부 안에서도 많은 직원들을 갖춘 최대 조직이지만 결국 그 많은 비밀을 폭로한 이는 단 하나의 직원이었다. 바로 에드워드 스노든이다. "공개된 자료에 의하면, NSA에는 3만 명의 직원이 있다." 허시는 이렇듯 구체적으로 설명했다. NSA가 미국 시민으로부터 위법인 데이터를 수집하고 있음을 직원 가운데 10%가 알고 있다고 한다. 그렇다면 기관 안에서 행해지고 있는 일들을 3천 명이 알고 있다는 뜻이다. NSA의 극히 일부 직원들밖에 몰랐다 가정하더라도 침묵을 지킨 사람은 꽤 많다고 할 수 있다. 허시는 전화를 끊기 전에 이렇게 말했다. '그래서 NSA나 CIA 사람들이 비밀을 지킬 수 없으리라고 생각하나? 그 녀석들만큼 비밀을 잘 숨기는 이들도 없을 거야.'

2013년 12월 23일 정보 공개를 결정한 미국의 '정보자유법'에 바탕을 둔 두 건의 개시청구를 받은 CIA는, 574페이지에 이르는 자료를 공개했다. 국가안전보장문제를 취재하는 기자들과 CIA의 홍보 부서가 주고받은 이메일 기록이다. 이 보물과 같은 방대한 자료는 공개된 직후에는 세상의 이목을 끌지 못했지만

2014년 끝 무렵, 조사보도전문 온라인 잡지 〈인터셉트〉의 기사로 널리 알려지게 되었다. 그야말로 폭탄인 것이다. 연재기사는, 안전보장문제를 담당하는 미국의 유명한 기자들 가운데 일부가 사실상 CIA의 협력자로서 아무 보상도 받지 않고 봉사했었다는 사실을 밝혔다. 기자들은 집필 도중 기사에 대한 상세한 취재 메모뿐만 아니라 게재 전의 원고 전문을 CIA에 보내기도 했다고 한다.

CIA에 빌붙은 여성 기자

공개된 이메일의 거의 대부분은 어느 기자와 관련된 것들이었다. 최근 〈월 스트리트 저널〉을 떠나, 세계적인 민간 커뮤니케이션 기업 브런즈윅(기업이나 조직의 재무, IT, 홍보, 사이버 보안 등을 다루는 컨설팅 회사)으로 직장을 옮겨 이전보다 높은 급료를 받게 된 시오반 고먼이 바로 그 기자이다. 그녀가 CIA의 홍보 부서와 주고받은 이메일에는 버지니아 주 랭글리에 있는 CIA 본부를 견학하고 싶다거나 CIA의 트레이닝 체육관에 대한 기사를 쓰고 싶다거나 그 무렵 데이비드 퍼트레이어스 장관과 개인적으로 면회를 할 수 없겠냐는 고먼의 요청들이 있었다. 퍼트레이어스 장관은, 휴식시간에 1마일(1.6km)을 6분 안에 달리는 게 취미인데 1마일을 7분 이내에 달릴 수 있는 기자라면 누구든 면회 요청을 받아들이겠다는 그의 말을 CIA 측이 고먼에게 전하기도 했다.

2012년 3월, 고먼은 퍼트레이어스 장관과의 '비밀 저녁식사'라는 CIA의 미끼를 물었다. CIA 보도담당관은 "그것 참 멋지군! 알레르기로 못 먹는 음식은 없습니까?" 회신했다. "없습니다. 저는 무엇이든 잘 먹습니다." 이렇게 고먼은 대답했다(퍼트레이어스는 얼마 뒤에 자신의 전기 작가이면서 애인, 트레이닝 동료이기도 한 폴라 브로드웰에게 기밀정보를 누설했다는 이유로 사직을 하게 되었다. 폴라 브로드웰은 퍼트레이어스와 접촉할 수 있다는 특별한 대우를 이용해 〈모두 담겨 있다〉라는 절묘한 제목의 저서를 집필했다).

같은 달, 고먼 기자와 CIA 정보담당관(당국은 이름을 공개하지 않았다)이 주고받은 다른 이메일에서 고먼은 〈월 스트리트 저널〉의 동료가 들려준 이야기를 언급했다. 시리아의 바샬 알 아사드 대통령의 암살미수사건이 있었다는 소문을, 그 동료가 들었다는 것이었다. "멋진 일요일이군요! 아사드가 공격을 받았다는 소문이 있었다고 동료가 말하던데요." 이렇듯 고먼은 쾌활하게 쓰고 있다. "말도 안 되지만 정신 나간 시대니까요. 진위의 정도는?" CIA측은 그 소문을 확인해볼 것을 약속하면서 그 동료가 시리아에 있는지를 물었다. 고먼은 역시나 활발히 보내왔다. "아니오, 그 동료는 사실 저희 편집장이에요."

그 다음 고먼은 보도관의 협력에 감사한다는 이메일을 보낸다. "전에도 말씀 드렸듯이, 우리 편집장의 독자적인 정보가 늘 맞는 것은 아니므로 확인을 해야 합니다. 게다가 그는 M16 사람들과 자주 이야기를 나누곤 하니까요." 이렇듯 영국 정보기관의 이름을 들어 설명했다. 그로부터 2개월 뒤 2012년 5월 1일, 고먼은 'UBL(오사마 빈라덴)의 보물 번역'이라는 이름의 이메일을 CIA에게 보낸다. 1년 전 파키스탄의 저택을 습격해 유명한 테러 용의자를 살해했을 때 압수한, 컴퓨터 속 전자파일이었다. CIA는 그로부터 유익한 기밀정보를 얻어내려 했고 고먼은 가장 최근의 상황을 물어온 것이다.

'안녕하세요, 여러분. 오늘은 1주년을 축하한다고 말해야 할까요?' 이렇게 고먼은 마치 CIA에 소속된 사람처럼 물었다. 그 이메일에 대한 CIA로부터의 답장은(밝혀진 이메일들 가운데 거의 모든 답장처럼) 공개할 때 삭제되었다. 아마도 그것은 미국 안전보장의 배려 때문이 아니라(왜냐하면 CIA가 이메일로 기자들에게 최고기밀을 누설할 리가 없다) 기자들과 CIA 홍보부문의 유착관계가 훤히 드러나게 될까봐 제거되었을 가능성이 높다. CIA의 검열을 빠져나간, 그렇게 실질적인 손해는 없을 것 같은 이메일마저도 안전보장문제를 담당하는 미국 보도진의 실태를 드러내기에는 충분했다. 그들은 정부의 잔인함으로부터 일반시민들을 지켜내는 감시 역할을 하기는커녕 감시하는 대상인 거대한 정보기구에 협력을 하고 있었다.

정보기관과 비밀 누설자

CIA 본부 보도담당관들(다들 내 취재에 익명을 희망했다)에 의하면, 그들의 일은 갈수록 더 어려워지고 있다고 한다. 미디어가 크게 발전한 오늘날, 컴퓨터만 갖고 있어도 누구나 CIA에 타격을 가할 정보를 인터넷상에 퍼뜨릴 수가 있고 게다가 그 정보는 눈 깜짝할 사이에 블로그나 웹사이트에 올라가 이윽고 트위터와 같은 소셜 미디어에까지 폭발적으로 확산되기 때문이다. 2013년 이후, 미디어 상황은 정보기관 관계자들에게 귀찮은 것이 되었다. 같은 해에는 국가안전보장국(NSA)이 미국 시민, 그리고 우호국 정부를 대상으로, 거대한 감시망을 운용하고 있었음이 발각되었다. NSA의 전 계약직원, 에드워드 스노든

이 최고기밀정보를 하나둘 폭로한 것이다. 그 이전에도 육군 내부고발자 브래들리(현재 첼시) 매닝에 의해, 9·11 동시다발테러 이후 미국의 전쟁에 대한 충격적인 문서나 동영상이 누설되었고 그것을 위키리스크(내부 고발 정보를 익명으로 인터넷상에 공개하는 웹사이트)가 입수, 공개했다. 매닝이나 스노든에 의한 폭로는 스파이 제국 CIA를 뿌리째 흔들었다.

최근에 정보기관 직원은 익명의 해커나 블로거와 같은 새로운 세계의 주인을 상대로, 자신이 족제비 흉내를 내는 듯한 느낌을 받는다고 했다. 어느 CIA 보도관은 기자를 설득해 기사를 빼게 하거나, 비밀공작원과 그 작전을(또는 CIA 체면을) 지켜내기 위한 시간벌이로 게재를 늦추려 분투하고 있다면서 "스노든 이후, 90%는 실패한다"고 우울한 표정으로 말했다. "우리는 보도되려는 기사 내용을 구체적으로 논평할 수 없으니, 정말 머리가 아픕니다. 그래서 그 기사를 실으면 큰일 난다는 말밖에 할 수가 없지요. 제가 미디어에 지시를 내릴 수는 없으니까요. 저는 그저 기사를 실으면 안 되는 이유를 설명하는 일밖에 할 수 없으니, 대부분 실패하고 맙니다. 그때쯤에는 기밀 정보가 이미 여기저기에 퍼져 있기 때문입니다."

기사게재를 중지시키는 CIA의 뻔한 수단

스노든에 의한 기밀정보 폭로 이후, 일부 보도기자들이 갈수록 더 격렬하게 엄니를 드러내려 한다고 CIA는 불만을 드러냈다. 그럼에도 안전보장 문제를 담당하는 기자들 가운데에는 지금도 CIA 규칙에 순순히 따르는 이들이 많다. 늦어도 기사가 나오기 전날에는 그 정보를 CIA 홍보과에 알려줘야 한다는 불문율을 따르고 있는 것이다. 워싱턴의 보도 미디어는 여러 동맹 국가들의 정보기관에도 그처럼 마음을 쓰고 있다. 이슬람의 테러리스트 지하디 존의 정체에 대한 기사가 그 좋은 예이다. 지하디 존은 저널리스트 제임스 폴리나 스티븐 소틀로프, 원조단체직원 데이비드 헤인즈, 알란 헤닝, 피터 캐식을 포함한, 여러 인질들을 참수한 인물이다.

〈워싱턴 포스트〉의 아담 골드맨 기자가 처음으로 보도했듯이, 복면을 쓴 처형인은 사실 모하메드 엠와지라는 쿠웨이트 출생 영국인이었다(엠와지는 2015년 11월, 시리아 라카에서 미군 드론의 공격으로 살해당했다). 골드맨 기자가 엠와지 이름을 보도할 것을 영국 정보기관에 알리자, 당국 사람들은 24시간을 기다려달라고 했다. 이유는 설명하지 않았지만 이런 경우에는 타당한 대응이었다. 골드맨은 이렇게 회상한다. "당시에 나는 몰랐지만 혹시나 위협을 당하지 않도록 엠와지 가족들을 영국에서 쿠웨이트로 출국시킬 필요가 있었습니다. 우리는 정부의 주장을 늘 진지하게 받아들입니다. 조리 있는 주장을 해주면 이쪽이 받아들이기도 하지요. 우리 저널리스트는 늘 정부에 큰 공격을 가해보고 싶다는 생각을 갖고 있어요. 하지만 서로의 관계라는 것도 있으니까요. 이쪽에서 모든 정보를 확보하지 못하고 있을 때도 있습니다. 거의 부분밖에 몰라서... 일부는 캐냈지만 전체적으로는 보고 있지 않는 경우도 있는 것입니다."

게재를 취소시키거나 늦추기 위해 CIA가 쓰는 뻔한 수단은, 그 기사가 CIA 직원은 물론 그 밖의 이들까지 위험에 노출시킬 위험이 있다고 주장하는 것이다. 지하디 존을 둘러싼 영국의 정보기관처럼, 보도를 미루어달라는 CIA의 요청에는 분명 합리적인 것도 있었다. 그러나 많은 경우는 의구심을 불러일으킨다. 예를 들어 2012년 CIA의 직원 두 사람은 외교관 번호를 단 차로 멕시코 시티 교외를 달려가던 중, 길 위에서 잠복하고 있던 이들에게 습격을 당했다. 습격 범인들은 마약조직과 관련된 듯 보이는 사복 차림의 연방경찰관들이었다. 운전하고 있던 CIA 직원의 능란한 운전솜씨 덕분에, 둘은 겨우 도망칠 수 있었다. 이 사건이 보도되었을 때, '미국 정부 당국 사람들'이 습격당했다고 알려졌는데 소속 기관은 분명하게 밝혀지지 않았다. 영국인 저널리스트 요안 그릴로(Ioan Grillo)는 당시, 대형 통신사(그의 요청으로 회사 이름은 알려지지 않았다) 일을 하고 있었는데 미국 마약 단속국(DEA)의 멕시코에서 지내는 우두머리에게 전화를 해서 습격한 이들에 대해 묻자, 자신의 부하는 아니라는 말을 들었다.

"미국 대통령이 습격한 범인들의 신원을 밝히지 않는다는 점에서, 뭔가 낌새가 이상했습니다." 그릴로는 말한다. "DEA 국제작전부에서 일찍이 우두머리였던 인물에게 전화를 해보니, 그가 진실을 밝혀주었지요. 습격을 했던 그 둘은 사실 CIA 직원이라고." 그릴로는 이 사실을 편집부에 알렸고, CIA를 담당하는 기자가 CIA 본부에 문의를 했다. 그러자 두 사람이 직원임을 넌지시 인정하면서도 그 정보를 보도하지 않도록 강하게 다짐을 받으려 했다. 이번 습격사건을 보면 알 수 있듯이, 목숨과 관련된 일이기 때문이라고 말이다. 그릴로 기자는 이렇게 회상하고 있다.

'편집부 간부들은 곧 두려움을 느꼈고 제게 그 두 사람이 어디 소속해 있는 지가 그렇게 중요한지를 물어왔습니다. 결국 기사 보도는 보류되었지요. 그렇게 하루도 채 지나지 않아, 습격한 두 사람이 사실 CIA 직원이었음을 멕시코 신문이 폭로해버렸습니다. 아마 멕시코 정부가 발설한 거겠죠. 저는 특종을 놓친 것, 그리고 우리 통신사가 그토록 간단히 협박에 굴복했다는 것에 크게 실망했습니다. 이런 사건의 경우, CIA가 언제까지나 숨을 수 있을 리가 없는데 말이죠.'

보류된 〈뉴스위크〉의 특종 기사

CIA 취재는 경쟁이 엄청났고 기사 내기를 망설이면 피해를 당할 뿐이었다. 〈뉴스위크〉의 제프 스타인 기자도 그것을 온몸으로 배웠다. 2008년 2월, 레바논 이슬람 무장조직 헤즈볼라(이슬람교 시아파의 원리주의 무장정치조직으로, 현재는 합법적인 정당으로 활동)의 흑막이었던 테러리스트 이마드 무그니예가, 시리아의 다마스쿠스에서 자동차 폭탄으로 괴이한 죽음을 맞았다. 무그니예는 일찍이 레바논과 그 밖에 테러활동의 씨를 뿌리기 시작한 인물이다. 아직 미국인들 대부분이 오사마 빈라덴의 이름조차 알지 못하던 때의 이야기이다. 무그니예는 1983년 베이루트 미국 대사관과 해병대 막사로 폭탄을 던진 주모자로서 CIA 근동 국장 로버트 에임스의 유괴살인도 그가 벌인 일이라 여겨지고 있다. 무그니예는 더 나아가, 1992년 부에노스 아이레스의 이스라엘 대사관을 향한 폭탄공격이나 2년 뒤의 이스라엘 공제 조합회관 폭파까지 계획했다는 의심을 받고 있다.

2008년 무그니예의 죽음은 그 한 사람만을 목표로 한 완벽한 암살로, 이스라엘 정보기관 모사드가 해낸 일이라며 긴 세월에 걸쳐 보도되어 왔다. 그런데 사실은 조지. W. 부시 대통령이 직접 승인한 CIA에 의한 암살이었음을, 〈뉴스위크〉의 스타인 기자가 밝혀낸다. 2013년 가을 암살 작전과 관련된 여러 상세한 부분까지 정리해두고 나서 스타인은, CIA의 '노코멘트'라는 대답에 만족할 수 없었다. 안전보장문제의 베테랑 기자 스타인은, 이번 특종을 CIA의 활약을 알리는 것이라 보고 협력을 얻어낼 수 있으리라 예상했었던 것이다. CIA는 암살이나 파괴활동 등 여러 전력을 가진 위험한 테러리스트를 제거해냈으니까 말이다. 스타인은 CIA 당국자들에게 말했다.

'이것이야말로 정당화할 수 있는 보복살인입니다. 게다가 이 폭탄은 절대로 불똥이 다른 곳으로 튀지 못하게 계획되어 일반시민도 무그니예의 가족도 다른 누구도 죽임을 당할까봐 두려워할 필요가 없습니다. 무그니예만 죽일 수 있는 폭약이 만들어지기까지, 기술진들은 몇 번이나 시행착오를 거듭해왔습니다. 아주 깨끗한, 정당화될 수 있는 살해인 것입니다.'

그러나 스타인도 놀랄 수밖에 없었다. 기사를 실으면 해외 CIA 직원이 헤즈볼라에게 처형당할 위험이 있다며 CIA가 강하게 반대한 것이다. 〈뉴스위크〉의 짐 임포코 편집장은 CIA의 요청을 받아들여, 기사 게재를 일시적으로 미루는 데 동의했다. 그리고 그대로 보류한 채 1년이 지났다. "경우에 따라서는 기사를 실어도 어떤 이득도 얻지 못한 채 누군가의 목숨을 위협하게 될 수도 있습니다. 때문에 게재를 잠시 미뤄두는 경우도 있습니다." 이렇게 스타인도 인정했다. "하지만 그들은 늘, 누군가의 목숨을 위협하게 되리라는 말을 하고 있어요." 2013년 11월, CIA 본부에서 열린 회의 자리, 최고 간부들은 이 기사는 꼭 빼야 한다며 강하게 주장했다. "당시 지정학적인 문맥으로 보면, CIA의 주장은 아주 설득력 있었다." 임포코 편집장은 말했다.

2015년 1월 30일 금요일 밤 스타인 기자가 무그니예 암살과 관련된 기사 원고를 쓰고 나서 1년 이상 흐른 뒤, CIA 직원이 초조해하며 스타인에게 전화를 걸어왔다. 〈워싱턴 포스트〉가 같은 기삿거리를 갖고 있으며 CIA가 게재중지를 요청했음에도 불구하고 그 기사를 보도하려고 한다는 것이었다. 스타인은 그렇게 된다면 〈뉴스위크〉도 마땅히 게재하겠다고 대답했다. 그러자 CIA 직원은 다시 〈워싱턴 포스트〉 기자에게 연락을 하여 당신들이 그 기사를 게재할 예정임을 〈뉴스위크〉에 알렸다고 전한다. 〈워싱턴 포스트〉는 문제의 기사 게재를 앞당기기로 결정했다. 일요판 신문에 실을 예정이었지만 곧장 웹사이트에 올리기로 한 것이다. 금요일 오후 10시 무렵, 아담 골드맨과 엘렌 나카시마의 이름을 함께 넣은 기사가 온라인 뉴스에 게재되어 폭탄을 떨어뜨렸다. 스타인은 특종 전쟁에서 뒷통수를 맞고 만 것이다.

두 기사에는 많은 차이점이 있었다. 〈워싱턴 포스트〉는 실제 암살 작전의 절차를 이야기하면서 CIA로부터 의뢰를 받은 이스라엘이 그 작전을 실행했으며 텔아비브 관제실에서 원격조종으로 이루어졌다고 했다. 〈워싱턴 포스트〉의 골드맨도 〈뉴스위크〉의 스타인도 자신의 설명이 옳다고 주장한다. 골드맨은 이렇게도 말했다. "나에게는 세 명의 완벽한 정보제공자가 있으며 그들은 이스라엘이 방아쇠를 당겼다고 증언했다." 이에 대해 스타인은, "단 1초라도 정밀함이 필요한 작전을 실행하기에 텔아비브는 너무 멀다"고 반론한다. "가장 중요한 것은 무그니예가 다마스쿠스 어디에 있는가, 그 정보를 이스라엘이 CIA에 제공했는가입니다. 너무도 많은 미국인을 살해한 무그니예에게 CIA가 복수를 할 수 있도록 하기 위해서죠. 강도단끼리의 우호적 거래 같은 것이었습니다. 그야말로 〈더 소프라노스(이탈리안 마피아 보스가 주인공인 미국의 인기 있는 TV 드라마 시리즈)〉 같은 세계죠." 그러나 어찌 되었든 이미 스타인의 특종은 아니게 되었다.

편집부가 CIA의 요청으로 기사 게재를 미룬 것을 안타깝게 생각하는지, 나는 스타인에게 물어보았다.

"그렇기도 하고 안 그렇기도 합니다. 2013년 10월에 처음으로 기사를 CIA에 전한 시점에는, 게재를 미룰 강력한 논거가 있었음을 저 또한 인정합니다. 헤즈볼라 안에는 거만한 CIA에 보복하겠다고 떠들어대는 무장 그룹이 있었으니까요. 하지만 1년 뒤 헤즈볼라는 레바논 정부의 일부가 되었고 이라크와 시리아의 이슬람국(ISIS) 대두로, 시리아에서 헤즈볼라와 CIA는 사실상 동맹관계에 있었습니다. 상황이 바뀌었으니, 이제는 게재할 수 있으리라고 저는 생각했습니다. 하지만 제 차례는 돌아오지 않았지요."

정부가 요청한 대로 되지 않은 골드맨기자의 특종

이제까지 〈워싱턴 포스트〉의 아담 골드맨은 수많은 뉴스를 폭로해 왔고 라이벌 기자들은 물론, CIA에도 괴로운 기억들을 남겨주었다. 그 사례로, 2016년 1월 골드맨과 같은 잡지에서 활동하는 동료 기자 그레그 밀러는 CIA 내부의 '세안'이라 불리는 관행에 대해 특종을 보도했다. 기밀 작전에 대한 두 통의 모순된 메모를 국내에 돌도록 한다는 것이었다. 그리고 진짜 메모는 몇몇 직원한테만 보여주기 때문에 사실상 CIA가 자기 직원들을 속이는 것이나 다름없다고 했다. 이렇게나 의도적으로 허위 정보를 흘리다니, CIA의 진짜 의도가 엿보인다. 구속자들에 대한 CIA의 고문을 조사하고 있던 상원 조사원들은 이 관행의 존재를 눈치 채고 CIA가 드론의 공격 등 세계에서 벌어진 작전에 대한 허위 보고를 국내에 흘린 여러 사례들을 발견해냈다.

2012년 당시는 AP통신에 있던 골드맨은 동료 매튜 아푸조(현재는 〈뉴욕 타임스〉 기자)와 함께, 어느 테러 계획에 대한 소문을 듣게 된다. 오사마 빈라덴이 죽고 나서 딱 1년이 흐른 5월 1일에 맞춰 알 카에다가 아라비아 반도에서 폭탄 테러를 계획하고 있다는 것이었다. 대서양을 횡단하는 미국행 여객기에 폭탄을 설치하는 계획이었다. 백악관과 CIA로부터 압력을 받은 AP통신은 그 기사 배포를 일주일만 미루기로 했다. '신중한 취급을 요하는 첩보작전이 아직 진행 중이니까'라는 게 그 이유였다. 그러나 정보원으로부터 폭탄 테러 계획이 있음을 미국 정부가 공표할 예정이라는 소식을 듣고 AP통신은 오바마 대통령의 공식발표 전날 기사를 실어버린다. 그 결과 골드맨, 아푸조, 그리고 그들의 정보원에 대한 AP통신의 전화기록을 법무부에 압수당했다.

골드맨은 서둘러 사실을 붙잡으면 때로는 강대한 권력자들의 노여움을 사게 된다고 말했다. "애초에 나는 당국 사람들과의 연결고리를 우선시하는 액세스 저널리스트가 아닙니다." 이렇게 그는 설명해주었다.

CIA가 미국 보도매체를 얼마나 옭아매고 있는가, 그 시절 《워싱턴 포스트 (The Washington Post)》지 기자였던 칼 번스타인(Carl Bernstein)이 1977년 놀랄 만한 폭로기사를 썼다. 기사는 2만 5천 글자로 이루어진 대작으로, 과거 25년 동안 CIA와 밀접하게 협력해 일을 해온 수많은 유명한 보도기관 간부들과 기자들을 실명으로 보도했다(그중에는 CIA에 고용되어 급료를 받았던 이도 있었다). CIA가 미국인 기자를 고용하는 것은 CIA 헌장(憲章)에 어긋난다. 미국 일반 시민을 대상으로 한 첩보 활동이나 선전은 금지되어 있다. CIA는 기자들을 고용하는 이러한 수법을 '가장 생산적인 기밀정보 수집 수단의 하나'로 보았다고 번스타인은 쓰고 있다.

〈롤링스톤(Rolling Stone)〉지 폭로기사

1947년 CIA가 세워진 뒤로 대형 언론사들은 오랫동안 CIA와 협력해왔다. 그렇기 때문에 번스타인과 같은 고독한 기자가 침묵의 벽을 부수고 충격적인 폭로기사를 쓰기까지 30년이라는 세월이 필요했던 것이다. 더욱이 번스타인은 〈워싱턴 포스트〉에 기사를 싣지 않았다. 〈워싱턴 포스트〉는 번스타인이 워터게이트 사건(Watergate Affair) 보도로 유명해지고 퓰리처상을 받는 계기를 만든 신문임에도 불구하고 말이다. 번스타인이 문제의 기사를 넘긴 곳은 그들 세대의 카운터 컬처(counter culture)를 대표하는 〈롤링스톤〉지였다.

〈롤링스톤〉지 폭로기사에서 번스타인이 예전에 근무했던 〈워싱턴 포스트〉지에 대해 묵인하는 것은 의미심장하다(〈워싱턴 포스트〉지는 CIA에 가장 협조적인 매체 중 하나이다). 그럼에도 번스타인은 타임(Time)사 창업자 헨리 루스(Henry Robinson Luce), CBS(Columbia Broadcasting System) 윌리엄 팰리(William Paley) 전 회장, 《뉴욕 타임스(The New York Times)》지 아서 설즈버거(Arthur Sulzberger) 발행인 등을 CIA에게 있어 유명한 '보도계의 자산', 즉 협력자였다며 지명했고, 그것만으로도 언론은 격렬하게 뒤흔들렸다. 대형 대중매체 경영 간부와 편집자들은 앨런 덜레스(Allen Welsh Dulles)와 리처드 헬름스(Richard Helms) 전 장관들 같은 CIA 거물들과 강한 인연을 쌓는 경우도 많았다. 그들은 부하 기자들이 CIA에 정보제공자로서 활동하는 것을 용인했고, 때로는 CIA 스파이가 해외로 나가 작전을 수행할 때 신분을 위장해여 기자로 꾸미는 것도 도왔다.

특히 런던 언론사들은 오랜 세월 영국 정보기관에게 조작을 당했기 때문에, 미국 정보기관이 파고들 틈을 주었다. 스냅은 이렇게 말한다.

"저는 CIA 공작원으로서 (영국) 기자들에게 정보를 불어넣고, 그들은 그 정보를 《이코노미스트(The Economist)》지에 썼습니다. 실제로 제가 쓴 원고가 그대로 《이코노미스트》지에 실린 적도 있지요. CIA가 《이코노미스트》지를 농락한 것은 아니지만, 우리가 쓰는 기사를 싣기에 좋았다는 건 분명합니다."

CIA의 위법 활동을 전하는 극비 보고서

1973년 첫 무렵, 리처드 헬름스 다음으로 CIA 국장에 취임한 제임스 슐레진저(James Rodney Schlesinger)는 CIA의 위법 활동을 모두 나열하도록 직원들에게 명령했다. 700쪽에 가까운 그 보고서는 CIA 내부에서 이른바 '집안의 수치'로 알려지게 되었다. 드러난 사실 가운데 특히 충격적이었던 것은, CIA에 의한 외국 수뇌부 암살계획이다. 암살 대상에는 그 시절 쿠바 국가평의회 의장 피델 카스트로(Fidel Alejandro Castro Ruz)와 콩고의 파트리스 루뭄바(Patrice Emery Lumumba) 등이 포함되어 있었다. 카스트로 암살은 실패로 끝났지만, 콩고의 카리스마적 지도자였던 루뭄바는 죽임을 당했다. [콩고 독립운동에서 활약한 초대 총리. 뒷날 대통령이 된 모부투(Mobutu Sese Seko)의 군사 쿠데타에 의해

1961년 살해당했다]. 또한 이보다는 인상이 옅지만, CIA 스파이가 미국인 기자들의 활동을 감시했다는 것도 드러났다.

예를 들면, 1971년 헬름스 CIA 국장은 〈워싱턴 포스트〉지 마이클 게틀러(Michael Getler) 기자를 감시하도록 명령했다. 보고서에 따르면 '(미행 등 일반적인) 물리적 감시에 더해 스타틀러 힐튼 호텔(Statler Hilton Hotel)에 거점을 설치해 워싱턴 포스트 본사 건물을 늘 감시할 수 있도록 했다'고 한다. 그리고 '그의 칼럼에는 CIA가 중요시하는 기밀정보가 몇 번 등장했는데, 감시는 게틀러의 정보원을 파악하기 위해서였다'고 보고서에 씌어 있다. 마찬가지로 1972년 2월부터 4월 사이에도 CIA는 힐튼 호텔을 첩보 거점으로 이용해, 스캔들 폭로가 특기인 칼럼니스트 잭 앤더슨(Jack Anderson)과 그가 '정보원'으로 썼던 브릿 흄[Brit Hume, 오늘날 폭스(Fox) 뉴스 정치 해설자], 레슬리 휘튼(Leslie Whitten), 조셉 스피어(Joseph Spear)를 몰래 감시했다. 보고서에 따르면, '대형 언론기관들에 배포된 앤더슨의 칼럼에는 CIA의 극비 정보가 나올 때가 있었는데, 그 정보원을 파악하는 것이 감시의 목적이었다'.

헬름스 국장은 이러한 위법 행위를 명령하면서도 CIA와 관련된 보도에 대해 직원들에게 거짓말을 했다. 1971년 9월 17일, 헬름스는 그해 처음 한 연설에서 직원들에게 다음과 같이 말했다.

"아시다시피 지난해 겨울, 저는 미국 신문편집자협회에서 연설을 했습니다. 목적은 단 하나, 몇몇 안건을 공식적으로 부정하기 위해서였습니다. 슬슬 공식 기록으로 싣고 싶다는 생각을 하고 있었습니다. 부정하는 저의 말은 모두 진실이니 믿어도 좋습니다. 우리가 마약 밀매를 하지 않는다는 것, 국민들에게 첩보 행위를 하지 않는다는 것, 전화 도청도 하지 않는다는 것, 나아가 우리가 하고 있다고 비난받는 그밖에 많은 일들도 하지 않는다는 것. 그것을 보여줄 필요가 있을 때는 제가 한 말을 어떤 문서에서 쓰더라도 상관없습니다. ……기회가 있다면 이러한 비판에 대해 목소리를 높일 마음이 있는 여러분은 부디 그렇게 해주어, 사실을 분명하게 밝혀주기를 바랍니다."

CIA와 언론의 공방―베트남 전쟁 '불사조(Phoenix) 작전'의 진실

1972년, CIA 전 사이공[오늘날 호찌민] 지부장 윌리엄 콜비도, 헬름스의 호소에 응답했다. 이듬해 1973년 제임스 슐레진저로부터 국장직을 물려받게 되는 CIA 간부이다. 콜비는 《퍼레이드(Parade)》지 편집자 로이드 시어러(Lloyd Shearer)에게 편지를 보내, 베트남 전쟁에 관련된 CIA 최대 기밀정보수집 활동인 '불사조 작전'은 '암살' 작전이 아니라고 부정했다[불사조 작전은 베트남 전쟁 중 이른바 베트콩(남베트남 해방민족전선)의 '무력화'를 목적으로 한 CIA의 작전으로, 체포, 감금, 고문, 살해 등이 이루어졌다고 한다].

CIA는 이렇게 보도진을 속였다

CIA 전 숙련 공작원 프랭크 스냅은 베트남에 5년 동안 머물렀고, 보도진에게 요점 보고를 하거나, '불사조 작전'에서 구속한 중요인물들을 심문하는 일을 맡았다. 스냅은 1975년 4월, 마지막으로 베트남을 탈출한 CIA 직원들 가운데 한 사람이었다. 때마침 이른바 '집안의 수치' 극비 보고서 내용이 공개되어 스캔들이 되려던 때였다. 베트남 전쟁 동안 스냅만큼 CIA에 의한 언론조작에 깊이 관여한 인물은 없다. 얼마 전 스냅은 그 수법을 설명해 주었다.

"허위정보를 제공하는 방식은 이러했습니다. 해마다 적이 쳐들어오는 건기(乾期), 즉 가을이라고 합시다. 우리는 보도진에게 '적 부대 6만 명이 라오스에서 국경을 넘어 남베트남으로 쳐들어온 참이다. 그래서 더욱 지원이 필요함을 의회에서 알아주었으면 한다'고 전합니다. 그렇지만 최신 추정치에 따르면 국경지대에서의 적군 사상자가 6만 명이라는 것은 알리지 않습니다. 즉 북베트남군이 들고 일어나 전투지역으로 이동하는 중이라고 우리는 말하지만, 사실 적군은 사상자만큼의 전력을 보충했을 뿐입니다. 그러나 이를 인정해 버리면 해마다 추가예산을 받을 수 있도록 의회를 설득할 수 없었을 겁니다. 보도진은 우리가 진실의 절반밖에 전하지 않았음을 올바르게 분석할 수 없는 한, 공산주의자들이 대군을 이끌고 남쪽으로 내려오고 있으며, 의회가 추가 지원을 승인하지 않는 한 남베트남이 정복당하고 만다고 생각하게 됩니다. 제 임무는 이러한 일이었습니다."

CIA에 고용된 기자들

스냅에 따르면 그 시절에는 CIA로서 고용할 만큼은 아니지만 마음에 드는 기자도 있으면, 몰래 CIA를 위해 일해 준 기자도 있었다고 한다. 스냅은 다음과 같이 말했다.

"힘을 빌려주는 사람, 즉 우호적인 반응을 기대할 수 있을 만큼의 사람들도 있었다면, 완전히 그러했다고 말할 수는 없지만 CIA의 '자산'이라 부를 만한 기자들도 있었습니다."

대형 언론사들에 배포되는 칼럼을 쓰던, 알 만한 사람은 잘 아는 칼럼니스트 조셉 알솝(Joseph Wright Alsop)이 후자의 한 예이다. 워싱턴 근교 조지타운(Georgetown)에 있는 그의 집은 스파이, 정치인 그리고 언론 간부들의 집합소였다. 번스타인이 1977년 〈롤링스톤〉지 폭로기사에서 밝힌 대로, 알솝은 CIA와 친밀했을 뿐만 아니라 실제로 CIA로부터 보수를 받고 있었다. 이러한 CIA와의 공모 관계를 번스타인이 추궁하자, 알솝은 CIA에게 협력하는 것은 애국적인 의무이며 자랑스럽게 생각한다고 대답했다.

"신문기자로서 자기 나라에 대해 의무를 짊어지지 않았다는 생각은 어리석다."

베트남 전쟁 끝무렵 CIA의 엉터리 정보 캠페인

베트남 전쟁이 끝나기 1년 전 1974년에 잠시 싸움을 멈추었을 때, 스냅은 남베트남이 우세해 보이게끔 '요리'된 기밀정보를 흘리기 시작했다. 가망이 없는 싸움에 자금을 계속 쏟아 붓도록 의회를 설득하기 위해서였다. 스냅에 따르면, 베트남에 남아 있던 보도진은 매우 적어서 속이기 쉬웠다고 한다. 기자들에게는 CIA가 만들어낸 이야기를 검증할 방법이 없었기 때문이다. 스냅은 이와 같이 설명했다.

"베트남 전쟁이 끝나갈 무렵, 우리는 보도진을 상자에 가두고 있는 것이나 다름없었습니다. 기자들은 CIA가 하는 말을 진실로 받아들일 수밖에 없었습니다."

북베트남군이 남쪽으로 밀어닥치는 가운데, 굳이 전장으로 나가려는 기자들은 드물었다.

"그들은 대사관이나 CIA가 배포하는 자료를 손에 넣기 위해 완전히 우리에게 의존하고 있었습니다. 우리가 건네주는 정보의 노예였지요. 더욱 중요한 것은 우리가 〈U.S. 뉴스 & 월드 리포트〉지이든 어디든 사이공에 있는 언론사 지부들의 통신을 도청하고 있었던 점입니다. 기자들이 어떤 기사를 쓰고 있는지 알아 두기 위해서였는데, 그들이 판단하고 있는 상황에서 우리에게 불리한 점이 있다면 그 부분을 노리고 요점 보고를 만들 수 있었습니다."

CIA는 사이공이 북베트남의 손에 떨어지는 바로 그날까지 엉터리 정보 캠페인을 계속했지만, 전쟁이 끝난 뒤에는 그 사실을 은폐하려고 했다.

"모든 것을 묻어버리려고 한 것입니다."

스냅은 말한다.

"그때까지 일어난 일을 모두 묻어버리려고 했습니다. CIA와 포드(Gerald Rudolph Ford Jr.) 정권은 북베트남의 공산주의자 무리가 전쟁 막바지에 작전을 바꾸었다는 이야기를 만들어 퍼뜨리는 선전 캠페인을 펼쳤습니다. CIA는 보도진에게 거짓말을 하여 의회에 거짓을 전하고 있었던 것입니다. 키신저(Henry Alfred Kissinger) 국무장관도 거짓말을 했고, 포드 정권은 실제로 일어난 일을 왜곡해 전했습니다. 저는 진심으로 분노해서 CIA를 퇴직했습니다."

밝혀진 CIA 위법활동과 무시무시한 기술력

CIA 내부에 '집안의 수치'로 알려진 극비 보고서는 윌리엄 콜비 국장이 사무실 금고에 보관했기 때문에 외부에 알려지지 않았다. 그런데 보고서가 만들어진 이듬해 1974년 12월 22일, 조사정보 기자 시모어 허시(Seymour Myron Hersh)가 그 내용을 〈뉴욕 타임스〉지에서 폭로했다. 1면 표제 밑에 위엄 있는 표정을 한 헬름스, 슐레진저, 콜비의 공식 사진을 늘어놓은 기사에서, 허시는 이렇게 밝혔다.

"믿을 만한 정부 소식통에 따르면, 중앙정보국(CIA)은 CIA 헌장에 정면으로 위반되는 형태로 닉슨(Richard Milhous Nixon) 정권 시대 미국 국내 반전(反戰)운동 집단과 그 밖의 반(反)정부조직을 상대로 법에 어긋난 국내 첩보작전을 대대적으로 펼쳐 왔다."

CIA에게 있어 귀찮은 문제는 이듬해에도 이어졌다. 아이다호(Idaho)주에서 선출된 프랭크 처치(Frank Church) 상원위원과 뉴욕주에서 선출된 오티스 파이크(Otis Grey Pike) 하원의원이 앞장선 의회가 CIA의 위법 행위에 대해 공식적인 조사를 하기 시작한 것이다. 두 번에 걸친 의회 조사로 위법 행위에 대한 보고서가 18건이나 제출되었다. 처치와 파이크 두 의원이 제출한 보고서들을 받고, 의회는 CIA의 암살 작전 계획과 실행을 금지했다(이 금지령은 로널드 레이건(Ronald Wilson Reagan) 대통령이 폐지하게 된다). 그리고 CIA를 의회의 감시

아래에 두기로 하고, 파이크 위원회에서 발전한 '하원 정보문제 상설 특별조사위원회'와, 처치 위원회를 이어받은 '상원 정보문제 특별조사위원회'가 설치되었다. CIA에 실시된 개혁에는 다음과 같은 내용이 있었다─CIA는 앞으로 미국인 기자들을 직접 고용할 수 없고, 국내 보도매체에 자금 제공 등으로 환심을 사서는 안 되며, 미국 일반시민을 노린 선전 작전을 실시해서는 안 된다.

1975년 8월, 처치 상원의원은 직접 조사한 데 이어서 워싱턴 언론사들을 돌아다녔을 때 미국 민주주의에 오웰적(영국 작가 조지 오웰(George Orwell)이 쓴 소설 《1984년》을 떠올리게 하는 전체주의 사회를 뜻한다) 위협이 되는 것은 CIA뿐만이 아니라고 단언했다. 지명하지는 않았지만 국가안전보장국(NSA)이라는 정체가 모호한 기관의 급속히 커져가는 무시무시한 기술력에 대해, 미국 국민에게 경고했다. NBC 텔레비전 〈미트 더 프레스(Meet the Press)〉[일요일 아침에 방영되고 있는 보도·토론 방송]에 출연한 처치 상원의원은 말했다.

"미국 정부는 잠재적인 적의 움직임을 파악하기 위한 기술 개발을 재촉당해 왔지만, 그 결과 공중을 오가는 통신 메시지까지 감시할 수 있는 기술을 완성시켰다."

스노든(Edward Joseph Snowden)이 똑같은 경고를 하기 40년 전에 있었던 일이다. 스노든도 이렇게 말하고 있다.

"동시에 우리가 알아 두어야만 하는 것은, 기술은 언제나 반대로 우리 미국 국민에게 향해질 가능성이 있다는 점이다. 그렇게 되면 어떤 미국인이든 이미 사생활이 없어지고 만다. 모든 것을 감시할 수 있는 기술이란 그런 것이다─전화 통화, 전보(電報), 무엇이든 말이다. 숨을 수 있는 장소는 사라져 버린다."

짧은 시간으로 끝난 공격적 보도 시대

약 30년에 걸쳐 마음껏 권력을 휘둘러온 끝에, 미국의 첩보제국 CIA는 조사 보도 기자와 의회 감찰관들에게 보기 흉한 실태가 파헤쳐지고 콧대가 꺾이게 되었다. 그러나 이러한 국가안전보장에 관한 문제에 대해, 미국 보도매체의 공격적인 자세는 오래 이어지지 않았다. 1970년대는 번스타인이나 허시와 같은 실력이 좋은 기자들이 사람들에게 칭찬을 받았고 편집자들에게 인기가 많았다. 할리우드(Hollywood)도 스캔들 폭로로 명성을 떨치는 기자들을 문화적 상징으로 치켜세웠다. 그렇지만 1980년대에 들어서자, 로널드 레이건을 앞세운 보수 반동세력이 승리를 거머쥐었다. 그러자 권위에 의문을 제기하거나 지나치게 따지는 경향이 있는 기자들은 미디어 산업 세계에서 유행에 뒤떨어졌다는 취급을 받게 되었다. 그리고 그런 기자들은 곧 깨닫게 된다―권력을 향해 진실을 늘어놓으면 기자 인생이 망가져 버리는 일도 있다고 말이다.

CIA가 고용한 니카라과 반(反)정부 게릴라 선전맨

1980년대 CIA와 백악관에 의한 언론조작의 가장 두드러진 사례는 니카라과(Nicaragua) 반정부 무장조직 '콘트라(Contra)'를 둘러싼 일이다. 이 반정부 게릴라 조직은 1979년 니카라과 산디니스타(Sandinista) 혁명[40년도 넘게 이어진 소모사(Somoza) 가문 독재 정권을 좌파 무장세력 산디니스타 민족해방전선(FSLN)이 뒤엎어 정권을 잡은 혁명]이 일어난 뒤, 이웃 나라 온두라스(Honduras)에서 결성되었다. 미국 레이건 대통령은 그들을 '자유의 전사들'이라 불렀는데, 사실 CIA가 자금과 훈련을 제공한 민병조직에 지나지 않았다. 이 조직을 민주적으로 보이게 하는 '얼굴'을 맡은 이는 전 신부이며 하버드대학교를 나온 에드거 차모로(Edgar Chamorro)다. 니카라과에서 이름난 가문 차모로 집안 출신이다. 처음에는 산디니스타를 지지했던 차모로였지만, 혁명 뒤에는 니카라과를 탈출, 플로리다(Florida)주 마이애미(Miami)에 광고회사를 세웠다. 그때 니카라과 민주군[그 시절 콘트라의 주요 조직]에 새로 세워진 간부회 공식 보도담당 대변인이 되어 달라고 CIA가 차모로에게 제안했다. 홍보와 선전 활동에 뛰어난 차모로라면 콘트라의 부정적 이미지를 뒤집어 주리라 CIA는 기대한 것이다. 그때 콘트라는 포악한 행동과 마약 거래로 평판이 급격히 떨어져 있었다.

1987년에 쓴 저서 《콘트라를 아름답게 포장하다(Packaging the Contras)》에서 차모로가 회상했듯이, CIA는 그를 '편리한 도구'로 보았다. 기자회견 전에는 CIA 훈련 담당자가 철저하게 예행연습을 시켰고, 무엇보다도 콘트라가 미국에게 자금 원조를 받는다는 것은 언제든지 부정해야 함을 강조했다. 차모로는 설명했다.

"CIA 고문이 내게 이렇게 말했다. '예를 들어 어떤 기자가 차모로씨, 당신은 미국 정부로부터 돈을 받고 있습니까, 묻는다고 하자. 어떻게 대답할 것인가?' 나는 처음에 '예, 얼마쯤 받고 있습니다' 말할 생각이었다. 그러나 그는 아니라고 대답하라 했다. 수많은 개인에게서 돈을 받는다고 말하라는 것이다. 우리 활동을 지지하지만 사생활을 지키기 위해 익명을 원하는 사람들에게서 받고 있다고 말이다."

또한 CIA는 차모로와 그 밖의 콘트라 지도자들이 미국 정부 관계자와 만난 적이 있는가, 콘트라는 니카라과 산디니스타 정권을 뒤집기를 조금이라도 바라고 있는가, 이와 같은 질문에도 아니라고 대답하도록 차모로를 지도했다. 그들 반정부 무장조직은 그저 니카라과에 '민주적인 여러 조건을 만드는 것'을 바라고 있다며 콘트라의 '얼굴'로서 보도진을 설득하라는 말을 차모로에게 했다. 차모로의 첫 기자회견이 열린 것은 1982년 12월 7일 플로리다주 포트로더데일(Fort Lauderdale)에 있는 힐튼 컨벤션 센터였다. CIA의 예상대로 회견장에 모인 기자들은 콘트라에 대한 미국의 은밀한 원조에 대해 차모로에게 질문 공세를 폈다. 차모로의 회고록에 따르면, '이렇게 물어볼 것이라며 CIA가 내게 말했던 내용 그대로' 기자들은 질문했다.

"나도 니카라과 민주군 간부회 대변인으로서 기자들(의 단적인 질문)에 뒤지지 않게 분명히 대답했지만, 그 대부분은 사실 완전히 거짓이었다."

거짓 정보를 흘린 CIA의 전략은 곧바로 효과를 드러냈다. 기자회견 다음 날인 12월 8일, 〈마이애미 헤럴드(The Miami Herald)〉지는 이렇게 보도했다.

"간부회 회원들은 니카라과 민주군 특수부대가 CIA의 지원을 받고 있다는 보도를 부정하고, 미국 중립법을 위반하고 싶지 않다며 군사행동에 대해 말하기를 거부했다."

그 다음 날, 〈뉴욕 타임스〉지도 콘트라 지도자의 한 사람 엔리케 베르무데스(Enrique Bermúdez)와 독점 인터뷰를 했다. 이 기사에 따르면, '(베르무데스)는 미국에 있는 동안 군사 작전에 대해 이야기하는 것은 신중히 하고 싶다고 말했다. 미국 법률, 구체적으로 중립법은 민간조직이 외국 정부를 뒤집기 위해 활동하는 것을 금지하고 있기 때문이라고 설명했다.'

여기서도 콘트라는 레이건 정권의 지원을 받지 않으며, 수많은 개인 자금원에게서 돈을 받고 있다는 지어낸 이야기가 일관되었다.

환상으로 끝난 콘트라의 '체 게바라(Che Guevara)'

차모로는 1984년 콘트라 정치 지도자들에게 실망을 느꼈고 군사부문의 인권침해도 더는 눈 뜨고 볼 수 없어 콘트라를 떠났다. 결정적으로, CIA가 만든 '게릴라전에서의 심리작전'이라는 90쪽짜리 설명서가 그로 하여금 이러한 결단을 내리게 만들었다. 이 문서에는 '선전적 효과를 노린 선택적 폭력'을 쓰는 방법이나 산디니스타 정권 고위 관리들을 '무력화'하는 방법[사실상 살해하는 것을 뜻한다] 등에 대해 콘트라에게 조언하는 내용이 담겨 있었다. 그러나 본디 CIA로서는 무차별적인 폭력 행위를 비생산적이라 보고 콘트라가 그러한 테러 행위를 삼가게 하기 위해 이 설명서를 만들었다는 것이 분명했기 때문에 참으로 역설적이다. 구체적인 점에서 말하자면, 차모로는 이 CIA의 설명서에서 암살에 관련된 내용을 모두 지우려고 했지만, 니카라과 민주군 간부들이 반대하자 콘트라를 떠나기로 했다고 한다.

또한 차모로는 선전 전문가로서 가장 명예로운 순간을 맛보지 못한 것을 한탄했다. 차모로는 CIA가 콘트라 병사의 본보기로 추켜세울 수 있는 체 게바라 같은 실존하는 영웅을 만들려고 했다. 그렇게 하면 미국으로부터 더욱 많은 자금 원조를 받을 수 있으리라 생각했다. 차모로는 니카라과 민주군 가운데 가장 용감한 전투원을 알려 달라고 콘트라 지도자 가운데 한 사람인 베르무데스에게 부탁했다. 그리고 후보자들 가운데 '수이시다(Suicida, 자살이라는 뜻)'라는 가명으로 알려지는 페드로 오르티스 센테노(Pedro Pablo Ortiz Centeno)를 뽑았다. 센테노는 아나스타시오 소모사(Anastasio Somoza) 독재정권 시절 잔혹한 행위로 알려진 국민군에 소속되어 있던 병사였다. 차모로는 센테노에 대해 '열광적인 헌신성을 가진 전사이며, 전장에서는 거의 미쳐 있다'고 평가했다. 〈뉴스위크〉지 제임스 르모인(James LeMoyne) 기자[예전에는 〈뉴욕 타임스〉지 특파원으로 베트남 전쟁을 취재한 숙련 기자]와 〈워싱턴 포스트〉지 크리스토퍼 디키(Christopher Dickey) 기자도 센테노에 대한 기사를 쓰려고 했다. 차모로는 이렇게 말한다.

"기자들은 우리를 이용해 특종을 얻을 생각이었지만, 사실은 이쪽이 의도한 대로 그들을 이용한 것이다. 그러나 나의 계획에 있어서는 불행하게도 수이시다의 잔인함이 그의 전사로서의 재능보다 돋보이고 말았다. 그리고 그가 저지른 수많은 인권침해 행위가 성가신 문제가 되었다. 그래서 콘트라는 겉으로 보기에 그러한 국제법 위반에 늘 마음을 쓰고 있는 것처럼 꾸미기 위해서 수이시다를 '군법회의'에 회부했다. 그해 마지막 무렵, 내가 콘트라의 영웅으로 상상했던 사나이는 처형되고 말았다."

외교홍보국을 뒤에서 조종한 CIA

CIA가 콘트라에 대한 선전 작전에서 실패한 뒤, 공식적으로 그 임무는 국가안전보장회의(NSC) 외교홍보국(OPD)[정식으로는 국무부 라틴 아메리카와 카리브해 지역에 대한 외교홍보국(S/LPD)]으로 옮겨갔지만, 사실 여전히 CIA가 뒤에서 지휘하고 있었다. 명목상 쿠바 망명자이며 우파인 오토 라이히(Otto Reich)가 OPD 국장을 맡았지만, 실제 '두뇌'는 월터 레이먼드(Walter Raymond)였다. 그는 CIA에서 가장 실력 있는 선전 전문가로 1982년 NSC로 이동되었다.

"이 CIA 사나이가 모든 것을 지휘하고 있었을 뿐만 아니라, 미군의 심리작전 전문가들도 OPD로 이동되었습니다."

조지 워싱턴 대학교(The George Washington University) 독립 조사단체인 국가안전보장 기록보관소(archive) 상급 분석가 피터 콘블러(Peter Kornbluh)는 지적했다. OPD 전문가들은 곳곳에 있는 미국 대사관으로부터 들어온 기밀 전보문을 해석하고 산디니스타 정권이나 엘살바도르(El Salvador) 좌익 게릴라에 대한 기밀정보를 찾아서 제공한 다음 선전 가치를 담았다. 콘블러는 설명했다.

"그들은 기자 발표 자료의 참고가 될 만한 보고서를 썼습니다. 그 보고서들이 기사를 통해 알려지게 되면 산디니스타 정권을 깎아내릴 수 있는 것입니다."

OPD의 방식은 심리전에 혁명을 일으켰다고 할 수 있다. 다만 사람들에게 선전을 펼치지 않고, 기자와 편집자들을 노렸다. 예전처럼 CIA가 그러한 활동을 맡았을 때였다면 기자에게 기사를 쓰도록 만드는 데 전화 1통을 넣거나 점심을 함께 하는 것으로 충분했다. 그렇지만 레이건 정권 시대에 보도기관과의 유착을 폭로당해 창피를 당한 뒤로 CIA는 새로운 선전 수법을 쓸 수밖에 없었다. CIA는 자신들에게 유리한 기사를 쓰도록 하기 위해 기자들에게 압력을 넣거나 사탕발림을 하거나 반대로 협박하게 되었다. 콘블러는 이렇게 말했다.

"CIA 선전 전문가들은 CIA가 바라는 보도를 하지 않는 보도기관이나 특정 기자에게 노골적으로 압력을 넣었습니다."

미국 정부가 주시한 기자들

1980년대, 엘살바도르와 과테말라 같은 군사 독재정권 아래 놓인 나라들에서는 현지 기자들이 날마다 고문, 실종, 처형 등으로 희생되었다[두 나라 정부는 니카라과와 달리 우파 친미 군사정권이었고, 두 나라의 내전에서 레이건 정권은 군사정권을 지원했다. 두 나라 모두 1990년대 냉전이 끝난 뒤에 내전이 끝났다]. 중앙아메리카 나라들을 취재하는 미국인 기자들은 안전했지만, 취재는 그 성질에 따라 위험과 스트레스를 동반했으며, 그중에는 살해 협박을 받고 쫓겨난 기자도 있었다. 이에 더해 중앙아메리카에서의 CIA의 활동이나 미국의 정책을 비판적으로 보도한 기자들은 레이건 정권 언론 담당자에게 '문제시화'[문제 대상으로 주시한다는 뜻의, 정부 관계자들이 만들어낸 독자적 은어될 것을 각오할 필요가 있었다.

콘블러에 따르면, 공영방송국 내셔널 퍼블릭 라디오(NPR, National Public Radio) 기자 2명이 정부의 주시를 받은 적이 있다고 한다. OPD는 레이건 정권이 관여하는 중앙아메리카 지역 전쟁에 대해 두 사람의 보도 논조가 너무 비판적이라고 보았다. 그 결과, 두 사람의 보도는 요주의로 견제되었고, OPD 오토 라이히 국장이 수도 워싱턴에 있는 NPR 본사를 찾아가 정부가 가진 강한 불만을 드러냈다고 한다.

레이건 정권은 〈뉴욕 타임스〉지 레이먼드 보너(Raymond Bonner)와 〈워싱턴 포스트〉지 알마 기예르모프리에토(Alma Guillermoprieto) 두 특파원에게도 강한 압력을 넣었다. 미국이 훈련을 실시한 엘살바도르군 정예대대가 작은 마을 엘 모소테(El Mozote)에서 무방비한 주민 9백 명을 잔인하게 학살했는데, 두 특파원은 이 사건을 폭로하는 기사를 쓴 것이다. 보도를 접한 백악관은 기를 쓰고 뒤에서 손을 쓰기 시작했다. 되도록 많은 유명한 기자들에게 두 특파원이 쓴 기사는 엉터리이다, 또는 학살을 저지른 것은 반(反)정부 게릴라 파라분도 마르티 민족해방전선(FMLN)이라고 설득하려 했다. 〈뉴욕 타임스〉지는 마침내 보너를 엘살바도르에서 귀국시켜 사업 지면으로 배치 이동했다—다만 〈뉴욕 타임스〉지는 보너의 기사가 오보였다고는 조금도 인정하지 않았고, 보너와 〈뉴욕 타임스〉지는 보너의 배치 이동이 기자들의 담당을 정기적으로 바꾸는 인사이동이며 일상적인 회사방침에 따랐을 뿐이라 주장했다.

OPD가 주시하는 미국인 기자들 가운데 AP통신(The Associated Press) 로버트 패리(Robert Parry)만큼 무시무시한 분노를 산 사람은 없다. 최근에 한 인터뷰에서 패리는 '문제시화'한다는 은어를 처음 들었을 때의 일을 떠올렸다. 1980년대 중반, OPD 로버트 케이건(Robert Kagan)과 친밀하게 이야기를 나누던 중 그 말이 튀어나왔다고 한다. 케이건은 오늘날 유명한 신(新)보수주의 지식인이며, 〈워싱턴 포스트〉지 칼럼니스트가 된 인물이다. 패리는 회상했다.

"그때는 아직 젊고 유창하게 말을 잘하는 사내였습니다. 에둘러 저를 협박했지만, 유쾌하고 즐겁게 말했지요."

그즈음 패리는 AP통신 특별반 소속이었는데, 자주 케이건과 만났고 그때마다 케이건은 국가안전보장 문제에 대해 정권에 유리한 화제를 팔려고 했다. 패리는 말한다.

"저는 그러한 화제를 취재해 보고 부풀려졌거나 정확하지 않다고 드러나면 그렇게 기사를 쓰지만, 그들은 그러한 기사를 마음에 들어 하지 않았습니다. 그래서 저는 상대하지 않으려 했습니다. 그러자 어느 날 케이건이 이렇게 말했습니다. '그런 식으로 계속 해나갈 생각이라면 우리는 당신을 문제시화할 수밖에 없습니다.' 아무렇지 않은 말투였지만 그게 상대의 진심이었습니다. 공을 많이 들인 보도관리 작전이라 할 수 있습니다."

낡고 새로운 보도기관 조작 기술

정식으로는, CIA는 이제 선전 정책을 펼치지 않았지만, 윌리엄 케이시(William Joseph Casey) 국장은 OPD 월터 레이먼드로부터 최신 정보를 얻으며 여전히 관여하고 있었다. 레이건 정권 선전 담당자들의 커다란 목표는, 베트남 전쟁이 끝난 뒤 미국 국민들이 해외에 대한 군사 개입에 진절머리가 나서 회의적인 태도를 취하는 것을 바꾸는 일이었다.

"CIA 직원들은 사실 이 점에 대해 보고서에서도 초조함을 드러냈습니다."

패리는 말한다.

"어떻게 하면 국민들의 '기폭 버튼'을 누를 수 있는가. 국민들을 여러 가지 집단으로 나눠서, 어떻게 하면 집단들의 분노를 부채질하고 흥분시키며 옛날처럼 전투적인 태도를 취하게 할 수 있을지 검토해야 한다는 등. 즉 가톨릭 신자들에게는 이런 화제를 던지고, 변호사들에게는 이런 주제를 쓰며, 남서부 주민들에게는 이것, 유대인들에게는 이러이러한 식이었습니다."

OPD가 낸 기자 발표 자료 1통에 산디니스타 정권이 반(反)유대적이라는 증거를 잡았다는 내용이 있었다. 패리는 아직도 기억하고 있다고 한다.

"효과는 매우 컸지만 사실 나중에 진실이 아니라고 밝혀졌습니다. 저는 이와 관련된 미국 대사관에서 보낸 기밀 전보를 손에 넣었는데, 대사관은 '그런 말은 할 수 없다. 그건 사실이 아니다' 전하고 있었습니다. 그래도 OPD는 전보를 기밀 취급을 해 은폐하고 기자들에게 발표했습니다. 그러한 일을 아무렇지 않게 하는 집단입니다."

또 하나 OPD가 가장 좋아하는 수법으로, 1950년대 CIA가 생각해낸 것이 있다. 유럽과 미국 큰 나라들에게 지나치게 반항하는 경향이 있는 외국 수뇌들의 인격을 깎아내리는 화제를 흘리는 수법이다. 패리는 CIA의 전설적인 첩보원 마일스 코플랜드 주니어[Miles Axe Copeland Jr, 록밴드 '폴리스(The Police)' 드러머 스튜어트(Stewart)의 아버지]에게 인터뷰를 했을 때 들었다고 한다.

"코플랜드는 영국 옥스퍼드(Oxford) 변두리에 있는 작은 마을에 살고 있었습니다. 매우 사교적이었는데, 그의 삶은 끝에 다가서고 있었습니다."

패리는 그때 모습을 떠올렸다. 코플랜드가 패리에게 한 이야기에 따르면, 1953년 CIA는 이란 모하마드 모사데크(Mohammad Mossadegh) 수상에 대한 이야기를 여러 나라 보도기관에 흘렸다[모사데크 수상은 석유산업의 국영화 등 소련에 가까운 정책을 취해 미국·영국과 맞섰고, 1953년 쿠데타로 물러났다]. 모사데크가 목욕가운을 입은 채 테헤란(Teheran) 시가지를 돌아다니는 괴짜라는 내용이었다. 패리는 말했다.

"모사데크는 (이란인이라면) 누구든지 입고 있는 긴 겉옷을 입고 있었을 뿐이지만, 그 모습을 마치 상식을 벗어난 괴짜처럼 보이게 만들기 위해 CIA는 일부러 목욕가운이라고 부른 것입니다."

OPD가 채용한 이 전술은 갈수록 노골적으로 바뀌어 갔다. 예를 들어 산디니스타 정권 지도자 다니엘 오르테가(Daniel Ortega Saavedra) 대통령은 큰 테 안경을 쓴 것으로 유명했는데, 레이건 대통령은 여러 번 '디자이너가 만든 안경을 쓴 독재자'라고 불렀다.

"솔직히 말해서 의미를 알 수 없었습니다. 디자이너가 만들지 않은 안경을 찾는 편이 더 어려울 테니까요."

패리는 이와 같이 지적했다.

"그래도 CIA 직원들은 특정한 개인을 이처럼 우스꽝스럽게 풍자해 언론에 거론되게 만들려고 했습니다. 그래서 레이건은 그런 호칭을 쓴 겁니다."

유리한 기사를 쓰게 하려면 공식적인 기자 발표 자료를 내기보다 그럴듯한 기삿거리를 기자들에게 흘리는 편이 훨씬 바람직하다—OPD도 그 점은 잘 알고 있었다고 패리는 말한다.

"정보를 흘리는 이는 '내부 관계자'라고 기자들이 생각하게 만들고 매우 기밀성이 높은 기삿거리를 얻는다는 생각이 들게 하면 기자들은 기뻐하고, 그 기자들이 편집장을 설득하는 것도 쉬웠을 겁니다. OPD도 그쯤은 이해할 수 있는 지혜가 있었습니다. 기사가 나왔을 즈음에는 정부가 대놓고 흘려준 정보가 아니라 어떤 사람이 흘린 특종이라고 알려지게 되므로 일반 대중들도 믿기 쉽습니다. 그렇지만 사실은 정부가 흘리고 있었던 겁니다."

1986년까지 패리는 동료 브라이언 바거(Brian Barger) 기자와 협력해, 미국이 중앙아메리카에서 몰래 관여하고 있던 전쟁에 대한 진짜 특종을 몇 번이고 손에 넣었다. 1985년 6월 AP통신에 실린 기사도 그러하다. 해병대 올리버 노스(Oliver North) 중령이 콘트라에 몰래 불법으로 자금을 제공하고 있음을 폭로한 것이다[레이건 정권이 이란으로 무기를 수출하고 그 수익을 콘트라에 흘려보내고 있었다는 이른바 '이란 콘트라 사건']. 그런데 AP통신 편집장들은 패리와 바거를 칭찬하기는커녕 노스 중령이 이룬 역할을 가능한 한 작아 보이게 하려고 애를 썼다. 그 이유 중 하나는 1985년 베이루트(Beirut)에서 헤즈볼라(Hezbollah)로 유괴당한 AP통신 편집자 테리 앤더슨(Terry Anderson)을 구출하는 임무를 노스 중령이 맡고 있었다는 점이다[1984년 유괴되어 속박당한 채 이듬해 세상을 떠난 CIA 베이루트 지부장 윌리엄 버클리(William Francis Buckley)와 달리, 앤더슨은 1991년 풀려났다]. 패리는 말한다.

"기묘한 인간관계의 굴레가 있었습니다. 우리 부서 책임자 척 루이스(Chuck Lewis)는 실제로 노스와 몇 번이고 만났고, 회사로 돌아와서 (노스의 스캔들에 대한) 우리 기사 원고를 검토했으니까요."

CIA와 친밀했던 〈워싱턴 포스트〉지의 솜씨 좋은 기자와 편집자

레이건 정권이 중앙아메리카에서 몰래 관여하고 있던 전쟁의 진실을 밝히기 위해 보너, 기예르모프리에토, 패리 그리고 바거 등의 기자들은 자주 위험한 전투지역에서 취재에 힘썼다. 한편 〈워싱턴 포스트〉지 밥 우드워드(Bob Woodward)는 특종을 찾아 수도 워싱턴을 서성거렸고, CIA나 백악관 관계자와 점심 또는 저녁을 함께 하면서 기밀정보를 수집했다. 우드워드가 1987년에 쓴 저서 《베일(Veil)》은 CIA 케이시 국장을 공동 저자로 적어야 하지 않을까 싶다. 케이시 국장은 정보기관인 전략정보국 전 직원으로, 레이건이 처음 당선된 대통령 선거에서 선거전을 책임졌고, 정권이 세워지고 나서 CIA 국장으로 임명된 인물이다. 우드워드는 그러한 케이시를 예전부터 알고 있었다. 《베일》 취재에서는 1983년부터 1987년에 걸쳐 '50번이나' 케이시를 인터뷰했다.

"그의 집에서, 사무실에서, 비행기 안에서, 파티회장 구석에서 또는 전화로 우리는 이야기를 나누었다."

우드워드는 이렇게 쓰고 있다.

"그는 때로 마음 내키는 대로 이야기했고, 그의 의견을 설명해 주었다. 그러나 때로는 이야기하기를 거부했다……어느 날 그는 이렇게 말했다—'누구든지 언제나 필요 이상으로 말해 버리니까 말이지'."

우드워드는 손에 넣은 국가안전보장 문제에 대한 최신 특종을 기사로 써야 할지에 대해 〈워싱턴 포스트〉지 편집자들, 그중에서도 특히 벤자민 브래들리 [Benjamin Crowninshield Bradlee, 1961년 〈워싱턴 포스트〉지 편집장. 워터게이트 사건 보도를 지휘했고, 2017년 영화 〈더 포스트(The Post)〉에서도 주인공 가운데 한 사람으로 활약이 그려졌다]와 긴급회의를 열었던 경우가 적어도 5, 6번 있었다고 썼다. 예를 들어 어느 날, CIA는 소련이 유사시에 폴란드로 쳐들어갈 계획을 품고 있는 것이 아닌지 걱정했다. 그래서 정보를 우드워드에게 흘렸다. 〈워싱턴 포스트〉지가 보도하면 소련이 계획을 포기하도록 만들 수 있지 않을까 생각했기 때문이다. 소련의 위협이 어디까지 현실이고 어디까지 CIA의 걱정이었는지는 분명하지 않지만, 어쨌든 우드워드는 '폴란드를 둘러싼 소련의 계획에 높아지는 우려'라는 기사를 썼다.

1986년의 경찰이 마약 단속 수사로 급습한 현장 가운데 한 곳에 캘리포니아주 라구나 비치(Laguna Beach)에 있는 로널드 J. 리스터(Ronald J. Lister)라는 전 형사의 집이 있었다. 수사관들이 찾아가자, 리스터는 목욕가운 차림으로 느긋하게 커피를 마시며 현관에서 맞이했다. 리스터는 경찰 수사를 사전에 알고 있었음을 밝히며, 당신들은 엄청난 실수를 저지르고 있다고 지적했다.

"당신들은 이곳에 와서는 안 됩니다."

리스터는 말했다.

"나는 CIA와 일을 하고 있는데……워싱턴에 있는 나의 동료들은 당신들의 방문을 기뻐해주지 않을 것입니다."

경찰은 리스터의 집 옷장에서 최근 리스터가 무기 상인이자 안전보장 조언자로서 세상을 두루 돌아다니며 활동하고 있었음을 드러내는 영수증과 문서들을 발견했다. 상대는 CIA와 관계가 있는 라틴아메리카 정치인들이었고, 엘살바도르 암살단 지도자 로베르토 다뷔송[Roberto D'Aubuisson, 엘살바도르 내전 중 중요인물 암살 등을 지휘했다고 하는 극우 활동가. 뒷날 정치가. 1992년 암으로 세상을 떠났다]도 포함되어 있었다.

레이건(Reagan) 정권 시대 워싱턴 정보진은 정부의 꼭두각시였다. 그렇다면 정권 교체 뒤에는 잘못을 반성하고 공안 국가에 대한 겁 없는 파수꾼이 될 수 있을까……그러나 이 희망은 중동 문제를 둘러싼 조지 워싱턴 부시(George Washington Bush) 대통령의 잘못된 정치로 완전히 좌절되고 말았다. 다시 말하면 2003년 3월 미군의 이라크 침공을 시작으로 오늘날까지 이어지고 있는 악몽 때문이다. 부시=체니(Cheney) 정권은 마치 무언가의 조정을 받고 움직이는 것처럼 세계 대부분을 끌어들이며 무모한 모험에 나섰다. 그 과정에서 정권과 공존 관계에 있는 대중매체의 지지 또한 큰 역할을 해냈다. 게다가 전쟁이라는 사나운 개를 풀어 놓자 신이 난 것은 폭스 뉴스나 〈워싱턴 포스트〉 같은 전형적인 대중매체뿐만이 아니었다. 자유로운 대중매체의 리더라고 할 수 있는 〈뉴욕 타임스〉도 이 역사적인 실패에 큰 책임이 있다.

호전적인 부시 정권에 동조한 정보계

9·11 동시다발 테러를 겪고 부시 대통령이 '테러에 맞선 전쟁'을 선언하자마자 당국의 정보 조작 물결이 밀어닥쳤고 미국의 보도 매체도 자진해서 널리 선전을 퍼뜨리는 데 협력했다. 그것이 베트남 전쟁 초기 이래의 기운이었다. 이라크 전쟁 개전에 이르기까지 부시=체니 정권의 선전 담당 부문은 허위 정보만을 계속해서 쏟아냈다. CIA조차도 그 압력에 굴복했을 정도이니 과연 격렬한 급물살이라 할 만하다. CIA 분석관들은 사담 후세인(Saddam Hussein)의 대량 살상무기 제조 시설은 존재하지 않음을 이미 알고 있었다. 그러나 그 CIA

간부들은 순식간에 호전적인 백악관의 술수에 넘어가 부시에게 개전의 구실을 안겨주고 말았다.

　정보기관 직원들과 이라크 전쟁에 이르는 과정을 취재한 기자들은 클린턴 (Clinton) 정권과 부시 정권 때 CIA 국장을 맡았던 조지 테네트(George Tennet)에 대한 평가에서는 입을 모았다. 그때 부시 정권은 정보원이 수상하다, 확인할 방법이 없다, 또는 완전히 엉터리 기밀정보에 대한 보고를 늘 조작해 정권 내에서 공유하고 언론으로 새어 들어가게 했다. 그러나 CIA의 테네트 국장은 그에 맞설 만한 지도력이 없었다. 〈뉴욕 타임스〉의 제임스 리센(James Risen)은 'CIA 상층부는 부시 정권에 제대로 항의하지 않은 것으로 보인다'고 말했다. '고정 관념에 얽매여 자신들의 확신과 반대되는 정보가 있어도 제대로 검증하지 않았다. 분명 현지에 가면 대량 살상무기가 발견되리라고 대수롭지 않게 여기고 있었을 것이다. 그것은 큰 착각이었다. CIA 역사 속에서도 실제로 미스터리한 부분이라고 말할 수 있다.'

　이라크 전쟁 전과 후를 통해서 미국의 대중매체가 얼마나 해야만 하는 일을 하지 않았는가, 그 결정적인 사실은 2008년 간행된 《아주 오래된 잘못(So Wrong for So Long)》이라는 책을 읽으면 잘 알 수 있다. 이것은 〈에디터 앤 퍼블리셔(북미 신문 업계에 관한 월간지)〉를 위해 언론인 그렉 미첼(Greg Mitchell)이 정리한 책으로, 이라크에 대한 잡지 기사가 75개 이상 수록되어 있다. 미첼은 2003년 첫 무렵 이후 이라크를 둘러싼 다양한 주장에 한결같이 의문을 제기한 몇 되지 않는 칼럼니스트 가운데 한 사람이었다. 미첼이 책에서 밝힌 대로 확실히 일부 잡지와 온라인 출판물은 다가오는 전쟁에 경종을 울리는 기사를 실었다. 그러나 압도적으로 많은 주요 보도기관은 부시 정권이 전쟁 이전에 펼친 선전을 그대로 받아들였다.

　신문 업계에서는 나이트리더사(지방지 30여 개를 소유하고 있었던 유력 신문 기업. 2006년에 합병되었다) 하나만을 제외하고는 부시 정권의 전쟁열에 의문을 내비치는 곳은 없었다. 그중에서도 특히 전쟁을 좋아해서 기만에 찬 논설 기사를 올린 것은 미국을 대표하는 두 개의 유력 신문 〈뉴욕 타임스〉와 〈워싱턴 포스트〉였다[국가안전 보장 정책에서 이 유력 신문과 당국의 공모 관계는 냉전 시대 간첩의 제왕, 앨런 웨일 덜레스(Allen Welsh Dulles) CIA 국장 시대까지 거슬러 올라간다].

〈워싱턴 포스트〉의 미군 담당 기자, 토머스 릭스(Thomas Ricks)는 미첼에게 이렇게 증언했다고 한다. "편집자들은 '자, 이 나라는 전쟁을 할 거야. 그런데 역행하는 증거를 걱정할 필요가 있을까?' 이런 태도를 보였다."

미군이 이라크를 침공하기 직전 릭스의 동료 기자 캐런 딜론(Karen Dillon)과 다나 프리스트(Dana Priest)는 편집자와 짜고 기사 하나를 썼다. 사담 후세인이 핵 개발 계획을 위해 우라늄을 입수하려고 한다는 부시 정권의 주장에 의문을 제기하는 것이었다. 그러나 〈워싱턴 포스트〉는 이라크 전쟁이 시작될 때까지 그 기사를 올리지 않고 미루었다. 화가 난 캐런 딜론이 '우리는 권력의 자리에 있는 정권의 대변자란 말입니다!' 말한 것도 무리는 아니다.

전쟁이 시작되고, 〈워싱턴 포스트〉 편집부는 한결같이 강경파 태도를 유지했다. 미첼은 지적한다. '〈워싱턴 포스트〉는 이라크 전쟁에 대해 사실과 다른 내용을 쓰고 있던 정규 집필진(게다가 그 무리는 전쟁에 반대하는 비평가들을 비웃었다)의 칼럼을 계속해서 게재했을 뿐만 아니라, (사설 담당으로) 일부러 마이클 거슨(Michael Gerson)을 고용했을 정도였다. 그는 이라크 침공 준비 단계에서 부시 대통령의 수석 연설문 작성자였던 인물이다.' 게다가 이라크의 후세인 정권 타도를 주장한 신보수주의 중심인물 가운데 하나인 빌 크리스톨(Bill Kristol)도 〈워싱턴 포스트〉 칼럼을 자주 쓰고 있었다. 미첼에 따르면 크리스톨은 '사실상, 〈워싱턴 포스트〉의 거의 모든 기사 내용과 모순되는' 의견의 기사를 자주 썼다. 이라크 전쟁이 헤어나올 수 없게 되자 비로소 〈워싱턴 포스트〉는 스스로 보도 내용에 의문을 품기 시작한 것이었다. 그리고 〈워싱턴 포스트〉의 미디어 평론가 하워드 커츠(Howard Kurtz)도 일면에서 140개의 기사가 이라크 전쟁을 지지한 것에 대해서 반대 시점은 깨끗이 '어딘가로 가버리고 말았다'고 인정했다.

엉터리 정보에 놀아난 〈뉴욕 타임스〉 기자

〈워싱턴 포스트〉도 온 힘을 다해 이라크 전쟁을 지지하는 논진을 펼쳤지만 〈뉴욕 타임스〉를 따라가지는 못했다. 왜냐하면 〈뉴욕 타임스〉는 이라크 전쟁으로 가는 길을 결정지은 최후의 반년 동안 절대적인 영향력을 가지면서 결과적으로는 변명의 여지가 없는 잘못된 기사를 수도 없이 일면에 실었기 때문이다. 그리고 개전을 정당화하는 데 한몫을 한 그 기사들은 거의 모두 주디스 밀러(Judith Miller)가 혼자 또는 공동으로 집필한 것이었다. 2015년 출판한 회고록 《더 스토리》에서 밀러는 자신의 오보를 여러 가지 요인 탓으로 돌리려 했다. 아버지가 돌아가신 것까지 쫓을 수 있는 실마리를 쫓지 못한 하나의 원인으로 들고 있을 정도이다. 밀러 스스로 쓴 대로 〈뉴욕 타임스〉의 일개 기자로부터 부시 정권이 주도한 전쟁 선전 요원이 되기까지의 기묘한 여정은 2001년 11월, 공항 수하물 수취 구역에서 시작되었다. 망명한 이라크인 지도자로서 공포를 불러일으키기로 악명 높은 아메드 칼라비(Ahmed Chalabi)를 만났다. 나중에 밀러의 체면을 구기는 일련의 기사는 대부분 칼라비에게 들은 정보를 바탕으로 한 것이었다. 수하물이 나오기를 기다리면서 밀러는 칼라비에게 사담 후세인이 계획하고 있다는 대량 살상무기 개발계획과 관련해 무언가 새로운 정보가 없는지 물었다. 그때 칼라비는 '없다'고 대답했지만 다음 달 후세인 정권을 배신한 아드난 이산 사에드 알 하이데리라는 남자를 밀러에게 소개해주었다. '방사성 물질과 그밖에 비통상무기를 보관할 수 있도록 사담 후세인을 위해 이라크 온 땅에 여러 시설을 개조했다'고 주장하던 인물이다.

밀러는 하이데리를 만나기 위해 방콕으로 날아갔고, 같은 해 12월 20일 〈뉴욕 타임스〉는 그녀의 기사를 일면에 실었다. 하이데리는 '이라크 화학무기 또는 생물무기 계획과 연관된 것으로 보이는 최소 20개의 시설을 직접 방문했다'고 밀러는 썼다. 그리고 그 시설들은 '지하수로, 개인 별장, 게다가 바그다드의 사담 후세인 병원 지하 등'에 은밀히 설치된 것도 있다고 밝혔다. 공포를 조장하려는 밀러의 보도 운동이 시작된 것이다. 사담 후세인이 개발하고 있다고 여겨지는 최종병기에 대한 놀라운 이야깃거리들로 계속해서 경종을 울리고, 전쟁으로 가는 길을 여는 데 공헌한 것이다. 그러나 밀러의 그 밖의 취재기사와 마찬가지로 하이데리의 증언도 허위임이 드러났다. 개전 뒤인 2004년 5월, 〈뉴욕 타임스〉는 독자 알림 마당에 조심스럽게 변명하는 처지가 되었다. 다시 말해 하이데리는 밀러에게 가르쳐주었던 각 무기개발 시설로 미국 사찰관들을 안내했지만 '무기 개발에 쓰인 흔적을 찾을 수 없었다'고 한다. 밀러는 이라크 전쟁 중에 대량 살상무기 사찰팀의 동행 취재를 허락받았었기에 상사인 편집자들이 조바심을 내는 가운데 의미 없는 수색을 바로 눈앞에서 지켜보았던 것이다.

미군에게 이라크 침공 구실을 만들어준 〈뉴욕 타임스〉 오보 기사

이라크 전쟁이 시작되기까지 백악관 보도관들은 자주 보도기관과 접촉하며 미국이 결정적인 행동에 나서면 우리 미래의 하늘에 '버섯구름'이 솟아오를지도 모른다고 위협했다. 그러한 가운데 모든 보도 중에서 부시 정권에 이라크 침공 구실을 만드는 데 가장 큰 역할을 한 것이 밀러 기자의 취재 활동(그것을 '취재'라고 부른다고 할 때)이었다. 그중에서도 전쟁 이전에 크게 주목받은(불명예스럽게도 오보였던) 밀러의 기사는 〈뉴욕 타임스〉 한 면에 큰 표제를 달고 머리기사로 보도된 것으로 사담 후세인이 핵무기 개발을 위해 '몇 천개나 되는' 알루미늄 관을 확보하려 하고 있다는 내용이었다.

그것은 밀러와 〈뉴욕 타임스〉 동료 마이클 고든(Michael Gordon) 기자의 2002년 9월 8일 기사로 부시 정권 당국자의 증언을 익명으로 들며 다음과 같이 보도했다— '사담 후세인이 대량 살상무기를 포기하는 데 동의하고 10년이 넘은 지금 이라크는 다시 핵무기 개발에 힘을 쏟아붓고, 온 세계로 원폭 제조를 위한 물자를 찾아다니기 시작했다. 이라크가 핵무기 보유에 의욕을 품고 있음을 보여주는 징후는 이러한 물자 구입 시도에만 그치지 않는다.' 최근 몇 개월 후세인 대통령은 이라크를 대표하는 핵 과학자들과 계속해서 회담을 가지고 우리나라의 기밀정보에 따르면 구미 여러 나라와의 대결 노선을 추진하는 데 공헌하고 있다며 과학자들의 노력을 칭찬했다고 한다.

알루미늄관에 대한 밀러의 기사가 나온 그날, 딕 체니(Dick Cheney) 부통령은 텔레비전에 출연해 사담 후세인의 배신 증거로서 밀러의 이른바 발견에 대해 언급했다. 그리고 후세인이 '핵무기 제조'를 시도하고 있는 사실을 '우리는 절대적인 확신을 가지고 알고 있다'고 체니는 단언했다.

한편 국가안전보장 문제를 담당했던 부시 대통령의 보조관 콘돌리자 라이스(Condoleezza Rice)는 CNN 울프 블리처(Wolf Blitzer)의 인터뷰에서 터무니없이 과장된 발언을 해서 세계 톱 뉴스에 올랐다. 그때 부시 대통령의 연설문 작성자로 나중에 〈워싱턴 포스트〉 직원이 된 마이클 거슨이 쓴 원고를 바탕으로 라이스는 공언했다—'문제는 그가 얼마만큼 짧은 기간에 핵무기를 손에 넣을 수 있는가, 늘 불확실하다는 것이다. 아니 뗀 굴뚝에 연기가 나겠느냐마는 그 연기가 버섯구름이어서는 안 된다.'

CIA가 비밀을 누설한 이라크 대량 살상무기의 진실

공교롭게도 이라크에 대한 가장 정확한 보도는 CIA가 누설한 비밀 정보를 근거로 하고 있었다. 부시 정권, 특히 체니 부통령의 사무실이 이라크 침공을 정당화하려고 기밀 정보를 조작하고 있는 것에 대해 CIA 정보국 내에서 반감이 퍼지고 있었던 것이다. 그때 나이트 리더사 계열의 각 신문에서 국가안전보장 문제를 담당하고 있던 조나단 랜데이(Jonathan Landay) 기자는 부시 정권의 이라크 전쟁 추진 선전에 타격을 가하는 데 성공한 몇 안 되는 기자 가운데 한 사람이다. 그리고 그것은 CIA의 협력 덕분이었다. 이라크 대량 살상무기 개발계획에 대해 〈뉴욕 타임스〉 이외의 여러 신문에서도 보도되기 시작했을 무렵, 그 기사들은 특히 체니의 측근들과 부시 정권 당국자들이 언론에 누설한 정보에 바탕을 두고 있다고 CIA 정보 제공자는 랜데이에게 가르쳐주었다. 체니의 요원들은 자신들의 목표에 알맞은 좋은 정보만을 선별하고 이라크가 대량 살상무기를 보유하고 있다는 주장을 뒷받침해줄 만한 보고서를 유포시키는 한편, 부시 정권의 주전론을 무너뜨릴 만한 기밀 정보는 무시했다—랜데이는 그런 사실을 CIA의 누설로 처음 알게 되었다고 나의 인터뷰에서 이야기해주었다.

한 가지 예를 들면 CIA는 사담 후세인 정권이 9·11 동시다발 테러와 전혀 관계가 없다는 결론에 이르러 있었다. 그런데도 부시 정권 당국자들은 (CIA의 분석관들은 이미 물러났다) 한 통의 보고서를 누설해 유포시켰다는 것이다. 그 보고서는 9·11 테러 공중 납치범의 한 사람인 알카에다의 모하메드 아타(Mohamed Atta)가 사건 전에 프라하에서 이라크 정보부 공작원을 만났다는 내용이었다. 로이터 통신에서 이 허위 정보를 가장 먼저 다루었으며, 곧 〈뉴욕 타임스〉 등 각 신문의 일면 기사로 퍼져나갔다. 랜데이는 CIA 내부 협력자들에 대해 '그들은 체니가 하는 것에 불만을 품고 있었다'고 말했다.

이라크에 대한 체니 일파의 잘못된 주장을 파헤친 또 한 명의 기자가 마이클 이시코프(Michael Isikoff)다. 현재는 야후 뉴스 조사특파원이지만 그때는 〈뉴스위크〉의 국가안전보장 문제 담당 기자로서 모하메드 아타가 프라하에 있었다는 거짓 정보를 폭로했다. 'CIA는 그 잘못된 보고를 체코 정보기관을 통해 들었다. 이것을 주전론자들이 일찍이 문제 삼고, 체니도 텔레비전 〈밋 더 프레스(언론 대담)에 출연해 언급한 것이다' 이시코프는 최근 워싱턴에서 함께 점심을 먹으며 이렇게 회상했다. 모하메드 아타와 이라크 정보부의 접촉이 사실이라면 미국의 이라크 침공이 정당화될 수 있음을 알고 이시코프는 취재에 더욱 박차를 가했다. 그리고 마침내 2002년 5월 5일, 〈뉴스위크〉에 실린 기사에서 이 정보를 박살냈다. 이 정보가 잘못되었다는 것을 체코 정보부 당국자가 인정하고 밀담이 오고 간 것으로 여겨지는 시기에 아타는 프라하에 있지도 않았음을 미국의 당국자도 이미 확신하고 있다―이시코프는 이렇게 폭로했다. 이시코프에 따르면 이 기사를 쓸 수 있었던 것도 체니에 맞서려 한 CIA 내의 정보 제공자들 덕분이라고 말한다.

　'물론(이라크와) 알카에다의 관계에 대해서는 CIA도 (주전론자들을) 반대하려고 했다. 실제로 많은 기사로 열매를 맺었다' 이시코프는 말한다. 그러나 그래도 여전히 이라크 전쟁에 대해서 CIA가 완전히 결백했던 것은 아니라고 이시코프는 덧붙였다. 사실 사담 후세인이 알카에다를 지원하고 있었다는 설에 대해 이시코프가 '모든 기밀 정보 가운데 가장 큰 오류'라고 부르는 정보는 이븐 알 샤이크 알 리비(Ibn al–Shaykh al–Libi)라는 리비아인이 CIA에게 이야기한 것이었다. 리비는 2001년 11월 아프가니스탄에서 붙잡혀 이집트로 연행되어 고문을 받았다. 그리고 사담 후세인이 알카에다 테러리스트들에게 화학무기를 사용하는 훈련을 시켜왔다고 심문관들에게 말한 것이다. CIA 테네트 장관이 이 보고서에 서명하고 나서, 콜린 파월(Colin Powell) 국무장관은 리비에 대한 CIA 정보를 2003년 2월 5일 국제연합안전보장이사회 연설에 포함시켰다. 이라크의 대량 살상무기 개발계획의 증거가 있다고 주장한 그 악명 높은 파월의 연설이다. '완전한 가짜였다. 리비가 철회했으니까' 이시코프는 말한다. CIA는 괘씸한 리비를 리비아로 연행했다. 3년 뒤 리비는 카다피(Qaddafi) 대좌 정권이 설치한 정치범 수용소에서 자살한 것으로 알려져 있다.

콜린 파월의 국제연합안전보장이사회 연설과 '옐로케이크'의 거짓
　부시 정권은 미군의 이라크 침공 계획에 대한 미국의 대중매체와 여론의 지지를 확보하려고 선전 작전을 펼치고 있었다. 3월에 전쟁이 시작되면서 성공리에 마친 이 선전 운동 가운데 파월의 허위를 포함한 2003년 2월 연설은 결정적인 시기에 들어섰다. 미국의 대중매체는 다투듯 파월의 멋진 연설을 격찬했다. 하지만 나중에 이 연설은 군인 출신 파월의 정치가 인생에서 가장 큰 실수였음이 밝혀졌다. 기자 그렉 미첼이 회상한 대로 "CNN의 빌 슈나이더(Bill Schneider)는 '단 한 사람도' 파월의 정보를 의심하지 않았다고 말했으며, CNN의 래리 킹(Larry King)이 밥 우드워드(Bob Woodward)에게 침공했는데 대량 살상무기가 발견되지 않는다면 어떻게 되느냐고 묻자 '그럴 확률은 거의 0%라고 생각한다. 증거가 흘러넘치니까' 이렇게 대답한다." 온 미국 각 신문이 파월의 연설 솜씨를 칭찬했다. '힘이 넘쳐나고……냉철하고 사실을 바탕으로 한 주장(《뉴욕 타임스》)', '웅대하고 우아하며 인상적(《오리거니언》)', '훌륭하다(《하트퍼드 커런트》)'.

〈워싱턴 포스트〉는 사설에서 선뜻 파월의 주전론을 지지한다고 밝혔다. 그 것은 체니 부통령 일파의 허위정보 제조공장에서 집필된 것이 아닌가 느껴질 정도였다. 〈워싱턴 포스트〉는 사설에서 이렇게 단언했다. '이라크의 대량 살상무기 보유를 의심하는 사람이 있다니 상상이 가지 않는다.' 그리고 '반대 결론을 내는 것은 어리석은 사람—또는 프랑스인—뿐이다.'

하지만 외교관계자들 사이에는 보도진만큼 간단히 속아 넘어가지 않는 사람들이 있었다. 그러한 회의론자 가운데 한 사람이 조지프 윌슨(Joseph Wilson)이다. 조지 워싱턴 부시와 클린턴 두 정권 때 재외공관원과 대사를 지낸 인물이었다. 파월은 연설에서 핵탄두 제조로 돌려쓸 수 있는 물질인 우라늄 정광(精鑛), 이른바 '옐로케이크'를 이라크가 아프리카 니제르에서 입수하려 했다고 주장했다. 윌슨은 이 말을 듣고 놀랐다고 한다. 왜냐하면 파월의 연설이 있기 1년 전인 2002년 2월, CIA는 아프리카에서 외교 경험이 풍부한 윌슨을 고용해 이와 같은 의혹을 조사하라고 니제르에 파견시켰기 때문이다. 그리고 머지않아 윌슨은 이 옐로케이크를 둘러싼 주장을 뒷받침하는 증거가 없다는 결론에 이르러 귀국 즉시 CIA와 국무성에 보고했다.

그러나 부시 정권이 이라크 침공을 향한 움직임에 박차를 가하는 가운데 이미 부정당한 옐로케이크를 둘러싼 의혹이 자꾸만 제기되자, 윌슨은 곤란해 졌다. 존경과 신뢰를 한 몸에 받고 있는 파월이 국연 연설에서 이것을 다시 문 제 삼고 있었기에 더욱 그랬다. 파월의 연설 한 달 뒤, 부시 정권이 '충격과 공포 작전'으로 이라크 침공에 착수했을 무렵 윌슨은 미국 국민이 속았다고 확신했다. 2003년 7월 6일 윌슨은 '내가 아프리카에서 찾지 못한 것'이라는 제목의 도발적인 연설 기사를 〈뉴욕 타임스〉에 기고했다. 윌슨은 이렇게 썼다. '개전에 이르는 수개월 동안의 나의 체험을 바탕으로 말하자면 이라크 핵무기 개발계획과 관련된 기밀정보 일부는 이라크 위협을 부풀려 왜곡하고 있다고 결론지을 수밖에 없다.'

미군의 통제 아래로 '파견되는' 종군기자들

사실 국가안전보장 문제를 담당하는 기자 중에서 제임스 리센처럼 부시=체니 정권에 불안을 품게 하는 사람은 매우 드물었다. 2003년 3월 20일, 미군이 이라크를 침공하자, 미국 대부분의 보도 관계자는 마치 국방부의 선전 봉사자 같은 역할을 수행했다. 걸프 전쟁 때 군대가 보도진을 통제하려고 한 것과 마찬가지로 이라크 전쟁을 취재하는 기자들은 거의 예외 없이 종군기자로서 군부대에 '파견(임베드)'되는 것밖에 선택의 여지가 없음을 깨달았다. '임베드(embed)'란 미군이 쓰는 은어로 종군기자들을 특정 부대에 정식으로 배치하고, 그러한 종군 기자만이 전투지역으로 들어갈 수 있다는 베트남 전쟁 이후 국방부의 정책을 가리킨다. 이 때문에 전쟁을 제삼자의 눈으로 바라봐야 하는 기자의 책무를 수행하기가 이전보다 많이 어려워졌다. 그뿐만 아니라 당국의 검열을 받는 데다가 전쟁터에서 병사들과 같은 참호에 몸을 숨기고 적의 총탄에 노출되는 경험을 공유하는 만큼 취재에 저절로 편견이 스며들기도 한다.

전 CIA 요원 프랭크 스냅(Frank Snepp)은 말한다. "베트남 전쟁 때처럼 기자들은 군대 지휘 아래 '상자에 담겨' 행동 범위에 제한을 받거나, 이라크에서도 보도진이 그린존(이라크 전쟁 직후 미군이 관할한 바그다드 중심부의 호칭으로 경비가 엄중하여 비교적 안전하다고 여겨졌다)에서 나오지 못하고 미군에 '파견'되어 있으니 이제 정부의 인질이나 다름없었다. 주디스 밀러와 마찬가지이다. 그녀는 입수한 정보가 지나치다고 느꼈는데, 실제로도 그랬다. 대량 살상무기에 대한 당국의 누설 정보를 얻게 된 밀러는 베트남 전쟁 때의 기자들과 똑같은 상태였다. 좀처럼 접촉하기 힘든 정보원으로부터 정보를 입수할 수는 있지만 뒷받침할 만한 것이 없었다. 왜냐하면 그 이외의 기밀정보는 전혀 가지고 있지 않았기 때문에. 다만 반드시 정부가 정보진을 지배하는 것은 아니다. 오히려 보도진이 자율성을 지킬 도리가 없어 정부의 자비로운 정보에 완전히 의존할 수밖에 없었다."

미국을 이라크 전쟁이라는 맹렬한 불구덩이 속으로 몰아세운 선전 작전은 체니 부통령의 사무실이 앞장서서 지휘했다. 하지만 지상전이 시작되고부터는 국방부가 대중매체 조작을 도맡았다. 걸프 전쟁 때와 꼭 같다. 그 방법은 주로 전투 지역에서의 보도진 취재를 엄격히 제한하는 것. 베트남 전쟁에서는 전쟁터의 끔찍한 영상이 여론의 반발을 일으켰는데, 그러한 영상이 일반 시청자의 눈에 들어가지 않도록 하는 것이다. 2004년 9월 1일부터 2005년 2월 28일까지 반년 동안 600명에 가까운 미군 병사가 전쟁터에서 숨을 거두었다. 그런데 미국 전체에서 제6위까지의 유력 신문사를 대상으로 한 〈로스앤젤레스 타임스〉의 조사에 따르면 각 신문에는 '이라크에서 전사한 미국인의 영상이 거의 실리지 않았다'고 한다.

신문이나 텔레비전 방송국은 이라크에서 귀환해 항공기 화물실에서 운반되는 성조기 달린 관도 촬영할 수 없었다. 한편, 조나단 랜데이가 2005년에 폭로한 대로 미군은 이라크 언론이 이라크 전쟁에 대해 '신문, 텔레비전, 라디오 각 대중 매체에서 낙관적인 보도를 하도록' 만들기 위해 이라크인 기자들에게 돈을 주었다. 그리고 그 사실을 감추기 위해 바그다드 기자 단체를 통해 돈을 지급함으로써 자금 '세탁'을 했다. 이것은 엄밀히 말하면 꼭 위법은 아니다. 전쟁터의 미군 병사를 지키는 데 효과적이라고 주장할 수 있는 한, 국방부는 언제라도 선전을 정당화할 수 있었다. 하지만 그래도 심상치 않을 만큼 많은 양의 허위 정보가 흘러나오고 있었다. 이 때문에 정보 조작 활동에 관련된 정부 관계자들은 오히려 전쟁 수행에 불리하게 작용하지 않을까 불안해졌다. '이라크의 미국에 대한 신뢰를 떨어뜨리는 일'이 잠재적으로는 "미국의 일반 국민에게도 '되돌아와' 영향을 줄" 가능성도 있지 않을까, 하고.

그러나 이라크 전쟁터가 미국과 이라크, 두 나라 희생자들의 시체로 겹겹이 쌓여감에 따라 진실은 서서히 모습을 드러내기 시작했다. 이라크 전쟁 최초 10년 동안 적어도 12만 3천명의 이라크 민간인이 죽은 것으로 추정된다. 그리고 집을 잃고 빈곤에 허덕이거나 전쟁이 가져온 환경 악화로 건강을 해친 사람들이 몇 십만 명이나 되었다. 이 전쟁은 중동 인근 지역 일대를 불안정하게 만드는 연쇄반응도 일으켰다. 시리아에서는 내전과 그 고통이 널리 퍼졌고, 나아가 '이슬람국' 같은 새로운 테러 조직의 대두를 초래했다

세상 사람들의 신뢰를 잃은 유력 대중매체 회사들

부시=체니 정권이 파멸적인 이라크 전쟁으로 나아감에 따라―게다가 미국의 유력 보도 기관도 수치스러운 공모자가 되었다―뉴스 공식 정보원에 대한 세상 사람들의 불신은 깊어져 갔다. 통제 및 관리된 뉴스에 싫증이 난 사람들은 위키리크스(국가기밀이나 기업·단체의 내부 고발 정보 등을 공개하는 비영리 웹 사이트. 2006년 창설) 등 당국과는 거리를 둔 독립계 정보 발신원에 차츰 눈을 돌리게 되었다. 위키리크스는 오스트레일리아의 전 해커, 줄리언 어산지(Julian Assange)가 창설한 것으로 미군의 아파치 무장 헬리콥터 조종실에서 촬영된 끔찍한 동영상을 공개함으로써 엄청난 주목을 받았다. 2007년 7월 바그다드 상공 비행 때 촬영된 것이다. 동영상에서 조종사는 한 대의 차량 가까이 무장 반발 그룹으로 보이는 집단이 집합하고 있으며 그들을 감시중이라고 무선으로 사령관에게 보고한다. 그리고 순식간에 태연하게 포격을 가해 만신창이로 만들어버렸다. '무장 반발 그룹'으로 여겨지는 사람들은 사실 그저 성실히 직무를 수행하려고 했던 이라크인 기자들이었다. 그리고 2010년 이러한 영상에 충격을 받고 브래들리 매닝(Bradley Manning)이라는 22세의 미군 병사가 "이런 것을 도저히 내 머릿속에만 넣어 둘 수는 없었다"며 그 의도를 설명한 뒤, 위키리크스에 75만 건의 기밀문서를 제공했다. 대부분이 미군과 외교관계의 전보문에 대한 기록으로, 어산지는 곧 누구든지 온라인으로 읽을 수 있도록 위키리크스에서 공개를 시작했다.

예상대로 국가안전보장을 무엇보다도 우선시하는 공안국가는 매닝과 어산지 두 사람을 응징하기 위해 재빨리 움직였다. 현재는 여성으로 성별을 바꾼(이름도 첼시 매닝으로 바꿈) 매닝은 기밀 정보를 누설한 죄로 35년의 실형 판결을 받고 복역했으며(2017년 1월 오바마 대통령이 은사로서 감형을 발표, 5월에 석방되었다), 연방 검사들은 같은 혐의로 어산지를 기소할 가능성도 배제하지 않았다. 이 어산지는 2012년 영국에 머무르던 중에 스웨덴에서의 성폭행 혐의로 송환될 지경에 이르러 런던 에콰도르 대사관에 망명을 요청하는 신세가 되었다. 이 혐의는 자신을 미국 정부 당국으로 넘기기 위한 조작극이라고 어산지는 주장하고 있다. 2016년 2월 국연 작업 위원회는 어산지의 주장을 인정하고 어산지가 '자의적으로 자유를 빼앗기고 있다'며 대사관으로부터 자유롭게 돌아다닐 수 있도록 허가를 받아야만 한다고 언명했다. 하지만 아직까지 어산지는 사실상 연금 상태에 있다..

유력 대중매체와 정부의 뿌리 깊은 공모 관계

매닝과 어산지 같은 고발자는 권력에 대해 아직 눈뜨지 못한 거대한 파수꾼, 다시 말해 미국의 보도 매체를 부추길 수 있다고 생각했지만 곧 실망하게 되었다. 보도 매체는 그들을 끝없는 전쟁을 낳는 미국 군사기구의 비밀 활동을 폭로하고 실태를 통찰할 수 있게 앞장선 영웅으로 칭찬할 수도 있었을 것이다. 하지만 보도 매체 세력권을 침범하는 위험하고 무책임한 침입자로 취급했다. 〈뉴욕 타임스〉의 빌 켈러 같은 편집자들은 위키리크스 특종 기사를 태연하게 몰래 가져다 쓰며 매닝과 어산지를 규탄하는 기사도 실은 뒤 잽싸게 고발자를 공격하기에 나섰다. 늘 권력의 추격자로부터 도망다니며 집이라 부를 수 있는 편안한 땅도 없는 어산지를 켈러는 위생관리와 몸가짐이 단정치 못하다며 비웃기까지 했다.

그중에는 위키리크스에 대한 보도 내용을 사전에 오바마 정권과 조정한 보도기관도 있었을 정도이다. 이를테면 2011년 첫 무렵, CBS 보도 프로그램 〈식스티 미닛〉이 어산지에게 인터뷰를 하겠다고 공표하자, 오바마 정권 당국자가 곧바로 움직이기 시작했다. 그것은 최근 기밀 취급이 풀린 (그때의) 힐러리 클린턴(Hillary Clinton) 국무장관의 보좌관들이 보낸 이메일 기록으로 증명되었다. 공보 담당 국무차관보였던 필립 크롤리(Philip Crowley)가 클린턴 국무장관 앞으로 보낸 2011년 1월 28일 이메일에서는 예정된 어산지의 텔레비전 출연이 미칠 수 있는 영향을 억누를 계획을 진행하고 있다고 보고했다. 이메일 내용은 이렇다. "우리는 프로그램의 '균형을 잡기' 위해서 외부 전문가와 전 외교관들, 아울러 인터뷰할 후보자를 몇 명 제안했습니다. 인터뷰 취재에서는 우리가 지적한 몇 가지 질문과 우려사항에 대해 다루겠다고 〈식스티 미닛〉 측은 저에게 보증해주었습니다. ……프로그램에서 어산지가 내세우는 주장에 대해 반론할 준비는 모두 갖추어 두었습니다."

과연 이 말대로 〈식스티 미닛〉 인터뷰 진행자 스티브 크로프트(Steve Kroft)는 어산지에게 엄격했고, 어느 시점에서는 당신은 '국가파괴 활동가'이며 '반미국'이 아니냐며 따져 물었다. 또 '이미 정해진 규칙을 무시하고 있기 때문에' 그러한 규칙에 보호받을 생각을 가져서는 안 된다며 어산지를 비난했다. '그리고

만일 당신에게 그런 것이 허락된다면 스스로 나서서⋯⋯.' 이렇게 크로프트가
말을 이어나가는 가운데 어산지가 끼어들었다.

"그래서 어쨌다는 겁니까? 스스로 나서서 보도의 자유를 인정할 수밖에 없
게 되는 것 아닙니까?"

크로프트는 어산지의 동기를 추궁하려 했으나 꼼짝 못할 만큼 몰아세우지
는 못했다. 어산지는 인터뷰 마지막 단계에서 이렇게 주장했다. "만약 정부가
위키리크스 같은 민간 독립 정보원을 폐쇄하려 한다면 '미국은 나아가야 할
길을 잃어버리는 것입니다. 건국 이래의 전통을 꺾어버리고 합중국 헌법 수정
제1조(종교의 자유와, 언론·출판·집회 등의 자유를 규정하고 있는 조항)'를 쓰레
기통에 내던지는 일입니다. 왜냐하면 발행자들은 자유롭게 출판하고 발행할
수 있어야만 하기 때문입니다."

미군은 2008년 시점에 이미 정식으로 위키리크스를 적이라고 인정하는 보
고서를 작성하고, 위키리크스 배후에 있는 사람들을 어떻게 표적으로 삼을 것
인가에 대한 자세한 전략도 기록해두었다. 2013년 국가안전보장국(NSA) 직원
에드워드 스노든(Edward Snowden)이 누설한 기밀문서에서는 이미 3년 전에 국
가안전보장국이 미군 보고서에 어산지를 '추적 대상자' 목록에 올리고, 영국
정보기관과 협력해 위키리크스 웹사이트 열람자들을 감시하고 있었음이 밝혀
졌다.

이제까지 보아왔듯이 CIA를 비롯한 미국의 국가안보정책과 관련된 거대한
'그림자 제국'은 그런 비밀주의적인 조직들이 생겨난 뒤로 계속 보도를 조작해
왔다. 그러나 여론을 통제하려는 비밀스러운 음모는 이제까지 설명해온 것에
서 그치지 않는다. 사실 CIA는 우리의 꿈의 세계에까지 들어오려고 힘을 쏟아
붓고 있는 것이다.

할리우드를 조종하는 CIA

CIA가 오락산업계와의 연락 전담자를 정식으로 고용해 영화와 TV에서
CIA를 호의적으로 그려내도록 공공연한 작업을 시작한 것은 1990년대 중반
부터이다. 그러나 사실 CIA는 1947년 만들어진 뒤로 은밀하게 할리우드와 협
력해왔다. 냉전 중, CIA는 막대한 예산이 드는 세계적 프로파간다의 일환으로
서 1951년 조지 오웰의 반공산주의적 우화를 원작으로 한 장편 애니메이션 영

화 《동물농장》(원작은 1945년 간행되었고 영화는 1954년 작되었다)의 제작비를 몰래 제공했다. 제작총지휘에는 루이 드 로슈몽(〈마치 오브 타임〉 등 뉴스 영화 제작의 선구자)을 채용했다. 또한 오웰의 미망인에게서 영화화권을 사들이는 역할을 맡은 것은 나중에 워터게이트 사건에서 악명을 떨치게 될 CIA직원 하워드 헌트(헌트는 워터게이트 사건에서 도청이나 공모 죄로 유죄 판결을 받고 복역했다)였다. 원작자인 고(故) 오웰은 자본주의제도에 대한 복잡한 심정 또한 작품 속에서 폭로하고 있다. 그러나 애니메이션 영화에서는 그런 요소들이 모두 빠지고 비판의 화살은 모두 공산주의의 어두운 면을 향하도록 CIA가 조작했던 것이다. 몇 년 뒤, 오웰의 또 다른 고전 명작 《1984》의 영화판(1956)에서는 결말이 바뀌었다. 원작 주인공은 빅브라더의 억압정치를 사랑하게 되지만, 영화판에서는 그를 세뇌하려는 빅브라더에게 영웅적으로 저항하면서 전체주의 체제에 맞서기 위해 일어서는 결말이다.

영화화권을 매수하여 덮어버리다—CIA의 영화제작 저지 공작

1980년대의 할리우드와 공안국가 미국의 관계 속에서 가장 기괴했던 사례는 결국 제작되지 못한 채 끝난 한 편의 영화일 것이다. 1986년 연말, 올리버 노스 중령의 극비작전을 두고 이란, 콘트라 스캔들의 공청회가 세상의 주목을 끌고 있었다. 그 때 이 사건에 관계된 인물들에게서 영화화권을 사들이려고 두 제작 그룹들이 싸우고 있었다. 그 판권 권리자 가운데에는 CIA가 고용한 운송업자 유진 하센퍼스도 포함되어 있었다. 그는 산디니스타 정권에 추격당하고 붙잡힌 이란·콘트라 스캔들이 발각되는 계기가 된 화물 운송기 파일럿이었다.

판권을 두고 싸우는 제작 그룹 가운데 한 쪽은 전 CIA 직원인 프랭크 스냅이 중심이었다. 그가 CIA를 퇴직한 뒤인 1977년, 스냅은 《Decent Interval》이라는 제목의 회상록을 집필해 미국이 많은 베트남인 협력자들을 버린 사이공 철회작전의 모습을 그려냈다. 분노한 CIA는 스냅을 고소하고 책의 저작권료 30만 달러를 압수하는 데 성공한다. 그런 전 CIA 문제아가 하센퍼스의 경험을 영화화한다는 뉴스가 퍼지니 CIA가 좋아할 리 없었다. 그 뒤 수상한 영화제작 그룹이 모습을 나타내 CIA에게 비판적인 스냅 그룹과 영화화권 문제를 두고 싸우게 된 것이다.

나중에 나타난 이 그룹의 리더는 랠리 스파이비라는 인물로, 1987년 〈뉴욕 타임즈〉 잡지 기사에 의하면 해군 무장반란진압대책 전문가였다고 한다. 기사는 이렇게 보도하고 있다.

"스파이비 씨는 현재 프리랜스 영화 프로듀서로 활동하고 있다고 한다. 그러나 그 이름의 회사는 할리우드의 주요 노동조합에도, 영화제작회사 조직에도 이름이 오르지 않았고, 그 이름으로 제공된 전화번호에 전화를 걸어보아도 통화연결음이 이어질 뿐이다."

그 잡지 취재에 대해 스파이비는 말했다.

"구행정빌딩(the Old Executive Office Building)에서 니카라과에 대한 브리핑이 이루어졌을 때 올리버 노스 중령과 만났지만 중령과의 관계와 그 영화화 프로젝트는 전혀 관계없습니다."

한편 그때 스냅은 미국 ABC 방송 〈월드 뉴스 투나잇〉의 프로듀서를 맡아 이란-콘트라 스캔들을 취재하고 있었다. 스냅이 하센퍼스의 경험을 영화로 만드는 프로젝트와 관련된 것은 오래 알고 지내던 친구이자 배우인 말론 브란도와의 대화가 그 계기였다. "나는 베트남에 있던 시절에 하센퍼스와 친하게 지냈습니다. 그는 이란-콘트라 스캔들 때와 같이 운송업을 하고 있었거든요." 스냅은 그렇게 회상했다. 그는 브란도의 의뢰로 로스앤젤레스부터 위스콘신 주(州)로 날아가 로스앤젤레스 멀홀랜드 드라이브에 있는 브란도의 저택으로 하센퍼스를 데리고 갔다. 그곳에서 가운을 입은 브란도가 두 사람을 기다리고 있었다. 그러나 대화 중간에 하센퍼스가 '건방진 태도'를 보이기 시작했다고 스냅은 말했다. 스파이비의 영화 제작 그룹이 브란도가 제안한 판권료의 2배 가격을 현금으로 내겠다는 말을 하센퍼스가 털어놓았다는 것이다. "이것은 올리버 노스 중령과 관련된 작전으로, 백악관의 누군가가 벌인 일이라는 의심을 품고 있다"고 스냅은 말했다. 조지. H. W. 부시 부대통령의 집무실 정보제공자에게 물어본 결과, 확실히 노스 중령이 스냅=브란도 조직의 영화 프로젝트를 방해하려 하고 있음을 확인할 수 있었다. 그리고 마지막에는 워싱턴에 있는 적이 이겼다고 한다.

"스파이비는 국가안보정책 관계자들과 올리버 노스의 동료이며, 하센퍼스는 막대한 금액을 손에 넣을 수 있었기에 영화화 이야기는 무산된 것입니다. 이것도 사람들이(정부관계자들에 의해) 속은 하나의 좋은 예입니다."

영화 제작진에게 '협력'하는 CIA의 '할리우드 담당자들'

클린턴 대통령 시대 CIA는 할리우드 전략을 이전에 없었던 수준까지 발전시키고 자신들의 신화 만들기를 위해 더 큰 주도권을 손에 넣으려고 했다. 1996년 CIA는 당국의 전 직원이자 베테랑 비밀공작원인 체이스 브랜든을 고용해 CIA의 이미지 향상을 위해 할리우드의 영화회사 및 제작회사와 직접 연락하게 했다. 브랜든은 이후 잡지 〈가디언〉 취재에서 이렇게 말했다.

"CIA는 언제든 권모술수를 부리는 사악하고 음험한 존재라고 잘못 묘사되어 왔습니다. 우리들이 바라는 이미지대로 CIA를 그려줄 영화 계획을 지원할 수 있기까지 오랜 시간이 걸렸습니다."

1990년대 CIA의 프로파간다 중추를 맡았던 것은 선도자적인 역할을 하던 작가 톰 클랜시의 작품 시리즈의 영화화였다. 유명 배우들(알렉 볼드윈, 해리슨 포드, 벤 애플렉)이 차례차례 주연을 맡은 〈패트리어트 게임〉(1992년), 〈긴급 명령〉(1994), 〈썸 오브 올 피어스〉(2002) 등에서는 용맹무쌍한 CIA 공작원인 잭 라이언이 여러 적들(테러리스트, 남미 마약왕, 핵무기로 무장한 백인우월주의자에 이르기까지)과 대립한다.

애플렉은 할리우드에서 리버럴파로 유명한 만큼 그가 오랫동안 CIA와 관련되어 있었다는 것은 특히 놀랍다. 그러나 서로를 찬양하는 애플렉과 CIA의 관계는 관계자들에게 큰 혜택을 주었다. 잡지 〈가디언〉에 따르면, 2002년에 톰 클랜시 원작의 스릴러 작품 《썸 오브 올 피어스》를 영화로 제작했을 때 "CIA는 흔쾌히 제작 스태프들을 버지니아 주 랭글리에 있는 본부로 초대해 직접 본부 안을 안내하며 돌아다녔고, (주연인 애플렉에게는) 당국의 정보 분석관들과의 만남도 허락했다. 촬영이 시작되면 촬영 세트장에는 (CIA의 연락담당) 체이스 브랜든이 조언을 해주었다"

CIA가 할리우드에 보낸 브랜든은 〈앨리어스〉의 촬영 세트장에도 가끔 모습을 보였다. 그 무렵 애플렉의 아내 제니퍼 가너 주연의 스파이물 TV시리즈이다. 2001년 9월에 시작된 이 TV시리즈는 9·11테러 이후 미국에 침투한 피해망상을 반영하고 있다. 끊임없이 불안이 만연하는 분위기는 국가안보 관련기관들에게 있어서 기뻐서 어쩔 줄 모를 상황이다. 시리즈 제작 책임자는 할리우드에서 적극적인 활약을 보이고 있는 프로듀서 J.J. 에이브럼스이다. 그는 나중에 〈스타트렉〉〈스타워즈〉의 새 시리즈를 시작하는 인물이다. 〈앨리어스〉에서는 세계적인 음모집단에 잠입하는 CIA 비밀공작원 시드니 브리스토를 가너가 연기했다.

2004년 3월, 차츰 진행되는 CIA와 할리우드의 합체를 반영해 CIA는 가너가 같은 방송국의 리크루트 비디오에 출연했음을 발표했다. CIA의 기자 발표 자료에는 이렇게 기록되어 있다.

"비디오는 CIA의 사명과 다양한 경력, 외국어능력을 가진 인재가 필요하다고 강조하고 있다. 가너는 홍보부에게서 의뢰를 받아 이 비디오에 참가할 수 있어 가슴 설레며 기대하고 있었다. CIA의 영화산업담당 연락원은 〈앨리어스〉의 시즌1 각본가 진에게 협력해 CIA 스파이 활동의 근본적인 노하우에 대해 가르쳐줬다. 〈앨리어스〉는 픽션이지만, 제니퍼 가너가 연기하는 캐릭터는 CIA가 직원에게 바라는 성의, 애국심, 지성을 구현해내고 있다."

CIA가 브랜든에게 감시하게 한 또 하나의 TV시리즈가 미국인 스파이의 활약을 그린 CBS의 《The Agency》이다. 우연히도 2001년 9월, 이 시리즈 첫 회에 예정되어 있던(9·11 이전에 촬영한) 것은 미국에서 테러를 계획하는 오사마 빈 라덴의 음모가 주제였다. 때문에 각본을 뛰어넘는 현실의 9·11 동시다발 테러가 일어나자 할 수 없이 방송날짜를 뒤로 미뤄야 했다. 현실에서 9·11테러로부터 사람들을 지키지 못했으니 마땅한 대처였다. CIA는 사건이 일어난 같은 해 9월에 빈 라덴에 대한 프로그램을 방송하기에는 너무 무신경하다고 느꼈던 것이다. 그런데 빈 라덴을 그린 본디의 첫 회를 대신해 방송된 이야기는 그 이야기대로 CIA 역사에서도 가장 악명 높은 사건을 뒤바꾸는 기묘한 것이었다. 이 TV판 CIA 역사에서는 당국이 쿠바의 피델 카스트로 암살계획을 막는 것이다. 이 플롯에는 카스트로도 웃었을 것이다. CIA 스파이들이 바주카포부터 독을 바른 잠수복에 이르기까지 온갖 수단을 이용해 그를 없애려고 오랫동안 작전을 펼쳐왔던 것을 떠올려 보면, 그 자신이 아니더라도 웃어버릴 게 틀림없다.

CIA가 기획 단계부터 손을 쓴 영화 〈제로 다크 서티〉

2012년에 공개된 〈제로 다크 서티〉는 고문을 둘러싼 논쟁이 격해지면서 프로파간다로서 할리우드가 CIA에게 보내는 새로운 선물이 되었다. 이 영화에서는 캐서린 비글로우 감독과 각본가 마크 볼이 다시 손을 잡았다. 2009년 아카데미상 작품상 수상작으로, 이라크에서 미국 육군 폭발물 처리반의 임무를 생생하게 그린 〈하트 로커〉 제작팀의 재결합이었다. 비글로우와 볼은 그 전작과 똑같이 이 새로운 작품에도 진짜 같은 생생함을 불어넣으려고 했다. 작품은 오사마 빈 라덴이라는 '세계에서 가장 위험한 인물에 대한 사상최대의 추격전'을 그린 것이었다. 2011년 5월 1일 오후 11시 반쯤(미국 동부 시간 기준), 미국 해군 네이비실, 즉 해군 엘리트부대가 파키스탄 아보타바드 저택에서 빈 라덴을 살해했다고 오바마 대통령이 발표했다. 그 즈음 비글로우는 아프가니스탄 산악지대에 있는 토라보라 동굴에서 빈 라덴의 도피행을 주제로 이미 각본을 쓰고 있었고, CIA가 거기에 협력하고 있었다. 그 빈 라덴 이야기에 결정적인 엔딩이 더해짐으로써 볼은 각본을 수정하게 된 것이다. 동시에 비글로우와 볼은 빈 라덴의 추적과 살해와 관련된 사람들과 최대한 만나보고 싶다고 CIA와 국방부에 요구했다. 말하자면 〈제로 다크 서티〉의 제작진은 처음부터 미국 안전보장정책 관계자들 사이에 깊이 연관되어 있었던 것이다.

국방부의 감찰관 보고에 의하면 그때 리온 파네타 CIA 장관은 할리우드가 빈 라덴 추적을 영화화한다는 이야기에 꿈꾸는 듯한 기분이었던 것 같다. 장관은 자신의 역할을 알 파치노가 연기해주기를 기대했다(실제로는 TV드라마 〈소프라노스〉의 인기스타 제임스 갠돌피니가 그 역할을 맡았다). 파네타는 2011년 6월 CIA본부에서 열린 회의에 볼의 참가를 허락했다. 이것은 보도진들에게는 비공개였고, 빈 라덴 살해 작전의 주인공이었던 멤버 모두가 그 자리에 나와 있었다. 장관은 작전에서의 역할이 아직 공개되지 않았던 사람들의 이름도 볼에게 가르쳐주었고, 그 밖의 기밀정보도 제작진에게 전해주었다고 한다.

정보자유법에 따라 보수계 정부감시단체 주디셜 워치가 이 영화에 대한 정보 개시를 요구하자, 제작진과 CIA의 메일 내역이 밝혀지고 CIA가 이 기획을 협력하는 데 얼마나 열심이었는지 다시금 증명되었다. 2011년 6월 7일, CIA 보도관 마리. E. 하프는 CIA와 국방부는 다른 라이벌 기획보다 이 영화를 우선해 지원해야 한다고 주장했다. "저희들이 한쪽을 편애하지 않아야 한다는 것은 저도 알고 있지만, 승산이 있는 쪽 손을 드는 것은 합리적인 일입니다." 하프는 (국방부에 보낸 메일에) 이렇게 적었다.

"마크(볼)와 캐서린(비글로우)의 영화는 전대미문의 훌륭한 작품이 될 것입니다. 자금도 더욱 풍부하고 아카데미상 수상자 두 사람이 참여하고 있으니까요."

7월 20일, 볼은 그 무렵 CIA홍보부장 조지 리틀에게 메일을 보내 '응원'에 감사하며 '크게 도움이 되었음'을 확신한다고 전했다. 리틀의 답장도 CIA가 만족하고 있음을 숨기지 않았다.

"우리들은 말로 다 할 수 없을 만큼 기대감에 부풀어 있습니다. —PS. 저는 사적 감정을 숨기고 프리미어 시사회 초대권을 가지고 싶다고는 조금도 내색하지 않았습니다."

제작진은 촬영준비를 위한 최종단계에 들어갔을 때 아보타바드 저택의 배치도를 포함해 매우 섬세한 디테일까지 알고 싶다며 CIA에게 협력을 요구하는 메일을 보냈다. CIA의 보도관은 그 메일에 이런 식으로 답했다. "알겠습니다, 우리 쪽 사람들에게 확인한 결과 그곳의 방 배치도는 우리 자료와 일치했습니다. 우리가 보기에도 진짜 같아 보여요."

방 배치가 결정되고 나자 볼과 비글로우는 저택에 대한 더 자세한 정보를 요구했다. 예를 들어 "3층의 자세한 배치도 자료를 받을 수 있는지 검토해 주시겠습니까?"라고 어느 메일에서 요구하고 있다. "저희들은 저택을 실물 크기로 복원하려고 합니다. 가축우리의 동물들까지도 말이죠!"

CIA가 곧바로 협력을 약속했음은 기록을 보고 알 수 있다. "물론 괜찮습니다. 내일 곧바로 보내드리도록 하죠." 어느 보도관이 이렇게 답장했다.

CIA와 〈제로 다크 서티〉 제작진의 너무나 밀접한 관계를 보고 국가안보정책 분야를 담당하는 기자들은 찬밥 신세가 된 기분이었다.

"저처럼 빈 라덴 추적 경위를 취재하고 있던 기자들 대부분은 내부정보를 기사로 쓰려고 해도 그 영화 제작진들만큼 CIA의 협력을 받을 수 없었습니다."

워싱턴 포스트에서 오랫동안 정보기관을 취재해온 그레그 밀러 기자는 PBS 다큐멘터리 방송 〈프론트라인〉 인터뷰에서 말했다.

최종적으로 CIA의 볼과 비글로우에 대한 적극적인 협력은 큰 보상을 가져왔다. 〈제로 다크 서티〉는 〈24〉 이래로 CIA의 고문 사용을 정당화하는 가장 효과적인 프로파간다 작품이 된 것이다. 이 영화는 고문으로 인해 얻은 정보 없이는 빈 라덴을 발견할 수 없었을 것이라고 주장했기 때문이다. 제작진은 빈 라덴 저택의 작은 디테일을 재현하는 데에도 노력을 아끼지 않았지만, 고문에 대한 근본적인 문제에 대해서는 노골적으로 진실을 위배했다.

〈제로 다크 서티〉는 고문 정당화에 이용되었다

2012년 12월에 개봉된 이 작품은 고문에 대해 조사한 상원정보 문제특별조사위원회에서 위원장을 맡은 다이앤 파인스타인 상원의원과 북베트남군에게 고문 받았던 존 매케인 상원의원으로부터 격하게 비판받았다. 상원의 특별조사위원회가 결론지었듯이 CIA의 심문관들은 빈 라덴의 잠복장소에 대해서도, 그 밖의 안전보장상의 중요 문제에 대해서도, 잡은 사람의 고문을 통해 아무런 유용한 정보를 얻을 수 없었기 때문이다. 이 영화가 의거하던 CIA에게 유리한, 고문이 유효하다는 전제를 받아들이지 않은 매케인의 의견은 특히 설득력이 있었다.

"저는 개인적인 경험으로 알고 있습니다만, 포로의 학대는 양질의 기밀정보보다도 저열한 정보를 만들어냅니다…… 양심 없는 행동은 필요하지 않습니다. 우리들이 싸우고 있는 이 이상하고 기나긴 전쟁을 헤쳐 나가는 데 아무런 도움도 되지 않습니다."

파인스타인 상원의원도 고문에 대해 매케인과 같은 신념을 품고 있었다. 〈제로 다크 서티〉를 보고 분개한 그녀는 겨우 15~20분 만에 자신을 위해 특별히 개설된 시사회 자리를 박차고 나와 버렸다. "도저히 참을 수 없었습니다. 너무나도 그릇된 영화였어요." 파인스타인은 설명했다.

2015년 9월, 잡지 〈바이스〉의 제이슨 레오폴드 기자는 CIA 감찰관에 의한 보고서를 바탕으로 기사를 썼다. "영화 제작자의 논리위반 가능성"이라는 제목이 붙은 보고서는 CIA와 볼, 그리고 비글로우의 친밀한 관계에 대해 더욱 떳떳하지 못한 사실을 폭로했다. 할리우드와 CIA본부에서 가까운 호텔에서 영화제작진들이 CIA 직원들과 술자리를 함께했고, 레스토랑의 식사비용은 때때로 1,000달러(약 100만원)에 이르렀다는 사실이 밝혀졌다. 보고서에는 CIA의 여성 직원이 패션 디자이너 미우치아 프라다의 상품을 좋아한다고 발언했다고 기록되어 있다. 이에 대해 볼은 '개인적으로 그 디자이너와 아는 사이'라고 답하면서 "프라다의 패션 쇼 티켓을 제공하겠다"고 말했다고 한다. 그 여성 직원은 워싱턴의 고급 조지타운 지역의 리츠칼튼 호텔에서 제작진들과 식사를 했고, 마침 광고 촬영으로 타히티에서 돌아온 비글로우는 감사의 뜻으로 '타히티의 검은 진주 귀걸이'를 선물했다(여성 직원은 보석 감정을 위해 그 귀걸이를 CIA본부에 제출했고, 덕분에 그 진주는 가짜라고 판명되었다). 볼이 다른 직원에게 선물한 술 한 병이 수 백 달러나 한다는 소문의 데킬라는 100달러로 살 수 있는 것이었다. 보고서에서는 아무도 그 선물을 사유물로 삼지 않았으므로 위법행위는 아니었다고 직원들에 대한 의혹을 풀었다.

CIA가 사용하는 고문에 대해서는 〈홈랜드〉 시리즈를 만들어낸 알렉스 갠사와 시리즈 컨설턴트이자 전 CIA직원인 존 맥거핀조차 볼과 비글로우가 사실을 왜곡해 그려내고 있음을 불안해했다. 전 CIA직원이었던 컨설턴트들은 특정 목표가 있어 협력하는 것이니 그들과 일하는 데에는 리스크가 따른다. 〈제로 다크 서티〉에 대한 논쟁은 그것을 두드러지게 한다고 갠사는 지적한다.

"그 영화에는 정말로 불만이 많았습니다. 마크(볼)와 캐서린(비글로우)은 분명히 밑조사를 했을 겁니다. 그런데도 그 두 사람은 고문이 확실히 효과적이고 오사마 빈 라덴을 발견하는 데 도움이 되었다는 컨설턴트의 말을 곧이곧대로 받아들인 것입니다. 여기에는 많은 사람들이 이론(異論)을 주장할 테니 그것을 진실인 것처럼 그려내고 몇 백 만 명의 관객들에게 보여주는 것이 잘하는 짓일까요? 보통 어떤 한 사람이 한 말을 복음처럼 감사히 받아들여 그것을 사실로서 제시하는 짓은 하지 않아요."

CIA가 〈제로 다크 서티〉 제작진들을 조종해 세상 사람들을 속이려고 했다는 것은 그들이 고문을 떳떳하지 못한 것으로 생각하고 있음을 투명하게 보여준다고 맥거핀은 생각했다. "제가 당사자였다면 어떤 판단을 내렸을까 생각하게 됩니다." 맥거핀은 이렇게 덧붙였다. 붙잡힌 사람들에게 가해진 물고문과 다른 '강도 높은 심문'을 승인한 CIA의 명령계통을 말하는 것이다.

"당시 CIA에서는 (붙잡은 테러리스트) 아부 주바이다(그는 빈 라덴의 측근으로서 몇몇 테러 공격을 계획·지휘한 용의로 2002년 미군에게 붙잡혀 고문을 받았다고 한다) 같은 이들이 다른 테러 공격에 대해 확실하게 '알고 있다'는 것을 모두가 '알고 있었던' 겁니다. 저희들은 '분명히 확실한' 정보라고 굳게 믿고 있었습니다. (승인을 내리는 입장이었다면) 저도 '(고문을) 이용하라'고 말했으리라 생각합니다. 하지만 한 달 뒤에는 '우리들은 어째서 이런 짓을 하고 있는 거지?'라고 스스로에게 물었으리라 생각하고 싶습니다."

거의 완전히 무법지대가 되어버린 파키스탄 연방직할부족지역 안에서도 시골이라고 부를 수 있는 곳이 샤왈 계곡이다. 험준한 산들에 둘러싸여 눈에 뒤덮인 경사면 아래에는 깊은 숲이 펼쳐지고, 그 사이를 큰 바위가 군데군데 있는 고원 지대의 하천이 흐르고 있다. 미군이 아프가니스탄으로 침공하여 오사마 빈 라덴의 동굴요새 토라보라로 융단폭격을 가한 뒤로 아프가니스탄에서 도망친 알카에다와 탈레반 전투원들은 이 계곡을 마지막 거점으로 삼았다. 전투원은 수백 번에 이르는 미군의 드론 폭격으로 한 번에 몇 명씩 차례로 쓰러져 나갔지만, 이제까지 파키스탄군의 수많은 군사작전도 테러리스트를 완전히 제거하지는 못했다.

2015년 1월 15일, CIA는 다시 한 번 드론으로 샤왈 계곡에 폭격을 가했다. 그러나 이 작전은 오바마 정권의 테러리스트 살해계획에 큰 화근이 된다.

오바마 정권의 현장 담당자는 원격조작으로 표적을 살해하는 작전은 매우 정밀도가 높다고 떠들썩하게 주장했다. 그러나 샤왈 계곡 작전으로부터 몇 달이 지난 뒤 온라인 매거진 〈인터셉트〉가 보도했듯, 미국의 드론 폭격은 충격적인 수준의 '추가피해'를 불러일으켰다. 뉴스를 보도한 웹사이트에 유출된 기밀문서에 의하면, 놀랍게도 아프가니스탄에서의 드론 폭격 희생자 중 90%가 무고한 시민들이었다고 한다.

인질을 잘못 폭격한 CIA의 '시그니처 스트라이크'

2015년 1월, 샤왈 계곡 작전이 시작되기 전 몇 주 동안 CIA가 조작하는 드론은 표적 기지에 출입하는 남자 네 명의 모습을 촬영하고 있었다. 그들은 병역에 어울리는 나이의 남성으로 추정되는 인물들로, CIA는 이미 기관 내에서 암살 대상으로 승인받은 알카에다 관련 전투원이 아닐까 의심했다. 그 뒤 여러 미국정부당국자들이 익명으로 〈뉴욕 타임스〉에 한 말에 의하면 이 기지를 테러리스트들이 사용하고 있는지 알아보기 위해 CIA는 '생활패턴'을 분석했다고 한다. 거기에 더해 그들의 통화 내용을 도청하고 그 4명의 남자가 "알카에다의 작전요원이며 '우즈베키스탄 이슬람 운동' 멤버일 가능성이 있다"는 기밀정보(어떤 기밀정보인지는 공표되지 않았다)를 입수했다고 발표했다. CIA는 특정 용의자를 확실하게 집어낸 것이 아니라 이러한 증거의 일정 패턴을 바탕으로 그 기지를 '시그니처 스트라이크(Signature Strike, 용의자의 행동패턴 특성을 바탕으로 표적을 식별해 공격하는 것)'할 것을 승인한 것이다.

그러나 CIA 분석관들은 폭격 후에 촬영된 드론 영상을 다시 보고 크나큰 실수가 있었음을 곧바로 알아챘다. 〈뉴욕 타임스〉는 폭파 잔해 속에서 4명이 아닌 6명의 시체가 나왔고, 그들은 곧바로 매장되었다고 2015년 4월 23일자 기사로 보도했다. 사망자들 중에는 서양인 인질 두 명이 포함되어 있었다. 미국인 인도적 지원자 워렌 와인스타인과 이탈리아인 원조활동가 조바니 로 포르토였다.

로 포르토는 고향인 시칠리아 섬 팔레르모에서 2010년 파키스탄으로 건너갔다. 그 해 일어났던 대홍수의 피해 복원을 지원하던 독일을 거점으로 한 원조단체에서 일하기 위해서였다. 2012년 1월 19일, 그는 독일인 베룬트 뮤엘렌벡과 함께 무장한 4사람에게 납치되었다. 2014년 10월에 해방된 뮤엘렌벡은 로 포르토와는 몇 달 전에 헤어져 그의 거주지가 어딘지 전혀 알 수 없다고 말했다. 한편, 와인스타인은 당시 73살이었다. 북 버지니아에 거점을 둔 국제개발회사 J. E. 오스틴의 임원으로, 파키스탄 부족지역에서 미국정부에게서 1,100만 달러의 지원금을 받고 회사가 진행하던 원조 프로젝트를 지휘하고 있었다. 2011년 8월 13일 새벽, 와인스타인은 라홀 자택을 습격당해 납치되었다. 야윈 모습의 그는 살아있다는 증거로 수차례 비디오 촬영을 당했고, 그를 풀어주는 대가로 죄수를 석방해달라고 오바마 대통령에게 애원했다.

드론 폭격의 숨겨진 추진자, '로저'라고 불리는 '마이크'의 정체

드론 폭격으로 이 인질 두 명이 실제로 사망했다고 확인될 때까지 CIA의 조사는 몇 주의 시간이 걸렸다. 조사결과는 곧바로 오바마 대통령에게 보고되었고, 대통령은 유족들에게 전화하여 두 명의 죽음에 대해 직접 사과했다. 그러나 오바마는 드론 폭격을 명령하지 않았었다. 명령은커녕 작전이 실행될 때 그는 그 보고조차 듣지 못한 상태였다. 말하자면 파키스탄은 미국 대통령이 아니라 익명의 CIA직원이 특정 표적에 대한 '시그니처 스트라이크'를(즉, 공격할 '가치가 높은' 특정 테러 용의자가 실제로 그곳에 있는지 확실하지도 않은 상태로) 승인할 수 있는 유일한 나라인 것이다.

서양인 인질 두 사람의 죽음은 미군의 드론 폭격으로 살해된 수 천 명이라는 파키스탄, 아프가니스탄, 예멘의 죄 없는 희생자들이 이루지 못한 것을 해냈다. 의회도 모르는 곳에서 드론폭격계획이 수행되고 있었다는 사실에 분개한 〈뉴욕 타임스〉가 CIA에 반발하여 '표적살해계획 입안자'의 중심인물 중 한 명인 CIA대테러센터(CTC) 센터장 이름을 보도했던 것이다. 그 인물은 마이클 단드레아이다. 〈뉴욕 타임스〉의 마크 마제티 기자는 "호리호리한 체격의 골초이자 이슬람교 개종자"라고 그를 묘사했다.

그러나 마제티가 그를 지명한 2015년 4월에 단드레아는 이미 드론을 이용한 암살 작전 책임자 자리에서 내려와 있었다. 샤왈 계곡 폭격 사건의 비극 때문에 CIA에서 쫓겨났던 것이다. 이후에 알게 된 사실이지만, CIA의 고문 사용과 표적살해계획과 관련된 일들은 단드레아가 중심인물이었음은 국가안보문제를 담당하는 마제티 같은 기자들 사이에서는 몇 년 전부터 공공연한 비밀이었다고 한다. 그러나 단드레아는 여러 신문기사와 책에서는 늘 '마이크'라는 이름만 나오거나 비밀공작원으로서의 가명 '로져'라고 적혀 있었다.

마제티가 〈뉴욕 타임스〉에서 그의 정체를 폭로하기 전, 단드레아에 관해서 더 깊이 파헤친 기사는 2012년 워싱턴 포스트 신문의 국가안보문제 담당기자 그렉 밀러의 글이었다. 밀러는 다음과 같은 기사를 썼다.

"파키스탄에서 CIA의 드론 폭격이 일어난 뒤 피어오르는 연기 하나하나에는 몇 십 개의 작은 연기가 숨어 있다. 그것들을 따라가면 버지니아 주 랭글리의 CIA본부 중앙부근 중앙정원에 서 있는 한 비쩍 마른 인물에게 닿을 것이다. 그는 수천 명의 이슬람 과격파를 살해하고 수백 명의 이슬람교도들을 분노케 한 군사작전을 지휘하고 있지만, 정작 본인은 이슬람교로 개종한 사람이다."

CIA안에서 마이클 단드레아는 유능한 일 중독자로 여겨지며, 관리직이 되기 전까지 아프리카에서 스파이라는 복잡하고 위험한 일을 몇 년 동안 힘들게 수행했었다.(그 동안 이슬람교도 여성과 결혼하여 그 자신도 이슬람교로 개종했다.) 스파이 활동을 하면서 출세를 거듭한 단드레아는 이집트와 이라크, 그 밖의 다른 나라들에서 실행된 작전에 종사했다.

단드레아는 빠르게 늘어나는 파키스탄의 드론 살해 작전 뒤에서 작전을 추진하는 역할이기도 했다. 작전은 2006년 3건으로 시작해 2010년에는 117건으로 비약적으로 늘어났다. 대략 3일에 한 번꼴이었다. 단드레아는 '시그니처 스트라이크'의 도입을 주장하기도 했다. 샤왈 계곡에서의 폭격 실패로도 알 수 있듯이, 그저 주민이 의심스럽다는 이유만으로 CIA가 건물을 폭파할 수 있었던 것이다.

불을 토해낼 것 같은 뛰어난 테러리스트 헌터로서 점점 이름을 떨치고 있던 단드레아였기에 CIA가 〈제로 다크 서티〉 제작진에게 그의 이야기를 팔아넘

긴 것도 이상할 것 없었다. 단드레아는 영화 속에서 '더 울프'라고 불리는 등장 인물의 모델이 되었다. CIA의 빈 라덴 추적부대가 주류하는 알렉 기지의 속을 알 수 없는 지휘관이었지만, 이 부대는 실질적으로 대테러 하이테크닉 암살부대였다. "모두들 (단드레아를) 두려워했습니다. 말하자면 그는 죽음의 사자였어요." 미국 정보기관의 전 직원은 워싱턴 포스트의 그렉 밀러 기자에게 말했다.

'마이크'의 실명 보도를 막으려 한 CIA

단드레아는 샤왈 계곡에서 있었던 폭격작전의 비극으로 인해 운명이 다 한 듯 했다. 2015년 3월 인질 두 사람을 잘못 죽인 이 미사일 공격 뉴스가 국민들에게 전해지기 전에 그렉 밀러는 단드레아가 CIA대테러센터장 일에서 비밀스럽게 잘리게 되었다고 보도했다. 호스트기지에서 자폭공격을 허가한 실태에 대한 책임과 CIA의 고문사용계획에 깊이 관여했던 일로 인해 단드레아의 평가는 이미 흠집이 나 있었다. 샤왈 계곡의 비극이 CIA에서 단드레아의 캐리어에 결정타를 날린 것이다.

단드레아 같이 악명 높은 경력을 가진 정보기관 직원이 실명으로 보도되기까지 왜 이렇게까지 시간이 걸린 걸까? 샤왈 계곡의 비극으로 드론 폭격계획에 대해 폭넓은 비판을 불러일으키고 오바마 정권의 부흥을 샀으며 워싱턴 정부당국이 단드레아에게 실망한 뒤에야 〈뉴욕 타임스〉와 다른 보도기관들은 겨우 이 '죽음의 사자'의 정체를 밝혀도 안전하다고 느낀 것이다.

비로소 단드레아의 정체를 폭로한 뉴욕 타임스의 마크 마제티 기자도 국가 안보문제를 취재하는 기자로서의 규칙을 지키려 했다. 때문에 중동과 남아시아에서 CIA가 일으킨 대테러작전에 대해 적은 2013년의 저서 《CIA의 비밀전쟁》 속에서 단드레아에 대해 언급하면서도 신중하게 퍼스트 네임만을 적었던 것이다.

물의를 일으키면서도 단드레아가 CIA에서 출세하는 것을 보면서 마제티는 슬슬 실명을 밝혀야 할 때가 왔다고 판단했다.

CIA는 저항했다. 마제티에 의하면 CIA의 존 브레넌 장관이 뉴욕 타임스의 딘 버켓 편집장에게 전활르 넣어 단드레아에 관한 기사를 없애도록 그를 설득했다.

마제티는 CIA가 단드레아 사건에 대해 바보 같은 주장을 하고 있다고 생각했다.

"CIA에서 그 정도 인물이라면 공인입니다. 정체를 숨기다니 말도 안 되지요. 이미 CIA를 대표하는 입장이니까 말이죠. 그 사람들은 비밀 전쟁을 수행하고 있는 현대 장군들입니다. 이제 미국은 이런 식으로 전쟁을 벌이고 있는 것이며, 그들이 그것을 추진하고 있는 장군들인 것입니다."

샤왈 계곡에서의 비극적인 소식을 들은 뉴욕 타임스는 CIA의 변명에 설득력이 없다고 판단했다. 그리고 악명 높은 대테러작전의 지휘관은 갑자기 숨겨왔던 베일이 벗겨지게 되었다. 그러나 워싱턴 미디어는 오랜 시간에 걸쳐 CIA 측 규칙에 맞춤으로써 아무렇지 않게 사람을 죽이는 단드레아라는 위험인물이자 매우 무능한 관리직이 정보기관에서 승승장구할 수 있도록 한 것이다.

마제티는 CIA를 '거대한 공립 고등학교'에 비유했다.

"수많은 당파와 파벌, 계략이 있고, 누군가와 이야기하기에도 그 상대가 어느 파벌 사람이며 누구에게 어떤 원한을 가지고 있는지를 구분하기는 어렵습니다. 그러니 (온갖 사건들을) 신중하게 다뤄야만 하는 것이죠."

또한 취재하고 있는 화제 뒤에 있는 사실관계에 대해서 기자가 20%라도 파헤칠 수 있다면 훌륭하지 않느냐고 추측했다.

"저널리스트에게 있어서는 불리한 상황이지만, 비밀리에 이루어지고 있는 사건을 세상에 알리는 것이 저희들의 일이라고 한다면, 20%라도 치명적으로 중요한 것입니다."

은밀히 이루어지고 있는 일들을 파헤치는 것은 국가안보문제를 취재하는 기자라면 누구든 첫 번째로 두는 사명이다. 그러나 그런 비밀에 접촉하기 위해 특종에 굶주린 워싱턴 보도진들은 정부의 정보기관에게 늘 복종하고 머리를 숙이는 관계가 되어야만 했다. 당국의 기분을 거스르는 기자는 불이익을 당했다. 그런 이들은 금방 자신들이 따돌림 받고 있음을 알게 되고, 이 분야를 담당하는 저널리스트의 하루하루의 양식, 즉 유출되는 기밀정보를 할당받지 못하는 것이다.

쉽게 말하자면 이런 것이다. 이제 CIA는 예전처럼 보도기관의 기자를 고용하여 보상을 줄 필요가 없다. 그 대신 CIA는 그저 엄선된 엘리트 기자 그룹과 정교하고 치밀하게 짜인 관계를 유지하기만 하면 되는 것이다. 그 기자들은 직업인으로서 살아남기 위해 공안국가에 완전히 의존하고 있었다.

미국 보도기관은 왜 뒤에서 '조작' 당하는가?

결국 뉴스의 '특종(조작된 사실)'이 기사로 나오는 것은 보도기관이 허가하기 때문이다. 독립적인 보도의 가장 큰 장해 요소는 CIA도 NSA도 아닌 정부의 공적 방침에 따르려는 유명보도기관의 끈질긴 의지인 것이다.

유명한 언어학자이자 뛰어난 비평가인 노암 촘스키는 "때때로 정부 방침과 기업 사정에 순응하려는 미디어 경향이야말로 CIA에 관한 어떤 것보다도 뿌리 깊다고 생각한다"고 주장하고 있다.

"요즘 CIA는 저널리스트를 길들일 필요가 없습니다."

급진파 학자이자 《아메리칸 딥 스테이트》의 저자 피터 데일 스콧도 이에 동의했다.

"저널리스트들은 출세를 위해, 그리고 정부의 내부관계자와 우호적인 관계를 유지하기 위해 자발적으로 협조하고 있습니다. 그들은 얼마나 자발적으로 정부의 거짓말을 수용하는지에 따라 출세해 나가지요."

스콧은 몇 십 년 전, 잠시 캐나다 외무성에서 일했을 때 같은 경험을 했다.

"방침을 따르든지 스스로 생각하든지 둘 중 하나입니다. 시스템 중심에는 상승기류가 흐르고 있고, 그것은 직원을 매수하는 것과 같은 것입니다. 정부의 거짓말을 자발적으로 받아들일 의욕 여부에 따라 출세해 나가지요. 게리 웹 (기자)은 그 거짓에 맞섰고 그렇게 죽고 말았던 겁니다."

게리 웹은 캐리어 인생에서 거의 전반적으로 보도의 자유를 열렬히 신봉하는 사람이었다. 저널리즘 학교에서 배운 대로였다. 그러나 그는 CIA측의 미디어 파수꾼들에 의해 괴로워하다가 사랑하는 직업에서 쫓겨났다. 그 뒤 그는 자신의 이런 슬픈 경험이 모든 조사보도기자들에게 중대한 경고가 되리라 생각했다. 웹은 이렇게 회상한다.

"나는 수차례의 수상, 급여 인상, 대학 강의, TV 출연, 그리고 저널리즘 콘테스트의 심사원을 맡았었습니다. 그때 몇 가지 기사를 쓰고 자신의 행복이 얼마나 슬프고 잘못된 것이었는지를 뼈저리게 느끼게 되었습니다. 이렇게 오랫동안 순조롭게 일할 수 있었던 것은 나 자신이 신중하고 성실하며 직무 능력이 있기 때문이라고 생각하고 있었습니다. 그러나 참된 이유는, 그 긴 세월동안 저는 (당국에게서) 탄압받을 만한 중대한 사건을 무엇 하나 써오지 않았기 때문이었습니다."

미국의 대표적인 유명보도기관은 위법행위에 물든 정부기관을 이제까지 계속 옹호해 왔다. 그런 위법행위는 미국사회에서 뿌리 깊게 존중되고 있는 민주주의적 가치관을 해치는 것이다. 공안 국가의 이해(利害)와 확고한 독립성이 높은 보도기관의 이해는 이제까지, 그리고 앞으로도 늘 정면으로 부딪치는 것이다. 말할 필요도 없이 이런 대립구조에 대한 깨우침이야말로 보도할 자유의 근본적인 원리이다. 그러나 이 책에서 밝혀왔듯이 그것은 진실하기보다는 신화적이었다. 나라를 대표하는 보도기관은 모두 본디 설명과 책임을 추궁해야 할 강대한 보도기관에게 영혼을 팔아버리고 있다. 이런 수수께끼로 둘러싸인 보도기관이 권력을 원하는 대로 갈취하고 있는 한, 비밀주의가 여러 기관들의 강력한 무기가 될 것이다. 뉴스를 뒤에서 조작하는 일은 계속될 것이며 그 싸움에서는(전에 없을 만큼 그 힘이 불평등하고 위험하지만) 기사 하나하나가 승부가 될 것이다.

디지털 포퓰리즘

Fukuda Naoko

빅데이터(Big Data)란 무엇인가

구글사(Google社) 전 연구원 세스 스티븐스 다비도위츠(Seth Stephens-Davidowitz)의 말을 빌렸을 때 가장 알기 쉬운 예는 '할머니의 지혜'이다. 이것도 어떤 의미에서는 빅데이터였다.

현대인은 매일 함께 사는 '할머니의 지혜'를 접하지 못하게 되었을지도 모른다. 그러나 일찍이 고령자들은 풍부한 인생 경험에서 얻은 교훈과 지혜를 손자들에게 가르쳐주곤 했다. 수많은 부부들이나 연인들을 보아온 경험을 통해, 예를 들어 누구와 누구는 궁합이 좋다거나, 서로 맞지 않으니까 만나지 않는 게 좋다는 등 쌓아올린 지식(데이터)으로 예측했고, 놀랍게도 그 예측은 잘 들어맞았다.

'할머니의 지혜'처럼 기본적으로 빅데이터 효용은 지식과 정보로부터 의미 있는 패턴을 찾아내어 예측하는 것이다. 물론 '할머니의 지혜'에는 편견도 있었다. 빅데이터도 인간이 분석하거나 기계학습의 알고리즘을 만들어내므로 편견이나 편향이 없지는 않다.

빅데이터 분석은 선거 캠페인이나 기업 마케팅에서 빼놓을 수 없게 되었다. 대량 정보를 모은 빅데이터를 분석하여 '예측하는 것'은 금융, 보험, 의료, 재해 예보와 범죄예방 등 이미 여러 분야에서 이루어지고 있다.

나이나 성별, 주소 등 이제까지의 개인 데이터에 더해, 오프라인·온라인 소비 활동, 브라우저 열람 이력, 소셜 미디어 등을 통해 전례 없는 디지털화된 개인 데이터가 모여, 그것이 추출되고 가공되어 판매되고 분석된다. 시장조사회사 IDC에 따르면, 세계 디지털 데이터 생성 총량은 2025년에는 2016년보다 약 10배 규모(163조GB)의, 상상도 할 수 없을 만큼 엄청난 양이 되리라 예측되고 있다.

소셜 미디어로부터 흘러나가는 엄청난 양의 개인 정보

2004년 등장한 페이스북은 '소셜 미디어의 조상'이라 불릴 정도로 SNS 세계에서는 이제 옛 것이 된 듯하다. 페이스북은 북아메리카에서는 더 이상 이용자 수가 늘어나지 않을 것으로 보고 시장을 넓히기 위해 정력적으로 아시아로 진출하고 있다. 한정적인 사이트만을 페이스북이 선별, 종합하여 인터넷 접속을 무료로 제공하는 '프리 베이직스(Free Basics)'를 인도에 도입하는 것은 실패했지만 동남아시아의 이용자 수는 증가했다. 페이스북은 '친구 기념일'이나 '몇 년 전 추억' 등을 피드에 전송하는 등, 이용자가 싫증내지 않고 많은 시간을 페이스북에 투자하도록, 그리고 투자자에게 어필할 수 있도록 늘 새로운 알고리즘을 개발하고 있다. 또한 트위터 이용자 수도 계속 늘어나다가 정체 상태에 이르러, 미국 대통령 선거나 큰 테러, 갑작스런 사건이 생겨났을 때 말고는 이용자 수가 줄어가고 있는 상태이다. 도널드 트럼프를 백악관에 보내는 데 공헌했다고 하는 트위터는 일시적인 '트럼프 효과'로 200만 명이 새로 이름을 등록했지만 시간이 지날수록 광고 수입이 줄어들고 있다 한다.

그럼에도 페이스북과 트위터, 인스타그램 등의 소셜 미디어에서 밖으로 흘러나가는 개인 정보는 빅데이터를 더욱 크게 성장시켰다. 그렇다면 소셜 미디어가 발신하는 정보량은 얼마나 증가했을까? 예를 들어, 현재 하루에 흘러나가는 정보는 2002년 한 해 정보량에 맞먹는다. 날마다 5억 개의 트위트가 47억 5천만 페이스북에 공유되는 것이다. 날마다 눌러지는 '좋아요' 버튼, 글과 사진, 영상 업로드 횟수는 수치화하기도 어렵다. 오늘날, 온 세계 소셜 미디어 이용자 수는 28억 명. 개인정보의 43%가 소셜 미디어에서 흘러나가고 있다. 그 정보들은 모두 빅데이터의 '생(生)데이터'로서 거대한 규모로 쌓여 있다.

소셜 미디어의 가짜 뉴스

트럼프 정권이 들어선 뒤, 트럼프 대통령이 자신을 비판하는 기성 미디어들을 '가짜 뉴스'라며 규탄하는 한편, 〈뉴욕 타임스〉나 〈가디언〉 등 정평이 난 뉴스 미디어 기관에 대한 구독신청과 기부는 늘어만 갔다. 이는 세계의 웹사이트 구독자 수가 늘고 가짜 뉴스가 넘쳐나면서, 믿을 수 있는 양질 뉴스는 무료로 제공받을 수 없다는 생각을 독자들이 갖고 있었기 때문이다. 수많은 무료 미디어나 블로그와 달리 열심히 조사, 취재하고 편집하여 믿을 수 있는 뉴스를 내보내기 위해서는 경비가 들 수밖에 없음을 독자들은 알고 있었다.

그러나 사실을 확인하는 사이트가, 가짜 뉴스라 판단한 글을 지적하며 소셜 미디어나 IT기업에 글을 지워줄 것을 요청해도 그 사이 수천, 수만 번 가짜 뉴스가 다시 공유되기에 어쩔 도리가 없게 된다. 아날로그 시대와는 달리, 가짜 뉴스가 확산되는 범위는 상상도 할 수 없을 만큼 넓다. 미국의 기술역사 연구가이며 과학역사학회장이기도 했던 멜빈 크란츠버그 교수는 '테크놀로지는 좋지도 나쁘지도 않다. 그러나 중립도 아니다' 이런 글을 쓴 적이 있다. 테크놀로지가 중립이 아니라는 것은, 몇 년 동안 AI발전이나 소셜 미디어, 검색엔진에 대해 조사한 결과로 충분히 입증되었다.

소셜 미디어와 더불어 인터넷은 민중의 소리를 내는 사람들에게, 정부나 정치에 직접 항의할 수 있는 힘을 주어 자유와 평등, 민주주의를 촉진하기도 했다. 그러나 오늘날 인터넷은, 같은 의견을 가진 사람들끼리 목소리를 내는 장이 되었고 마이크로 타깃(소수 고객층만이 있는 틈새 시장) 광고나 심리조작 등의 방법으로 우리에게 영향을 주고 있다. 또한 인터넷이 과격한 의견이나 헤이트 스피치(공공장소에서 특정 인종·민족·종교·성별·직업·신분 등에 속한 개인이나 집단에 대한 극단적인 욕설과 비방을 하는 것)를 확산하여 세계를 분단시킨 사례는 셀 수도 없이 많다. 소셜 미디어에는 로봇형 검색엔진이 등장하여 사회 분위기까지 바꾸려는 움직임도 활발하다.

IT기업이 주로 사용하는 캐치프레이즈(광고, 선전 따위에서 남의 주의를 끌기 위한 문구나 표어) 중에는 '세계를 더 좋은 곳으로 만들자'는 문구도 있다. 페이스북이나 트위터는 2010년 '아랍의 봄'을 가능케 하고 민주주의를 가져다 준 무용담을 펼치곤 한다. 그러나 2016년 영국 EU 이탈 캠페인이나 미국 대통령 선거를 보더라도, 인터넷은 민주주의를 위협할 만큼 영향력을 키워가고 있다. 소셜 미디어는 배외주의(외국의 사물이나 사상을 배척)나 인종차별을 조장하는 헤이트스피치를 확산시키기 쉬운 미디어로 이용되어 증오와 분단을 조장하는 장이 되어버렸다. 만일 페이스북이 없었다면 IS가 유럽, 미국에서 지내는 젊은이들에게 시리아에서 함께 싸우자고 권유할 일도 없었을 것이다. 소셜 미디어는 과격파 인재를 모으는 수단으로 이용되고 있다.

페이스북처럼 블로그, 여러 뉴스들, SNS 글 등을 정리하여 제시하는 '큐레이션 서비스'도 인기이다. 큐레이션 사이트도 클릭 수에 따른 광고수입으로 운영되고 있으며 이용자가 주목하면 할수록 사이트 운영자의 수입은 늘어난다. 그러나 큐레이션 사이트는 어디까지나 인터넷에 올라온 것들을 옮겨 실을 뿐, 책임을 지려고 하지 않는다. 인터넷에 떠돌고 있는 허위정보가 올라가고 전혀 관계도 없는 피해자의 주소나 소속기관이 특정되어 한 개인이 실생활에 위협을 받는 경우도 심심찮게 볼 수 있다. 이러한 인권침해에서 발전된 '인터넷 폭력' 현상에 대응하려고 해도, 확산 범위가 너무 광범위하여 일반인은 대응할 수도 없는 상황이다.

인터넷에 퍼뜨린 유언비어가 끼친 영향

제2차 세계대전이 끝나고 긴 시간 군사정권 아래에 있던 아시아 소국, 미얀마에서 민주화운동이 일어나고 2015년에 비로소 총선거가 치러졌을 때, 세계 미디어는 이제야 미얀마에도 민주주의가 찾아왔다고 보도했다. 그러나 미얀마의 민주화를 전후하여 소수파 이슬람교도, 로힝야를 향한 배척과 학대가 시작된 것은 왜일까? 군사정권 아래, 일찍이 종교 대립은 억압당하고 있었다는 해석도 있다. 그러나 〈뉴욕 타임스〉를 시작으로 일부 미디어에서도 지적했듯이, 로힝야 배척이 격렬해진 때는 페이스북 보급 시기와 딱 맞아떨어진다.

사실 미얀마만큼 페이스북이 빠른 속도로 보급된 나라는 없다고 해도 과언이 아닐 것이다. 인터넷은 모든 사람이 누려야 할 기본적인 인권이라고 제창한 마크 주커버그는 미얀마의 국영통신사업회사인 MPT와 결합하여, 무료로 인터넷을 사용할 수 있다고 선전했다. 휴대전화 네트워크를 거쳐 무료로 특정 사이트를 열람할 수 있는 '프리 베이직스'를 이용한 것이었다. '프리 베이직스'는 인터넷 모든 사이트에 무조건 접속할 수 있는 서비스를 제공하는 게 아니라 페이스북의 편리한 기업 사이트만을 골라 이용자에게 제공하는 '한정상품'이라 할 수 있다. 미국을 시작으로 선진국에서는 새로운 등록자가 늘지 않기에 발전도상국을 타깃으로 세계의 이용자 수를 늘리려고 했던 페이스북은 인구가 많은 아시아권에서 '프리 베이직스'의 장점을 선전했다.

그 결과, 미얀마의 인터넷 이용자는 2014년 100만 명으로 늘어났는데 2년 동안 단번에 300만 명을 사로잡은 것이다. 이메일 시대를 뛰어넘어 새로운 인터넷 환경을 접한 미얀마인에게는, 페이스북이야말로 인터넷 그 자체가 되었다. 그러면서 페이스북은 사건이나 뉴스를 과장하여 전하고 가짜 뉴스를 확산시키는 데 이용되었다. 예를 들어, 로힝야의 강도단이 동인도에서 아이들을 유괴하고 있다는 유언비어가, 페이스북 비공개 메시지 시스템인 'WhatsApp Messenger'에 퍼져 큰 소동이 일어나기도 했다. 그에 대한 보복으로 로힝야를 향한 학대가 시작된 것이다. 여기저기서 과격화된 로힝야를 향한 학대와 물리침을 견디지 못하고 난민이 되어 이웃나라 방글라데시로 도망간 로힝야족 수는 거의 69만 명에 이르렀으며 아시아에서 일어난 21세기 최대의 인도적 위기라 불리고 있다. 만일 미얀마가 페이스북을 거절했다면 이러한 혼란은 안 일어나지 않았을까? 소셜 미디어로 한정된 정보가 인도적 위기에 얼마나 큰 영향을 미치는지 가늠조차 어렵다.

자유주의자들 사이에도 떠도는 가짜 뉴스

가짜 뉴스나 음모설은 자유주의자들에게도 확산되었다. 대통령 선거가 치러지기 전, 샌프란시스코에 사는 미국인 지인이 트럼프와 관련된 발언을 지은 이의 페이스북 사이트에 공유한 적이 있다. 트럼프가 1988년, 주로 저명인들의 사생활과 관련된 기사를 싣는 〈피플〉에서 한 인터뷰 내용이었다.

"내가 대통령 선거에 출마한다면 공화당에서 출마할 것입니다. 그들은 가장 멍청하고 FOX 뉴스가 보도하는 내용은 무엇이든 믿어버리거든요. 내가 거짓말을 해도 그들은 믿을 것입니다. 내 지지율은 엄청나게 올라가겠지요."

아직 40대인 트럼프의, 트럼프다운 어투로 보이지만 사실 확인 사이트인 'snopes'에 따르면, 이는 사실이 아니라고 한다. 1988년 트럼프와 관련된 〈피플〉기사는 주로 재혼과 이혼에 대한 것으로, 트럼프가 공개적으로 대통령 선거에 대한 관심을 보이기 시작한 것은 1990년대 말이었다. 자유주의자들도 가짜 뉴스로부터 막지는 못했다는 것이다. 트럼프 정권 탄생으로 불안감이 커진 탓인지, 자유주의자들 사이에서도 수많은 가짜 뉴스들이 떠돌았다. '도널드 트럼프의 아버지는 백인우월주의 KKK 멤버였다', '트럼프 대통령 부인 멜라니아가 자신의 브랜드 제품을 백악관 홈페이지에서 팔고 있다', '영국 엘리자베스 여왕이 트럼프에게 자객을 보내고 있다' 등, 이러한 뉴스들은 사실 확인 사이트에서 찾아보면 곧바로 사실이 아니라는 결론이 나온다. 무엇이 사실이고 가짜 뉴스인지 더욱 혼란스러워지고 있을 뿐이다.

AfD당이 활발하게 이용하는 소셜 미디어

2017년 9월 독일연방의회 선거에서는 '푸틴(Vladimir Vladimirovich Putin) 대통령과 사이버 전쟁을 벌이지 않아도 메르켈(Angela Dorothea Merkel) 총리를 곤경에 처하게 할 수 있다'는 말도 있었다. 독일로 몰려드는 난민들에 대한 메르켈 총리의 대응에 국민들의 반감이 강해지고, 친(親)러시아인 AfD(Alternative für Deutschland, 독일을 위한 대안)당을 선택함으로써 대(對)러시아 관계가 개선되는 것은 푸틴 대통령이 바라는 바이다.

무엇보다도 사이버 작전과 거짓 뉴스는 프랑스 대통령 선거 때처럼 사이버 방위팀이 대기하고 있을 때보다, 미국 대통령 선거 때처럼 허를 찌를 때 그 위력을 발휘한다.

그런데 독일연방의회 선거 때도 인터넷에서 의심스러운 움직임이 있었다. 소셜 미디어 봇(Bot)의 움직임을 관찰하던 대서양협의회(Atlantic Council) 디지털 과학수사(digital forensics) 연구소 전문가 벤 니모(Ben Nimmo)는 선거 48시간 전부터 활발해진 봇의 움직임을 알아차렸다.

독일 미디어 전문지《저널리스트(Journalist)》지의 독자 조사에 따르면, 선거를 앞두고 7달 동안 페이스북(Facebook)에 올라온 AfD당을 지지하는 글은 35만 건, 같은 기간 동안 다른 정당은 모두 AfD당의 5분의 2도 되지 않았다. 페이스북에는 러시아계 주민 커뮤니티도 있는데, 반(反)메르켈 집회를 알리는 글이 올라와 있었다. 우익 보수파들이 소셜 미디어를 활용한 경우는 이제까지 영국 EU 이탈 캠페인, 미국 대통령 선거, 프랑스 대통령 선거 등 너무 많아 일일이 셀 수가 없다.

어느 AfD당 '선거 스태프' 여성이 트위터(twitter)에 글을 올렸다.

'선거에서 AfD당의 표가 무효가 된다'. 이 글은 곧바로 300번 공유되었고, 4시간 뒤 여성은 '지금 경찰이 왔는데, 나는 해임되었습니다' 글을 올렸다. 그러자 AfD당 지지자들이 트위터에서 '#선거사기'라는 해시태그(hashtag)를 달았고, '어리석은 좌익들이 선거사기를 치고 있다'는 글이 금세 퍼져나갔다.

글을 올린 '선거 스태프' 여성의 사진은 사실 파키스탄 여배우의 사진을 쓴 것이었고, 올린 글은 러시아에서 봇을 이용해 벌인 선전임이 드러났다. 계정은 2017년 2월에 만들어졌는데, 선거 전날이 되어 갑자기 부자연스러운 글의 증가를 보였다. '#선거사기'라는 해시태그에는 선거 하루 전날이 되자 고작 하룻 밤 만에 5천7백 개 글이 검색되었다고 하는데, 이 중에서 11%가 하나의 계정에서 올라온 글이었다. 그리고 선거날에는 같은 계정에서 20초마다 메르켈을 향한 증오를 드러낸 반메르켈 글이 올라왔다. 이 계정이 몇몇 '반메르켈 슬로건'을 학습한 봇임은 명백했다.

사실과 반대되는 글을 올리고 퍼뜨려서 하나의 '분위기'를 만든다. 우파 포퓰리즘 정당에게 있어 소셜 미디어는 안성맞춤인 매체가 되어가고 있지만, 독일 AfD당은 다른 우파 정당과 비교해도 두드러지게 높은 빈도로 소셜 미디어를 활용하고 있다.

현재 페이스북은 헤이트 스피치(hate speech)와 거짓 뉴스, 가짜 광고가 올라오는 것 때문에 불만이 늘어나고 있다. 선거에 앞서 독일에서도 불만이 많이 일어나자, 페이스북은 몇 천 개의 가짜 계정을 없애겠다고 발표했다.

판매되는 봇과 '좋아요' 버튼

소셜 미디어 분석으로 온 세계에 잘 알려진 시스모스(Sysomos)사의 조사에 따르면, 현재 트위터 계정의 5%가 전체 75%의 글을 올리고 있다고 한다. 즉 적은 계정에서 대량의 메시지가 올라오고 있다는 뜻이다. 그리고 트위터 글의 24%는 봇이 올리는 것이다.

봇은 인터넷에서 쉽게 사들일 수 있게 되었다. 시험 삼아 인터넷 검색을 해보면 '봇 팝니다!' 광고하는 사이트가 몇 개나 나온다. 예를 들어 유봇스튜디오 (UBotStudio)사가 제공하는 봇은 약 300달러 패키지로 만들어져 있으며, 프로그래밍을 할 수 없는 유저라도 쉽게 이용할 수 있는 서비스가 준비되어 있다.

'무료 메일 계정을 백 개 만들어 자동 글 올림, 10분이면 정부계열 웹사이트나 인터넷 쇼핑몰에 접속, 웹사이트에 10만 명분의 흔적을 남기는 일도 식은 죽 먹기. 다만 한 번에 하나의 웹사이트에 10만 명의 흔적을 남기면 의심을 받으므로 목표로 삼은 사이트를 여기저기에 퍼뜨리는 것도 가능합니다' 이렇게 소개하고 있다. 저마다의 목적에 따라 봇을 사는 것이다. 더욱이 인터넷에서는 봇뿐만 아니라 페이스북의 '좋아요' 버튼도 사들일 수가 있다.

'좋아요 버튼 구매'로 검색하면 페이스북의 '좋아요' 버튼 가격 일람이 표시된다. 그리고 '좋아요' 버튼뿐 아니라 '트위터, 인스타그램(Instagram), 유튜브 (YouTube) 등 소셜 미디어에 따라 팔로워, 접속수 또는 클릭을 늘려주는' 사이트 등 '소셜 미디어 마케팅 대책'을 제공하는 여러 가지 사이트들이 있다.

바이 페이크 라이크(Buy Fake Likes) 사이트에서는 "'질 좋은 좋아요' 버튼 천 개를 빠르게, 단 10달러 또는 그보다 낮은 가격으로 배달합니다!" 소개하고 있다. 단순한 디자인으로 된 홈페이지에는 초록색 장바구니 아이콘과 함께 "지금 바로 페이스북 '좋아요' 버튼을 주문"이라 쓰여 있다.

그 밑에는 '100% 보장으로 빠른 배달, 가장 낮은 가격을 제공합니다' 쓰여 있다. 또한 짧은 글로 이렇게 설명되어 있다.

· 주문이 어떠한 이유로 이루어지지 않았을 경우 또는 '배달 뒤'에 '좋아요' 버튼이 사라져 있는 경우, 요금은 100% 환불합니다.

· 주문 뒤, 24시간 안에 '배달'합니다. 그보다도 빨리 필요한 경우, 메일을 보내주시면 몇 시간 안에 '배달'할 수 있습니다.

· 1000개의 '좋아요' 버튼마다 10달러 또는 그보다 낮은 가격으로 주문을 받고 있습니다. 더 많이 주문하시는 경우에는 할인가격도 있습니다!

게다가 모든 주문은 빠른 배달, 100% 요금 환불 보장, 24시간 지원, 30일 안에 무료로 다시 업로드, 전자메일에 의한 보고를 포함한다고 홍보하고 있다.

가짜 '좋아요' 버튼이나 가짜 팔로워를 늘리는 수법은 싸구려 양복 메이커와 마찬가지로 노동임금 격차를 이용하고 있다. 대부분의 경우 소셜 미디어 마케팅 회사인 브로커가 서양 도시에 작은 사무실을 마련하여, 주문이 있으면 임금이 낮지만 공통어인 영어를 이해하는 '하청노동자'가 있는 인도, 필리핀, 방글라데시 등으로 발주한다. '아랍의 봄'으로 소셜 미디어 보급이 인정된 이집트 카이로도 "가짜 '좋아요' 버튼의 중심지"라 불리고 있다.

방글라데시 수도 다카는 "가짜 '좋아요' 버튼" 발주로 번성하여, 전체 30~40%의 가짜 '좋아요' 버튼을 생산하고 있는 '클릭 농장'이 많은 도시다. 클릭 농장에서는 좁고 어두운 방에 갇힌 '노동자'들이 '좋아요' 버튼이나 트위터 팔로워 1000개 분량을 고작 하루 1달러 임금으로 모으고 있다. 가짜 '좋아요' 버튼을 2000개, 트위터 가짜 팔로워를 3000명, 유튜브 접속 몇 천 건 등, 패키지로 고작 25달러에 팔리기도 한다.

그렇게까지 해서 왜 소셜 미디어의 접속수를 많아 보이게 만들어야 할까? '가짜 인기'라고 해도 '좋아요' 버튼이 많은 편이 가수의 CD나 mp3를 사고 싶어 하는 소비자가 늘어나리라 기대할 수 있기 때문이며, 소셜 미디어에서 '인기가 있다'는 것이 곧 금전적 이익으로 이어지게 되었기 때문에 새로운 틈새시장이 생겨난 것이다.

소수의 유권자를 타깃으로

2016년 미국 대통령선거 막판에 도널드 트럼프 후보의 지지율이 급상승해 역전 승리를 거두자 세상은 놀라움을 금치 못했고 그렇게 된 원인을 찾았다.

도시와 지방의 격차, 빈부 격차, 교육의 격차 등 격차문제가 원인이었다는 둥, 민주당이 돈이 많은 당이 되고 공화당이 저소득층의 당이 된 삐뚤어진 현상에서 나온 결과라는 둥 언론, 정치학자, 논설가 등 전문가뿐만 아니라 누구나가 이유를 붙이려고 했다. 첫 트위터 대통령 출현이 디지털시대가 아니었으면 불가능했다는 사실은 누구나 납득하지 않을까?

트럼프 대통령을 탄생시킨 2016년 미국 대통령선거 캠페인을 왜 검증해야 하는가?

먼저 연방조사국(FBI)이 러시아가 주도한 해킹과 부정 광고 등 사이버 작전이 미국인 유권자가 내리는 결단에 어떤 영향을 미쳤는지 계속 조사하는 중이다. 더욱 대담해지는 러시아의 사이버 작전은 멈출 줄 모르고 2018년 미국 중간 선거에서도 계속될 텐데 어떤 형태로 실행할지는 예측할 수 없다. 러시아 사이버 작전은 미국이 대상일 뿐만 아니라 민주주의 신뢰를 떨어트리기 위해 유럽 여러 나라도 목표로 삼고 있기 때문이다.

2016년 대통령 선거에서는 가능성이 아주 적었던 트럼프 후보 역전 승리 뒤에는 이제까지 없었던 디지털 기술을 사용했다는 사실이 밝혀졌다. 디지털 기술을 100% 활용한 소셜 미디어가 민주주의에 어떻게 영향을 미치고 있는지 생각해 볼 필요가 있다.

그리고 대중을 선동하는 포퓰리즘에 빠지지 않도록 미국 건국의 아버지들이 만들어낸 선거인 제도가 반드시 민주주의 기본이라 할 수 있는 다수결을 바탕으로 한 건 아니라는 사실을 어떻게 해석하면 좋을까? 주마다 배당된 합계 538명의 선거인을 한 주에서 최다 득표한 대통령 후보가 해당 주의 선거인 모두를 확보하는 선거인 제도에서 승리하기 위해 세세하게 분석한 지역을 목표로 소수를 얻은 것이 트럼프 후보가 승리하는 요인이 되었다.

어느 후보에게 투표할지 망설이는 유권자(선거할 때마다 투표하는 당을 바꾸는 유동층)에게 트럼프 후보 선거대책본부는 어떻게 영향을 미쳤을까?

역전 승리 기쁨에 취한 탓인지 대통령 선거 바로 뒤 선거 캠페인에 참가한 스태프들이 잇달아 뉴스방송에 출연했다. 트럼프 대통령의 디지털 전략을 총괄한 브래드 파스케일은 '우리는 더 많은 인기표를 얻으려 한 게 아니다. 선거에 이기기 위해 (소수의) 유권자에게만 주목하며 온 힘을 쏟았다'고 한 텔레비전 인터뷰에서 말했다. 선거전에서 목표는 망설이는 유권자를 자기편으로 끌어들이고 그들의 주를 공화당으로 바꿔 270명의 선거인을 차지하는 것이었다.

이미 마음을 정한 민주당 지지자, 또는 뿌리부터 공화당을 지지한 사람, 이런 흔들리지 않는 유권자는 미리 투표할 후보를 정해두고 생각이 바뀔 가능성이 낮기 때문에 아예 설득할 필요가 없다. 설득하려는 시도 자체가 시간과 노력을 낭비하는 짓이다. 트럼프 선거 진영은 마음을 아직 정하지 않은, 그러니까 망설이는 유권자에게 주목했다. 선거구를 세세하게 파악하고 소수 유권자를 목표로 정했다.

예를 들어 '저번에는 민주당에 투표했지만 트럼프 후보보다 클린턴 후보가 더 싫다.' 이렇게 생각하는 유권자를 설득하려면 어떤 선거 캠페인을 벌여야 할까? 이겨야 하는 주에서 이런 사람들은 어디에 살며 어떤 경력을 가졌고 취미는 무엇인가? 어떤 사람들과 사귀며 무엇에 관심이 있는가? 그리고 누구에게 투표할지 망설이는 유권자를 찾아내려면 어떻게 해야 하는가?

예전 같으면 전화번호부, 남녀 인구통계, 선거투표 기록 등이 유권자를 알수 있는 정보원이었다.

그러나 디지털 사회로 들어서면서 선거 전략은 빠르게 바뀌었다. 여론조사로 정평이 난 퓨 리서치 센터 조사에 따르면 2016년 시점에서 미국인 성인 88%가 인터넷을 이용하고 77%가 스마트폰을 사용한다고 한다. 특히 스마트폰 보급률은 눈에 띄게 증가했다. 미국 스마트폰 이용자는 2011년부터 겨우 5년 만에 두 배로 증가했다. 그 동안 저소득층과 50세 이상에게 널리 보급됐다는 얘기이다. 참고로 퓨 리서치 센터가 소셜 미디어 이용도를 조사하기 시작한 2005년에는 미국 인구의 5%가 이용했는데 10년이 지난 2015년에는 10명 가운데 7명, 그러니까 70%가 소셜 미디어를 이용하게 되었다. 선거전에서 승리하기 위해서는 스마트폰이나 소셜 미디어를 반드시 활용해야 했다.

현대 대통령 선거는 새로운 미디어나 기술을 시험하는 장소가 되었는데 디지털 기술 진화는 그 모습을 빠르게 변하게 만들었다.

1996년 대통령 선거에서 후보자 홈페이지를 처음으로 열었고 2004년에는 인터넷에서 선거캠페인 이벤트를 광고했다. 그리고 2008년에는 소셜 미디어가 활용되어 후보자가 많은 유권자와 의견을 교환하고 소액 헌금을 하기 쉬워졌다. 한발 먼저 인터넷을 중시한 버락 오바마 선거 진영에서는 2012년 대통령 선거에서 처음으로 유권자의 빅데이터를 분석하는 데이터 전문가들을 선거팀에 채용하여 본격적으로 데이터를 분석했다.

유권자 빅데이터란 이미 공표된 데이터(전화번호부, 선거투표기록, 인구통계, 총 소유 등)와 공표되지 않은 데이터(현금카드 이용이나 인터넷 거래기록, 인터넷 이용 빈도와 사이트 방문기록, 스마트폰 사용현황, 소셜 미디어 참가율 등)이다. 이런 데이터를 데이터 브로커에게 구입해 모은 뒤 구글맵에 기록함으로써 소비동향은 물론 유권자 지역분포도 더 자세히 알 수 있다.

빅데이터를 이용한 오바마 대통령

재선을 노린 민주당 버락 오바마 대통령은 2012년 대통령 선거에서 IT프로젝트 나윌을, 대항하는 공화당 미트 롬니 후보는 마찬가지로 IT프로젝트 오르카를 세웠다. 고래의 한 종류인 나윌(일각)은 앞니가 하나 뿔처럼 튀어나와 있으며 작지만 이빨이 날카롭고 잠수를 잘하며 한번 먹이를 잡으면 놓치지 않는다. 한편 오르카는 범고래로 나윌의 천적이다.

리버럴계 뉴스 사이트 마더존스는 오바마 진영이 유권자 데이터를 어떻게 수집했는지 해설했다.

예를 들어 제인이라는 민주당을 지지하는 유권자가 있다고 하자. 제인이 트위터에 오바마 웹사이트로 접속하도록 유도하는 링크를 보낸다. 제인이 직접 이름, 주소, 우편번호에 해당하는 다섯 자리의 Zip Code 등 기본 데이터를 입력하면 제인의 컴퓨터에 쿠키가 보내지고 제인이 어떤 사이트를 보는지 등 정보가 들어온다. 제인은 오바마 선거 캠페인사이트를 비롯해 건강이나 환경을 다루는 사이트도 자주 열람한다는 정보를 바탕으로 제인이 어디에 관심이 있는지 파악한다. 그리고 캠페인 본부는 제인이 젊고 스페인어를 할 줄 아는 간호사라는 사실 등 대략적인 프로필을 파악한다. 인터넷 거래와 현금카드 회사

구입기록으로 어떤 잡지를 구독하고, 어떤 차를 소유했으며, 어떤 스포츠클럽에 소속됐는지 등 소비활동도 모니터한다. 이를 과거 민주당에 투표한 기록과 비교하고 헌금 리스트 조회, 그리고 페이스북에서 어떤 글에 좋아요를 누르는지 분석하여 제인이 이번에도 오바마에게 투표하게 만들려면 어떻게 선거활동을 진행해야 하는지 검토한다.

이렇게 오바마 선거 본부는 분석 결과를 바탕으로 제인에게 오바마 대통령이 가족계획을 중시한다는 사실을 강조하고 '대립하는 후보가 당선되면 여성의 선택권이 줄어들 우려가 있다'는 메시지를 메일로 보낸다.

그러면 2012년 오바마 진영의 빅데이터 이용과 2016년 트럼프 진영의 선거 캠페인은 무엇이 달랐을까?

가장 큰 차이는 트럼프 진영이 빅데이터에 한 회사가 개발한 유권자 심리분석을 추가하고 소그룹을 위해 개발한 개별광고(마이크로 타깃 광고)를 특정지역 텔레비전, 전자메일과 소셜 미디어를 통해 쏟아부었다는 사실이다.

구글 검색이 말하는 무의식 메시지

미국과 비교해서 유럽에서는 개인 데이터 보호 문제가 엄격하다. 그러나 PWC(프라이스워터하우스쿠퍼스)컨설팅 회사가 200개 회사를 조사해보니 개인 데이터 보호 정책이 엄격한 독일에서도 4개 회사 중 3곳이 개인 데이터를 판매하고 조사대상 74% 기업이 기업끼리 데이터를 공유하고 있다는 것이 드러났다.

모아둔 빅데이터의 가장 큰 효용은 '예측'이다. 소비자의 과거 소비행동에서 그가 무엇에 관심이 있고 어떤 기호를 가졌는지 분석하여 다음 행동을 예측한다. 하루하루 아무 생각 없이 클릭하고 있는 것이 모두 분석되고, 미래에 은행에서 대출할 때, 또는 보험료를 계산할 때 모르는 사이에 이용자의 개인행동이 빅데이터를 바탕으로 분석되고 있는 것이다. 그렇기에 왜 대출이 거절당했는지, 왜 보험료가 생각보다 높게 매겨졌는지, 그 이유조차 모르는 사태가 일어날지도 모른다.

이제는 인터넷 활동과 소셜 미디어에서 방대한 개인 데이터를 얻을 수 있기 때문에 인터넷 이용자는 본인도 모르는 사이에 인터넷에서 쓰는 언어와 문장을 통해 많은 데이터가 분석되고 있다.

구글 회사에서 데이터 과학자로 일했던 세스 스티븐스 다비도위츠(Seth Stephens-Davidowitz)는 구글 검색에 대한 흥미로운 조사결과를 낸 적 있다. 구글 검색에서의 검색어와 순서가 '사람 마음을 대변하고 있다'는 것이다.

스티븐스 다비도위츠가 처음 구글 검색에 대해 연구한 것은 2008년 미국 대통령 선거 때였다. 미국에서 첫 흑인 대통령 버락 오바마가 당선되어 세계는 인종차별을 이겨낸 듯한 착각에 빠진 것처럼 보였다. 그러나 그 무렵 구글에서는 '흑인 대통령'이 아닌, 흑인을 경멸하는 명칭인 '니거(nigga)'라는 검색이 800만 건이나 있었다고 한다. 뚜렷하게 인종차별이 남아 있는 미국 남부뿐만 아니라 북부에 사는 사람들도 많이 찾아봤음을 알 수 있었다. 이로 인해 흑인에 대한 차별의식이 사람들 마음속에 뿌리 깊게 존재한다는 것이 밝혀졌다.

구글 검색에서는 언뜻 중립적으로 보이는 말에서도 많은 것을 알 수 있다고 한다. 예를 들어 선거전에서 '오바마, 롬니'라고 찾아봤다고 한다. 어떤 정책과 슬로건을 내걸고 있는지 알아보려는 것처럼 보이는 두 단어 검색이지만, '오마바, 롬니'라고 찾아본 사람은 대부분 오바마에게 투표했으며 '롬니, 오바마'라고 찾아본 사람은 롬니에게 투표를 했다. 무의식중에 먼저 입력한 이름을 호의적으로 의식하고 있었다는 뜻이다.

과거에 종이 설문지로 일반시민들에게 설문하던 시대에는 개인이 마음속에 감추고 있는 편견에 대답할 필요가 없었다. 소셜 미디어에서도 완전히 숨긴 이름 처리되지 않는 경우 자신을 조금 좋게 보이려는 경향이 있다고 한다. 특히 기본적으로 본명을 올리는 페이스북에서는 '점잖은 자신'을 내보이는 편이다.

그러나 구글 검색은 다르다. 스티븐스 다비도위츠는 '사람이 말하는 것은 전적으로 믿을 수 없다. 그러나 실제 행동은 진실을 말한다'는 것을 구글 검색 분석 결과를 보고 알아냈다.

스티븐스 다비도위츠는 소셜 미디어상의 공유, '좋아요' 버튼, 프로필 등 자신을 더 좋게 보이려는 '디지털상 거짓말'과, 검색, 웹사이트 관람 수, 클릭, 스와이프 같은 '디지털상 진실'을 구별한다. 소셜 미디어에서는 거짓말을 하는 일이 많지만, 검색은 거짓말을 하지 않는다고 말한다.

스티븐스 다비도위츠는 "현미경이나 망원경이 자연과학을 갑자기 바꾸어 버렸듯이 인터넷은 사회과학 수법을 새롭게 바꾸어 버렸다"고 말한다. 그리고 현대 경제학, 사회학, 정치학, 계량심리학 분야는 모두 빅데이터 덕분에 새로운

'과학'이 되었다고 한다.

부정적 광고는 '투표저지작전'

트럼프 디지털팀은 유권자가 투표하러 가는 것을 막기 위한 사이버 전략도 생각해 두고 있었다. 민주당 후보 힐러리 클린턴을 좋아하지 않고 표를 누구에게 줄지 고민하고 있는 특정 소수 그룹에게 마이크로타깃 광고를 보내는 '투표저지작전'은 클린턴 후보 표가 늘어나는 것을 막기 위해 유권자들이 투표소에 가는 것 자체를 포기하게 하는 방법이었다. 예를 들어 플로리다 주에 아이티 인들이 사는 작은 커뮤니티가 있다고 한다. 심리분석 결과, 표가 움직일 만한 사람들에게만 '클린턴 재단이 아이티 대지진을 돕지 않았다'는 마이크로타깃 광고를 보낸다.

이전 대통령 선거에서는 민주당 후보에게 투표했지만 클린턴 후보를 싫어하는 흑인이나 여성 유권자가 있다고 하자. 그런 그룹에게는 마이크로타깃 광고에서 분명히 트럼프 후보의 장점을 어필하지 않고 클린턴에 대해 부정적인 광고를 보낸다. 미국인들에게 친숙한 애니메이션 '사우스파크' 캐릭터를 이용하여 '힐러리가 흑인에 대해 이렇게 심한 말을 했다'는 짧은 비디오를 반복적으로 흘려보낸다. 애니메이션 속 캐릭터가 클린턴이고, 본인이 말하고 있는 것처럼 녹음해둔 과거 음성을 사용하여 스마트폰에 보내 유권자 반감을 부채질한다. 즉, 투표하러 가는 사람 수 자체를 줄이려는 방법이다. 한 지역에서 클린턴에게 투표한 흑인이 적었던 것은 그런 일들에 질려서 '차라리 투표하러 가지 않겠다'고 정한 유권자들이 있었기 때문일지도 모른다.

한 짧은 메시지에서는 젊은 흑인 여성이 언뜻 클린턴을 지지하는 광고를 촬영하는 것처럼 보이며 카메라를 향해 말하고 있다.

"힐러리는 매우 정직하고 믿을 수 있는······잠깐만, 내가 믿지 않는 걸 말할 수는 없어."

"하지만 넌 배우잖아." 카메라 쪽에서 목소리가 들린다.

"정직하고 믿을 수 있다니, 거짓말도 정도껏 해야지." 그렇게 말한 여성은 그 자리를 떠난다.

선거 대책팀에게 가장 효과적이었던 것은 심리분석을 더함으로써 '어떤 그룹이 설득당하기 쉬운가'를 핀포인트로 파악할 수 있게 된 점이라고 한다. 심리

분석을 통한 빅데이터는 "특정 인격을 가진 사람들을 검색할 수 있게 했다"고 한다.

'좋아요' 버튼이 말하는 심리상태

CA회사의 CEO 닉스는 선거전에서 이용한 심리분석 데이터는 "조사 대상이 되는 사람들에게 120가지 질문을 보내 대상자의 동의 아래 설문지 답을 받았다. 따라서 페이스북의 '좋아요' 버튼을 사용자가 모르는 사이에 데이터로 모아서 이용했다는 보도는 정확하지 않다"(독일 경제신문 〈한델스블랏〉 2016년 12월 15일) 말했다.

그러나 트럼프 정권이 탄생한 뒤 의문이 새롭게 나타났다. 사용자 동의 없이 '좋아요' 버튼을 분석했다는 의혹이었다. 그리고 그 시초가 된 연구는 2012년 발표된 영국 케임프리지 대학 연구보고였다고 보도되었다. 그 연구를 CA회사가 사전 허락 없이 응용했다는 것이다.

CA회사와 트럼프의 선거전 승리의 관계에 대해 첫 기사를 실은 것은 스위스의 인터넷 잡지 〈Das Magazin〉(DM, 2016년 12월 3일)이었다.

그 기사에 따르면 영국 케임브리지 대학 연구원이었던 마이클 코진스키가 소속되어 있는 케임브리지 대학 심리센터의 다른 연구원 두 사람과 정리한 '개인 성격과 특징은 디지털 기록에 남겨진 행동으로 예측할 수 있다'는 논문이 'PNAS(미국과학아카데미 개요)'에 실렸다(2013년 4월 9일호). 그 내용을 짧게 설명하면, 페이스북상 사용자가 누른 '좋아요' 버튼을 68개 분석하면 그 사용자의 대체적인 프로필이 드러난다고 한다. 사용자의 인종, 연령, 동성애자 여부, 지지하는 정당이 민주당인지 공화당인지 등, 그 모든 것을 높은 확률로 확정할 수 있다는 것이다. 그러나 분석은 거기서 끝나지 않는다.

'좋아요' 버튼을 150개, 300개 거듭하여 분석하면 학력, 지능 지수, 종교, 술이나 담배에 대한 기호, 마약 사용 여부 말고도 21살 이전에 부모님이 이혼했는지까지 높은 확률로 밝혀진다.

게다가 누구와 어떤 관계에 있는지, 누가 반려자인지도 알 수 있다. 그리고 커플의 공통된 친구 관계와 스마트폰 통화기록, 블로그 게시글, 소셜 미디어의 발신 내용 등을 분석하면, 두 달 안에 두 사람이 헤어질 확률까지 계산할 수 있다고 한다.

과거에는 빅5에 대해서 2000개 이상 논문이 발표되었다고 하는데, 코진스키 연구는 페이스북 데이터에 주목했다는 점이 참신하다.

연구를 발표한 뒤 코진스키는 페이스북 기술부로부터는 우리 회사에서 일하지 않겠냐는 권유를, 같은 회사 법무부에서는 고소하겠다는 협박을 동시에 받았다. 그리고 연구팀은 SCL(Strategic Communications Laboratories)이라는 회사에서 막대한 헌금과 협력 권유를 받았다.

코진스키가 인터넷에서 찾아보니 SCL은 약 25년 전부터 있는 '정보 커뮤니케이션 기업'으로, 자신 있는 분야는 '심리분석을 이용한 선거 캠페인'이라는 검색 결과가 나왔다. 본디 군수 관련 프로젝트에 참가하고 이라크와 아프가니스탄에서 사이옵(PSYOPS, 심리작전)에도 협력해 온 IT정보 기업이다.

코진스키는 자신들의 연구가 어떤 형태로든 악용되는 것을 걱정했지만, 이 시점에서 이미 대학 동료가 그의 연구를 복사하여 SCL회사에 팔았다는 의혹이 드러났다.

그 동료는 그 뒤 이름을 바꾸고 싱가폴에 이주했고, 코진스키도 케임브리지 대학을 그만두고 캘리포니아 대학으로 이직했다.

심리분석 시험 결과를 응용

인터넷 심리분석은 어떻게 이루어지는가? 케임브리지 대학 심리센터 웹사이트(applymagicauce.com)에는 누구든 참가할 수 있는 심리분석 사이트 링크가 있어서 글쓴이도 심리분석을 해봤다.

페이스북 '좋아요' 버튼에 관한 심리분석은 아이콘을 클릭하여 페이스북에 연동하는 것뿐이기 때문에 겨우 1분 만에 결과가 나온다고 한다(실제로는 몇 초밖에 걸리지 않는다). 글쓴이 개인 페이스북상 '좋아요' 버튼을 분석받은 결과, 93% 확률로 여성, 연령은 75살로 나왔다. 추정된 연령은 지은이의 실제 나이보다 꽤 높았다.

'좋아요' 버튼에서는 개방성(O)이 30%, 성실성(C)이 45%, 외향성(E)이 65%, 협조성(A)이 27%, 정서안정성(N)이 49%라는 결과가 나왔다. 정치적 견해에서는 65% 확률로 리버럴파라고 한다. 정서안정성에서는 굳이 따지자면 마이페이스이고 안정적이라고 하며, 그 반대인 스트레스를 받기 쉽고 감정적으로 변하기 쉽다는 결과는 나오지 않았다. 개방성과 협조성 수치가 낮은 것은 뜻밖이었는데, 사적인 글이나 사진 공유를 망설인 탓일지도 모른다.

심리분석 사이트에는 심리테스트를 더 진행한다는 버튼이 있기에 그것을 눌러 보았다. 그러자 70종류 이상 심리분석이 준비되어 있었다.

'성격 테스트(축소판, 소요시간 5분)', '그룹 안에서 당신 역할은?(10분)', '당신은 어떤 친구인가(5분)', '당신은 어떤 여행자인가(15분)' 등 테스트부터, '문장으로 하는 심리분석(200글자 이상)'까지 있었다. '빅데이터 예측'이라는 부주제에서는 '일반인 빅데이터에 대한 의견은 당신과 어떻게 다른가(20분)', 'IQ지능 테스트(45분)'라는 테스트까지 있었다. 테스트를 해보면 이런 심리 테스트는 전에도 해본 적이 있다고 누구나가 생각할 것이다.

사람들 앞에 나서기를 좋아하는가, 눈에 띄는 것을 싫어하는가, 파티에서 사람들과 친해지기 쉬운가, 다른 사람 걱정거리에 관심이 있는가, 쉽게 짜증이 나는 편인가, 새로운 아이디어에 큰 관심을 가지는가. 그 답은 예, 아니오 양자택일도 있는가 하면, 5가지 단계에서 하나를 고르는 것도 있다. 결과가 자신이 생각한 대로라면 역시 맞았다고 생각할 것이고, 기분에 따라서 답이 미묘하게 달라져 결과까지 바뀌면 '완전히 틀리잖아?'라고 생각할 것이다. '심리측정학'이라고 들으면 어쩐지 신비한 미래학 같이 들리지만, 과연 정확한 심리진단이라고 할 수 있을까?

또한 지은이가 3개월 뒤에 해본 심리테스트에서는 그 전과 수치가 많이 달랐다. '좋아요' 버튼으로 심리가 분석되고 있다는 것을 알게 된 뒤로 글쓴이가 더 회의적이 되어 되도록 '좋아요' 버튼을 누르지 않도록 신중을 기한 것도 변화에 영향을 끼쳤을지도 모른다. 케임브리지 대학에 메일로 문의해 본 결과, '좋아요' 버튼은 무작위로 선택되기 때문에 테스트할 때마다 결과가 다르게 나올 가능성이 있다고 한다. 심리분석은 데이터 증가에 따라 늘 업데이트되고 있는 것이다.

발칸반도에서 퍼져나간 돈벌이 가짜 뉴스

우익적 사상으로 기울어지게 만드는 가짜 뉴스는 뜻밖의 장소에서도 흘러나오고 있다. 발칸반도, 마케도니아 중부에는 벨레스라는 작은 마을이 있다. 인구는 4만 4000명, 과거에는 도자기나 금속 가공이 활발했던 마을이다. 이 작은 마을은 미국 대통령 선거 몇 개월 전부터 갑작스럽게 경기가 좋아진 '신흥

도시'가 되었다.

2015년 마을 한 소년이 뉴스 사이트를 열었다. 날마다 뉴스에서 정보를 가져다 쓰고 고급 자동차에 대한 기사를 실은 것이 '마을 넷 버블(net bubble)'의 시작이라고 한다. 인터넷에서 찾은 뉴스를 차례로 '편집'하고 '복사해서 붙여넣기' 하는 것으로 클릭 횟수에 따라 광고가 늘어났다. 페이스북이나 트위터 등 소셜 미디어에서 공유할 수 있게 되자 클릭 횟수는 더욱 급증했다.

마을에서는 갑자기 고가의 독일 자동차를 몰고 다니고, 부동산을 사들이는 젊은이들이 눈에 띄기 시작했다. 소년들은 한때 구글이나 페이스북으로 매달 1만~3만 유로(약 1316만원~ 3949만원)의 광고 수입을 거두었다. 청년 2명 중 1명이 실업자인 마을에서 가짜 뉴스사이트가 돈벌이가 된다는 소문이 금세 퍼져감에 따라 회사원, 기술자, 치과 의사까지 일을 그만두고 집에서 가짜 뉴스 사이트를 만들기 시작했다. 한때는 140개의 가짜 뉴스 사이트가 이 마을에서 문을 열었다.

그러나 사이트를 실제로 보여주기 위해서는 꽤 많은 '노동 시간'을 들여야 한다. 무엇보다 이용자가 많은 '시청률이 가장 높은 시간대'인 야간에는 손자를 위해 클릭 횟수를 늘리려고 할아버지 할머니들까지 힘을 보탰다. 어느 가정이든 한 가족 모두가 컴퓨터 화면과 눈싸움을 벌이느라 마을이 아주 고요했다고 한다.

가짜 뉴스 사이트에는 크게 나누어 이러한 광고 수입을 목적으로 하는 사이트와 특정한 정치 목적을 이루려는 사이트가 있다. 따라서 가짜 뉴스를 내보내는 측에서는 반향을 불러일으키기 위해 과격한 내용을 다루는 경향이 있다.

실제 사건으로 발전한 가짜 뉴스

미국의 수도 워싱턴 D.C 중심부에서 북쪽으로 메릴랜드 주까지 뻗어나간 코네티컷 거리는 백악관과 관청, 사무실이 모여 있는 다운타운에서 북쪽으로 갈수록 초록빛이 풍부한 주택가로 이어진다.

메릴랜드 주로 들어가기 조금 전에 책을 좋아하는 워싱턴 토박이라면 누구나 알고 있는 '정치와 산문'이라는 독립계 서점이 있다.

대통령 선거를 앞둔 어느 날, 서점은 신간 서적 낭독회를 앞두고 매우 혼잡

했다. 지은이는 서점에 간 김에 가벼운 식사를 하려고 주변을 걷고 있었다. 몇 건물 지나 있던 피자 가게 안에 들어가 보니 휑하니 스산한 분위기가 감돌았다. 2개월 뒤 이 피자 가게 '(Comet Ping Pong)'에 총을 든 남자가 침입하게 될 줄이야.

2016년 12월 4일, 28세의 지극히 평범한 사내가 '클린턴을 비롯한 민주당원이 피자 가게를 거점으로 아이들을 감금하고 악마 같은 의식으로 아동 포르노 조직을 운영하고 있다는 혐의가 있어 조사하러 왔다'고 말하며 종업원과 손님들을 몇 시간 동안 감금했다. 이 남자는 어떤 가짜 뉴스를 믿고 자기 집에서 6시간 넘게 자동차를 몰고 왔으며, '아이들을 구해내야 한다는 생각에 안절부절 못하다가 독자적으로 수사하러 왔다'고 한다. AR-15 자동소총과 콜트 권총을 든 남자는 가게 안에 있던 컴퓨터와 안쪽 방문 손잡이 등에 총을 쏜 다음 경찰에 체포되었다. 다행히 다친 사람은 없었지만 가짜 뉴스가 실제 사건으로 발전한 것을 제대로 보여준다.

인터넷에서 널리 퍼트리는 음모설

이 '가짜 뉴스'는 어떻게 퍼져나가는 것일까? 뉴스 출처를 더듬어보면 그저 웃어 넘길 수 없을 만큼 복잡하게 얽혀 있다.

처음 시작은 러시아가 민주당 힐러리 클린턴 후보 선거대책위원장인 존 포데스타의 전자 메일을 해킹하고, 2만 통 남짓 전자 메일을 밖으로 내보낸 일이었다. 메일은 내부고발 사이트 '위키리크스'에서 공개되었다.

그 메일 가운데 민주당을 공격할 재료를 찾고 있던 공화당 지지자가 민주당 지지자 중 한 사람, 피자 가게 주인의 메일을 발견했다. 왜 시시한 메일이 피자 가게를 둘러싼 음모설로 발전했을까? 거기에는 다음과 같은 경위가 있었다.

피자 가게 주인의 메일 말고도 알몸으로 기상천외한 퍼포먼스로 요리하는 여성 행위예술가 마리나 아브라모비치가 친구이자 워싱턴 로비스트인 토니 포데스타에게 보낸 메일도 있었다.

"다음 내 퍼포먼스 요리 파티에 남동생도 올 수 있을까요?"

남동생은 앞에서 말한 존 포데스타로 토니는 존에게 마리나에게서 받은 메일을 보냈다.

다른 메일에서 민주당 지지자인 피자 가게 주인이 존 포데스타에게 보낸 메일에는 이런 내용이 있었다.

"민주당 파티는 몹시 자극적이었습니다. 다만 피자를 만들어 드릴 기회가 없어서 아쉬웠습니다. 언제 시간이 되실런지요?"

공화당 지지자는 어떻게든 흠을 들추어 내려고 애쓴다. 피자 가게 주인 인스타그램에는 아이와 함께 찍은 사진이 여러 장 있었다. 공화당 지지자는 '이상하다. 아이가 없는 사람이 왜 이렇게 많은 아이들과 함께 사진을 찍는 걸까?' 생각하고 모든 '점'을 연결해 보았다.

고기 피를 메뉴에 쓴다는 마리나의 퍼포먼스는 사탄 의식일지도 모른다. 그리고 클린턴 선거대책위원장, 민주당을 지지하는 피자 가게 주인과 아이들, 풀리지 않는 모든 점을 연결해서 음모설로 꾸며낸 공화당 지지자가 '아동 포르노 혐의'에 관련한 이야기를 소셜 미디어에 흘려보냈더니, 공화당 지지층에서 금세 이야깃거리가 되었다. '인스타그램에 가게 주인이 아이들과 함께 찍혀 있다', "가게 이름의 첫 철자 'CP'는 사실 Child Pornography(아동 포르노)를 뜻한다" 등의 유언비어가 나돌았다.

유언비어의 공유와 채팅이 늘어난 것은 대통령 선거가 본격적으로 이루어진 9월 이후로, 이와 함께 피자 가게 주인에 대한 인터넷상 중상모략도 심해져 갔다. 주말에 가족 단위 손님으로 북적이는 가게 안에는 탁구대가 있었는데, 가게 밖에 걸린 탁구 라켓의 간판까지 수상하게 여겨졌다.

피자 가게에서는 주말에 라이브 연주를 했는데, 그 밴드 멤버들에게까지 '지옥에 떨어져라' 하는 수십 통 살해 협박과 폭언, 외설들이 트위터 등 소셜 미디어를 통해 쏟아졌다. 집 주소와 함께 경력, 근무처, 학교 사진까지 인터넷에 공개되고 말았다. 가게 주인을 비롯해 종업원들도 한동안 가게 앞에서 피켓 농성을 벌이는 사람들에게 시달려야 했고, 여러 소셜 미디어에서 셀 수도 없을 만큼 많은 비난을 받았다. 그 뒤 앞에서 말한 발포 사건이 일어났다.

유언비어는 여러 소셜 미디어에서 수없이 공유되고 널리 퍼져갔다. 일단 거짓 정보가 나돌면 아무리 사실이 아니라고 주장해도 '자유주의 미디어의 음모다', '검열이다', '무언가를 감추고 있는 게 틀림없다' 말하며 부정하면 할수록 인터넷상에서 더욱 널리 퍼지고 만다. 이른바 인터넷 악플 쇄도이다.

가짜 뉴스는 백인우월주의자의 트위터, 소셜 미디어 포챈(4Chan), 레딧(Reddit)으로 퍼져 나가 레딧의 트럼프 지지자들이 모이는 채팅방에서 '반향실'

이 되어 갔다. 갇혀진 인터넷 공간에서 비슷한 의견을 가진 사람들이 채팅을 되풀이하는 사이에 소동은 깊어만 간다. 가짜 뉴스는 이름 숨긴 로봇에 의해 더욱 대량으로 널리 퍼지고, 우익이자 거물 뉴스 사이트인 '브라이트 버트'와 라디오 프로그램인 '인포워즈'에 의해 더욱 널리 퍼진다. 그리고 채팅하는 동안 자기들끼리 반응하며 더욱 과격해진다.

가짜 뉴스는 보수층에서 퍼지기 쉽다?

뉴욕대학에서 심리학을 연구하는 존 조스트 교수는 보수층과 자유주의층의 비판력을 비교했다. '생각하는 것은 싫다', '장기적인 계획을 세우기보다 내일을 생각하고 싶다', '복잡한 문제보다 간단한 문제를 푸는 것이 더 좋다', '오랫동안 진지하게 일하는 것에서 기쁨을 찾는다' 등 질문에 동의하는가 그렇지 않은가, 몇 가지 단계로 나누어 대답하게 한 결과 어떠한 사실이 확인되었다. 보수층이 진보층보다 비판적인 경향이 약하다는 것이다.

또 독일 울름대학의 슈테판 교수와 지몬 신드라 교수의 조사 보고서 '터무니없는 댓글로 보는 민주주의와 그 의미'에 따르면 보수층은 터무니없는 정보나 뉴스에서도 자신의 세계관에 들어맞는 정보라면 무조건 받아들이는 경향이 있다고 한다. 조사에서는 정치가 세 사람의 발언을 어리석은 발언, 터무니없지만 부분적으로 의미가 있는 발언, 일반적인 발언 세 가지로 나누어 보수층의 대상자에게 제시했더니, 어리석은 발언일수록 좋아하고 일반적인 발언에는 그다지 관심을 보이지 않았다는 것이다.

두 연구자는 왜 보수층이 가짜 뉴스를 믿기 쉬운가에 대해 꼭 학력이나 지식이 부족해서도 아니고, 정보나 뉴스를 진지하게 생각하고 의심하는 능력이 없어서도 아니라고 한다. 가짜 뉴스를 바로 믿어버리는 사람들은 가짜라는 것을 '의심할 동기가 없는 것'이다. 즉 일정한 정보나 가짜 뉴스가 사실인지 아닌지 확인하지 않는 것은 자신의 편견을 가짜 뉴스를 통해 확인하고, '역시 그랬던 건가' 생각하고 싶기 때문이다. 가짜 뉴스는 자신의 편견을 뒷받침하기 위한 발판이기도 하다.

옮긴이 오정환(吳正煥)
미국 인디아나대학 수학. 동아일보 외신부장·동화통신 편집국장·미국문학번역학회 총무
역임. 옮긴책 서로이언《인간희극》마크 트웨인《허클베리핀의 모험·톰소여의 모험》헨리 밀
러《북회귀선·남회귀선》포크너《음향과 분노》《8월의 빛》O. 헨리《마지막 잎새》등이 있다.

World Book 152
Walter Lippmann
PUBLIC OPINION/THE PHANTOM PUBLIC
여론이란 무엇인가/환상의 대중
월터 리프먼/오정환 옮김
1판 1쇄 발행/1977. 8. 10
2판 1쇄 발행/2011. 3. 31
3판 1쇄 발행/2018. 11. 1
발행인 고정일
발행처 동서문화사
창업 1956. 12. 12. 등록 16-3799
서울 중구 다산로 12길 6(신당동 4층)
☎ 546-0331~6 Fax. 545-0331
www.dongsuhbook.com
사업자등록번호 211-87-75330
ISBN 978-89-497-1695-4 04080
ISBN 978-89-497-0382-4 (세트)